广东知识产权年鉴

二〇〇九年版

广东省知识产权局 编

廣東省出版集團
广东人民出版社
·广州·

图书在版编目（CIP）数据

广东知识产权年鉴. 2009年版/广东省知识产权局编.
广州：广东人民出版社，2009.11
ISBN 978-7-218-06449-9

Ⅰ.广… Ⅱ.广… Ⅲ.知识产权-工作-广东省-2009-年鉴 Ⅳ.D927.650.34-54

中国版本图书馆CIP数据核字（2009）第195619号

责任编辑	余小华　肖风华
封面设计	林小玲
责任技编	黎碧霞
出版发行	广东人民出版社
印　　刷	广州市家联印刷有限公司
开　　本	889毫米×1194毫米　1/16
印　　张	37.75
插　　页	24
字　　数	970千
版　　次	2009年11月第1版　2009年11月第1次印刷
书　　号	ISBN 978-7-218-06449-9
定　　价	280.00元

如果发现印装质量问题，影响阅读，请与出版社(020－83795749)联系调换。

出版社网址：http：//www.gdpph.com　电子邮箱：sales@gdpph.com
图书营销中心：020-83790604

说 明

一、《广东知识产权年鉴》自2002年首卷问世以来至今已满八周岁了。她在各级领导、省知识产权局、有关主管部门以及社会各界人士的关心和支持下，正在健康成长，在此一并表示谢意。

二、《广东知识产权年鉴》是由广东省知识产权局主持，全省有关知识产权管理和执法的单位和部门，以及各地级以上市知识产权管理部门共同参与编撰的大型资料性工具书。《广东知识产权年鉴》每年出版，公开发行，其宗旨是全面、系统、详实地载录广东知识产权工作的基本情况和最新发展状况，为广东历史提供基本资料保存，为社会各界乃至海外人士了解与研究之用，也可作为企事业单位知识产权部门及有关人员的参考书。

三、《广东知识产权年鉴》采取分类编辑法，以编目、分目、条目组成框架结构的主体部分，着力满足读者的需求，方便读者查阅，体现年鉴作为知识产权工具书的现实意义。

四、《广东知识产权年鉴》以出版年号为版次名称，2009年版主要记载广东省2008年知识产权工作的基本资料，设有十一个编目：(1) 特辑；(2) 综述；(3) 知识产权创造；(4) 知识产权运用；(5) 知识产权保护；(6) 知识产权管理与服务；(7) 知识产权交流与合作；(8) 宣传、教育、培训；(9) 地市知识产权工作；(10) 出版物、专题研究与工作交流；(11) 附录。

五、书内所刊载的内容和数据，均由广东省内省直各厅局、高等院校、科研院所以及各地级以上市知识产权部门提供，并经过一定程序的审核。

六、本年鉴的编辑出版工作得到各供稿单位大力支持和通力合作，谨此致谢。由于时间仓促、水平有限，本书难免有疏漏之处，欢迎各界人士批评指正。

主编 唐毅

2009年10月30日

《广东知识产权年鉴》(2009 年版)
编辑委员会

目 录

综 述

知识产权创造

知识产权运用

知识产权保护

知识产权管理与服务

知识产权交流与合作

宣传　教育培训

地市知识产权工作

出版物、专题研究与工作交流

附 录

Contents

照片目录

Contents of Photos

2008年7月16日，广东省委理论学习中心组学习会前，广东省省长黄华华（右一）、国家知识产权局局长田力普（中）、广东省知识产权局局长陶凯元（左一）就知识产权工作进行会谈。

2008年9月3日，“第六届中国国际专利技术与产品交易会”在辽宁大连举行，国家知识产权局局长田力普（前排右三）在广东省知识产权局副局长郑良生（右一）的陪同下来到广东展团指导工作。

2008年10月29日，广东省副省长宋海（前排右一）、国家知识产权局副局长贺化（前排左一）、广东省人民政府副秘书长江海燕（后排右三）、国家知识产权局复审委员会副主任廖涛（后排左一）等领导在广东省知识产权局局长陶凯元（后排右五）的陪同下视察国家知识产权局专利局广州代办处远程会晤系统。

2008年9月19日，国家知识产权局副局长张勤（左三）、广东省人民政府副秘书长江海燕（左二）和广东省知识产权局局长陶凯元（右二）参观顺德国际工业设计创意大赛作品展览。

2008年11月18日，国家知识产权局副局长杨铁军（前排左二）在广东省知识产权局副局长郑良生（前排左一）的陪同下到深圳市高新区调研。

2008年7月14日，广东省政府召开“全省知识产权工作会议暨广东省重奖中国专利奖获奖单位奖励大会”，广东省省长黄华华（后排左一）、国家知识产权局局长田力普（后排左二）发表重要讲话并为获奖企业颁奖。

2008年5月8日，全国人大常委会委员、教科文卫委员会副主任委员程津培率专利法(修订)立法调研组到广州调研。

2008年8月22日，广东省政协副主席温兰子（左三），广东省知识产权局局长陶凯元（左四），广东省知识产权局党组书记、副局长马宪民(左五)，广东省政协科教卫体委员会主任李中铎（左二）出席“2008年广东知识产权保护与发展论坛”。

2008年11月19日，国家知识产权局在广州市召开“2008年度全国专利信息服务工作会议”。国家知识产权局党组成员、副局长杨铁军（左四），广东省人民政府副秘书长江海燕（左三）出席会议并讲话。

2008年4月24日，广东省人民政府新闻办公室举行“2007年广东省知识产权保护状况”新闻发布会。

2008年4月25日，广东省人民政府副秘书长罗欧出席广东省工商局和南方日报社联合主办的“广东自主品牌战略论坛”。

2008年7月14日，广东省知识产权局在广州召开了“全省知识产权局局长会议”。会议传达了国家知识产权局局长田力普在全国知识产权局局长会上的讲话精神，部署学习宣传、贯彻实施国家和广东省知识产权战略纲要工作。

2008年5月20-21日，《著作权行政处罚实施办法》修订征求意见会在深圳召开，国家版权局版权管理司副司长许超出席会议。

2008年7月16日，广东省委理论学习中心组学习会上，国家知识产权局局长田力普作“实施知识产权战略，建设创新型国家”专题报告。

2008年12月11日，广东省知识产权局与香港知识产权署在港联合举办“知识产权战略宣讲会”。国家知识产权局局长田力普（左二），广东省知识产权局党组书记、副局长马宪民（左一），香港商务与经济发展局局长刘吴惠兰（右二），香港知识产权署署长谢肃方（右一）出席了宣讲会。

2008年10月23日，汕头市委中心组召开学习报告会，邀请广东省知识产权局局长陶凯元作国家和省知识产权战略纲要专题学习报告。

2008年10月21日，广东省知识产权局局长陶凯元到揭阳市调研并出席揭阳市“贯彻落实国家、省知识产权战略”座谈会。

2008年10月30日，湛江市举办实施知识产权战略报告会，广东省知识产权局党组书记、副局长马宪民作《大力发展知识产权事业，为争当实践科学发展观排头兵做贡献》专题报告。

2008年10月17日，在江门市举办“国家及省知识产权战略纲要宣讲会”，邀请广东省知识产权局副局长郑良生做宣讲。

2008年10月23日，潮州市委学习中心组在市党政机关会堂举办“国家和广东省知识产权战略纲要专题报告会”，由广东省知识产权局副局长唐毅作专题报告，潮州市委书记骆文智主持会议。

2008年11月13日，在肇庆市科技中心举办“国家及省知识产权战略纲要宣讲”报告会，邀请广东省知识产权局副局长朱万昌（右）作主讲。

2008年10月22日，召开国家工商行政管理总局贯彻落实《国家知识产权战略纲要》推进商标战略实施专家研讨会。

2008年12月29日，国家知识产权局和广东省政府举行关于建立知识产权高层次战略合作关系的议定书签署仪式。广东省省长黄华华（左三）与国家知识产权局局长田力普（左四）签署议定书。

2008年12月29日，广东省知识产权局局长陶凯元（前排左一）与广州市开发区管委会主任薛晓峰（前排右一）签署知识产权服务中心共建协议书。

2008年12月29日，广东省省长黄华华（左五）与国家知识产权局局长田力普（右五）为广东知识产权服务中心揭牌。

2008年10月29日，国家知识产权局专利复审委员会第一巡回审理庭的揭牌仪式和国家知识产权局专利复审委员会与广东省知识产权局合作共建协议的签字仪式在广东省知识产权局办公大楼举行。国家知识产权局副局长贺化、广东省副省长宋海共同为第一巡回审理庭揭牌。

2008年12月2日，广东省知识产权局召开深入学习实践科学发展观活动第一阶段工作总结暨第二阶段动员大会。

2008年10月9日，广东省版权局开展深入学习实践科学发展观活动动员大会。

2008年10月30日，广东省知识产权局党组书记、副局长马宪民（后排左六）带领广东省专利信息中心党支部，到湛江市坡头区龙头镇西村开展城市基层党支部与农村基层党支部结对共建活动。

2008年9月23日，广东省知识产权局副局长郑良生（右三）带领规划处党支部，到湛江市坡头区龙头镇西村开展城市基层党支部与农村基层党支部结对共建活动。

2008年10月8日，根据省委组织部《关于开展城乡基层党组织互帮互助活动的意见》的精神，广东省知识产权局副局长唐毅（右一）带领法制处党支部，到湛江市坡头区龙头镇路西村开展城市基层党支部与农村基层党支部结对共建活动。

2008年12月4日，广东省知识产权局副局长朱万昌（右二）带领协调管理处党支部，赴湛江市坡头区龙头镇邓屋村开展城乡基层党组织互帮互助活动。

2008年10月23日，国家知识产权局专利局广州代办处党支部赴湛江市坡头区龙头镇石窝村，开展城乡基层党组织互帮互助活动。

2008年11月11日，“全省区域与企业知识产权试点示范工作会议”在广州召开，广东省知识产权局局长陶凯元出席并讲话，并为2008年省知识产权试点区域、战略试点企业、示范企业、优势企业颁发了牌匾。

2008年9月26日，“全省知识产权信息运用工作会议”在广州召开。广东省知识产权局党组书记、副局长马宪民，副局长郑良生以及国家知识产权局文献部、自动化部和出版社的相关领导出席。

2008年12月26日，广东省版权局副局长钱永红（右四）代表广东省版权局授予中山市港口镇中国游戏游艺产业基地“广东省版权兴业示范基地”的牌匾。

2008年4月30日，国家知识产权局协调管理司司长马维野（左三）、广东省知识产权局副局长郑良生（左二）出席电池产业专利态势分析报告会。

2008年6月11日，“广东省重点家电行业专利数据库开通仪式暨家电专利信息应用培训班”在佛山召开。

2008年9月5日，广东省知识产权局党组书记、副局长马宪民，广东省知识产权局副局长郑良生出席平板显示产业专利态势分析报告专家论证会。

2008年10月13日，“国家专利技术深圳展示交易中心”正式挂牌成立，国家知识产权局副局长张勤（左五）、广东省知识产权局副局长朱万昌（左四）、深圳市常务副市长许勤（右三）、市政府副秘书长高国辉等领导出席揭牌仪式。

2008年11月18日至22日，佛山市举办2008第二届中国专利周（佛山）专利技术展示交易活动。

2008年9月19日至21日，由国家知识产权局和广东省人民政府共同主办的“第五届中国国际专利与名牌博览会暨首届中国（顺德）国际工业设计创意博览会”在佛山市顺德区举办。

2008年10月17日，广东省知识产权局局长陶凯元（右一）到广交会检查指导知识产权保护工作，看望省市知识产权局的驻会工作人员。

2008年4月23日，广东省人民政府知识产权办公会议办公室召开“2008年广东省十个知识产权典型案件发布会”。广东省知识产权局副局长唐毅（左二）向驻粤新闻界公布了2008年我省十个知识产权典型案件。

2008年9月27日，广东省公安厅和广东省烟草专卖局在广州珠江宾馆联合召开“打击非法运输假冒伪劣烟草专卖品专项行动动员部署会”，拉开了为期5个月的打击非法运输假冒伪劣烟草专卖品专项行动的序幕。

2008年12月11日，广东省公安厅经侦局在广州珠江宾馆举办知识产权刑事法律适用问题研讨会。

2008年7月19日，“正版正货承诺”计划成立十周年纪念活动在香港举行，广东省知识产权局局长陶凯元（右二）、香港知识产权署署长谢肃方（右三）出席。

2008年3月27日，汕头、梅州、汕尾、潮州、揭阳五市知识产权局签订《粤东五市知识产权局关于专利侵权纠纷案件代为受理的协定》。

2008年3月4日至6日，国家知识产权局专利复审委员会材料处到广东省进行巡回口审案件。

2008年6月28日，广东省公安厅组织东莞、深圳等地开展“闽粤一号”行动，图为行动中查获的位于东莞市长安镇储存假烟仓库。

2008年10月23日，广东省查处取缔非法从事专利代理行为专项行动中，执法人员对广州市非法代理机构进行现场勘验。

2008年4月9日，国家知识产权局副局长张勤（左）向广州市委常委、常务副市长邬毅敏（右）授予“国家知识产权工作示范城市”的牌匾。

2008年11月17日，在汕头市创建国家知识产权示范城市动员大会上，国家知识产权局纪检组组长邢胜才（左二）向汕头市市长蔡宗泽（右二）授予“国家知识产权示范城市创建市”的牌匾。

2008年10月24日，第七届“粤东知识产权局长联席会议”在潮州市召开。

2008年8月28日，“全省专利代理管理工作会议暨广东专利代理协会成立大会”在广州召开，广东省知识产权局局长陶凯元（左二）、广东省人民政府副秘书长江海燕（左三）、国家知识产权局司长尹新天（左四）等为专利代理协会揭牌。

2008年4月25日，“专利代理机构诚信自律公约签约仪式暨4.26知识产权宣传普法讲座”在佛山市顺德区举行。

2008年9月18日，国家知识产权局副局长李玉光（左二）、广东省知识产权局局长陶凯元（右二）以及欧洲专利局、欧洲内部市场协调局相关官员出席在佛山市顺德区举行的“欧洲知识产权制度——外观设计与专利国际研讨会”。

2008年12月3日，广东省知识产权局局长陶凯元（左八）随“WIPO中国知识产权局局长高级研讨班”访问WIPO总部，WIPO总干事 Francis Curry（弗朗西斯•加利）（左七）接见了研讨班成员。

2008年4月23日，广东省知识产权局党组书记、副局长马宪民（右二）到埃及农业遗传工程研究中心考察。

2008年11月20日，广东省知识产权局副局长唐毅（左三）赴美国开展知识产权教育培训合作活动。

2008年7月18日，“粤港保护知识产权合作专责小组第七次会议”在香港召开。

2008年3月27日，“2008粤港知识产权与中小企业发展（汕头）研讨会”在汕头市召开。

2008年9月24日，广东省公安厅经济犯罪侦查局副局长李善雄（前左二）率队赴香港考察香港海关知识产权保护制度。

2008年10月13-14日，“第七届海峡两岸知识产权学术研讨会”在深圳举行，国家知识产权局副局长张勤、广东省知识产权局副局长朱万昌、深圳市副市长吕锐锋、台湾学者代表刘江彬等约200人出席研讨会。

2008年10月29日，广东省高级人民法院与国家知识产权局专利复审委举行交流合作协议签字仪式。

2008年7月7日，中国民主促进会广东省委员会调研广东会展业知识产权保护情况，广东省知识产权局组织广州市及深圳市知识产权局、中国对外贸易中心和代理机构的代表与之座谈。广东省知识产权局副局长唐毅出席座谈会，并介绍了我省知识产权保护工作的基本情况。

2008年3月20日，广东省工商局和中华商标协会举办“日企商标真假识别说明会”。

2008年4月26日，“智慧之光——4.26世界知识产权日”专题电视晚会在广东电视台举办，图为广东省知识产权局局长陶凯元（左二）接受主持人访谈。

2008年4月17日，广东省知识产权局举行《广东省公民知识产权意识调查报告》新闻发布会。

2008年3月12日，广东省知识产权局召开“全省知识产权宣传培训工作交流会”，广东省知识产权局副局长朱万昌（左一）出席并讲话。

2008年9月17日，广东省知识产权局在广州市举办了“全省专利行政执法培训班”。广东省知识产权局党组书记、副局长马宪民（右一）、副局长唐毅（左一）出席开班仪式。

2008年12月11-12日，广东省知识产权局、广东省教育厅、共青团广东省委员会和少先队广东省工作委员会四部门联合在广州三寓宾馆举行“第三批广东省中小学知识产权教育试点学校授牌仪式暨师资培训班”，为第三批42所试点学校举行隆重的授牌仪式，并举办师资培训。

2008年11月28日，广东省专利信息中心在广州举办“专利信息应用软件使用培训班”。

2008年4月25日，广东金融学院开展知识产权日宣传活动。

2008年7月14日，国家知识产权局局长田力普(左四)在广东省知识产权局局长陶凯元（右三）、广东省知识产权局党组书记、副局长马宪民（右一）陪同下考察广州市创新型企业广东威创日新电子有限公司。

2008年10月22日，广东省知识产权局局长陶凯元（右三）在潮州市开展专题调研。

2008年10月23日，广东省知识产权局局长陶凯元（前排左二）到汕头企业调研。

2008年10月28日，广东省知识产权局党组书记、副局长马宪民（前排左二）到茂名市茂港电力设备厂调研。

2008年1月15日，广东省知识产权局副局长郑良生（左三）在肇庆市广东风华高新科技股份有限公司调研。

2008年3月11日，广东省知识产权局副局长唐毅（中）在梅县梅雁电解铜箔有限公司调研。

2008年12月1日，广东省知识产权局副局长朱万昌（前排左二）在广东东方电讯科技有限公司考察调研。

2008年4月9日，广东省知识产权局纪检组长、监察专员邝伯麟到茂名市调研。

2008年11月13日，国家工商总局商标局调研组到广东省工商局对广东商标代理行业状况进行调研。

2008年4月23日，广州海关、黄埔海关联合举办知识产权保护宣传会。广州市委常委、市委宣传部部长王晓玲（左四）到会指导工作。

2008年4月25日，广州知识产权仲裁中心揭牌。

2008年4月17日，黄埔海关举行侵权货物销毁活动。共销毁侵权货物18152件，价值共计人民币565043元。

2008年4月1日，深圳市人大常委会第十八次会议审议通过了《深圳经济特区加强知识产权保护工作的若干规定》。

2008年5月6日，深圳数字作品版权管理系统beta版正式开通，深圳市知识产权局局长徐友军（前排右一）与深圳平面设计协会主席毕学锋（前排左一）共同启动备案系统。

2008年4月1日，微软公司向深圳市人民政府赠送了“保护知识产权，构建和谐社会”的牌匾，时任深圳市常务副市长刘应力（左三）、市政府副秘书长高国辉（右一）出席赠匾仪式。

2008年10月18日，珠海市举办打印耗材行业专利研修班。

2008年9月18日，拱北海关集中销毁67000余件侵权打印耗材产品。

2008年6月2日，佛山市委理论学习中心组举行学习会，邀请中南财经政法大学校长、知识产权专家吴汉东教授作“实施知识产权战略与建设创新型国家”专题报告。

2008年4月21日，佛山市个性瓷砖有限公司等单位举行“镀金属抛釉陶瓷”专利制品产业联盟签约仪式。

2008年4月23日，韶关市知识产权局会同韶关市工商局、韶关市文化广电新闻出版局、韶关市公安局开展“雷雨”、“天网”知识产权联合执法专项行动。

2008年9月18日，韶关市知识产权局副局长黄玉（左三）带领知识产权科、专利事务所负责人深入企业宣传知识产权制度和知识产权战略纲要，指导企业建立健全专利工作制度。

2008年4月25日，惠州市举办"世界知识产权日"销毁非法出版物现场会。

2008年4月21日，“4.26”联合执法期间，汕尾市知识产权局、公安局、工商局、文化局、整规办等部门现场执法。

2008年4月26日，中山市“4.26”世界知识产权日现场咨询活动。

2008年4月24日，江门市海关举办"知识产权海关保护研讨会"。

2008年4月25日，阳江市知识产权局在市人民广场举办"4·26"世界知识产权日咨询服务活动，阳江市市委常委黄运带（右一）到现场指导工作。

2008年4月25日，茂名市知识产权局在茂名市影剧院门口举办"4.26"知识产权大型咨询活动。

2008年11月26日，茂名市知识产权局局长陈军一行到信宜调研竹编行业知识产权工作。

2008年4月22日，潮州市知识产权局与潮州市公安局在潮州市知识产权局举行执法联络室揭牌仪式。

2008年4月25日，潮州市知识产权局在枫溪区陶瓷城开展知识产权宣传活动。

2008年12月25日，揭阳市召开科学技术大会，颁布《揭阳市自主创新行动计划》，并表彰中国驰名商标、广东省著名商标企业。

2008年4月24日，云浮市知识产权局会同市文化广电新闻出版局开展保护知识产权宣传咨询活动。

2008年4月24日，云浮市知识产权局查处假冒和冒充专利违法行为活动。

特　　辑

政策法规

实施知识产权战略

改革开放30年广东知识产权

省部知识产权高层次战略合作

领导讲话

政策法规

《中华人民共和国专利法》第三次修改

2008年12月27日，全国人大常委会高票通过了《全国人民代表大会常务委员会关于修改中华人民共和国专利法的决定》（以下简称《专利法》），修改后的《专利法》将于2009年10月1日起施行。这是我国专利制度发展历程中又一个重要的里程碑。

一、《专利法》第三次修改的背景和意义

我国专利制度是伴随改革开放事业的起步而孕育诞生的，是在建设有中国特色社会主义理论体系的指引下不断发展完善的。在我国30年改革开放的历史进程中，诞生于1984年，修改于1992年、2000年和2008年的我国《专利法》历经了从计划经济体制、有计划的商品经济体制到建立和完善社会主义市场经济体制的时代背景，现在又面临着转变经济发展方式、建设创新型国家的历史使命。《专利法》的每次修改都是根据当时我国改革开放和经济社会发展的新形势对专利制度提出的新要求，对我国专利制度作出的及时调整，体现了强烈的时代精神。《专利法》从孕育诞生到不断完善的30年，是不断解放思想、紧跟我国改革开放步伐的30年，是不断与时俱进、与中国国情日益紧密结合的30年，是对专利制度本质特点的认识不断深化、专利制度对我国经济社会发展的推动作用日益突显的30年。

《专利法》的此次修改，呼应了贯彻落实科学发展观、转变经济发展方式的时代要求。实现以人为本、全面协调可持续的科学发展，是党中央在科学审视国内外发展形势、全面分析我国社会主义初级阶段基本国情和当前发展阶段性特征的基础上作出的战略抉择。实现科学发展，关键是要确定和实施科学发展方式。人类社会发展的历史和我国发展的实践都告诉我们，消耗大量资源、破坏生态环境的粗放型增长方式是不能持久的。在当前国际金融危机对我国经济发展影响日益加深的情况下，不加快转变发展方式、调整经济结构、变制造为创造，发展空间就会越来越小、发展路子就会越来越窄。面临紧迫形势和巨大挑战，是否重视创新，是否拥有并有效运用自主知识产权，已经成为我国企业能否在当前的全球经济衰退中生存和发展壮大的决定性因素。转变经济发展方式，最重要的举措就是坚持走中国特色自主创新道路，加快建立以企业为主体、市场为导向、产学研结合的技术创新体系，在全社会大力弘扬创造精神、创新精神、创业精神，增强自主创新能力，加快建设创新型国家。为此，有必要通过完善专利制度，更为充分地维护创新者的正当利益，促使市场主体由过去以比拼产品数量和价格作为主要竞争手段转变为以作出发明创造并形成知识产权，不断提高产品创新含量作为其核心竞争力，实现“创新、受益、再创新、再受益”的良性循环。

《专利法》的此次修改，是实施《国家知识产权战略纲要》的重要举措。2008年6月5日颁布实施的《国家知识产权战略纲要》，是党中央、国务院在改革开放新时期根据国内外新形势做出的一项重大战略部署，是关系国家前途和民族未来的大事。《纲要》提出了实施国家知识产权战略的指导思想、战略目标、战

略重点、专项任务和战略措施，是指导我国知识产权事业科学、全面发展的纲领性文件。《纲要》明确提出要“进一步完善知识产权法律法规，及时修订专利法、商标法、著作权法等知识产权专门法律及有关法规”、“加快知识产权法制建设，建立适应知识产权特点的立法机制，提高立法质量，加快立法进程”、“加强知识产权法律修改和立法解释，及时有效回应知识产权新问题”。《专利法》是《国家知识产权战略纲要》颁布实施后第一部经过修改的知识产权法律，充分显示了国家知识产权局坚决贯彻落实国家知识产权战略的决心。

二、《专利法》第三次修改的过程

国家知识产权局2005年4月对修改《专利法》的研究课题进行了公开招标，至2006年2月形成了260万字的课题研究报告并公开予以出版，形成初步修改草案后于2006年8月至10月在其政府网站上公开征求意见，还在全国范围召开了十余次座谈会、发出了数百份征求意见函；国务院法制办公室于2007年对修改草案进行了广泛深入的调查研究，广泛征求了国务院部门、地方人民政府、人民法院、企事业单位、专家学者的意见，前往广东进行了实地调查，还两次召开国际研讨会进行研究讨论；全国人大常委会教科文卫委员会于2008年5月至7月就专利法的修改在广东、上海和北京进行了调研，全国人大常委会法制工作委员会于2008年8月至10月组织在全国人大的网站上再次公开征求意见，并召开了多次座谈会，广泛进行讨论研究。

2008年5月7日至12日，全国人大常委会委员、教科文卫委员会副主任委员程津培率调研组到广东省就《专利法》（修订）开展立法调研。为积极配合这次调研活动，广东省知识产权局高度重视，按照国家知识产权局的要求，对整个调研活动进行精心的组织安排。5月8日上午，调研组召开座谈会，广东省知识产权局局长陶凯元作了《关于广东专利行政保护及对＜专利法＞修改意见和建议的情况汇报》，广东省人大、广东省高院以及广东部分企业、科研单位、高等院校、专利代理机构也对《专利法》修订草案提出了修改建议和意见。国务院常务会议审议并原则通过的《中华人民共和国专利法修正案（草案）》后，修正草案被报送到全国人大常委会。9月，广东省知识产权局又仔细研读，提出许多富有建设性的修改意见和建议。

上述做法充分表明，我国政府主管部门和立法机关遵守我国立法法和《国务院依法行政纲要》有关规定的自觉性已经大为提高。广泛听取全社会各方面的意见，确保了《专利法》的修改具有坚实的群众性基础，有利于充分维护最广大民众的最大利益。

三、《专利法》第三次修改的具体内容

现行《专利法》共有69条规定，此次修改新增了7条，修改了23条。其中，在立法宗旨中增加了“提高创新能力”、“促进经济社会发展”的内容，这不仅宣示了我国提高创新能力、建设创新型国家的决心，更阐明了专利制度与经济社会发展的内在联系；适度调整了发明、实用新型和外观设计专利权的授权标准，这是在我国专利申请数量已经大幅提升的情况下，努力提高专利申请和专利权质量和水平的时代要求；取消了对涉外专利代理机构的指定，增加了国家知识产权局准确、及时地发布专利信息的职责，这不仅有利于建设服务型政府，创建公平竞争的良好环境，也有利于增强市场主体应用知识产权的能力；赋予了外观设计专利权人许诺销售权，增加了诉前证据保全措施，明确将权利人的维权成本纳入侵权赔偿的范围，加大了对违法行为的行政查处力度，这有利于降低专利权人的维权成本，加大侵权人的侵权代价，使创新者更加敢于创新、安于创新、乐于创新，使违法者不敢仿造、不愿仿造；允许平行进口，增加了药品和医疗器械的审批例外，完善了强制许可制度，并规定

了现有技术抗辩原则，这有利于合理平衡专利权人和社会公众的合法权益，有效防止对专利权的滥用。这些都将对我国《专利法》产生积极的完善作用。

具体修改内容如下：

1. 将第一条修改为："为了保护专利权人的合法权益，鼓励发明创造，推动发明创造的应用，提高创新能力，促进科学技术进步和经济社会发展，制定本法。"

2. 在第二条中增加三款，作为第二、三、四款："发明，是指对产品、方法或者其改进所提出的新的技术方案。

实用新型，是指对产品的形状、构造或者其结合所提出的适于实用的新的技术方案。

外观设计，是指对产品的形状、图案或者其结合以及色彩与形状、图案的结合所作出的富有美感并适于工业应用的新设计。"

3. 将第五条修改为："对违反法律、社会公德或者妨害公共利益的发明创造，不授予专利权。

对违反法律、行政法规的规定获取或者利用遗传资源，并依赖该遗传资源完成的发明创造，不授予专利权。"

4. 在第九条中增加一款，作为第一款："同样的发明创造只能授予一项专利权。但是，同一申请人同日对同样的发明创造既申请实用新型专利又申请发明专利，先获得的实用新型专利权尚未终止，且申请人声明放弃该实用新型专利权的，可以授予发明专利权。"

5. 将第十条第二款修改为："中国单位或者个人向外国人、外国企业或者外国其他组织转让专利申请权或者专利权的，应当依照有关法律、行政法规的规定办理手续。"

6. 将第十一条第二款修改为："外观设计专利权被授予后，任何单位或者个人未经专利权人许可，都不得实施其专利，即不得为生产经营目的制造、许诺销售、销售、进口其外观设计专利产品。"

7. 将第十二条修改为："任何单位或者个人实施他人专利的，应当与专利权人订立实施许可合同，向专利权人支付专利使用费。被许可人无权允许合同规定以外的任何单位或者个人实施该专利。"

8. 删除第十四条第二款。

9. 增加一条，作为第十五条："专利申请权或者专利权的共有人对权利的行使有约定的，从其约定。没有约定的，共有人可以单独实施或者以普通许可方式许可他人实施该专利；许可他人实施该专利的，收取的使用费应当在共有人之间分配。

除前款规定的情形外，行使共有的专利申请权或者专利权应当取得全体共有人的同意。"

10. 将第十五条和第十七条合并，作为第十七条："发明人或者设计人有权在专利文件中写明自己是发明人或者设计人。

"专利权人有权在其专利产品或者该产品的包装上标明专利标识。"

11. 将第十九条第一款修改为："在中国没有经常居所或者营业所的外国人、外国企业或者外国其他组织在中国申请专利和办理其他专利事务的，应当委托依法设立的专利代理机构办理。"

第二款修改为："中国单位或者个人在国内申请专利和办理其他专利事务的，可以委托依法设立的专利代理机构办理。"

12. 将第二十条第一款修改为："任何单位或者个人将在中国完成的发明或者实用新型向外国申请专利的，应当事先报经国务院专利行政部门进行保密审查。保密审查的程序、期限等按照国务院的规定执行。"

增加一款作为第四款："对违反本条第一款规定向外国申请专利的发明或者实用新型，在中国申请专利的，不授予专利权。"

13. 在第二十一条中增加一款，作为第二款："国务院专利行政部门应当完整、准确、及时发布专利信息，定期出版专利公报。"

14. 将第二十二条第二款修改为："新颖性，是指该发明或者实用新型不属于现有技术；也没有任何单位或者个人就同样的发明或者实用新型在申请日以前向国务院专利行政部门提出过申请，并记载在申请日以后公布的专利申请文件或者公告的专利文件中。”

第三款修改为：“创造性，是指与现有技术相比，该发明具有突出的实质性特点和显著的进步，该实用新型具有实质性特点和进步。”

增加一款，作为第五款：“本法所称现有技术，是指申请日以前在国内外为公众所知的技术。”

15. 将第二十三条修改为：“授予专利权的外观设计，应当不属于现有设计；也没有任何单位或者个人就同样的外观设计在申请日以前向国务院专利行政部门提出过申请，并记载在申请日以后公告的专利文件中。

授予专利权的外观设计与现有设计或者现有设计特征的组合相比，应当具有明显区别。

授予专利权的外观设计不得与他人在申请日以前已经取得的合法权利相冲突。

本法所称现有设计，是指申请日以前在国内外为公众所知的设计。”

16. 在第二十五条第一款中增加一项，作为第（六）项：“对平面印刷品的图案、色彩或者二者的结合作出的主要起标识作用的设计。”

17. 将第二十六条第二款修改为：“请求书应当写明发明或者实用新型的名称，发明人的姓名，申请人姓名或者名称、地址，以及其他事项。”

第四款修改为：“权利要求书应当以说明书为依据，清楚、简要地限定要求专利保护的范围。”

增加一款，作为第五款：“依赖遗传资源完成的发明创造，申请人应当在专利申请文件中说明该遗传资源的直接来源和原始来源；申请人无法说明原始来源的，应当陈述理由。”

18. 将第二十七条修改为：“申请外观设计专利的，应当提交请求书、该外观设计的图片或者照片以及对该外观设计的简要说明等文件。

申请人提交的有关图片或者照片应当清楚地显示要求专利保护的产品的外观设计。”

19. 将第三十一条第二款修改为：“一件外观设计专利申请应当限于一项外观设计。同一产品两项以上的相似外观设计，或者用于同一类别并且成套出售或者使用的产品的两项以上外观设计，可以作为一件申请提出。”

20. 将第四十七条第二款修改为：“宣告专利权无效的决定，对在宣告专利权无效前人民法院作出并已执行的专利侵权的判决、调解书，已经履行或者强制执行的专利侵权纠纷处理决定，以及已经履行的专利实施许可合同和专利权转让合同，不具有追溯力。但是因专利权人的恶意给他人造成的损失，应当给予赔偿。”

第三款修改为：“依照前款规定不返还专利侵权赔偿金、专利使用费、专利权转让费，明显违反公平原则的，应当全部或者部分返还。”

21. 将第四十八条修改为：“有下列情形之一的，国务院专利行政部门根据具备实施条件的单位或者个人的申请，可以给予实施发明专利或者实用新型专利的强制许可：

（一）专利权人自专利权被授予之日起满三年，且自提出专利申请之日起满四年，无正当理由未实施或者未充分实施其专利的；

（二）专利权人行使专利权的行为被依法认定为垄断行为，为消除或者减少该行为对竞争产生的不利影响的。”

22. 增加一条，作为第五十条：“为了公共健康目的，对取得专利权的药品，国务院专利行政部门可以给予制造并将其出口到符合中华人民共和国参加的有关国际条约规定的国家或者地区的强制许可。”

23. 增加一条，作为第五十二条：“强制许可涉及的发明创造为半导体技术的，其实施限于公共利益的目的和本法第四十八条第（二）项规定的情形。”

24. 增加一条，作为第五十三条：“除依照本法第四十八条第（二）项、第五十条规定给予的强制许可外，强制许可的实施应当主要为了供应国内市场。”

25. 将第五十一条改为第五十四条，修改为："依照本法第四十八条第（一）项、第五十一条规定申请强制许可的单位或者个人应当提供证据，证明其以合理的条件请求专利权人许可其实施专利，但未能在合理的时间内获得许可。"

26. 将第五十四条改为第五十七条，修改为："取得实施强制许可的单位或者个人应当付给专利权人合理的使用费，或者依照中华人民共和国参加的有关国际条约的规定处理使用费问题。付给使用费的，其数额由双方协商；双方不能达成协议的，由国务院专利行政部门裁决。"

27. 将第五十六条改为第五十九条，修改为："发明或者实用新型专利权的保护范围以其权利要求的内容为准，说明书及附图可以用于解释权利要求的内容。

外观设计专利权的保护范围以表示在图片或者照片中的该产品的外观设计为准，简要说明可以用于解释图片或者照片所表示的该产品的外观设计。"

28. 将第五十七条第二款改为第六十一条，修改为："专利侵权纠纷涉及新产品制造方法的发明专利的，制造同样产品的单位或者个人应当提供其产品制造方法不同于专利方法的证明。

专利侵权纠纷涉及实用新型专利或者外观设计专利的，人民法院或者管理专利工作的部门可以要求专利权人或者利害关系人出具由国务院专利行政部门对相关实用新型或者外观设计进行检索、分析和评价后作出的专利权评价报告，作为审理、处理专利侵权纠纷的证据。"

29. 增加一条，作为第六十二条："在专利侵权纠纷中，被控侵权人有证据证明其实施的技术或者设计属于现有技术或者现有设计的，不构成侵犯专利权。"

30. 将第五十八条、第五十九条合并为第六十三条，修改为："假冒专利的，除依法承担民事责任外，由管理专利工作的部门责令改正并予公告，没收违法所得，可以并处违法所得四倍以下的罚款；没有违法所得的，可以处二十万元以下的罚款；构成犯罪的，依法追究刑事责任。"

31. 增加一条，作为第六十四条："管理专利工作的部门根据已经取得的证据，对涉嫌假冒专利行为进行查处时，可以询问有关当事人，调查与涉嫌违法行为有关的情况；对当事人涉嫌违法行为的场所实施现场检查；查阅、复制与涉嫌违法行为有关的合同、发票、账簿以及其他有关资料；检查与涉嫌违法行为有关的产品，对有证据证明是假冒专利的产品，可以查封或者扣押。

"管理专利工作的部门依法行使前款规定的职权时，当事人应当予以协助、配合，不得拒绝、阻挠。"

32. 将第六十条改为第六十五条，修改为："侵犯专利权的赔偿数额按照权利人因被侵权所受到的实际损失确定；实际损失难以确定的，可以按照侵权人因侵权所获得的利益确定。权利人的损失或者侵权人获得的利益难以确定的，参照该专利许可使用费的倍数合理确定。赔偿数额还应当包括权利人为制止侵权行为所支付的合理开支。

权利人的损失、侵权人获得的利益和专利许可使用费均难以确定的，人民法院可以根据专利权的类型、侵权行为的性质和情节等因素，确定给予一万元以上一百万元以下的赔偿。"

33. 将第六十一条改为第六十六条，修改为："专利权人或者利害关系人有证据证明他人正在实施或者即将实施侵犯专利权的行为，如不及时制止将会使其合法权益受到难以弥补的损害的，可以在起诉前向人民法院申请采取责令停止有关行为的措施。

申请人提出申请时，应当提供担保；不提供担保的，驳回申请。

人民法院应当自接受申请之时起四十八小时内作出裁定；有特殊情况需要延长的，可以延长四十八小时。裁定责令停止有关行为的，应当立即执行。当事人对裁定不服的，可以申请复议一次；复议期间不停止裁定的执行。

申请人自人民法院采取责令停止有关行为的措施之日起十五日内不起诉的，人民法院应当解除该措施。

申请有错误的，申请人应当赔偿被申请人因停止有关行为所遭受的损失。”

34. 增加一条，作为第六十七条：“为了制止专利侵权行为，在证据可能灭失或者以后难以取得的情况下，专利权人或者利害关系人可以在起诉前向人民法院申请保全证据。

人民法院采取保全措施，可以责令申请人提供担保；申请人不提供担保的，驳回申请。

人民法院应当自接受申请之时起四十八小时内作出裁定；裁定采取保全措施的，应当立即执行。

申请人自人民法院采取保全措施之日起十五日内不起诉的，人民法院应当解除该措施。”

35. 将第六十三条第一款改为第六十九条，第（一）项修改为：“专利产品或者依照专利方法直接获得的产品，由专利权人或者经其许可的单位、个人售出后，使用、许诺销售、销售、进口该产品的”

增加一项，作为第（五）项：“为提供行政审批所需要的信息，制造、使用、进口专利药品或者专利医疗器械的，以及专门为其制造、进口专利药品或者专利医疗器械的。”

36. 将第六十三条第二款改为第七十条，修改为：“为生产经营目的使用、许诺销售或者销售不知道是未经专利权人许可而制造并售出的专利侵权产品，能证明该产品合法来源的，不承担赔偿责任。”

中华人民共和国主席令

第 8 号

《全国人民代表大会常务委员会关于修改〈中华人民共和国专利法〉的决定》已由中华人民共和国第十一届全国人民代表大会常务委员会第六次会议于 2008 年 12 月 27 日通过，现予公布，自 2009 年 10 月 1 日起施行。

中华人民共和国主席 胡锦涛

2008 年 12 月 27 日

《中华人民共和国专利法》

（1984 年 3 月 12 日第六届全国人民代表大会常务委员会第四次会议通过 根据 1992 年 9 月 4 日第七届全国人民代表大会常务委员会第二十七次会议《关于修改〈中华人民共和国专利法〉的决定》第一次修正根据 2000 年 8 月 25 日第九届全国人民代表大会常务委员会第十七次会议《关于修改〈中华人民共和国专利法〉的决定》第二次修正 根据 2008 年 12 月 27 日第十一届全国人民代表大会常务委员会第六次会议《关于修改〈中华人民共和国专利法〉的决定》第三次修正）

目 录

第一章 总 则

第一条 为了保护专利权人的合法权益，鼓励发明创造，推动发明创造的应用，提高创新能力，促进科学技术进步和经济社会发展，制定本法。

第二条　本法所称的发明创造是指发明、实用新型和外观设计。

发明，是指对产品、方法或者其改进所提出的新的技术方案。

实用新型，是指对产品的形状、构造或者其结合所提出的适于实用的新的技术方案。

外观设计，是指对产品的形状、图案或者其结合以及色彩与形状、图案的结合所作出的富有美感并适于工业应用的新设计。

第三条　国务院专利行政部门负责管理全国的专利工作；统一受理和审查专利申请，依法授予专利权。

省、自治区、直辖市人民政府管理专利工作的部门负责本行政区域内的专利管理工作。

第四条　申请专利的发明创造涉及国家安全或者重大利益需要保密的，按照国家有关规定办理。

第五条　对违反法律、社会公德或者妨害公共利益的发明创造，不授予专利权。

对违反法律、行政法规的规定获取或者利用遗传资源，并依赖该遗传资源完成的发明创造，不授予专利权。

第六条　执行本单位的任务或者主要是利用本单位的物质技术条件所完成的发明创造为职务发明创造。职务发明创造申请专利的权利属于该单位；申请被批准后，该单位为专利权人。

非职务发明创造，申请专利的权利属于发明人或者设计人；申请被批准后，该发明人或者设计人为专利权人。

利用本单位的物质技术条件所完成的发明创造，单位与发明人或者设计人订有合同，对申请专利的权利和专利权的归属作出约定的，从其约定。

第七条　对发明人或者设计人的非职务发明创造专利申请，任何单位或者个人不得压制。

第八条　两个以上单位或者个人合作完成的发明创造、一个单位或者个人接受其他单位或者个人委托所完成的发明创造，除另有协议的以外，申请专利的权利属于完成或者共同完成的单位或者个人；申请被批准后，申请的单位或者个人为专利权人。

第九条　同样的发明创造只能授予一项专利权。但是，同一申请人同日对同样的发明创造既申请实用新型专利又申请发明专利，先获得的实用新型专利权尚未终止，且申请人声明放弃该实用新型专利权的，可以授予发明专利权。

两个以上的申请人分别就同样的发明创造申请专利的，专利权授予最先申请的人。

第十条　专利申请权和专利权可以转让。

中国单位或者个人向外国人、外国企业或者外国其他组织转让专利申请权或者专利权的，应当依照有关法律、行政法规的规定办理手续。

转让专利申请权或者专利权的，当事人应当订立书面合同，并向国务院专利行政部门登记，由国务院专利行政部门予以公告。专利申请权或者专利权的转让自登记之日起生效。

第十一条　发明和实用新型专利权被授予后，除本法另有规定的以外，任何单位或者个人未经专利权人许可，都不得实施其专利，即不得为生产经营目的制造、使用、许诺销售、销售、进口其专利产品，或者使用其专利方法以及使用、许诺销售、销售、进口依照该专利方法直接获得的产品。

外观设计专利权被授予后，任何单位或者个人未经专利权人许可，都不得实施其专利，即不得为生产经营目的制造、许诺销售、销售、进口其外观设计专利产品。

第十二条　任何单位或者个人实施他人专利的，应当与专利权人订立实施许可合同，向专利权人支付专利使用费。被许可人无权允许合同规定以外的任何单位或者个人实施该专利。

第十三条　发明专利申请公布后，申请人可以要求实施其发明的单位或者个人支付适当的费用。

第十四条　国有企业事业单位的发明专

利，对国家利益或者公共利益具有重大意义的，国务院有关主管部门和省、自治区、直辖市人民政府报经国务院批准，可以决定在批准的范围内推广应用，允许指定的单位实施，由实施单位按照国家规定向专利权人支付使用费。

第十五条　专利申请权或者专利权的共有人对权利的行使有约定的，从其约定。没有约定的，共有人可以单独实施或者以普通许可方式许可他人实施该专利；许可他人实施该专利的，收取的使用费应当在共有人之间分配。

除前款规定的情形外，行使共有的专利申请权或者专利权应当取得全体共有人的同意。

第十六条　被授予专利权的单位应当对职务发明创造的发明人或者设计人给予奖励；发明创造专利实施后，根据其推广应用的范围和取得的经济效益，对发明人或者设计人给予合理的报酬。

第十七条　发明人或者设计人有权在专利文件中写明自己是发明人或者设计人。

专利权人有权在其专利产品或者该产品的包装上标明专利标识。

第十八条　在中国没有经常居所或者营业所的外国人、外国企业或者外国其他组织在中国申请专利的，依照其所属国同中国签订的协议或者共同参加的国际条约，或者依照互惠原则，根据本法办理。

第十九条　在中国没有经常居所或者营业所的外国人、外国企业或者外国其他组织在中国申请专利和办理其他专利事务的，应当委托依法设立的专利代理机构办理。

中国单位或者个人在国内申请专利和办理其他专利事务的，可以委托依法设立的专利代理机构办理。

专利代理机构应当遵守法律、行政法规，按照被代理人的委托办理专利申请或者其他专利事务；对被代理人发明创造的内容，除专利申请已经公布或者公告的以外，负有保密责任。专利代理机构的具体管理办法由国务院规定。

第二十条　任何单位或者个人将在中国完成的发明或者实用新型向外国申请专利的，应当事先报经国务院专利行政部门进行保密审查。保密审查的程序、期限等按照国务院的规定执行。

中国单位或者个人可以根据中华人民共和国参加的有关国际条约提出专利国际申请。申请人提出专利国际申请的，应当遵守前款规定。

国务院专利行政部门依照中华人民共和国参加的有关国际条约、本法和国务院有关规定处理专利国际申请。

对违反本条第一款规定向外国申请专利的发明或者实用新型，在中国申请专利的，不授予专利权。

第二十一条　国务院专利行政部门及其专利复审委员会应当按照客观、公正、准确、及时的要求，依法处理有关专利的申请和请求。

国务院专利行政部门应当完整、准确、及时发布专利信息，定期出版专利公报。

在专利申请公布或者公告前，国务院专利行政部门的工作人员及有关人员对其内容负有保密责任。

第二章　授予专利权的条件

第二十二条　授予专利权的发明和实用新型，应当具备新颖性、创造性和实用性。

新颖性，是指该发明或者实用新型不属于现有技术；也没有任何单位或者个人就同样的发明或者实用新型在申请日以前向国务院专利行政部门提出过申请，并记载在申请日以后公布的专利申请文件或者公告的专利文件中。

创造性，是指与现有技术相比，该发明具有突出的实质性特点和显著的进步，该实用新型具有实质性特点和进步。

实用性，是指该发明或者实用新型能够制造或者使用，并且能够产生积极效果。

本法所称现有技术，是指申请日以前在国内外为公众所知的技术。

第二十三条　授予专利权的外观设计，应当不属于现有设计；也没有任何单位或者个人就同样的外观设计在申请日以前向国务院专利行政部门提出过申请，并记载在申请日以后公告的专利文件中。

授予专利权的外观设计与现有设计或者现有设计特征的组合相比，应当具有明显区别。

授予专利权的外观设计不得与他人在申请日以前已经取得的合法权利相冲突。

本法所称现有设计，是指申请日以前在国内外为公众所知的设计。

第二十四条　申请专利的发明创造在申请日以前六个月内，有下列情形之一的，不丧失新颖性：

（一）在中国政府主办或者承认的国际展览会上首次展出的；

（二）在规定的学术会议或者技术会议上首次发表的；

（三）他人未经申请人同意而泄露其内容的。

第二十五条　对下列各项，不授予专利权：

（一）科学发现；

（二）智力活动的规则和方法；

（三）疾病的诊断和治疗方法；

（四）动物和植物品种；

（五）用原子核变换方法获得的物质；

（六）对平面印刷品的图案、色彩或者二者的结合作出的主要起标识作用的设计。

对前款第（四）项所列产品的生产方法，可以依照本法规定授予专利权。

第三章　专利的申请

第二十六条　申请发明或者实用新型专利的，应当提交请求书、说明书及其摘要和权利要求书等文件。

请求书应当写明发明或者实用新型的名称，发明人的姓名，申请人姓名或者名称、地址，以及其他事项。

说明书应当对发明或者实用新型作出清楚、完整的说明，以所属技术领域的技术人员能够实现为准；必要的时候，应当有附图。摘要应当简要说明发明或者实用新型的技术要点。

权利要求书应当以说明书为依据，清楚、简要地限定要求专利保护的范围。

依赖遗传资源完成的发明创造，申请人应当在专利申请文件中说明该遗传资源的直接来源和原始来源；申请人无法说明原始来源的，应当陈述理由。

第二十七条　申请外观设计专利的，应当提交请求书、该外观设计的图片或者照片以及对该外观设计的简要说明等文件。

申请人提交的有关图片或者照片应当清楚地显示要求专利保护的产品的外观设计。

第二十八条　国务院专利行政部门收到专利申请文件之日为申请日。如果申请文件是邮寄的，以寄出的邮戳日为申请日。

第二十九条　申请人自发明或者实用新型在外国第一次提出专利申请之日起十二个月内，或者自外观设计在外国第一次提出专利申请之日起六个月内，又在中国就相同主题提出专利申请的，依照该外国同中国签订的协议或者共同参加的国际条约，或者依照相互承认优先权的原则，可以享有优先权。

申请人自发明或者实用新型在中国第一次提出专利申请之日起十二个月内，又向国务院专利行政部门就相同主题提出专利申请的，可以享有优先权。

第三十条　申请人要求优先权的，应当在申请的时候提出书面声明，并且在三个月内提交第一次提出的专利申请文件的副本；未提出书面声明或者逾期未提交专利申请文件副本的，视为未要求优先权。

第三十一条　一件发明或者实用新型专利申请应当限于一项发明或者实用新型。属于一个总的发明构思的两项以上的发明或者实用新型，可以作为一件申请提出。

一件外观设计专利申请应当限于一项外观设计。同一产品两项以上的相似外观设计，或者用于同一类别并且成套出售或者使用的产品的两项以上外观设计，可以作为一件申请提出。

第三十二条　申请人可以在被授予专利权之前随时撤回其专利申请。

第三十三条　申请人可以对其专利申请文件进行修改，但是，对发明和实用新型专利申请文件的修改不得超出原说明书和权利要求书记载的范围，对外观设计专利申请文件的修改不得超出原图片或者照片表示的范围。

第四章　专利申请的审查和批准

第三十四条　国务院专利行政部门收到发明专利申请后，经初步审查认为符合本法要求的，自申请日起满十八个月，即行公布。国务院专利行政部门可以根据申请人的请求早日公布其申请。

第三十五条　发明专利申请自申请日起三年内，国务院专利行政部门可以根据申请人随时提出的请求，对其申请进行实质审查；申请人无正当理由逾期不请求实质审查的，该申请即被视为撤回。

国务院专利行政部门认为必要的时候，可以自行对发明专利申请进行实质审查。

第三十六条　发明专利的申请人请求实质审查的时候，应当提交在申请日前与其发明有关的参考资料。

发明专利已经在外国提出过申请的，国务院专利行政部门可以要求申请人在指定期限内提交该国为审查其申请进行检索的资料或者审查结果的资料；无正当理由逾期不提交的，该申请即被视为撤回。

第三十七条　国务院专利行政部门对发明专利申请进行实质审查后，认为不符合本法规定的，应当通知申请人，要求其在指定的期限内陈述意见，或者对其申请进行修改；无正当理由逾期不答复的，该申请即被视为撤回。

第三十八条　发明专利申请经申请人陈述意见或者进行修改后，国务院专利行政部门仍然认为不符合本法规定的，应当予以驳回。

第三十九条　发明专利申请经实质审查没有发现驳回理由的，由国务院专利行政部门作出授予发明专利权的决定，发给发明专利证书，同时予以登记和公告。发明专利权自公告之日起生效。

第四十条　实用新型和外观设计专利申请经初步审查没有发现驳回理由的，由国务院专利行政部门作出授予实用新型专利权或者外观设计专利权的决定，发给相应的专利证书，同时予以登记和公告。实用新型专利权和外观设计专利权自公告之日起生效。

第四十一条　国务院专利行政部门设立专利复审委员会。专利申请人对国务院专利行政部门驳回申请的决定不服的，可以自收到通知之日起三个月内，向专利复审委员会请求复审。专利复审委员会复审后，作出决定，并通知专利申请人。

专利申请人对专利复审委员会的复审决定不服的，可以自收到通知之日起三个月内向人民法院起诉。

第五章　专利权的期限、终止和无效

第四十二条　发明专利权的期限为二十年，实用新型专利权和外观设计专利权的期限为十年，均自申请日起计算。

第四十三条　专利权人应当自被授予专利权的当年开始缴纳年费。

第四十四条　有下列情形之一的，专利权在期限届满前终止：

（一）没有按照规定缴纳年费的；

（二）专利权人以书面声明放弃其专利权的。

专利权在期限届满前终止的，由国务院专利行政部门登记和公告。

第四十五条　自国务院专利行政部门公告授予专利权之日起，任何单位或者个人认为该专利权的授予不符合本法有关规定的，可以请求专利复审委员会宣告该专利权无效。

第四十六条　专利复审委员会对宣告专利权无效的请求应当及时审查和作出决定，并通知请求人和专利权人。宣告专利权无效的决定，由国务院专利行政部门登记和公告。

对专利复审委员会宣告专利权无效或者维持专利权的决定不服的，可以自收到通知之日起三个月内向人民法院起诉。人民法院应当通知无效宣告请求程序的对方当事人作为第三人参加诉讼。

第四十七条 宣告无效的专利权视为自始即不存在。

宣告专利权无效的决定，对在宣告专利权无效前人民法院作出并已执行的专利侵权的判决、调解书，已经履行或者强制执行的专利侵权纠纷处理决定，以及已经履行的专利实施许可合同和专利权转让合同，不具有追溯力。但是因专利权人的恶意给他人造成的损失，应当给予赔偿。

依照前款规定不返还专利侵权赔偿金、专利使用费、专利权转让费，明显违反公平原则的，应当全部或者部分返还。

第六章 专利实施的强制许可

第四十八条 有下列情形之一的，国务院专利行政部门根据具备实施条件的单位或者个人的申请，可以给予实施发明专利或者实用新型专利的强制许可：

（一）专利权人自专利权被授予之日起满三年，且自提出专利申请之日起满四年，无正当理由未实施或者未充分实施其专利的；

（二）专利权人行使专利权的行为被依法认定为垄断行为，为消除或者减少该行为对竞争产生的不利影响的。

第四十九条 在国家出现紧急状态或者非常情况时，或者为了公共利益的目的，国务院专利行政部门可以给予实施发明专利或者实用新型专利的强制许可。

第五十条 为了公共健康目的，对取得专利权的药品，国务院专利行政部门可以给予制造并将其出口到符合中华人民共和国参加的有关国际条约规定的国家或者地区的强制许可。

第五十一条 一项取得专利权的发明或者实用新型比前已经取得专利权的发明或者实用新型具有显著经济意义的重大技术进步，其实施又有赖于前一发明或者实用新型的实施的，国务院专利行政部门根据后一专利权人的申请，可以给予实施前一发明或者实用新型的强制许可。

在依照前款规定给予实施强制许可的情形下，国务院专利行政部门根据前一专利权人的申请，也可以给予实施后一发明或者实用新型的强制许可。

第五十二条 强制许可涉及的发明创造为半导体技术的，其实施限于公共利益的目的和本法第四十八条第（二）项规定的情形。

第五十三条 除依照本法第四十八条第（二）项、第五十条规定给予的强制许可外，强制许可的实施应当主要为了供应国内市场。

第五十四条 依照本法第四十八条第（一）项、第五十一条规定申请强制许可的单位或者个人应当提供证据，证明其以合理的条件请求专利权人许可其实施专利，但未能在合理的时间内获得许可。

第五十五条 国务院专利行政部门作出的给予实施强制许可的决定，应当及时通知专利权人，并予以登记和公告。

给予实施强制许可的决定，应当根据强制许可的理由规定实施的范围和时间。强制许可的理由消除并不再发生时，国务院专利行政部门应当根据专利权人的请求，经审查后作出终止实施强制许可的决定。

第五十六条 取得实施强制许可的单位或者个人不享有独占的实施权，并且无权允许他人实施。

第五十七条 取得实施强制许可的单位或者个人应当付给专利权人合理的使用费，或者依照中华人民共和国参加的有关国际条约的规定处理使用费问题。付给使用费的，其数额由双方协商；双方不能达成协议的，由国务院专利行政部门裁决。

第五十八条 专利权人对国务院专利行政部门关于实施强制许可的决定不服的，专利权人和取得实施强制许可的单位或者个人对国务院专利行政部门关于实施强制许可的使用费的裁决不服的，可以自收到通知之日起三个月内向人民法院起诉。

第七章 专利权的保护

第五十九条 发明或者实用新型专利权的

保护范围以其权利要求的内容为准，说明书及附图可以用于解释权利要求的内容。

外观设计专利权的保护范围以表示在图片或者照片中的该产品的外观设计为准，简要说明可以用于解释图片或者照片所表示的该产品的外观设计。

第六十条 未经专利权人许可，实施其专利，即侵犯其专利权，引起纠纷的，由当事人协商解决；不愿协商或者协商不成的，专利权人或者利害关系人可以向人民法院起诉，也可以请求管理专利工作的部门处理。管理专利工作的部门处理时，认定侵权行为成立的，可以责令侵权人立即停止侵权行为，当事人不服的，可以自收到处理通知之日起十五日内依照《中华人民共和国行政诉讼法》向人民法院起诉；侵权人期满不起诉又不停止侵权行为的，管理专利工作的部门可以申请人民法院强制执行。进行处理的管理专利工作的部门应当事人的请求，可以就侵犯专利权的赔偿数额进行调解；调解不成的，当事人可以依照《中华人民共和国民事诉讼法》向人民法院起诉。

第六十一条 专利侵权纠纷涉及新产品制造方法的发明专利的，制造同样产品的单位或者个人应当提供其产品制造方法不同于专利方法的证明。

专利侵权纠纷涉及实用新型专利或者外观设计专利的，人民法院或者管理专利工作的部门可以要求专利权人或者利害关系人出具由国务院专利行政部门对相关实用新型或者外观设计进行检索、分析和评价后作出的专利权评价报告，作为审理、处理专利侵权纠纷的证据。

第六十二条 在专利侵权纠纷中，被控侵权人有证据证明其实施的技术或者设计属于现有技术或者现有设计的，不构成侵犯专利权。

第六十三条 假冒专利的，除依法承担民事责任外，由管理专利工作的部门责令改正并予公告，没收违法所得，可以并处违法所得四倍以下的罚款；没有违法所得的，可以处二十万元以下的罚款；构成犯罪的，依法追究刑事责任。

第六十四条 管理专利工作的部门根据已经取得的证据，对涉嫌假冒专利行为进行查处时，可以询问有关当事人，调查与涉嫌违法行为有关的情况；对当事人涉嫌违法行为的场所实施现场检查；查阅、复制与涉嫌违法行为有关的合同、发票、账簿以及其他有关资料；检查与涉嫌违法行为有关的产品，对有证据证明是假冒专利的产品，可以查封或者扣押。

管理专利工作的部门依法行使前款规定的职权时，当事人应当予以协助、配合，不得拒绝、阻挠。

第六十五条 侵犯专利权的赔偿数额按照权利人因被侵权所受到的实际损失确定；实际损失难以确定的，可以按照侵权人因侵权所获得的利益确定。权利人的损失或者侵权人获得的利益难以确定的，参照该专利许可使用费的倍数合理确定。赔偿数额还应当包括权利人为制止侵权行为所支付的合理开支。

权利人的损失、侵权人获得的利益和专利许可使用费均难以确定的，人民法院可以根据专利权的类型、侵权行为的性质和情节等因素，确定给予一万元以上一百万元以下的赔偿。

第六十六条 专利权人或者利害关系人有证据证明他人正在实施或者即将实施侵犯专利权的行为，如不及时制止将会使其合法权益受到难以弥补的损害的，可以在起诉前向人民法院申请采取责令停止有关行为的措施。

申请人提出申请时，应当提供担保；不提供担保的，驳回申请。

人民法院应当自接受申请之时起四十八小时内作出裁定；有特殊情况需要延长的，可以延长四十八小时。裁定责令停止有关行为的，应当立即执行。当事人对裁定不服的，可以申请复议一次；复议期间不停止裁定的执行。

申请人自人民法院采取责令停止有关行为的措施之日起十五日内不起诉的，人民法院应当解除该措施。

申请有错误的，申请人应当赔偿被申请人因停止有关行为所遭受的损失。

第六十七条　为了制止专利侵权行为，在证据可能灭失或者以后难以取得的情况下，专利权人或者利害关系人可以在起诉前向人民法院申请保全证据。

人民法院采取保全措施，可以责令申请人提供担保；申请人不提供担保的，驳回申请。

人民法院应当自接受申请之时起四十八小时内作出裁定；裁定采取保全措施的，应当立即执行。

申请人自人民法院采取保全措施之日起十五日内不起诉的，人民法院应当解除该措施。

第六十八条　侵犯专利权的诉讼时效为二年，自专利权人或者利害关系人得知或者应当得知侵权行为之日起计算。

发明专利申请公布后至专利权授予前使用该发明未支付适当使用费的，专利权人要求支付使用费的诉讼时效为二年，自专利权人得知或者应当得知他人使用其发明之日起计算，但是，专利权人于专利权授予之日前即已得知或者应当得知的，自专利权授予之日起计算。

第六十九条　有下列情形之一的，不视为侵犯专利权：

（一）专利产品或者依照专利方法直接获得的产品，由专利权人或者经其许可的单位、个人售出后，使用、许诺销售、销售、进口该产品的；

（二）在专利申请日前已经制造相同产品、使用相同方法或者已经作好制造、使用的必要准备，并且仅在原有范围内继续制造、使用的；

（三）临时通过中国领陆、领水、领空的外国运输工具，依照其所属国同中国签订的协议或者共同参加的国际条约，或者依照互惠原则，为运输工具自身需要而在其装置和设备中使用有关专利的；

（四）专为科学研究和实验而使用有关专利的；

（五）为提供行政审批所需要的信息，制造、使用、进口专利药品或者专利医疗器械的，以及专门为其制造、进口专利药品或者专利医疗器械的。

第七十条　为生产经营目的使用、许诺销售或者销售不知道是未经专利权人许可而制造并售出的专利侵权产品，能证明该产品合法来源的，不承担赔偿责任。

第七十一条　违反本法第二十条规定向外国申请专利，泄露国家秘密的，由所在单位或者上级主管机关给予行政处分；构成犯罪的，依法追究刑事责任。

第七十二条　侵夺发明人或者设计人的非职务发明创造专利申请权和本法规定的其他权益的，由所在单位或者上级主管机关给予行政处分。

第七十三条　管理专利工作的部门不得参与向社会推荐专利产品等经营活动。

管理专利工作的部门违反前款规定的，由其上级机关或者监察机关责令改正，消除影响，有违法收入的予以没收；情节严重的，对直接负责的主管人员和其他直接责任人员依法给予行政处分。

第七十四条　从事专利管理工作的国家机关工作人员以及其他有关国家机关工作人员玩忽职守、滥用职权、徇私舞弊，构成犯罪的，依法追究刑事责任；尚不构成犯罪的，依法给予行政处分。

第八章　附则

第七十五条　向国务院专利行政部门申请专利和办理其他手续，应当按照规定缴纳费用。

第七十六条　本法自 1985 年 4 月 1 日起施行。

《中共广东省委、广东省人民政府关于争当实践科学发展观排头兵的决定》

为全面贯彻党的十七大精神，深入贯彻落实科学发展观，继续解放思想，坚持改革开放，争当实践科学发展观的排头兵，特作出如下决定。

一、继续解放思想，树立科学发展新观念

解放思想是发展中国特色社会主义的一大法宝。改革开放以来，广东率先解放思想，敢闯敢试，创造了体制机制先发优势，经济社会发展取得了举世瞩目的巨大成就，从生产力到生产关系，从经济基础到上层建筑都发生了意义深远的重大变化，许多方面走在全国前列，发挥了排头兵作用。当前，我国已进入科学发展新时代，我省正处于经济社会发展全面转入科学发展轨道的关键时期，面临前所未有的机遇和挑战。在新的历史起点上，广东必须继续解放思想，坚定不移地贯彻落实科学发展观，勇于为提升我国国际竞争力、探索科学发展模式、发展中国特色社会主义作出新的贡献。牢固树立科学发展新观念，坚决突破影响科学发展的思维定势和体制机制障碍，以敢为天下先的气魄，闯出一条科学发展的新路，努力争当实践科学发展观的排头兵。

（一）必须全面准确理解科学发展观的内涵，从片面追求总量和速度的观念中解放出来。科学发展观是一个有机的整体，发展是第一要义，发展必须遵循以人为本、全面协调可持续和统筹兼顾的规定性，确立发展的科学内涵。实践科学发展观，要克服仅用经济总量和增长速度衡量发展的观念，增强推进科学发展的自觉性和针对性。

（二）必须全面把握现代化的综合价值取向，从单一的经济价值取向中解放出来。社会主义现代化是一个包括经济、政治、文化、社会发展在内的全面发展过程。实现现代化，不仅要建设物质文明，还要建设民主政治、精神文明、和谐社会。要改变把发展经济作为唯一工作任务、把物质富裕作为现代化最高价值取向的片面认识。在发展经济的同时，进一步推进政治发展、文化发展和社会发展，全面实现现代化。

（三）必须坚持以人为本，从“重物轻人”的观念中解放出来。发展经济是满足人民日益增长的物质和文化生活需要的基础，人的全面发展才是发展的根本目的和根本动力。在新的历史条件下，要破除重生产轻生活、重发展轻环境、“重物轻人”的观念，加强人文关怀，坚持做到发展依靠人民，发展为了人民，发展成果由人民共享。

（四）必须创新发展模式，从粗放型的发展路径中解放出来。世界上没有放之四海而皆准和一成不变的发展道路和发展模式。与粗放型增长相适应的某些发展路径和思想观念，随着发展阶段和形势的变化，有的已经成为影响科学发展的障碍。忽视资源环境代价的粗放型发展模式，已经难以为继。要改变对传统工业化模式的依赖，尊重自然规律、科学规律和经济规律，加快转变发展方式，努力走出一条生产发展、生活富裕、生态良好的文明发展道路。

（五）必须发扬积极进取精神，从小富即安的思想中解放出来。改革开放打破了计划经济体制下的平均主义，重构了社会利益格局，极大地激发了社会活力。但既有的利益格局和小富即安、自满自足的思想，也削弱了一部分人改革创新的进取精神。要勇于自我变革，主动调整不合理的既得利益，自觉打破狭隘的利益格局，强化忧患意识，克服小富即安、小进则满的思想，增强改革创新和科学发展的新动力。

（六）必须树立世界眼光和战略思维，从过分依赖地缘优势及习惯于在本行政区域配置资源的思维定势中解放出来。广东地处改革开放的前沿，地缘优势和市场经济创造了巨大的发展空间。但面向未来，增创我省发展新优势，要以国际视野和战略思维谋划发展，把握经济全球化发展新趋势，统筹利用好国内国外两种资源、两个市场，加快完善开放型经济体系，不断提高国际竞争力。

（七）必须增强实现共同富裕的政治责任感，从先富帮后富责任意识不强的被动状态中

解放出来。先富帮后富，走共同富裕道路，是中国特色社会主义的本质要求，也是制度安排和相对发达地区的政治责任。没有欠发达地区的小康就没有全省的小康，没有欠发达地区的现代化就没有全省的现代化。要把促进协调发展、共同富裕，作为检验广东能否实现科学发展和考验各级党委、政府能力的重要标准，增强先富帮后富的政治责任意识，发挥制度优势，促进区域互动协调发展，实现全省共同富裕、共同繁荣。

（八）必须认清民主法制是落实科学发展观最根本的保障，从不重视人民群众主体作用的意识中解放出来。民主与法制是社会主义的基石。人民群众是实践科学发展观的主体和受益者，只有发展社会主义民主政治，保障人民群众在经济社会发展中的民主权利，加快制定促进科学发展的法规，才能最大限度地保护和调动人民群众推动科学发展的积极性、主动性和创造性，将科学发展和实现人民群众的根本利益纳入法制化轨道，形成科学发展的强大内生动力和社会共同意志，确保科学发展观真正落到实处并长期坚持下去。

上述新观念，是全省解放思想学习讨论活动的重要成果，也是我省今后落实科学发展观的重要思想基础。当前，解放思想已经成为广东的主旋律，解放思想的良好社会氛围正在形成。实践永无止境，解放思想永无止境。要坚持求真务实，积极推动将解放思想形成的共识，转化成政策、措施、制度和法规，把解放思想、改革创新贯穿于实践科学发展观的全过程。

二、争当实践科学发展观排头兵的总体要求和战略目标

（一）总体要求。高举中国特色社会主义伟大旗帜，以邓小平理论和“三个代表”重要思想为指导，深入贯彻落实科学发展观，聚精会神搞建设，一心一意谋发展，不断解放和发展生产力。以解放思想为引领，以改革开放为动力，切实转变发展方式，切实提高国际竞争力，切实推进区域城乡协调发展，切实提升民生质量，切实增强文化软实力，切实建立保障科学发展的体制机制，努力争当实践科学发展观的排头兵。

（二）战略目标。坚持面向世界，服务全国，努力建设成为提升我国国际竞争力的主力省，探索科学发展模式的试验区，发展中国特色社会主义的先行地。

力争经过五到十年的努力，基本建立科学发展的体制机制，率先走出一条物质文明、精神文明、政治文明和生态文明相协调的科学发展道路，全面开创科学发展新局面。

——基本实现发展方式的根本转变。全面实现经济又好又快发展，产业结构明显优化，自主创新能力和国际竞争力显著增强，社会主义市场经济体制更加完善，节约能源资源和保护生态环境的产业结构、增长方式和消费模式基本形成，企业在市场经济中的主体作用得到充分发挥，成为世界先进制造业基地、中国现代服务业区域中心、亚洲发达的城市区域。

——基本实现以人为本的和谐发展。全民受教育程度明显提高，社会就业更加充分，城乡居民人均收入与经济增长水平相适应，社会保障体系不断完善，人民生活质量显著提高，人的综合素质全面提升，人民群众的合法权益得到保障，基本建成平安和谐广东。

——基本实现全面协调可持续发展。经济建设、政治建设、文化建设和社会建设相协调，生态文明观念在全社会牢固树立，城乡区域基本实现协调发展，文化软实力明显增强，宜居城乡建设呈现新面貌，实现经济社会永续发展。

——基本形成统筹兼顾的新机制。科学发展的若干重大关系基本理顺，统筹兼顾的利益协调体制机制基本形成，广大人民群众推动科学发展的积极性充分发挥，总揽全局、科学运筹、兼顾各方的工作格局得以确立。

（三）基本原则。坚持解放思想，实事求是；坚持改革创新，先行先试；坚持以人为

本，民生为重；坚持相信群众，遵循规律；坚持统筹兼顾，分类指导。

三、树立世界眼光，提升国际竞争力

大力推进经济国际化，抢抓经济全球化发展新机遇，加快完善内外联动、互利共赢、安全高效的开放型经济体系，增创国际竞争新优势。

（一）拓展对外开放广度和深度，勇当参与国际竞争的先锋。遵循经济全球化大趋势与国际产业分工变动规律，把握新一轮国际产业调整和转移的机遇，统筹省内发展与对外开放，提升广东在全球竞争中的地位。适应国际经济贸易规则，增强参与国际经济合作和竞争新优势。充分借鉴香港的国际化经验，以加强粤港澳合作为纽带，在外经贸发展方式、区域经贸合作及“引进来”、“走出去”等方面实现新突破。拓展我省自主参与全球生产、流通、分配的途径，推动重点产业和商贸领域的国际合作，改变在国际产业链中处于低端的格局。

（二）构建粤港澳紧密合作区，增创国际竞争新优势。贯彻“一国两制”方针，以互利共赢、平等协商为原则，创新合作思路和方式，注重发挥市场主体作用，全面推进粤港澳紧密合作。加大CEPA在广东先行先试的力度，深化粤港澳产业转型升级合作。发挥港澳在我省产业优化升级中的桥梁作用，将港澳与广东的优势相结合，加快发展高端服务业，提高我省的国际竞争力。推进粤港澳金融合作与创新，建立更紧密的区域金融协调与合作机制。加强三地空间和城市群的发展规划协调，加大基础设施建设和资源整合力度，积极推进口岸查验模式改革，促进粤港澳经济、社会、文化、科技、教育、卫生等全面交流合作，实现三地人员、资金、货物、信息等要素便捷流动。充分发挥省会城市和港澳周边城市在粤港澳合作中的先导作用。

（三）创新对外经济贸易发展方式，提高对外开放质量和水平。推动对外经济贸易从数量规模型向质量效益型转变。促进加工贸易转型升级。鼓励加工贸易企业向上游拓展，向下游延伸，引导加工贸易企业增加国内采购和深加工结转业务，扩大产品内销，带动国内配套产业发展。加快工业制成品向中高端转型，逐步提高服务贸易比重。对外贸易要坚持以质取胜，调整优化进出口结构。创新招商引资方式，主动承接新一轮国际先进制造业和现代服务业转移，积极吸引世界500强及国内有关行业的百强企业把技术水平更高、附加值更大的产品和项目落户广东。加快实施“走出去”战略。扩大境外加工贸易和合作开发资源，建设境外经贸合作区，完善鼓励政策和协调机制，健全对外投资服务体系。实施国际产业、跨国公司、开放人才培育工程，支持广东企业提高产品附加值，拓展国际市场，支持一批企业发展成为具有自主知识产权和国际知名品牌的跨国经营企业。推动外向型民营企业发展壮大。积极应对国际贸易摩擦，注重防范国际经济风险。

（四）以加强东盟合作为重点，推进区域经贸合作。按照合作共赢、资源共享的原则，建立政府定期会晤机制和民间交流合作机制，推进与东盟贸易、资源开发、工程承包深度合作。扩大我省优势特色产品对东盟出口，鼓励企业到东盟投资办厂。务实推进泛珠三角区域合作，发挥广东在泛珠三角区域与东盟合作中的桥梁作用。扩大粤台经贸交流，推动粤台高新技术产业、现代农业和物流业等合作。

四、大力优化产业结构，构建现代产业体系

坚持制造与创造相促进，制造业与服务业相配套，信息化与工业化相融合，努力提高产业国际竞争力，建立既与世界接轨又有广东特色的现代产业体系。

（一）加快现代服务业和先进制造业“双轮驱动”，提升产业竞争力。加快发展现代服务业。切实转变重制造轻服务的观念，把现代服务业培育成主导产业。重点发展金融业、物

流业、信息服务业、科技服务业、外包服务业、商务会展业、文化创意产业和总部经济等。加快建设金融强省，构建区域金融中心，发展壮大信贷、资本、保险市场和地方龙头金融企业。重点建设一批枢纽型现代物流园区、配送中心。大力发展先进制造业，重点发展装备制造、汽车、钢铁、石化和船舶制造等产业，重点建设重大成套和技术装备制造基地。优先发展以电子信息、生物医药、新材料、环保、节能与新能源、海洋生物等高新技术产业，鼓励以高新技术改造提升优势传统产业。大力推进现代服务业基地和先进制造业基地建设。制定加快现代服务业和先进制造业发展的政策、法规和标准。

（二）着力提高自主创新能力，建设创新型广东。制定创新型广东行动纲要，创建国家自主创新综合试验区，推动经济发展从要素驱动向创新驱动、广东制造向广东创造转变。实施自主创新重大科技专项，集中力量突破一批关键领域核心技术和行业共性技术，打造一批抢占产业技术竞争制高点的跨国大型企业，鼓励企业和行业组织参与制订行业国家标准和国际标准。创新思路深化科研机构改革，充分发挥高等学校、科研机构的作用，加强有广东优势的支撑自主创新的基础研究。深化省部产学研合作，建立产学研战略联盟。推动企业成为自主创新主体，大力扶持科技型中小企业发展，加强企业科技平台建设。构建国际科技合作新体系，建设粤港澳联合创新基地。实施知识产权战略，加强知识产权创造、应用、保护和管理，实现从知识产权大省向知识产权强省跨越。构建社会化、多元化创新投入体系，探索建立高新技术产业投资基金，完善风险投资的体制机制，发挥政府采购扶持自主创新的作用。加强自主创新地方法规体系建设，修订《广东省促进科技进步条例》，制订《广东省促进自主创新条例》，制订并定期考核公布广东创新指数。

（三）打造数字广东，占领经济社会发展制高点。加快信息技术在经济社会发展各个领域的推广应用。积极推进政务、商务、生产、生活等领域的信息化，促进信息产业、信息技术、信息资源和信息环境全面发展。推进信息化与工业化相融合。全面运用信息技术提升产业优势，推进产品开发、设计及生产过程的信息化与自动化。实施装备制造数字化工程，推进装备制造业技术创新和产品创新。全力推进信息网络技术的普及应用。实施网络民生、网络创新创业、公共服务在线化三大工程和数字家庭普及计划。普及中小学信息技术教育，加快农村信息化，缩小“数字鸿沟”。支持建设国家南方现代物流公共信息平台，率先推进“物联网”的发展，打造全国电子商务中心。加大综合信息基础设施和信息高速公路建设力度，在全国率先推进电信网、有线电视网和互联网“三网融合”，打造无线宽带城市群。推广低成本实用通信技术和服务。加强信息化立法和信息安全保障体系建设。

（四）加快基础产业基础设施建设，支撑广东新一轮发展。高水准制定基础产业发展战略，适度超前规划交通、能源等重大基础设施建设。根据经济社会发展布局，优化整合机场、港口建设，大力兴建轻轨、铁路、高速公路、航运、电力、通信等基础设施工程，加快构建现代综合交通运输体系和能源资源保障体系。充分发挥基础设施建设对经济社会发展的支撑作用，优化广东的投资环境，吸引要素资源特别是优势资源向广东聚集。

五、实施提升珠三角带动东西北战略，构建区域城乡互动协调发展新格局

推动由按行政区域配置资源向按经济区域配置资源转变，优化发展中部，振兴发展东部，开拓发展西部，扶持发展北部，促进城乡协调发展，走出一条有广东特色的统筹区域城乡发展的新路子。

（一）加强分类指导，统筹促进区域互动发展。按照主体功能区的定位和理念，珠三角重点推动产业结构优化升级，建设全球高技术

产业研发制造和新兴产业创业基地，国际高端生产性服务业中心，区域性金融、会展、航运、物流和贸易中心。东西两翼地区重点发展现代物流、临港工业、装备制造业和旅游业。粤北山区要坚持保护与开发并重的原则，积极发展特色优势制造业和资源产业，大力发展特色农业和现代农业，优先发展生态旅游业，建设生态保护区。要统筹规划、整合资源、优势互补，形成区域经济错位发展、合作共赢的良性互动格局。优化产业布局，加快发展沿海、沿江和沿高速公路经济发展带，环珠三角产业转移带，加强区域性中心城市的规划建设，在各区域内培育一批新的经济增长点。制定区域协调发展规划，完善和落实发达地区对欠发达地区的挂钩帮扶机制，加大对口帮扶力度。建立促进全省区域互动协调发展的领导和协调工作机制，实现区域互动协调发展制度化。

（二）加快推进珠三角经济一体化，提高珠三角区域辐射引领能力。创新珠三角合作协调机制，探索用城市联盟等方式，推动珠三角区域合作向制度化方向发展，实现有序竞争，共赢发展。发挥龙头带动作用，广州要成为区域性现代服务业中心、国际商务会展中心、亚洲物流中心、国内先进制造业基地、华南科技创新中心；深圳要成为全国高新技术产业基地、国家创新型城市，成为中国特色、中国风格、中国气派的国际化城市。提高珠三角城市化水平，规划建设珠三角大都市圈，打造亚洲发达的城市群。统筹区域发展重点，科学引导产业布局。加强统筹协调、优化分工合作、促进资源共享、增进互利共赢，推进城市规划、基础设施、产业发展、生态环保一体化，推动同城化发展，进一步增强珠三角的竞争力和综合实力，为全省经济发展发挥引擎作用，增强促进区域协调发展的动力。出台推进珠三角经济一体化的相关政策。

（三）“腾笼换鸟、造林引凤”，促进产业和劳动力双转移。加快珠三角低端产业转移，腾出发展空间，创造优良发展环境和产业配套环境，吸引承接高端产业和人才。加强规划引导，推动产业和劳动力双转移，促进产业转型升级和优化劳动力布局。提高珠三角产业准入标准，制定珠三角淘汰类、限制类和鼓励发展类的产业政策。省财政加大对双转移的投入力度。继续扶持建设东西两翼及山区产业转移工业园区，在已认定的省级产业转移工业园区基础上，重点建设1－2个大型产业转移园区。加强转移就业的公共服务，加大农村劳动力转移的职业技能培训力度，大力培养高技能人才，制定优秀进城务工农民入户政策，促进农业人口合理有序转移。

（四）创新发展战略和扶持方式，实现东西北地区发展重点突破。东西北地区之间和区域内部，要实行非均衡协调发展，提高人口和产业的集聚度，实现重点突破。优化发展环境，扩大城市规模，增强城市实力，以城市发展带动区域发展。做大做强专业镇，做大块状经济，发展壮大县域经济。要创新扶持方式，对欠发达地区、少数民族地区的扶持，要从单纯扶持经济增长向同时扶持提高公共服务水平和缩小生活水平差距转变。改革重点扶持机制，采取竞争扶持方式，调动东西北地区加快发展的积极性。完善激励型财政政策，加大对经济欠发达地区的转移支付力度。完善“山洽会”合作机制，扩大合作领域。加大东西北地区交通、能源和水利等基础设施建设力度，创造促进区域协调发展的良好硬、软环境。加大东西北地区干部培训和交流力度。

（五）加大统筹城乡发展力度，促进城乡经济社会一体化发展。着力解决好“三农”问题，加快社会主义新农村建设。推进城乡基本公共服务均等化，按照社会事业向农村延伸、公共财政向农村倾斜、城市文明向农村辐射的要求，逐步建立广覆盖的农村社会保障体系。全面推行工业项目向园区集中、加快推进农田适度规模经营、有序推进农民向城镇转移，促进城乡生产要素的自由流动和优化配置。建立土地承包经营权流转市场，发展多种形式的规模经营，探索建立政府补贴的农业保险体系。鼓励各地进行农村土地流转的探索，鼓励有条件的市探索农村住房制度改革。实施“万村百镇”整治工程，治理村镇环境卫生。加快发展农民专业合作组织。加强农业科技创新，提高农业机械化水平，增强农业综合生产能力。建设现代农业园区，积极发展特色、效益和生态农业，发展农产品加工业，壮大农村集体经济，提高农民收入。制定和实行支农惠农政策，加大对农村公共服务等的转移支付，加大农村基础设施、农田标准化改造、农村水利工程和农村环境卫生等建设投入。大力推进城乡协调发展综合配套改革，在佛山、东莞、中山等市以及有条件的地区先行试点，积极探索基本公共服务均等化，建立以工促农、以城带乡的长效机制。

六、以打造宜居城乡为载体，建设美好家园

大力推进生态文明建设，促进人与自然和谐发展，努力改善城乡人居环境，构建资源节约型、环境友好型社会，打造宜居广东，使人民在良好生态环境中生产生活。

（一）加强城乡规划建设管理，建设优美城乡环境。统筹规划城乡空间布局，建立全省空间规划协调机制，形成以国民经济和社会发展规划为依据，城乡规划及土地利用规划为支撑的空间规划体系，逐步推进“三规合一”。实现规划全覆盖，由城市延伸到镇村，逐步建立城乡统筹的公共交通、供水供电、环境保护、卫生保健等基本公共服务体系。城市建设要突出特色，保护具有区域特色民族风格和历史文化内涵的城乡建筑。推进旧城镇、旧厂房、旧村居改造，优化用地布局，节约集约土地，建设节约集约用地示范省。理顺城市管理体制，重点加强对城乡结合地以及城市交通、供水、供电、供气和通讯的管理，加强城市综合执法，提高城市管理水平。

（二）加强生态保护和环境治理，建设人与自然和谐的生态环境。青山、绿水、蓝天是建设美好家园的重要标志。树立保护也是发展的理念，推动生态环境保护从“软约束”向“硬约束”转变。严格实施环保规划，全面开展规划环境影响评价，加大珠三角环境污染治理力度，协调联动治理灰霾天气，加强东西两翼沿海地区重大产业发展的污染控制，构筑山区生态安全屏障。全面推进生态省建设，以森林、土壤、水、大气为重点，推进生态保护和环境治理。借鉴国际经验，探索建设省立（生态）公园，加强自然保护区建设，加大对生态风景名胜区的保护力度。加强地表水污染防治工作，加强对饮用水源、生态敏感区的保护。设立禁止和限制开发区域。抓好重点流域、区域环境综合整治。加快城镇污水处理设施建设，2009年底前珠三角地区的中心镇、东西两翼和山区的县城全部建成污水集中处理设施。加快建立珠三角大气复合污染防治体系，粤港澳共建绿色大珠三角优质生活圈。加大珠三角污染和高耗能行业污染的防治力度，防止污染向山区和农村转移。构建环境监测预警和执法监督体系，提高污染事故应急处置能力。建立健全流域、区域污染治理联防联治机制。建立和完善流域、区域生态补偿机制，逐步提高生态公益林补助标准。建立环境污染责任保险制度。

（三）加强节能减排，营造优质洁净的人居环境。建设宜居城乡必须节约能源资源和减少污染物排放。大力发展循环经济，推进能源、资源的节约和综合利用。制订可再生能源中长期发展规划，加快发展水能、海洋能、风能、太阳能、核能等新能源。大力发展农村沼气，推进农业废弃物循环利用。严格实行污染物排放总量前置审核制度。建立健全节能减排长效机制，实行节能减排责任追究制和问责制。建立污染物排放指标有偿使用收费制度，探索建立排污权交易市场。推行节能节地减排工作排名制度。

（四）开展宜居城乡创建活动，提升优美环境建设水平。以建设美好家园为目标，开展“宜居城市”、“宜居城镇”、“宜居村庄”创建活动，通过示范带动、科学考核、动态管理等手段，形成政府推动、部门协作、全民参与、共建共享的创建氛围。努力在全省建设一批生产发展、生活富裕、生态良好、文化繁荣、社会和谐、人民群众充满幸福感的宜居城市、城镇和村庄。

七、以增加城乡居民收入为重点，全面提升民生质量

坚持民生为重，促进社会公平正义，努力使全体人民学有所教、劳有所得、病有所医、老有所养、住有所居，实现幸福安康，推动和谐社会建设。

（一）实施城乡居民收入倍增计划。深化收入分配制度改革，力争到2012年，实现城乡居民总收入比2007年翻一番。全面建立与经济发展及物价增长相适应的最低工资标准调整机制，加快最低工资标准法制化进程。推进企业职工工资集体协商制度，完善企业工资正常增长机制和支付保障机制，建立科学合理的国有企业职工薪酬制度，逐步提高企业退休人员收入福利水平。构建创业服务平台，以创业带动就业。落实涉农补贴到户政策，强化农业服务体系建设，促进农业增产农民增收。建立健全机关事业单位人员工资正常增长机制，合理调节地区间机关事业单位工作人员收入差距。增加城乡居民财产性和转移性收入。建立收入分配联席会议制度。

（二）加快完善覆盖城乡惠及全民的社会保障网。建立广覆盖、保基本、多层次、可持续的社会保障体系。建立健全公共财政政策体系，促进社会福利和基本公共服务均等化。积极探索财政补助、国有资产收益划转等多渠道社保资金筹集方式。改革养老保险省级调剂金办法，强化富裕地区支持欠发达地区的责任机制。2009年实现养老保险省级统筹和省内无障碍转移。完善城镇职工基本养老保险制度，加快建立农村养老保险制度，积极探索以个人账户为核心的养老保险制度改革，实现人人享有养老保障。全面推进城镇基本职工医保、城镇居民基本医保、新型农村合作医疗、城乡医疗救助制度建设，加快实现全民医保。有条件的地方实行城乡医保一体化管理。健全以低保和救灾救济为主体的社会救助，以优抚和退役士兵安置为重点的优抚安置，以服务老年人、残疾人、孤儿为主的社会福利服务三大保障体系。根据经济社会发展水平调整低保标准。提高优抚对象抚恤补助标准。依法落实农村“五保”、城镇“三无”救济对象不低于当地群众平均生活水平的政策。提高贫困线标准，完善扶贫开发机制，做到规划到户，责任到人，加快消除绝对贫困现象。创新社会福利服务管理体制，率先建立社会工作职业制度，拓展社会志愿服务，大力扶持和发展社会慈善事业，加快发展老龄事业，全面提升我省社会福利的整体水平。

（三）切实解决住房、医疗和教育等突出民生问题。构建住房保障体系。继续实施农村安居工程，加快完成农村危房和泥砖（茅草）房改造。加快生存环境恶劣的边远山区、贫困地区人口的搬迁安置工作。加快建设廉租房、引导开发中低价商品房，逐步解决和改善中低收入群体的住房问题，深化货币分房制度改革。构建覆盖城乡的公共卫生服务体系，加强社区和乡镇医疗机构建设。改革创新公立医院管理体制，健全公共卫生服务经费保障机制，提高群众的医疗保障水平。建立基本药物制度和药品供应保障机制，完善医疗价格管理体系。加强食品药品监管，保障人民群众饮食用药安全。推进中医药强省建设，发挥中医药在基本医疗卫生制度中的作用。构建和谐医患关系。鼓励社会资金投向医疗卫生事业。改进机关事业单位工作人员医疗保障政策。加快推进农村改水工程，全面解决饮水安全问题。落实家庭经济困难学生资助政策，逐步解决进城务工人员子女平等接受义务教育问题。严格控制人口增长，提高人口质量，调整人口结构。确保粮食安全。

八、全面提高公民素质，提升文化软实力

大力推动文化创新，增强文化引领力和竞争力，促进人的全面发展，通过提升软实力保障我省综合实力的持续增强。

（一）着力塑造新时期广东人文精神，努力提高公民的文明素质。把社会主义核心价值体系融入国民教育和精神文明建设全过程，转化为人民群众的自觉追求。继承弘扬中华优秀传统文化和岭南特色文化，加强现代公民素质教育，以提高人的素质、实现人的全面发展为核心，培育创业、创新、诚信精神，打造具有时代特征的新时期广东人精神。以增强诚信意识为重点，加强社会公德、职业道德、家庭美德和个人品德建设。大力发展人文社会科学，推进思想理论文化创新，发挥哲学社会科学在促进科学发展和构建和谐社会中的引领支撑作用。深入开展群众性精神文明创建活动，发展和谐文化，弘扬社会正气，培育文明风尚，激发广大群众共谋发展、共建和谐的工作热忱和社会责任感。

（二）坚持优先发展教育，打造人力资源强省。增强软实力必须以深化教育改革和提高人的教育水平为重点。实施人才强省战略，全面推进素质教育，加快教育现代化进程。实施义务教育均衡发展工程，全面持续改善义务教育办学条件。实施普及高中阶段教育工程，到2011年全省普及高中阶段教育。加快发展壮大职业教育和技工教育。优化高等学校结构与布局，实施高等教育发展水平提升工程，保持高等教育规模合理增长，进一步提高高等教育质量和办学水平。实施师资队伍建设工程，加强教师队伍建设，建立农村教师保障机制，建设高素质师资队伍。重视学前教育，关心特殊教育。促进和规范民办教育的发展。推进粤港澳合作办学，加强国际教育交流合作，提高教育国际化程度。财政资金优先保障教育投入，公共资源优先满足教育和人力资源开发需要。

（三）推进文化创新，加快文化事业和文化产业发展。文化事业和文化产业是提升软实力的重要载体。要突破体制障碍，引入市场竞争机制，深化文化体制改革。加快发展文化事业，实施文化精品战略，鼓励创作群众喜闻乐见的优秀作品，打造具有核心竞争力的文化产品和文化品牌。大力发展文化产业，加强文化产业园区建设，培育重点文化项目和骨干企业，推动我省文化产业成为支柱产业。建设一批文化强市、强县。推进珠三角与港澳三地创意产业合作发展。以数字出版和创意产业为抓手，培育新的文化业态。加强网络文化建设和管理，营造良好的网络环境。保护岭南物质和非物质文化遗产，打造有特色的现代岭南文化，鼓励有条件的地方创建国家级文化保护区。加强文化对外交流与合作，吸收借鉴人类优秀文明成果，推动岭南文化走向世界，提升广东文化形象及在国内外的影响力。

（四）加强基层文化建设，提高公共文化服务水平。惠及人民群众的基层文化是提升文化软实力的基础。制定公共文化建设规划，建立健全惠及全民的公共文化服务体系。实施文化资源共享、广播电视村村通、社区和农家书屋等工程，使公共文化设施覆盖街、社区和镇、村，让人民群众就近享受公共文化服务。加大公共财政对文化建设的投入力度，建立稳定的投入机制。提高文化资源利用效能，重点建设乡镇综合文化站。创新文化服务机制，鼓励社会力量积极参与公益性文化建设。加大普通话推广力度。开展全民体育健身活动。

（五）倡导向学崇文新风尚，加快推进学习型社会建设。树立全民终身学习理念，提高全社会科学文化素养和道德修养。建设学习型机关、学习型企业和学习型社区。各级领导干部要培养学习兴趣和习惯，带头学习，终身学习，发挥表率作用。建立带薪学习培训制度，鼓励、支持干部职工业余学习。创新学习形式，建立学习制度，开展学习竞赛活动，大力推动自然科学和人文社会科学的普及，在全社会倡导多读书、读好书，形成热爱学习、崇尚知识的良好氛围，使南粤大地成为创新文化的

一个重要策源地。

九、扩大公民有序政治参与，发展社会主义民主政治

坚持扩大人民民主，加快建设法治社会，进一步深化体制改革，努力营造促进科学发展的制度环境。

（一）大力加强社会主义民主，切实保障人民群众民主权利。发展社会主义民主政治，充分发挥人民群众推动科学发展的积极性。依法实行民主选举、民主决策、民主管理、民主监督，以党内民主带动人民民主。扩大公民有序政治参与，健全政务公开、民意反馈、社会评议、信访接洽、投诉申诉等制度，依法落实人民群众的知情权、参与权、表达权、监督权。引导群众通过互联网理性地表达诉求。大力推进决策科学化、民主化，健全重大事项集体决策、专家论证、技术咨询、社会公示与听证、决策评估等制度，建立决策反馈纠偏机制和决策责任追究制。重大决策、决定要听取党代表、人大代表、政协委员、民主党派、人民团体及社会各界的意见，并通过报刊、广播、电视、网络和民意调查等多种形式广泛征求意见。完善民主党派、无党派人士建言献策“直通车”制度。充分发挥工会、共青团、妇联等人民团体在促进科学发展中的积极作用。

（二）全面推进依法治省，加快法治广东建设。坚持科学立法、民主立法、开门立法，建立法规多元起草机制。在加快经济立法的同时，更加注重以改善民生为重点的社会领域立法。广泛开展法制宣传教育，弘扬社会主义法治理念，树立法律权威。坚持依法办事，推进依法行政，规范行政行为，提高行政效能，实行行政问责制，强化行政执法评议考核，推进“阳光用权”。坚持严格执法，推进公正司法，强化法律监督，不断提高执法司法公信力。加强司法救助和法律援助，加大对困难弱势群体的司法保护力度。

（三）深化改革，加快形成促进科学发展的体制机制。加快建立完善的市场经济体制机制，形成市场配置资源、企业自主发展、政府科学调控的良好格局。以行政管理体制改革、财政和投融资体制改革、要素市场体系建设等为重点，统筹经济和社会事业改革。建立多层次资本市场体系，完善资源要素价格形成机制。进一步深化财政体制改革，财政支出重点向公共服务、公共产品、民生保障等倾斜，完善政府购买服务制度。深化国有企业改革，加快国有资产结构调整，推动国有资本进一步向基础产业和关键领域聚集，建立和完善现代企业制度。深化垄断行业改革。放宽市场准入，创造公平竞争环境，加强中小企业服务体系建设，做强做大民营经济。深化行政管理体制改革，推进政府管理创新，减少行政层次，降低行政成本。建立与国际接轨的营商标准和做事规则。理顺政府和市场、政府和社会的关系，建立政府主导、市场运作、社会组织协调和公民参与的公共服务机制。建立健全信用监督和失信惩戒机制，加快建设社会信用体系。

（四）提高社会管理水平，营造优良的软环境。强化政府社会管理和公共服务职能，健全党委领导、政府负责、社会协同、公众参与的社会管理格局，建立政府行政功能和社会自治功能互补、政府管理力量和社会调节力量互动的社会管理网络。加快建设服务型机关，提高办事效率和服务水平，在全省范围开展群众广泛参与的评机关、评政风等活动。发挥社会组织和群众自治的作用，善于运用社会资源推进社会建设和管理。妥善处理人民内部矛盾，构建信访、调解、综治相结合的社会矛盾排查化解机制。推进“平安广东”和“六好”平安和谐社区建设，不断完善严打整治、社会治安防控和公共安全防控体系。创新治安管理与城市管理、市场管理、行业管理等有机结合、互相促进的新模式，标本兼治解决社会治安问题。加强流动人口服务和管理，建立流动人口服务管理“一证通”制度。建立社会管理信息共建共享机制，加强社会人、社会组织、网络虚拟社会等重点领域的管理。加强安全教育和

安全生产管理。健全和完善应急机制，提高开放条件下抗御重大自然灾害和应对公共突发事件的能力。

十、加强领导，落实推动科学发展的组织保障

发扬改革创新精神，充分发挥党的核心领导作用，引导树立正确的政绩观，为科学发展提供坚强有力的组织保障。

（一）加强党的建设，打造一支善于科学发展的高素质干部人才队伍。以改革创新精神全面加强党的建设，为科学发展提供坚强的政治和组织保障。加强领导班子和党员干部队伍建设，健全民主科学选人用人机制，把落实科学发展观作为配班子、选干部、用人才的重要标准，让善于科学发展的人上、不善于科学发展的人让、阻碍科学发展的人下。认真组织实施“双百”领导干部人才计划，加大干部交流力度。选拔培养一批能领导广东科学发展和参与国际竞争的中青年后备干部。加强干部培训，设立“终身教育培训账户”。深化干部人事制度改革，提高选人用人的公信度。创新吸引人才的环境，建设人才公共服务平台。加快人才引进，重点引进创新团队和领军人才，加强境外省外引才引智，建立刚柔并济的引才机制和高层次人才市场服务体系。抓基层、打基础，切实加强基层组织建设，构建城乡统筹基层党建工作新格局。切实加强流动党员管理与服务。党的领导干部要为民、务实、清廉，以改革创新精神推进反腐倡廉建设。注意保护干部解放思想、改革创新的积极性，为在落实科学发展观中想干事、敢干事、能干事、干成事的人提供坚强后盾，营造宽容、宽松、宽厚的社会氛围。

（二）建立落实科学发展观的评价指标体系和考核办法，引导树立正确的政绩观。建立科学的统计指标体系和核算方法，把贯彻落实科学发展观的目标和要求转化为可考核的客观指标。科学设计评价指标，在注重经济发展的同时，更加注重反映民生和社会发展的指标。坚持分类指导，按照都市发展区、优化发展区、重点发展区和生态发展区四个区域类型，对市厅级党政领导班子和领导干部进行考核评价，鼓励从当地实际出发推进科学发展，防止盲目攀比。制定各有侧重、差别化的绩效考核措施。强化考核结果运用机制，把考核评价结果作为领导班子调整和领导干部选拔、奖惩、培训的重要依据。编制和公布各地区的科学发展指数。要从党代表、人大代表、政协委员、党外人士中聘请科学发展监督员，对各地落实科学发展观的评价考核情况进行监督。

（三）鼓励先行先试，发挥典型示范作用。尊重群众的首创精神，加强领导、分类指导，先行先试、以点带面，发挥典型示范作用。对破解科学发展难题的改革创新举措，从实际出发，分别在市、县（市、区）、乡镇（街道）、村（居）先行试点，努力降低改革风险和改革成本，反对形式主义，提高工作绩效。认真抓好中央确定的我省深入学习实践科学发展观活动试点工作。经济特区要顺应新形势，勇于继续探索中国特色社会主义道路，发挥改革开放“窗口”和“试验田”作用。广州要努力成为我省建立现代产业体系和建设宜居城市的“首善之区”，深圳要努力建设中国特色社会主义示范市，全省各地都要发扬改革创新精神，探索符合本地实际的科学发展新路。

省委、省政府号召，全省各级党组织和政府，各级领导干部和广大党员，要高举中国特色社会主义伟大旗帜，以邓小平理论和“三个代表”重要思想为指导，深入贯彻落实科学发展观，更加紧密地团结在以胡锦涛同志为总书记的党中央周围，把实践科学发展观作为一项新的历史使命和伟大事业，坚持解放思想、实事求是、与时俱进，勇于变革、勇于创新，永不僵化、永不停滞，不为任何风险所惧，不被任何干扰所惑，充分发挥人民群众的主动精神和创造精神，努力开创广东科学发展的新局面。

各地各部门要根据本决定精神，制定有关行动纲要、实施意见和配套措施。

《广东自主创新规划纲要》

为贯彻落实党的十七大和全国科学技术大会精神，探索具有广东特色的自主创新道路，加快建成创新型广东，推进创新型国家建设，广东省人民政府、科技部、教育部联合制订本规划纲要。

一、指导思想、基本原则和发展目标

在改革开放30年之际，广东省乃至全国已进入新一轮大发展的战略机遇期，同时也面临日益激烈的国际竞争，要推动广东产业结构优化升级、转变经济发展方式、转入科学发展轨道，必须大力提升自主创新能力，加快建设创新型省份和创新型国家。制订实施《广东自主创新规划纲要》(以下称规划纲要)，全面开展促进自主创新的综合试验，是继续发挥广东作为改革开放"试验田"的先发优势，积极探索具有中国特色自主创新道路的重要途径；是深入贯彻落实科学发展观，着力解决制约广东科学发展短板问题，推动广东经济社会又好又快发展的重要举措。

(一) 指导思想

深入贯彻落实科学发展观，充分发挥科技部、教育部与广东省合作创新的优势，继续解放思想，以改革创新为动力，以建设创新型广东为目标，构建开放型的区域自主创新体系，大力推进科技体制机制创新，着力提高广东自主创新能力和产业国际竞争力，不断探索适合我国国情、具有广东特色的自主创新道路，为把广东建设成为提升我国国际竞争力的主力省、探索科学发展模式的试验区、发展中国特色社会主义的先行地提供强大的科技支撑。

(二) 基本原则

先行先试。坚持解放思想，发扬敢为人先、勇于改革的精神，积极开展自主创新综合试验，重点推进体制机制创新，在构建区域自主创新体系、深化产学研合作、培育高层次人才、建立现代科研院所制度等方面积极探索、先行先试，支持广东争当建设创新型国家的排头兵。

省部联动。以省部产学研合作为基础，以广东省为实施主体，进一步加强科技部、教育部和广东省在推进自主创新中的合作。广东省要为科技部、教育部开展各种自主创新试点示范提供综合配套和优越条件，科技部、教育部给予直接指导和政策、项目等支持，努力推动更多创新资源投向广东省。

开放创新。把握科技、经济全球化发展趋势，树立"大科技、大开放、大发展"的创新理念，以宽广的国际视野谋划和推动广东自主创新，优化配置国内外创新资源，坚持引进消化吸收再创新、集成创新和原始创新相结合，加快提高广东自主创新能力和国际竞争力，努力赶超世界创新型国家和地区。

重点突破。坚持重点突破、带动全局、跨越发展的方针，围绕实施自主创新战略的关键环节，突出抓好重点区域、重点产业和重点领域，集中力量办大事，努力创造一批具有国际竞争力的自主知识产权和核心技术，引领经济社会又好又快发展。

(三) 发展目标

力争用5至10年的时间，通过全面开展促进自主创新的综合试验，基本建立适应广东经济社会发展需求的开放型区域自主创新体系，使广东区域创新能力和产业竞争力达到世界中等发达国家或地区水平，努力构建立足广东、服务全国、面向世界的自主创新新格局，推动广东成为我国推进科技体制机制创新的试验区、自主创新的主力省。到2012年的具体目标是：

自主创新能力和产业竞争力显著提高。科技对广东经济发展的贡献率达到55%，全省年发明专利申请量超过300件/百万人口，技术自给率达50%以上。全省高新技术产品产值达到3? 8万亿元左右，高技术产业增加值占地区生产总值的比重大幅度提高，在部分领域占领核心技术和技术标准高地。

开放型区域创新体系更加完善。以企业为主体、市场为导向、产学研相结合的技术创新体系更加完善。全省经认定的高新技术企业数量稳步增加，年产值100亿元以上的高新技术企业（集团）达到50家左右。引导全国100所左右的著名高校、科研院所与广东产业界深入开展产学研合作，形成一批稳定高效的产学研创新联盟，建立长效的产学研合作机制，推动大批高校、科研院所的科技成果转化为现实生产力。

新型自主创新体制机制逐步建立。全省形成比较完善的自主创新协调机制，形成省部联动推进自主创新的长效机制，形成高校、科研院所和企业的创新资源开放共享机制。进一步深化粤港澳科技合作，推动国际创新合作取得实质性进展，显著提高广东集聚和利用国内外创新资源的能力。

自主创新投入大幅度提高。政府财政投入稳定增长，投入结构有效优化，投入绩效明显提高，公共财政引导社会资本投入自主创新的能力显著增强。科技与多层次资本市场实现紧密结合和良性互动，发展创业投资、开发性金融信贷、技术产权交易、非营利性民间创新基金取得重要突破。全社会研发投入占广东生产总值的比重（R&D/GDP）达到2%左右，珠三角地区力争达到2.5%左右。

二、建立开放型的区域自主创新体系

（一）扶持一批具有国际竞争力的创新型企业

鼓励广东大中型企业建立高水平的研发机构，支持具有较强创新实力的企业集团建设研发院。鼓励广东企业参与高新技术企业与创新型企业认定与建设、组建专业孵化器等工作。鼓励和引导全国高校与广东企业联合建立博士后工作站等科技创新和人才培养机构。引导加工贸易型企业开展技术创新活动，发展成为科技型企业。在国家和省级高新技术产业开发区设立外资企业研发服务基地，引导外资企业将创新资源和研发活动转移到广东，推动技术溢出。实施企业国际创新合作计划试点，支持广东企业到境外建立研发机构，开展创新合作活动。支持和鼓励企业参与制订行业标准、国家标准和国际标准。

（二）建设新型运作机制的现代科研院所

围绕广东经济社会发展的战略需求，整合现有科技、人才资源，以新的机制体制组建农业、工业、社会发展三大科研板块，实现全省科研机构创新资源的优化组合。鼓励实力较强的科研机构重组兼并中小型科研机构，增强科研机构整体实力。以新机制、新模式建设华南新药创制中心。选择具备产权制度改革基础的科研机构，进行科研机构产权制度改革示范试点，支持有条件的转制科研机构产业实体上市。进一步引导和鼓励国家重点高校与广东科研机构加强创新合作，在广东建立各种类型的研发机构。

（三）引导广东高校围绕经济社会发展需要开展创新

加强政策倾斜和资金项目引导，鼓励广东高校改革考核评价机制，建立健全服务于经济社会发展需要的新型教学和科研体制，促进科研成果转化和产业化。支持广东高校面向国际科技前沿开展创新，在全球范围内运用和配置各种创新资源，为广东经济社会发展提供技术源和人才源。

（四）大力发展科技中介服务机构

转变政府职能，充分发挥科技中介服务机构和行业协会在推动自主创新中的积极作用。重点发展科技情报、知识产权、技术评估、产权交易、成果转化等科技中介服务机构，并用创新的机制和现代化技术手段，提升其服务能力与服务水平，利用市场化、专业化服务优化创新资源配置，降低创新风险，提高创新效率，加速科技成果转化和产业化。支持服务高新技术企业和民营科技企业等的科技机构和各类行业协会发展壮大，提高各类创新主体的自我组织、自我管理和协同发展能力。

（五）优化区域自主创新格局

结合广东省主体功能区规划，对广东中心城市、珠三角地区、东西两翼和粤北山区三个层次实行分类指导，推动区域自主创新协调发展。科技部、教育部和广东省共同支持广州和深圳市建设创新型城市，形成具有强大创新能力和辐射带动功能的大都市创新体系；推动珠三角地区建设与现代产业体系相互融合的自主创新体系，大力开展引进消化吸收再创新和集成创新，形成具有国际竞争力的创新型产业集群；支持东西两翼和粤北山区建立健全区域性科技创新与服务网络，促进科技成果转化和产业化，推广高新技术和先进适用技术，为推进产业转移和劳动力转移提供科技支撑。积极探索广东与其他省份在科技创新与产业化等方面的联合、互动及资源共享。

三、进一步深化省部产学研合作

（一）以省部产学研合作框架为基础推进广东自主创新综合试验区建设

科技部、教育部和广东省联合推进自主创新综合试验，重点探索建立促进全社会创新资源高效配置和综合集成的新机制，探索建立企业为主体、产学研紧密结合的技术创新体系，探索营造有利于创新人才成长和发挥作用的良好环境，探索建立多元化、社会化的自主创新投入新机制，探索建立科技为经济社会发展服务、为人民服务的导向机制等。

（二）加快建设省部产学研创新联盟

在广东选择若干行业与全国高校、科研机构联合组建产学研创新联盟，围绕产业技术创新链，突破关键技术和共性技术，提升行业技术水平和竞争力，推动产学研合作由“点对点”合作、松散合作、单项合作向系统合作、紧密合作、长期合作转变。进一步探索更高效的省部产学研创新联盟的组织模式和运行方式。到2012年，全省组建100个左右的产学研创新联盟。

（三）加快实施科技特派员行动计划

在“两部一省”合作框架下，分期分批遴选全国高校和科研院所的科技人才担当科技特派员，进驻广东高新技术企业和民营科技企业，帮助企业建立产学研合作长效机制，提升自主研发能力。

（四）加强省部产学研结合创新平台和示范基地建设

引导全国重点建设高校、科研院所在广东建立和完善各类创新平台，重点扶持一批为产业发展服务的研究院（中心）；在广东各类科技园区、科技型企业和产业集群建设一批省部产学研结合示范基地，发挥辐射带动作用。

四、深入推进粤港澳及国际科技合作

（一）创新粤港澳科技合作机制

建立“一国两制”和CEPA框架下粤港澳科技合作新模式，促进粤港澳创新要素的合理流动和开放共享，推动三地科技人员专业技术职务以及产品、商品检验认证等互认。创新政府资助自主创新项目的模式。建立健全知识产权预警、监管系统及执法协作、涉外应对和维权援助机制，加大知识产权保护和市场监管力度。

（二）全面推进粤港澳科技合作

在粤港澳经济关联度较大的产业和技术领域，支持广东与香港、澳门联合建立一批高水平创新平台，引进国际高层次科技人才。在广州、深圳、珠海、东莞等地共建集研发、企业孵化、人才培养和先进制造等功能于一体的国际化高科技社区和产业化基地。按照《中外合作办学条例》的规定，允许若干所有条件的港澳高校到广东合作办学，培育国际化创新型人才。

（三）广泛开展国际科技合作

按照“引进来、走出去”的思路，广东广泛开展国际科技合作，大力引进国外先进技术成果和高层次创新人才。继续办好深圳国际高新技术交易会、中国留学人员广州科技交流会和东莞国际科技周等活动。建立引进消化吸收再创新协调机制，组织编制广东技术引进指南和消化吸收再创新规划，建立技术引进分类目录管理制度。支持广东积极参与国家“中医药国际合作研究计划”和“新能源国际合作计划”等对外合作项目，参与“欧盟第七科技框架计划”、“尤里卡计划”等国际重大科学研究计划，分享国际前沿科技成果。鼓励广东高校、科研院所与海外研发机构建立联合实验室或研发中心。

五、大力推进科技体制机制创新

（一）完善促进自主创新的市场机制

建立完善“谁创新谁得益”的市场激励机制，引导全社会增加创新资源投入。加大对自主创新的保护和激励奖励力度，激发全社会自主创新热情。建立完善创新要素自由流动的市场调节机制，简化科技型企业开办、转让、重组并购、投融资等手续，促进各类创新资源优化配置。

（二）集成优化政府各类创新资源

建立政府部门协同管理配置创新资源的新型模式，打破部门、地区和所有制界限，整合科技资金、设备、人才、机构等创新资源，优化资源配置，提高利用效率。加强对科技研发、技术创新、产业发展等各项省级财政性资金的统筹使用，形成创新合力。广东省积极主动加强与国家有关部委的联系，建立紧密型的长效合作机制，引导更多创新资源集聚广东。建立健全科研设备和信息资源开放共享机制，鼓励高校、科研院所、企业形成创新资源共建共享联盟。

（三）建立健全自主创新政策法规体系

广东加快出台《广东省促进自主创新条例》，为自主创新提供有力的法制保障。落实激励自主创新的政府采购政策，加快制定财政性资金采购自主创新产品的实施细则。制定对符合国家产业政策、环保政策等的新技术、新产品提供消费支持的激励政策，促进节能减排。

（四）加强自主创新政策法规的执行协调

广东省有关部门要根据《国务院关于实施国家中长期科学和技术发展规划纲要的若干配套政策》及其实施细则，在政府科技投入、税收优惠、金融支持、政府采购、引进消化吸收再创新等方面制定相应的实施细则并尽快实施。广东省自主创新领导小组要建立落实政策的协调机制，加强对政策落实情况的跟踪调研和评估工作，确保各项政策措施落到实处。建立自主创新政策执行监测体系，将政策落实情况纳入各级领导的考核体系。

六、着力提高现代产业核心竞争力

（一）组织实施一批重大科技专项

加强广东与国家重大科技项目的对接。支持广东有优势的企业、科研院所和高等院校联合国家有关研究机构和重点院校共同承担国家重大科技项目。争取更多国家重大科技工程布局广东，推动广东成为全国高新技术产业研发和成果产业化基地。加强节能减排与可再生能源、创新药物的筛选评价、产业共性技术等广东重大科技专项的组织实施，形成一批战略产品，不断提升现代产业竞争力。围绕重大疾病防治、食品安全、新农村建设、防灾减灾等民生重点领域，努力突破关键共性技术，促进科技成果惠及百姓。

（二）大力发展高新技术产业

重点突破电子信息产业关键共性技术，推动广东从电子信息产业大省转变为电子信息产业强省。以装备制造业为龙头，大力发展先进制造业，推进大型技术装备及关键零部件的自主创新和产业化。开发具有自主知识产权的重大创新药物，做大做强生物医药产业。加快发展现代物流业、工业设计、科技与商贸服务等高科技服务业。推动广州、深圳、中山、珠海、佛山、惠州市等6个国家级高新区开展以自主创新为核心的“二次创业”，提升省级高新区发展水平。支持东莞等有条件的地区探索与香港联合建设高新区。推动高新区成为拥有众多自主技术和国际品牌的现代产业高地，形成国际一流的科技园区和创新型产业集群。

（三）着力培育新兴产业

以风能、太阳能等能源的研发和应用为重点发展壮大新能源产业。以南海海洋资源综合开发利用为重点发展壮大海洋产业。以教育、文化、出版、广播影视、网络游戏、动漫等领域的数字内容产业为重点，发展壮大文化创意产业。以节能减排技术的研发和应用示范为重点，发展壮大环保产业。

（四）加强特色产业基地、专业镇和产业集群建设

把握新一轮国际产业与科技转移的重大战略机遇，发挥广东产业配套优势，吸引技术、资金密集型高新技术项目落户广东。大力发展国家火炬计划特色产业基地，按产业关联原则高起点规划建设一批先进制造业和现代服务业集聚区，重点发展国家软件基地、先进制造业基地、城市中心商务区、服务外包基地、创意产业园区、文化产业基地等。以公共创新平台建设为突破口，集中力量抓好专业镇公共服务体系建设和区域品牌建设，加强广东省专业镇和产业集群的技术创新，组织突破一批制约特色产业发展的共性技术，形成具有较强创新能力的产业集群。

七、建设自主创新人才高地

（一）实施高级人才培养行动计划

实施科技创新领军人才工程、百名技术帅才培养工程，打造“珠江学者”品牌工程，重点培养一批广东高新技术产业发展急需的创新型人才。以重点实验室为依托，以优势学科为载体，发展创新目标明确、知识结构合理、创新绩效明显、核心竞争力突出、具有国际领先水平的科技创新团队。支持鼓励成立由企业家、专家组成的火炬创业导师团队，建立创业辅导员制度、联络员制度、创业咨询师制度，率先形成“专业孵化＋创业投资＋创业导师”的创业孵化新路子和新模式。

（二）广泛引进高层次创新人才

实施高层次创新型科技人才引进工程，引进一批优秀科技人才及团队。落实好外来人才“广东省居住证”制度。对经认定的外籍归国创业人才和海外优秀人才，给予相应国民待遇。取消对外籍回国人员参与创新、享受所获成果方面的政策限制。开辟人才引进的“绿色通道”，为海内外人才来广东创业、工作、生活提供“一站式”综合服务。

（三）建立健全激励创新人才的新型机制

完善创新人才动态考核评价机制，建立以能力和业绩为导向的人才选拔机制与评价体系。建立鼓励科技人才柔性流动的政策法规体系。广东省各级政府加大对创新成果的激励力度，对为广东科技创新与技术进步作出重大贡献的科技人才予以重奖。积极探索建立人才资本与研究成果有偿转移制度，加快推进创新型人才以专利、技术、资金等要素投资入股和参与分配。改革科技人员专业技术职务评聘制度，坚持以能力、实绩作为岗位职务聘任的主要依据，全面落实全员聘任制。

八、建立多元化的创新投入体系

（一）稳定增加财政科技投入

强化科技投入增长的保障机制，确保在广东省各级政府年度预算分配和财政超收分配中，科技投入增长幅度明显高于经常性财政收入的增幅，实现财政科技投入达到法定增长的要求。提高政府创新资金的集成度和使用效率。建立适应新形势的科技经费监督管理和绩效评估体系，提高财政科技经费的使用效率。调整财政科技投入结构，加大对关系广东经济社会发展的关键技术、核心技术、前沿技术研究及科技基础条件建设的支持力度。

（二）引导社会化资金投向自主创新

鼓励自然人、企业、各类基金会在广东设立创新基金，利用民间创新基金创建非营利科

研机构，资助高校、科研院所的创新活动，支持前沿技术研究。引导非营利性创新基金从事公益性的科技创新服务，在医疗健康、公共安全、生态环境、可持续发展、科普教育等领域提供技术和产品服务。

（三）促进科技与金融紧密结合

按国家有关规定，广东申请设立规模200亿元的高新技术产业投资基金，发展壮大高新技术产业。争取国家有关部门支持，在广东开展组建专业化自主创新金融服务机构的改革试点，组建广东科技发展银行，为自主创新提供综合性的金融服务。用好广东科技型中小企业贷款担保风险准备金，解决科技型企业融资难问题。

九、加强实施规划纲要的组织保障

（一）加强组织领导

完善科技部、教育部和广东省的部省会商制度，加强对广东自主创新的指导和协调。教育部、科技部加大对广东高等教育体制改革、省部产学研结合、粤港联合培养创新型人才等工作的支持力度。科技部、教育部共同支持广东设立高新技术产业投资基金、发展高技术产业重大项目和建设国家创新型城市。广东省人民政府切实加强对自主创新的组织领导，制定出台配套政策，总结推广自主创新先行试验的先进经验和做法，促进创新型国家建设。广东省各地级以上市要建立完善自主创新组织协调机制，加大科技投入力度，贯彻落实好本规划纲要。

（二）争取国家有关部门政策支持

积极争取国家在规划、重大项目布局及项目审批、核准、备案等方面加大对广东的支持力度。发挥广东作为改革开放“试验田”的先导作用，在自主创新的不同层面、不同领域积极开展试点和示范，组织实施一批自主创新试点示范项目。

（三）营造自主创新的良好环境

在全社会弘扬创新创业文化，鼓励全域创新，全民创业。大力培育创新意识和价值观念，提倡敢为人先、敢冒风险的精神，营造激励成功、宽容失败的宽松环境。实施国家《全民科学素质行动计划纲要（2006－2010－2020年）》，大力提高人民群众的科学素质。借鉴国内外先进做法，建立广东创新评价指标体系，全面监测广东省创新能力、创新水平和创新绩效，评价区域创新在国际上的地位和差距，为实施规划纲要和自主创新重大决策提供依据。

《广东省专利条例》制定工作概述

广东省人大颁布的《广东省专利保护条例》自1996年施行以来，对推动广东专利行政保护工作发挥了积极作用，但目前已不能适应广东省专利事业迅速发展的需要。因此，广东省知识产权局自2005年开始酝酿和准备重新制定一部鼓励发明创造、加强专利管理、强化专利保护、促进专利运用的新的地方性专利法规。2006年，《广东省专利条例》列入广东省人大2007－2010年立法规划项目库。2007年，广东省知识产权局正式启动《广东省专利条例》制定工作，会同省人大法工委、教科文卫委和省府法制办开展了立法调研，现已完成了《广东省专利条例》的起草工作。

一、关于立法的必要性

（一）是健全完善广东专利法制建设的客观需要

1996年，广东省颁布了全国第一部涉及专利保护的地方性法规《广东省专利保护条例》，开创了全国专利保护地方立法的先河，标志着广东省的专利法制建设取得了突破性进展，被誉为“专利法规建设的里程碑”，为推动广东省专利事业和科技、经济持续迅速发展起到了极为重要的作用。但是随着广东经济社会的快速发展和市场开放程度的日益加深，专利制度越来越深入地渗透到全省经济、科技、文化等各个领域，《广东省专利保护条例》面对专利工作出现的新形势、新任务和新要求，显示出了众多缺陷与不足，它迫切需要得到修改、创新和完善。另一方面，第三次修订的《专利法》和《专利法实施细则》将于2009年10月1日开始施行。在这样有利的背景条件下，及时按照第三次修改后的《专利法》及其实施条例，制定细化上位法有关条款、反映我省形势发展需要的《广东省专利条例》，再次率先突破专利法制建设，不仅十分及时，而且非常必要。

（二）是推动广东经济社会发展的迫切要求

近年来，广东专利工作通过地方立法、政策引导、强化保护等措施，充分发挥专利制度对科技创新、经济发展和社会进步的激励和保障作用，使全省的专利事业实现了跨越式的发展。自1995年起，广东专利申请量、授权量已经连续13年位居全国第一，专利申请量和授权量持续上升结构逐步优化，专利工作体系和工作机制基本形成，专利法制建设和行政保护力度不断加大，企事业单位运用知识产权制度的能力日益提高，专利服务体系建设稳步发展。这些成绩的取得，与《广东省专利保护条例》的实施和推动密不可分。但是，当前，广东专利工作与国内外知识产权工作形势发展要求仍不相适应，与广东经济社会发展的要求还有差距，主要表现为：一是专利制度促进经济社会发展的作用尚未充分发挥；二是具有自主知识产权的核心技术不多；三是专利管理、保护、服务等工作体制和机制还不够健全；四是专利行政执法在法律上缺少必要的手段和力度；五是专利资金投入不足，专利人才普遍紧缺。因此，制定《广东省专利条例》，为广东专利事业的持续健康发展提供重要保障，为自主创新和经济建设营造一个良好的法制环境，对促进全省知识产权事业实现又好又快发展都具有重要意义。

（三）是应对广东知识产权工作严峻挑战的根本保障

当前，知识产权领域呈现出新的发展态势，知识产权领域的竞争日益激烈，知识产权制度作为鼓励和保护创新、促进经济社会发展的基本法律制度，地位越来越重要，作用越来越突出。多年来，广东知识产权工作虽然一直走在全国前列，但也面临着紧迫的形势和严峻的挑战。2008年7月14日，广东省委副书记、省长黄华华在省政府全省知识产权工作会议上指出，全省各级党委、政府及各部门要以全球视野深刻认识做好知识产权工作的极端重要性，实现广东省从知识产权大省向知识产权强省的新跨越。因此，广东知识产权事业的发展正处在一个新的历史起点上，我们既要看到工作中的矛盾和困难，更应看到发展的机遇和潜力，为了更好地适应国内省内形势发展的需要，及时解决广东专利制度运作中存在的问题，更有效地发挥专利制度促进广东自主创新和经济社会发展的重要作用，制定《广东省专利条例》势在必行。

二、关于立法的可行性

（一）有各级领导的高度重视和法规、政策作有力支撑

一直以来，广东省委、省人大、省政府领导始终把专利工作作为推动广东科技创新、改善投资环境的重要工作来抓，不断地提出更高的要求，多次作出重要批示，在工作指导、机构设置、体系建设、法规制定等方面都给予有力的支持。领导的重视与支持，为充分发挥政府部门的职能作用奠定了良好的基础，也为《广东省专利条例》的制定和实施具备了可行条件。另一方面，目前，全国已有20多个省、市、自治区相继制定了专利地方法规，为广东提供了有益的经验和借鉴。2007年11月，广东省政府正式颁布和实施我省知识产权战略纲要，2008年6月初，国务院发布了《国家知识产权战略纲要》，围绕实施知识产权战略的配

套要求和长远需要，制定和出台一批知识产权地方性法规、规章具有现实意义。因此，《广东省专利条例》的地方立法时机已经成熟，并且切实可行，不仅将进一步推动全省专利工作向前迈进，也意味着广东作为我国改革开放的前沿阵地，在贯彻实施知识产权战略纲要、完善地方专利立法等方面又走在了全国的最前面。

（二）有多年的专利管理和保护实践经验作立法基础

广东专利管理和保护工作经过了多年的实践，不断探索总结专利工作的经验和做法，逐渐摸索出一套适合广东实际、有益于促进全省经济社会发展的新思路和新举措，也为《广东省专利条例》的地方立法奠定了良好基础。如为适应形势发展的需要，广东省知识产权局提出了“三个坚持”的专利工作总体思路：一是坚持服务于全省大局和中心工作，这对于引导和推动广东科技、经济和社会的全面发展，发挥了重要的作用；二是坚持以政府为主导、企业为主体，将工作重点放在企业，推动企业不断提高运用专利制度的水平；三是坚持“一手抓发展，一手抓保护”的工作思路，一方面以加强专利工作促进我省经济社会的发展，另一方面不断加大专利保护和市场监管力度。此外，在专利行政保护工作方面，2002 年以来，根据广东专利保护的新形势和新要求，广东省知识产权局在全国率先提出了“行政执法重心下移、市场监管端口前移”的工作思路，使广东专利行政保护工作迈入新的发展阶段。因此，上述工作思路的提出以及在实践中的不断升华，不仅为广东专利工作赢得了发展先机，突出了创新发展的运行机制，也为《广东省专利条例》的制定奠定了坚实基础，具备了充分的可行条件。

（三）有社会公众不断增强的知识产权意识作实施保证

《专利法》颁布实施以来，广东省知识产权局通过开展知识产权宣传、培训和教育，充分发挥新闻媒体、网络的宣传作用，使全社会的知识产权意识得到了普遍的提高。在每年“4·26 世界知识产权日”期间，召开广东省知识产权保护状况新闻发布会，开展以公布十个典型案件、查处专利违法行为、公开审理专利案件、提供知识产权咨询服务为主要内容的“4·26”联合执法及宣传活动。2003 年，广东省政府决定开展广东专利奖的评选和表彰活动，并出台了重奖中国专利奖获奖企事业单位的办法，对获得中国专利金奖和优秀奖的项目，分别予以 100 万元和 50 万元的奖励。2005 年，国家知识产权局和世界知识产权组织联合在广东省召开 WIPO 知识产权教育中国国家高级研讨会，对广东中小学知识产权教育工作所取得的成效，予以高度的赞赏。可见，随着社会公众的知识产权意识的普遍提升，制定激励创造、促进运用、强化保护和科学管理的地方性法规的愿望和要求也越来越强烈，这为《广东省专利条例》有效地贯彻执行做好了实施保证。

三、立法依据

制定《广东省专利条例》的主要依据是《专利法》、《专利法实施细则》、《专利行政执法办法》、《行政处罚法》、《行政复议法》等有关法律和行政法规。《广东省专利条例》在上位法规定的基础上，结合我省实际情况，细化或补充相关条文规定，参考借鉴有关省市的立法经验，总结吸取近年来我省知识产权工作的成功做法并予以法规化，突出广东的地方特色，是具备合法性的。

四、《广东省专利条例》制定工作情况

（一）制定《广东省专利条例》工作方案

2007 年，广东省知识产权局正式启动《广东省专利条例》制定工作，草拟了《〈广东省专利条例〉制订工作方案》，在征求省人大教科文卫委、省人大常委会法工委和法制办等部门意见的基础上，由广东省知识产权局办公

会议讨论通过。方案明确了《广东省专利条例》的立法指导思想，是以邓小平理论、“三个代表”重要思想和科学发展观为指导，在新《专利法》及实施细则规定的基础上，根据广东专利工作的实际情况和专利事业发展的客观要求，围绕专利权的创造、管理、保护和运用四个方面，进一步细化专利管理和保护的有关规定。方案还明确了条例制定领导小组、起草小组和专家组各自的职责以及《广东省专利条例》制定的各项实施步骤及其时间安排，为《广东省专利条例》制定工作有条不紊地开展打下了坚实的基础。

（二）开展前期立法调研

2007 年 8 月，广东省知识产权局邀请广东省人大教科文卫委、广东省人大常委会法工委和广东省政府法制办有关处室的领导，在唐毅副局长的带领下，先后前往广州、佛山、中山、深圳等市、区开展调研活动。这次调研紧紧围绕近年来广东专利管理和保护工作情况、工作中遇到的突出问题，以及对下一步制定广东专利地方法规的意见和建议等问题，认真听取各市和顺德区知识产权局的工作汇报，还召开了 3 场有管理机关、企业、行业协会、专利代理机构和专利权人参加的专题座谈会，广泛听取社会各界对加强广东专利法制建设和制定专利条例的意见及建议。同时，调研组前往部分企业进行实地考察，了解企业的知识产权工作情况及其遇到的突出问题，并听取他们对广东专利立法的意见和建议。

（三）成立《广东省专利条例》领导小组和起草小组

按照《〈条例〉制订工作方案》，广东省知识产权局成立了以局领导任组长，相关处室负责同志组成的条例制定领导小组，负责条例的组织、协调、审核等工作。同时，在广东省知识产权局内成立了具体制定条例的起草小组，由各处室熟悉业务及法律的同志参加，负责收集整理立法需求，撰写修改《广东省专利条例》草案及起草说明。

（四）开展立法课题研究

为保证立法效果，广东省知识产权局根据《广东省地方性法规立项工作规定（试行草案）》的相关规定，开展了《广东省专利条例》立法论证和课题研究工作。委托广东省社会科学院科学技术与社会研究中心围绕地方性法规制定的必要性，条例草案拟设定的主要制度、措施的科学性和可行性，拟设定的管理主体的职权职责以及公民、法人和其他组织的权力、义务的合法性和可行性，以及拟设定的行政许可、行政收费、行政强制、行政征收、行政处罚等重要制度的合法性和可行性等进行论证。目前，已形成初步论证材料。

（五）组织起草《广东省专利条例》草案文本

制定工作启动后，广东省知识产权局即着手收集和整理立法需求，开展《广东省专利条例》的具体撰写工作。起草小组对全国各地地方专利法规、规章和有关政策文件进行比较分析，并随时跟踪新《专利法》及其实施细则的修订情况，分析和采纳各方面提出的合理意见，进行认真撰写，同时反复征求各业务处室意见，修改《广东省专利条例》草案文本，前后七易其稿，形成了目前的草案文本。《广东省专利条例》草案共有七章五十八条。重点围绕专利权的创造、管理、保护、运用四个方面，旨在切实推动我省自主创新能力的提高，加强知识产权保护。

（供稿人：傅蕾）

广东省人民政府令

第 124 号

《广东省著名商标认定和管理规定》已经 2008 年 7 月 3 日广东省人民政府第十一届九次常务会议通过，现予发布，自 2009 年 1 月 1

日起施行。

省 长 黄华华

二〇〇八年七月二十三日

《广东省著名商标认定和管理规定》

第一条 为规范广东省著名商标认定工作，保护著名商标所有人、使用人和消费者的合法权益，促进商品质量、服务质量和商标信誉的提高，根据《中华人民共和国商标法》、《中华人民共和国商标法实施条例》以及有关法律、法规，结合广东省实际，制定本规定。

第二条 广东省著名商标（以下简称著名商标）的认定和管理，适用本规定。

本规定有关商品商标的规定，适用于服务商标。

第三条 省工商行政管理部门负责组织著名商标的认定工作。

地级以上市工商行政管理部门负责本行政区域内著名商标认定申请的受理和初步审查工作。

各级工商行政管理部门负责著名商标的管理工作。

经济贸易、劳动保障、农业、税务、环境保护、质量技术监督、食品药品监管、安全生产监管等部门根据各自职责，协助做好著名商标的认定工作。

有关社会团体和消费者委员会配合做好著名商标的认定工作。

第四条 著名商标的认定，应当遵循自愿、公开、公平、公正的原则。

第五条 申请认定著名商标，由申请人自愿提出，经省工商行政管理部门组织评审认定后向社会公告。

第六条 广东省行政区域内依法设立的法人、其他组织或者定为著名商标的，应当具备下列条件：

（一）注册商标自核准注册之日起连续使用满3年并继续有效；

（二）该商标为相关公众所熟知，在相关市场内具有较高的知名度；

（三）申请认定著名商标的商品质量优良，具有良好的信誉；

（四）申请认定著名商标的商品近3年来的年销售量、营业收入、净利润、纳税额等主要经济指标在广东省同行业中居领先地位，销售区域较为广泛；

（五）申请认定著名商标的商品为出口商品的，其商标应当在相关国家（地区）注册，并有广泛的销售区域；

（六）申请人近3年未因违反商标管理、生产经营、劳动保障、环境保护、安全生产等法律、法规、规章规定受到处罚；

（七）申请人具有健全的商标使用、管理和保护制度。

第七条 申请认定著名商标，应当填写《广东省著名商标认定申请表》，并提供下列材料：

（一）申请人的资格证明；

（二）申请认定著名商标的《商标注册证》及商标连续使用满3年的证明材料；

（三）带有该商标标识的商品实物照片；

（四）申请认定著名商标的商品销售区域的证明材料；

（五）申请认定著名商标的商品近3年的年销售量、营业收入、净利润、纳税额、市场占有率等主要经济指标的证明材料。包括：会计师事务所对该商品的年销售量、营业收入和净利润出具的专项审计报告、税务部门出具的完税证明和省级以上行业协会或者行业行政主管部门出具的同行业排名（或者市场占有率）证明；

（六）申请认定著名商标的商品为出口商

品的，应提供其商标在相关国家（地区）的注册情况；

（七）商标使用、管理和保护情况；

（八）该商标专用权遭受侵害的情况；

（九）证明该商标著名的其他材料。

第八条 商标注册人认为自己的注册商标符合本办法第六条规定的条件，拟申请著名商标认定的，应当将申请材料报所在地地级以上市工商行政管理部门。

地级以上市工商行政管理部门自收到申请材料之日起 30 日内，应当依据本办法第六条、第七条的规定对申请材料进行初步审查，并作出受理与否的决定。决定予以受理的，应当书面通知申请人，并自作出受理决定之日起 10 日内将初步审查意见和申请材料转送省工商行政管理部门；决定不予受理的，应当书面通知申请人并说明理由。

申请材料需要补正的，应当一次性告知申请人限期补正。申请人逾期不补正的，视为放弃申请。

第九条 申请人对地级以上市工商行政管理部门作出的不予受理决定有异议的，可以自收到通知之日起 15 日内向省工商行政管理部门提出复审申请。

省工商行政管理部门应当自收到复审申请之日起 30 日内作出复审决定。异议成立的，由省工商行政管理部门直接受理；异议不成立的，不予受理，书面通知申请人并说明理由。省工商行政管理部门可以应申请人的请求举行听证会，听取其陈述、申辩。

第十条 省工商行政管理部门收到地级以上市工商行政管理部门转送的著名商标认定申请或者直接受理著名商标认定申请后，应当对申请材料进行审查、核实，提出书面审核意见，报省著名商标评审委员会（以下简称评审委员会）进行评审。审核期间，应当征询有关行政主管部门、行业协会、消费者委员会或者有关专家的意见。必要时，可以委托有关机构进行调查。

第十一条 评审委员会由省工商行政管理部门会同省经济贸易、农业、环境保护、质量技术监督、食品药品监督管理等部门、省消费者委员会和广东商标协会、省质量检验协会等专业协会的有关专家组成。评审委员会委员人数不少于 25 人，按单数确定。

评审委员会委员应当是经济、法律、科技或者相关行业的专家，熟悉有关商标、产品质量管理等法律法规。评审委员会委员名单应当报省人民政府备案。

第十二条 评审委员会应当依据著名商标申请材料、省工商行政管理部门的审核意见以及其他方面的意见，对照著名商标认定条件的具体标准，对申请人的注册商标是否具备著名商标资格进行评审。评审委员会评审著名商标，应当有 4/5 以上委员出席。

评审著名商标，应当采用实名制方式投票表决。

获得 2/3 以上出席评审的委员表决同意的，为通过评审。

第十三条 评审委员会委员以及参与审核、认定的其他工作人员与申请人有利害关系或者其他关系，可能影响公正评审、认定的，应当回避。

申请人认为评审委员会委员以及参与审核、认定的其他工作人员应当回避的，可以口头或者书面形式向省工商行政管理部门提出。提出回避申请，应当说明理由。评审委员会委员和参与审核、认定的其他工作人员的回避由评审委员会主任决定；评审委员会主任的回避由评审委员会集体讨论决定。有关决定应当告知申请人。

被申请回避人员在评审委员会主任或评审委员会作出是否回避的决定前，应当暂停参与评审工作。

第十四条 经评审委员会评审通过，拟认定为著名商标的，由省工商行政管理部门发布认定前公示。自公示发布之日起 15 日内，任何单位和个人均可以提出异议。

省工商行政管理部门应当自收到异议材料之日起 30 日内，对有关材料进行调查核实，并提出处理意见报评审委员会裁决。

公示期满无异议或者经评审委员会裁决异议不成立的，由省工商行政管理部门颁发《广东省著名商标证书》并予以公告。

第十五条 对未予认定为著名商标的，省工商行政管理部门应当书面通知申请人并说明理由。

申请人对省工商行政管理部门不予认定的决定有异议的，可以自收到不予认定通知之日起15日内向省工商行政管理部门提出异议。

省工商行政管理部门应当自收到异议材料之日起30日内，对有关材料进行调查核实，提出处理意见报评审委员会裁决，并将结果书面通知申请人。

第十六条 著名商标的有效期为3年，自公告之日起计算。

著名商标有效期届满需要保留著名商标资格的，著名商标所有人应当在其著名商标有效期届满前6个月内向所在地地级以上市工商行政管理部门提出延续申请。延续申请的办理，与著名商标认定申请的办理相同。每次延续的有效期为3年。

第十七条 被认定为著名商标的注册商标发生转让的，其著名商标于转让时失效。

第十八条 著名商标所有人许可他人使用其著名商标的，应当自商标使用许可合同签订之日起30日内报省工商行政管理部门备案。

第十九条 有下列情形之一的，著名商标所有人应当向省工商行政管理部门提出著名商标的变更申请：

（一）著名商标所有人依法变更名称、住所的；

（二）国家法律、法规、政策调整使认定为著名商标的商品名称或者类别发生改变的；

（三）著名商标所有人需要增加或者更换的商标与原认定商标的主体部分基本无差别的。

第二十条 著名商标所有人、使用人可以在著名商标认定商品及其包装、装潢、说明书、广告等载体上使用“广东省著名商标”的字样及其标志。

未经依法认定或者未经著名商标所有人依法许可，任何单位和个人不得使用“广东省著名商标”的字样及其标志。

广东省著名商标标志样式和使用办法，由省工商行政管理部门制定和公布。

第二十一条 自著名商标公告之日起，他人将与著名商标相同或者近似的文字申请作为企业名称的字号登记，足以引起公众误认并可能对著名商标所有人的合法权益造成损害的，企业登记主管机关不予登记；已经核准登记的，著名商标所有人可以向核发执照的企业登记主管机关或者其上一级主管机关提出变更该企业名称字号的请求。企业登记主管机关应当依法处理。

第二十二条 未经著名商标所有人许可，他人不得在同一种商品中使用著名商标认定商品特有的名称、包装、装潢，或者使用与著名商标认定商品近似的名称、包装、装潢。

第二十三条 著名商标所有人的合法权益在广东省行政区域以外遭受严重侵害的，可以向省工商行政管理部门请求帮助，省工商行政管理部门应当予以协助。

第二十四条 有下列情形之一的，经评审委员会评审通过，由省工商行政管理部门撤销该著名商标并予以公告：

（一）以欺骗手段或者其他不正当手段取得著名商标认定的；

（二）认定为著名商标的产品粗制滥造，以次充好，严重损害消费者利益或者造成恶劣社会影响的；

（三）在著名商标有效期内，著名商标认定商品长期停产，或者销售量、营业收入、纳税额等相关经济指标严重下降，在广东省同行业中不再具有领先地位的；

（四）超越著名商标认定商品范围使用“广东省著名商标”字样及标志，经工商行政管理部门责令改正后仍拒不改正的；

（五）因严重违反商标管理、生产经营、

劳动保障、环境保护、安全生产等法律、法规、规章规定受到处罚的。

有下列情形之一的，省工商行政管理部门应当注销该著名商标并予以公告：

（一）被认定为著名商标的注册商标被依法撤销或者注销的；

（二）商标注册人变更，已不符合本办法第六条第一款规定条件的；

（三）著名商标有效期满未延续的；

（四）被认定为著名商标的注册商标发生转让而未重新申请认定的；

（五）著名商标依法被撤销的。

撤销或注销著名商标，应当收回《广东省著名商标证书》。

著名商标所有人有第一款第（一）项规定情形的，自撤销著名商标公告之日起3年内，工商行政管理部门不受理其认定申请。

第二十五条 违反本规定第二十条第二款规定的，由县级以上工商行政管理部门责令限期改正，并处以5000元以上30000元以下罚款。

第二十六条 侵犯他人著名商标的商标专用权或者违反本规定第二十二条规定的，由县级以上工商行政管理部门或者其他有关部门依照《中华人民共和国商标法》、《中华人民共和国反不正当竞争法》等法律、法规的规定予以处罚。

第二十七条 有关行政管理部门及其工作人员有下列情形之一的，由其上级机关或者监察机关责令改正，对直接负责的主管人员和其他直接责任人员依法给予处分；构成犯罪的，依法追究刑事责任：

（一）不按照规定受理和审查著名商标申请的；

（二）不按照规定提供有关数据资料的；

（三）违反法定程序组织评审、认定著名商标的；

（四）未依法履行著名商标管理和保护职责的；

（五）其他玩忽职守、滥用职权、徇私舞弊行为的。

第二十八条 评审委员会委员有下列情形之一的，由有关机关给予警告；情节严重的，由省工商行政管理部门撤销其委员资格，并予以公告：

（一）私下接触申请人的；

（二）收受利害关系人的财物或者其他好处的；

（三）向他人透露著名商标的评审情况的；

（四）不能客观公正履行职责的；

（五）无正当理由，拒不参加评审活动的。

第二十九条 本规定有关著名商标的公示、公告，由省工商行政管理部门统一在广东工商红盾信息网和广东商标网上发布。

申请人可以免费从上述网站下载使用《广东省著名商标申请表》。

第三十条 本规定自2009年1月1日起施行。

本规定施行前已认定的著名商标，自公告之日起3年内有效，有效期届满申请延续的，适用本办法。

（供稿人：伍莉）

《广东省知识产权局软科学研究计划项目管理办法》

第一章 总 则

第一条 为加强知识产权软科学研究计划项目的规范化、制度化管理，提高知识产权软科学为决策服务的水平，推进广东省知识产权战略纲要实施，加快我省知识产权事业发展，特制定本办法。

第二条 知识产权软科学研究计划项目管理，遵循职责明确、管理规范、公开公正、简明高效的原则。

第三条 知识产权软科学研究计划项目管理主要包括申报、立项、实施、检查、结题、成果应用、奖惩等环节。

第四条 知识产权软科学研究计划项目包括重点项目、一般项目、自选项目三类。

重点项目主要是对广东省知识产权战略纲要实施的重大理论和实际问题、影响本省知识产权事业发展全局的难点热点问题的研究，以及由省知识产权局确定的其他问题的研究。

一般项目主要是对本省知识产权创造、管理、保护、运用、服务、宣传教育等具体问题的研究，以及由省知识产权局确定的其他问题的研究。

自选项目是除重点项目和一般项目以外的其他知识产权问题的研究。

第五条 省知识产权局负责知识产权软科学研究计划项目的管理，具体工作由软科学研究计划项目归口管理处室承担。

第六条 省知识产权局建立知识产权软科学研究计划项目评审专家库。专家库由从事知识产权教学、研究、管理、工作实务的专家组成，专家参与具体项目的立项和结题评审等工作。

第二章 项目申报与立项

第七条 知识产权软科学研究计划项目的申报立项工作采用申请审定或招投标的方式，具体项目采用的方式由省知识产权局确定。

第八条 具有研究能力的省内高等院校、科研院所、社会团体、政府机关、企事业单位均可按规定申报或投标知识产权软科学研究计划项目，但公民以个人名义的申报或投标不予受理。省知识产权局必要时可以邀请省外及国（境）外的相关机构参与研究。

第九条 项目立项的评价指标主要包括必要性、创新性、科学性、前瞻性、时效性、可行性、效益性、课题负责人学术水平、协调能力、经费预算的合理性、项目承担单位能力、申请报告撰写质量等。

第十条 项目申报立项程序如下：

（一）省知识产权局根据本省知识产权事业发展需要，结合国家和本省重大决策，确定年度知识产权软科学研究计划项目的选题方向和重点，发布项目申报指南或招标通知。

（二）项目申报单位根据申报指南或招标通知，按要求填写《广东省知识产权局软科学研究计划项目申请书》。申请书经本单位和归口管理部门出具意见后，作为申报或投标文件报送省知识产权局。

（三）省知识产权局组织成立专家评审委员会，依照本办法第九条对申报或投标的项目进行评审。

（四）省知识产权局根据专家评审结果，审定立项或中标项目，并下发立项或中标通知。

第三章 项目实施与管理

第十一条 研究项目实行合同制管理。项目承担单位应当在接到立项通知后，按通知要求与省知识产权局签订《广东省知识产权局软科学研究计划项目合同》。逾期不签订合同的视为自动放弃，省知识产权局有权另选项目承担单位。

第十二条 项目承担单位应严格履行合同，确保研究任务的正常实施。

第十三条 项目研究的时间跨度原则上为一年，研究起止时间以合同约定为准。项目逾期未完成时，项目承担单位应向省知识产权局提交延期书面申请和项目进展情况书面报告，延期时间不得超过三个月。

第十四条 项目实施过程中，项目承担单位对项目合同、项目内容、项目负责人、成果形式、项目计划进度等进行变更或调整的，需报经省知识产权局批准。

第十五条 项目实施过程中取得重大进展和突破，或发生可能影响项目按期完成的重要事项，或发生难以协调的重大问题时，项目承担单位应及时向省知识产权局报告。

第十六条 项目承担单位应当在项目实施过程中期（以项目时间跨度中期为准），向省知识产权局提交《广东省知识产权局软科学研究计划项目中期执行情况表》。

第十七条 省知识产权局适时检查具体项目的进展情况，并对项目实施过程中出现的问题及时进行处理。

第四章 经费管理与使用

第十八条 省知识产权局对所立项目提供项目经费，对于有特殊意义的重点项目，省知识产权局可以给予重点经费支持。

第十九条 项目经费应当实行专项管理，专款专用。项目承担单位应认真编制项目经费预算，合理安排开支，保证完成项目的实际需要。

第二十条 项目经费的使用范围主要包括调查研究费、资料费、翻译费、会议费、印刷费、管理费和直接为项目研究服务的其他费用。

第二十一条 鼓励各地级以上市知识产权局设立知识产权软科学研究经费，支持本地区知识产权软科学研究，或对省级知识产权软科学研究项目提供配套经费支持。

第五章 项目结题与应用

第二十二条 省知识产权软科学研究项目结题采取总结、评审两种方式，具体项目的结题方式由省知识产权局根据项目内容确定。结题所需经费从项目经费中开支或由项目承担单位负责解决。

第二十三条 总结结题，由项目承担单位按要求报送相关项目材料，经省知识产权局审核确认后结题。

评审结题，由项目承担单位组织相关专家对项目进行会议评审或通信评审，由省知识产权局根据评审意见审定结题。省知识产权局认为必要时，可以自行从知识产权软科学研究项目评审专家库中组织专家对项目进行结题评审。具体项目承担人员不能担任该项目的评审专家。

第二十四条 申请结题的项目应符合以下条件：

（一）已完成合同约定的研究任务；

（二）项目承担单位或人员对结题申请书内容无异议；

（三）项目内容无知识产权等权属纠纷；

（四）项目经费使用符合规定；

（五）申请材料完整。

第二十五条 项目结题程序如下：

（一）项目完成后，项目承担单位应在合同规定的研究时限内，向省知识产权局提出结题申请，提交《广东省知识产权局软科学研究计划项目结题审批书》、最终研究报告全文及摘要各一式八份及电子件。

（二）省知识产权局确定项目结题方式，依照本办法第二十三条进行结题。

（三）总结或评审结题未能通过的，允许项目研究人员在三个月内对成果进行修改并重新申请结题。

（四）结题通过后，项目承担单位应向省知识产权局提交最终研究成果（须附不少于5000字的成果摘要）一式八份及其内容光盘3张。

第二十六条 研究项目形成的知识产权归属，由项目合同约定。

第二十七条 项目在申报成果、参加评奖活动或公开发表时均应在显著位置标示“广东省知识产权局软科学研究计划项目”。

第二十八条 项目成果中涉及重大保密事项、数据的，要注明密级。

第二十九条 项目成果提出的决策方案、政策建议以及重大项目的论证结果，凡对本省经济、科技、社会发展具有重要决策参考价值的，由广东省知识产权局会同项目完成单位共同推广应用，或建议其他单位推广应用。

第六章 项目绩效与责任

第三十条 省知识产权局对项目实施绩效突出、取得重大进展或突出成果的单位或个人，予以表彰或奖励；对于因管理不善等原因造成项目中止或未按合同执行的单位和个人提出批评，并按本办法有关规定处理。

第三十一条 省知识产权局对项目实行信用记录管理制度，记录项目承担单位和项目负责人按期结题情况及研究成果质量。对于信用记录良好的项目承担单位和项目负责人，同等条件下将在项目申报、立项等方面给予优先考虑。

第三十二条 对因项目承担单位或项目负责人自身原因导致不能继续执行的项目，省知识产权局可以向项目承担单位和项目归口管理部门发送中止合同通知书，并可追回项目经费。

第三十三条 有下列情形之一的，省知识产权局可以撤销项目：

（一）研究成果含有反对宪法确定的基本原则的内容；

（二）剽窃他人成果；

（三）研究成果学术质量低劣；

（四）在合同规定的研究时限结束后两个月内仍未提出结题申请并没有说明正当理由的；

（五）第一次结题未能通过，经修改后重新结题仍未能通过；

（六）与审定立项的内容严重不符；

（七）逾期不提交延期申请，或延期到期仍不能完成；

（八）省知识产权局认为应当撤销项目的其他情形。

第三十四条 对被撤销的项目，省知识产权局将向项目承担单位及归口管理部门发送撤销项目通知书，记入信用记录，并可追回项目经费。该项目负责人二至五年内不得申请新的知识产权软科学研究计划项目。

第七章 附 则

第三十五条 本办法由省知识产权局负责解释，自2008年7月20日起施行。

实施知识产权战略

国务院关于印发国家知识产权战略纲要的通知

各省、自治区、直辖市人民政府，国务院各部委、各直属机构：

现将《国家知识产权战略纲要》印发给你们，请认真贯彻实施。

国务院

二〇〇八年六月五日

《国家知识产权战略纲要》

为提升我国知识产权创造、运用、保护和管理能力，建设创新型国家，实现全面建设小康社会目标，制定本纲要。

一、序言

（1）改革开放以来，我国经济社会持续快速发展，科学技术和文化创作取得长足进步，创新能力不断提升，知识在经济社会发展中的作用越来越突出。我国正站在新的历史起点上，大力开发和利用知识资源，对于转变经济发展方式，缓解资源环境约束，提升国家核心竞争力，满足人民群众日益增长的物质文化生活需要，具有重大战略意义。

（2）知识产权制度是开发和利用知识资源的基本制度。知识产权制度通过合理确定人们对于知识及其他信息的权利，调整人们在创造、运用知识和信息过程中产生的利益关系，激励创新，推动经济发展和社会进步。当今世界，随着知识经济和经济全球化深入发展，知识产权日益成为国家发展的战略性资源和国际竞争力的核心要素，成为建设创新型国家的重要支撑和掌握发展主动权的关键。国际社会更加重视知识产权，更加重视鼓励创新。发达国家以创新为主要动力推动经济发展，充分利用知识产权制度维护其竞争优势；发展中国家积极采取适应国情的知识产权政策措施，促进自身发展。

（3）经过多年发展，我国知识产权法律法规体系逐步健全，执法水平不断提高；知识产权拥有量快速增长，效益日益显现；市场主体运用知识产权能力逐步提高；知识产权领域的国际交往日益增多，国际影响力逐渐增强。知识产权制度的建立和实施，规范了市场秩序，激励了发明创造和文化创作，促进了对外开放和知识资源的引进，对经济社会发展发挥了重要作用。但是，从总体上看，我国知识产权制度仍不完善，自主知识产权水平和拥有量尚不能满足经济社会发展需要，社会公众知识产权意识仍较薄弱，市场主体运用知识产权能力不强，侵犯知识产权现象还比较突出，知识产权滥用行为时有发生，知识产权服务支撑体系和人才队伍建设滞后，知识产权制度对经济社会发展的促进作用尚未得到充分发挥。

（4）实施国家知识产权战略，大力提升知识产权创造、运用、保护和管理能力，有利于增强我国自主创新能力，建设创新型国家；有利于完善社会主义市场经济体制，规范市场秩序和建立诚信社会；有利于增强我国企业市场竞争力和提高国家核心竞争力；有利于扩大对外开放，实现互利共赢。必须把知识产权战略作为国家重要战略，切实加强知识产权工作。

二、指导思想和战略目标

（一）指导思想

（5）实施国家知识产权战略，要坚持以邓小平理论和“三个代表”重要思想为指导，深入贯彻落实科学发展观，按照激励创造、有效运用、依法保护、科学管理的方针，着力完善知识产权制度，积极营造良好的知识产权法治环境、市场环境、文化环境，大幅度提升我国知识产权创造、运用、保护和管理能力，为建设创新型国家和全面建设小康社会提供强有力支撑。

（二）战略目标

（6）到2020年，把我国建设成为知识产权创造、运用、保护和管理水平较高的国家。知识产权法治环境进一步完善，市场主体创造、运用、保护和管理知识产权的能力显著增强，知识产权意识深入人心，自主知识产权的水平和拥有量能够有效支撑创新型国家建设，知识产权制度对经济发展、文化繁荣和社会建设的促进作用充分显现。

（7）近五年的目标是：

——自主知识产权水平大幅度提高，拥有量进一步增加。本国申请人发明专利年度授权量进入世界前列，对外专利申请大幅度增加。培育一批国际知名品牌。核心版权产业产值占国内生产总值的比重明显提高。拥有一批优良植物新品种和高水平集成电路布图设计。商业秘密、地理标志、遗传资源、传统知识和民间文艺等得到有效保护与合理利用。

——运用知识产权的效果明显增强，知识产权密集型商品比重显著提高。企业知识产权管理制度进一步健全，对知识产权领域的投入大幅度增加，运用知识产权参与市场竞争的能力明显提升。形成一批拥有知名品牌和核心知识产权，熟练运用知识产权制度的优势企业。

——知识产权保护状况明显改善。盗版、假冒等侵权行为显著减少，维权成本明显下降，滥用知识产权现象得到有效遏制。

——全社会特别是市场主体的知识产权意识普遍提高，知识产权文化氛围初步形成。

三、战略重点

（一）完善知识产权制度

（8）进一步完善知识产权法律法规。及时修订专利法、商标法、著作权法等知识产权专门法律及有关法规。适时做好遗传资源、传统知识、民间文艺和地理标志等方面的立法工作。加强知识产权立法的衔接配套，增强法律法规可操作性。完善反不正当竞争、对外贸易、科技、国防等方面法律法规中有关知识产权的规定。

（9）健全知识产权执法和管理体制。加强司法保护体系和行政执法体系建设，发挥司法保护知识产权的主导作用，提高执法效率和水平，强化公共服务。深化知识产权行政管理体制改革，形成权责一致、分工合理、决策科学、执行顺畅、监督有力的知识产权行政管理体制。

（10）强化知识产权在经济、文化和社会政策中的导向作用。加强产业政策、区域政策、科技政策、贸易政策与知识产权政策的衔接。制定适合相关产业发展的知识产权政策，促进产业结构的调整与优化；针对不同地区发展特点，完善知识产权扶持政策，培育地区特色经济，促进区域经济协调发展；建立重大科技项目的知识产权工作机制，以知识产权的获取和保护为重点开展全程跟踪服务；健全与对外贸易有关的知识产权政策，建立和完善对外贸易领域知识产权管理体制、预警应急机制、海外维权机制和争端解决机制。加强文化、教育、科研、卫生等政策与知识产权政策的协调衔接，保障公众在文化、教育、科研、卫生等活动中依法合理使用创新成果和信息的权利，促进创新成果合理分享；保障国家应对公共危机的能力。

（二）促进知识产权创造和运用

（11）运用财政、金融、投资、政府采购政策和产业、能源、环境保护政策，引导和支持市场主体创造和运用知识产权。强化科技创新活动中的知识产权政策导向作用，坚持技术创新以能够合法产业化为基本前提，以获得知识产权为追求目标，以形成技术标准为努力方向。完善国家资助开发的科研成果权利归属和利益分享机制。将知识产权指标纳入科技计划实施评价体系和国有企业绩效考核体系。逐步提高知识产权密集型商品出口比例，促进贸易增长方式的根本转变和贸易结构的优化升级。

（12）推动企业成为知识产权创造和运用的主体。促进自主创新成果的知识产权化、商品化、产业化，引导企业采取知识产权转让、许可、质押等方式实现知识产权的市场价值。充分发挥高等学校、科研院所在知识产权创造中的重要作用。选择若干重点技术领域，形成一批核心自主知识产权和技术标准。鼓励群众性发明创造和文化创新。促进优秀文化产品的创作。

（三）加强知识产权保护

（13）修订惩处侵犯知识产权行为的法律法规，加大司法惩处力度。提高权利人自我维权的意识和能力。降低维权成本，提高侵权代价，有效遏制侵权行为。

（四）防止知识产权滥用

（14）制定相关法律法规，合理界定知识产权的界限，防止知识产权滥用，维护公平竞争的市场秩序和公众合法权益。

（五）培育知识产权文化

（15）加强知识产权宣传，提高全社会知识产权意识。广泛开展知识产权普及型教育。在精神文明创建活动和国家普法教育中增加有关知识产权的内容。在全社会弘扬以创新为荣、剽窃为耻，以诚实守信为荣、假冒欺骗为耻的道德观念，形成尊重知识、崇尚创新、诚信守法的知识产权文化。

四、专项任务

（一）专利

（16）以国家战略需求为导向，在生物和医药、信息、新材料、先进制造、先进能源、海洋、资源环境、现代农业、现代交通、航空航天等技术领域超前部署，掌握一批核心技术的专利，支撑我国高技术产业与新兴产业发展。

（17）制定和完善与标准有关的政策，规范将专利纳入标准的行为。支持企业、行业组织积极参与国际标准的制定。

（18）完善职务发明制度，建立既有利于激发职务发明人创新积极性，又有利于促进专利技术实施的利益分配机制。

（19）按照授予专利权的条件，完善专利审查程序，提高审查质量。防止非正常专利申请。

（20）正确处理专利保护和公共利益的关系。在依法保护专利权的同时，完善强制许可制度，发挥例外制度作用，研究制定合理的相关政策，保证在发生公共危机时，公众能够及时、充分获得必需的产品和服务。

（二）商标

（21）切实保护商标权人和消费者的合法权益。加强执法能力建设，严厉打击假冒等侵权行为，维护公平竞争的市场秩序。

（22）支持企业实施商标战略，在经济活动中使用自主商标。引导企业丰富商标内涵，增加商标附加值，提高商标知名度，形成驰名商标。鼓励企业进行国际商标注册，维护商标权益，参与国际竞争。

（23）充分发挥商标在农业产业化中的作用。积极推动市场主体注册和使用商标，促进农产品质量提高，保证食品安全，提高农产品附加值，增强市场竞争力。

（24）加强商标管理。提高商标审查效率，缩短审查周期，保证审查质量。尊重市场规律，切实解决驰名商标、著名商标、知名商品、名牌产品、优秀品牌的认定等问题。

（三）版权

(25) 扶持新闻出版、广播影视、文学艺术、文化娱乐、广告设计、工艺美术、计算机软件、信息网络等版权相关产业发展，支持具有鲜明民族特色、时代特点作品的创作，扶持难以参与市场竞争的优秀文化作品的创作。

(26) 完善制度，促进版权市场化。进一步完善版权质押、作品登记和转让合同备案等制度，拓展版权利用方式，降低版权交易成本和风险。充分发挥版权集体管理组织、行业协会、代理机构等中介组织在版权市场化中的作用。

(27) 依法处置盗版行为，加大盗版行为处罚力度。重点打击大规模制售、传播盗版产品的行为，遏制盗版现象。

(28) 有效应对互联网等新技术发展对版权保护的挑战。妥善处理保护版权与保障信息传播的关系，既要依法保护版权，又要促进信息传播。

（四）商业秘密

(29) 引导市场主体依法建立商业秘密管理制度。依法打击窃取他人商业秘密的行为。妥善处理保护商业秘密与自由择业、涉密者竞业限制与人才合理流动的关系，维护职工合法权益。

（五）植物新品种

(30) 建立激励机制，扶持新品种培育，推动育种创新成果转化为植物新品种权。支持形成一批拥有植物新品种权的种苗单位。建立健全植物新品种保护的技术支撑体系，加快制定植物新品种测试指南，提高审查测试水平。

(31) 合理调节资源提供者、育种者、生产者和经营者之间的利益关系，注重对农民合法权益的保护。提高种苗单位及农民的植物新品种权保护意识，使品种权人、品种生产经销单位和使用新品种的农民共同受益。

（六）特定领域知识产权

(32) 完善地理标志保护制度。建立健全地理标志的技术标准体系、质量保证体系与检测体系。普查地理标志资源，扶持地理标志产品，促进具有地方特色的自然、人文资源优势转化为现实生产力。

(33) 完善遗传资源保护、开发和利用制度，防止遗传资源流失和无序利用。协调遗传资源保护、开发和利用的利益关系，构建合理的遗传资源获取与利益分享机制。保障遗传资源提供者知情同意权。

(34) 建立健全传统知识保护制度。扶持传统知识的整理和传承，促进传统知识发展。完善传统医药知识产权管理、保护和利用协调机制，加强对传统工艺的保护、开发和利用。

(35) 加强民间文艺保护，促进民间文艺发展。深入发掘民间文艺作品，建立民间文艺保存人与后续创作人之间合理分享利益的机制，维护相关个人、群体的合法权益。

(36) 加强集成电路布图设计专有权的有效利用，促进集成电路产业发展。

（七）国防知识产权

(37) 建立国防知识产权的统一协调管理机制，着力解决权利归属与利益分配、有偿使用、激励机制以及紧急状态下技术有效实施等重大问题。

(38) 加强国防知识产权管理。将知识产权管理纳入国防科研、生产、经营及装备采购、保障和项目管理各环节，增强对重大国防知识产权的掌控能力。发布关键技术指南，在武器装备关键技术和军民结合高新技术领域形成一批自主知识产权。建立国防知识产权安全预警机制，对军事技术合作和军品贸易中的国防知识产权进行特别审查。

(39) 促进国防知识产权有效运用。完善国防知识产权保密解密制度，在确保国家安全和国防利益基础上，促进国防知识产权向民用领域转移。鼓励民用领域知识产权在国防领域运用。

五、战略措施

（一）提升知识产权创造能力

（40）建立以企业为主体、市场为导向、产学研相结合的自主知识产权创造体系。引导企业在研究开发立项及开展经营活动前进行知识产权信息检索。支持企业通过原始创新、集成创新和引进消化吸收再创新，形成自主知识产权，提高把创新成果转变为知识产权的能力。支持企业等市场主体在境外取得知识产权。引导企业改进竞争模式，加强技术创新，提高产品质量和服务质量，支持企业打造知名品牌。

（二）鼓励知识产权转化运用

（41）引导支持创新要素向企业集聚，促进高等学校、科研院所的创新成果向企业转移，推动企业知识产权的应用和产业化，缩短产业化周期。深入开展各类知识产权试点、示范工作，全面提升知识产权运用能力和应对知识产权竞争的能力。

（42）鼓励和支持市场主体健全技术资料与商业秘密管理制度，建立知识产权价值评估、统计和财务核算制度，制定知识产权信息检索和重大事项预警等制度，完善对外合作知识产权管理制度。

（43）鼓励市场主体依法应对涉及知识产权的侵权行为和法律诉讼，提高应对知识产权纠纷的能力。

（三）加快知识产权法制建设

（44）建立适应知识产权特点的立法机制，提高立法质量，加快立法进程。加强知识产权立法前瞻性研究，做好立法后评估工作。增强立法透明度，拓宽企业、行业协会和社会公众参与立法的渠道。加强知识产权法律修改和立法解释，及时有效回应知识产权新问题。研究制定知识产权基础性法律的必要性和可行性。

（四）提高知识产权执法水平

（45）完善知识产权审判体制，优化审判资源配置，简化救济程序。研究设置统一受理知识产权民事、行政和刑事案件的专门知识产权法庭。研究适当集中专利等技术性较强案件的审理管辖权问题，探索建立知识产权上诉法院。进一步健全知识产权审判机构，充实知识产权司法队伍，提高审判和执行能力。

（46）加强知识产权司法解释工作。针对知识产权案件专业性强等特点，建立和完善司法鉴定、专家证人、技术调查等诉讼制度，完善知识产权诉前临时措施制度。改革专利和商标确权、授权程序，研究专利无效审理和商标评审机构向准司法机构转变的问题。

（47）提高知识产权执法队伍素质，合理配置执法资源，提高执法效率。针对反复侵权、群体性侵权以及大规模假冒、盗版等行为，有计划、有重点地开展知识产权保护专项行动。加大行政执法机关向刑事司法机关移送知识产权刑事案件和刑事司法机关受理知识产权刑事案件的力度。

（48）加大海关执法力度，加强知识产权边境保护，维护良好的进出口秩序，提高我国出口商品的声誉。充分利用海关执法国际合作机制，打击跨境知识产权违法犯罪行为，发挥海关在国际知识产权保护事务中的影响力。

（五）加强知识产权行政管理

（49）制定并实施地区和行业知识产权战略。建立健全重大经济活动知识产权审议制度。扶持符合经济社会发展需要的自主知识产权创造与产业化项目。

（50）充实知识产权管理队伍，加强业务培训，提高人员素质。根据经济社会发展需要，县级以上人民政府可设立相应的知识产权管理机构。

（51）完善知识产权审查及登记制度，加强能力建设，优化程序，提高效率，降低行政成本，提高知识产权公共服务水平。

（52）构建国家基础知识产权信息公共服务平台。建设高质量的专利、商标、版权、集成电路布图设计、植物新品种、地理标志等知识产权基础信息库，加快开发适合我国检索方式与习惯的通用检索系统。健全植物新品种保护测试机构和保藏机构。建立国防知识产权信息平台。指导和鼓励各地区、各有关行业建设符合自身需要的知识产权信息库。促进知识产权系统集成、资源整合和信息共享。

(53) 建立知识产权预警应急机制。发布重点领域的知识产权发展态势报告，对可能发生的涉及面广、影响大的知识产权纠纷、争端和突发事件，制订预案，妥善应对，控制和减轻损害。

(六) 发展知识产权中介服务

(54) 完善知识产权中介服务管理，加强行业自律，建立诚信信息管理、信用评价和失信惩戒等诚信管理制度。规范知识产权评估工作，提高评估公信度。

(55) 建立知识产权中介服务执业培训制度，加强中介服务职业培训，规范执业资质管理。明确知识产权代理人等中介服务人员执业范围，研究建立相关律师代理制度。完善国防知识产权中介服务体系。大力提升中介组织涉外知识产权申请和纠纷处置服务能力及国际知识产权事务参与能力。

(56) 充分发挥行业协会的作用，支持行业协会开展知识产权工作，促进知识产权信息交流，组织共同维权。加强政府对行业协会知识产权工作的监督指导。

(57) 充分发挥技术市场的作用，构建信息充分、交易活跃、秩序良好的知识产权交易体系。简化交易程序，降低交易成本，提供优质服务。

(58) 培育和发展市场化知识产权信息服务，满足不同层次知识产权信息需求。鼓励社会资金投资知识产权信息化建设，鼓励企业参与增值性知识产权信息开发利用。

(七) 加强知识产权人才队伍建设

(59) 建立部门协调机制，统筹规划知识产权人才队伍建设。加快建设国家和省级知识产权人才库和专业人才信息网络平台。

(60) 建设若干国家知识产权人才培养基地。加快建设高水平的知识产权师资队伍。设立知识产权二级学科，支持有条件的高等学校设立知识产权硕士、博士学位授予点。大规模培养各级各类知识产权专业人才，重点培养企业急需的知识产权管理和中介服务人才。

(61) 制定培训规划，广泛开展对党政领导干部、公务员、企事业单位管理人员、专业技术人员、文学艺术创作人员、教师等的知识产权培训。

(62) 完善吸引、使用和管理知识产权专业人才相关制度，优化人才结构，促进人才合理流动。结合公务员法的实施，完善知识产权管理部门公务员管理制度。按照国家职称制度改革总体要求，建立和完善知识产权人才的专业技术评价体系。

(八) 推进知识产权文化建设

(63) 建立政府主导、新闻媒体支撑、社会公众广泛参与的知识产权宣传工作体系。完善协调机制，制定相关政策和工作计划，推动知识产权的宣传普及和知识产权文化建设。

(64) 在高等学校开设知识产权相关课程，将知识产权教育纳入高校学生素质教育体系。制定并实施全国中小学知识产权普及教育计划，将知识产权内容纳入中小学教育课程体系。

(九) 扩大知识产权对外交流合作

(65) 加强知识产权领域的对外交流合作。建立和完善知识产权对外信息沟通交流机制。加强国际和区域知识产权信息资源及基础设施建设与利用的交流合作。鼓励开展知识产权人才培养的对外合作。引导公派留学生、鼓励自费留学生选修知识产权专业。支持引进或聘用海外知识产权高层次人才。积极参与国际知识产权秩序的构建，有效参与国际组织有关议程。

(供稿人：张璟)

印发广东省知识产权战略纲要（2008－2009年）实施方案的通知

粤府办〔2008〕67号

各地级以上市人民政府，各县（市、区）人民政府，省政府各部门、各直属机构：

《广东省知识产权战略纲要（2008－2009年）实施方案》业经省人民政府同意，现印发给你们，请认真贯彻执行。执行中遇到的问题，请径向省知识产权局等有关单位反映。

广东省人民政府办公厅
二〇〇八年十一月十七日

《广东省知识产权战略纲要（2008－2009年）实施方案》

为贯彻落实《国务院关于印发国家知识产权战略纲要的通知》（国发〔2008〕18号）和《印发广东省知识产权战略纲要（2007－2020年）的通知》（粤府〔2007〕88号）精神，制订本实施方案。

一、指导思想

坚持以邓小平理论和“三个代表”重要思想为指导，深入贯彻落实科学发展观，解放思想，积极营造良好的知识产权法治环境、市场环境、文化环境，进一步提高我省知识产权发展质量，增强知识产权制度运用能力，促进知识产权商品化和产业化，提高自主创新能力和产业竞争力，稳步推动我省由知识产权大省向知识产权强省的发展。

二、基本原则

（一）坚持服务大局、创新思路的原则

坚持实施知识产权战略为全省经济社会发展大局服务，将创新作为实施知识产权战略的重要推动力，在创新中实施战略，在战略实施中寻求创新，逐步形成以创新促发展的良好格局。

（二）坚持承上启下、循序渐进的原则

把贯彻落实国家知识产权战略纲要与实施我省知识产权战略纲要相互衔接，紧紧把握工作的重点、难点，寻找突破口，按照循序渐进的方式，扎实推进工作，高质量完成战略纲要确定的各项任务。

（三）坚持省市联动、合力推进的原则

省知识产权各职能部门、各地级以上市人民政府及其知识产权各职能部门要各司其职、密切配合，形成合力，共同推进知识产权战略的实施，确保圆满完成战略纲要目标。

三、主要任务和牵头部门

（一）努力创造自主知识产权

1. 实施十大产业技术自主创新专项，加快国家、省和地级以上市企业技术中心、工程技术研究开发中心及区域、行业技术创新中心的建设和发展；加强我省重点领域与支柱产业的科技攻关，推进省部产学研联盟和示范基地建设；发挥政府各类专项资金导向作用，努力创造一批具有自主知识产权的核心技术。（省发展改革委、经贸委、科技厅、国资委以及各地相关部门负责）

2. 继续开展省知识产权优势、示范企业及试点事业单位的认定工作，探索培育自主知识产权企业，不断提高企事业单位知识产权制度运用能力。（省知识产权局负责）

3. 做好广东省著名商标的认定和管理工作，推进农产品商标和地理标志证明商标的注册、管理和运用，扶持各类经济主体发挥品牌

优势进一步做大做强。（省工商局负责）

4. 制定配套政策措施，加大对职务发明的发明人、设计人的奖酬力度；继续重奖获得中国专利奖的单位；做好广东专利奖评选和国内外专利申请资助工作。（省财政厅、知识产权局、人事厅负责）

5. 推进“版权兴业工程”，扶持、资助版权作品创作项目和“版权兴业”重点企业，认定一批广东省版权兴业示范基地。（省版权局负责）

6. 实施名牌带动战略，规范和完善广东省名牌产品的评价工作；实施“千百亿名牌培育工程”，培育和发展上百亿乃至超千亿元名牌企业，推进产业集群区域品牌创建。（省经贸委、工商局、质监局、农业厅负责）

7. 加强地理标志产品申报工作，为其在出口通关、国内市场准入等方面提供便利，增强其在国内及国际市场影响力。（省农业厅、质监局、广东出入境检验检疫局负责）

8. 建立和完善非物质文化遗产资源保护开发利用和传统知识保护制度，开发具有岭南特色的民间文化资源，重点抢救和保护濒危项目，维护项目传承人的合法权益。（省文化厅、版权局负责）

9. 健全各类科技园区、产业化基地以及开发区管委会知识产权管理机构，建立和完善知识产权管理相关规定和配套政策。（省科技厅、外经贸厅、知识产权局负责）

10. 建立政府采购自主知识产权产品机制，实施政府首购政策。（省财政厅、发展改革委、经贸委、知识产权局、科技厅、版权局、信息产业厅、质监局负责）

11. 加强商业秘密特别是企业技术保护工作，引导企业建立健全技术及商业秘密内部管理制度。（省工商局、科技厅、知识产权局、国资委负责）

12. 制订《广东省植物新品种权申请资助办法》，鼓励新品种选育单位申请品种权保护，推进植物新品种培育和种质创新。（省财政厅、农业厅、林业局负责）

13. 对在专利发明创造和运用方面作出突出贡献的妇女授予“省级巾帼发明家”荣誉称号；认定一批青少年发明创造特色基地；开展“南粤青少年发明之星”评选活动。（省知识产权局、妇联、教育厅、发明协会负责）

（二）进一步加强对知识产权的保护

1. 健全省、地级以上市、县（市、区）三级知识产权行政执法保护体系，充实基层知识产权执法力量，加强行政执法能力建设，加大知识产权行政执法力度。（各级编办、知识产权职能部门负责）

2. 坚决打击侵犯知识产权违法犯罪行为，开展各类保护知识产权专项行动，集中力量查处情节严重、影响重大的侵权案件；建立行政执法部门与司法部门之间的定期沟通和重大案件会商通报制度，推动执法联络室的运作，形成联合执法协调机制和纠纷快速解决机制；建立保护知识产权重点企业联系制度；加强保护知识产权举报投诉服务工作；推进“正版正货”承诺活动和会展、行业协会知识产权保护试点示范工作。（各级知识产权职能部门负责）

3. 加强和规范商标执法工作，重点开展对大型市场的监管试点工作，减少商标侵权行为。（省工商局负责）

4. 严厉打击伪造产地、假冒名牌标识和地理标志产品专用标志、生产假冒伪劣产品等违法行为；积极推进植物新品种权维权工作。（省质监局、农业厅、林业局负责）

5. 健全海关知识产权保护机构，加强海关知识产权保护工作，开展进出口货运渠道和行邮渠道专项执法行动，大力打击进出境侵权活动。（海关广东分署负责）

6. 完善知识产权审判体制和工作机制，进一步加强诉讼调解，加强知识产权审判监督和业务指导，强化案件审判和执行的公开性和透明度；加强知识产权法官队伍职业化建设，优化知识产权案件管辖布局，深化知识产权审判“三审合一”机制改革试点工作。（省法院负责）

7. 建立中国（广东）知识产权维权援助

中心，构建知识产权涉外信息采集系统，开展知识产权维权援助及知识产权涉外应对工作。（省知识产权局负责）

（三）促进知识产权运用

1. 实施国家和省级高技术产业发展项目计划，推进数字音频编解码技术等核心技术的应用及发展，促进具有自主知识产权的技术和产品的产业化。（省发展改革委、科技厅、信息产业厅负责）

2. 推动我省拥有自主知识产权的企业进入国家创业风险投资项目试点范围，争取国家和社会创业投资资金的支持。（省发展改革委、财政厅负责）

3. 开展我省“十五”以来重点产业知识产权状况及科技计划项目知识产权状况和管理制度建设的研究。（省科技厅、经贸委、知识产权局负责）

4. 开展省级知识产权试点及培育优势区域，积极创建国家知识产权示范城市、园区、企事业单位及知识产权强县（市、区）；继续实施“广东省专利技术实施计划”。（省知识产权局负责）

5. 逐步建立具有广东特色的技术标准运行、管理和服务体系，加强拥有自主知识产权技术标准的推广和运用；实施“自主知识产权技术标准培育工程”，培育知识产权与技术标准有机结合的骨干企业。（省质监局、知识产权局负责）

6. 推进国有企业和民营中小企业知识产权工作，大力提升国有企业和中小企业知识产权制度的运用能力。（省知识产权局、经贸委、国资委负责）

7. 实施“知识产权评估机构培育计划”，培育一批服务质量良好，市场信誉度高的知识产权评估机构。（省知识产权局、财政厅负责）

（四）强化知识产权宏观管理

1. 加快提请立法机关修订《广东省促进科学技术进步条例》，启动《广东省标准化监督管理条例》的制定工作。（省知识产权局、工商局、质监局、科技厅、法制办负责）

2. 进一步完善省政府知识产权办公会议制度，逐步形成统一管理、结构合理、协调有序、联动发展的知识产权工作新格局。（省政府知识产权办公会议办公室负责）

3. 各级政府制定产业发展、结构调整、创投融资、科技进步、吸引人才等政策时要充分体现知识产权导向，加强产业政策、区域政策、贸易政策与知识产权政策的衔接。（各级人民政府、各有关部门负责）

4. 将知识产权的创造、运用、保护及管理情况作为省市级科技立项、科技奖励，工程中心或企业技术中心、高新技术企业、高新技术园区和省级以上重点实验室认定和复审的重要条件之一。（省科技厅、经贸委、发展改革委、外经贸厅、知识产权局负责）

5. 加强国防知识产权创造和管理，促进国防知识产权运用和保护。（省国防科工办、科技厅负责）

6. 探索建立广东省重大经济活动知识产权特别审查制度。（省知识产权局、发展改革委、经贸委、科技厅、财政厅、农业厅、外经贸厅、国资委、工商局、版权局、林业局、质监局负责）

7. 建立专利及版权产业发展状况统计指标体系及统计制度；建立专利申请分析监控系统；培养知识产权统计调查队伍。（省统计局、知识产权局、版权局负责）

（五）建立健全知识产权公共服务体系

1. 建立专利代理行业奖惩制度，加强行业监管；发挥广东省专利代理协会的作用，加强行业自律；组织开展查处取缔非法从事专利代理行为专项行动，推动专利代理行业健康有序发展。（各级知识产权部门和工商行政管理部门负责）

2. 加强和完善政府知识产权公共信息平台，构建布局合理、技术先进、功能完备、共享高效的公共信息服务体系；加强广东省重点技术领域专利态势分析和运用工作；实施“知识产权综合交易平台扶持计划”，重点支持建设专利技术展示交易平台。（省知识产权局负

责）

3. 建设和完善技术性贸易壁垒公共信息服务平台，建设广东省技术性贸易壁垒应对和防护体系。（省质监局负责）

（六）建设知识产权人才队伍

1. 广泛开展知识产权培训活动，实施“百千万知识产权人才培育工程”，建设省级知识产权培训基地，建设适应知识产权事业发展的人才队伍。（省知识产权局、各级知识产权职能部门负责）

2. 支持省内有条件的高校创办和建设知识产权学院及研究机构，继续推进知识产权学历教育，将知识产权课程列入省内高校专业必修课程或公共选修课，加快培养知识产权方面的复合型人才。（省教育厅、知识产权局负责）

3. 加大知识产权公需科目继续教育培训力度；研究和探索建立知识产权从业人员职称评定体系。（省知识产权局、人事厅负责）

（七）促进知识产权事业区域协调发展与对外交流合作

1. 实施“广东区域知识产权发展计划”，促进区域知识产权事业协调发展。（省知识产权局负责）

2. 加强粤港知识产权合作，落实粤港保护知识产权专责小组确定的合作项目。（粤港保护知识产权合作专责小组负责）

3. 推进泛珠三角区域知识产权合作，健全并完善泛珠三角区域专利、商标、海关知识产权保护执法合作机制。（省知识产权局、工商局、版权局、海关广东分署负责）

4. 加强与外国有关机构和组织的沟通交流，促进知识产权对外交流与合作深入发展；研究国外知识产权制度及发展动向，编写知识产权维权手册，提高重大涉外知识产权案件的应对能力。（省知识产权各职能部门、外办负责）

（八）大力提高全社会知识产权意识

1. 坚持普及宣传与专项宣传相结合，不断增强全社会知识产权意识。将“实施知识产权战略，建设创新型广东”作为“4·26”世界知识产权日宣传主题，大力宣传知识产权战略纲要对广东省经济社会发展的促进作用。（各级知识产权职能部门、省政府知识产权办公会议办公室负责）

2. 逐步建立党校（行政学院）系统知识产权培训骨干队伍，在各类党政领导干部和公务员培训班中加大知识产权培训力度。（省委党校，省人事厅、知识产权局负责）

3. 推进中小学及职业技术学校知识产权教育；建立知识产权普及状况指标体系，开展公民知识产权意识调查。（省知识产权局、教育厅，团省委、少工委负责）

（九）知识产权战略纲要的推进与考核

1. 落实知识产权战略工作责任制。各级人民政府要从全局和战略的高度，重视和加强知识产权工作，把知识产权工作纳入经济社会发展全局工作的重要日程，完善和落实领导责任制和工作责任制，并结合当地实际情况，有重点、分步骤地制定和推进本地区的战略纲要实施方案。各级知识产权职能部门要紧密结合自身职责，将实施方案确定的各项任务作为本部门重点工作，增强责任意识，加强推进力度，确保各项战略任务顺利完成并取得实效。省知识产权局负责战略实施方案执行情况的统筹、协调和指导。

2. 加大政府投入力度。各级政府要加大对知识产权工作的经费投入，为地区知识产权工作发展提供资金保障。省知识产权战略工作经费列入省级预算。

3. 开展战略实施的考核评估。省知识产权局牵头制定战略实施评估指标体系，对本实施方案提出的各项工作进展情况和实施效果进行考核及监督指导。各地级以上市人民政府负责对本地区实施方案的落实情况进行考核和监督指导。

（供稿人：张璟）

省委中心组专题学习《国家知识产权战略纲要》情况

2008 年 7 月 16 日上午，广东省委中心组举行第五十三期“广东学习论坛”报告会，邀请国家知识产权局局长田力普作了“实施知识产权战略，建设创新型国家”的专题报告。报告会由广东省委常委、宣传部部长林雄主持。

田力普在报告中指出，在知识经济和全球化背景下，产权化的知识成为最重要的生产要素和财富资源，知识产权成为现有和潜在知识经济国家的战略资源和核心竞争力，越来越多的国家开始研究制定和实施适合国情的知识产权战略。他在报告中着力介绍了《国家知识产权战略纲要》（以下简称《纲要》）的战略目标、战略重点、专项任务和战略举措，指出《纲要》的核心内容是推进制度变革，不断完善知识产权制度；主线是促进自主创新，支撑建设创新型国家；目的是形成以制度促创新，以创新促发展的良性互动格局。

结合广东知识产权建设实际，田力普提出了广东知识产权工作建议：一是要明确发展定位，努力向中等发达国家的知识产权建设看齐；二是要提高专利质量，使知识产权形成生产力，变成实际财富；三是要加大经费投入，确保知识产权建设工作力度；四是要培养知识产权意识，形成全社会崇尚创新的文化氛围；五是要注重制度建设，形成有利于知识产权建设的体制机制；六是要制定正确的对外政策，认真积极地处理好国际知识产权争端和国际贸易摩擦。他强调，政府加强对知识产权工作的领导，要以抓战略、抓机制、抓政策、抓服务为工作重点，确保国家和广东知识产权战略纲要提出的目标和任务落到实处，推动广东由知识产权大省向知识产权强省跨越。

林雄在主持报告时指出，知识产权在当今世界经济发展中发挥着越来越重要的作用，成为各国提高综合国力和提升国际竞争力的一个重要支撑，也成为跨国企业竞争的一个焦点。广东是一个外向型经济发达的省份，随着对外开放不断深化，知识产权建设问题变得越来越迫切。省委十届三次全会指出了广东要站在新的历史起点上成为我国提升国际竞争力的主力省，更加明确了广东加速实施自主创新战略和知识产权建设的重要性。他要求各级领导干部认真学习贯彻落实国家和省《知识产权战略纲要》精神和知识产权有关知识，有效提高领导知识产权建设能力，不断推动创新型广东建设，开创广东科学发展的新局面。

广东省委中心组成员，省人大、省政协其他领导同志，省军区党委常委，省法院院长，省检察院检察长，省武警总队军政主官，省委各部委、省直各单位、省各人民团体现职正厅级领导干部和有关单位近 400 人参加了报告会。

（供稿人：李伟）

《国家知识产权战略纲要》全省宣讲工作情况

为贯彻落实科学发展观的工作部署，进一步推动广东省知识产权局学习实践科学发展观活动的深入开展，寻求广东省知识产权工作科学发展的新思路，进一步深入推进《国家知识产权战略纲要》和《广东省知识产权战略纲要》的贯彻实施，加快知识产权强省建设，根据广东省知识产权局的统一安排，2008 年 10—11 月间，广东省知识产权局领导分别赴汕头、梅州等 19 个地市开展战略宣讲活动。共举办宣讲会 19 场，并就地市的知识产权工作展开考察调研，全面了解了各地市知识产权工作的成效、经验体会和存在问题，从而全面把握广东省知识产权工作现状。调研的侧重点是各地市知识产权综合能力积累情况，包括工作体系、运作方式、政策法规、宣传培训、行政执法、企业知识产权工作、专利信息化建设等，以及工作中存在的主要问题和下一步开展工作的建议。各地市政府机关企事业单位超过4000人参加了宣讲会。

近年来，广东省知识产权工作取得了长足的发展，从调研的情况看，各地市市委、市政府日益重视知识产权工作，把加强知识产权保护、推动自主创新工作摆上党委和政府工作的重要日程。通过制定政策措施，推进企业创新发展，加大知识产权保护力度，构建专利信息平台等等措施，知识产权创造、利用、运用和保护的水平普遍大幅提高，知识产权工作机构和人员队伍不断壮大，知识产权工作经费逐年增加，知识产权保护不断得到加强，宣传培训力度不断加大，法制建设进一步完善，企事业单位运用知识产权制度的能力不断提高，全社会知识意识不断增强。

同时，调研也发现了广东省知识产权发展中所存在的问题，如知识产权工作机构建设有待健全，知识产权质量有待提高，知识产权经费投入偏低，知识产权意识有待提高，知识产权人才数量质量亟待提高等等。

通过对广东省各地市知识产权工作调研，广东省知识产权局意识到，落实科学发展观，就是要求广东省知识产权局以坚忍不拔的毅力，在危机感和紧迫感中奋力开创知识产权工作新局面。尽管改革开放30年广东省知识产权工作所取得的成绩有目共睹，但在成绩面前、在赞扬声中，广东省知识产权局务必认清形势，谦虚谨慎，知足知不足。面对兄弟省市后劲十足的发展，要有紧迫感和危机感，要更加谦虚、更加清醒、更加务实、更加鼓劲，在省委、省政府的带领下，全省知识产权工作紧紧围绕全省社会经济发展中心工作服务，各级知识产权部门形成干事创业、大发展、大提升、大跨越的氛围。

（供稿人：郭亚青）

改革开放30年广东知识产权

改革开放30年广东知识产权十大成就

一、知识产权大省地位确立

1995年，广东省专利申请量、授权量和商标申请、注册量均首次跃居全国第一位，并从此连续13年保持第一，为广东省成为知识产权大省奠定了基础。截至2008年10月，广东省累计专利申请总量及授权总量分别突破60万件和36万件，累计有效注册商标量突破47万件；累计发明专利申请量112521件，从2005年至2007年连续三年居全国第一。从2002年至2007年，全省累计PCT专利申请量6320件，连续6年位居全国第一。累计获得国家工商行政管理总局认定的驰名商标138件、中国世界名牌产品4个、中国名牌产品299个、地理标志保护产品38个，均居全国第一。全省共确立广东省版权兴业示范基地36个。这些都标志着广东省的自主创新与知识产权创造能力迈上了新的历史台阶，奠定了广东知识产权大省的地位。

二、知识产权战略纲要颁布实施

2007年11月6日，省政府颁布实施《广东省知识产权战略纲要（2007－2020年）》（以下简称《纲要》)。《纲要》确定了广东省实施知识产权战略的指导思想、基本原则、发展目标和战略重点，提出了一系列战略措施，是指导广东省知识产权事业实现又好又快发展的纲领性文件。《纲要》的颁布实施，标志着知识产权战略成为广东省重要的发展战略，对广东省经济社会发展、科技文化进步、自主创新能力提升具有十分重大而深远的意义。

三、率先开展知识产权地方法规体系建设

1996年，《广东省专利保护条例》公布施行，这是全国第一部专利保护地方性法规。1998年，《广东省技术秘密保护条例》公布施行。1999年，《广东省查处生产销售假冒伪劣商品违法行为条例》公布施行。2003年，省政府办公厅在《广东省名牌带动战略实施方案》中公布了《广东省著名商标认定和管理暂行办法》，至2008年，以省政府令形式公布施行《广东省著名商标认定和保护规定》。广东省专利、商标、版权等管理部门还出台了一系列知识产权规范性文件。这些法规规章完善了广东省知识产权地方立法，为广东省知识产权创造、运用、保护和管理提供了有力的法律制度保障。

四、知识产权工作体系基本建立

1979年，省工商局成立，同年国家工商行政管理总局决定恢复统一办理全国商标注册工作；1985年，省专利管理局成立；1990年，省版权局挂牌成立；1994年，广东高院成立知识产权审判庭；1994年，广东海关开始开展知识产权保护工作；1994年，省政府知识产权办公会议制度建立；2000年，省政府组建省知识产权局，管理全省专利工作，并协调涉外知识产权事宜。至此，广东省知识产权工

作体系基本建立。

五、全方位的知识产权保护体系逐步建立

广东省知识产权行政执法部门、司法机关以及民间组织各司其职，共同构建起全方位的知识产权保护网，知识产权保护在众多领域领先全国。专利、商标、版权等行政执法部门和公安、法院等司法机关查处了大量知识产权案件，有效地保护了知识产权权利人的合法权益。1992年，广交会首开我国会展知识产权保护先河，深受国内外的广泛关注，逐步发展成为我国会展业知识产权保护工作的典范。1994年，广东海关率先实施知识产权海关保护，在深圳查获我国第一宗进出口侵权案，打响了中国知识产权边境保护的第一枪。1999年，全国工商行政管理系统实行省以下垂直管理体制，商标执法重心下移到基层，扩大了执法队伍，强化了执法力度，有效维护了公平竞争的市场经济秩序。2003年，省知识产权局率先推进专利行政执法端口前移、重心下移，有效地加强了专利行政保护。2006年，广东法院在全国率先探索知识产权民事、刑事、行政“三审合一”审判方式。2006年，广东省首家专利联盟组织电压力锅专利联盟在佛山市成立，行业知识产权保护水平迈上新台阶。

六、一批知识产权明星企业正在崛起

新世纪以来，一批自主知识产权明星企业在广东省脱颖而出，如华为、中兴、朗科、比亚迪、腾讯、格力、美的、TCL、格兰仕等已经成为运用知识产权制度提升竞争力的典范。“恒兴”、“温氏”等驰名商标企业充分重视商标运用，积极打造现代农业发展模式，在全省推动农业产业化经营中发挥了示范带头作用。2007年，广东6家企业位居全国企业发明专利申请量前十名，4家企业位居全国PCT专利申请量前五名，7家企业成为“全国企事业知识产权示范创建单位”。更为可喜的是，在部分关键领域和发展前沿涌现出了一批拥有自主知识产权的核心技术，华为的PCT专利申请量2007年已跃居全球企业第四位，广州广晟数码技术有限公司具有自主知识产权的《多声道数字音频编解码技术规范》成为行业标准。大批拥有自主知识产权、市场竞争力强的企业，日益成为广东自主创新的主力军。

七、知识产权海外维权取得突破

2003年，美国思科公司在美国起诉广东省华为公司侵犯知识产权，华为积极应诉，提出思科名为标准的“私有协议”，拒不向他人授权使用，涉嫌垄断，最终双方达成庭外和解，此案极大地提高了广东省企业海外维权意识。2005年，比亚迪股份有限公司在日本反诉日本索尼株式会社专利无效获胜。2006年，深圳朗科科技有限公司在美国起诉美国PNY公司侵犯专利权获胜，与PNY公司签订专利授权许可协议收取专利许可费。2007年，省外经贸厅就337知识产权调查与美国国际贸易委员会进行讨论，并在美方就修改337调查规则征集意见时，提供了专业意见。从和解、胜诉、收取外企专利许可费，到积极促使修改规则，广东省企业和政府知识产权海外维权能力不断提升。

八、知识产权区域合作成效卓著

1996年，粤港海关知识产权保护合作机制正式建立，经过多年的建设，合作机制日臻完善，形成了情况通报、情报交流、业务查询、联合执法和案件协查等多种合作形式，2004年，粤澳海关建立知识产权保护合作机制。2003年，粤港知识产权合作首次被列入粤港合作联席会议的正式议题，粤港保护知识产权合作专责小组成立。专责小组成立以来，建立了定期会议制度和项目合作制度，优化了两地知识产权保护环境，对于促进粤港经

济贸易发展起到了重要作用。2004年，广东省牵头建立了泛珠三角区域知识产权合作机制，对及时处理跨省区的知识产权侵权行为，提高区域知识产权工作整体水平，发挥了重要作用。

九、知识产权服务体系建立完善

1985年，广东省第一家专利代理机构成立。1992年，广东省第一家商标代理机构成立。1995年，省版权局在全国率先向社会公众提供作品自愿登记服务。1995年，中国专利局广州代办处成立，负责受理专利申请。2005年，国家知识产权局专利局深圳代办处成立。1996年，广东省专利信息研究发展中心成立，向社会提供专利信息服务。同年，广东商标协会成立，为会员提供商标注册、使用、管理和保护服务。2008年，广东专利代理协会成立。广东省知识产权代理、咨询、诉讼等各个环节的服务健康发展，知识产权服务机构和队伍不断壮大。

十、知识产权人才培养能力显著提升

2004年至2005年，暨南大学、华南理工大学、中山大学知识产权学院相继成立，这是广东省首批知识产权学院，改变了广东省知识产权学历教育的空白状况。知识产权学院的成立，为广东省培养复合型、实务型的知识产权人才和高层次的知识产权教学研究人才提供了基本条件，从根本上提升了广东省知识产权专业人才培养能力，对广东省知识产权工作的长远发展发挥着重要作用。

（供稿人：李伟）

广东知识产权界纪念改革开放30周年座谈会暨广东知识产权十大成就发布会

2008年12月18日下午，广东知识产权界纪念改革开放30周年座谈会暨广东知识产权十大成就发布会在广州隆重举行，省人民政府副省长宋海出席座谈会并作重要讲话。会议由省知识产权局党组书记马宪民主持，省政府知识产权办公会议成员单位、企业、高校及知识产权中介机构代表参加了座谈会。

省政府知识产权办公会议办公室主任、省知识产权局局长陶凯元发布了改革开放30周年广东知识产权十大成就，历数了改革开放30年来广东知识产权事业取得的巨大成绩与进步。宋海向各界代表首发了纪念改革开放30周年广东知识产权画册。这本题为“大省的光荣、强省的梦想”的画册，以珍贵的历史图片和翔实的文字资料记录了广东省知识产权事业的发展史和广大知识产权工作者的奋斗史。省知识产权局、省工商局、省版权局、省高院、省公安厅、海关总署广东分署以及企业、高校、知识产权中介机构等与会代表结合自己的亲身经历，讲述了30年来广东知识产权事业的发展历程，展望了广东知识产权事业的未来发展前景。

宋海在讲话中指出，知识产权是市场经济的产物，更是改革开放这一基本国策的产物。改革开放30年来特别是进入21世纪以来，广东知识产权事业乘着改革开放的东风高歌猛进，取得了有目共睹的巨大成就。知识产权制度作为国际通行的规则，在广东的土壤上已经生根发芽，并对广东经济社会科技文化发展起到了积极的推动作用。宋海强调，随着广东省融入经济全球化程度的不断加深，知识产权已经成为国际竞争中的一个焦点问题，广东省的知识产权事业正处于关键转折期和重大发展期。宋海要求我们一定要有世界眼光和危机意识，紧紧抓住历史发展机遇，进一步解放思想，努力实践科学发展观，深入实施国家与广东省知识产权战略纲要，从服务全省经济社会发展大局，落实知识产权战略实施方案，加强知识产权统筹协调，加强知识产权人才培养和队伍建设，培育知识产权文化等多个方面切实加强知识产权工作，真正走出一条知识产权创造、运用、保护和管理全面协调可持续发展的路子，努力实现从知识产权大省向知识产权强省的跨越。

会议全面回顾了广东省知识产权事业在改革开放进程中走过的发展历程，总结了知识产权事业取得的成就和成功经验，展望了知识产权事业未来发展的广阔远景，鼓舞人心，激发士气，有利于知识产权界进一步解放思想，更好地实施国家和广东省的知识产权战略纲要，促进广东省知识产权事业实现新一轮大发展。

（供稿人：郭亚青）

省部知识产权高层次战略合作

广东省人民政府和国家知识产权局在广州签署合作议定书

建立高层次战略合作关系 共同推进知识产权强省建设

2008 年 12 月 29 日下午，国家知识产权局、广东省人民政府在广州科学城举行《关于建立知识产权高层次战略合作关系的议定书》（以下简称《议定书》）签署仪式。国家知识产权局党组书记、局长田力普，省委副书记、省长黄华华出席签署仪式，分别代表国家知识产权局和广东省人民政府在《议定书》上签字，并分别发表重要讲话。副省长宋海主持签署仪式。

黄华华代表广东省委、省政府对议定书的签订表示热烈祝贺，对国家知识产权局长期以来给予我省的关心支持表示衷心感谢。黄华华指出，这次国家知识产权局与我省签订战略合作议定书，为我省推动知识产权事业再上新台阶提供了难得机遇，必将对我省进一步提高知识产权创造、运用、保护和管理能力起到重要作用。广东将认真落实议定书各项内容，进一步完善知识产权工作体制机制，强化知识产权保护，提升知识产权管理服务水平。黄华华表示，在党中央、国务院的正确领导下，在国家知识产权局的深入指导和鼎力支持下，广东一定能够早日实现从知识产权大省向知识产权强省的新跨越，推动经济社会加快全面转入科学发展轨道、争当实践科学发展观的排头兵。

田力普在讲话中高度赞扬了广东知识产权事业发展所取得的巨大成绩。他表示，国家知识产权局与广东省政府建立知识产权高层次战略合作关系，有助于推进国家知识产权战略在广东省的深入实施，探索在市场经济条件下如何实现知识产权体制、机制创新，是发挥知识产权制度的作用推动区域科学发展的全新尝试。希望广东发挥好贯彻落实国家知识产权战略的重要先行作用，将实施知识产权战略作为促进广东科学发展的重要推动力，将创新思维和国际视野作为实施知识产权战略的重要新手段，切实做好国家知识产权战略的贯彻落实工作，做好国家战略与省战略的衔接与互补，为更好地实施国家知识产权战略创造新思路、探索新路子、寻求新办法、提供新经验、取得新成效。

《议定书》确定了双方十大合作内容，包括：共同推动构建适应广东经济社会发展的知识产权管理体制、共建知识产权信息服务平台、共同构建广东知识产权培训体系、共同开展知识产权发展研究工作、共建知识产权转移及运用体系、支持广东建立完善知识产权国际交流合作机制、共同开展知识产权维权援助工作、共建国家知识产权局专利业务绿色通道、共建粤港澳台知识产权合作机制和支持广州高新技术产业开发区开展创建国家知识产权示范园区工作等。

为保障《议定书》的合作内容的落实，双方决定成立“高层次战略合作工作委员会”，由国家知识产权局局长和广东省人民政府省长共同担任工作委员会主任，原则上每年举行一次例会，研究和商定重大合作事项，形成年度工作推进计划协议书或会议纪要，双方共同落实。《议定书》还规定双方首期合作时间为 5 年，经双方协商，可续签议定书。

在签署仪式上，省知识产权局与广州开发区管委会还签署了《关于合作共建“广东知识产权服务中心”的协议书》，并举行了“广东知识产权服务中心”揭牌仪式，黄华华、田力普共同为“广东知识产权服务中心”揭牌。

（供稿人：黄文霞）

《国家知识产权局 广东省人民政府关于建立知识产权高层次战略合作关系的议定书》

为贯彻党的十七大精神，全面落实科学发展观，积极实施国家知识产权战略，以新一轮思想大解放推动广东知识产权事业新一轮大发展，共同努力争当实践科学发展观排头兵，经协商，国家知识产权局与广东省人民政府决定建立知识产权高层次战略合作关系，特签订本议定书。

一、合作目标

通过建立知识产权高层次战略合作关系，共同推进广东省知识产权强省创建工作，推进国家知识产权战略在广东省深入实施；共同探索市场经济条件下知识产权体制、机制创新和以知识产权事业推动区域实现科学发展的新路子；广东省逐步建立健全适应经济社会发展的自主知识产权创造体系、功能齐全的知识产权运用体系、多层次全方位的知识产权保护体系、科学高效的知识产权管理体系，实现由知识产权大省向知识产权强省跨越。

二、合作原则

（一）发挥优势，共同推进

充分发挥国家知识产权局在政策、人才、信息等方面的优势和广东省作为经济大省、外贸大省和知识产权大省优势，共同探索国家知识产权战略在地方推进实施的经验。

（二）立足当前，着眼未来

着力解决当前广东省在知识产权管理体制、财政支持、人才培养、信息利用等方面存在的问题，逐步解决未来知识产权事业发展的深层次、战略性的问题。

（三）政府推动，市场运作

充分发挥政府统筹规划、协调指导、组织推动作用，营造良好的知识产权发展环境；注重发挥市场机制配置资源的基础性作用，动员全社会参与、支持知识产权事业发展。

（四）稳步推进，务求实效

结合实际，分步实施，确保合作内容落到实处，扎实推进广东知识产权事业又好又快发展，为促进经济社会协调发展提供有力支撑。

三、合作内容

（一）共同构建适应广东经济社会发展的知识产权管理体制

充分利用广东经济社会发展的良好环境，进一步优化知识产权管理体制，创新知识产权工作机制，着力提升广东省各级政府在知识产权宏观指导、市场监管和服务等方面的能力，为全国知识产权管理体制改革探索道路和积累经验。

（二）共建知识产权信息服务平台

建立中国专利信息中心广东信息服务基地；提供专利等各类知识产权信息的加工、传播、检索和咨询等综合服务，促进知识产权信息利用；并承担国家知识产权局交办的信息化工作任务。努力将其建设成为功能完善、资源丰富的知识产权信息数据加工基地和服务中心。

（三）共同构建广东知识产权培训体系

以培养知识产权现职人员为重点，采取理论与实践相结合、长期与短期相结合、国内与海外相结合的培训方式，培养广东及全国知识产权工作发展需要的高级专业人才，努力将广东建设成为全国重要的知识产权专业人才培训基地。

（四）共同开展知识产权发展研究工作

整合知识产权研究力量，引进高端人才；组织开展学术活动，对广东知识产权工作中具有战略性、体制性、政策性和现实性的重大问题进行研究；建立知识产权预警机制，建设知识产权预警公共服务平台，开展知识产权态势分析服务。建立广东省知识产权发展研究机构，为政府提供宏观决策和产业发展政策建议，为企业提供制定知识产权战略、产品研发和市场开拓策略咨询等服务。

（五）共建知识产权转移、运用体系

引导和支持市场主体运用知识产权，促进创新成果的知识产权化、商品化、产业化；组织、指导开展专利技术及产品现场或网上展示、交易；提供评估、融资、项目包装、政策咨询等服务，探索建立知识产权拍卖和证券化交易制度，促进知识产权的技术转移和运用。

（六）支持广东建立完善知识产权国际交流合作机制

国家知识产权局对广东开展知识产权的国际交流与合作给予指导和必要的协助；支持广东举办各类国际知识产权展览，宣传我国知识产权事业所取得的进展和成绩；邀请和接待海外专家学者来粤访问、讲学、考察和短期工作；组织广东省知识产权人员赴境外访问、考察和培训，努力把广东建设成为国家知识产权国际交流的中心。

（七）共同开展知识产权维权援助工作

共同组织相关部门、机构与专家开展知识产权维权援助工作，共建中国（广东）知识产权维权援助中心，指导广东企业解决重大涉外知识产权纠纷和提出合理解决的方案；制定广东知识产权维权援助发展规划和信息网络规划，对有关工作进行协调、指导、监督等。

（八）共建国家知识产权局专利业务绿色通道

在广东设立国家知识产权局专利复审委员会第一巡回审理庭，建立专利无效申请案件的快速解决机制。继续完善国家知识产权局专利局广州专利代办处的共建工作，开展远程会晤及查询系统的试点工作，共建广东专利数据分析和监控系统，完善国家知识产权局与广东互动服务平台的建设，提供专利审查的快速查询服务；建立专利登记簿副本快速出证机制。

（九）共建粤港澳台知识产权合作机制

发挥国家知识产权局的影响力和广东毗邻港澳的地理优势，创新并完善粤港澳台知识产权合作机制，不断拓展合作领域，进行更紧密合作；加强粤港澳台知识产权信息交流、资源共享，构建高效严密的跨境知识产权保护体系，积极推进 CEPA 在知识产权领域的实施。

（十）支持广州高新技术产业开发区开展创建国家知识产权示范园区工作

共同探索并创建园区知识产权管理体系，推进园区内技术创新；合作共建“国家知识产权局专利局审查员实习基地”，搭建双向互动交流平台，把广州高新技术产业开发区建设成为专利实施转化基地和知识产权信息服务基地，使之成为具有国内知识产权示范作用的园区。

为实现前述合作共建的目标和内容，在广州建设知识产权政务服务中心，努力将其建设成为具有国际先进水平的包括知识产权行政管理、综合服务、培训交流和信息处理等功能的中心。

四、工作措施

为保障本协议的实施，国家知识产权局和广东省人民政府将采取以下具体措施予以推进和保障。

（一）国家知识产权局

1. 鉴于广东知识产权事业发展迅速，市场经济发育较为完备，创新活动较为活跃，对外贸易发达，已具备创建知识产权强省的基础，国家知识产权局支持广东开展知识产权强省创建工作。

2. 积极提供并争取有关部委政策支持，指导和帮助广东构建与经济社会发展水平相适应的知识产权管理机制，指导广东省知识产权战略的实施，帮助建立广东省知识产权涉外应对和维权援助机制。

3. 推荐国内外知名知识产权专家，担任广东各类知识产权教学、研究机构外聘研究人员、培训人员、咨询专家；为广东培养知识产权数据加工、分析高级人才；在国家知识产权局举办的各种高级培训中，对广东给予优先支持。

4. 指导和支持广东知识产权信息服务平台建设；指导和支持广东进行重点产业专题数据库建设，为广东知识产权信息化建设提供专利数据源；优先支持广东更新相关设备、升级软件。

（二）广东省人民政府

1. 把知识产权工作纳入重要议事日程，根据国家知识产权战略部署，组织制定和实施具有广东特色的知识产权战略推进计划，落实创建知识产权强省的工作目标和政策措施。

2. 加大对知识产权工作的政策扶持力度。制定和完善有利于知识产权创造、运用、保护和管理的各项政策措施，创造有利于知识产权强省建设的政策环境；加快推动出台与国家法律、法规相衔接的地方性法规，优化知识产权保护和发展的法治环境。

3. 加大财政投入力度。将知识产权工作经费列入政府预算，对省局合作共建项目给予相应经费支持；鼓励各级政府加大对知识产权工作的投入，鼓励有条件的地级以上市设立知识产权工作专项资金；鼓励、引导各类市场主体加大知识产权创造运用的投入力度，形成多元投入格局。

4. 创新知识产权管理体制和工作机制。进一步完善省政府知识产权统筹协调制度，充分发挥省政府各有关部门的职能作用，逐步形成统一管理、结构合理、协调有序、联动发展的知识产权工作新格局；加强各级知识产权管理机构建设，完善省、市、县三级知识产权管理体系。

五、工作机制

为保障本议定书的合作内容的落实，建立以下工作机制：

（一）成立“高层次战略合作工作委员会”。由国家知识产权局局长和广东省人民政府省长共同担任工作委员会主任，由国家知识产权局分管副局长和广东省人民政府分管副省长共同担任副主任，双方有关部门的主要负责人为成员。

（二）国家知识产权局和广东省人民政府原则上每年举行一次例会，会议由国家知识产权局局长或国家知识产权局分管副局长和广东省人民政府省长或分管副省长共同主持，主要任务是研究和商定重大合作事项，总结上一年度合作工作，研究部署当年工作任务，形成年度工作推进计划协议书或会议纪要，双方共同落实。具体议题由广东省知识产权局商国家知识产权局协调管理司共同提出。

（三）在组织实施本议定书共同约定的合作内容之前，双方应先进行研究，共同制定具体工作方案。

议定书中未尽事宜，双方通过会商例会商定。本议定书自签订之日起生效，为期5年，经双方协商，可续签议定书。

国家知识产权局　　　　广东省人民政府

二〇〇八年　月　日　　二〇〇八年　月　日

（供稿人：黄文霞）

领导讲话

广东省人民政府省长黄华华在全省知识产权工作会议暨广东省重奖中国专利奖获奖单位奖励大会上的讲话

(2008年7月14日)

同志们:

今天，我们在这里召开全省知识产权工作会议暨广东省重奖第十届中国专利奖获奖单位奖励大会，认真总结我省近年来的知识产权工作，表彰先进，并对贯彻落实国家知识产权战略纲要以及全面实施我省知识产权战略纲要进行部署。这次会议得到国家知识产权局的高度重视和大力支持，田力普局长亲临会议指导并作了重要讲话。我代表广东省委、省政府对田力普局长表示热烈的欢迎！对国家知识产权局一直以来对广东工作的关心支持表示衷心的感谢！并对刚才受到隆重表彰和重奖的我省获得第十届中国专利奖的企事业单位表示热烈的祝贺！等一下，凯元同志还要作工作报告，省工商局、省版权局和省法院分别通报有关工作情况，深圳市将作经验介绍。下午，田力普局长还将就国家知识产权战略纲要作专题报告。希望全省各级、各部门认真贯彻落实会议精神特别是田力普局长的重要讲话精神，推动我省知识产权工作再上新台阶。下面，我讲三点意见：

一、认清形势，提高认识，不断增强做好知识产权工作的责任感和紧迫感

省委、省政府一直高度重视知识产权工作。近年来，全省各级党委、政府，各有关部门特别是知识产权系统坚持以科学发展观为统领，认真贯彻党中央、国务院和省委、省政府关于加强知识产权工作的各项决策部署，推动我省知识产权事业快速发展，知识产权的创造、运用、保护和管理能力明显提升。突出表现在以下四个方面：

一是各类知识产权主要指标位居全国前列。至2007年底，全省累计专利申请总量及授权总量分别突破50万件和30万件大关，达529305件和309416件。2007年，全省发明专利申请量达26692件，连续3年居全国第一。全省通过专利合作条约（PCT）途径申请国外专利2646件，占全国的49%。商标注册量超过38万件。累计获得中国世界名牌产品4个、中国名牌产品299个、中国驰名商标108件、地理标志保护产品31个，均居全国首位。今年上半年，我省的知识产权工作继续保持良好的发展态势，专利申请量和授权量分别增长22.1%、3.4%，其中发明专利申请量和授权量增长36%、119.4%。这标志着我省已具备较强的知识产权创造能力。

二是知识产权运用能力不断增强。我省在部分关键领域和发展前沿涌现出一批拥有自主知识产权的核心技术。如朗科公司作为闪存盘技术的发明者和行业的开创者，拥有相当数量的闪存盘核心专利；华南农业大学在植物性农药领域，特别是在印楝素农药开发方面申请了

50多项发明专利，占国内同类发明专利的77%。知识产权已经成为众多单位开拓和占领市场、维护自身合法权益的重要手段和武器。据省知识产权局对“广东省专利技术实施计划”项目的统计，2003－2007年，省、市两级共投入专项扶持资金只有4000多万元，但经济和社会效益良好。2006年列入省实施计划的70个项目，2007年的年销售收入、年利税总额、年出口额分别达到39亿元、13亿元、2.3亿美元，经济效益十分可观。如深圳海川公司积极实施标准战略，积极争取将本企业拥有的专利技术纳入国家、国际行业标准，使企业在激烈的市场竞争中获得更大的经济效益，现已有三项由该公司起草的冰淇淋机（粉）相关标准在国内实施。华为、中兴、朗科、比亚迪、格兰仕、美的、TCL等一批拥有大量自主知识产权、市场竞争力较强的企业，已成为我省自主创新的主力军和内源型经济活力的源泉。2007年，我省有7家单位被国家知识产权局列入“全国企事业知识产权示范创建单位”，特别是华为的PCT专利申请量跃居全球企业第四位。尤其是在第九届和第十届中国专利奖评选中，我省分别获得了金奖数量和获奖数量全国第一的好成绩。这两届我省获得中国专利奖的项目已分别实现了409亿元、73亿元的销售额，充分体现了我省在运用知识产权制度、提升核心竞争力方面取得的显著成效。

三是知识产权保护力度不断强化。我省将专项行动与日常执法相结合、重点整治与整体保护相结合，不断加强知识产权保护力度。近两年来，全省行政管理部门共处理各类知识产权案件12000多件；广东海关查获侵犯知识产权案件1800多宗；全省各级公安机关立案侦办侵犯知识产权犯罪、生产销售伪劣商品犯罪案件800多宗，涉案金额约8亿元；全省法院新收一审知识产权民事案件5700多宗，结案5800多宗。与此同时，我省还广泛地向各类会展业和行业协会推广运用知识产权制度。仅2006年和2007年的四届广交会就受理了专利投诉案件1501件，其中涉外投诉200件，进一步树立了广交会重视知识产权保护的形象，得到了商务部、国家知识产权局的充分肯定和主办方、参展商的高度评价，成为我国保护知识产权的品牌和宣传窗口。

四是知识产权政策法规日益完善。我省根据国家法律、法规的规定和我省实际，先后制定了一系列关于知识产权的地方性法规，如《广东省专利保护条例》、《广东省技术秘密保护条例》、《广东省查处生产销售假冒伪劣商品违法行为条例》等。其中1996年颁布实施的《广东省专利保护条例》，在立法内容和立法技巧上都有较大的突破，是全国第一部关于专利保护的地方性法规。与此同时，在省委、省政府出台的《关于加快民营经济发展的决定》、《关于加快建设科技强省的决定》等一系列政策文件中都明确要求大力推进知识产权工作。这些法规和政策，不仅规范了知识产权工作、丰富了知识产权工作内容，更为我省的自主创新和经济社会发展提供了更有力的制度保障。特别是去年11月颁布实施《广东省知识产权战略纲要（2007－2020年）》，标志着我省知识产权事业进入了新的发展时期。

但我们也清醒地看到，我省知识产权工作与经济社会发展的要求仍不相适应，在推动知识产权工作中还存在不少问题。主要有：一是全社会知识产权意识还比较薄弱。假冒和侵犯知识产权的现象时有发生。企事业单位还不善于运用知识产权法律手段保护技术创新和开拓市场。二是知识产权创造能力有待提高。具有自主知识产权的核心技术不多，大量关键性基础发明专利技术仍掌握在外国企业手中。三是知识产权人才与投入不足。专门的涉外知识产权高级人才紧缺。对知识产权的资金投入与知识产权事业蓬勃发展的需求不相适应。四是知识产权管理、保护、服务等工作体系还不完善。特别是知识产权与经济社会发展的结合还不够紧密，知识产权制度在经济领域、产业发展方面的推动作用还没有充分发挥等。对此，我们必须高度重视，并采取切实措施认真加以解决。

知识产权制度是世界贸易组织的支柱之一，知识产权制度已经成为维护市场经济有序运行、公平竞争、和谐合作的基本法律制度，也是国际贸易的通行准则。从国际上看，知识产权发展水平正日益成为衡量一个国家或地区综合实力、发展能力和核心竞争力的战略性标志。世界各国特别是各主要发达国家都把加快知识产权发展作为战略选择，目的就是要依靠知识产权优势谋求全球竞争优势。如美国把知识产权当作国家基础性的战略资源，把强化知识产权保护作为重要的竞争手段；日本明确提出了从科技立国到知识产权立国的基本国策。一些发展中国家和地区如韩国、印度等也通过制定实施知识产权战略，积累自主知识产权，优化发展环境，拓展发展空间。

我国正处于全面建设小康社会的重要时期。大力推进知识产权事业的发展，既是应对知识产权国际挑战的当务之急，也是提高企业市场竞争力、国家核心竞争力的迫切需要。为此，党中央、国务院作出了一系列的决策部署，特别是党的十七大报告明确提出要“实施知识产权战略”。这为知识产权事业的发展指明了前进方向。我省是我国的第一经济大省，尤其是我省的外经贸在全国外经贸事业发展中具有举足轻重的地位和作用。如何进一步转变经济发展方式、提升产业竞争力、实现经济社会又好又快发展，努力争当实践科学发展观的排头兵，很关键、很重要的一条就是要有强有力的知识产权做后盾。因为没有量多质优的自主知识产权作保证，企业就缺乏核心竞争力，产业就难以优化升级；没有强有力的知识产权保护作保证，就难以激发创新创业激情，营造良好的投资环境；没有完善的知识产权法制体系、管理体系和服务体系，就难以适应国内外知识产权发展的新态势和我省经济社会转型发展的新要求。

因此，全省各级党委、政府及各部门都要从推动我省经济社会又好又快发展的战略高度，以全球视野深刻认识做好知识产权工作的极端重要性，不断增强紧迫感和责任感，以更大的力度，采取更有效的措施，不断开创我省知识产权工作的新局面。

二、科学谋划，重点突破，实现我省从知识产权大省向知识产权强省的新跨越

做好我省新时期的知识产权工作，必须深入贯彻落实科学发展观，进一步解放思想，坚持改革开放，积极学习借鉴国内外保护和发展知识产权的好经验、好做法，切实强化知识产权工作体制机制的创新，不断完善专利以及商标、著作权等方面的知识产权制度，全面提升知识产权综合能力和服务水平，努力走出一条知识产权创造、运用、保护和管理全面协调发展的路子，推动我省实现从知识产权大省向知识产权强省的新跨越。在具体工作中，要力争在以下五个重点方面率先取得突破：

（一）周密部署，扎实做好知识产权战略纲要的组织实施工作

《国家知识产权战略纲要》于今年6月由国务院颁布实施，《广东省知识产权战略纲要(2007—2020年)》也于去年11月由省政府颁布实施。为了推动国家和省知识产权战略纲要的组织实施，省政府将与国家知识产权局建立知识产权高层次战略合作关系，开展知识产权强省创建活动，并在知识产权创造、运用、保护和管理等各方面开展全面合作。组织实施知识产权战略纲要，要紧紧围绕提高发展质量、增强运用能力、优化区域布局、完善体系建设这四个战略重点，建立健全符合社会主义市场经济发展规律的自主知识产权创造体系、多层次全方位的知识产权保护体系、科学高效的知识产权管理体系、较为完备的知识产权法规政策体系和功能齐全的知识产权服务体系，促进我省自主知识产权和自主品牌的数量和质量与经济社会发展水平相适应，自主创新能力和产业竞争力显著提高。要力争到2010年，进一步增强我省的知识产权综合实力，继续保持知识产权工作在全国的领先水平。到2020年，拥有一大批具有国际竞争力的知识产权，主要

指标达到同期中等发达国家水平。各地、各部门也要结合实际制订工作方案，细化配套政策措施，有计划、有重点、分步骤地推进本地区、本部门实施知识产权战略纲要的工作。省知识产权局要牵头组织好对实施知识产权战略纲要的考核和评估，跟踪和督查战略纲要实施的进展情况，不断推动我省的知识产权工作。

（二）优化知识产权创造和运用，提高核心技术的拥有量

要进一步采取措施强化企业创造知识产权的主体地位和作用，同时推动高等院校和科研机构知识产权创造能力的提高。要加快建立健全知识产权激励、评估和投融资机制，推动拥有知识产权的创新成果商品化、产业化和自主知识产权标准化。要围绕我省产业发展的重点领域，推动知识产权与产业发展紧密融合，重点发展一批对全省经济社会发展具有重大带动作用的高水平自主知识产权，培育一批拥有自主知识产权的名牌产品、优势企业和支柱产业。要大力扶持企业和民间的自主创新活动，对有开发价值的创新项目给予必要的支持和帮助。要在产业特色突出的行业、园区、专业镇和产业集群地，培育和扶持一批国家级和省级知识产权产业化基地，认定一批知识产权试点示范园区。与此同时，要加快建立健全政府采购自主知识产权产品机制，加大对国内发明专利、国（境）外专利申请的资助力度。鼓励企事业单位通过知识产权入股、员工持股和股权、期权等多种分配、奖励形式，逐步形成激励发明创造的新型分配制度。

（三）加强知识产权保护和管理，提升知识产权的社会服务和保障能力

要通过加强知识产权保护进一步规范市场秩序。加强省、市、县三级知识产权行政执法保护体系的建设，充实执法力量，规范执法行为，建立行政执法监管系统和重大事项通报制度。要认真落实行政执法和刑事司法相衔接的工作机制，强化部门间的定期沟通和重大案件会商、通报制度，形成联合执法协调机制和纠纷快速解决机制。要开展各类保护知识产权专项行动，加强对重点行业、领域和地区的知识产权保护，坚决打击各类知识产权违法犯罪行为。要建立健全知识产权公共管理与服务体系，探索形成重大经济活动知识产权特别审查制度。知识产权部门一般要全程参与重大产业技术、装备引进政策的制定及重大引进技术的消化吸收再创新工作。要强化知识产权的政策导向，在认真贯彻国家对自主知识产权企业和产品的各项税收优惠政策的同时，建立知识产权统计和考核制度。此外，要切实规范发展知识产权中介服务队伍，完善公益性信息平台，注重建设知识产权联盟，帮助企业增强竞争实力和应变能力。

（四）坚持分类指导，促进区域知识产权事业协调发展

加强资源整合，突出城市带动，优化区域布局，努力形成全省区域知识产权事业与经济社会发展相协调的良好格局。支持广州、深圳重点发展对全省经济社会有带动作用的高水平、高质量自主知识产权，建设成为全省综合性知识产权聚集和辐射中心，发挥龙头带动作用。珠三角地区要以经济技术开发区、高新技术产业开发区、民营科技园区、大学科技园区、文化产业园、专业镇、产业集群为载体，建设成为全省产业类知识产权核心区与密集区，努力增加自主知识产权的拥有量，形成一批拥有自主知识产权的大企业和企业集团。东西北地区要积极发展资源型、特色型知识产权，努力提高知识产权拥有量。

（五）加强国际交流与合作，促进我省知识产权制度与国际接轨

要加大国际交流与合作的力度，积极借鉴发达国家先进的知识产权政策法规、管理模式。一方面要“走出去”，积极参与国家与世界知识产权组织、世贸组织等国际组织的研讨和论坛，关注和随时掌握知识产权的国际动向，有针对性地确定我省的发展策略。另一方面要“引进来”，切实加强与我省有单边、多边合作来往的国家和城市的交流，积极开展与国际律师机构、知识产权服务机构等社会团体

的合作。同时，还要注重人才的引进工作，重点引进拥有自主知识产权、具有发展潜力的创新人才。

三、加强领导，明确责任，确保我省知识产权工作各项任务落到实处

实施知识产权战略、促进知识产权事业又好又快发展，是一项系统工程，涉及方方面面，需要全省各级、各部门的共同努力。要突出抓好以下几点：

第一，落实工作责任制，为推动知识产权事业发展提供机制保障。要坚持市场导向与政府推动相结合，充分发挥政府在促进知识产权事业发展中的“推手”作用。各级政府和有关职能部门要把知识产权工作纳入重要议事日程，主要领导负总责、亲自抓，并把知识产权战略的各项任务分解落实到各级、各单位、各人。要建立科学有效的知识产权工作考核指标体系和评估指标体系。要加大对知识产权工作的人力、物力投入，落实知识产权战略工作经费，切实保障知识产权战略各项具体措施的落实。各级财政要切实保障知识产权工作的经费，要引导社会资金对知识产权事业的投入，鼓励发展创业资金，促进对中小企业重点知识产权项目的实施和产业化。

第二，强化统筹协调，形成推动知识产权发展的强大合力。知识产权管理贯穿于创造、保护和利用的各个环节。全省各级党委、政府和各有关部门既要明确分工，各司其职，又要密切配合，协同工作，形成共同做好知识产权工作的强大合力。要充分发挥我省知识产权办公会议的作用，统筹协调全省知识产权工作和涉及国内外知识产权事宜，牵头研究拟定知识产权管理的重大政策和对策。特别是公安、质监、药监、科技等相关部门要紧密配合知识产权司法和行政执法机关的执法工作，加强协作，努力营造公平有序的市场环境。

第三，加强人才培养和引进，为知识产权事业发展提供智力支持。要加强人才培养和引进的规划，研究制定培养和引进知识产权专业人才的激励性政策措施，将知识产权专业人才作为紧缺人才列入全省重点引进目录。着力培养和引进我省急需的企业知识产权管理人才、中介服务人才和研究人才。探索建立知识产权从业人员职称评定体系和人才评价指标体系，引导知识产权人才合理配置。鼓励企事业单位建立内部知识产权人才绩效评价和激励机制。

第四，加大知识产权宣传教育力度，推进知识产权文化建设。要采取多种形式，大力开展知识产权的宣传教育普及工作，在增强全社会知识产权意识、提高知识产权质量、强化知识产权服务等方面积极探索。要推动在高等学校开设知识产权相关课程，将知识产权教育纳入高校学生素质教育体系。要加强党政机关及企业多个层次的知识产权知识培训，充分利用各种新闻媒体宣传报道当前的政策法规和典型案例，在全社会形成尊重劳动创造、尊重知识产权、自觉保护知识产权的良好社会氛围。

同志们，知识产权事业发展任重道远。让我们紧密团结在以胡锦涛同志为总书记的党中央周围，在省委、省政府的正确领导下，深入贯彻落实科学发展观，继续解放思想，坚持改革创新，不断提高知识产权工作水平，为实现我省由知识产权大省向知识产权强省跨越、促进全省经济社会又好又快发展作出新贡献！

广东省人民政府省长黄华华在国家知识产权局与广东省人民政府建立知识产权高层次战略合作关系签署仪式上的讲话

（2008 年 12 月 29 日）

尊敬的田力普局长，各位领导、各位来宾，同志们：

下午好！

今天，我们在这里隆重举行国家知识产权局与广东省人民政府知识产权高层次战略合作议定书签署仪式，这是国家知识产权局和我省共同推进实施知识产权战略，促进提高自主创新能力的重大举措，也是我省省委、省政府对议定书的签订表示热烈祝贺！对国家知识产权局长期以来给予我省的关心支持表示衷心的感谢！

当今世界，知识产权发展水平已经成为衡量一个国家或地区综合实力的重要标志，广东省委、省政府一直高度重视知识产权工作。改革开放30年来，我省切实加强知识产权法制建设，不断完善知识产权工作体系，推动知识产权事业迅猛发展。截止2008年10月，全省累计专利申请量及授权量分别突破60万件和36万件，有效注册商标47万多件，在专利申请量和授权量连续13年居全国第一的同时，发明专利授权量取得突破性进展，今年首次跃居全国第一。华为、比亚迪等一批自主知识产权明星企业在我省脱颖而出，成为运用知识产权提升竞争能力的典范。知识产权事业的重大进步，为我省提高知识产权创新能力，推动经济社会又好又快的发展作出了重要贡献。这次，国家知识产权局与我省签订战略合作议定书，为我省推动知识产权事业再上新台阶提供了难得的机遇。议定书选取了十个方面的合作共建内容，国家知识产权局将把知识产权创造、运用、保护和管理能力起到重要作用，我们将认真落实议定书各项内容，认真落实刚才田力普局长的讲话内容。

谢谢大家！

国家知识产权局局长田力普在全省知识产权工作会议暨广东省重奖中国专利奖获奖单位奖励大会上的讲话

（2008年7月14日）

同志们：

大家上午好。首先，我代表国家知识产权局对广东省知识产权工作会议的召开表示热烈祝贺！向获得第十届中国专利奖的单位和发明人致以崇高的敬意，向辛勤耕耘在知识产权战线的同志们致以亲切的问候！黄华华省长出席大会，一会儿还要就实施知识产权战略，推进知识产权工作做重要讲话，这充分体现了广东省委、省政府对知识产权工作的高度重视。在这里，我代表国家知识产权局，衷心感谢广东省委、省政府长期以来对知识产权工作的高度重视和大力支持！借此机会，我讲三点意见。

一、知识产权保护国际国内形势发生了深刻变化，制定实施国家知识产权战略势在必行

随着国内外形势的发展，科技创新和经济全球化已经将知识产权推向了国际市场竞争的前沿，知识产权工作与科技、经济、社会发展的联系愈发密切，知识产权在经济社会发展全局中的地位和作用得到了历史性提升。

从世界范围看，知识产权保护呈现出新的发展趋势和特点。第一，发达国家为发挥其在知识产权上的优势，强化在经济全球化格局中的优势地位，一方面将知识产权的创造、运用和保护提升到国家发展战略的高度，将其作为国家产业发展的重要组成部分；另一方面通过外交和贸易等手段，以及WTO争端解决机

制，强化TRIPS协议的落实，提高知识产权国际保护水平。第二，发展中国家在传统知识、遗传资源以及公共健康等问题上，更加积极、主动地主张自己的利益，以使本国利益得到充分、有效地保护。今年1月23日，在日内瓦召开的“遗传资源获取与惠益分享”会议上，与会各国就生物物种主权展开了激烈的谈判和争夺。第三，知识产权已成为发达国家对华经济和外交战略的重要工具。从1986年到2007年底，美国对我国已经发起75起“337”调查，其中仅今年1月到3月，就有5起，涉案金额达20.6亿美元，同比增长119.1%。在刚刚结束的第四次中美战略经济对话中，知识产权保护和贸易、投资作为重要话题，受到广泛关注。在近年来与发达国家交锋的过程中，我们可以清楚地看到，知识产权已成为发达国家遏制我国发展的政治工具，已成为其抢占战略和道义制高点的惯用手段。知识产权问题已经不仅仅是国与国之间简单的贸易摩擦问题。

从国内方面看，我们国家正处于经济转型期，发展面临一系列突出矛盾和问题。摆脱资源环境的制约，实现发展方式转变，迫切需要提升自主创新能力，迫切需要在制度方面取得突破。而知识产权制度恰恰是保障公平竞争、激励创新创造、推动转化运用、分配创新成果利益的基础性制度。也正因为此，知识产权工作得到了党和国家前所未有的高度重视。胡锦涛总书记和温家宝总理多次在不同场合阐明知识产权工作的战略性意义。从十六大提出的要“完善知识产权保护制度”到十七大提出要“实施知识产权战略”，我国知识产权工作正在实现从单纯强调“保护”到促进知识产权“创造、运用、保护和管理”全面协调、科学发展的“战略”高度的新跨越，知识产权工作进入了一个崭新的历史发展阶段。

在这种新形势下，大力实施国家知识产权战略是势在必行。4月9日，国务院常务会议审议并原则通过《国家知识产权战略纲要》，6月5日，国务院颁布了《国家知识产权战略纲要》。纲要提出实施国家知识产权战略的指导方针是：激励创造、有效运用、依法保护、科学管理；战略重点是着力完善知识产权制度，积极营造良好的知识产权法治环境、市场环境、文化环境，大幅度提升我国知识产权创造、运用、保护和管理能力；最根本的目的是为建设创新型国家和全面建设小康社会提供强有力支撑。纲要的颁布实施，是党中央、国务院深刻分析国际国内形势而作出的重大战略部署，是关系到国家前途和民族未来的一件大事。

二、广东省知识产权工作一直走在全国前列，各方面工作不断取得进展

长期以来，在广东省委、省政府高度重视和领导下，广东省的知识产权工作一直走在全国前列。

一是颁布实施了《广东省知识产权战略纲要》。广东省在2006年和2007年的《政府工作报告》中，都明确要求加快制定实施广东知识产权战略纲要，实现知识产权事业又好又快发展，促进自主创新能力不断提高，建设创新型广东。2007年11月，广东省政府颁布了《广东省知识产权战略纲要》，把知识产权工作作为“构建创新型广东，建设经济强省、文化大省、法治社会、和谐广东”的重要途径，并确定了一系列重大任务和政策措施。广东是最早颁布实施地方知识产权战略纲要的四个省市之一。广东省的战略纲要是经省委常委会议审议并通过的，这充分说明广东省委、省政府对实施知识产权战略在经济社会发展中重要性的高度、深刻的认识。

2007年，在广东省委理论学习中心组第四十七期学习论坛上，汪洋书记、黄华华省长和省委中心组的领导同志一同出席了“实施知识产权战略与建设创新型国家”的专题报告会。后天，又将专门针对国家知识产权战略纲要的颁布再次举办广东学习论坛。这将激发广大领导干部更加重视知识产权工作的学习研究和开展，进一步提升知识产权工作在党政工作

和经济社会中的地位。

二是不断建立和完善知识产权政策体系。早在1996年，广东省就率先颁布实施了《广东省专利保护条例》，这是全国第一部专利保护的地方性法规。近几年，广东省委、省政府出台的推动全省经济、科技发展的多个文件中，都明确要求培育自主知识产权，加强知识产权工作。在《广东省国民经济和社会发展“十一五”规划纲要》中，明确提出“加强知识产权和技术标准工作，完善知识产权保护”，“鼓励和支持企业到境外申请发明专利，利用知识产权占领和扩大市场，扶持发明专利技术产业化，争取到2010年形成一批知识产权优势单位和优势区域”。另外，广东省政府从2003年开始对获得“中国世界名牌产品”、“中国名牌产品”和“中国驰名商标”称号的企业给予重奖；从2004年开始，对获得中国专利奖的项目给予重奖。近几届中国专利奖评选活动中，广东是全国获奖项最多的省份。广东还采取措施加强对著作权的保护，大力发展创意产业、动漫产业和版权产业。这些重要措施充分体现了广东省委、省政府激励和扶持自主创新的政策导向。

正是由于广东省委、省政府的科学决策、正确领导，各级政府、各有关部门的互相配合、大力支持，以及广大知识产权工作者的共同努力，使得广东知识产权工作得以快速发展，取得了显著的成绩。一是知识产权创造能力持续增长，广东专利申请量、授权量，注册商标申请量和拥有量均连续13年高居全国第一，其他知识产权拥有量指标也都排在全国前列；二是知识产权管理和保护水平大幅提高，广东已经建成省、市（区域）、重点行业（企事业单位）三级专利信息网络服务体系，粤港、泛珠三角区域知识产权合作取得了许多新的进展；三是知识产权保护力度不断加强，行政保护、司法保护、海关保护和行业自律保护齐头并进、快速发展，广交会的知识产权保护工作更是成为我国保护知识产权的品牌和典范。这一切，为广东提高自主创新能力、提升国际竞争力打下了坚实的基础。

三、对广东知识产权工作的几点希望

（一）认真组织实施国家知识产权战略

希望广东各级地方政府、各知识产权部门在认真学习领会《国家知识产权战略纲要》精神和内涵的基础上，一是精心组织，抓紧启动国家和广东省知识产权战略实施工作，特别要注重通过知识产权战略的实施，培育一大批拥有核心技术自主知识产权和知名品牌，国际竞争力较强的优势企业集团；二是完善机制，站在广东经济社会发展总体目标的高度，为党委和政府当好参谋、出好主意，确保知识产权战略实施工作的责任落实；三是突出特色，紧密结合广东中小企业多、民营经济活跃等特点开展工作，力求实施知识产权战略取得实效；四是积极引导，注重做好配套政策措施的制定和实施工作，充分发挥政策导向作用，保证知识产权战略实施工作的顺利进行；五是加强领导，形成知识产权战略实施工作的合力，将这项工作纳入地方党委和政府的重要工作中去。

（二）始终坚持为经济社会发展服务

希望同志们在实际工作中要紧紧围绕广东经济建设和社会发展的客观需要，把加强知识产权工作，作为转变经济发展方式的重要措施；把建立健全知识产权制度，作为体制创新的重要组成部分；把提高自主知识产权水平和拥有量，作为推动科技创新、增强综合实力和国际竞争力的重要内容；把强化知识产权保护，作为改善投资环境、维护市场经济秩序的重要举措，切实解决地方经济发展中的问题，充分发挥知识产权制度对于技术创新和经济社会发展的推动作用，加快广东经济社会的全面、协调和可持续发展。

（三）继续当好全国知识产权工作的排头兵

广东作为改革开放的前沿和排头兵，知识产权工作一直走在全国前列。我希望同志们继续发扬解放思想、勇于创新、敢为人先的优良传统，用实事求是的态度和方法，结合广东省的实际情况，将国家知识产权战略纲要落到实处，使广东的知识产权工作继续走在全国的前列，并为知识产权战略在全国的实施探索道路、提供经验作出贡献。

我相信，在省委、省政府的正确领导下，同志们团结一致、开拓进取，一定能够将广东省的知识产权事业推向一个新的历史发展阶段，为广东省全面建设小康社会和加快推进社会主义现代化建设，作出新的更大贡献。

最后，祝会议取得圆满成功！

谢谢各位！

国家知识产权局局长田力普在《国家知识产权局　广东省人民政府关于建立知识产权高层次战略合作关系的议定书》签署仪式上的讲话

（2008年12月29日）

尊敬的黄华华省长、宋海副省长，同志们，朋友们：

大家好！

今天，我们在这里隆重举行《国家知识产权局、广东省人民政府关于建立知识产权高层次战略合作关系的议定书》的签署仪式，这既是双方全面落实科学发展观，积极推进实施国家知识产权战略的一个重大的举措，同时也是双方以新一轮思想大解放来推动广东省知识产权事业新一轮大发展的又一项积极实践，我谨代表国家知识产权局向我们战略合作关系的确定表示热烈祝贺！今年是我国实行改革开放30年，30年来，伴随着改革开放的不断深入，中国的知识产权事业快速发展，取得了举世瞩目的成就，30年的实践证明，知识产权制度在促进我国经济社会发展中发挥着十分积极而重要的作用，为改革开放政策的实施及成果的共享营造了良好的环境。同样的在这30年里，广东作为改革开放的前沿，知识产权事业始终走在全国前列，从最早制定广东地方专利法规、率先开展会展知识产权保护、到颁布实施广东的地方知识产权战略，许多工作在全国都是先行一步。在全省各级知识产权工作者的努力下，广东知识产权的创造、运用、保护及管理均实现了跨越式发展，为广东乃至全国作出了积极的贡献。今天，广东省人民政府与国家知识产权局共同建立高层次战略合作关系，必将进一步推动广东省知识产权事业又好又快的大发展。

今年，国际形势风云变幻，美国金融危机的爆发和世界经济的衰退要求各国重新审视各自的发展战略，发达国家在积极调整本国的经济政策、产业政策的同时，必将把知识产权作为国家和地区发展的重要战略性资源和国际竞争力的核心要素。与此同时，随着我国经济的持续快速发展，国际影响力日益增大，知识产权已经成为发达国家在我国的重大利益关切点。11月29日，胡锦涛总书记在十七届中央政治局第九次集体学习时强调，要坚持走中国特色自主创新道路，大力实施科教兴国战略、人才强国战略、知识产权战略，加快建设国家创新体系，这是党和国家主要领导首次将知识产权战略与科教兴国战略、人才强国战略并列论述，十分重要、十分深刻，我们要认真学习，深入领会，进一步解放思想，明确努力方向和工作思路，扎扎实实做好国家知识产权战略纲要的实施工作。知识产权合作会商制度是国家知识产权局与各地人民政府合力推进地方知识产权工作，促进区域经济又好又快发展的一项有效机制，从2005年开始，国家知识产权局先后与安徽省、江西省、上海市等11个省（区、市）分别建立了知识产权合作会商制度。

国家知识产权局与广东省人民政府建立知识产权高层次战略合作关系，必将有助于推动国家知识产权战略在广东的深入实施，探索在市场经济条件下如何实现知识产权体制的创新、机制的创新，如何充分发挥知识产权事业推动区域科学发展；也希望能为广东实现由知识产权大省向知识产权强省跨越提供新的战略机遇和发展舞台。对此，我想提三点建议：

一是将广东作为贯彻落实国家知识产权战略的重要先行地。

广东的知识产权工作基础好、起点高，知识产权事业发展的空间大、动力强。在国家知识产权战略实施工作第一次联席会议上，国务院领导强调要把实施知识产权战略作为学习和实践科学发展观的重要任务，认真解决当前突出问题，着力建立长效机制，扎扎实实地做好知识产权各项工作。我希望，广东省能够一如既往地按照党中央、国务院的战略部署，不断加强组织领导、继续发挥地区特色、全面做好引导扶持，切实做好国家知识产权战略在广东的贯彻落实，做好国家知识产权战略与广东省知识产权战略实施的衔接与互补，创造新的思路、探索新的路子、提供新的经验。

二是将实施知识产权战略作为促进广东科学发展的重要推动力。

广东在实施知识产权战略的过程中，要将做好知识产权工作与转变地区经济增长方式、调整优化产业结构紧密结合起来，要将建立健全知识产权管理制度与地区体制创新紧密结合起来，要将提高知识产权拥有水平与增强地区自主创新能力紧密结合起来，要将强化知识产权运用水平与提升地区核心竞争力和国际竞争力紧密结合起来，要将强化知识产权保护与改善投资环境、维护市场经济秩序紧密结合起来。要充分发挥知识产权制度对于技术创新和经济社会发展的推动作用，促进广东的产业结构调整和发展方式的转变，加快广东经济社会的全面、协调和可持续发展。

三是要以创新的思维和国际的视野不断寻求实施知识产权战略的新模式。在经济全球化的进程中，实施知识产权战略一定要有创新思维和突破旧框架的能力，不断解放思想、与时俱进，建立在发展中寻求创新，在创新中实现发展的战略实施新模式，努力开创知识产权事业新局面。同时，要用国际眼光审视、了解和掌控知识产权工作，时刻掌握知识产权国际化动向，积极参与到国际知识产权制度变革当中，不断学习和借鉴发达国家和发展中国家先进的知识产权法律法规体系和管理模式，在实施知识产权战略中，既发挥广东特色和优势，又与国际知识产权事业未来发展趋势接轨，形成与国际同步发展、共同发展的战略格局。

同志们、朋友们，今天，广东省人民政府与国家知识产权局共同建立知识产权高层次战略合作关系，充分显示了广东省省委、省政府对知识产权工作的高度重视，实现由知识产权大省向知识产权强省跨越的决心和行动。国家知识产权局将继续在全方位、多层面支持广东知识产权事业的发展，并愿意和广东省人民政府一起，积极探索，大胆实践，为广东经济社会实现新一轮大发展提供持续的动力机制和有力的制度支撑。

最后，预祝国家知识产权局和广东省人民政府的合作圆满！

广东省人民政府副省长宋海在广东知识产权界纪念改革开放30周年座谈会暨广东知识产权十大成就发布会上的讲话

（2008年12月18日）

同志们：

今天，我们在这里召开“广东知识产权界纪念改革开放30周年座谈会暨广东知识产权十大成就发布会，回顾30年来我省知识产权事业的发展历程和经验教训，研究如何促进全省知识产权事业实现新一轮大发展，意义重大。

刚才，各位同志结合各自领域的知识产权工作作了发言，回顾了30年来国家及我省在知识产权创造、运用、保护和管理方面的历程和成绩，同时提出了知识产权工作所面临的问题和挑战，也探讨了今后努力的方向。我认为大家谈得都很好，很深刻，有说服力，有水平，是经验之谈，听后我深有同感，赞成大家的建议和意见。

30年来，我省知识产权事业从弱到强，来之不易。借此机会，我谨代表省委、省政府向为我省知识产权事业发展做出贡献的老领导和老同志致以崇高的敬意！向广大知识产权工作者表示诚挚的问候！向支持我省知识产权工作的社会各界朋友表示衷心的感谢！

广东改革开放30年，是解放思想、先行一步的30年，是快速发展、与时俱进的30年，是人民奔向富裕安康、社会全面进步的30年。今天的广东，经济发展成就瞩目，GDP占全国的八分之一，外贸出口占全国的三分之一，来自广东的税收占全国的七分之一，累计吸收外资总额占全国的四分之一，经济规模先后超过了新加坡、香港和台湾地区。广东的知识产权事业伴随着改革开放的春风应运而生。在这30年里，我省逐步确立了知识产权大省的地位，知识产权战略决策与整体部署与时俱进，知识产权地方法规体系逐步完善，知识产权战略纲要颁布实施，知识产权拥有量快速增长并长期保持全国前列，知识产权保护水平不断提高，知识产权工作体系建设长足发展，企事业知识产权管理和运用能力显著增强，尊重知识、尊重知识产权的氛围逐步形成。30年的改革历程证明，知识产权制度的建立和实施，有力地激励了科技创新，规范了市场经济秩序，促进了对外开放，对我省的经济社会发展发挥了重要作用。

30年来的实践经验告诉我们：要发展，就一定要敢于解放思想；要进步，就一定要勇于破解难题。改革开放初期，在尚有争论之时，邓小平同志高瞻远瞩，毅然决定建立中国的知识产权制度。这个决定打消了人们的疑虑，强有力地推动了知识产权事业的发展。我国从没有一部专门的知识产权法律发展到建立了符合国际通行规则、门类比较齐全的知识产权法律法规体系，从没有专门的知识产权工作机构发展到初步建立了知识产权保护体系、管理体系和社会服务体系，知识产权事业发展成效卓著。

成绩属于历史。今天，我们应当清醒地认识到，随着国内外发展环境的不断变化和我省经济社会的快速发展，我省的知识产权工作还存在着很多不足，并面临着多重挑战。从省内看，核心自主知识产权缺乏、知识产权保护能力不强、社会知识产权意识仍较为薄弱等问题都没有得到根本解决，知识产权工作还不能完全满足我省经济社会发展的需要。从外部看，知识产权已成为国际竞争的焦点，越来越多的国家和地区都将知识产权作为谋求发展的重要战略资源，将知识产权制度作为摆脱经济危机、突破发展困境的重要战略手段，国际知识产权制度日趋复杂，知识产权合作日趋广泛，知识产权竞争日趋激烈。总体而言，我省的知识产权事业正处于关键转折期和重大发展期。

近年来，省委、省政府高度重视知识产权工作，在今年6月出台的《关于争当实践科学发展观排头兵的决定》等重要文件中，对实施知识产权战略、发展知识产权事业提出了更高的要求，明确将“实现从知识产权大省向知识产权强省跨越”作为新时期的奋斗目标。从“大省”到“强省”，虽然仅有一字之差，但寄托了省委、省政府对我省知识产权工作的期望和对广大知识产权工作者的信任，值得大家深刻思考和领会。我们一定要有世界眼光和危机意识，紧紧抓住历史机遇，努力完成知识产权战略纲要确定的各项目标及任务，真正走出一条知识产权创造、运用、保护和管理全面协调可持续发展的新路子。

借此机会，我就实施知识产权战略、加强知识产权工作谈几点意见。

第一，实施知识产权战略要立足省情，服务发展大局。实施知识产权战略关系到我省经济社会的健康可持续发展，我们要站在服务全省整体利益和发展大局的高度，将知识产权工作与全省经济、科技、社会、文化等各方面的工作紧密结合起来。今年以来，受多重因素影响，我省经济增长速度出现较大回落，知识产权工作也受到一定的影响。危机也是转机，在实施知识产权战略的过程中，我们要在制度建设、体系建设、文化建设等方面下功夫，突出优势、弥补短板，充分发挥知识产权工作在促进全省经济社会发展中的作用，着力解决制约科学发展的突出问题，为推动全省新一轮大发展提供知识产权创造和知识产权保护有力支撑。与此同时，我们要紧扣行业、企业走出困境的现实需求，帮助他们练好内功，通过更好地运用知识产权制度，增强他们的创新能力，推动企业把握发展之机。

第二，实施知识产权战略要加强统筹协调，落实工作责任制，形成工作合力。知识产权工作既包括专利、商标、版权、司法、海关、公安等职能部门，又涉及经济、科技、文化、教育等相关部门；既包括创造、运用、保护及管理四大环节，又与文化建设、国际交流合作等工作密不可分。在战略实施过程中，各部门既要明确分工，各司其职，又要密切配合，协同工作，形成合力。在战略实施过程中，大家有好的建议和意见，都可以随时向省政府及省知识产权局提出。省政府知识产权办公会议要充分发挥职能，统筹协调全省知识产权工作和涉及国内外的知识产权事宜，牵头研究拟定知识产权领域重大政策和对策，为省委、省政府制定出台促进知识产权事业发展的政策措施提供有力的决策依据。省知识产权局作为战略实施牵头部门要增强服务意识，主动担当起统筹协调全省战略实施工作的重担，认真当好“组织协调者”这一角色，牵头完成好战略实施及考核评估工作，确保战略实施工作环环相扣，扎实推进。

《广东省知识产权战略纲要 2008－2009 年度实施方案》对今明两年的战略实施任务进行了详细部署。各职能部门要主动担负起责任，加大对知识产权工作的人力、物力投入，完善工作责任制，落实知识产权战略工作经费，真正做到群策群力，共谋发展，切实保障知识产权战略纲要及实施方案确定的各项任务落到实处。明年年底，我们将组织战略实施考核工作小组对各单位落实《实施方案》的情况和效果进行考核，工作成绩突出的要表扬，落后的要批评。希望大家高度重视知识产权战略实施工作，为实现知识产权强省建设目标共同努力。

第三，实施知识产权战略要重视人才培养，加强队伍建设。人才兴，事业旺。各职能部门要加大知识产权人才特别是高素质人才的培养力度，以“百千万知识产权人才培育工程”为主要抓手，研究制定培养和引进知识产权专业人才的激励性政策措施，着力培养和引进我省急需的企业知识产权管理人才、中介服务人才和战略研究人才；同时，省人事主管部门要将知识产权专业人才作为紧缺人才列入全省重点引进目录，探索建立知识产权从业人员职称评定体系和人才评价指标体系，引导知识产权人才合理配置。从根本上讲，就是要把这支队伍培养好、带领好，将宝贵的智力资源转化为推动事业发展的强劲动力。

第四，实施知识产权战略要形成文化氛围，营造良好环境。让广大的公众认知并自觉运用知识产权制度，是实施知识产权战略的基础性任务。在战略推进的过程中，要注重全社会知识产权文化的培育，加强公众知识产权意识教育，加强培训和服务指导，帮助和促进企事业单位开发并实施具有自主知识产权的核心技术。在促进经济社会发展的同时，让知识产权文化价值理念深入人心，让社会各界充分认识到新形势下知识产权工作的重要性，逐步形成浓郁的激励创造、依法保护、积极运用知识产权的社会氛围，逐步形成有利于推动自主创新和拥有自主知识产权的创新文化氛围，让尊重知识、尊重知识产权、保护知识产权成为全社会的共同行动。真诚希望广大新闻媒体为知识产权事业发展做好宣传工作。

同志们，30 年来，我省知识产权工作者在广东这片热土上谱写了知识产权事业发展的光辉历史，今天，我们将在历史征程中续写新的篇章！让我们共同努力，延续光荣，实现建设知识产权强省的梦想！

谢谢大家！

广东省人民政府副秘书长罗欧在广东自主品牌战略论坛上的讲话

（2008 年 4 月 25 日）

各位来宾，同志们，

今天，广东省工商行政管理局和南方日报在这里共同举办“广东自主品牌战略论坛”。以解放思想、全球眼光，及国际知识产权制度的发展角度，来讨论培育自主品牌对自主创新的重要意义。这个主题对倡导实施国家和我省知识产权战略纲要，促进我省产业转型具有比较现时的意义。在此，我代表省人民政府，对论坛的召开表示热烈的祝贺！对与会代表、来宾，表示热烈欢迎！

这次论坛是纪念第八个世界知识产权日的盛大活动，也是学习贯彻党的十七大精神，继续解放思想的一次动员会，这个论坛办得很及时、很必要；对于推动我们总结过去、规划未来，立足国情、面向世界，进一步做强自主品牌，参与国际市场竞争将起到积极的作用。借此机会，我就广东的发展状况和品牌创建谈几点意见。

一、广东经济社会全面转入科学发展轨道

近年来，我省坚持以科学发展观统揽经济社会发展全局，深入推进改革开放，创新发展模式，全省国民经济保持平稳快速发展，各项事业全面进步，人民生活持续改善。2007 年，全省生产总值 30673.71 亿元，全年进出口总额 6340.49 亿美元，这两项指标继续位居全国首位，来源于广东的财政总收入突破 7750 亿元，单位 GDP 能耗居全国第二低位。

全省这一良好发展局面一方面得益于全省人民的齐心协力，另一方面也包含了全省工商系统的辛勤努力。近年来，全省工商系统坚持“法治行政、科学管理、效能服务”理念，深入开展解放思想学习讨论活动，以提高市场监管执法水平为主线，有效整顿、维护市场经济秩序，全力实施商标战略，为推动全省经济社会又好又快发展做出了积极的贡献。从实施名牌带动战略工作来看，全省商标工作较好地适应了经济持续快速发展的要求。截至 2007 年底，全省商标申请量和注册量已连续 13 年居全国首位，注册量超过 38 万件，约占全国八分之一。目前，全省拥有国家工商总局认定的驰名商标 138 件，位居全国首位；拥有省著名商标 1611 件。

二、自主品牌创建是又好又快发展的必然选择

从品牌的知识产权属性和竞争、价值指引功能来看，自主品牌创建过程就是知识产权制度运用的过程，是自主创新能力提高和国际竞争力增强的过程，也必然是又好又快发展的实现路径。

首先，品牌本质上是商标。品牌已成为当今大众话语，但就其外在特征和内在功能而言，应属于知识产权范畴，商标是其市场表现形式和法律载体，是企业的重要无形资产。因此，自主品牌的创建、运用和管理，其实质是商标的设计、国际国内注册、市场化运用、科学管理和保护专用权的过程，是实施品牌战略的关键节点。如不主动依靠知识产权制度运营品牌，就无法实现可持续发展。国内和广东的部分产业当前面临的困境也证明了自主品牌的缺失，在竞争中始终处于弱势和被动局面。

其次，自主品牌创建是自主创新的重要组成部分。提高自主创新能力是我们党和政府推动科学发展的重大决策，其实质是以掌握主动权为目的的全面创新。而自主品牌是自主创新成果最有效的载体和保障。通过品牌这个载体，体现了企业自主创新技术所形成的自主知

识产权实力，体现了企业的管理水平、经营水平、产品质量、服务和企业文化等。通过品牌所反馈出的，是企业综合素质和竞争实力。这就是现代知识产权制度和知识经济时代所赋予品牌的重要特性。因此，谁拥有自主品牌谁就拥有产品决策能力，谁就拥有市场优势和发展后劲。

第三，知名品牌是国际竞争力的重要标志。知名品牌具有集纳、组织社会资源的功能，对一个地区的协调持续发展意义重大。驰名国际的品牌的多少，反映了超额利润的获取能力和全球资源配置的控制力，是一个国家或地区经济发展的实力象征，体现着社会和谐状态和文明进程。从一定意义上说，品牌强国也一定是经济强国。据法国品牌金融公司 2007 年公布的全球 250 个最有价值品牌的排行榜，美国独占鳌头，有 112 个品牌上榜。实践证明，创立知名品牌的过程，是企业从地区走向全国，从中国走向世界的重要过程，也是国家、民族、文化伟大复兴的历程。

三、以新一轮的思想解放谋划自主品牌大发展

省委、省政府十分重视品牌工作，省第九次党代会提出以实施名牌带动战略作为我省重大经济发展战略之一，省政府 2008 年工作报告也要求“积极培育自主品牌和知识产权，扩大创建区域国际品牌试点”。近几年的实践证明，我省自主品牌创建工作卓有成效。但也应当看到，当前还存在着一些问题，还不适应科学发展的要求。一是创建品牌的观念落后。一些企业和地方只信奉低价竞争策略，忽视无形资产的作用，更缺乏创牌的信心。二是急功近利。有的企业和地方，观念还停留在物质奖励、荣誉评比阶段，只重创立，不重运用和维护；三是品牌国际化步履维艰。我省产品行销全球，但自主品牌使用比例不大，商标国际注册量远远跟不上发展需求。

这说明，我省品牌创建工作存在很大发展空间，需要我们更加努力工作。当前，我们要认真学习贯彻党的十七大精神和省委十届二次全会精神，继续解放思想，抢抓机遇，聚精会神推进品牌建设工作，一心一意提高产业竞争力，积极营造良好环境，推动经济发展与社会和谐。

一是实施知识产权战略，建设创新型广东。要适应国内外知识产权发展的新态势和我省经济社会转型发展的新要求，充分发挥知识产权制度的作用，抓好《广东省知识产权战略纲要》的实施，积极推进技术创新和品牌创建，努力提高自主创新能力，切实转变经济发展方式，实现自主品牌的数量和质量与经济社会发展水平相适应，实现建设创新型广东的战略目标。

二是发挥品牌带动效应，提高产业竞争力。各级党委、政府要认真履行法定职能，围绕省委、省政府的统一部署，以世界眼光加强规划，营造品牌生长的良好环境，积极引导市场主体从产品质量、技术创新、人才培养、科学管理、市场营销、企业文化等诸多方面全面提升，为塑造品牌打下坚实的基础。同时，要推动传统产业在品牌上取得新突破，实现数量规模型向品牌效益型转变，促进加工贸易型产业升级，扶持有自主品牌的附加值高的产品出口。

三是加强品牌保护工作，营造良好发展环境。要充分认识品牌创建的艰巨性、复杂性和长期性，构建统一有效、覆盖全省的自主品牌和知识产权战略工作机制，以及扶持政策体系，整合政府、企业、社会各界资源，建设公共信息服务平台，形成企业为先导、执法部门为后盾、社会为监督的品牌保护综合体系，营造良好的社会、法治和市场环境。

各位来宾，同志们，全面实施、加快推进建设创新型广东，是落实科学发展观、构建和谐社会的必然要求。让我们围绕党的十七大的总体部署，以更加饱满的热情，扎实工作，开拓进取，为广东全面建设小康社会提供强有力的支撑，为开创中国特色社会主义事业新局面作出新的贡献！

谢谢大家！

广东省政府知识产权办公会议办公室主任、广东省知识产权局局长陶凯元在全省知识产权工作会议暨广东省重奖中国专利奖获奖单位奖励大会上的工作报告

（2008 年 7 月 14 日）

同志们：

今天，省政府在这里召开全省知识产权工作会议，主要任务是学习《国家知识产权战略纲要》，总结近两年我省知识产权工作情况，表彰我省获得第十届中国专利奖的单位，并部署我省知识产权战略纲要实施工作。

受省政府知识产权办公会议和宋海副省长的委托，下面，我向各位报告近两年来我省知识产权工作的基本情况，并就下一阶段实施我省知识产权战略纲要的主要任务作出安排。

一、近两年来我省知识产权工作的基本情况

“十一五”时期以来，在国家有关部委的大力支持下，在省委、省政府的高度重视下，全省各级政府、各职能部门、各有关单位共同努力，在创新发展环境、构建发展体系、营造发展氛围等方面开展了大量工作，我省知识产权事业呈现出良好的发展态势，在促进经济社会科学发展中发挥了重要作用。主要工作成绩体现在以下八个方面：

（一）科学谋划发展，知识产权战略纲要正式颁布实施

实施知识产权战略，促进全省知识产权事业实现又好又快发展是省委、省政府的一项重要战略部署。近年来，全省各有关部门将战略纲要的研究制定工作作为一项全局性重要任务来抓。2005 年 8 月，我省专门成立了由宋海副省长任组长，34 个部门组成的省知识产权战略工作领导小组。同年 9 月，召开领导小组第一次会议，正式启动纲要的研究和制定工作。随后，纲要的制定按四个阶段有序开展。第一阶段是深入开展调查研究，结合调研结果撰写了《广东省知识产权战略研究总体报告》；第二阶段是在认真学习领会省委主要领导关于知识产权战略的重要指示精神，综合汇总各相关部门意见的基础上，起草战略纲要的初稿；第三阶段是向省直、中央驻粤等单位和各地级以上市人民政府广泛征求意见，并吸纳相关建议 59 条；第四阶段是先后提请省府常务会议、省委常委会议审议战略纲要，并根据会议精神进行修改完善。在各有关部门的共同努力和积极参与下，《广东省知识产权战略纲要（2007—2020 年）》（以下简称《纲要》）经十易其稿后，于去年 11 月 6 日由省政府正式颁布实施。《纲要》成为统领我省未来十余年知识产权事业发展的重要纲领性文件，《纲要》的颁布实施标志着我省知识产权事业正式进入战略发展期。

在《纲要》颁布实施之后，省直、中央驻粤单位认真做好《纲要》的学习和宣传普及工作，努力做到《纲要》进培训、进会议、进政策；同时，认真组织起草了《广东省知识产权战略纲要 2008—2009 年度实施方案》，将《纲要》确定的政策措施与本部门的发展政策融会贯通。各级人民政府高度重视《纲要》的学习领会和贯彻落实，按照省政府的统一部署和安排，整合各方资源、明晰任务措施、形成工作合力、畅通工作渠道，将年度重点工作任务与《纲要》的实施及推进紧密结合。目前，在全省范围内已经形成了以战略统领发展、以战略促进发展、以战略保障发展的知识产权工作新局面。

（二）健全保障措施，有效增强知识产权创造能力

近两年来，在建设创新型广东的大环境下，我省各部门积极创造条件，健全完善激励机制，不断提升各类创新主体的积极性，激发全社会知识产权创造活力。省科技厅逐步完善

以企业为主体、产学研相结合的区域创新体系，有效地增强了区域创新能力，着力推进核心技术和关键技术攻关，在重点领域创造出大量自主知识产权，同时还与省知识产权局共同抓好高新技术产业开发区、民营科技园以及民营科技企业知识产权试点示范工作，增强企业创新热情，提高知识产权拥有数量及质量。省信息产业厅利用产业集群作为创新的载体和平台，在电子信息产业、网游动漫产业等领域积极培育并形成知识产权。为了提升我省创新主体的国际竞争力，省财政专门在自主创新专项资金中安排了500万元用于资助我省国（境）外专利申请，省知识产权局和省财政厅共同出台了《国（境）外专利申请资助办法》，对提高我省国（境）外知识产权拥有量起到了积极的推动作用。省农业厅和省林业局不断加强植物新品种培育工作，使我省的植物新品种创造能力得到了稳步提升。随着创新体系的不断完善，创新主体积极性的充分发挥，全省知识产权数量不断增长、质量显著提升，我省在专利申请量和授权量、发明专利申请量、PCT专利申请量、注册商标申请量和拥有量、中国驰名商标拥有量、中国世界名牌产品拥有量、中国名牌产品拥有量、地理标志保护产品拥有量等十个方面取得了全国第一的佳绩，再次巩固了知识产权大省的地位，为全省知识产权事业实现由大到强的跨越创造了重要的基础性条件。

（三）强化促进机制，大力提升知识产权运用能力

我们一直坚持将强化知识产权运用促进机制作为发展经济、优化产业结构的重要切入点，通过构建政策体系和支撑平台，深化知识产权试点示范工作，为提升全省知识产权运用能力注入了强劲的动力。省政府连续多年对在知识产权运用方面作出突出贡献的单位给予重奖，迄今为止，共安排奖励名牌资金达2.15亿元，奖励中国专利奖资金达2800万元。省知识产权局、省人事厅自2003年起共同开展广东专利奖评选及表彰工作，对原创性强、技术水平高、产生突出经济效益或社会效益的专利技术给予奖励。省知识产权局加快推动“广东省专利技术实施计划”，累计投入几千万元资金专项支持358个优秀专利项目实施和产业化。省工商局加强省著名商标的认定和管理，截止2007年底，全省著名商标总量达1303件，同时还积极做好农业品牌的培育和发展工作，引导和支持农业组织、企业和农户注册和使用地理标志证明商标。省版权局大力实施“版权兴业工程”，2005年以来认定“广东省版权兴业示范基地”三批24家，全省核心版权产业及相关版权产业得到了不断的发展和壮大。省信息产业厅牵头启动了新型平板显示和数字家庭行动计划战略项目，以此为龙头加快推动产业发展，带动行业创新。经过不懈的努力，我省知识产权运用工作走在了全国前列，不仅涌现出了一批以华为、中兴为代表的具有较强国际竞争力的大型企业，而且在提升重点产业和核心产业发展水平中发挥了积极的作用。

（四）完善执法体系，着力加大知识产权保护力度

近两年来，我们继续坚持“保护体系网络化、保护行动常规化、日常执法规范化”的工作思路，不断强化知识产权保护力度，使之成为保护创新、促进发展的一柄“利剑”。全省各知识产权职能部门一方面将专项行动和日常执法相结合，将重点整治与整体推进相结合，通过开展“反盗版百日行动”、“山鹰二号行动”、“知识产权边境保护—龙舟行动”、保护注册商标专用权专项行动、打击非法预装计算机软件专项行动、打击网络侵权盗版专项行动等，严厉打击侵犯知识产权违法犯罪行为；同时，还不断加强日常执法，努力建立健全知识产权保护长效机制。另一方面，进一步完善机构建设，充实专业人员，不断创新工作方法，探寻新的工作突破点。至2007年底，全省法院系统受指定审理部分知识产权民事案件的基层法院增至15家，为全国之最；广东海关运用风险分析手段，加强信息的共享及分析，对

于重点企业、重点商品进行专门布控查验，提高查获侵权货物的准确性；省公安厅推动重点联系企业经营安全指引制度，提高企业知识产权保护意识；省外经贸厅积极指导和支持企业应对出口产品涉外知识产权纠纷。同时，各部门继续进驻广交会、深圳高交会、深圳文博会、音像制品博览会、中小企业博览会等大型展会，制定并完善投诉管理办法和处罚办法。其中，广交会在增设进口展区后，专门制定了《进口展区保护知识产权工作预案》，受到了一致好评。省外经贸厅积极配合商务部开展展会知识产权保护"蓝天行动"。省知识产权局继续实施会展和行业协会知识产权保护试点工作，积极发挥会展主办单位和行业协会自律保护、自律维权作用。以上工作的顺利开展既整顿和规范了我省的市场经济秩序，又优化了投资环境，促进了对外开放的不断深化。

(五) 积极营造氛围，全面增强社会知识产权意识

近两年来，我省各相关部门不断创新宣传思路、加大宣传工作力度，使知识产权意识不断深入人心。省委、省政府十分重视提升各级党政领导干部的知识产权意识，2007年12月27日，在第47期"广东学习论坛"上首次组织知识产权专题报告会，中共中央政治局委员、省委书记汪洋出席了报告会，省委中心组全体成员，省人大常委会、省政协其他领导同志，省军区党委常委，省法院院长、省检察院检察长，省武警总队军政主官，省直各单位、各人民团体现职正厅级领导干部共320人参加了报告会。同时，全省各级知识产权职能部门坚持专项宣传与日常宣传相结合的工作方式，广泛普及知识产权知识。特别是在每年的"4·26"世界知识产权日活动中，打造了"广东省知识产权保护状况新闻发布会"等系列品牌活动，取得了很好的宣传效果。2006年4月，我省还组团参加了全国保护知识产权成果展览，受到温家宝总理的充分肯定。两年来，省级各知识产权职能部门相继举办了包括"中美（知识产权）圆桌会议"、"2007中国知识产权刑事保护论坛"、"版权保护与创新型国家"巡回演讲活动在内的20余场大型论坛及研讨会，有效地促进了各部门与社会各界及国际社会的交流和沟通。在去年年底我省开展的知识产权公民意识调查中，广州、深圳两地受访人员中逾半数对知识产权概念具有一定的了解和认识，说明知识产权已经进入社会公众的视野。

(六) 围绕关键环节，完善知识产权人才培养体系

全省各知识产权部门积极优化和整合培训资源，加强培训体系建设，加快人才培养步伐。全省知识产权学院及研究所充分发挥高素质知识产权人才培养基地作用，稳步推进知识产权学历教育，在校知识产权专业（方向）本科生、研究生已达近500名；省法院成功举办了第九届全国部分省市知识产权审判研讨会，有效地提高了知识产权法官的专业水平；2007年，省知识产权局组织实施了"广东省百千万知识产权（专利）人才培育工程"，全年面向社会举办知识产权培训班222期，参加培训人员31261人次；省版权局专门与清华大学联合举办了"清华—广东省版权局版权管理高级研修班"，提升版权行政管理人员业务能力；省外经贸厅在全省分片举办了"国际贸易风险防范与规避"专题法规培训班。这些工作有力地促进了我省高素质知识产权专业人才队伍的建设，为知识产权事业实现可持续发展奠定了坚实的基础。同时，我省中小学、职业学校知识产权教育工作不断深化，省知识产权局与省教育厅、团省委、省少工委共同确定三批107所省级知识产权教育试点学校，遍及全省21个地级以上市；部分地市、县区也相继启动了当地知识产权教育试点工作。据统计，第一批省试点学校在第一年试点期间共有654个班级开设了知识产权教育课程，受教育学生近6万人。

(七) 立足共同发展，推进知识产权区域合作及对外交流工作

近年来，我省以"粤港、泛珠、对外"三

点为支撑的知识产权区域合作及对外交流工作已经成为全国的一大亮点，所取得的成绩有力地推动了区域资源共享、优势互补和共同发展。粤港知识产权合作继续深入。截至2007年底，在粤港保护知识产权专责小组的组织下，两地知识产权部门召开了6次专责小组会议，开展了20余个合作项目。2007年8月，在粤港合作联席会议第十次会议上，粤港双方共同签署了《2007年－2008年粤港保护知识产权合作协议》。粤港澳海关跨境知识产权保护体系不断健全，2006年至2007年，粤港、粤澳海关共形成各类知识产权情报通讯300余份，在罗湖等口岸举行双边联合执法行动11次，查获侵权案件59宗。泛珠三角区域知识产权合作不断发展。截至2007年底，区域各协作单位成功召开了4届知识产权合作联席会议、3次合作论坛，开展合作项目20项。广东海关积极参与泛珠三角地区海关知识产权保护合作。省经贸委建立了泛珠三角整规协作联席会议机制。省工商局建立泛珠三角信息交流渠道，相互交换著名商标名单，建立案件协查和信息通报方式。省质监局依托泛珠平台，发布了9项区域联盟标准。知识产权对外交流合作活跃。各部门继续坚持"请进来、走出去"的工作模式，不断学习和借鉴国外先进做法和经验；同时，通过外事交流活动，注重广泛宣传我省知识产权工作，有效地增进了外方对我省知识产权工作的了解和认识，为双方进一步开展合作奠定了基础。据不完全统计，2006年至2007年，省知识产权局就接待了来自美国、日本等10个国家29个政府及民间知识产权代表团近100人次来访并确定多个合作项目。

（八）加强沟通协调，提升全省知识产权工作合力

在省政府知识产权办公会议的组织协调下，各成员单位及各有关单位积极创造条件，不断推进和完善全省知识产权制度建设，全面提升我省知识产权工作合力。省发改委、省经贸委高度重视知识产权政策导向作用，在组织实施国家高技术产业发展项目计划、省级工程技术研究中心建设、关键领域重点突破项目招标、支持中小企业发展等工作中，将知识产权作为重要指标或工作内容之一。省国资委将知识产权工作纳入国有企业改革发展整体规划，并指导企业制定知识产权战略规划，从战略管理层面抓好企业知识产权工作。省版权局及省质监局分别印发《广东省版权兴业发展纲要(2007－2015)》及《关于进一步做好地理标志产品保护工作的意见》，不断建立和完善政策体系。全省知识产权行政执法、公安、检察和司法部门高度重视沟通协作，提高知识产权保护工作整体效能。全省知识产权系统与公安系统加强了行政执法和刑事司法衔接工作，21个地级以上市全部成立了"执法联络室"，逐步建立了专利执法协作长效机制。省质监局与司法公安机关建立了刑事案件快速移送"绿色通道"，严厉打击生产假冒知名品牌违法行为。省保护知识产权举报投诉服务中心（12312）继续发挥知识产权保护网络平台作用，至2007年底共接收举报投诉34件，转办31件，办结案件29件。我省知识产权工作整体性的提升为全省进一步实现科学发展创造了重要条件。

总结我省知识产权工作近两年的发展历程，全省各级知识产权职能部门勇于探索、敢于创新，在知识产权创造、运用、保护、管理等领域取得了可喜的成绩，为推进全省产业结构优化升级、经济社会转入科学发展轨道做出了应有的贡献。这些成绩的取得得益于全省经济社会良好的发展大局，得益于国家各有关部委的大力支持，得益于省委、省政府的高度重视，得益于全省各地级以上市市委、市政府的积极推动，得益于省直、中央驻粤各单位的密切配合，得益于全省各级知识产权职能部门的不懈努力，得益于社会各界人士的广泛参与。在此，我谨代表省政府知识产权办公会议办公室向各位领导、同志们以及在座的各位代表表示衷心的感谢！

在取得成绩的同时，我们也要清醒地看到，我省知识产权工作仍然存在着薄弱环节和突出问题，与我省经济社会发展和国内外竞争

形势所提出的要求还存在着较大的差距。主要表现为：一是知识产权创造能力有待进一步提高，人均知识产权拥有量偏少，如2007年，我省百万人口发明专利申请量和授权量分别为北京的四分之一和六分之一。二是高层次知识产权人才匮乏，人才数量及结构与知识产权事业发展需求相距甚远，涉外知识产权人才和具有较强实务操作经验的高级专门人才十分紧缺。三是知识产权政策体系有待完善，我省已有的知识产权政策措施较少，系统性及完整性不够，政策支撑力度较弱。四是区域发展不平衡问题突出，各地市在知识产权创造、运用、保护和管理方面存在较大差距。五是社会知识产权意识仍较为淡薄，如2007年，我省14万家工业企业中的96%没有申请专利。对于这些问题我们应该高度重视、居安思危，通过全面实施知识产权战略不断加以改进和提高。

二、全面实施国家和我省知识产权战略纲要，努力开创知识产权工作新局面

今年是全面贯彻落实党的十七大精神的第一年，是我省经济社会全面转入科学发展轨道，推进建设小康社会，开创社会主义和谐社会新局面的关键一年。今年6月5日，国务院颁布实施了《国家知识产权战略纲要》。根据党中央、国务院、省委、省政府对知识产权工作提出的新目标和新要求，当前及今后一段时期，我省知识产权工作要以实施国家和我省知识产权战略纲要为核心，以新一轮思想大解放推动我省知识产权事业取得新一轮大发展。

（一）高度重视知识产权战略实施开局工作

今年6月19日，省委、省政府出台了《关于争当实践科学发展观排头兵的决定》，明确要求“实施知识产权战略，加强知识产权创造、应用、保护和管理，实现从知识产权大省向知识产权强省跨越。”好的开始是成功的一半。今明两年，做好实施知识产权战略纲要开局工作，是贯彻落实党的十七大会议精神、《国家知识产权战略纲要》以及《关于争当实践科学发展观排头兵的决定》的重要实践，是争当知识产权事业发展排头兵的重要举措。今年年初，省知识产权局在广泛征求有关部门意见的基础上，牵头研究并制定了《广东省知识产权战略纲要2008—2009年度实施方案》（以下简称《实施方案》），即将于近期发布实施。各有关部门要将《实施方案》作为贯彻落实国家和我省知识产权战略纲要的具体措施和手段，从全局和战略的高度加以重视和推进，加强组织领导，完善和落实领导责任制和工作责任制，做到认识到位、人员到位、措施到位、投入到位，形成工作合力，畅通工作渠道，保证《实施方案》的顺利推进。同时，要将实施方案中的战略任务和政策措施与本地区、本部门的发展计划、年度工作和重要政策紧密结合，相互贯通、相互承接、相互补充，确保实施工作落到实处，取得实效。

（二）以增强创造能力为中心，为知识产权事业发展注入新动力

提升知识产权创造能力关系到我省未来知识产权事业发展的大局。我们一是要实施十大产业技术自主创新专项，加强建设企业技术中心、区域技术创新中心和行业技术创新中心，发挥政府各类专项资金导向作用，努力创造一批具有自主知识产权的核心技术；二是要实施“千百亿名牌培育工程”，做好广东省著名商标和名牌产品的认定和管理，推进国际区域名牌创建，充分发挥名牌带动效应；三是要继续开展并推动知识产权试点示范工作，进一步实施“版权兴业工程”，努力培育自主知识产权企业，提高企事业单位知识产权创造能力；四是要继续强化商标、地理标志证明商标、地理标志产品、非物质文化遗产等类型知识产权的创造；五是要建立政府采购自主知识产权产品机制及政府首购机制，推进专利申请、植物新品种权激励工作，完善知识产权创新激励机制。

（三）以提升保护能力为重点，为知识产权事业发展提供新保障

加强知识产权保护是我省鼓励自主创新、

建设创新型社会的内在要求。我们一是要建立并完善知识产权法律法规体系，健全并充实省市县三级知识产权行政执法力量和全省知识产权司法审判力量；二是要加大对各类知识产权的保护力度，坚决打击侵犯知识产权违法犯罪行为，提高涉外知识产权应对能力，建立维权援助机制；三是要继续开展保护知识产权专项行动，加强对重点行业、领域和地区及奥林匹克标志的知识产权保护，继续开展打击进出境知识产权侵权活动；四是要加强知识产权行政执法、海关、公安、检察和司法部门之间的沟通与协调，形成联合执法协调机制和纠纷快速解决机制；五是要进一步推进对会展知识产权保护工作的监督和管理，深化会展及行业协会知识产权保护试点示范工作。

（四）以加强运用能力为核心，为知识产权事业发展搭建新平台

运用知识产权，要充分体现知识产权市场价值，促进经济可持续发展。我们一是要出台有利于知识产权运用的政策措施，培育知识产权交易市场，构建知识产权交易体系，推动拥有自主知识产权的创新成果实现商品化、产业化；二是要继续培育省级知识产权试点和优势区域，创建国家知识产权示范城市、示范园区及知识产权强县（市、区）；三是要实施“专利技术实施计划”、“中小企业知识产权引导计划”和“自主知识产权技术标准培育工程”，推进国有企业及中小企业知识产权工作，推动自主知识产权标准化；四是要启动“知识产权优势评估机构培育计划”，推进知识产权评估和质押工作。

（五）以强化管理服务为保障，为知识产权事业发展构筑新支撑

知识产权管理服务体系建设是知识产权工作的重要组成部分。我们一是要加强知识产权立法工作，积极营造良好的法制环境；二是要不断强化知识产权政策导向，加强产业政策、区域政策、贸易政策与知识产权政策的衔接，充分发挥省政府知识产权办公会议职能，增强知识产权发展合力；三是要研究探索建立广东省重大经济活动知识产权审查制度和知识产权统计指标体系及统计调查制度；四是要成立“广东省专利代理协会”，加大对专利代理及从业人员的监督和管理，开展打击非法专利代理专项行动，推动专利代理行业健康发展；五是要开展“知识产权综合交易平台扶持计划”，建设和完善知识产权公共信息平台和技术性贸易壁垒公共信息服务平台。

（六）以人才队伍建设为基石，为知识产权事业发展奠定新基础

高素质的人才队伍是知识产权事业发展的基础和保障。我们一是要以实施“百千万知识产权人才培育工程”为重点，培育及认定省级知识产权培训基地，分步骤完成知识产权人才培养工作；二是要逐步将知识产权课程列入省内高等院校在读本科生、研究生的公共选修课或专业必修课程，加快培养应用型和复合型人才；三是要将知识产权科目纳入专业技术人员继续教育考核登记内容，开展知识产权公需科目继续教育培训工作；四是要探索研究建立知识产权从业人员职称评定体系，加强知识产权从业人员管理工作。五是要加大知识产权培训力度，迅速提高企事业单位知识产权管理人员业务水平。

（七）以促进区域协调发展和交流合作为纽带，为知识产权事业发展创造新格局

推进知识产权区域发展及交流合作是知识产权战略确定的一项重点任务。我们一是要继续深化实施“广东区域知识产权发展计划”，实现全省知识产权工作协调发展；二是要进一步加强粤港知识产权合作，推进泛珠三角区域知识产权合作，高质量完成合作项目，继续发挥泛珠三角区域商标行政保护合作机制作用，发挥泛珠三角区域海关知识产权保护执法合作机制作用；三是要加强与国外机构及组织的沟通和交流，促进我省知识产权对外交流与合作工作的深入开展。四是要加强国外知识产权发展动态研究，不断提高涉外应对能力。

（八）以提高社会意识为抓手，为知识产权事业发展营造新氛围

提高知识产权意识是一项长期性、战略性的工作，必须常抓不懈。我们一是要将2008年及2009年度确定为我省“知识产权战略宣传年”，大力宣传知识产权战略在促进我省经济社会发展中的积极作用；二是要继续坚持全方位、多渠道开展知识产权宣传工作，增强全社会知识产权意识；三要继续组织好“4·26”世界知识产权日系列宣传活动，突出重点，体现实效；四是要加强对各级党政领导干部和公务员的知识产权教育力度，在全省范围内建立党校（行政学院）系统知识产权培训骨干队伍；五是要继续推进中小学、职业学校知识产权教育，确定知识产权教育示范区及示范学校。

同志们，站在新的历史起点，我们要立足全局、立足长远，用战略眼光前瞻性分析判断知识产权事业的重大变化，主动适应新时期对知识产权工作的要求，不断加深理解和准确把握党的十七大对新时期知识产权工作提出的新要求、新任务，把思想统一到党的十七大精神上来，把力量凝聚到实现党的十七大确定的任务上来。让我们乘着《国家知识产权战略纲要》颁布实施的东风，以《中共广东省委、广东省人民政府关于争当实践科学发展观排头兵的决定》为行动纲领，进一步振奋精神，增强信心，凝聚力量，开拓进取，为实现我省知识产权事业又好又快发展作出新的更大的贡献！

谢谢大家！

广东省工商行政管理局局长卢炳辉在“创建自主品牌争创驰名商标座谈会”上的讲话

各位来宾，同志们：

上午好！

今天，我们邀请大家来，共商自主品牌、驰名商标创建工作。首先，我谨代表省工商局，对各位来宾和同志们表示热烈欢迎！

创建自主品牌，实现自主创新，改变粗放型发展模式，提高核心竞争力已成为了全社会的共识。6月颁布的《国家知识产权战略纲要》，温家宝总理视察广东重要讲话，以及省委、省政府上个月密集出台的几项决定，说明各级政府都高度重视自主品牌的建设。我们举办这次座谈会，就是要集思广益，总结经验，抓住机遇，乘势而上。借此座谈会的机会，我也谈谈自己的认识与体会，与大家共勉。

首先，自主品牌创建可以增创发展新优势。随着生产力、信息科技的迅猛发展，我们步入了品牌引领消费的时代，不仅衣食住行的消费离不开品牌，就连城市建设、生态环境也概莫能外。也许我们可以这样去理解品牌，它代表着先进的技术、先进的管理、优秀的人才组合等，是企业核心竞争力的集中表现。其表现形式就是受法律保护的商标。所以，自主品牌的创建过程就是知识产权制度运用的过程，是自主创新能力提高和国际竞争力增强的过程，也必然是增创发展新优势的实现路径。

商标作为知识产权的重要内容，具有法律保护和市场拓展作用，充分重视、运用这些作用，就能构筑战略高地、决胜知识经济战场。事实上，发达国家正通过国际规则强化保护商标权利，各产业的领军企业也在最大限度地发挥商标竞争力，如美国宝洁公司在全球注册了14万件商标，约相当于我省注册商标总量的三分之一、相当于5个云南省的商标注册量。

鉴于商标的法律功能，自主品牌自然成为自主创新成果最有效的载体和保障，谁拥有自主品牌谁就拥有产品决策能力，谁就拥有市场优势和发展后劲。我国日化行业“小护士”、“丝宝”、“大宝”品牌并购案也从反面证明了这一规律。

创立驰名商标是提高国际竞争力的重要抓手。国际驰名的商标的多少，反映了超额利润的获取能力，蕴含了全球资源配置的控制力。从一定意义上说，品牌强国也一定是经济强国。据世界品牌实验室今年公布的世界品牌

500强，美国独占鳌头，有243席。我国只有15个品牌上榜。实践证明，创立驰名商标的过程，是企业从地区走向全国，从中国走向世界的重要过程，也是国家、民族、文化伟大复兴的历程。

其次，我省十分重视品牌工作，2003年以来实施的名牌带动战略，取得了显著成绩，全省商标工作较好地适应了经济持续快速发展的要求。截至目前，全省商标申请量和注册量已连续13年居全国首位，注册量超过41万件，约占全国八分之一。目前，全省拥有国家工商总局认定的驰名商标138件，位居全国首位；拥有省著名商标1611件。商标行政保护力度不断加大，商标执法规范日益完善。“创建区域国际品牌”工作已列入了广东省“十一五”发展规划。但仍有许多不完善的地方，以理性的眼光看，我省的驰名商标还存在小、短、浅的问题。我省中国驰名商标企业还无缘世界500强。有些企业对驰名商标的认识过于肤浅，以为认定了中国驰名商标，一夜之间与国际品牌的距离缩短到零。有些地方的观念尚停留在物质奖励、荣誉评比阶段，还不能促进品牌无形资产在竞争中发挥主导作用。

第三，解放思想，提高认识，全力实施品牌战略。观念是行动的先导，认识向前一小步，工作必将迈进一大步。在商标品牌问题上，企业可以树立战略思维，以我省产业转移和升级为契机，战略性地利用商标，把自主品牌建设纳入企业整体经营战略，纠正将争创驰名商标等同于申报认定和广告宣传的认识，结合自身特点，扎实练好内功，全面提升研发、管理和服务水平，增强社会责任，塑造新粤商、新精神。要走出国界，放眼世界，利用国内国外两个市场、两种资源，培育商标国际知名度、美誉度和忠诚度，同时牢固保护自己在国际市场上的知识产权。要重视知识产权的管理，建立和健全企业内部的知识产权部门和制度，根据发展需要，灵活调整知识产权管理组织形式，实现商标注册、管理、运用和保护的最大效用。

各级工商部门，要按照国家工商总局“四个统一”的要求，积极推进“四化”建设，积极实施名牌带动战略以及国家和我省知识产权战略，建立健全品牌培育体制机制，规范商标执法行为，提高执法效能，严格执法过错责任追究制度，突出保护重点，加大驰名商标保护力度，想方设法做好行政处罚与刑事打击的衔接，改革监管方式，探索长效监管、联合监管机制，不断优化自主品牌发展环境。

各位来宾，同志们，创建自主品牌，争创驰名商标，实现从知识产权大省向知识产权强省跨越，是广东科学发展的必然要求，我们要抓好当前，谋划长远，扎实工作，开拓创新，努力争当实践科学发展观的排头兵，为促进我省经济社会又好又快发展作出应有的贡献。

预祝座谈会圆满成功！谢谢大家！

广东省新闻出版（版权）局副局长韩安贵在全省推进企业使用正版软件工作培训班上的讲话

（2008年11月28日）

同志们，早上好！

今天，广东省推进企业使用正版软件联席会议办公室在这里组织举办全省推进企业使用正版软件工作培训班。首先，我代表省推进企业使用正版软件联席会议对国家版权局和推进企业使用正版软件工作部际联席会议办公室，为本次培训班的顺利举行给予的大力支持和帮助、对各位领导和专家亲临广东为我们授课表示衷心地感谢！对我省推进企业使用正版软件联席会议各成员单位和各地级以上市使用正版软件工作领导小组（联席会议）的同事们表示热烈的欢迎！

2006年4月，国家版权局、信息产业部、商务部、财政部、国资委、全国工商联、银监会、证监会、保监会等九部门联合发布了《关于印发〈关于推进企业使用正版软件工作的实施方案〉的通知》，对推进企业软件正版化工作进行了全面部署，要求各级政府、各有关部门结合本地工作实际，制定贯彻落实《实施方案》的具体工作计划，切实做好推进企业使用正版软件工作。按通知要求，我省使用正版软件工作领导小组各成员单位于2006年11月联合制定并向全省各市印发了《广东省推进企业使用正版软件工作实施方案》，全面启动了我省推进企业使用正版软件工作。

两年来，在各级政府的大力支持和各位同事的共同努力下，我省推进企业使用正版软件工作取得了阶段性成果。从目前各单位上报联席会议办公室的工作总结材料来看，2008年，由省国资委牵头推进的省属国有企业使用正版软件工作取得重大进展，省属26家国企集团公司逾3千个独立法人（企业）完成了通用操作系统和办公软件的正版化工作，为在全省企业中推进软件正版化工作带了好头。广州、深圳、珠海、汕头、佛山、河源、惠州、湛江、肇庆、潮州、揭阳和云浮等12个市今年在推进企业使用正版软件方面都做了不少工作，也取得了一定的成效。到目前为止，上述12个市共举办软件正版化培训班24次，有1011家企业参加了培训，完成了148家企业的检查验收工作。广州市使用正版软件工作领导小组对推进企业使用正版软件工作非常重视，按照有组织机构、有实施方案、有会议培训、有阶段目标的要求，制定和实施了“131”推进工程，即全市100家大型企业，30家动漫制作企业和1000家网吧率先推进软件正版化工作。广州市使用正版软件工作领导小组办公室于今年6月和9月，两次对工作进展情况进行检查和通报。广州市的各成员单位按照职责分工，积极开展工作，全市推进企业使用正版软件工作开展得有声有色。肇庆市在推进软件正版化工作中，采取“层级负责、分步实施”的方法，将试点企业按领导小组成员单位进行任务分解，各成员单位分别指导1～2家企业的软件正版化工作，使全市推进企业使用正版软件工作落到实处。深圳、珠海、汕头、河源、惠州、湛江等市的软件正版化工作都设定了明确的工作目标，对纳入首批试点的企业，认真检查和指导，确保试点企业按时按质完成任务。

我省推进企业使用正版软件工作在取得成绩的同时，也还存在一些问题，主要表现在：第一，认识还不到位，有的市对推进企业使用正版软件工作的必要性和重要性缺乏足够认识，相关工作进展缓慢，个别市的工作处于停滞状态。第二，个别市软件正版化工作领导机构运转不畅，对本市软件正版化工作的组织协调力度不够，工作中存在相互推诿现象。第三，有的市企业软件正版化工作目标不明确，措施不得力。对于这些问题，希望大家回去后向市里分管领导汇报，争取领导支持，下大力气加以克服和解决。

今天，国家版权局赵秀玲处长等领导和专家将就如何深刻理解和认识企业使用正版软件的重要意义，如何提高我省企业自觉使用正版软件的自觉性，软件著作权保护，软件采购及资产管理，以及如何对企业正版化工作进行督导检查、验收复查等有关知识、工作方法进行讲授和指导。希望大家结合本地区本部门的工作实际，带着问题认真听、认真学，并达到融会贯通，学以致用。

同志们，推进企业使用正版软件工作意义重大，不管该项工作有多难，在座的各位都有责任、有义务去不折不扣地完成。推进企业使用正版软件工作广受社会各界关注和重视，我们肩负的责任十分重大，我们面临的任务也十分艰巨。我们要深入贯彻落实科学发展观，以建设创新型广东为奋斗目标，齐心协力，扎实工作，努力把企业软件正版化工作推向一个新的阶段！

谢谢大家！

海关总署广东分署副主任王克光在广东知识产权界纪念改革开放30周年座谈会暨广东知识产权十大成就发布会上的讲话

尊敬的宋副省长、江副秘书长，各位领导，各位同志：

今天非常高兴参加广东知识产权界纪念改革开放30周年座谈会暨广东知识产权十大成就发布会。刚才，省政府对外发布了广东改革开放30周年知识产权十大成就，回顾30年来波澜壮阔的改革开放历程，我深切感受到正是由于改革开放才使我国的知识产权取得了前所未有的伟大成就，正是由于知识产权保护激发了人民的创造力和生产力，才有了今天社会的进步和繁荣。

严格说来，知识产权是舶来品，这个概念最早出现在德国。从立法上考察，中国知识产权立法始于清朝末期，清朝政府先后颁布了《大清著作权律》和《商标注册试办章程》，分别成为中国历史上第一部著作权法和商标法规。但这些法律基本上没有施行，清朝政府就被推翻了。1949年建国后，在相当长的一段时间内，我国知识产权立法步伐仍然迟缓，法律并不完备。1978年党的十一届三中全会后，我国实行了改革开放政策，在由计划经济向社会主义市场经济转轨的过程中，知识产权发挥着越来越重要的作用，中国也把保护知识产权作为社会主义法制建设的重要组成部分。从20世纪70年代末中国即着手制定法律法规，同时积极参加相关国际组织的活动，加强与世界各国在知识产权领域的交流与合作。这一时期，中国知识产权制度的建设，不但步伐快，而且起点高，知识产权水平达到了前所未有的高度，国家逐步迈入了知识经济时代，核心竞争力得到显著提升。知识产权发展历程充分说明，知识产权作为商品经济发展的产物，总是伴随着国家的强大、商品经济的发展、科学技术的进步和智力成果的涌现而不断壮大。改革开放30年来我国知识产权事业所取得的成就，从一个侧面反映了改革开放给国家和人民带来的翻天覆地的变化。

相对于改革开放，我国知识产权边境保护的历史很短。为履行我国在中美知识产权谈判中所承诺的义务，国务院在1994年7月5日发布了《关于进一步加强知识产权保护工作的决定》。该决定要求加强对外经济技术贸易中的知识产权保护，强化海关在保护知识产权、制止侵权产品进出境方面的职能，采取必要的边境措施，有效地制止侵权产品的进出口。根据国务院的要求，海关总署于1994年9月1日发出公告，宣布侵犯受中华人民共和国法律和行政法规保护的知识产权的货物禁止进出境。从此，实施知识产权进出境保护成为我国海关的一项职责。1994年9月6日，深圳海关在皇岗口岸查获当事人黎某快递出境的侵权激光唱盘4750张。经调查，海关作出了没收上述侵权货物的决定。本案成为海关总署公告发布后全国海关查获的首宗侵权案件，成功打响了中国知识产权海关保护的第一枪。

随着对外贸易的发展，海关知识产权保护工作方兴未艾。为使海关对知识产权的保护工作符合法制化和制度化的要求，国务院于1995年7月5日发布第179号令，颁布了《知识产权海关保护条例》，于1995年10月1日起施行。该条例的颁布实施，标志着我国海关知识产权保护工作进入了法制化的新阶段。2000年7月8日第九届全国人大常委会第十六次会议通过修订的《海关法》明确了“海关依照法律行政法规的规定，对与进出境货物有关的知识产权实施保护”。将知识产权海关保护在法律层面予以确认。2003年，国务院根据我国加入世界贸易组织的形势要求，对《知识产权海关保护条例》进行了修订，强化了海关调查处理侵权货物的权力、减轻了知识产权权利人寻求海关保护的负担、明确了海关和司法机关以及其他行政机关之间的职责。对知识产权海关保护工作进一步发展创造了良好的条件。除此之外，国务院于 2002 年颁布的《奥林匹克标志保护条例》和 2004 年颁布的《世界博览会标志保护条例》也赋予了海关执法职责。

广东省是我国对外贸易大省，进出口贸易总额多年位居全国首位。对外贸易的迅猛发展，使广东省内海关知识产权保护工作异常繁重。为了保证在不影响进出口货物正常通关的前提下有效阻止侵权货物进出口，广东省内海关根据海关总署的要求，不断完善执法机制，提高执法效能，强化打击进出口侵权行为力度，有效实施了知识产权的边境保护。迄今，广东海关查获的侵权案件超过了 5000 起，案值超过 9 亿元。加入世贸后，广东海关知识产权保护工作更是取得了突飞猛进的成绩。例如，2000 年广东海关查获的侵权案件数还仅有 137 宗，而到了 2007 年，广东海关查获的侵权案件数已经达到创纪录的 1669 宗，是 2000 年查获案件总数的 12 倍！

实践中，广东省内海关不断创新工作思路、完善执法机制、提高执法人员素质，知识产权保护工作逐步发展壮大。例如，在执法体制上，1997 年 8 月深圳海关设立了全国海关首个知识产权专门执法机构，此后广东省内其他直属海关也相继设立相应机构，并配备专门的执法人员，执法设备得到不断更新和完善；在执法培训方面。1995 年，广东省内海关就率先组织了知识产权保护执法培训，大大提高了关员主动查获侵权货物的能力；在查缉技术方面，广东省内海关大胆探索，积极运用风险分析技术，有针对性地对进出口货物进行监控，在确保货畅其流的同时提高了查获侵权货物的准确性。目前，超过五分之一的案件是海关通过风险分析的方式查获。在专项执法方面，广东省内海关针对违法分子不断采取新的手段从事侵权贸易的情况，采取了大量针对性措施，加强执法力度，仅近两年就连续开展了打击水客走私侵权货物专项行动、保护知识产权龙舟行动等，有力地震慑了不法分子；在执法合作方面，广东海关也是不遗余力。早在香港回归前，广东省内海关就建立了与香港海关的知识产权保护合作关系；2004 年，粤澳海关也建立了知识产权保护合作关系。据统计，1996 年以来，粤港、粤澳海关已经开展了 44 次联合执法行动，查获侵权案件 290 余宗，抓获犯罪嫌疑人 30 余人；此外，还对超过 100 宗案件进行了协助调查，通报各类情报信息上千份。此外，2007 年，广东海关建立了与泛珠地区海关知识产权保护合作机制。广东海关知识产权保护区域合作得到进一步推进。在大力保护知识产权的同时，广东海关也不忘加大知识产权宣传工作，提升进出口人的知识产权意识，鼓励知识产权权利人寻求知识产权海关保护。据统计，在 1995 年海关总署实施知识产权备案制度时，广东地区企业仅在海关总署备案知识产权 9 件，而目前这一数字已经增加到了 2464 件。

广东省内海关的工作，受到了广泛赞誉。国内外众多知名企业纷纷向广东省内海关赠送锦旗、牌匾和感谢信。近年来，广东海关查获的侵权案件多次入选全国海关年度典型案例、广东省知识产权典型案例、外商投资企业协会知识产权保护委员会年度十佳案例。广东海关先后有 5 名关员因出色的知识产权保护工作，获得世界海关组织年度杰出关员称号。

回顾 30 年，广东海关知识产权保护工作取得了辉煌的成绩，但同时也面临着新的机遇和挑战。随着对外贸易的不断发展，关税和非关税壁垒的逐步消除，知识产权保护作为海关新兴职能，必将迎来更为广阔的发展空间。广东海关将迎着改革开放的步伐，始终把解放思想、锐意进取作为核心价值，不断推进知识产权保护事业的发展。今后广东海关将进一步完善执法机制、提高执法效能、提升执法质量、加强执法合作，在海关总署的正确领导下，在省委、省政府的有力指导下，在知识产权保护工作中争取更大成绩，取得更大辉煌。

谢谢大家！

解放思想学习讨论活动和深入学习实践科学发展观

广东省知识产权局开展解放思想学习讨论活动和深入学习实践科学发展观活动情况概述

为深入学习贯彻党的十七大精神，落实省委十届二次全会工作部署，根据省委粤发〔2007〕22号通知要求，广东省知识产权局自2008年2月3日开始至6月25日止，在局系统开展了“继续解放思想，坚持改革开放，争当实践科学发展观的排头兵”学习讨论活动。通过狠抓学习宣传、讨论调研和决策部署三个阶段工作任务的落实，取得了实效：一是找准影响我省知识产权事业科学发展的薄弱环节。即全社会知识产权意识还较薄弱；区域自主创新能力不强，具有自主知识产权的核心技术不多；企业运用知识产权参与市场竞争的能力很弱；管理体系不能适应形势的发展；专利行政保护的力度和手段不足；知识产权人才十分缺乏等。二是明确了从知识产权大省向知识产权强省跨越的奋斗目标以及相应的对策和措施。推进措施包括：实施知识产权战略；建设“国家知识产权强省示范区”；构建全省知识产权服务体系；加强和完善知识产权管理、协调体制；大力推进知识产权保护；加强知识产权人才培养；引导企事业单位强化知识产权工作；加大知识产权事业的投入；营造良好社会氛围，全面提高全民知识产权意识；争取以省委、省政府名义制定《关于加快建设知识产权强省的决定》。三是极大地推动各项业务工作的顺利开展。在解放思想学习讨论活动的有力推动下，我局各项工作任务进展顺利，专利申请量和授权量保持良好的发展态势。

根据中央和省委关于深入学习实践科学发展观活动的总体部署和要求，广东省知识产权局深入学习实践科学发展观活动从2008年10月13日开始至2009年3月2日顺利结束。整个学习实践活动，局党组高度重视，精心组织，周密部署，扎实推进，较好地完成了学习实践活动学习调研、分析检查、整改落实三个阶段的各项规定动作，同时，结合我局工作实际，创造性地开展了自选动作。通过开展学习实践活动，进一步解放了思想、更新了观念，找准了问题、看到了差距，理清了思路、明确了目标，振奋了精神、激发了干劲，促进了全局各项工作的开展，达到了预期目的。

一、主要做法和特点

（一）加强组织领导，做好思想发动

一是坚持加强组织领导。局及时成立了学习实践活动领导小组及办公室，明确各处室、各单位“一把手”既是组织者，更是第一责任人，落实责任制，确保学习实践活动有组织的进行。二是坚持按照规定的三个阶段工作部署，有计划分步骤组织实施。制定了各个阶段的工作实施计划和时间安排表，保证各阶段重点突出、扎实进行，各阶段之间环环相扣、压茬推进。三是做好思想发动。在每个阶段开始和结束，我局都召开了动员和总结大会，进行充分的思想动员和讲评，做到思想统一，行动一致。

（二）领导干部带头，发挥表率作用

一是带头学习。局领导班子把开展学习作为搞好活动的一项重要工作任务，先后组织了两次中心组理论学习，并认真开好以“学习和实践科学发展观，争当实践科学发展观排头兵”为主题的专题民主生活会。各党支部也先后组织召开支部生活会和以转变作风为主题的组织生活会，支部书记带头发言，带头查找问题。二是带头宣讲。局领导结合自己挂点联系的地市知识产权局和分管的处室（单位），带头作战略纲要宣讲等专题辅导报告，用科学发展观为指导解决实际问题。三是带头征求意见。局领导一方面积极参与局里召开的座谈会征求意见，另一方面带头在基层调查研究时，采取个别谈话、召开座谈会等形式广泛征求意见。四是带头领题调研。在学习实践活动第一阶段，我们确定了8个调研课题，由局领导带领相关人员，分赴知识产权工作做得比较好（或有特色）的兄弟省市学习考察，并多次深入基层知识产权管理部门、企业和专利代理机构等开展调研。机关各处室及局属各单位的领导也纷纷结合工作实际，拟定调研课题，开展了专题调查研究。陶局长作为民主党派，全程参与了学习实践活动，并带头学习、带头调研、带头查找问题，还亲自阅改检查分析报告和整改落实方案。

（三）加强理论武装，注重正面教育

在整个学习实践活动过程中，我局始终把理论学习放在重要位置，在学习内容上，做到了“三必学”。即：胡锦涛总书记、省委汪洋书记讲话精神必须学，中央、省委有关文件精神必须学，《毛泽东、邓小平、江泽民论科学发展》等重要文献必须学；在方法上，认真做到了“五个一天”，即：读一天，大家根据实际需要，相对集中时间，选择有针对性的内容进行自学、精读；听一天，我们邀请省委党校韩锐教授到我局做专题辅导报告；访一天，局领导先后到各自的联系点，深入到21个地级以上市知识产权局进行走访，听取各地知识产权管理部门对我省知识产权工作科学发展的意见和建议；讲一天，局领导与各负责同志一起分别到各自的分管单位和联系点作专题辅导报告，既宣讲国家和省知识产权战略纲要，又宣讲学习实践科学发展观活动相关内容，在教育别人的同时提高了自己；谈一天，各支部组织召开了座谈会，组织大家谈认识体会，谈意见建议，谈对科学发展观的理解。

（四）坚持走群众路线，注重开门纳谏

为把影响和制约我省知识产权科学发展的问题找准摸透，我局广泛发动群众参与，多途径征求意见，力求在“广”字上做文章。一是向省人大、省政协、各民主党派、省知识产权办公会议成员单位及基层知识产权管理部门、部分企业、大学科研机构、专利代理机构发征求意见函58份，回收51份，回收率87.9%，征求社会各界、服务对象对我省知识产权工作和我局作风建设的意见和建议；二是进行个别谈话，先后与局机关及局属单位20余名干部职工进行个别谈话，征求干部职工对局领导班子在党性党风党纪方面的意见和建议；三是组织召开专题座谈会6场，认真听取大家的意见和建议。共征集到意见和建议121条，经归类整理，主要包括二大类共13方面的问题，即制约全省知识产权事业健康发展的6方面的问题，以及我局在贯彻落实科学发展观和自身建设方面存在的7方面的主要问题。同时，认真开展机关作风“三评议”活动，在省委实践办组织开展的“两代表一委员”评机关活动中，对我局满意度为98.13%。全系统干部职工对我局开展学习实践活动满意度测评为98.8%。

（五）突出实践特色，创新活动载体

我局紧紧围绕工作实际，着力在突出实践特色上下工夫，认真组织开展“四个一次”活动。马宪民书记到国家知识产权局专利局广州代办处开展“四个一次”中的“办一次事”主题实践活动，进行换岗体验，在办事中“听一次意见”，认真听取了服务对象的意见，以实际行动践行科学发展观。其他局领导和各党支部，深入各联系点“看一次点”，到基层开展城乡党支部互帮互助活动。在各党支部召开的座谈会上，支部书记引导大家认真“算一次账”，党员干部联系工作实际算清了认识，算清了职责，算清了效能。在此基础上，我局大胆创新自选动作，在全省开展“改革开放30年广东知识产权十大成就”评选活动，组织召开“广东知识产权界纪念改革开放30周年座谈会，”在总结评选过程中进一步摸清全省知识产权工作的实际情况，为制定我局贯彻落实科学发展观整改落实方案奠定了坚实的基础。

（六）坚持边查边改，解决突出问题

在边整边改过程中，我们充分考虑了问题的轻重缓急和难易程度，对于具备条件的，马上进行解决；对通过努力能够解决的，提出了明确的解决期限；对涉及多部门和单位的问题，积极探索了联动解决问题的有效方式。如：在调研过程中，大家反映的个别处室之间工作任务交叉重叠，容易造成重复劳动的问题。对此，局决定原由协调处负责的专利统计工作移交给代办处，这是进一步整合力量、发挥最大工作效能、落实整改方案的重要举措。针对机关文化活动相对较少的问题，机关工会迅速研究制定今年机关工会活动实施方案，全力抓落实。又比如，针对2008年全省专利申请增幅大幅下滑的情况，局专门召开会议进行分析研究，提出扭转这一被动局面的措施。等等。

（七）强化舆论宣传，推动活动开展

充分利用现有条件，认真做好经常性的思想宣传发动工作，编发学习实践科学发展观活动简报15期，在局网站开通学习实践活动专栏，刊登中央和省委领导有关科学发展观的讲话及各阶段活动实施方案，通报学习实践活动相关情况，使广大干部职工及时了解和掌握省委、指导检查组及局党组对搞好学习实践活动的指示精神和进展情况，对增强广大干部职工的参与性、自觉性起到了积极的推动作用。

（八）注重统筹兼顾，做到“两手抓”“两不误”

深入学习实践科学发展观，目的在于以科学发展观为指导，推动当前知识产权工作。学习实践活动时期正值岁末年初，工作十分繁忙，我们注重统筹兼顾，坚持“两手抓”，做到“两不误”，一手抓业务工作的圆满完成，一手抓学习实践科学发展观活动，采取了一系列更加直接、更加有力的措施，全力推进知识产权制度建设，确保知识产权工作继续保持了平稳较快发展的态势，真正达到了“干部受教育、发展上水平、群众得实惠”的目标。

二、主要成效

在省委的正确领导和省委第五指导检查组的精心指导下，在全局广大党员干部的共同努力下，学习实践活动取得了初步成果，具体体现在以下四个方面：

（一）形成了贯彻落实科学发展观的重要共识

1. 在进一步增强贯彻落实科学发展观的自觉性和坚定性上达成共识。通过学习实践活动，全局干部职工深刻地认识到，科学发展观是马克思主义中国化的最新理论成果，是同马克思主义、毛泽东思想、邓小平理论和“三个代表”重要思想既一脉相承又与时俱进的科学理论，是我国经济社会发展的重要指导方针，是发展中国特色社会主义必须坚持和贯彻的重大战略思想。进一步加深对科学发展观的理解，深刻领会科学发展观的本质、内涵和基本要求，并付诸平时日常工作，具有重大意义。因此，我们要进一步增强学习贯彻落实科学发展观的自觉性和坚定性，具体要做到：坚定发展信心不动摇，咬住发展目标不偏移，狠抓重点工作不放松，以思想的大解放促进事业的大发展，努力开创我省知识产权事业又好又快发展的新局面。

2. 在牢固树立促进知识产权事业科学发展的理念上达成共识。通过开展学习实践活动，进一步牢固树立科学发展理念，坚持以人为本、改革创新、积极进取，努力克服在我局目前还某种程度上存在的“不敢想、不敢为”的思想，“小单位、小作为”的思想，“求稳定、勿冒进”的思想，在知识产权工作中真正实现省委、省政府提出的“八个必须、八个解放出来”。重点从以下三方面寻找工作切入点：一是利用世界眼光和开放思维，以发达国家和地区的水平为标杆，积极谋划未来发展和确立战略目标；二是树立大局观念和贡献意识，以广东经济社会发展需求为导向，科学规划总体布局和确定重点方向；三是坚持实事求是和科学精神，以破解难题中的重点项目为抓手，及时提出政策要求和制定推进措施。

3. 在加快推进知识产权大省向知识产权强省的跨越是贯彻落实科学发展观的首要任务上达成共识。科学发展观的第一要义是发展。近年来，我省知识产权取得了可喜的发展成效，但与经济社会发展的需求相比，我们仍然只是专利申请总量占比重比较大的省份，而并不是真正意义上的知识产权强省，大而不强、发展不充分依然是最主要的矛盾。为此，必须把进一步加快发展、做大做强知识产权作为我局贯彻落实科学发展观的首要任务，坚持在“三个着力”上下工夫：一是着力提高知识产权质量水平。经过多年的高速发展，我省的专利申请也随着经济的转型而进入战略转型期。要调整主攻方向，从以往比较重视专利数量向数量质量并重转变，把主要精力放在提高质量、优化结构上来。特别是2007年以来，我省专利申请增幅大幅度下滑，已引起省委、省政府主要领导的高度关注，我们要加强调查研究，摸清情况，制定相应对策，尽快扭转这一被动局面。要根据产业发展需求，组织申请一批产业核心技术专利，构建重点产业专利池，形成产学研知识产权联盟。二是着力推进知识产权有效运用。知识产权制度是规制知识资源开发和利用的基本制度。要依法有效运用知识产权制度，充分挖掘创新和发明成果的市场潜力，努力实现产业自主和市场自主，把握生产、经营、发展的主动权。要选择若干重点产业和关键领域开展知识产权态势分析、预警分析，编制产业技术专利地图。三是着力优化知识产权政策环境。国家和广东省知识产权战略纲要的实施，还需要通过制定知识产权政策法规，营造实施知识产权战略和发展知识产权经济的良好生态环境。要加大知识产权保护力度，引导企业和全社会尊重和保护知识产权。

（二）取得了一批推进知识产权科学发展的调研成果

为解决好影响和制约知识产权科学发展的突出问题，学习实践活动期间，我局紧紧围绕影响全省知识产权发展的热点和难点问题，结合在全省广泛开展宣讲国家和广东省知识产权战略纲要活动，先后组织5个调研组，由局领导带队深入21个地级以上市进行调研。同时，带着8个专题，分赴北京、上海、江苏、江西、山东等知识产权工作做得比较好或者有特色的省市（区）学习考察。形成了《广东知识产权工作回顾及面临的新形势、新对策》、《关于知识产权制约彩电出口的调研报告》、《平板显示产业专利态势分析报告》和《广东专利奖励的实践和思考》等16篇调研报告；启动了《LED技术专利态势分析》、《知识产权涉外应对》和《泛珠三角区域有效专利存量调查及分析》等专题调研前期相关工作。这些调研成果，对指导我省知识产权科学发展必将发挥积极作用。

（三）建立健全了推进知识产权科学发展的体制机制

1. 推动省部知识产权高层次战略合作。为进一步发挥知识产权对我省经济社会发展的促进作用，我局围绕我省自主创新能力提高和产业结构优化升级的需要，立足全省知识产权工作实际和未来发展，积极促成国家知识产权局和广东省人民政府建立知识产权高层次战略合作关系。在科学发展观的指导下，2008年12月29日，国家知识产权局与省政府《关于建立知识产权高层次战略合作关系的议定书》签署仪式在广州开发区科学城隆重举行，标志着省部知识产权高层次战略合作关系正式确立，这为解决当前我省在知识产权体制、人才、信息等方面的实际问题，逐步解决未来事业发展的深层次问题，共同推进知识产权战略实施提供了有力支撑，也是深入学习实践科学发展观的重大成果。

2. 开展与国家知识产权局专利复审委的合作共建。为进一步扩大专利无效案件审理的影响，优化广东专利无效案件审理的环境和条件，我局与国家知识产权局专利复审委开展了合作共建工作，并将其作为省部会商制度的重要内容之一。共建的主要内容包括设立复审委第一巡回庭、安装“庭审多媒体记录系统”、对无效案件审理和专利行政保护等问题进行探讨和研究、互派业务骨干到对方机关处室进行学习和交流；建立信息沟通渠道，共同构建信息交流平台等五方面。2008 年 10 月 29 日，合作共建协议的签署仪式和国家知识产权局专利复审委员会第一巡回审理庭的揭牌仪式同时举行，这对进一步强化我省知识产权保护、拓展广东知识产权工作新一轮的发展空间具有重要意义。

3. 建立省局领导联系指导地市工作制度。根据省委、省政府提出的“三促进一保持”工作任务、推动全省区域协调发展的部署，针对当前我省区域发展差异明显，各地市知识产权事业发展不平衡的情况，我局探索建立了省局领导联系指导地市工作制度。在学习实践活动期间，结合知识产权战略纲要宣讲活动和区域发展计划，认真落实局领导联系指导地市工作制度，取得了明显成效，推动了各地市知识产权综合能力的提高，促进了全省知识产权事业的协调发展，增强了服务经济社会发展的能力。

（四）进一步推动全省知识产权工作又好又快发展

1. 全方位宣讲国家和我省《知识产权战略纲要》。学习实践活动第一阶段，我局先后组织 5 个宣讲团，由局领导带队赴全省 21 个地级以上市，采取召开当地党委中心组理论学习（扩大）会的形式，对国家和我省知识产权战略纲要进行宣讲，基层群众和服务对象反映热烈，效果比较明显，进一步提高全社会“尊重知识，保护知识产权”意识。

2. 积极开展知识产权保护。在学习实践活动期间，组织广州、佛山、汕头等 9 市知识产权局 50 多名执法人员分批次进驻第 104 届广交会，开展知识产权保护工作，得到广大参展商的充分肯定。据统计，这届广交会共受理知识产权投诉案件 645 宗，被投诉企业 911 家，认定涉嫌侵权企业 495 家。其中，专利投诉案件 473 宗，占投诉总量的 73.3%，被投诉企业 684 家，认定涉嫌侵权企业 336 家。2008 年，全省各级知识产权局共立案受理各类专利纠纷案件 199 件，结案 198 件；立案查处假冒、冒充专利案件共 41 件，结案 46 件；出动执法人员 1634 人次，检查商业场所 263 次，检查商品 67668 件，涉案金额 140.5 万元。

3. 开展知识产权优势、示范企业和战略试点企业认定工作。经过严格的认定程序，我们新认定了 50 家省知识产权优势企业、10 家省知识产权示范企业。到 2008 年底已累计认定知识产权优势企业 253 家，知识产权示范企业 30 家。同时，依据《广东省企业知识产权战略试点工作方案（试行）》，认定 10 家企业为我省首批“知识产权战略试点企业”。2008 年，全省企业专利申请量达 47954 件，占全省专利申请总量的 46.16%，其中发明专利申请量为 21282 件，占全省发明专利申请总量的 75.74%。同期，全省企业专利授权量达 25697 件，占全省专利授权总量的 41.43%，其中发明专利授权量为 5800 件，占全省发明专利授权总量的 76.40%。经过不懈的努力，企业自主创新主体地位突现。

4. 保持了专利申请量的正常增幅。在深入学习实践科学发展观活动的强力推动下，通过不断创新工作思路，克服了因美国信贷危机引发的全球金融风暴，导致我省部分企业发展艰难等复杂多变国内外环境的不利影响，有力推动了全省知识产权事业健康发展。2008 年，我省专利申请量为 103883 件，其中发明专利 28099 件，同比增长 5.27%；专利授权量 62031 件，同比增长 9.88%；其中发明专利授权量 7604 件，同比增长 104.74%，跃居全国第一位。

（供稿人：庄华坤）

综　述

协调机制

职能部门工作概述

协调机制

广东省人民政府知识产权办公会议

一、机构简介

广东省人民政府知识产权办公会议制度是根据国发〔1994〕38号文和粤府〔1994〕103号文件成立的议事机构，主要目的是加强知识产权的宏观管理和统筹协调。2000年省政府机构改革之后，广东省人民政府知识产权办公会议办公室的职能划入广东省知识产权局。2002年11月，经省府办公厅批准，召开省政府机构改革以后的首次知识产权办公会议，重新调整组成单位，明确办公会议的职责和组成单位的职能。2006年，经办公会议主持人同意，新增成员单位4个。目前，广东省人民政府知识产权办公会议由省发改委、省经贸委、省教育厅等22家组成单位以及省委宣传部、省人大科教文卫委员会等4家特邀单位组成。

二、主要职责

1. 组织、协调、指导全省知识产权工作。

2. 贯彻执行国家有关知识产权的法律法规和方针政策；研究制定广东省有关知识产权的法规、重大政策、措施和规划，并组织实施。

3. 协调解决广东省经济、科技和文化发展中有关知识产权的重大问题，并提出政策性意见和建议。

4. 组织知识产权联合执法行动。

5. 组织大型知识产权宣传活动，普及和提高社会各界知识产权意识。

6. 建立各组成单位信息交换、情况通报制度，定期发布广东省知识产权保护状况。

三、组织架构

2008年，广东省人民政府知识产权办公会议领导和组成人员名单如下：

主持人：

广东省人民政府副省长　宋　海

副主持人：

广东省人民政府副秘书长　江海燕

办公室主任：

广东省知识产权局局长　陶凯元

办公室副主任：

广东省知识产权局副局长　朱万昌

组成单位及人员：

广东省发展改革委员会副主任　张　军
广东省经济贸易委员会副主任　蔡　勇
广东省教育厅副厅长　罗远芳
广东省科学技术厅副巡视员　廖兆龙
广东省公安厅副厅长　何广平
广东省司法厅副厅长　黄　武
广东省财政厅党组副书记、副厅长　曾志权
广东省信息产业厅副厅长　彭　平
广东省农业厅党组成员　蔡树淦
广东省对外贸易经济合作厅副厅长　黄永智
广东省文化厅副巡视员　王业群
广东省人民政府国有资产监督管理委员会副主任，党委委员　刘文通
广东省广播电影电视局副局长　刘红兵
广东省统计局副局长　彭启鹏
广东省工商行政管理局副局长　姜海平

广东省新闻出版局（广东省版权局）副局长 钱永红

广东省林业局副局长 陈俊勤

广东省质量技术监督管理局副局长 任小铁

广东省食品药品监督管理局副局长 陈德伟

广东省知识产权局副局长 朱万昌

广东省人民政府法制办公室副主任 梁树声

广东省人民政府外事办公室副主任 李 坚

特邀单位：

中共广东省委宣传部副部长 顾作义

广东省人大常委会委员、教科文卫委员会副主任委员 杨文轩

海关总署广东分署党组副书记、副主任 王克光

广东省高级人民法院副院长 凌祁漫

四、2008年工作情况

2008年，广东省人民政府知识产权办公会议认真履行职能，在整合部门资源、促进知识产权宏观管理、政策制定、对外合作、执法保护、宣传教育等方面开展了大量富有成效的工作。各成员单位根据职责要求，既加强本部门分管领域知识产权管理，又密切配合、共同开展全省知识产权工作，使知识产权工作在广东省经济社会发展中的地位和作用得到了进一步的提升。

（一）召开2007年广东省知识产权保护状况新闻发布会

4月24日，广东省人民政府新闻办公室召开“2007年广东省知识产权保护状况新闻发布会”，省人民政府知识产权办公会议办公室主任、省知识产权局局长陶凯元发布2007年广东省知识产权保护状况。发布会从知识产权行政执法、边境保护、刑事保护、司法保护和知识产权战略制定、区域交流合作、社会公众意识培养等方面，详细地介绍了广东省2007年度的知识产权发展与保护的状况。省公安厅、省文化厅、省工商局、省版权局、省质监局、海关广东分署、省法院等部门的领导出席发布会并就知识产权保护相关问题回答了中外记者及各国驻穗领馆官员的提问。发布会由省政府新闻办公室副主任莫高义主持。

省政府知识产权办公会议成员单位代表、各国驻广州领事馆代表、境外及港澳驻穗新闻媒体代表、中央驻粤和广东各新闻单位代表参加了发布会。中央驻粤媒体、广东省内各媒体如广东电视台、广州电视台、《南方日报》、《广州日报》、《羊城晚报》等都纷纷报道了发布会的内容，增进了社会公众和各国领馆对广东省知识产权保护状况的了解。

（二）召开广东省知识产权十个典型案例发布会

4月23日，省人民政府知识产权办公会议办公室召开新闻发布会，发布广东省2008年10个知识产权典型案件。这10个案例来源于广东省法院、公安、海关和专利、商标、版权等知识产权行政管理部门，具有涉案金额高、涉及类型广、涉外案件多、社会影响大等特点，包括特大跨境制售盗版软件光盘案、外籍人士假冒注册商标案、侵犯“水烟筒”实用新型专利权案、假冒“LV”国际品牌案、携带侵犯奥林匹克专有权“福娃”模具入境案、网络销售侵权盗版软件案、仿冒知名商品特有包装不正当竞争案、侵犯《丝路驼铃》著作权案、假冒“金霸王”（DURACELL）干电池案、一种镀金属抛釉陶瓷制品及其制作工艺发明专利侵权纠纷案10个典型案件。广东省内各媒体如《南方日报》、新华网、南方新闻网等均报道了公布的案例，使其成为公众关注的热点话题，增强了保护知识产权的社会氛围。

（三）组织召开全省知识产权工作会议暨广东省重奖中国专利奖获奖单位奖励大会

7月14日，省政府在广州召开全省知识产权工作会议暨广东省重奖中国专利奖获奖单位奖励大会，学习贯彻国家知识产权战略纲要，总结广东省知识产权工作经验，研究部署广东省知识产权战略纲要的实施工作，并对广东省获得第十届中国专利奖的单位进行表彰，省委

副书记、省长黄华华，国家知识产权局局长田力普出席会议并作重要讲话，省人大常委会副主任王宁生，省政协副主席温兰子出席会议，副省长宋海主持会议。各地级以上市分管知识产权工作的副市长，市专利、商标、版权管理部门主要负责人，省政府知识产权办公会议成员及联络员，知识产权战略实施有关单位负责人参加会议。

田力普局长对广东省知识产权事业发展取得的成绩给予了充分的肯定，他希望广东认真组织实施《国家知识产权战略纲要》，始终坚持知识产权工作为经济社会发展服务，努力将广东建设成为知识产权强省。黄华华省长深入分析了当前知识产权国内外发展形势，明确要求全省各级党委、政府及各部门要从推动广东省经济社会又好又快发展的战略高度，以全球视野深刻认识做好知识产权工作的极端重要性，科学谋划，重点突破，实现广东省从知识产权大省向知识产权强省的新跨越。

（四）加强知识产权国际交流合作工作

2008年，省人民政府知识产权办公会议加强知识产权国家交流合作工作。一是组织大型国际研讨活动，7月与美国专利商标局合作举办“珠江知识产权及创新论坛2008”，中美两国专家就知识产权与创新议题进行深入研讨，9月与国家知识产权局、欧洲专利局、欧共体商标局联合主办“欧洲知识产权制度—外观设计与专利国际研讨会”，邀请专家讲解中、欧知识产权制度。二是协调相关部门开展对外知识产权工作，7月协调有关知识产权部门与美国商务部、美国专利商标局、美国联邦上诉法院、美国驻华大使馆等部门代表组成的美国知识产权代表团召开了中美（广东）知识产权保护与合作圆桌会议，研讨知识产权保护工作。三是接待美国、英国、日本、荷兰、韩国、比利时、德国、意大利、澳大利亚9个国家政府及民间20个知识产权代表团66人次来访，组织有关人员赴国外开展国际交流与合作工作，增进了广东省与国外知识产权有关机构的合作交流，有效地拓展广东省知识产权事业发展的国际空间。

（供稿人：张璟）

广东省保护知识产权工作组

一、机构简介

广东省保护知识产权工作组办公室设在广东省整顿和规范市场经济秩序领导小组办公室，承担广东省保护知识产权工作组日常工作。广东省整顿和规范市场经济秩序领导小组办公室主任、广东省经济贸易委员会党组成员、巡视员戚真理兼办公室主任。

二、主要职责

（一）负责研究全省保护知识产权工作方针，提出政策建议，确定工作重点，组织协调全省保护知识产权专项整治行动。

（二）指导地方保护知识产权工作，组织建设全省保护知识产权举报投诉服务网络，督办侵犯知识产权重大案件。

（三）建立与外商投资企业沟通协调机制，定期组织召开会议。

（四）组织开展全省保护知识产权宣传活动，提高全民的保护知识产权意识。

（五）组织保护知识产权培训教育等工作，开展省际交流与合作。

（六）负责广东省保护知识产权网站的管理维护，向社会公众及权利人提供信息和咨询服务。

三、2008年工作情况

（一）开展保护知识产权宣传周活动

成立2008年广东省“保护知识产权宣传周”活动组委会，制定《2028年广东省“保护知识产权宣传周”活动方案》，举办“保护知识产权宣传周”开幕式暨创新维权论坛，公布了广东省2007年保护知识产权十大事件，省政府副秘书长江海燕出席开幕式并作重要讲话。“保护知识产权宣传周”活动达到了预期效果。

（二）积极做好保护知识产权对外交流合作工作

成功承办了中国—欧盟知识产权合作项目广州研讨会，接待中国欧盟商会中小企业知识产权中国服务处官员的来访，认真落实有关合作事项，加强国际交流合作。

（三）办好第五届中博会保护知识产权服务处

2008年9月22—25日，联合省公安厅、工商局、质监局、版权局、知识产权局和合邦律师事务所6单位在第五届中博会上设立保护知识产权服务处。为中小企业发展服务，发挥知识产权在保护营造公平市场环境的主要作用，进一步提高知识产权保护促进中小企业发展的意识，树立我省良好的国际形象。

（供稿人：柯哲）

粤港保护知识产权合作专责小组

2003年8月，在第六次粤港合作联席会议上，粤港知识产权合作被列为正式议题，粤港知识产权合作进入了崭新的历史发展时期。会后，两地政府迅速成立“粤港保护知识产权合作专责小组”（以下简称“专责小组”）。

粤方专责小组由广东省知识产权局牵头，成员单位包括广东省工商局、广东省版权局、广东省外经贸厅、广东省公安厅和海关总署广东分署。港方专责小组由香港知识产权署牵头，成员单位包括香港商务及经济发展局（原工商科技局）、香港海关。

“专责小组”成立后，在香港召开了第一次会议，确定了定期会议制度，决定每年定期在两地轮流召开专责小组会议，确定了共同推进具体项目的合作模式。第一次会议后，粤港知识产权合作全面展开并不断推进。截至2008年底，专责小组召开了七次会议，每次会议都部署开展十余个知识产权合作项目，有力地推动了粤港知识产权合作，促进CEPA的实施与粤港两地经济贸易发展。

专责小组每年都积极参与粤港合作联席会议的筹备工作，向历次联席会议提交知识产权合作议题及项目。2008年，在第十一次粤港合作联席会议上，广东省政府副省长万庆良对粤港知识产权合作给予了充分肯定。关于2008年专责小组具体工作情况，详见本年鉴下文《2008年粤港知识产权协议》。

（供稿人：李伟）

泛珠三角区域知识产权合作机制

为了贯彻落实中共中央政治局委员、国务院副总理、广东省委原书记张德江关于开展泛珠三角区域知识产权合作的指示精神，2004年，首届泛珠三角区域知识产权合作联席会议在广州召开，全国第一个集专利、商标、版权为一体的区域合作体系形成。2005年，香港、澳门特别行政区加入泛珠合作，“9＋2”区域知识产权合作平台正式建立。为确保泛珠三角区域知识产权合作工作的有效开展，各方建立以下三个合作机制。

一、泛珠三角区域知识产权合作联席会议制度

联席会议成员由泛珠三角各省（区）及特区知识产权协调机构及相关专利、商标、版权管理部门负责人组成。会议每年举行一次，研究决定合作重大事宜，必要时可召开临时联席会议。会议由协议各方轮流召集和主持，每届

会议确定下届会议的主办方、时间和地点。会议设会议主席，由当年主持会议的省（区）及特区知识产权负责人担任。

二、泛珠三角区域知识产权合作联络员制度

泛珠三角各省（区）及特区确定一名联络员，负责联络、沟通和协调工作。联络员应加强跟踪、落实和情况反馈，畅通各成员单位信息交流渠道，提高工作效率，确保各项合作项目的顺利完成。

三、珠三角区域知识产权合作专题工作小组制度

根据每年联席会议确定的合作项目，成立相应的专题工作小组，开展具体的专项合作工作。专题工作小组成员由协议各方指定，对具体合作项目及相关事宜制定合作计划，提出工作措施，落实合作事项，并定期向联席会议报告合作项目落实情况。

关于2009年本合作机制工作情况，请参见《2008年泛珠三角区域产权合作》。

（供稿人：张璟）

职能部门工作概述

广东省人民政府知识产权办公会议成员单位

广东省经济贸易委员会

2008 年，广东省经贸委全面贯彻落实科学发展观，以技术进步为动力，以名牌培育为手段，着力催生自主知识产权，在自主知识产权的创造、运用和保护等方面取得了新进展，有力地促进了创新型广东的建设。

一、加强技术创新，促进自主知识产权创造

（一）强化政策导向

一是针对当前我省产业技术创新方面存在的技术创新层次较低、技术创新投入不足、技术创新平台不健全、技术创新环境有待改善、自主知识产权和发明专利缺乏等问题，制定出台了《2008 年产业技术创新能力建设工作意见》，以推动产业结构调整和优化升级为主线，以突破产业发展的共性关键技术为核心，以完善产业技术创新体系为重点，以自主知识产权创造和运用为目标，为我省从资源依赖型向创新驱动型的战略转变提供有力的技术支持和保障。二是为了进一步增强企业自主创新能力，加快建立以企业为主体、市场为导向、产学研相结合的技术创新体系，规范和加强省级企业技术中心的认定管理工作，根据《国家认定企业技术中心管理办法》，我委联合省财政厅、省国税局、省地税局和海关总署广东分署修订印发了《广东省省级企业技术中心管理办法》和评价指标体系，更加突出了自主知识产权创造、发明专利拥有量的地位，把企业拥有的全部有效发明专利数和版权登记数、最近三年主持和参加制定的国际、国家、行业标准数、获国家和省自然科学、技术发明、科技进步奖项目数、当年完成的新产品新技术新工艺开发项目数、技术中心拥有的高级专机及博士人数、企业研究与试验发展人员占职工人数的比重等列入评价考核指标，去年新增了 36 家省级企业技术中心，推荐 7 家国家级企业技术中心，国家级和省级企业技术中心总数分别达到 36 家和 219 家。

（二）加强财政资金导向支持，引导企业成为技术创新投入和知识产权创造的主体

结合省市共建先进制造业基地，围绕重点产业关键领域开展项目招标工作，共投入财政资金 5780 万元在中高档数控机床及系统、先进装备精密制造技术、信息处理与传输产业化关键技术、新型电器及关键零部件产业化关键技术、高性能化工材料产业化关键技术和中药现代化制备关键技术等六个领域进行公开招标，志高空调、TCL 集团等公司的项目中标。围绕新材料开发与应用、装备制造业、消费类电子产品升级关键技术、家电关键技术、电子关键元器件及材料技术、农产品深加工、生产性服务业技术创新等专题共安排 8850 万元支持了 184 个技术创新项目。这些项目的顺利实施，将有效推动自主知识产权产品诞生。

二、实施名牌带动战略，催生自主知识产权

（一）着力开展自主品牌培育

修订印发了《广东省名牌带动战略实施方案（修订版）》，着力引导企业把提高自主创新能力、增强企业核心竞争力、加强知识产权管理和保护作为创名牌的重要基础工作，不断提高核心技术的原始创新、集成创新和引进消化吸收再创新能力，开发具有自主知识产权的新技术、新产品。以《广东省工业类名牌产品培育指导目录》为重点，着重支持超大规模、出口创汇型、有自主知识产权和技术含量较高、有传统特色和优势的四类企业开展自主创新，以自主品牌为抓手，加快新产品研发，提高产品附加值，形成一批拥有自主品牌、自主核心技术和自主知识产权的知名企业，提升企业竞争力。广州市结合省市共建广州先进装备制造业基地，积极推动广州数控设备有限公司、广州擎天实业有限公司、广州中船龙穴造船有限公司等装备制造业企业加大自主品牌培育力度。深圳市经过近年来的努力，自主品牌发展迅猛，截止 2008 年底，拥有有效注册商标 8 万多件，自主品牌产品 7 万多种，形成了年销售额超 100 亿元的自主品牌 7 个，年销售额超 50 亿元的自主品牌 10 个，超 10 亿元的自主品牌 30 多个。

（二）积极发展拳头品牌

制定《千百亿名牌培育工程实施方案》，对列入培育名单的华为技术有限公司、中兴通讯股份有限公司、美的集团有限公司、珠海格力电器股份有限公司等企业，优先支持企业技术中心建设和安排技术创新项目，协调相关部门优先支持承担国家各类重大科技计划和产业化项目，优先列入技术标准战略试点，优先支持开展知识产权工作，优先将产品作为政府采购商品，优先支持产品出口，在 3－5 年内发展具有自主知识产权、自主核心技术、自主品牌的销售收入过百亿超千亿的拳头产品和龙头企业。

（三）推动创建区域品牌

按照《关于创建区域品牌的指导意见》，加强指导产业集群中以集体商标、地理标志产品保护、大企业龙头品牌为抓手开展区域品牌建设，做好集体商标的申请注册、规范使用和保护，主动发掘具有明显地域特征的广东本土“名、特、优、强”产品，鼓励申请地理标志产品保护，发展龙头企业知名品牌等。目前，已有 18 个产业集群升级示范区注册了集体商标；新增地理标志证明商标 4 件，总数达到 13 件；41 个产品获得地理标志保护，形成了如佛山陶瓷、顺德家电、潮州陶瓷、阳江刀剪、古镇灯饰等独具特色的区域品牌。深圳市安排品牌发展专项资金 600 万元，用于深圳女装区域品牌、深圳珠宝区域品牌启动仪式，自主品牌的宣传和推广；深圳珠宝、深圳服装区域品牌的 LOGO 设计、IC 系统设计、国内外注册、维护和宣传推广等工作进入正式实施推广阶段。茂名市着力发挥茂名石化龙头品牌的辐射和带动作用，引导中小企业聚集在茂名石化大工业周边，延伸完善产业链条，打造茂名石化区域品牌。

截止 2008 年底，我省共有中国世界名牌产品、中国名牌产品、中国驰名商标分别为 4 个、299 个、138 件，分别占全国总数的 40%、15.3%和 11.2%；拥有广东省名牌产品 1512 个（其中工业类 1104 个，农业类 408 个），广东省著名商标 1611 件。

三、着力加强知识产权保护

（一）着力推进知识产权合作

闽粤两省沿海城市保护知识产权工作第五次联席会议成功召开。确立了推进区域知识产权行政执法协作，知识产权信息应用协作、知识产权人才培养协作等主题，促进了闽粤两省自主创新和经济发展。省保知中心接待了中国欧盟商会、日本贸易振兴机构等机构的访问。2008 年省经贸委承办了中欧知识产权二期合作项目（广东）研讨会，我省与欧方进行了广

泛深入的交流，各有关单位参与合作的态度积极，意向浓厚，双方对交流培训、信息共享、立法执法、项目执行、技术合作等提出了不少建设性意见。

（二）进一步完善知识产权保护网

2008年，按照国家保知办的统一部属，结合我省实际，省保知中心和深圳、汕头、湛江3个市保知中心扎实开展各项工作，充分发挥自身作用，积极拓展服务领域，为社会公众和权利人提供优质的公共服务。省保知中心进驻广交会和第五届中国国际中小企业博览会，设立现场咨询台，接受群众的咨询和投诉。加快广州、南沙、惠州、湛江国家级经济技术开发区保护知识产权举报投诉服务工作站建设，省经贸委联合省保知工作组成员单位组成督查组，深入基层进行调研，了解各地的工作进度和存在困难，实地指导保知工作站的建设。2008年，共收到公众咨询7754起，举报投诉59件；受理并转交职能部门办理38件，办结31件，办结率达81%。

（三）加大宣传报道

"4·26保护知识产权宣传周"期间，省经贸委制定了《2008年广东省"保护知识产权宣传周"活动方案》，举办了"保护知识产权宣传周"开幕式暨创新维权论坛，公布了广东省2007年保护知识产权十大事件，推动保护知识产权意识深入民心。

（供稿人：黄海丹）

广东省教育厅

2008年，广东高校知识产权工作取得了较大的发展和可喜的成绩，高校专利申请量继续快速增长，不少专利在实施中取得显著的效益，高校知识产权工作机构和制度建设进一步健全完善，知识产权研究及宣传培训工作深入开展，知识产权保护工作得到进一步加强。

一、专利申请量、授权量继续不断增长

在近年专利申请和授权量连续快速增长基础上，2008年我省高校专利申请量和授权量继续保持了较好的增长。据2008年的统计，全省高校专利申请总量达到2322件，同比增长45.6%，其中发明专利1663件，同比增长32.6%，发明专利占申请总量的72%；实用新型申请473件，外观设计申请186件。专利授权总量达到984件，同比增长29.6%，其中发明专利授权564件，同比增长43.3%，实用新型授权416件。

华南理工大学连续5年发明专利申请量和授权量荣获广东高校第一。华南理工大学2008年专利申请量625件，在全国高校中排第十一；发明专利申请量473件，发明专利量申请在全国高校中排第九；2008年专利授权量336件，发明专利授权量187件。

2008年广东省专利申请量居前十位的高校有（仅以第一申请人计）：华南理工大学（625件）、中山大学（352件）、中山职业技术学院（172）、华南农业大学（145件）、广东工业大学（113件）、深圳职业技术学院（104件）、华南师范大学（103件）、广东海洋大学（80件）、暨南大学（79件）、深圳大学（64件）。

2008年广东省发明专利申请量居前十位的高校有（仅以第一申请人计）：华南理工大学（473件）、中山大学（322件）、华南农业大学（134件）、华南师范大学（82件）、暨南大学（76件）、广东工业大学（73件）、广东海洋大学（73件）、清华大学深圳研究生院（47件）、深圳大学（47件）、深圳职业技术学院（42件）。

2008年广东省专利授权量居前十位的高校有（仅以第一完成人计）：华南理工大学（336件）、中山大学（153件）、暨南大学（61件）、广东工业大学（55件）、华南农业大学（52件）、华南师范大学（46件）、深圳职业技

术学院（36 件）、清华大学深圳研究生院（25 件）、广州大学（23 件）、深圳大学（19 件）。

2008 年广东省发明专利授权量居前十位的高校有（仅以第一完成人计）：华南理工大学（187 件）、中山大学（121 件）、暨南大学（53 件）、华南农业大学（42 件）、华南师范大学（30 件）、广东工业大学（26 件）、清华大学深圳研究生院（24 件）、广州大学（10 件）、南方医科大学（10 件）、北京大学深圳研究生院（6 件）、深圳大学（19 件）。

此外，我省高校 2008 年获批计算机软件 104 件，其中华南理工大学就获批 52 件，连续 3 年保持省内高校获批计算机软件数量首位。华南农业大学 2008 年申请植物新品种 7 项，授权 9 项，截至 2008 年 11 月，华南农业大学共获授权新品种权 14 项，成为我省高校在植物新品种创造方面的一个新亮点。

二、多项专利技术和个人获得奖励

2008 年我省高校多项专利技术获得高层次奖励。第十届中国专利优秀奖中，广东省 21 个获奖项目中，高校有 3 个，分别是华南理工大学、华南农业大学、中山大学达安基因股份有限公司，分别获 50 万元的奖励。在第六届国际发明展览会上，华南理工大学荣获 5 项金奖、3 项银奖、1 项铜奖；其中发明专利电磁式聚合物动态注射成型方法及装置获世界知识产权组织颁发的本届展览会最佳发明奖。中山大学也在第六届国际发明展览会上获得金奖 1 项、银奖 1 项，铜奖 2 项。

2008 年揭晓的“2007 年度广东省保护知识产权十大事件”评选结果，华南农业大学发明专利“印楝素混配农药制剂及其制备方法”维权案胜诉入选“十大事件”。

三、专利技术的实施和转让加速

在专利技术实施与产业化工作方面，我省高校注意充分发挥专利发明人的积极性，重视利用现有的科技成果转化平台与渠道，重视产学研合作，使专利技术产业化工作成为学校科技成果转化工作的重要组成部分，专利实施与产业化工作效益显著。仅仅 2008 年前 11 月，高校转让和实施许可专利技术 95 项，合同实到经费达到 2000 余万，有力促进了区域经济建设。

为鼓励和支持高校科技成果的产业化，从 2004 年开始，广东省教育厅启动广东高校产学研结合示范基地建设计划，以省内某个区或龙头企业为依托，以正在转化的高校科技成果为支持对象，促进产学研结合。2008 年评审并立项建设产学研结合示范（创新培养）基地 8 个，批准科技成果重大转化项目 12 个，投入建设经费 1280 万元。这批科技成果拥有自主知识产权 44 项，其中仅华南理工大学的“摩托车排气净化关键技术及产业化”项目获得了 13 项和项目产品相关的国家发明或实用型专利。

四、知识产权工作机构和制度建设进一步健全完善

2008 年，我省高校十分重视知识产权工作，将知识产权工作列入学校工作的重要日程，为进一步促进《广东省知识产权战略纲要（2007—2020 年）》和《国家知识产权战略纲要》在高校的实施，加强了领导，部分高校成立了新的知识产权机构，如华南理工大学成立“华南理工大学知识产权示范创建工作领导小组”，由校长任组长，主管科技工作的副校长以及科技处处长和主管知识产权工作的副处长任副组长。领导小组定期和不定期召开工作会议。华南农业大学 2008 年重新调整了知识产权办公室的人员构成。学校科学技术处负责知识产权的管理工作，在其中专门设立了成果知识产权科，具体负责知识产权管理的事务工作。汕头大学成立了知识产权保护协会，对提高我校知识产权宣传力度，激发师生进一步创造知识产权起到良好的促进作用。东莞理工学

院专设“知识产权促进中心”，具体负责东莞理工学院的知识产权工作。

我省高校在知识产权管理机构得到不断加强的同时，非常重视知识产权制度的建立、健全和完善工作，把知识产权相关制度建设作为科技工作的重点工作来抓。如华南理工大学修改了《华南理工大学知识产权管理办法》，进一步加强知识产权成果的实施应用以及知识产权的教育培训工作。中山大学 2008 年设立产学研结合促进基金，重点支持学校的专利技术成果转化工作。暨南大学进一步修订和完善了《暨南大学知识产权保护管理规定》与《成果专利管理办法》，形成将知识产权工作与单位科研开发、教学实践和事业发展有机结合的管理办法，使知识产权工作不断向规范化、制度化方向发展。华南师范大学 2008 年出台了《华南师范大学科技成果产业化管理办法》，明确规定了科技成果产业化（包括专利成果转化）收益的分配方法，其中 70%归成果完成人，15%归所在学院，上交学校仅占 15%。广东药学院 2008 年修订的科技管理奖励办法中，大幅度提高了科技成果奖励的金额。汕头大学重新修订《汕头大学科研发展战略规划》、《汕头大学知识产权管理办法》、《汕头大学科研经费管理办法》等导向性、鼓励性管理文件，为知识产权工作进一步营造了良好的氛围并在《汕头大学教师年薪制岗位聘任暂行办法》中，将专利申请、授权量及其转化情况作为特聘教授等一系列岗位聘任的一项重要指标。

五、开展宣传培训，加强人才培养

我省高校根据学校实际，组织开展一系列知识产权法律法规的学习宣传活动，并为广大师生员工开展多种形式的讲座与培训。通过宣传与学习，培养和提高了广大师生，包括科技人员、各级领导，特别是主要领导的知识产权意识。如华南理工大学在工科学生中进一步拓宽知识产权选修课程范围；进一步加强 3＋2 或者 4＋1 学位教育；并开展知识产权研究方向研究生教育；同时学校在新任教职工培训中设立知识产权培训内容。华南农业大学、暨南大学、华南师范大学、深圳大学、广东药学院、仲恺农业工程学院、韩山师范学院等高校利用“4∶26”世界知识产权日和广东省知识产权活动周的时机，通过印发知识产权知识小册子、举办知识产权讲座、校园广播宣传等形式帮助广大师生了解和运用知识产权知识，同时在学校主页、校报、墙报等媒体进行报道和宣传，营造了良好的重视知识产权工作的氛围。华南农业大学 2008 年组织参加了 6 场知识产权成果推广交易会，如植物新品种交易展示会（山东省）、中国专利技术成果交易会（大连）、工业设计及专利技术展览会（广东顺德）、农业高新技术成果展示交易会（陕西杨陵）、第二届中国专利周一广州市专利技术展示交易会，展示知识产权成果 200 余项，制作展板近 30 张，有效地宣传推广了学校的知识产权成果。暨南大学举办了“知识产权·和谐社会·奥运”系列的专题演讲和辩论赛。学生参与热情高涨，知识产权已形成校园内热点话题。

六、专利信息的利用能力不断加强

我省高校非常重视专利信息的开发利用，以促进学校科技创新能力的增强。华南理工大学加强了学校图书馆专利文献检索与运用专利信息系统建设，同时学校升级了科研管理系统为学校申请专利检索以及科研立项、成果申报、专利申报以及成果推广提供专利信息检索服务。东莞理工学院运营和完善“东莞知识产权网”，及时更新有关知识产权的动态信息，扩展网站信息容量，使全市企事业单位所需的各种有关知识产权的法律法规及东莞市的最新科技（专利）政策信息都能在网站第一时间获得，为东莞知识产权工作者和社会普通大众查找信息提供更方便、更及时的途径。东莞理工学院还承担了东莞市科技局（知识产权局）委托的“2008 年东莞市专利数据统计分析”项目，完成了2008年东莞各镇街专利数据的分类统计和分析简报，完善了东莞市本地特色的知识产权信息网络服务，为市局、各镇街知识产权管理机构及时做出决策、完善政策提供了基础数据服务，实现了在专利管理工作方面的科学、高效。

（供稿人：谢春艳）

广东省科学技术厅

2008年，广东省科技厅坚持解放思想，深入贯彻落实科学发展观，依托科技创新促进知识产权创造和产业化，通过加强政策引导、完善管理制度、加大成果奖励、发展科技服务业等方式，鼓励自主创新活动，增强自主创新能力，推进广东知识产权战略实施。

一、加强自主创新政策体系建设，优化促进知识产权创造、应用与保护的政策环境

2008年，广东省科技厅进一步把加强知识产权工作提升为增强自主创新的重要工作，在起草《广东自主创新规划纲要》、《广东省建设创新型广东行动纲要》和《关于深化省部产学研结合工作的若干意见》等广东省科学技术大会重要会议材料，起草广东省自主创新产品认定管理办法等有关政策文件过程中，注重把知识产权与广东自主创新紧密结合，以自主创新政策体系的建设与完善促进知识产权的创造、应用与保护。

一是把抓好知识产权作为广东自主创新综合试验的重要工作写入广东省人民政府、科学技术部、教育部《广东自主创新规划纲要》（粤府〔2008〕74号），明确要“努力创造一批具有国际竞争力的自主知识产权和核心技术”，“开发具有自主知识产权的重大创新药物”，重点发展知识产权等科技中介服务机构，“建立健全知识产权预警、监管系统及执法协作、涉外应对和维权援助机制，加大知识产权保护和市场监管力度”。二是把实施知识产权与技术标准战略作为一大行动写入《广东省建设创新型广东行动纲要》（粤府〔2008〕72号），同时在实施高新技术产业重点突破、创新资源集聚和深化科技体制改革等行动计划中强调知识产权的重要性，明确要全面实施《广东省知识产权战略纲要（2007—2020年）》，强化我省知识产权保护力度，加快建设知识产权强省。三是把完善产学研结合成果的知识产权归属和利益分配机制作为一大措施写入《关于深化省部产学研结合工作的若干意见》（粤府〔2008〕73号），明确要“加大对具有自主知识产权、产业化前景良好、产学研结合紧密的产业化项目的投入力度”，“鼓励投资和开发具有自主知识产权的高新技术产品以及技术设备更新改造”，营造有利于深化省部产学研结合工作的环境，充分调动各方积极性、创造性，加强知识产权的保护和利用。四是把具有自主知识产权和权益状况证明作为一项必要条件写入《广东省科学技术厅 广东省发展和改革委员会 广东省经济贸易委员会 广东省财政厅 广东省知识产权局 广东省质量技术监督局关于自主创新产品认定的管理办法（试行）》（粤科高字〔2008〕45号），明确了自主知识产权对自主创新产品认定的重要意义，引导广东省广大企业研发具有自主知识产权和核心技术的自主创新产品，促进自主知识产权的创造与应用。

二、进一步强化知识产权在科技计划管理中的导向作用

2008年，广东省科技厅继续把知识产权保护和管理作为科技管理体制创新的重要内容和主要目标之一。继续贯彻落实《关于国家科研计划项目研究成果知识产权管理的若干规定》和《广东省科学技术计划知识产权管理办法》，在省市两级的各类科技计划管理办法中

落实知识产权保护措施，坚持在科技计划项目管理过程中把规范的知识产权管理应用于科技计划立项、科技项目实施及验收、科技成果鉴定及转化等各环节。促进自主知识产权总量的增加及科技成果的知识产权保护，加速科技成果转化。在实施《广东省民营科技企业认定办法》、《广东省工程技术研究开发中心管理办法》、《广东省教育部产学研结合示范基地认定和管理办法（试行）》中，将知识产权拥有量及其知识产权管理制度完善与否作为考核认定的重要条件之一，在促进知识产权保护的同时，推进企业成为技术创新的主体。

三、开展创新型企业和自主创新产品认定工作，激励自主知识产权创造

2008年，广东省科技厅牵头开展创新型企业认定以及自主创新产品认定等有关工作，引导企业强化自主创新，重视知识产权管理与应用，激励自主知识产权创造。

一是联合广东省发展改革委、经贸委、国资委、知识产权局和总工会等部门，在开展广东省创新型企业试点工作的基础上，认定了第一批广东省创新型企业，并召开了“广东省创新型企业工作会议暨发展论坛”。组织已完成试点工作的企业参与国家级创新型企业评价工作，发展成为国家级创新型企业，并组织广东省级以上创新型试点企业积极申报国家资助的相关计划和项目。加快壮大创新型企业群体，引导企业实施知识产权战略，激励自主知识产权创造。

二是联合广东省发展改革委、经贸委、财政厅、知识产权局、质监局等部门，启动广东省首批自主创新产品认定工作，把促进知识产权创造、应用与保护贯穿于自主创新产品的认定和管理工作中，重点引导广东创新型企业、高新技术企业和民营科技企业研发具有自主知识产权和核心技术的自主创新产品，推动自主创新产品通过商品化和产业化尽快转化为现实生产力。

四、加大科技成果奖励，促进知识产权创造和应用

2008年，广东省科技厅进一步加大科技成果奖励。为激励科技成果的转化以及知识产权的创造和应用，在开展广东省科学技术奖评审工作的基础上，首次设立并评选出广东省科学技术突出贡献奖。2008年度广东省共获30项国家科学技术奖励，获奖项目数再创历史新高。2008年度广东省科学技术奖共评出拟奖项目293项，获得大批自主技术，经济社会效益显著。根据《广东省科学技术突出贡献奖评审暂行办法》评选出首届广东省科学技术突出贡献奖，并在广东省科学技术大会上颁发，中国科学院广州地球化学研究所傅家谟院士和广州医学院附属第一医院钟南山院士荣获该奖项，并各获200万元奖励。该奖项的设立重在激励我省自主创新活动，促进广东自主知识产权的创造和应用。

五、加快发展科技服务业，促进科技成果转化与知识产权应用

2008年广东省科技厅大力发展科技服务业，全年全省技术合同成交额再创新高。据统计，2008年经科技行政部门认定登记的项目达16168项，合同成交金额达184.77亿元，较2007年增长了39%。华南（国际）技术产权交易中心完成交易额410.03亿元，涉及总资产金额2144.08亿元。华南理工大学工业技术研究总院等5家机构获批准成为第一批国家技术转移示范机构。全省科技信息、技术评估、知识产权、生产力促进机构持续健康发展，对促进科技成果转化与知识产权应用起到了积极的作用。

六、加强知识产权专题研究，促进知识产权管理制度建设

为加强专题调研，广东省科技厅把广东若干重点产业知识产权状况研究纳入2008年度广东省软科学研究计划重大项目，把广东科技计划项目知识产权状况和管理制度建设研究纳入2008年度广东省软科学研究计划重点项目，使软科学研究为知识产权管理决策提供有力依据，促进知识产权管理制度建设。

（供稿人：陈晓）

广东省公安厅

2008年，广东省公安厅以“粤安08”行动为契机，推动全省公安机关开展声势浩大的“打击犯罪、保护知识产权”专项行动，切实履行“打击、参谋、服务”职能，集中优势警力，主动出击，重点打击假冒注册商标、制售假烟、假酒、假药、假冒伪劣食品等涉假违法犯罪行为，创新我省知识产权刑事保护机制建设，推动知识产权刑事保护工作向纵深发展，取得了显著成效。据统计，2008年全省共立侵犯知识产权犯罪案件387宗，破案250宗，抓获犯罪嫌疑人482名，涉案价值约8.7亿元，挽回经济损失5.2亿元，立、破案数及抓获嫌疑人数均比上年同期增长15%。

一、精心经营，侦破一批跨境跨地区的重特大侵犯知识产权犯罪网络案件

2008年，广东省公安机关坚持“破大案、端窝点、查网络、打团伙”的工作思路，以情报为主导，强化经营意识，主动出击，组织侦破了一批案情复杂、涉及面广、跨境跨地区的侵犯知识产权犯罪大要案件，有效地遏制了侵犯知识产权犯罪的猖獗势头。特别是“闽粤一号”专案、“鹰眼”行动、茂名特大非法运输专供出口香烟案件等跨境跨地区的重特大侵犯知识产权犯罪网络案件，得到公安部和中央领导同志的充分肯定。

2008年6月，广东省公安厅经侦局经过10个多月的悉心经营，组织东莞、深圳、茂名、江门等地公安机关侦破“闽粤一号”专案。该案摧毁了集生产、运输、仓储、中转、报关、境外销售等一条龙的特大跨国制售假烟犯罪团伙，涉案价值1.4亿元，抓获犯罪嫌疑人16名，是近年来公安机关侦办的跨国制售假烟犯罪案件中，涉案人员最多、涉案价值最大、犯罪链条最完整的案件，开创了卷烟打假工作国际合作的先例。该案的成功侦破，充分展现了公安机关整体作战能力，彰显了中国政府保护知识产权的决心和力度。公安部刘金国副部长在全国卷烟打假总结表彰大会上对我省成功侦办此案给予高度评价。由于工作成绩突出，2008年我厅被公安部和国家烟草专卖局授予全国卷烟打假特殊贡献奖。

另外，2008年全省公安机关经侦部门也成功办理了一批关系广大人民群众身体健康和生命安全的假食品、假药等犯罪案件，如梅州市公安局经侦支队侦破制售假冒“茅台”、“五粮液”名酒案；湛江市公安局经侦支队捣毁两个制售“太极复方板蓝根”假药窝点；江门市公安局经侦支队侦破假冒荷兰“奇异鸟”奶精案件；佛山市公安局经侦支队摧毁一个特大假冒“红牛”、“王老吉”饮料犯罪团伙；广州市公安局经侦支队侦破假冒“强生”、“欧莱雅”等8个著名品牌化妆品案件；珠海市公安局经侦支队查获假冒“芝华士”、“轩尼诗”等洋酒瓶盖及商标标识案件；中山市公安局经侦支队捣毁两个特大假冒注册商标标识地下窝点；汕头市公安局经侦支队破获假冒“好迪”化妆品案；揭阳市公安局经侦支队侦破假冒“洛丁新”药品案等等。

二、突出重点，以组织开展打击非法运输假烟专项行动为契机推动刑事执法与行政执法的衔接

为有效遏制广东省非法运输假冒伪劣烟草专卖品违法犯罪活动突出的猖獗势头，2008年9月，广东省公安厅与广东省烟草专卖局部署全省公安机关和烟草专卖部门开展打击非法运输假冒伪劣烟草专卖品专项行动，以韶关、梅州、汕尾、惠州、茂名、潮州等6市高速公路交通要道设立的临时检查点为平台，堵截过境广东省的假冒伪劣烟草专卖品。由于指挥得当，组织周密，专项行动取得了显著成效。据统计，专项行动中共查获涉嫌非法运输假烟车辆90台，缴获假冒香烟5.48亿支，涉案价值2.3亿元，立案185宗，抓获犯罪嫌疑人81名。

2008年，广东省公安厅不断完善与烟草、工商、质监、药监、知识产权局等行政执法部门的协作机制，加强与这些部门的沟通，完善案件移送、联合办案、大要案督办等工作机制，积极推动行政执法和刑事执法的有效衔接。2008年12月28日，广东省公安厅主动与广东省打假办、省工商局、省烟草等部门沟通，牵头联合协调指挥潮州市公安局、工商局、质监局、烟草专卖局及饶平县多个执法部门，在潮州市饶平县黄冈镇捣毁一特大印制假冒卷烟标识的窝点，现场查获假冒卷烟标识452.64万件、封口标416.81万件及各类印刷机械16台，取得良好效果。2008年5月，佛山市公安局经侦支队与工商部门联合执法，成功捣毁一特大非法制造、销售“HP”、“CANON”等品牌的打印机耗材商标标识犯罪案件，取得良好社会效果。

三、创新机制，以警企联系为切入点筹备成立广东省知识产权举报奖励专项基金

2008年，广东省公安厅积极推进广东知识产权刑事保护工作，加强与国内品牌企业权利人及知识产权代理公司的沟通联系，在全省范围内梳理出91家企业作为省级经侦部门知识产权重点保护联系企业，建立知识产权执法办案的“绿色通道”，及时保护受侵害重点联系企业的知识产权。2008年，广东省多次协调中山市公安经侦部门开展跨省、市打击生产销售假冒“榄菊”牌蚊香犯罪行动，协调汕头、深圳、佛山等地经侦部门办理假冒拉芳集团公司商标标识案件，侦破一批假冒美国微软、惠普公司、爱宝公司等国际知名企业产品的犯罪案件，为国内外企业品牌特别是广东省内知名民族品牌的发展壮大提供强有力的刑事保护。

在建立警企联系制度基础上，广东省公安厅借鉴香港海关保护知识产权大联盟制度的做法，积极协商有关行业协会和名牌企业，拟由企业权利人以自愿出资方式成立知识产权举报奖励专项基金，用于奖励提供有价值情报的线人和群众。目前，该项基金的建立正在进一步的研究，具体实施细则、奖励办法等相关配套制度也正在策划中。

四、破解难题，认真开展知识产权法律适用问题调研及涉假犯罪调研

为深入研究知识产权刑事法律适用问题，服务和规范一线执法工作，促进广东省公、检、法及行政执法部门在知识产权法律适用问题上达成共识，2008年12月11日广东省公安厅在广州召开全省经侦部门知识产权法律适用问题研讨会，邀请公安部经侦局、省打假办、省检察院、省法院、知识产权局、工商局、质监局、药监局、烟草专卖局等单位参加会议，会议围绕行政执法与刑事执法衔接、公安机关与知识产权权利人合作、侵犯知识产权犯罪数额认定、证据规格、办案操作、商标鉴定等亟须解决的问题进行研究。与会代表一致认为，这种“以会代训”的做法，为他们提供了学习和交流的平台，拓宽了侦查办案的工作思路，进一步明确公、检、法机关办理侵犯知识产权

案件的基本操作办法。

为准确掌握我省侵犯知识产权犯罪涉假案件的新情况和新问题，提出有效打防措施和对策建议，2008年8月以来广东省公安厅组织开展侵犯知识产权犯罪涉假案件专题调研，并结合近年来成功办理的在线销售假冒产品犯罪案例的手段特点、主要做法、存在问题和打防对策等进行了分析研究，并就如何加强与知识产权权利人合作进行积极探索。

五、谋求双赢，积极开展与境外执法机关的案件协查与业务交流

2008年，广东省公安厅积极采取“走出去、请进来”方式，积极开展与法国、美国、英国等境外知识产权执法部门的业务交流。2008年1月，广东省公安厅经侦局协调香港海关，协助广州增城市公安局侦破一起跨境销售假冒“VIGOSS”品牌牛仔裤商标案件，取得确凿的定罪证据。在此基础上，多次与香港海关版权及商标调查科就建立打击知识产权犯罪协作机制等问题进行研究，在建立联络员、情报交流、案件协查、协助拦截涉案进出口货物等方面机制达成共识，双方拟设立点对点联络机构，专门处理粤港知识产权的执法联络工作；2008年9月，广东省公安厅经侦局牵头组织东莞市公安局经侦支队赴德国、捷克开展“闽粤一号”专案境外调查取证工作，对该案涉及德国、捷克的销售假烟犯罪证据进行固定，进一步扩大战果；2008年年内，广东省公安厅多次与法国内政部司法警察及法国知名企业GUCCI、SEVICE公司的代表进行知识产权业务交流，并派员赴日本参加世界知识产权组织举办的执法业务培训。

（供稿人：陈招健）

广东省信息产业厅

信息产业是我省自主创新的主战场。加强信息产业知识产权的创造和运用，是提高信息产业自主创新能力的重要途径。近年来，我厅在省委、省政府的正确领导下，抓住平板显示、数字家庭两大重点发展产业，坚持政府引导、企业主导、市场运作的原则，鼓励企业自主创新，开展具有自主知识产权的关键技术、关键产品的研发，提高我省信息产业的自主创新能力，加快我省向“信息产业强省”迈进。

我省信息产业知识产权发展迅速。一是我省信息产业领域知识产权创造国内优势明显。我省信息技术专利申请总量、发明专利申请及实用新型专利授权均居全国首位，特别是在我省优势的通信产业领域，知识产权创造的全国排头兵地位突出。二是信息产业重点发展领域专利申请发展迅速。依托广东有机发光显示产业研究院，我省已成功申请专利16项，涵盖OLED显示屏的生产流程、封装技术、测试技术、新型器件以及白光OLED显示屏等方面；依托广东省数字家庭中心开发了309项国家发明专利（16项已正式授权）和3项PCT国际专利，带动我省数字家庭联盟核心单位申请超过1000项相关专利。三是关键领域自主创新取得突破。在消化引进技术的基础上，我省自主开发出液晶电视集成制造技术，推出“南海机型”，显著降低了生产成本；东莞宏威成功研发出全国首条非晶硅薄膜太阳能电池生产线，为我国低成本规模化发展太阳能光伏产业创造了条件。

为推进产业的自主创新，我厅主要做了以下几方面的工作。一是引入国家公共技术服务机构，加快产业自主创新支撑服务体系建设。政府提供和支持公共性技术服务是开展自主创新的重要支撑资源，这方面的国家资源也是各省市争取的热点。围绕广东省培育新产业和自

主创新的需要，争取国家有关部委支持，在广东建成了国家南方手机监测中心、国家平板显示产品质量检测技术服务平台、国家光电产品检验检测中心、国家电子信息产品标准化国家工程实验室、国家数字音频工程实验室、闪联国家重点工程实验室、部属电子信息产业研究院华南分院、中国电子标准协会数字家庭互动应用标准工作委员会、中国数字家庭产业联盟、国家软件与集成电路促进中心嵌入式软件中心、国家无线电发射设备型号核准检测中心广东省站等。这些平台或机构都是国家级的自主创新支撑资源，对促进我省信息产业自主创新具有重要的支撑作用。二是大力引进技术研发团队，提高产业自主创新能力。引进北京大学数字中国研究院，在广州建立华南分院（数字广东研究院）；引进清华大学信息技术研究院在广州建立清华大学信息技术产业园，开展信息技术研发和成果产业化合作。三是开展平板显示知识产权研究。完成了《广东省平板显示产业自主创新知识产权分析及标准化研究》课题，在广泛收集有关资料以及对广东平板显示产业有关企业知识产权和标准化状况深入调研的基础上，结合国内外平板显示产业标准化现状和广东平板显示产业发展水平及需求，提出了15条以知识产权和标准促进我省平板显示产业自主创新发展的建议。四是积极配合其他单位开展知识产权宣传、保护工作。2008年11月12—13日，我厅协助原信息产业部知识产权中心在广州成功举办了中国—欧盟知识产权保护项目（二期）“保护知识产权培训班”，收到良好成效。同时，我厅积极参与2008年保护知识产权宣传周活动，推荐信息产业领域保护知识产权重大事件参与我省“2008年保护知识产权十大事件”评选活动等。

（供稿人：林桂芸）

广东省农业厅

2008年，省农业厅严格执行《农业法》、《种子法》、《植物新品种保护条例》等法律规定，按照《国家知识产权战略纲要》和《广东省知识产权战略纲要（2008—2009年）实施方案》有关要求，扎实做好品种权的审定、申报和保护工作，通过开展质量认证、维权、打假及整顿等专项活动，严厉打击农业领域的各种违法侵权行为，维护了农产品市场经营秩序，保护了农业生产安全和农民群众的合法权益，有效促进了我省农业增效、农民增收和社会主义新农村建设。截止2008年12月底，申请农作物新品种权90件，获得授权植物新品种34个；通过国家畜禽品种审定的品种17个，通过省级审定的农作物品种100个；全省累计通过认证有效期内无公害农产品1943个，绿色食品485个，有机食品224个，省名牌产品（农业类）408个，中国名牌农产品15个，农产品地理标记6个共计9件。主要工作措施和成效有以下几个方面。

（一）加强组织领导，农业知识产权工作制度不断完善

认真贯彻落实中央一号文件精神，统一思想，达成共识，切实将农业领域知识产权保护作为一项重要的基础性工作列入重要议事日程，纳入广东省农业农村工作总体发展规划，加强组织领导，完善工作机制，建立以分管科教工作的厅领导亲自抓、以植物新品种保护办公室为主体的知识产权工作机构，负责协调、推进农业知识产权工作。目前，各部门分工协作，严格执法，有效推进了全省农业知识产权工作，为促进粮食安全、食品安全和农村社会稳定提供了有效保证。

（二）加大项目扶持，农业自主创新能力不断提高

按照“大力推进自主创新，加快创新型广

东建设”的工作部署，我厅充分利用、整合现有资源，以政策为导向，以项目为牵引，安排和引进动植物良种培育专项资金达700万元，重点扶持涉农院校和科研机构从事科技研发，积极鼓励技术自主创新，进一步加快了动植物优良品种繁育改良进程，提高了我省农业科技自主创新能力和核心竞争力。2008年，我省扶持和引进品种改良项目30多项，遴选推介和发布广东农业主导品种93个和主推技术27项；通过省级审定的农作物品种达100个，通过国家畜禽品种审定的畜禽品种1个，新增全国植物新品种权授权保护品种11个，创历史新高；向国家申请和授权保护农机实用新型专利各4项。

（三）加大宣传力度，农业知识产权工作不断推进

结合“知识产权宣传周”、送科技下乡、办班培训、网上信息公布和印发宣传资料等活动方式，积极宣传国家法律法规和《国家知识产权战略纲要》，以及《广东省知识产权战略纲要（2008—2009年）实施方案》，广泛动员广大农业从业人员参与知权维权活动，逐步扩大农业知识产权的保护范围。一年来，共举办相关专题培训班2期，近200人次参加了培训。印发各种宣传资料达120万份，张贴宣传标语2000多条，提供法律咨询1000多人次。在2008年“保护知识产权宣传周”活动中，印发宣传资料50.22万份、悬挂标语横幅900多条，派发磁带光盘近2000盒，举办现场咨询活动10多场次，接待咨询群众达10万人次。营造了保护农业知识产权的良好社会氛围，为知识产权工作的深入开展奠定了基础。

（四）加强质量管理，农业知识产权事业不断发展

我厅大力推动实施农业品牌带动战略，积极做好品牌培育工作，打造农产品著名商标，做大做强农业品牌。一是加强植物新品种、畜禽品种和野生植物资源保护。依据《种子法》、《植物新品种保护条例》以及《广东省农作物种子条例》的有关规定，主要农作物品种审定实行国家与省两级审定。对国家确定的水稻、玉米、小麦、棉花、大豆、油菜、马铃薯和花生共8种主要农作物品种实行强制审定，对非主要农作物新品种实行登记制度。二是加强农产品质量认证管理。依据《广东省名牌产品（农业类）管理办法》，有效推进了名牌产品的评定和绿色食品、有机食品、无公害农产品的认证管理工作，同时确认了地理标志农产品职能定位，推进业务工作办理。三是加强农资产品的登记管理。严格按照《行政许可法》等行政法规规定，认真做好肥料新产品登记和备案工作。据统计，截止2008年底，有172家肥料企业464个产品获得登记（其中正式登记产品329个，临时登记产品135个），4家企业5个产品获变更登记，144家企业285个产品获续展登记，184家企业663个产品获备案登记。

（五）加强依法行政，农业知识产权保护力度不断加大

我厅坚决贯彻国务院、农业部和省政府知识产权办公会议精神，严厉打击以品种权侵权为主的各种假冒违法行为，继续加大了农资市场的监管力度，规范了行政审批范围，提高了执法人员素质，维护了市场经营秩序，促进了社会和谐。据不完全统计，全省农业系统共出动执法人员35349人次，检查农资生产、经营单位和业户23335个，查处各类农资违法案件1629起（立案932起），其中：种子154起，共9830.5公斤；农药706起，共145421公斤；肥料358起，共2708216公斤；饲料25起，共13532.4公斤；兽药386起，共4218.47公斤，捣毁制假窝点2个，整顿市场2329个/次，挽回直接经济损失2031万元，有效净化了我省农资市场，规范了经营秩序，从源头上保障农产品生产安全。

（供稿人：刘晚治）

广东省对外经济贸易合作厅

2008 年是不平凡的一年。在省委、省政府正确领导下，全省外经贸和口岸管理部门积极应对，出台了一系列举措，有效化解了各种不利因素影响，全省外经贸和口岸工作在应对困难和挑战中得到发展和提高。

据海关统计，2008 年全省实现进出口总值 6832.6 亿美元，比上年增长 7.8%。其中：出口 4041 亿美元，增长 9.4%；进口 2791.6 亿美元，增长 5.4%。实现外贸顺差 1249.4 亿美元。据商务部统计，全省新批设立外商直接投资项目 6999 宗，合同外资金额 286.4 亿美元，实际吸收外资 191.7 亿美元，增长 11.9%。全省经核准境外协议投资 21.8 亿美元，其中新设境外企业及机构 218 家；签订对外承包工程和劳务合作合同金额 91.4 亿美元、增长 34.6%，完成营业额 74.5 亿美元、增长 22.2%。经广东口岸的入出境人员 2.8 亿人次，增长 2.9%；入出境交通运输工具 1869 万辆（艘、列、架）次，增长 0.4%；进出口货运量 2.98 亿吨。

一、实施广东省知识产权战略

为实施我省知识产权战略纲要，我厅认真学习纲要内容，结合安排年度知识产权工作，将纲要规定落实到 2008 年的各项具体工作。我厅按实施纲要协调部门要求，提出了实施知识产权战略的工作意见。参加了全省知识产权工作会议，按要求提交了知识产权会议经验材料。我厅还参加了广东改革开放 30 周年知识产权十大事件评选活动和改革开放 30 年知识产权工作座谈会。

二、推进涉外展会知识产权保护工作

2008 年我厅继续坚持做好第 103 届、104 届广交会知识产权保护工作，化解知识产权纠纷，同时依法对被认定涉嫌侵犯知识产权的参展企业进行了全省通报。作为“德中同行”进广东的一项重要活动，2008 年 11 月我厅根据商务部要求组织了中德会展知识产权研讨会，我省珠三角地区数十家企业参加。此外还外经贸厅派员参加了商务部条法司组织的“中欧知识产权保护二期项目”，赴德国、法国、意大利开展会展知识产权保护交流活动。

三、开展涉外知识产权应对

2008 年我厅关注美欧等对我国知识产权采取的措施，开展涉外知识产权应对，努力做好 337 知识产权调查应对工作。英国泰莱公司 2007 年指控我国生产并出口美国的三氯蔗糖侵犯了五项专利，随后美国国际贸易委员会启动 337 调查，我省涉案企业广东食品工业研究所和广东广业清怡食品科技有限公司积极应对。为支持企业应诉，维护企业合法利益，2008 年 2 月我厅工作小组参加了美国国际贸易委员会在华盛顿召开的案件听证会，在听证会上有理有据地陈述了观点，要求美方给予公正合理的裁决，此外工作小组还与美国国际贸易委员会进行了交涉，争取有利结果。

四、加强支持外贸知识产权发展的力度

2008 年我厅继续对外贸发展中的知识产权工作进行扶持，对企业在境外进行商标注注册和专利认证的项目，给予每项 5000 元的资助，提高企业保护知识产权的积极性。继续举办品牌业务培训班，开展保护自主知识产权知识培训。我厅组织企业参加高交会和境外品牌展时，把自主知识产权和知识产权保护作为重要内容，推动提高知识产权保护意识和水平。

五、积极参加粤港知识产权合作活动

2008年7月我厅参加在香港举行的粤港保护知识产权合作专责小组第七次会议，提出了粤港在会展知识产权保护方面进行合作，在应对美国337知识产权调查，合作进行调研，对加工贸易知识产权管理方面进行合作研究等多项工作建议，受到参会各方的高度关注。

六、推荐知识产权保护重点联系企业

为配合省保护知识产权工作组办公室建立重点联系企业保护知识产权绿色通道，向企业提供知识产权维权服务，及时查处侵权行为，提供政府咨询和培训服务。根据省保知办要求，2008年初我厅经过认真筛选，及时向广东省保护知识产权办公室推荐了外经贸领域的重点联系企业。

（供稿人：王洪）

广东省文化厅

2008年，我省各级文化行政部门以开展文化市场“奥运保障行动”为主线，切实加大知识产权保护力度，认真规范和整治文化市场，严厉打击文化市场各类违法经营活动，取得了较好成绩。据统计，2008年全省共出动文化行政执法人员461825人次，检查各类文化经营场所680484家次，查处违法违规经营单位6605家，其中停业整顿483家、吊销经营许可证182家，移送司法机关案件124宗、涉嫌犯罪案件95宗；查获非法音像制品24309658张，其中涉嫌淫秽色情音像制品614864张；收缴非法网吧电脑及附属设备35569台、非法电子游戏机4527台、非法演出器材76台、非法电影放映设备239台；没收非法所得1202440元，罚款12377600元。

一、加强日常管理，规范文化市场秩序

1月，针对我省音像市场实际情况，我厅下发《关于开展严厉打击系列违法音像制品进一步整顿和规范音像市场秩序的通知》，要求各地针对元旦、春节期间音像市场的特点，切实加强音像市场管理，防止违法音乐、影视、百科、卡通等音像制品以“正版”的面目进入超市和大型商场、卖场等合法流通渠道。1—9月，转发了3期由文化部文化市场司印发的《违法音像制品查缴目录》，部署各地按照《目录》重点清理收缴违法音像制品。2月，下发《关于全力查缴盗版电影等音像制品的通知》，要求各地加强对持证门店的检查，重点对电脑城等盗版音像制品集中经营场所进行检查，并会同有关部门严厉打击无证坐商和游商，取缔无证照经营活动。4月，部署查处大型奥运主题动画片《福娃》非法音像制品活动。5月，发出《关于开展文化市场“奥运保障行动”的通知》，在全省范围内组织开展以“创建平安文化市场”为主题的文化市场“奥运保障行动”。

二、开展专项整治行动，查处文化市场违法违规经营行为

（一）认真组织开展文化市场“奥运保障行动”

2008年是北京奥运年。为切实加强文化市场监管，规范文化市场秩序，为奥运会的成功举办创造和谐的文化环境，根据文化部的统一部署，从5月1日至9月30日，我厅在全省范围内组织开展了以“创建平安文化市场”为主题的文化市场“奥运保障行动”。具体做法：

一是对开展“奥运保障行动”进行了周密部署。为促进专项行动的有效开展，我厅及时下发通知，明确该行动以维护国家安全和社会

稳定、维护人民群众生命财产安全、维护国家保护知识产权形象、维护文化市场正常秩序为主要目标；以整治音像、网吧、演出、娱乐、艺术品以及网络文化市场为重点内容；以广州、深圳、惠州、汕头等涉奥运活动城市、重点旅游城市以及珠江三角洲地区为重点地区；以机场、车站、码头、涉外宾馆、境外人员集中居住区、重点商业区以及文化经营店档密集地段为重点区域，要求各级文化市场行政部门及执法机构全面展开行动。同时要求各地切实把开展文化市场“奥运保障行动”放在今年文化市场管理工作重中之重的位置，作为头等大事来抓，加强组织领导，落实责任制。

二是全面清查各类文化经营场所。为集中解决文化市场中存在的突出问题，按照我厅的部署要求，各地文化行政部门及其执法机构组织执法人员，会同公安、消防等部门认真排查歌舞娱乐、游艺游戏、网吧、电影放映以及营业性演出等公众聚集文化经营场所存在的治安突出问题和消防安全隐患，坚决堵塞安全死角和漏洞；全面检查音像、艺术品、娱乐经营场所以及互联网文化、网络游戏经营单位，严厉查缴含有色情淫秽和破坏民族团结、违反宗教政策等禁止内容以及侵权盗版等非法文化产品。与此同时，继续配合公安等有关部门开展打击整治网络淫秽色情等有害信息专项行动。据不完全统计，开展“奥运保障行动”期间，全省共出动文化市场行政执法人员243397人次，排查音像制品经营单位26005家次、网吧43855家次、娱乐场所16711家次、演出单位2019家次、电子游戏（游艺）经营场所9075家次、电影发行放映场所740家次、艺术品经营单位195家次；查处违法违规经营音像制品经营单位1095家、演出场所36家、娱乐场所407家、网吧1819家、互联网文化经营单位1家，其中停业整顿291家、吊销经营许可证83家；查获非法音像制品11844153张，其中涉嫌淫秽色情音像制品44914张。

三是组织开展全省文化市场交叉检查。为掌握和促进各地开展“奥运保障行动”的情况，切实维护北京奥运期间文化市场安全。我厅从7月23日至8月5日组织开展了全省文化市场检查工作。此次检查采取交叉检查的方式进行，从各地级以上市文化行政部门或执法机构抽调1名工作人员组成6个检查组，以省文化厅检查小组的名义在各组召集人带队到指定地区检查。各级召集人分别由广州等6市文化行政部门或执法机构指派的一名科以上干部担任。各检查组按照省厅检查工作方案，认真深入开展检查工作，总行程达1万多公里，检查区域覆盖了21个地市、63个县（区），重点检查了娱乐、网吧、演出场所以及音像制品经营单位共400多家。从检查情况看，全省各级文化行政部门及其执法机构贯彻落实省文化厅工作部署，开展“奥运保障行动”工作的措施到位、情况良好，文化市场未发现重大突出问题。

（二）加强文化市场案件的督办查处

2008年，全省文化行政部门及其执法机构充分利用12318文化市场举报电话和网上举报等有效载体，拓宽群众举报（信访）的渠道，截至10月份，全省共受理举报（信访）件4639宗，立案调查3844宗，移送司法机关案件88宗。办理回复率达90%以上。举报信访件的及时办理，有效化解了一些文化市场矛盾，平息消除了群众的怨气和误解，维护了文化市场正常秩序。

2008年省厅直接查处2宗音像批发单位违法经营案件和1宗非法从事经营性互联网文化活动案件，其中“广东新马文化传播有限公司”被吊销许可证，“广东星外星文化传播有限公司”被处罚款3万元，“深圳市风林火山电脑技术有限公司”违法经营的网络游戏被取缔，并处罚款3000元。2月底，按照文化部的指令，组织、协调、指导广州市文化市场综合行政执法总队全力开展查缴有严重政治问题的“手指指”游戏软件的行动，文化部对此给予了充分肯定。

三、开展保护知识产权宣传工作，营造文化市场良好舆论环境

一是部署开展第十届广东省音像市场法制宣传周活动。各地根据当地特点以及市场规范管理的需要，以文化市场经营者为主要对象，以知识产权保护法律法规以及音像市场管理法规为主要内容，开展形式多样的教育培训活动，以提高经营者的知识产权保护意识和守法经营意识，自觉地抵制侵权盗版行为。宣传周期间，韶关市组织召开“韶关市区文化经营单位保护知识产权专题讲座”，邀请该市知识产权保护方面的专家和行政部门一线工作人员讲解知识产权相关法律法规、分析案例，并派发宣传资料，该市各类文化经营单位300多名业主或负责人参加了讲座。惠州、湛江、东莞、揭阳、肇庆等市也分别以举办专题讲座、法规培训班等形式对经营业主进行培训。各地还注意发挥电视台、电台、报刊、互联网等媒体的作用，对知识产权保护的政策法规、典型案例等进行报道，使宣传周活动广为人知，成为该时段市民关注的焦点。湛江市共向各大中小学校发放宣传小册子2万多册，市及所辖各县区在主要公共场所举办大型宣传活动，通过设立咨询点、经营单位以优惠价销售正版音像制品等活动，宣传有关法律法规。

二是开展非法音像制品统一销毁活动。佛山、中山、东莞、珠海、阳江、湛江、揭阳、清远、惠州、河源、深圳、肇庆等市在4月26日分别举行非法音像制品集中公开销毁活动。据不完全统计，全省各地共销毁非法音像制品约1500万张（盒），充分表明了我国政府保护知识产权的坚定决心和能力，展示了文化市场执法工作取得的重大战果。

（供稿人：朱 武）

广东省工商行政管理局

2008年，广东省工商行政管理系统认真落实科学发展观，强化“法治行政、效能服务、科学管理”理念，积极参与省委组织的“解放思想”学习讨论活动，深入开展调研，转变思想观念，认真履行职责，在保护商标专用权，维护市场经济秩序，实施名牌带动战略，服务经济社会又好又快发展等方面取得了一定成绩。

一、开展解放思想学习讨论和调研活动

根据省委《2008年“解放思想”学习讨论活动专题调研题目及领导分工安排》，广东省工商局商标处派人参加“发展高新技术产业和加强专业镇建设，促进科技的区域协调发展问题”专题调研，同时还单独完成“实施广东知识产权战略有关商标发展的建议”专题调研报告。在报告中提出“自主品牌是自主创新的重要载体，应将自主品牌建设纳入自主创新的重要组成部分进行专题研究”的建议。全省各级工商行政管理部门响应省委“开展解放思想学习讨论活动”的号召，结合工作实际，积极开展调研。2008年全省部分工商局在省级以上报纸杂志上发表有关商标方面的专题文章26篇，其中佛山8篇，江门5篇，中山4篇，揭阳、阳江各一篇，省工商局5篇。

二、商标宣传工作

2008年4月26日是第八个世界知识产权日，广东省工商系统各级商标管理部门认真贯彻落实全国整规办、中宣部、国家工商总局等18家单位的《通知》精神，宣传工作体现出以下几个特点：

一是宣传形式多种多样。3月20日，省工

商局与中华商标协会、日本贸易振兴机构在广州联合举办"中日商标行政保护研讨会"。通过研讨会，执法人员与部分日本企业代表就商标专用权的保护工作进行交流，增进了日本企业对中国商标法律制度的了解，也使工商管理部门进一步了解日本企业在保护商标专用权方面的需求，对促进完善行政执法起到了积极的作用。

4月25日，省工商局和南方日报社在广州联合举办"广东自主品牌战略论坛"。出席论坛的领导和嘉宾包括省政府副秘书长罗欧、省工商局卢炳辉局长、姜海平副局长、南方报业传媒集团董事长、南方日报社社长杨兴锋，国家发改委经济研究所副所长吴晓华、前旧金山、纽约总领馆经济商务参赞何伟文、日本知识产权专家横田光弘和广东省社会科学院研究处处长丁力等出席。全省各地级以上市工商局分管商标工作的局长和商标部门负责人、部分驰名商标和著名商标企业代表，以及广东新闻媒体的代表近300人参加论坛。论坛通过对自主创新与自主品牌关系的探讨，阐明了自主创新是自主品牌的基础，自主品牌是自主创新的载体这种相辅相成的关系，在一定程度上澄清了社会上对自主创新与自主品牌认识的误区，论坛取得圆满成功。

二是注重新闻媒体的宣传影响。省工商局组织深圳、佛山、珠海、东莞、中山、潮州、揭阳、湛江、阳江共9个市工商局，以"自主品牌 南粤风采"为主题，在《南方日报》刊登了12个宣传专版，报道广东省30年商标管理工作的成绩和实施名牌带动战略、服务地方经济的工作情况。各级工商部门也通过当地报纸、电视、电台等宣传渠道大力宣传商标知识，如：东莞、中山、揭阳、江门等市工商局在当地电视台、电台连续多日播放商标有关知识的宣传片，各市工商局在当地报纸上集中展示本市驰名著名商标风采和介绍当地商标保护状况。

三是有针对性地开展活动。8月6日，省工商局举办"创立自主品牌，争创驰名商标座谈会"，卢炳辉局长、姜海平副局长以及各地级以上市工商局分管商标工作的局长和商标部门负责人、部分驰名商标企业和申报驰名商标企业的代表70余人参加座谈会。部分驰名商标企业现身说法，介绍了争创驰名商标的体会。商标处人员讲解了驰名商标申请注意事项。与会代表还就驰名商标申请有关问题进行座谈交流。此外，省工商局商标处还应各部门和单位的邀请，多次派员参加各类型的培训班、座谈会、研讨会20余次。各地工商部门通过现场咨询等方式，向社会各界发放各种宣传资料上万份。部分市工商局还深入到企业和农户，通过面对面的交流，为他们排忧解难。中山市工商局开展知识产权进校园的活动，在大学生中广泛宣传商标法律知识，取得了较好的宣传效果。汕头市工商局为引导企业创立自主品牌，促进品牌发展战略的实施，采取巡回举办商标管理专题知识讲座，并现场接受商标管理方面的咨询。

四是在外事活动中注重对我国知识产权保护工作的宣传。各级工商部门充分利用接访境外知识产权部门、组织和企业的机会，宣传我国商标法律制度和广东省知识产权保护工作。2008年，省工商局接访美国、韩国、日本、越南代表团共6次，利用接访的机会，一是注重介绍广东省商标专用权的保护状况，表明中国政府对保护知识产权的立场；二是认真解答各国代表提出的疑问，尽量消除对广东省知识产权保护方面不利的影响。

三、商标行政执法工作

一是组织开展保护奥林匹克标志专有权专项整治行动。根据国家工商行政管理总局和商标局的部署，广东省全省各级工商行政管理部门加强对奥运标识相关法规的学习，全力以赴，圆满完成专项保护行动，确保北京奥运会三个重要倒计时纪念活动以及奥运会火炬接力、比赛、赛后庆功等活动顺利进行，维护了奥运特许商品市场秩序，保障了奥林匹克标志权利人的合法权益。为做好这次专项保护行动，2008年5月至10月，全省各级工商部门出动执法人员次数为17801次，检查经营企业和个体户128874户，检查批发市场、集贸市场等各类市场9157个，整治重点区域2416处，查处侵犯奥林匹克标志专用权案件346件，案值约249.36万元。

二是对一批知名度比较高的商标组织开展专项执法行动。省工商局根据投诉，统一部署了保护"三角"、"苹果"、"长城"、"中石化图形"等商标专用权的专项执法行动（涉及全省16个市）。2008年，全省各级工商部门共查处商标违法案件4414件（不含以其他法律法规处理的商标案件），其中涉外案件2455件，侵权假冒案件3964件，案值5768.9万元，共处罚款5670.9万元，收缴和消除商标标识125.52万件，没收、销毁侵权商品579.42万件，有22个案件的27个涉嫌犯罪当事人被移送司法机关。中国日本商会知识产权问题工作组、日本丰田汽车公司、中石化广东公司等单位为感谢广东省各级工商部门对其商标专用权的保护，专程送来了锦旗、牌匾。

三是加强展会知识产权保护。近年来，随着广东省对外经济交流活动日益频繁，举办的各类展会越来越多，展会知识产权保护问题日显突出。2008年4月和10月，第103、104届中国进出口商品交易会期间，广州市工商局针对展场面积扩大、展区分散、展会时间延续等新情况，加强广交会驻场商标执法的力量，组织越秀、海珠、荔湾分局共20多名执法人员驻场，及时处理商标侵权投诉事宜，确保广交会良好的交易秩序。据统计，第103届广交会共受理商标侵权投诉108宗，其中涉外商标侵权102宗；第104届广交会共受理商标侵权投诉229宗，有力保护了一批国际知名商标，受到商务部、交易会参展商和与会客商的好评。

2008年9月，省工商局派人驻场"第五届中小企业博览会"，负责现场咨询和处理侵权纠纷，保障了博览会的顺利召开。东莞市工商局根据不同展会的特点，确立"小展会巡查、大展会驻点"的原则，有效维护了各种展会期间商标注册人的合法权益。

四是加强与知识产权保护部门、社会各界的交流与合作，提高执法效能。各级工商部门积极加强与法院、海关、公安等部门的合作与交流。广东省工商局与广东海关在互通案件线索或情报等方面密切合作、互相协助，通过建立合作机制，使双方资源的优势得到了互补，取得了一定成效。2008年，广东省工商局收到广东各海关商请认定商标近似的函件或转来的案件线索共5件，及时给予答复和处理。对于疑难商标案件的定性处理，也及时向公安、法院等部门征求意见。中山市工商局为做好涉嫌构成刑事犯罪案件的移送，与公安、检察部门加强沟通，经常就个案问题展开讨论，在案件定性上尽可能达成共识。为了更加客观地对涉案物品进行估值，对接近移送标准的案件，该局采用先通过委托正品生产商或其商标代理商出具相同物品价格证明，再委托中山市物价中心对涉案物品进行评估的方法，确定案值，确保案件移送无误。

四、实施名牌带动战略，服务地方经济工作

（一）驰名商标认定取得了新进展

广东省各级工商部门积极主动服务企业，引导企业依法申请认定驰名商标，加强保护。截至2008年11月底，广东省工商局在案件管理中向国家工商总局商标局报送91件驰名商标认定申请，比前年同期增加10.98%。2008年3月，国家工商总局认定228件驰名商标中，广东省有30件，是历次认定最多的，其中梅州、汕尾、云浮市实现驰名商标零的突破。至此，广东省驰名商标总数已增至138件，继续居全国首位。

（二）广东省著名商标立法工作顺利完成

2008年7月3日广东省人民政府第十一届九次常务会议通过《广东省著名商标认定和管理规定》，7月23日以省政府令第124号正式发布，自2009年1月1日起施行。与原《广东省著名商标认定和管理暂行办法》相比，该规定一是评审委员会的组成部门扩大了，评审

委员会由省工商局会同省经贸委、农业厅、质量技术监督局、食品药品监管局等部门以及省消费者委员会和广东商标协会、省质量检验协会等专业协会的有关专家组成。评审委员会委员人数不少于25人，按单数确定。二是将评审与认定工作分开，评审委员会只负责省著名商标的评审，省工商局负责著名商标的认定以及认定结果的公布。三是对申请人的要求更高了，特别强调其社会责任（涉及生产经营、劳动保障、环境保护、安全生产等方面）。

（三）广东省著名商标培育和认定工作稳步推进

2008年，广东省工商局共受理广东省著名商标认定申请554件，延续认定申请356件，合计910件，同比前年增加12.48%。在认定过程中，工商部门坚持把握标准，参照《广东省著名商标认定和管理规定》有关社会责任的规定，分别征求省经贸委、劳动保障厅、农业厅、国税局、地税局、环保局、质监局、食品药品监管局、安全生产监管局、教育厅、中国保监会广东监管局等部门以及相关行业协会的意见，经过材料审查、现场考察，综合评价，经认定委员会审议通过且公示后，最终认定407件和延续339件广东省著名商标。

（四）创新工作思路，加强农业品牌的培育

为贯彻中央的“一号文件”和国家工商行政管理总局、农业部联合发出的《关于加强农产品地理标志保护与商标注册工作的通知》，结合广东省实施的名牌带动战略，全省各级工商部门积极开展农业品牌的培育、扶持和调研工作，取得了一定的成效。2008年，广东省新增地理标志证明商标4件，使全省地理标志证明商标总数达13件。

各市工商局根据当地的实际情况，在探索扶持农业品牌培育方面也做了大量的尝试。江门市工商局制定《商标富农工作示范点实施方案》，并在台山、新会两地建立“商标富农”示范点，“商标富农”创建工作已初见成效。韶关市工商局开展全市农产品地理标志注册使用情况的专题调研。对韶关市的特色农产品现状和现有农产品地理标志使用情况进行摸底，还赴福建省实地考察当地在“琯溪蜜柚”和“安溪铁观音”等地理标志的使用管理和运作推广方面的做法和成效，撰写《关于福建地理标志证明商标的学习考察报告》，归纳了福建省在地理标志注册、使用和推广方面值得借鉴的先进做法和经验，对照韶关农产品地理标志推广使用与保护中存在的困难和问题，撰写调研报告《韶关市农产品地理标志使用情况调研与建议》，系统归纳分析了韶关市农产品地理标志注册使用情况，并对如何通过注册、使用以及推广农产品地理标志促进韶关经济发展提出建设性意见。

（五）继续推进创建区域国际品牌的试点工作

2008年，在前期所开展工作的基础上，省工商局组织清华大学的专家，编制大朗品牌战略营销规划，对大朗区域国际品牌的定位、目标市场选择、创建策略、管理体系等方面进行科学的规划和论证。

针对创建区域国际品牌的重要意义和在大朗及其他试点地区工作中存在的问题，省工商局与南方日报记者合作，向省委、省政府领导报送内参材料，得到了汪洋书记的肯定。

（六）开展商标普查工作

为了更好地服务广东经济建设，掌握广东省企业在国内外的商标注册使用状况，2008年，我们利用企业年检首次开展了全省企业商标普查工作。主要目的是通过普查，了解广东省企业改革开放以来，特别是“入世”以来，在融入世界经济体系过程中，商标知识产权的运用情况；了解广东的外商投资企业在我国的商标注册使用现状；了解广东省商标专用权行政保护方面的问题，以更好地贯彻落实法治行政的理念，完善行政执法。这项普查的工作量很大，各级商标管理部门与年检部门密切配合，做了大量的工作，至2008年8月份，全省商标普查表已基本回收至省工商局，共计回收了47万多份，回收率55.2%。目前普查表的录入汇总统计工作正在进行。

五、粤港知识产权领域的合作

2007年第六次专责小组会议以来，粤港在商标领域的合作有了新进展。一是继续联合开展了“公司注册与注册商标的关系与现况”调研。该调研已引起了港方的关注，据了解港府已启动了修改香港《公司条例》的工作，准备赋予公司注册署一定的权力，对一些被投诉不适宜的名称可以做出调整。二是继续开展商标执法合作，相互借鉴管理经验。2008年3月，应香港知识产权署和澳门知识产权厅的邀请，广东省工商局和佛山、东莞市工商局派人参加了泛珠三角知识产权公务人员交流活动。通过对香港、澳门管理部门的考察，以及泛珠三角区域省（区）知识产权保护部门的交流，拓展了视野，有利于促进商标管理工作。三是进一步协同宣传两地的商标法律制度。7月在港召开了第七次粤港知识产权专责小组会议。会上探讨了共同保护商标专用权、打击侵权行为的合作意向。这是粤港知识产权领域合作的进一步发展。但由于两地法律制度、执法部门职能上的差异很大，要想建立合作机制，协同保护商标专用权，还需要双方进一步的努力。

（供稿人：伍莉）

广东省版权局

2008年，面对复杂多变的国际环境、突如其来的特大自然灾害和严峻的经济形势，广东省各级版权行政管理部门在广东省版权局党组的领导下，全面贯彻落实党的十七大精神，坚持以科学发展观为统领，围绕全党全国工作大局和省委、省政府制定的工作目标，坚持不懈地开展版权法律知识宣传教育，大力推进“版权兴业”工程，加大行政执法力度，依法查处侵犯著作权案件，服务广东版权产业，取得了版权行政管理的新成就。

一、版权法律宣传工作取得新成果

按照国家版权局《关于贯彻落实全国整规办等十八部门开展2008年“保护知识产权宣传周”活动的通知》（国权办〔2008〕4号）的统一部署，广东省版权局立即拟定并向全省各地级以上市版权局印发了《关于印发〈2008年“保护著作权宣传周”活动计划〉的通知》（粤权［2008］13号），于2008年3—5月期间，在全省范围内组织开展了广东省2008年“保护著作权宣传周”系列活动。全省各地级以上市版权局积极响应，组织实施了多种多样、各具特色的宣传活动，整个活动开展得有声有色。据不完全统计，全省在“保护著作权宣传周”期间举办主题各异的版权保护培训班12次，举办保护著作权报告会（讲座、研讨会、论坛等）11场，广州、深圳、珠海、汕头、佛山、河源、梅州、汕尾、东莞、江门、阳江、湛江、茂名、肇庆、潮州、揭阳、云浮等17个地级以上市版权局面向公众举办了宣传、咨询活动，汕头、佛山等14个地级以上市版权局通过报纸、电台、电视台、互联网、电信网络等媒体开展宣传活动，广州、河源等7个市的版权局刊登、投放了宣传版权保护的公益广告，广州、东莞、揭阳、云浮等市版权局举办了反盗版公众签名活动，深圳、汕头、佛山、梅州、茂名、潮州等市版权局以举办新闻发布会、发表电视讲话、制作电视（电台）专题宣传节目等形式开展宣传活动，有7个市的版权局举办了版权知识图片宣传巡展，14个市的版权局向公众发放了宣传资料，9个市的版权局通过举行灯谜竞猜、出动宣传车、组织文艺表演、张贴宣传标语等形式宣传著作权法律知识。此外，广州市版权局于2008年4月26日凌晨正式启动了“时间戳”作品首创时间著作权登记系统。惠州市版权局结合举行奥运圣火传递活动，开展奥林匹克知识产权专项保护行动。全省 21 个地级以上市版权局在宣传周期间，共查处非法音像制品仓库 12 个，大型地下图书（音像制品）批发窝点 14 个，包装厂 2 个；取缔无证经营书刊、软件、音像制品、电子出版物经营单位 121 个，非法书报刊、音像制品流动摊档 208 个，“黑网吧” 44 家；查处有证照音像制品和电子出版物经营店档 19 家；收缴非法音像制品、电子出版物、计算机软件、书报刊等出版物 110.6520 万张（份、册）。

除组织全省宣传周行动外，广东省版权局在广州市 4 条公交线路上投放“保护版权，促进创新发展”和“使用正版软件，树立企业形象”的宣传公益广告和本局的反盗版举报电话，为期 90 天；在本局政务信息网上开设“版权保护在广东”专题报道栏目，组织编辑 18 篇专稿，对 2007 年度被广东省版权局授予“广东省版权兴业示范基地”称号的 18 家企业（集群）在“版权兴业”方面的成功做法和经验进行介绍，对全省版权行政管理部门查处的著作权侵权案件、反映版权管理部门和企业做强做大版权产业的实例进行点评。此外，广东省版权局在宣传周期间还对外公布了 2007 年度广东版权行政管理部门保护著作权十大事件和查处的十起典型版权案件。十大事件中包括广东省版权局与广州市版权局、深圳市版权局、珠海市版权局联合承办的“版权保护与创新型国家”全国巡回演讲活动广东报告会，广州市版权局的广交会版权保护工作和青少年保护著作权宣传教育工作，深圳市版权局牵头进行的《深圳市平面设计作品版权行政保护办法》和《大芬油画村美术作品版权交易法律指导》等地方法规的立法工作等；十起典型版权案件包括了广州市文化市场综合行政执法总队查处的“宏志软件网”销售侵权盗版软件案，深圳市版权局查处的深圳市某实业有限公司鼠标侵权案，汕头市版权局查处的汕头市澄海区某玩具厂玩具著作权侵权案，湛江市文化市场综合执法大队查处的《征途》网络游戏私服案，韶关市版权局查处的某家纺韶关专卖店第五分店销售侵权床上用品案等。这一系列的活动安排，使广东省 2008 年度“保护著作权宣传周”行动呈现出高潮迭出的局面，起到了良好的宣传效果。

二、企业使用正版软件工作实现新突破

2008 年，广东省版权局在省财政厅、省国资委等成员单位和各地级以上市使用正版软件工作领导小组的大力支持下，克服重重困难，稳步推进了全省企业使用正版软件工作。一是成立了“广东省推进企业使用正版软件工作联席会议”，制定了《广东推进企业使用正版软件工作联席会议制度》，进一步完善组织领导机构和联席会议工作制度；二是发挥广东省版权局在推进我省企业使用正版软件工作中的主导与牵头作用，积极与有关部门沟通情况，交流信息，研究解决工作中存在的具体问题，指导推进全省企业使用正版软件工作的顺利开展；三是省属 26 个集团 3 千余家独立法人的国有企业基本实现通用软件正版化的工作目标，全省企业使用正版软件的工作成果和工作领域得到进一步的巩固和扩大；四是加强宣传培训和服务，通过举办“全省推进企业使用正版软件工作培训班”、利用网络和公益广告等宣传手段向企业传播使用正版软件的理念，提高企业版权保护意识；五是加大打击使用盗版软件的行政执法力度，对经宣传教育仍不及时整改且情节严重的个别侵权企业进行了依法查处。

广东省各地级以上市使用正版软件工作领导小组按照国家和省里的统一部署，纷纷采取切实有效的措施，推进本地企业使用正版软件工作。例如广州市制定和实施了“131”推进工程（即全市 100 家大型企业，30 家动漫制作企业和 1000 家网吧率先推进软件正版化工作），列入 2008 年首批实现正版化名单的企业，到年底基本完成了预期任务，推进计划首战告捷。珠海市实施的“绿色网吧”计划，要求全市范围内的网吧使用正版软件，也取得了

预期效果。河源市根据实际制定切实可行的工作计划，对纳入 2008 年度完成正版化目标的企业，逐一抓落实，确保了年度内该批企业顺利完成使用正版软件的工作任务。

三、“版权兴业工程”取得新进展

在全省版权产业界全面推进“版权兴业”工程，是广东省版权局切实履行“经济调节、市场监管、社会管理、公共服务”的行政管理职责，全面落实科学发展观，实施知识产权战略，提高自主创新能力，以促进发展为第一要务，全力服务广东经济强省、文化大省、法制社会、和谐广东建设大局和实现富裕安康奋斗目标的重要举措。从 2005 年开始，广东省版权局开始在全省范围内推进“版权兴业”工程，对全省版权产业界在作品的创作和著作权的管理、保护、使用等方面作出突出成绩的版权产业集群和企业，通过推荐、评选，授予“广东省版权兴业示范基地”的称号。4 年来，已先后有 36 个产业集群和企业荣获上述称号。2008 年，经过各市版权局的组织、推荐和评比，广州开发区创意产业园、广州艺洲人文化传播有限公司、广州天烽导航科技有限公司、深圳市华动飞天网络技术开发有限公司、宇龙计算机通信科技（深圳）有限公司、中国·观澜版画原创产业基地、中国游戏游艺产业基地、汕头市华莎驰家具家饰有限公司、广东宇航鼠动漫有限公司、珠海杨氏网络动画设计有限公司、东莞市唯美陶瓷工业园有限公司、广东亿业科技有限公司等 12 家企业（集群）获得了广东省版权局授予的 2008 年度“广东省版权兴业示范基地”的称号，广东省版权局同时还向上述 12 个单位颁发了荣誉证书和牌匾。

四、行政执法彰显新成效

2008 年，全省各级版权行政管理部门按照国家版权局《关于做好 2008 年版权行政执法和社会监管工作的通知》（国权［2008］6 号）的要求，在全省范围内组织开展了“治理非法预装计算机软件专项行动”。全省 21 个地级以上市版权局按照国家版权局和省版权局的要求，积极投身专项治理行动之中。例如广州市文化市场综合行政执法总队对广州市的太平洋电脑城、南方电脑城、天河电脑城和颐高电脑城开展了预装正版软件专项检查活动，并对国美、苏宁电器公司、广百中怡店等预装正版操作系统的情况进行了现场检查。珠海市版权局重点对计算机商城、大卖场内的各类出租柜台、摊位进行了检查，行动中共检查 16 家次，对电脑城销售盗版软件进行了查处，共收缴侵权盗版软件 16000 多张。汕头市文化市场综合执法大队在长平电脑商场检查时发现 2 家销售盗版软件的经营单位，执法人员依法对这 2 家经营单位进行了处罚。河源市版权局检查计算机经营商铺、门店 46 家，检查电脑 350 台，收缴各类计算机盗版软件 16 套。云浮市版权局执法人员在专项行动期间，检查计算机出租柜台、摊位组装批售计算机商店 76 家次，收缴盗版计算机软件 197 张（盒）。

从 2008 年 6 月 12 日至 10 月 15 日，广东省版权局按照国家版权局、公安部、工业和信息化部有关开展打击网络侵权盗版专项行动的统一部署，组织全省各地级以上市版权局开展了为期 4 个月的打击网络侵权盗版专项行动。期间，广东省版权局集中力量重点查处了国家版权局交办的 21CN 网站侵犯央视国际网络传播权案、“广州视听”等系列网站侵犯音乐作品版权案和 CNMP3. com 网站侵犯音乐作品版权案等 6 宗案件。其中，关闭网站的 1 宗，由通信管理部门注销网站备案号的 2 宗，行政处罚的 1 宗，移送公安机关追究侵权刑事责任的 2 宗，所有案件都得到及时、有效的处理。各市版权局在专项行动期间也认真监管辖区的网络运行，严肃处理了一批侵权网站。其中广州市版权局在专项行动期间，查处了“知新书业网”销售非法出版物案，抓获犯罪嫌疑人 1 名，收缴非法出版物 15000 册、光盘 600 张，电脑 2 台，并依法将案件移送司法部门进一步追究刑事责任；此外，广州市版权局对发现的“疯狂传世”、“星空传世”、“御守轮回”、“玫瑰传世”、“天空魔兽”等5个私服网站，已通过通信管理部门予以关闭。珠海市版权局对该市奇力创电气设备有限公司的网站（www.zhqlc.com）进行了查处，责令该公司网站停止侵权行为。汕头市版权局根据上海第九城市信息技术有限公司举报，关闭了汕头市天盈信息技术有限公司验证服务器侵权的外挂“卓越之星”；根据上海巨人网络科技有限公司举报，关闭汕头电信辖区内的《征途》私服；协助广州市文化市场综合行政执法总队调查“中国成功网”侵权盗版案，对该网站IP地址服务器进行登记保存，并移交广州市文化市场综合行政执法总队继续处理。河源市版权局检查辖区网站45家次，给予警告的3家。汕尾市版权局在辖区检查网站76家次，检查网吧等互联网上网服务场所240家次，查处非法下载电影网吧2家。东莞市版权局查处网络侵权案件2宗，其中，责令“779交换链接网”停止侵权行为，通过有关部门对IP地址为121.14.153.222的网站实施关闭。湛江市版权局根据上海第九城市信息技术有限公司的举报依法查处关闭了4个《魔兽世界》网络游戏私服网站，并对从事传播音乐视频类内容的网站如湛江金视、湛江万通等进行主动检查，专项行动期间执法人员共查处网络侵权案件5件，责令1家网站进行整顿，关闭非法网站4家，暂扣服务器2台。

根据国家版权局、工业和信息化部、国家广播电影电视总局联合印发《关于严禁通过互联网非法转播奥运赛事及相关活动的通知》（国权联［2008］3号）和国家版权局、公安部、工业和信息化部、国家广播电影电视总局制定的《处理非法转播奥运赛事案件快速反应机制》的要求，广东省版权局迅速向全省21个地级以上市布置相关执法工作的同时，由该局牵头，会同省通信管理局和省公安厅，组建了处理非法转播奥运赛事案件工作组，专门处理我省奥运期间发生的侵权案件。在举世瞩目的29届奥运会举行期间，为保护第29届奥运会赛事权利人的合法权益，及时制止对奥运赛事及相关活动的非法转播行为，省处理非法转播奥运赛事案件工作组在省版权局朱仲南局长的领导下，与省通信管理局配合，建立了处理非法转播奥运赛事案件快速反应机制和工作流程，在两个奥运会举行期间（8月8日至9月17日），施行24小时值守机制，并指定专人负责双方协调、配合工作，严查非法转播奥运赛事案件。在两个奥运会举行期间共快速查处了红意网、21cn网站、碰碰明星网、欧维网、tv007免费在线电视网、cctvbox.net、视听资讯网、球皇网、迅雷狗狗搜索、直播久等16宗互联网站非法转播奥运赛事案件。其中，核查关闭正在非法转播奥运赛事网站11家，查处并删除登载涉奥赛事信息2家，协查网站相关信息2次，注销违法网站1家，平均每宗案件处理时限在1小时内完成，最短的仅用了半小时，比上级规定的两小时内处理完毕的时限要求缩短了一半，有效保护了奥运会赛事权利人的合法权益。

一年来，广东省版权局除认真负责地指导、监督全省各地级以上市版权行政管理部门履行行政执法职责以外，还根据权利人的投诉，依法查处了一批版权侵权案件。经统计，全年共受理投诉案157宗，其中的123宗交给有关地级以上市版权局查处，该局自行处理的有34宗。

（供稿人：张同英、凌立华）

广东省林业局

2008年，广东省林业局按照科学发展现代林业的总体要求，不断解放思想，开拓创新，按照《广东省知识产权战略纲要（2008—2009年）实施方案》，结合全省林业建设实际，积极推进林业知识产权工作，并取得了较好成效。

（一）结合科技进步活动月开展知识产权保护宣传与普及

积极配合实施《广东省知识产权战略纲要（2007—2020年）》，进一步加大林业知识产权的宣传普及力度。在2008年科技进步活动月期间，全省各级林业科技主管部门及有关科研、教学单位结合各种形式的科技活动普遍开展了一次林业知识产权保护相关知识宣传普及，并重点开展林业植物新品种保护宣传与普及，进一步提高了各级林业科技管理部门、科研机构和广大林业科技人员的林业植物新品种保护意识，更好地推进了林业行业知识产权保护工作的开展。

（二）林业植物新品种申请量与授权量逐步增加

随着林业科技人员知识产权意识的进一步提高，广东省林业植物新品种保护工作也得到进一步加强，2008年全省有4个林业植物新品种获得国家林业局植物新品种保护办公室的授权，总授权量达到了7项；提交植物新品种权申请的新品种有5个，林业植物新品种权申请量和授权量都有新的增加。

（三）与林业科技相关的知识产权工作逐步加强

2008年，广东省财政设立了省林业科技创新专项资金。随着专项的设立与实施，逐步将知识产权目标纳入到专项可行性研究、申报立项、合同签订、实施管理中，使知识产权管理贯穿于科研计划管理的全过程，明确科研开发项目知识产权管理目标。同时，将知识产权事务费列入专项资金的支出内容，列支承担单位取得林业植物新品种权等相关知识产权的申请费用和维持费用等。

（四）做好林业企业知识产权保护的咨询服务

引导和支持林业企业的自主创新和知识产权保护，鼓励企业开展自主研发，开发具有自主知识产权的新技术和新产品，培育林业植物新品种，以提高企业竞争能力。加强对林业企业知识产权有关服务工作，特别是近年来，一些花卉培育与生产企业申请植物新品种的积极性大大提高，但由于对有关申请材料的填写、申报程序等工作不熟悉，省林业植物新品种管理部门及时为企业提供咨询服务，帮助企业提高植物新品种保护工作水平。

（供稿人：张心结）

广东省质量技术监督局

2008年，广东省质监局继续实施名牌带动战略，积极开展地理标志产品保护工作，严厉打击质量技术监督领域知识产权违法行为，知识产权工作顺利开展。

一、大力实施名牌带动战略

2008年，省质监局贯彻省委、省政府实施名牌带动战略的重要部署和要求，紧紧抓住名牌的培育、评价、带动、发展和保护五个中心环节，大力实施名牌带动战略，取得显著成绩。有398个工业类产品被评为广东省名牌产品，比去年增加45个。截止2008年底，全省共拥有中国世界名牌产品4个，占全国总数的40%，居全国第一；299个中国名牌产品，占全国总数的15.3%，连续八年居全国第一；1104个广东省名牌产品（工业类）。100亿元以上产值的中国名牌产品生产企业已达到15家。省级以上名牌产品生产企业完成工业总产值9030亿元，占全省规模以上工业总产值的13.8%；纳税683亿元，占全省的8.8%

（一）大力培育和推荐我省优势产品

为培育和推荐我省优势产品，年初省质监局就发动各行业协会、各地市质监局，通过各种渠道收集广东的优势产品。通过深入调查摸底，共计报送了中国名牌产品建议评价目录共190个，汇总了近三年的有关数据，撰写了建议评价目录说明；共计调研汇总省名牌产品119个，推荐其中的87个进入评价目录。为帮助、指导企业做好申报工作。2008年，共计组织发动300多家企业参加申报工作会议，发放申报资料400套。

（二）积极培育省名牌产品

在省名牌产品评价方面，以鼓励自主创新，建设现代产业体系，关注节能环保，促进外贸增长为重点。通过各地质监局及行业协会，通过网上通告、传真、举办座谈会、亲自上门等多项措施将名牌申报通知发送到符合申报条件的每一家企业，各地级以上市质监局根据申报通知要求积极宣传发动，认真组织企业申报，并重点对当地的优势企业进行一对一的面谈，动员他们积极参加评价工作。2008年全省共有595个产品提出申请，其中2008年新参评产品348个，复评产品247个，申报总数创历年新高，比去年多出近三分之一。

（三）不断完善省名牌产品评价机制

一是进一步完善评价体系，发挥名牌评价的导向作用。在市场评价、质量评价、效益评价和发展评价4大项评价项目保持不变的情况下，质监部门调整了评价体系次级项目，新增了品牌历史、国外注册商标、科技成果转化、产学研结合4个次级评价项目。评价体系中分值权重也做了适当的调整：市场评价分由原来的400分调整为430分；质量评价分由原来的300分调整为310分；效益评价分值不变，仍为150分；发展评价分由原来的250分调整为310分。总分由2007年评价时的1100分调整为1200分，从分值调整情况看，突出了发展评价。

二是计算机评价管理系统得到进一步的完善。在去年开发成功的省名牌产品计算机评价管理系统的基础上，今年省质监局根据专家使用后提出的改进意见和建议，对这一系统做了进一步的完善，将评价体系中4大项40小项分为客观项目和主观项目，客观项目11小项共650分，由计算机评价；主观项目29小项共550分，由专家评价。计算机评价管理系统的使用提高了工作质量和效率，减轻了专家组的工作压力。

三是突出了评价工作的公开性和透明度。将《2008年省名牌评价目录》、《评价体系》、《评价通则》及评价过程全部在省质监局网站向社会公布，使评价工作在阳光下进行。

四是改进了用户满意度调查方法。增加了省工商局“12315”和省质监局“12365”两个举报投诉中心，将原来由委托两个调查机构进行的调查增加到四个机构，使用户满意度调查结果更加客观准确。

五是体现科学、公正、公平、公开原则。为保证评价工作的公平公正，省质监部门对每份申报材料进行严格把关。组织当地有关部门、行业协会、消费者组织进行初审，提出地方推荐意见，再由地市质监局向秘书处推荐。将产品申报数据在省质监局网站进行公示。对公示后收到的群众意见，反馈给地方质监、统计、税务、海关等部门再次核查，再经地方相关部门、秘书处和专家三次审核把关，最后确定符合申报条件的产品571个。在产品评价时坚持办事公开、透明，规范有序，凡事交由集体研究决定，严肃评价纪律，不搞暗箱操作。

（四）积极宣传名牌产品发挥名牌带动作用

省质监部门注重加大名牌宣传力度，扩大名牌的影响力。先后组织300多家名牌企业参加了第九届中博会和第十二届西洽会，为名牌企业提供展示、交流、贸易的平台，为促进我省名牌产品开拓了国内外市场，提高了品牌知名度。

二、地理标志产品保护工作取得新成效

（一）主动组织对地理标志产品保护工作全面宣传

为了帮助社会各界全面了解我省质监系统几年来地理标志产品保护工作开展情况和工作成效，进一步推进地理标志产品保护工作力度，2008年省质监局在南方日报上开辟专版，分四期对我省质监系统地理标志产品保护工作

进行了全面报道。为了做好这次专题报道，省质监局在报道前组织对各地地理标志产品保护前后的种植面积和产量、平均销售价格的变化、农民增收情况以及制定产品标准和建立标准化示范区情况等进行了全面统计，并与南方日报记者赴云浮、肇庆等地进行实地调研，中国质量报和南粤质量也进行了相关报道，取得了良好的宣传效果。国家质检总局对此给予充分肯定，并在国家质检总局网站进行了转载，有效提升了地理标志产品保护制度的影响力。

（二）积极推进地理标志产品申报工作

2008年，我省有郁南无核沙糖橘（云浮郁南）、罗定肉桂（云浮罗定）、新兴香荔（云浮新兴）、清新冰糖橘（清远清新）、西牛麻竹笋（清远英德）、连南无核柠檬（清远连南）、金玉三捻橄榄（汕头潮阳）、张溪香芋（韶关乐昌）、中山脆肉鲩（中山）、普宁青梅（揭阳普宁）10个产品获国家质检总局批准；此外，还批准成立了翁源三华李（韶关翁源）、凤凰单丛茶（潮州）等20个产品申报办公室，其中南雄板鸭（韶关南雄）、乐平雪梨瓜（佛山三水）、北乡马蹄（韶关乐昌）、沿溪山白毛尖（韶关乐昌）、南澳鱼露（汕头南澳）、南澳牡蛎（汕头南澳）、火山无渣粉葛（韶关曲江）、凤凰单丛茶（潮州）、白蕉海鲈（珠海）、新垦莲藕（广州南沙）、钱岗糯米糍（广州从化）等11个产品已向国家质检总局推荐。

（三）地理标志产品保护工作继续保持全国前列

地理标志产品保护工作直接关系到区域经济发展，省质监局将这项工作作为服务地方经济发展的一项重要举措。虽然我省地理标志产品保护工作起步较晚，但是进展快、后劲足，年年迈上新台阶，得到了国家质检总局和省政府领导的充分肯定。2003年12月河源米粉获国家质检总局批准，实现了我省地理标志产品零的突破；2004年有5个产品获准成为地理标志产品，为我省地理标志产品保护工作上新台阶打下了坚实基础；2005年有8个产品获准成为地理标志产品，累计数量跃居全国第四；2006年有8个产品获准成为地理标志产品，累计数量升至全国第二；2007年有9个产品获准成为地理标志产品，累计数量位居全国第一，实现了全国质监系统排头兵目标；2008年，又有10个产品获准成为地理标志产品保护，累计数量达41个，继续保持全国前列。

（四）认真推动专用标志使用及制定省级地方标准和建立标准示范区

2008年，省质监局在推动企业使用地理标志产品专用标志方面也取得较好的成效，共有7家企业获准使用地理标志产品专用标志。截至2008年为止，我省质监系统获准使用地理标志产品专用标志的企业累计数量达38家，16个产品制定了省级地方标准，有5个产品制定省级地方标准已立项；建立7个国家级标准化生产示范区，10个省级标准化生产示范区；地理标志产品年总产值达77.17亿元，较保护前增长34.7%，受惠农户522895户、养殖专业户2454户、生产企业462家。

三、严厉打击违法行为

2008年全省质监系统在打击伪造、冒用他人厂名、厂址、产地等生产假冒国内外知名品牌、名优产品，以及伪造、冒用质量标志等知识产权违法活动中，共立案查处案件1504宗（其中生产企业876宗，经销单位102宗，仓储点7宗，捣毁制售窝点519个），涉案货值5439.44万元，销毁货值722.46万元，移送追究刑事责任案件64宗，移送数量居全国质监系统第一位。

（供稿人：卢卫军）

广东省食品药品监督管理局

2008年，省食品药品监督管理局认真履行规范药品、保健食品、化妆品、医疗器械市场秩序，严厉打击假劣产品的职责，做好药品等相关产品知识产权工作。

一、严厉打击假劣产品，保护知识产权

2008年，全省食品药品监督管理部门共查处案件6067宗（其中药品类5079宗，医疗器械类499宗，保健食品类326宗，化妆品类163宗），吊销《经营许可证》5张，捣毁无证生产、经营窝点1105个，移送司法机关案件25宗，刑事处罚14人。

（一）以专项打击行动带动整体打假执法工作

1. 继续牵头组织开展药品质量安全专项整治行动，重点开展小药店专项整治。各级食品药品监管部门继续组织开展药品质量安全专项整治行动，确保各项工作任务顺利完成；部署开展小药店专项整治，有效规范了乡镇以下药店的质量管理和经营行为。

2. 组织开展电疗、磁疗、光疗物理治疗设备和隐形眼镜市场专项检查，出动执法人员9383人次，对全省85家生产企业、3346家经营企业进行专项检查和产品抽验，6家生产企业被要求立即整改，1家生产企业和20家无证经营企业被立案查处；联合组织开展血液透析浓缩液专项监督抽验。

3. 组织开展保健食品非法添加药物成分专项整治，全省共抽验减肥类保健食品712批次，涉及154家生产企业、190个品种、165个批准文号的产品。有100家企业生产的196批次的减肥类产品检出西布曲明，检出率为27.53%；2家企业生产的2批次产品检出西布曲明同时检出芬氟拉明，检出率0.28%。

（二）集中力量，严厉查处“三品一械”大案要案

2008年，全省食品药品监管部门始终保持对违法行为的高压打击态势，以查处大案要案为突破口，努力净化药品、保健食品、化妆品和医疗器械市场环境，保障公众饮食用药安全。经统计，今年全省查处的案件中，涉案物品货值5—50万元的大案有28宗，50万元以上的特大案件有3宗。典型案件有：

6月，我局组织广州市局及相关部门开展“6·5打假专项行动”，一举捣毁广州成人用品市场周边6个涉嫌违法经营假药的地下窝点，查获涉嫌假药1844件、涵盖300多个品种。

2月，汕尾市食品药品监督管理局联合城区公安分局一举打掉一个违法销售含可待因药物制剂窝点，查获“可非”、“联邦止咳露”等1690瓶，货主夫妇两人被刑拘。

二、规范药品注册管理

（一）开展药品批准文号清查工作，全面完成清查任务

药品批准文号清查工作是药品再注册工作的基础，按照国家局《关于印发药品再注册和批准文号清查工作方案的通知》要求，涉及我省药品批准文号共有12717个，我局重点对地标升国标、统一换发批准文号所取得的文号进行了清查，将有关原始批件核对归档，并分别于2008年3月、5月和11月三次经国家局顺利验收，全面完成药品批准文号清查任务。完善了我省药品批准文号的数据库、促进了企业规范注册品种资料的管理、奠定了药品再注册工作的基础。

（二）围绕“解放思想，转变理念，争当药品注册科学监管排头兵”的专题开展研究

1. 通过药品补充申请注册，促进集团内企业产品结构调整。在省局许可权限内，对于我省集团内企业，通过变更企业名称和变更企业生产地址的药品补充申请注册的方式，鼓励企业优化产品结构，促进企业集约化和规模化生产，同时减少了集团内企业药品的重复申报和重复生产。

2. 按照药品安全风险程度，减免药品注册检验批次。对于变更原料药产地、变更生产地址的补充申请准许企业在充分验证并保证生产质量的基础上，实行分类检验。如对于多规

格的同一品种，只需注册检验一个规格；对于同剂型的非注射剂品种，可选取一个有代表性的品种进行注册检验。这一举措不仅可减少企业注册检验的负担，同时，强化了企业是药品质量第一责任人的意识。

3. 强化中药配方颗粒标准管理，促进企业规范产品质量标准。对于以生药投料的配方颗粒，鼓励不同配方颗粒生产企业合作对品种相同品种的中药配发颗粒进行标准研究；对于以饮片投料的配方颗粒，鼓励结合中药饮片的炮制，药材来源、生产工艺等建立饮片质量考核体系，保证作为原料的饮片质量均一性。

三、加强医疗器械管理

（一）发布实施《广东省医疗器械生产管理者代表管理办法》

2008 年 10 月 7 日，我局借鉴国外相关领域先进经验，发布了《广东省医疗器械生产管理者代表管理办法》，进一步强化企业是产品质量第一责任人的理念，理顺企业的质量管理架构，让具备相应资质和能力的人来担任企业管理者代表；明确管理者代表的职责，强化质量管理体系的地位和作用；让管理者代表更好地发挥质量管理部门对生产质量的监控作用，从而使企业逐步建立起职责明确、权责一致的质量管理体系，真正使企业的质量保证体系更趋完善。

（二）制定出台《广东省医疗器械生产企业质量体系复查暂行规定》

医疗器械生产企业质量体系考核在产品注册前进行，考核时企业处于静态，对于实际生产过程存在的问题难以发现，质量体系的有效监督应在生产企业产品注册后的质量体系突击检查。为此，我局以质量管理体系监督为重点，在全国率先建立了生产企业质量体系复查工作制度，制定出台了《广东省医疗器械生产企业质量体系复查暂行规定》，对新办医疗器械生产企业首次取得注册证满一年的质量管理体系的运行情况进行复查。2008 年检查了 32 家企业，通过质量体系复查工作，强化企业质量责任意识，加强企业内部质量体系管理，有效规范我省医疗器械生产秩序。

（三）全面实施医疗器械生产企业信用分类管理

全面贯彻《广东省医疗器械生产企业质量信用分类监管工作意见》，以制度建设为重点，全面推进医疗器械生产企业信用体系建设。各市根据本地区实际情况制定了分类监管实施细则，对辖区内医疗器械生产企业进行了 A、B、C 信用分类，上报了辖区内生产企业评定情况，我局在 2008 年 7 月上旬汇总审核后在系统内部公布 2007 年度医疗器械生产企业质量信用 A 级企业名单。第一批广东省 A 类医疗器械生产企业 66 家。

（四）推进医疗器械监管信息化建设

为整合监管信息资源，推进科学监管，提高监管效率，我局开发了全省医疗器械监管电子信息管理系统。该管理系统在建立企业基本情况信息数据库的基础上将医疗器械产品注册、生产、经营、广告、日常监管、行政执法、抽验检验、不良事件监测以及对重点企业重点环节实时监控等业务监管信息通过网络连接搭建成省局、市局、县（区）局三级操作的信息化管理操作平台。目前信息管理系统正在进一步完善之中。

四、强化保健食品化妆品管理

（一）加强保健食品广告审查与监管工作

2008 年，我局加强了保健食品广告监管力度，监测并移交工商部门违法保健食品广告 883 个，发布违法保健食品广告公告 5 期，涉及违法保健食品品种数量 52 个。处理其他省份发布违法广告品种数 5 个，并要求刊登媒体不再发布其违法广告的声明，杜绝其继续发布违法广告的现象，在违法保健食品监管方面收到了很好的效果。

（二）严格行政审批，促进化妆品企业提高档次

2008年，我局继续坚持高标准、严要求做好《化妆品生产企业卫生许可证》行政审批业务，积极促进企业提高硬件建设水平和生产管理能力。全年完成全省化妆品生产企业《化妆品生产企业卫生许可证》的新发、换证、迁址现场检查工作420多家/次，发出整改意见书82份，约占现场检查验收企业总数的20%；不予许可21家；撤销注销《化妆品生产企业卫生许可证》16份；促请企业迁址32家，明显提高了我省化妆品生产企业档次和产品质量。

（供稿人：缪志斌）

广东省知识产权局

2008年，广东省知识产权局坚持以邓小平理论和“三个代表”重要思想为指导，深入学习贯彻落实科学发展观，紧紧围绕我省经济社会发展和知识产权事业发展的重大问题，认真研究新情况、努力解决新问题，积极主动地履行职责，扎实做好知识产权各项工作，为促进全省经济社会又好又快发展、争当实践科学发展观排头兵作出了积极贡献。2008年，我省专利申请量为103883件，其中发明专利申请量28099件，同比增长5.27%；专利授权量为62031件，同比增长9.88%。全省专利授权量连续14年保持全国第一；其中发明专利授权量7604件，同比增长104.74%，首次跃居全国第一位。PCT（专利合作条约）专利申请量3120件，占全国PCT专利申请的53.3%，连续第七年位居全国第一。

（一）以主题活动为核心，不断增强落实科学发展观的自觉性和坚定性

按照中央和省委的部署和要求，我局坚持以学习贯彻科学发展观为主线，不断深化广大干部对科学发展观深刻内涵和重大意义的认识，不断增强贯彻落实科学发展观的自觉性和坚定性。

1. 认真组织开展解放思想学习讨论活动。2008年初，省委决定在全省范围内开展“继续解放思想，坚持改革开放，争当实践科学发展观的排头兵”学习讨论活动。我局高度重视此项活动，制定详细实施计划，坚持布置、指导、检查和落实一起抓，学习讨论活动取得明显成效。通过组织召开各类座谈会、理论中心组学习（扩大）会、调研汇报会和专题组织生活会，围绕“如何进一步解放思想，找准影响我省知识产权科学发展的突出问题”开展解放思想大家谈活动，在全省知识产权系统开展“我为广东知识产权事业科学发展献一策”活动以及学习考察和调研等活动，广大干部特别是领导班子，更加深刻地反思了阻碍科学发展的思想观念，更加深入地理解了坚持“八个必须、八个解放出来”的重大意义和现实针对性，进一步树立和增强了贯彻落实科学发展观的信心和决心。

2. 扎实开展深入学习实践科学发展观活动。根据中央和省委的统一部署，我局从2008年10月初开始，在全局系统开展深入学习实践科学发展观活动，目前已进入活动的第二阶段。通过活动的深入开展，进一步提高了广大干部职工对深入开展学习实践科学发展观活动的认识，进一步找准了影响我省知识产权科学发展的突出问题，贯彻落实科学发展观的共识进一步形成，即：更加注重用世界眼光、宏观思维、大局观念谋划广东知识产权事业发展，更加注重解决制约广东知识产权科学发展的深层次矛盾和问题，更加注重职能转变，革除小部门、小权力的狭隘思想，集中精力想大事、抓重点、出成效。

（二）以科学发展观为统领，不断创新工作思路和工作目标

2008年，我局以科学发展观为统领，继续解放思想，不断创新工作思路，进一步明确工作目标。

1. 推动知识产权强省建设目标的提出和实施。2008年4月局领导班子调整后，经过进一步的解放思想，针对现阶段我省知识产权事业发展主要存在的“大而不强”的问题，我局及时提出了今后一个时期的奋斗目标，就是全面实施知识产权战略，推动我省知识产权事业的科学发展，为广东争当实践科学发展观排头兵提供有力的支撑，实现知识产权大省向知识产权强省的跨越。这一工作目标，得到了省委、省政府的认可。6月，省委、省政府《关于争当实践科学发展观排头兵的决定》中明确提出“实施知识产权战略，加强知识产权创造、应用、保护和管理，实现从知识产权大省向知识产权强省跨越”。在《广东省建设创新型广东行动纲要》等政策文件中也提出了“建设知识产权强省”的相应举措。

2. 创新工作思路，不断增强服务经济社会发展的能力。2008年下半年，针对我省经济因受全球金融风暴的影响，遇到前所未有的冲击，局领导多次强调知识产权工作在其中应有所作为，要求职能部门尽快研究制定知识产权相关的配套政策措施，以实际行动贯彻落实省委、省政府的决策部署。同时，根据省委、省政府推动全省区域协调发展的部署，针对当前我省区域发展差异明显，各地市知识产权事业发展不平衡的情况，我局探索建立了省局领导联系指导地市工作制度。今年以来，结合知识产权战略纲要宣讲活动和区域发展计划，认真落实局领导联系指导地市工作制度，取得了明显成效，推动了各地市知识产权综合能力的提高，促进了全省知识产权事业的协调发展，增强了服务经济社会发展的能力。

（三）以实施战略纲要和省部会商为突破口，积极破解科学发展的难题

2007年11月和2008年6月，《广东省知识产权战略纲要（2007－2020年）》和《国家知识产权战略纲要》先后颁布。我局以知识产权战略纲要的实施为契机，积极推动省部知识产权高层次战略合作，努力破解科学发展的难题。

1. 推进知识产权战略纲要实施。为落实国家和我省知识产权战略纲要确定的任务和措施，我局会同有关部门组织制定了《广东省知识产权战略纲要2008－2009年度实施方案》，同时在全省范围开展声势浩大的《战略纲要》宣讲活动。一方面由省委邀请国家知识产权局田力普局长在省委理论学习中心组学习论坛上宣讲《国家知识产权战略纲要》，另一方面局领导带队分赴全省各市宣讲国家和省的战略纲要，大大增强了全社会的知识产权意识，取得了良好效果。

2. 推动省部知识产权高层次战略合作。为进一步发挥知识产权对我省经济社会发展的促进作用，我局围绕我省自主创新能力提高和产业结构优化升级的需要，立足全省知识产权工作实际和未来发展，积极促成国家知识产权局和广东省人民政府建立知识产权高层次战略合作关系。12月29日，国家知识产权局与省政府《关于建立知识产权高层次战略合作关系的议定书》签署仪式在广州开发区科学城隆重举行，标志着省部知识产权高层次战略合作关系正式确立，这为解决当前我省在知识产权体制、人才、信息等方面的实际问题，逐步解决未来事业发展的深层次问题，共同推进知识产权战略实施提供了有力支撑。

3. 开展与国家知识产权局专利复审委的合作共建。为进一步扩大专利无效案件审理的影响，优化广东专利无效案件审理的环境和条件，我局与国家知识产权局专利复审委开展了合作共建工作，并将其作为省部会商制度的重要内容之一。共建的主要内容包括设立复审委第一巡回庭、安装“庭审多媒体记录系统”、对无效案件审理和专利行政保护等问题进行探讨和研究、互派业务骨干到对方机关处室进行学习和交流；建立信息沟通渠道，共同构建信息交流平台等五个方面。10月29日，合作共建协议的签署仪式和国家知识产权局专利复审委员会第一巡回审理庭的揭牌仪式同时举行，这对进一步强化我省知识产权保护、拓展广东知识产权工作新一轮的发展空间具有重要

意义。

（四）以法制建设和制度完善为重点，不断加大知识产权保护力度

开展行政执法和知识产权保护，是维护公平有序市场秩序、规范市场竞争的重要手段，也是我局发挥职能作用，参与市场监管的重要工作方式。

1. 继续推进专利法制建设。为优化知识产权法制环境，我局积极推进《广东省专利条例》立法工作，与省人大、省法制办等部门广泛调研和充分沟通，拟定并形成了《广东省专利条例》（送审稿）；积极配合全国《专利法》立法调研工作，提出了高质量的修改意见和建议，得到国家有关部门肯定。

2. 积极开展专利行政执法。2008年，我局继续推进“执法重心下移”，认真查处假冒、冒充专利，调处专利纠纷，组织开展了“雷雨”、“天网”知识产权执法专项行动，加大指导各地市开展专利行政执法的力度，并积极探索知识产权维权援助和涉外应对机制，全省专利侵权及假冒他人专利、冒充专利等违法行为得到有效遏制。2008年全省各级知识产权局切实履行专利行政执法职责，共立案受理各类专利纠纷案件199件，结案198件；立案查处假冒、冒充专利案件共41件，结案44件。

3. 指导开展会展和行业协会知识产权保护。2008年，我局继续开展以广交会为龙头的会展和行业协会知识产权保护工作，进驻了第103届和104届广交会、第5届中博会、第28届和29届广州国际美容美发化妆用品进出口博览会等，指导各地市开展相关会展和行业协会的知识产权保护工作，维护了各类会展正常的交易秩序，推动了有关行业产业和企业的健康发展。2008年，全省各级知识产权局通过指导各类会展和行业协会指导解决的专利纠纷共1083宗，其中，指导会展解决的专利纠纷918宗；指导行业协会调解的纠纷165宗。

（五）以政策激励和扶持为导向，大力推动知识产权的有效运用

2008年，我局继续强化知识产权的激励政策和扶持措施，加大工作力度，推动知识产权的转化和运用。

1. 继续落实各项激励措施。推动省政府落实重奖我省获第十届中国专利奖项目，对我省获得第十届中国专利奖（其中2项金奖和19项优秀奖金奖，获奖数量居全国第一位）的获奖单位给予每项100万元和50万元的重奖。同时，完善《广东专利奖评奖办法》，启动2009年广东专利奖评审工作。

2. 推动企业知识产权工作的深入开展。2008年，我局认定了首批10家省知识产权战略试点企业、增加认定了10家省知识产权示范企业、50家省知识产权优势企业，以此带动企业积极研究、制定和运用知识产权战略，不断增强企业参与国内外市场竞争的能力。选择了70个专利项目列入2008年专利技术实施计划给予资金支持，逐步形成了企业投入为主、社会支持为辅、省、市、县联动，拓展渠道，整合资源，共同推进知识产权实施和产业化的良好局面。

3. 开展有关重点产业专利态势分析。从2007年开始，我局开展了电池、平板显示、LED产业等重点产业专利态势分析的研究工作，通过专利信息的分析，研究产业的未来发展态势，为政府、产业、企业的科学决策提供依据。2008年4月，电池产业专利态势分析报告向社会发布后，引起了社会各界的强烈反响，广大企业和研究人员对此给予了充分的肯定。

（六）以世界眼光和开放思维谋划事业发展，加强知识产权国际和区域合作及人才培养，营造良好的社会氛围

2008年，我们继续做好“走出去”、“引进来”的工作，深入推进知识产权国际交流与合作，深化区域合作的各项内容，采取有效措施，加快知识产权人才的培养。

1. 组织开展知识产权对外交流。我局积极发挥协调涉外知识产权事宜的机构职能，协调全省各知识产权管理与保护部门共同开展对外知识产权工作。2008年接待了美国、英国、

德国等9个国家政府及民间组织20个知识产权代表团66人次的来访交流，组织举办国际交流与研讨活动，与美国专利商标局合作举办“珠江知识产权及创新论坛2008”，与国家知识产权局、欧洲专利局、欧共体商标局联合主办“欧洲知识产权制度—外观设计与专利国际研讨会”，拓展我省知识产权工作的国际影响力。

2. 促进粤港和泛珠三角区域知识产权合作。2008年，我局组织各有关部门和单位赴港参加了粤港保护知识产权合作专责小组第七次会议和“正版正货”计划十周年庆祝活动，与香港知识产权局联合举办了“粤港知识产权与中小企业发展（汕头）研讨会”、粤港知识资本管理讲座等，开展粤港两地高校及科研机构知识产权管理工作交流活动和粤港知识产权教师交流计划。积极配合做好第五届泛珠三角区域知识产权合作联席会议暨第四届泛珠三角区域知识产权合作论坛的筹备工作，提交2008—2009年底建议合作项目，认真做好“泛珠三角区域有效专利存量调查及分析”工作。

3. 推进知识产权宣传和人才培养。2008年，我局结合“保护知识产权宣传周”、知识产权战略纲要颁布实施，纪念改革开放30周年等重大事件开展了一系列形式新颖、内容丰富、声势浩大、影响深远的宣传活动，努力营造尊重知识、尊重人才、尊重创造的社会氛围。同时，认真落实国家知识产权局“百千万知识产权人才工程”，组织参加国家知识产权局专题培训班39人次；研究制定“广东省百千万知识产权（专利）人才培育工作”实施方案。2008年，我局举办以及指导举办各类知识产权培训班、研讨会、讲座169期，培训2.4万多人次。

（七）以提高服务能力为目标，强化知识产权中介服务体系和服务环境建设

知识产权中介机构等服务体系和支撑体系，是知识产权事业的重要组成部分，提高中介机构的服务能力，加强支撑体系的建设，是知识产权事业健康快速发展的基础。

1. 加强专利代理行业的监管和专利代理市场的整顿。2008年，我局组织召开全省专利代理管理工作会议，推动成立广东专利代理协会，发挥专利代理惩戒委员会作用，加强专利代理执业培训和行业自律，并与省工商局联合在全省范围内开展查处取缔无证无照从事专利代理行为的专项行动，推动了专利代理市场环境的净化。截止12月底，我省共有专利代理机构84家，分支机构74家，执业专利代理人541人，其中具有涉外代理资格的代理机构22家，新增3家。

2. 加强知识产权信息基础建设。“广东省专利信息服务平台及应用系统建设项目”通过验收，由省中心平台、地级以上市分平台（分站）、重点行业专题数据库三级构成的专利信息服务体系基本形成。全省不断加强专利信息应用平台和专利信息检索服务基础设施建设，各类专利信息服务网和专题专利数据库的建设步伐加快，知识产权信息服务网络逐步建立。2008年，我局根据形势的发展，又制定了《广东省知识产权公共信息综合服务平台建设方案（2009—2012年）》和《关于加强专利信息服务与管理的意见》，继续强化知识产权信息基础建设。

3. 改善知识产权服务环境。2008年，我局积极探索专利质押融资工作，各地也开展知识产权产业化投融资促进工作，知识产权运用的投融资环境有了明显改善；积极推动专利实施许可合同备案工作，有效促进专利技术转让和实施的进一步规范；与国家知识产权局有关部门建立了专利登记簿副本快速出证合作机制，为进一步规范专利管理和保护提供了重要支撑；开通了国家知识产权局远程会晤系统，为我省专利申请人提供了很好的沟通平台。专利申请受理和收费工作也取得新突破。今年代办处的各项业务均呈增长态势，全年共受理专利申请57081件，收缴专利费用过亿元（10423万元，笔数达16万笔），分别增长24%和5.2%，是全国首个突破亿元大关的代办处。

（供稿人：郑俊秋）

广东省人民政府外事办公室

2008年，广东省人民政府外事办公室将配合落实省知识产权工作作为实践科学发展观的重要举措之一，围绕中央和省委、省政府的有关部署，结合自身工作实际，认真贯彻《广东省知识产权战略纲要（2007－2020年）》等文件精神，有效利用各种对外交往渠道，积极宣传我省知识产权保护工作的有关措施和成效。主要情况如下：

一、安排高层领导会见重要外宾，介绍我省知识产权保护政策和成果

近年来，中国知识产权保护情况是西方国家及日、韩等亚洲发达国家关注的重点之一。与数年前只看到我国知识产权保护工作缺陷的情况相比，上述国家尤其是其驻广州总领馆在与我交往中已明确承认我们在知识产权保护方面取得的重大进步。省外办充分利用使领馆渠道，积极安排各国领馆及其派遣国重要团组拜会我省高层领导，宣传我省知识产权保护情况。2008年曾先后安排汪洋书记会见美国驻华大使雷德、宋海副省长会见美国财政部美中战略经济对话特使霍尔默等重要外事活动，就知识产权保护问题交换意见并探讨合作。

二、积极通过外国领馆渠道，宣传我省知识产权工作成效，促进国际交流与合作

针对外国领馆对我省知识产权保护的关注情况，省外办根据我国有关法规和国际通行惯例，积极协调安排领馆及其派遣国访粤团组拜访省知识产权局、广东质量技术监督局、省新闻出版局、省公安厅经侦处、海关广东分署、省工商局、省法院、省检察院等相关单位，为对外加强对口交流与沟通、增进了解与合作提供了相应的协助。同时，省外办还通过积极组织领团活动的方式，帮助领馆更好地了解我省不断增强产业自主创新能力和强化知识产权保护工作的情况。例如，组织美国、加拿大、波兰、瑞士、日本、韩国等13国领事官员出席广东省知识产权保护状况新闻发布会；组织美国、日本、韩国、印尼、俄罗斯五国领事官员出席全国统一集中销毁侵权盗版及非法出版物广东分会场活动；组织领团前往云浮参加中国（新兴）不锈钢餐厨具五金制品博览会；组织领团参加广东省现代农业博览会等。上述活动不仅以直观的方式向领馆介绍了我省具有自主知识产权的高新技术与名优产品，而且还帮助领馆了解我省知识产权保护工作的开展、打击知识产权侵权问题的决心和力度以及鼓励自主创新的政策和形势。

三、妥善解决纠纷，维护中外企业合法权益

省外办还妥善处理了有关外国使领馆投诉我省企业、商贩侵犯其派遣国知识产权事件的纠纷。例如，瑞士驻广州总领事馆曾向我办反映广州沙面地区有部分商贩售卖假冒瑞士手表，省外办协同省工商局等有关部门对此事件进行了调查，查收了违规售卖的假冒手表。又如，德国驻华使馆曾来信投诉东莞某公司文具产品侵犯德国某公司的专利权，经我办向东莞有关公司及当地知识产权局等部门了解，德方所述产品的专利保护期早已终止，且该公司产品在外观和内部结构上与德方所述产品均不相同。由于省外办积极协调相关部门妥善处理并及时反馈上述情况，从而化解了冲突，维护了我省企业的正当权益和声誉形象，也展示了我省相关部门依法维护知识产权的实际行动。

（供稿人：周轩）

广东省人民政府知识产权办公会议特邀单位

海关总署广东分署

2008年以来，广东海关认真贯彻落实海关总署和广东省委、省政府的各项部署要求，在进出境监管业务量不断攀升的形势下，始终坚持依法行政，不断完善执法机制，提高执法效能，强化打击进出口侵权行为力度，取得了明显成效。据统计，2008年，广东省内海关共采取保护知识产权措施2422次，查获侵权嫌疑货物6.4亿件。广东海关通过卓有成效的执法，有效维护了广东关区公平竞争的对外贸易秩序和知识产权权利人的合法权益，进一步优化了广东地区的投资环境。广东海关主要采取了以下措施全面推进知识产权保护工作：

一、加强部署，全面推进广东关区知识产权边境保护工作

广东海关始终将知识产权保护作为提升国家核心竞争力、促进社会和谐的一项重要工作认真部署。根据海关总署的统一要求，广东海关进一步健全工作机制、夯实工作基础、抓住重点领域和突出问题，落实责任，加大保护力度，严厉打击各类进出口侵权行为，取得了明显成效，得到了各界普遍肯定。

二、建立健全培训机制，全面提高执法人员素质

为提高海关监管人员主动查获侵权货物的能力，广东海关多次组织开展知识产权业务培训，并经常性地邀请权利人向口岸关员介绍鉴别侵权货物的技术，不断提高口岸关员对知识产权相关法律法规的认识深度和对侵权商品的辨别能力，促使他们提高主动查获侵权货物的能力。例如，2008年12月，海关总署广东分署就召集了广东省内海关近80名关员进行了为期三天的知识产权保护培训，邀请了广东省知识产权司法和行政机关的专业人士授课，期间还会同美国驻广州总领事馆邀请多家知识产权权利人介绍产品辨识。类似的活动在广东省内海关中也得到普遍开展，次数达到30余次，取得了明显效果。据统计，目前在广东海关查获的案件中，近99%的案件都是依职权主动查获，这与广东海关持续、有效的执法培训有着密切关系。

三、以风险分析和监控为主要手段，不断提高查获侵权货物的针对性

海关对进出口货物面临快速通关和高效监管的双重压力，为保证在不影响进出口货物正常通关的前提下有效阻止侵权货物的进出口，广东海关进一步改进执法技术，充分运用风险分析手段，加强风险信息的共享、采集和分析，对于来自重点国家和地区、重点企业和重点商品进行专门的布控查验，提高了查获侵权货物的准确性。据统计，2008年广东海关查获的侵犯知识产权案件中有近40%的案件是通过风险分析布控的方式查获。

四、以保护涉奥知识产权为重点，开展打击重点领域侵权系列专项行动

广东海关按照海关总署的要求，以保护涉奥知识产权为重点，开展打击重点领域侵权系列专项行动。开展了针对通过邮递、快件途径小批量、多批次进出口侵权货物的打击邮递快件渠道侵权行为的专项行动。期间，加大了人力和先进设备的投入，提高了来自重点国家和地区邮递物品和快件货物、物品的查验比率，取得了重要成效。

从2007年10月至2008年3月，开展了为期半年的保护知识产权“龙舟行动”，通过

一段时间的集中整治，有效阻止了侵权货物的出口。据统计，行动期间广东海关共采取保护知识产权措施 1025 次，查获涉嫌侵权货物 2138 批次，共计 1.1 亿件。

奥运会前后，广东海关认真组织开展了保护涉奥知识产权专项行动，做好奥林匹克标志海关保护的宣传工作。据统计，2008 年，广东海关共查获涉嫌侵犯奥林匹克标志专有权的案件 169 宗，查获侵权嫌疑货物 167 批次、共计 22 万件。在奥林匹克运动会举办期间，广东海关还在各出入境口岸、国际航班上开展了中国海关知识产权保护的宣传活动，播放和张贴了由国际影星成龙主演的宣传片及拍摄的宣传画，收到了良好效果。

五、强化外部宣传，加强沟通交流，优化执法环境

广东海关充分认识到知识产权海关保护不仅取决于海关自身的执法意识和执法水平，而且也需要权利人、侵权人以及社会大众的认可和支持。为优化执法环境，广东海关通过座谈会、发放调查问卷、举办培训等方式大力开展与权利人的沟通交流工作，增进了相互间的了解与信任。“4·26”知识产权保护宣传周以及“12·4 法制宣传日”等大型宣传活动，广东海关充分利用各种媒体广泛宣传海关知识产权边境保护法律、政策和工作，组织新华社、《人民日报》、中央人民广播电台、中央电视台、《知识产权报》、《南方日报》、《羊城晚报》等中央和地方重要媒体都对海关保护知识产权所做的工作进行了报道，营造了良好的执法氛围。

六、加大对国内自主品牌保护力度，激励企业自主创新

受全球金融危机的影响，国外的订单有所减少，不少以加工为主的企业受到不同程度的冲击。根据海关总署的统一安排，广东海关及时制定措施，通过多种方式，加大对国内自主品牌的保护力度，增强企业对知识产权的重视和了解，激励企业自主创新，扶持部分企业实现从以加工为主向自主创新为主的转型。

针对当前出现的定牌加工侵权案件较多以及国内企业知识产权保护意识仍然有所欠缺的情况，广东海关进一步加强了对进出口企业和加工企业的知识产权边境保护的调研、宣传和指引力度，采取有效措施提升企业知识产权边境保护意识，引导企业合法开展对外贸易，避免发生侵权情事。

七、加大信息交流和执法协助，形成打击侵权合力

广东海关继续加强与公安、工商、专利、版权等广东省地方知识产权主管部门的合作，提高知识产权保护的整体效能，在开展刑事执法，商标、专利、版权保护合作等领域取得了很大进展。

广东海关还充分利用与香港、澳门海关知识产权保护合作机制，开展粤港、粤澳海关间的情报交流、信息互通、合作调查、联合行动等，取得显著成效，为打击跨境侵权行为发挥了重要作用。据统计，2008 年，粤港、粤澳海关在知识产权保护合作领域共形成各类情报通讯近 100 份；在罗湖、皇岗、沙头角、深圳湾、拱北和横琴等口岸举行双边联合执法行动五次，查获侵权案件四十余宗；开展案件协查十余宗。

（供稿人：陈桃生）

广东省高级人民法院

2008 年，全省法院以科学发展观统领工作全局，以“三个至上”为指导思想，认真贯

彻“公正司法、一心为民”宗旨，进一步解放思想，开拓创新，充分发挥司法保护知识产权的主导作用，为提升全省自主创新能力和建设创新型国家提供了有力的司法保障。

一、服务大局，促进和谐，审判工作创佳绩

（一）公正高效权威审理好各类知识产权案件

1. 公正高效审理知识产权民事案件，依法保护了权利人的合法权益。2008 年全省新收一审知识产权民事案件 4427 件，较上年上升 41.8%，占全国总数的 17.3%，连续第五年居全国第一；审结 4304 件，较上年上升 38.7%。新收二审知识产权民事案件 690 件，较上年上升 19.8%，审结 671 件，较上年上升 17.3%。其中省法院新收二审案件 468 件，同比增长 8.1%，审结 536 件，同比增长 24.4%。结案增长幅度远高于收案增长幅度，取得存案大幅下降 22.2%的优异成绩。在进一步提高审判效率的同时，全省法院严把案件质量关，不断提升知识产权案件的审判质量，全省知识产权民事案件上诉率为 16.0%，二审改判发回率为 18.0%，再审率为 0.1%，均低于全国平均水平。

2. 强化知识产权刑法保护，依法打击知识产权犯罪行为。针对侵犯知识产权的犯罪不断上升的态势，全省法院不断加强对知识产权的刑法保护力度，遏制侵犯知识产权的犯罪行为。去年，全省法院共新收各类知识产权犯罪一审案件 381 件 804 人，审结 380 件 801 人。在已生效判决中，假冒注册商标案 100 件 225 人，销售假冒注册商标的商品案 18 件 37 人，非法制造、销售注册商标识案 37 件 71 人，侵犯著作权案 5 件 16 人，销售侵权复制品案 1 件 4 人，侵犯商业秘密案 14 件 25 人，其他一审知识产权刑事案件 210 件 399 人。依法对 777 人作出了有罪判决，有力地打击了侵犯知识产权的犯罪行为，显示了我国恪守国际条约义务，切实保护知识产权的坚定决心。

3. 加强知识产权行政审判工作，依法支持和监督知识产权行政执法行为。2008 年，全省法院共新收一审知识产权行政案件 37 件，结案 37 件。通过依法审查知识产权行政执法行为，促进了知识产权行政执法机关依法行政，对行政执法机关充分发挥职能作用，加强对知识产权的行政保护发挥积极的促进作用。

在审判工作中，全省法院坚持围绕大局、攻坚克难，公正高效的审结了一批社会关注度高的案件，取得了法律效果和社会效果的统一。例如，审结全省首宗 p2p 网络服务商侵犯《七剑》电影著作权纠纷、四川江口醇酒业（集团）有限公司诉湖北襄樊酒厂假冒知名商品“诸葛酿”特有名称、包装、装潢纠纷、鲁南贝特制药公司与丽珠医药集团侵犯商标权纠纷和在媒体有广泛报道的华佛尘诉广州电视台“美在花城”侵犯著作财产权纠纷等。通过公正高效地审理各类知识产权纠纷，有效促进了科技创新和推广应用，规范了市场经济竞争秩序，促进了文化和科学事业的繁荣，树立了广东知识产权审判人员公正高效、执法为民和廉洁奉公的良好形象。

（二）大力加强诉讼调解工作，促进和谐社会建设

在审判工作中，全省法院严格遵循“服判息诉、案结事了”的硬道理，坚持“调解优先”的原则，通过充分运用多元纠纷解决机制，在“全员调解、全程调解”的民事大调解新格局中不断总结新的调解经验，改进调解方式，增强调解效果。全省法院一审知识产权民事案件中调解和经调解后当事人主动撤诉的案件共 2611 件，调撤率达到 60.7%，较上年增长 8.2 个百分点，调解成绩十分突出。省法院知识产权审判庭二审案件调撤率达到 27.6%，部分法官个人调解率高达 51%，涌现出了一批“调解能手”。全省法院知识产权审判人员通过耐心细致的调解工作，不但换来了双方当事人的相互谅解，妥善解决了纠纷，而且让法庭上的“冤家”结成了市场上的“伙伴”，有效地推动了科技成果的应用和先进文化的传播，实

现了当事人双赢，取得了良好的社会效果，促进社会和谐稳定。

二、多种方式，立体组合，审判指导有声色

全省2008年新收一审知识产权案件4427件，较上年增加41.8%。其中8个负责专利审判的法院新收专利一审案件1115件，较上年的992件增长12.4%；16个被指定管辖部分知识产权案件的基层法院共新收一审知识产权案件2065件，占全省总数的46.3%，同比增长了144.8%，审判指导任务十分繁重。

（一）举办全省法院知识产权审判工作电视电话会议

10月召开的会议传达贯彻第二次全国法院知识产权审判工作会议精神，总结2007年全省知识产权审判工作的成绩和经验，部署全省知识产权审判工作的主要任务。省法院郑鄂院长和凌祁漫副院长出席会议并作重要讲话，广州、深圳、佛山三个中院和天河区法院在会上做经验介绍发言。会议从全局上进一步明确了全省知识产权审判工作的方向，指明了具体的工作思路和措施。

（二）在汕头召开全省专利审判工作座谈会

2008年5月6日至7日，省法院在汕头召开了“广东法院专利审判工作座谈会”，这是广东省开展专利审判工作二十多年第一次召开专题座谈会，在全国省级法院也属首次。座谈会全面回顾和总结了全省开展专利审判二十年所取得的成绩，分析了全省专利审判面临的形势和任务，提出专利审判要贯彻党的十七大精神，加强专利案件调解，深入研究专利审判规律，提高专利审判队伍整体素质等四项要求。此次会议的召开，对深入贯彻落实《国家知识产权战略纲要》提高自主创新能力的新要求，推动全省专利审判工作水平再上新台阶具有重要意义。

（三）出台业务指导文件，统一全省执法尺度

广东文化产业发展迅猛，是中国音像业、软件制造业的重要基地，同时也是侵犯音像著作权案件频发的重灾区。2008年5月，省法院民三庭与广东省音像分销业商会联合举办了“广东省音像著作权司法保护论坛”，就当前著作权司法保护中的热点和疑难问题展开深入探讨。根据会议达成的共识，省法院以“降低维权成本，提高侵权代价，有效遏制侵权行为”为原则，制定了《广东省高级人民法院关于审理侵犯音像著作权纠纷案件若干问题的指导意见》，对侵犯音像著作权的诉权及原告资格的认定、原告的举证责任、侵权责任的认定、全面赔偿原则的适用、网络侵权纠纷以及诉讼时效等问题进行了系统规范。《指导意见》的出台，有利于统一全省各级法院著作权审判的裁判尺度，指导下级法院依法公正审判音像著作权案件。

（四）编印《广东知识产权审判》（第二期）等业务资料

省法院民三庭编印《广东知识产权审判》（第二期）汇集了本年度知识产权审判中的指导文件、调研成果、典型案例，便于全省知识产权审判人员充分了解当前审判工作中的新情况新问题。该庭编写的知识产权案例丛书《掩卷而思——著作权案例选萃》也即将交付出版。深圳中院编写的《专利纠纷判解》一书由人民法院出版社出版，汇集了该院审理的46宗有代表性的专利案件，具有较强的理论性和实务性。

三、大胆探索，积极实践，机制创新出成果

（一）进一步下移知识产权司法保护重心

省法院根据《国家知识产权战略纲要》的要求，继续探索优化审判资源配置的方法。目前全省有权受理部分一审知识产权案件的基层法院数量已达16个，全年受理一审知识产权案件2065件，占全省案件总数的46.3%，与

上年同期相比，增加了144.8%，分流案件的效果明显，缓解了省法院和部分中院的审判压力。9月份，省法院下发《关于调整我省第一审知识产权、涉外、涉港澳台民商事纠纷案件区域管辖和级别管辖等事项的通知》（粤高法发［2008］28号），由广州、深圳、佛山市中级人民法院指定所辖有知识产权管辖权的基层法院审理属于中院管辖的部分知识产权案件。下移知识产权司法保护重心工作的稳步有序推进，有利于充分利用基层法院的审判力量，在更广的范围内培养知识产权审判队伍。

（二）与国家知识产权局专利复审委建立长效交流合作机制

为加强知识产权司法机关和行政机关之间的互动交流，形成知识产权保护的合力，提高全省知识产权审判人员的技术事实认定水平，省法院以敢为人先的精神，积极探索司法机制创新。在2007年与专利复审委之间建立的互派人员交流学习合作机制取得明显成效的基础上，省法院和专利复审委经过长期磋商，最终于2008年10月签订《国家知识产权局专利复审委员会与广东省高级人民法院交流合作协议》，国家知识产权局副局长贺化、广东高院副院长凌祁漫、广东省知识产权局局长陶凯元参加了签字仪式。《合作协议》的签订，在双方之间建立了“六个长效机制”，即互派人员交流学习机制、专利技术咨询机制、涉诉案件优先办理机制、信息交流机制、研究交流机制和高层会商机制。协议的签署，一定程度上缓解了全省法院在专利审判中对技术事实认定上长期所面临的困难，有利于法院培养专家型、复合式法官；有利于进一步加强专利行政执法和知识产权司法保护的协调和衔接；对于加强全省知识产权的司法保护，增强自主创新能力，提高核心竞争力，实现全省经济社会的科学发展具有特殊的意义。

（三）不断完善知识产权法律咨询顾问制度

为解决知识产权审判长期以来面临的技术事实认定的难题，除与国家知识产权局专利复审委建立长效合作机制外，省法院还建立了广东法院知识产权法律咨询顾问制度。为充分发挥专家顾问的审判辅助作用，保证这一制度的健康发展，省法院民三庭于今年3月起草了《关于进一步完善广东法院知识产权法律咨询顾问制度的意见和建议》。一些涉及技术事实认定的疑难案件，通过咨询专家意见作出终审判决，取得了良好的审判效果。

四、联系实际，研以致用，调研宣传谱新篇

（一）完成最高法院及省法院调研课题，拓宽调研视野

2008年，省法院民三庭承担了省法院《统一二审改判标准调研》和《大力加强民事调解工作》两个课题的调研，参与了省法院《加强立案审查，严把受理关口》、《关于进一步提高全省法院审判效率的调研》、《民商事案件统一执法标准专题》和《阳光审判调研专题》等四个课题的调研。此外还参与了最高法院《程序中止担保制度研究》这一全国重点课题的调研。内容既有传统民商事案件审判的管理机制研究，也有知识产权案件诉讼制度研究；既有实体问题，也有诉讼程序问题，形成了一批高水平的调研成果，就司法解释和指导意见的制定、司法保护体制的完善提出合理化对策和建议，为最高法院和本院党组决策提供了活的源泉，在全庭上下形成了以审判带调研、以调研促审判的良性互动格局。

（二）加强与行业协会的交流与协作，将业界的实践经验、呼声和需要转化为司法服务行动

为掌握第一手的知识产权司法保护的现实情况和面临的问题，听取社会和行业的呼声和需要，把司法为民从一句口号化为现实的行动，省法院高度重视与行业协会的交流、沟通。尽可能的了解业界对司法保护的需求，学习业界的专业经验，将这些实践知识与法学理论相结合，转化为理论成果，再用于指导实践。5月，省法院民三庭与广东音像分销业商

会在广州联合举办“音像著作权司法保护论坛”，全省法院、广东音像分销业商会代表、国际唱片业协会代表与会，围绕音像著作权司法保护中亟待解决的问题进行了深入的讨论。12月，省法院民三庭与音像分销业商会再次举办座谈会，对《广东省高级人民法院关于“广东省音像著作权司法保护论坛”会议纪要》及《广东省高级人民法院关于审理侵犯音像著作权纠纷案件若干问题的指导意见》进行深入的讨论。通过座谈深入了解行业面临的问题及其对司法保护的新期待、新要求，增强了司法保护的责任感和紧迫感。

（三）总结审判经验，深化知识产权理论研究

全省法院及时准确掌握知识产权审判工作发展的最新动态，加强对知识产权审判实践中新情况、新问题的学习和研究，在《人民司法》、《法律适用》、《判解研究》、《中国知识产权报》、《中华商标》等省级以上刊物及专业丛书上发表近百篇法学论文和案例分析；其中，省法院民三庭的《广东省商标司法保护现状、存在问题与对策》调研成果获得全省法院优秀调研成果奖；一些法官参与撰写的《法眼看新闻——知识产权案件报道之法理解读》一书由羊城晚报出版社出版，显示出较强的专业水平和调研能力。这些理论研究成果为全省知识产权审判工作积累了宝贵的素养，为中国特色的知识产权审判理论体系的建立作出了应有的贡献。

（四）采用多种形式，进一步扩大宣传报道成果

一是召开知识产权新闻发布会。4月26日“世界知识产权日”，全省法院分别举办知识产权新闻发布会，向社会各界通报2007年全省知识产权审判工作的成绩和经验，公布2007年广东知识产权审判十大案例及各地的典型案例，切实加大知识产权司法保护工作力度，提高全社会知识产权保护意识。

二是依照最高法院部署，全省法院11月集中开展了以“司法护权、激励创新”为主题的加强知识产权司法保护行动月活动。省法院民三庭选取侵犯“PUMA”知名商标专用权纠纷一案进行公开开庭，邀请人大代表、政协委员、知识产权法律咨询顾问和其他代表性人士旁听庭审，并于庭后举行座谈会，充分征求代表们对于加强知识产权审判工作的意见和建议。全省法院集中宣判一批知识产权案件，公布一批典型案例，争取社会公众对广东知识产权司法保护工作的支持和认同，扩大广东知识产权审判工作的影响。

三是充分利用主流媒体宣传知识产权司法保护的核心价值观。全省各级法院积极策划在中央电视台、《法制日报》、《人民法院报》、《信息时报》、《知识产权报》、《南方日报》、《广州日报》、《羊城晚报》、《南方都市报》等主流媒体和《中国知识产权司法保护网》等国内各大网站上发表关于全省知识产权审判工作及案例的新闻报道，扩大了全省司法保护知识产权工作的影响力。

四是进一步完善广东知识产权司法保护网，及时公开知识产权审判工作信息。广东知识产权司法保护网自2006年开通以来，就以其权威、高效、便利的特点受到了社会各界的广泛关注。10月，省法院民三庭在技术部门的支持下，进一步完善了广东知识产权司法保护网的页面、版块和内容设置，新增专利法院的网站链接，增强了搜索引擎的功能。全省法院全年共向中国知识产权裁判文书网上传生效裁判文书4025件，上载数量连续第三年居全国第一，进一步增强了知识产权审判的透明度，以公开赢得公信，以公信树立权威。在2008年1月召开的全国知识产权裁判文书上网工作会议上，省法院被列为经验交流单位在大会做经验介绍。

五、规范管理，固本强基，队伍建设树正气

（一）知识产权审判的政治方向和指导思想更加明确，队伍的政治素质进一步提高

全省法院围绕“做中国特色社会主义事业

建设者、捍卫者”的基本要求，着重提高知识产权审判队伍认识和把握大局的能力、认识和把握社会矛盾的能力、认识和把握社情民意的能力：

一是按照省法院的统一部署，积极参加“大学习大讨论”活动和“学习实践科学发展观”主题讨论活动，将两项活动与“破解广东知识产权审判工作的难题”紧密结合，在活动中寻找动力和契机。

二是定期组织政治学习和业务学习活动。全省法院认真组织干警学习了《国家知识产权战略纲要》、最高法院《关于认真学习和贯彻〈中华人民共和国反垄断法〉的通知》、《王胜俊院长在全国大法官“大学习大讨论”研讨班上的讲话》以及《奚晓明副院长在全国法院知识产权审判工作座谈会上的讲话》等多份纲领性文件，强化知识产权审判队伍的政治意识、国情意识、为民意识和大局意识。

三是加强廉政建设，防患于未然。全省法院对反腐倡廉工作常抓不懈，增强干警反腐倡廉的自觉性，并从审判工作的各个具体环节出发，加大监督管理力度。省法院民三庭通过在内网上开辟廉政警句专栏、层层签订廉政责任状等多种方式，促进反腐倡廉制度的贯彻落实。

（二）业务培训成效显著，学习交流活动继续推进

一是鼓励进行法学研究，培养专家型法官。全省法院加强审判队伍的业务培训，树立终身学习、学以致用的思想，注重把学习体会和成果转化为工作能力和水平。省法院民三庭组织专利复审委员会交流人员及本庭外出交流学习人员举行讲座，并就案件审理中遇到的疑难问题由全庭同志共同讨论，提高全庭同志的业务水平，形成“一人学习，全庭受益”的良性格局。10月，省法院民三庭林广海庭长与欧修平副庭长同时被评选为“中国法学会审判理论研究会知识产权专业委员会”委员。林广海庭长还被广东法院推荐参加全国审判专家评选，显示出本省法官较强的司法能力和学术修养。

二是积极参加全国各法院之间的区域性合作及国际性交流活动。全省法院派员参加了“第二次全国法院知识产权审判工作会议”、“《专利法》修改审判问题研讨会”“中国版权协会2008年年会”、“中国版权协会互联网环境下的版权保护研讨会”等十多个全国性重要工作会议和专题研讨会。省法院民三庭派员参与10余次国际性交流活动，7月，接待美国联邦法官访问团；10月，接待美国联邦法院法官、美国司法部联邦检察官、美国驻广州总领事馆知识产权官员，就中美知识产权司法保护等共同关心的问题进行了座谈。11月，派遣法官参加中国科技部与日本共同组织的“日本知识产权的保护——行政和法制课程”培训。通过这些活动，加强与国内外知识产权界同仁的跨区域合作，开拓了审判人员的视野，有利于审判人员掌握国际最新的立法动态和司法经验。

2008年5月，最高人民法院授予省法院民三庭和广州市天河区法院民三庭“全国法院知识产权审判工作先进单位”荣誉称号，授予4名个人“全国法院知识产权审判先进个人”荣誉称号。年终，省法院民三庭被省法院授予2008年度集体三等功。

（供稿人：岳利浩）

知识产权创造

专利

商标

地理标志

植物新品种

重大知识产权获奖成果

专 利

2008年广东省专利申请、授权简况

一、我省累计专利申请、授权及有效专利基本情况

截至2008年底，我省累计专利申请量和授权量分别为631816件和371447件，均居全国第一位，分别占全国总量的15.7%和17.3%；我省有效专利数量177144件，居全国第一位，占全国有效专利总量的19.2%，其中，有效发明专利16022件，占全国的12.6%，有效实用新型专利71231件，占全国的15.4%，有效外观设计专利89891件，占全国的27%。

二、2008年我省专利申请、授权基本情况

2008年，我省专利申请量103883件，同比增长1.40%；其中发明28099件，同比增长5.27%，实用新型28883件，同比增长13.76%，外观设计46901件，同比下降6.88%。全省专利申请量、发明专利申请量位居全国第二位，实用新型专利申请量连续9年位居全国第一位，外观设计专利申请量位居全国第三位。

同年，我省专利授权量62031件，同比增长9.88%；其中，发明专利授权7604件，同比增长104.74%，实用新型25072件，同比增长15.88%，外观设计29355件，同比下降5.61%。全省专利授权量连续14年位居全国第一位，发明专利授权量首次跃升全国第一位，实用新型专利授权量继续保持全国第一位，外观设计专利授权量位居全国第二位。

三、2008年我省专利申请、授权的主要特点

2008年，我省专利申请授权呈现四大特点。

一是专利申请授权结构不断优化，发明专利在专利总量中的比例不断提高。我省发明、实用新型、外观设计三类专利申请比例从2002年的1∶3∶6优化至2008年的3∶3∶4，授权比例从2002年的0.1∶2.9∶7优化至2008年的1∶4∶5。

二是企业自主创新主体地位更加突显。2008年，企业专利申请量为47954件，占我省专利申请总量的46.2%，其中，企业发明专利申请量为21282件，占我省发明专利申请总量的75.7%。企业发明专利申请量继续居全国第一。企业专利申请量和授权量同比分别增长12.3%和29.9%，高于我省平均水平；申请专利企业的数量同比增长一成。

三是大专院校和科研单位专利申请活跃。2008年，我省大专院校和科研单位的专利申请呈现大幅度增长的趋势，专利申请量分别同比增长45.8%和56.6%，发明专利申请量分别同比增长32.6%和45.1%，均远高于全省平均水平，其中科研单位专利申请量由2007年的全国第八位上升至全国第六位。

四是我省PCT（专利合作条约）国际专利申请优势明显，连续7年保持全国第一。当年申请量达3120件，占全国PCT国际专利申请总量的53.3%。华为技术有限公司PCT国际专利申请量取得了历史性突破，超过松下、飞

利浦和西门子，首次位列全球企业第一位，中兴通讯位列全球企业第 38 位，比上年上升了 13 位。

（供稿人：张璟）

2008 年广东省 PCT 国际专利申请简况

一、广东省 PCT 国际专利申请基本情况

2008 年，我省专利申请人通过《专利合作条约》（以下简称 PCT）共提出 PCT 国际专利申请 3120 件，同比增长 17.91%；申请量约占国内 PCT 国际专利申请总量（5853 件）的 53.31%。全省 PCT 专利申请连续 7 年保持全国首位。

2008 年，我省共有 18 个地级以上市提出 PCT 国际专利申请，比上年度增加了 2 个。深圳 PCT 国际专利申请量为各市之首，达 2719 件，占全省 PCT 国际专利申请总量的 87.15%，较上年度提高 1 个百分点；其次为广州 137 件，占全省 4.39%，东莞 86 件，占全省 2.76%，佛山 59 件，占全省 1.89%，珠海 36 件，占全省 1.15%，其余地级市申请量的比例均低于 1%。

二、广东省 PCT 国际专利申请主要特点

2008 年我省 PCT 国际专利申请的主要特点为：申请量占全国比例超过一半，区域不均衡情况依然突出，集中度依然偏高。

（1）我省 PCT 国际专利申请占国内总量的比例首次突破一半。2008 年，我省 PCT 国际专利申请 3120 件，占国内 PCT 国际专利申请总量的 53.31%，较上年度提高 4.32 个百分点，申请量是 2002 年的 15.6 倍。经过 7 年的努力，我省 PCT 国际专利申请量从 2002 年仅占全国总量的 21.03%，提高到目前占全国总量的 53.31%。

（2）我省 PCT 国际专利申请区域不均衡情况依然突出。2008 年，深圳、广州、东莞、珠海、佛山 5 个地级以上市的 PCT 国际专利申请量占全省 PCT 国际专利申请总量的 97.34%，与 2007 年所占比例基本持平，梅州、肇庆、云浮 3 个地市无 PCT 申请，其中，云浮已经连续 3 年无 PCT 申请。

（3）华为技术有限公司、中兴通讯股份有限公司占全省 PCT 国际专利申请六成以上。2008 年，华为 PCT 国际专利申请量占全省的比例虽较上年度有所下降，但仍占据我省 PCT 申请的一半以上，中兴占全省 PCT 国际专利申请的 10%左右。

华为技术有限公司在 2008 年度位居全球 PCT 国际专利申请量第一。根据世界知识产权组织（WIPO）1 月 27 日发布的《Global Economic Slowdown Impacts 2008 International Patent Filings》，华为技术有限公司以 1737 件 PCT 申请超过日本松下、荷兰飞利浦、德国西门子公司等世界知名企业，位列全球 PCT 申请人第一。

中兴通讯股份有限公司在 2008 年度跻身全球 PCT 国际专利申请量前五十，位列第三十八。根据世界知识产权组织（WIPO）数据，中兴通讯股份有限公司 2008 年度递交 329 件 PCT 国际专利申请，比去年增加 94 件，排名由去年的 52 位上升了 13 位，排在第 38 名。

（供稿人：张璟）

商　标

广东省获评中国驰名商标简况

近日，国家工商行政管理总局商标局公布了2008年新认定的228件驰名商标，其中广东省有30件商标被认定为驰名商标，占此次认定总数的13.16%，是我省历次被认定最多的。至此，广东省被国家工商总局认定的驰名商标的总数达到138件，居全国首位。广东省近几年被认定的驰名商标均保持较大增长幅度，从一个侧面体现了全省各级工商部门认真履行商标管理职能，贯彻落实广东省委、省政府实施名牌带动战略，推动产业自主创新，促进经济发展的工作轨迹。通过此次被认定的驰名商标也反映出一些新的特点：

一、企业商标意识明显增强，运用多种途径保护商标权益

此次被认定的30件驰名商标中，通过商标局商标案件管理程序获得认定13件，通过商标局商标异议案件认定5件，通过商标评审委员会商标争议程序取得认定的有12件。反映出广东的企业将商标保护和维权工作的领域从过去单纯的市场查假打假拓展到遏制商标恶意注册、预防在相关领域“搭便车”等方面，运用驰名商标的法律规定实现了对较高知名度商标扩大保护。近年来，广东各级工商管理部门在“4·26知识产权日”期间大力宣传普及商标知识，结合当地实际情况有针对性地开展品牌培育工作，有效促进了各地企业商标意识和品牌创建意识的增强。

二、驰名商标涉及的行业面较之以往有所扩大

以往广东省的驰名商标基本都是从重点发达地区的重点支柱产业的龙头企业中产生的。随着广东省委、省政府近年来加大对品牌工作的重视和投入，各级地方政府积极促进当地产业升级，鼓励企业做大做强，驰名商标涉及的行业也从建筑陶瓷、电子、食品、服装、五金等传统优势行业扩展到化工、机械、农业等行业。尤其是广东历来相对比较薄弱的农业方面，也继上次湛江的“恒兴”饲料后又增加了云浮的“温氏”这一涉农驰名商标，反映出广东农业也逐步实现向产业化、规模化和品牌经营发展的过渡。

三、驰名商标逐步向经济欠发达地区辐射

广东的驰名商标绝大部分集中在经济发达的珠三角地区。此次认定驰名商标广州、中山、深圳、佛山、东莞5个市有17件，占总数的56.67%。可喜的是，一些经济欠发达地区在此次认定中也有明显进展，汕尾、梅州、云浮市实现了驰名商标零的突破，阳江、揭阳、惠州三市有4件商标被认定为驰名商标。这也从一个方面反映出经济欠发达地区的追赶势头，以及这些地区工商部门大力扶持、积极引导所取得的成效。

地理标志

2008年广东省质监系统地理标志产品简述

2008年我省获得国家地理标志产品保护的10个产品中，都具有鲜明的地方特色，源自特定的自然环境，传递着浓厚的岭南文化气息。

郁南无核沙糖橘产于郁南县，是我国南方的优质水果，以其无核、皮薄、起沙、清甜、肉脆多汁、化渣、固酸比高、无核率和可食率高达100%等多项优点而驰名。远销至香港、新加坡等国家和地区，郁南县是我省种植无核沙糖橘最早的地方之一。

罗定肉桂产于罗定市，罗定肉桂全身都是宝，用途广泛，经济价值高，皮、枝、叶、果均可药用，叶与枝可蒸馏肉桂油。肉桂皮是主产品，而肉桂也就是指肉桂皮，肉桂研粉可作食品、调味品和香料的配料，在医药上有补益、散寒、止痛、化淤、活血、健胃之功效。肉桂油是主要副产品，其主要成分是肉桂醛，在食用上可作饮料及糖果等食品之香料配剂，世界驰名的可口可乐、百事可乐以及我国的健力宝等多种名牌饮料均添加肉桂油。在医药上，肉桂油有祛风、镇寒、散热等作用，各种祛风油类多含有肉桂油成分。

新兴香荔产于新兴县，产品特点颗粒较小，果实呈椭圆形，皮色鲜红，龟裂片密，突尖有刺手感，果肩对称微隆，尾部略尖，肉厚核小，口感爽滑，肉脆而富有弹性，味道清甜，甘酸适宜，香气浓郁，是久负盛名的岭南佳果之一。虽源于明末时福建的“状元红”品种，但移植至新兴后，由于气候、阳光、土壤不同，及栽培技术的改良，而胜于状元红和有别于状元红，而“他处植之则变”等自然条件限制，成为新兴独有，稀有的地理标志产品。

清新冰糖橘产于清新县，其果实均匀饱满，果形扁平一致；果色橘红鲜艳，着色均匀，有光泽，果皮薄，且果皮上有分布均匀密度中等的明显油胞；果实味清、甜而不腻，果肉爽脆、柔嫩多汁、无核、化渣；可食率≥65%，果汁含可溶性固形物≥11.5%，总酸≤0.55%，固酸比≥20.9。在第二届中国华南农业博览会中“清新冰糖橘”被评为“金奖农产品”。

西牛麻竹笋产于粤北山区英德市西牛镇，具有鲜嫩、爽口、笋味香浓的特色，享誉山珍之称。麻竹笋富含粗纤维和A、B2、B6、C等多种维生素，是天然无污染的优质食品，多食有助消化、消滞、益寿延年。产品远销日本、新加坡等国家和香港、澳门、台湾等地区。

连南无核柠檬产于连南瑶族自治县，产品曾经代表广东省参加2002年、2005年、2007年中国华南第一、二、三届农业博览会，以及2006年首届广东现代农业博览会的产品展览，多次荣获金奖。连南种植柠檬占全省种植面积的80%以上，并因此荣获“中国无核柠檬之乡”荣誉称号。连南无核柠檬具有果形呈长椭圆形、果实横径49mm～81mm，色泽橙黄、新鲜光洁，香味浓郁；可溶性固形物≥6%，总酸（果汁）≥5%，蛋白质≥0.6%，总黄酮（皮）≥0.16%的特点。产品出口到港澳台、新加坡等东南亚地区和国家，年出口量达5000多吨。

金玉三捻橄榄产于潮阳金灶镇是全省闻名的水果之乡。潮汕人从南越人身上传承着橄榄文化，首先表现在对橄榄果的嗜好上。嚼橄榄犹如喝功夫茶，个中滋味非此道中人是很难理解的。金玉三捻橄榄以其果形果色美观、果肉酥脆化渣（咬之可感有脆响之声）、榄香醇和淡雅、涩味适中、回味甘香持久而闻名于世，是广东优秀的鲜食橄榄之一，也是潮汕藉人士春节前后家宴及高档宴席中追求品尝的特色果品，其特等果品平均售价高达每公斤1200元。

张溪香芋产自于韶关乐昌，产品具有地下球茎特别大、口感特别粉、芋香浓郁、粉爽甘醇、营养丰富的特色，其中直链淀粉≥4%、支链淀粉≥27%，而一般的香芋直链淀粉≥1.5%、支链淀粉≥7.0%，因此张溪香芋口感特别粉，入口即化，黏性、糯性较强的特点；另外，张溪香芋还有个头大、体形长的特点，一般单个重3公斤、长达50厘米左右。产品旺销北京、上海、香港、澳门、广州、深圳、珠江三角洲等地，产品历年来供不应求。

中山脆肉鲩肉质软滑、爽脆、带有韧性，味道鲜美，营养丰富，经常食用可增强体质，其中蛋白质高达16%，因其肉质结实爽脆、耐煮不烂，肉味清香可口而闻名全国。2003年参加重庆第四届中国美食节推介中山脆肉鲩的烹饪食法，获中国酒店协会颁发名菜及名火锅奖、2003年被评为广东省（农业类）名牌产品、2005年被评为中国名优品牌、2006年被评为中国名牌（农业类）产品。

普宁青梅产于全国闻名的水果之乡普宁市，全市现有青梅种植面积16.3万亩，年产量3.5万吨，出口量2.8万吨，种植面积、总产量、出口量均居全国县（市）级首位，1995年4月被中国农学会特产经济专业委员会命名为“中国青梅之乡”。普宁青梅以其果大、肉厚、核小、酸度高；果皮柔韧、不易破损、肉质柔软、晒干率高、色泽鲜艳、成品保色期长等优点而著称，誉满海内外。

（供稿人：卢卫军）

植物新品种

2008年广东省植物新品种简述

2008年取得林业植物新品种权的4个植物新品种简述

红寿星：母本为红元宝二乔玉兰 *Magnolia soulangeana* ‘Hongyuanbao’，父本为云南含笑 *Michelia yunnanensis* Franch. ex Finet & Gagnep，从人工杂交的实生苗中选择优良单株进行嫁接繁殖，砧木为白玉兰、望春玉兰、武当木兰、黄兰等其他木兰科植物。红寿星为半常绿小乔木，树形呈圆锥形。小枝绿色，老枝褐色，叶柄、小枝、芽、佛焰苞疏被淡褐色毛。叶薄革质，长椭圆形，除4月集中开花一次外，6月中下旬至11月下旬，仍可陆续开花。花被片9，粉红色，内外轮几同形，为三倍体植物，不能结实。

红笑星：母本为红元宝二乔玉兰 *Magnolia soulangeana* ‘Hongyuanbao’，父本为云南含笑 *Michelia yunnanensis* Franch. ex Finet & Gagnep，从人工杂交的实生苗中选择优良单株进行嫁接繁殖，砧木为白玉兰、望春玉兰、武当木兰、黄兰等其他木兰科植物。红笑星半常绿小乔木，树形呈圆锥形。小枝绿色，老枝褐色，叶柄、小枝、芽、佛焰苞被淡褐色毛。叶革质，园状椭圆形，除4月集中开花一次外，6月中下旬至11月下旬，仍可陆续开花。花被片9～10，外轮3，舌形萼片状，淡黄绿色，中内轮6～7，外深红色，内红色。为三倍体植物，不能结实。

可可茶1号：从可可茶野生植株选育获得。植株高大，有明显的主干，分枝较密，树势半开张。芽叶含可可碱，不含咖啡碱。适制乌龙茶，绿茶和红茶。与近似种乐昌白毛2号相比，品种的特异性表现在其芽叶含可可碱，不含咖啡碱，芽叶的毛被、花部的毛被皆为浅黄色，而乐昌白毛2号芽叶嘌呤碱以咖啡碱为主，芽叶毛被皆为白色。可可茶1号水浸出物与茶多酚含量均比乐昌白毛2号高。

可可茶2号：从可可茶野生植株选育获得。乔木，有明显的主干，树势半开张，分枝密。芽叶含可可碱，不含咖啡碱，适制红茶，其茶汤汤色红艳明亮，香气为果香型，滋味浓强鲜爽，叶底红亮。与近似种英红九号相比，品种的特异性表现在其芽叶含可可碱，不含咖啡碱，芽叶的毛被、花部的毛被皆为浅黄色，而英红九号芽叶嘌呤碱以咖啡碱为主，芽叶毛被皆为白色。

（供稿人：张心结）

重大知识产权获奖成果

中国专利奖广东省获奖情况及表彰活动

在第十届中国专利奖评选中，我省再创佳绩，共获得金奖2项、优秀奖19项，总获奖项目达到21个，获奖总数为我省历年之最，也是本届专利奖评选中获奖最多的省份。同时，省知识产权局和我省钟南山院士分别荣获最佳组织奖和最佳推荐奖。

本届我省获奖项目呈现出三大亮点：一是获奖项目技术含量高，21个获奖项目中有19个是发明专利，2个是实用新型专利，发明专利占到获奖项目总数的90.5%；二是广东专利奖获奖项目中奖率高，21项上榜项目中，13个为2007年广东专利奖获奖项目，占总获奖项目的61.9%；三是我局推荐项目的中奖率高，推荐的10个项目中，有2个获金奖、6个获优秀奖，获奖率为80%。

今年7月，省政府隆重召开重奖中国专利奖获奖单位奖励大会，田力普局长、黄华华省长首次出席会议并作重要讲话。大会对我省第十届中国专利金奖2项、优秀奖19项的获得单位分别给予50万元和100万元的奖励。迄今省政府共安排重奖中国专利奖专项资金近3000万元。我省专利奖励工作得到国家知识产权局和许多兄弟省市的关注。12月，国家知识产权局在东莞召开“中国专利奖励制度暨中小企业创新发展研讨会”，郑良生副局长做了《广东专利奖励的实践和思考》的发言，引起与会者的极大反响，不少省市表示明年要到广东调研取经。（广东省获得第十届中国专利金奖名单见附录统计资料）

获奖项目简介

1. 专利名称：一种在网络接入设备上实现PPPoA到PPPoE转换的方法

专 利 号：03146170.0

专利权人：华为技术有限公司

发 明 人：陈武茂　张世发　谢卫平

本发明获中国专利金奖。提供了一种在宽带接入设备和BAS设备之间只需要建以太网而不需要建ATM网的方法，通过在宽带接入设备上完成PPPoA到PPPoE协议的转换，从而降低了BAS的复杂，宽带接入设备和BAS设备之间只需要建以太网而不需要建ATM网，因此可以极大的降低BAS的成本，有利于运营商简化网络建设，避免了对PPPoA接入的用户终端的大规模升级，通过对DSLAM的改进，满足城域网演进的需要，从而实现运营商网络的平滑演进。2004年获深圳市科学技术进步奖一等奖；2004年广东省科学技术进步二等奖。在2003年到2006年短短几年时间，华为技术有限公司的DSLAM产品销售额就超过30亿；采用该专利的产品的销售额，占总销售额的近16%，达到近4.8亿，占出口额40%。华为公司的IPDSLAM产品在满足DSL Forum标准的基础之上并成功实现DSL Forum相关标准的基本专利的突破，产品在国际竞争中具有前所未有的竞争优势和标准上的公司形象，提升了中国企业的整体国际地位。

2. 专利名称：大容量不间断电源

专 利 号：00135897.9

专利权人：广东志成冠军电子实业有限公司

发 明 人：李民英　周志文

本发明获中国专利金奖。基于本发明的大容量UPS包括整流及滤波部分、逆变控制部分、逆变部分、监控显示部分、旁路/逆变转换部分、电池组及输入出配电部分，逆变控制部分采用微处理器（CPU）和可编程控制芯片接收并存储来自CPU的数字量产生纯数字的SPWM信号，来实现对逆变部分的控制。由于逆变器控制部分是采用CPU和可编程控制芯片，使SPWM信号为纯数字化，电路结构简单，增强了软件的控制能力，提高了控制精度和可靠度。本专利自2004年实施以来，拉动了本企业的产品结构由市场竞争激烈的中小容量不间断电源，愈来愈成为本企业的拳头产品，使本企业的销售总额从2003年的1.93亿元上升到2007年的8.57亿元，利税总额从2003年的0.29亿元上升到2007年的1.2亿元，出口总额从2003年的0.02亿多美元上升到2007年0.61亿多美元。

3. 专利名称：一种非对称结构的内循环生物质流化床气化炉

专 利 号：200410051078.2

专利权人：中国科学院广州能源研究所

发 明 人：吴创之　赵增立　郑舜鹏

本发明获中国专利优秀奖。本发明以气化为核心技术，配套自主开发的低热值气体燃料内燃发电机组，技术指标及设备规模两方面均取得了突破，形成了适合于我国国情的农业废弃物气化发电系统，设备已全部实现国产化，投资不到国外同类技术的2/3，运行成本也降低50%左右。本项目连续列入科技部“九五”、“十五”攻关和“863”等计划，以该专利为核心技术建设的生物质气化电站装机容量占目前国内市场份额的70%，并已成功推广应用到东南亚地区。本专利通过专利权人单位及其许可实施单位实施推广，历年来签订气化发电项目26项，总装机容量40多MW，累计合同金额1.5亿元，技术开发单位获直接经济效益3000多万元，每年新增发电量近1亿度，新增产值5000多万元；近三年利用废料共30多万吨，节约标煤15万吨。由于本发明主要利用秸秆、稻壳等农作物废弃物为原料，将其转化为高品位的电能，即充分利用了废弃物资源，又可作为我国能源短缺的补充，并能发送能源结构，实现国家能源多元化战略。其应用有助于减少污染，控制温室气体排放，保护生态环境。另外，本技术的实施可提高农村居民收入，增加农村就业机会，振兴和发展农村经济，成为农村瓣的经济增长点，有助于社会主义新农村的建设。

4. 专利名称：一种三次谐波激光产生方法

专 利 号：02134577.5

专利权人：深圳市大族激光科技股份有限公司

发 明 人：高云峰　杨少辰　周朝明

本发明获中国专利优秀奖。本技术利用矩阵光学和非线性程序设计了具有高效诣波转换效率和高功率密度基波的半导体泵浦固体激光诣振腔，将基波作用到二倍频非线性晶体上进行腔内倍频，采用腔内和频方式将基波和二次诣波同时射入三倍频非线性晶体上产生三次诣波输出。采用本专利技术研制出的二极管列阵侧面泵浦紫外355nm激光器，能得到基模光转换效率高、寿命长的紫外355nm激光输出。运用该专利的“半导体泵浦固体紫外激光硅晶元切割机”、“M355紫外激光打标机”、“UV软板切割机”等产品2005年进入市场销售，两年来新增利税总额5600万元；出口总额158万美元。项目产品以具有卓越竞争优势的性价比，打破了国外公司对高端激光微加工系统的技术封锁和市场垄断局面，推进国内激光加工行业和电子、微电子行业的技术进步，将对国内相关行业产生辐射力并带动国内相关产业的发展，必将产生良好的经济效益和社会效益。

（供稿人：李强）

广东省获评全国第四届“新世纪巾帼发明家”有关情况

2008年，国家知识产权局、全国妇联与中国发明协会共同举办第四届“新世纪巾帼发明家”评选活动，共评选出创新奖10名、创业奖10名、新秀奖10名、特别奖10名、组织奖4名。广东省知识产权局、广东省妇联与广东省发明协会联合推荐12位女发明家参加本次评选。12月，我省4位女发明家取得优异成绩，其中，省微生物研究所副所长、博士生导师孙国萍喜获创新奖，省农业科学院蚕业与农产品加工研究所主任徐玉娟喜获新秀奖，中山大学生命科学学院教授，博士生导师苏薇薇、广东工业大学信息工程学院副院长戴青云喜获优秀奖，获奖人数创历届新高。

“新世纪巾帼发明家”评选活动旨在鼓励和激发全国妇女的发明创造热情，大力宣传女性自主创新的先进事迹，在广大妇女中树立知识产权意识。该项评选活动每两年举办一次，目前已举办四届，我省共有8位女发明家获此殊荣。

（供稿人：张璟）

2008年广东省名牌产品（工业类）简述

2008年，省质监局贯彻省委、省政府实施名牌带动战略的重要部署和要求，紧紧抓住名牌的培育、评价、带动、发展和保护五个中心环节，大力实施名牌带动战略，取得显著成绩。398个企业的工业类产品被评为广东省名牌产品，截止2008年底，全省共有广东省名牌产品（工业类）1104个。

398个广东省名牌产品（工业类）主要分布的地区有：广州40个、深圳43个、珠海9个、汕头19个、佛山102个、韶关5个、河源2个、梅州4个、惠州5个、汕尾1个、东莞42个、中山49个、江门12个、阳江8个、湛江7个、茂名4个、肇庆13个、清远7个、潮州17个、揭阳5个、云浮4个；主要辐射的行业有：电子信息、电器机械及专用设备、汽车及摩托车产业等九大支柱产业，其中合资企业、股份制企业和民营企业的名牌产品已占据半壁河山，有效促进了产品结构和企业组织结构的优化升级。目前我省电子信息产业以“HUAWEI”牌以太网交换机、“ZTE中兴”牌CDMA手机等为代表，而电器机械及专用设备产业以“震雄CH”牌注塑机等为代表，建筑材料产业是以“兴发”牌铝合金型材等为代表。名牌产品已成为带动我省经济发展的有生力量，不仅成为我省经济新的增长点，还提升了我省的产业竞争力，带来了核心技术、产业集群、经济质量的提高，优化了我省的经济结构。

（供稿人：卢卫军）

2008年广东省名牌产品（农业类）简述

2008年，省名牌产品（农业类）推进委员会（简称推委会，下同）认真贯彻《广东省名牌带动战略实施方案》和省名牌带动战略联席会议的工作部署，以科学发展观为统揽，创建名牌、培育名牌和运用名牌，树立我省农业产区和产业的品牌形象，全面推动省名牌带动战略的实施。推委会按照《广东省名牌产品（农业类）管理办法》和《广东省名牌产品（农业类）评价指标体系》的规定，由企业自愿申请，农业行政部门推荐，通过消费者满意度调查，推委会办公室初审，专家委员会严格评价，推委会审核和社会公示等一系列程序，共评出了 2008 年广东省名牌产品（农业类）125 个，其中 2008 年新评定产品 69 个，通过了到期复审的产品 56 个。在全省范围内对获得 2008 年广东省名牌产品（农业类）称号的生产企业进行了通报表彰，并颁发牌匾和证书。自 2003 年我省实施农业名牌带动战略以来，全省共有 323 家农业企业的 408 个产品被评为广东省农业名牌产品，这些产品覆盖了种植、畜牧、水产、林业、农产品加工、农业投入品、花卉、种子种苗、南药等领域。在 2006 年和 2007 年农业部组织评定的 196 个“中国名牌农产品”中，我省有 15 个产品获得“中国名牌产品”称号，居全国各省之首。名牌产品生产规范、质量好、销量大，深受消费者欢迎；名牌产品生产企业的各项经济指标与上年比都有较快的增长，实现了企业经济规模逐年扩大、经济效益良好、产业发展的成效。

（供稿人：刘晓冶）

信息产业重点发展领域知识产权发展迅速

一是广晟数字音频编解码技术上升为国家标准。广晟 DRA 数字音频编解码技术，具有完全自主知识产权，达到国际先进水平。在 2007 年成为国家行业标准后，产业化发展迅速，产业链不断完善，成为我国数字音视频产业发展有力的技术支撑。在工业和信息化部、国家标准化委员会的支持下，该标准于 2009 年 2 月颁布成为国家标准。广晟 DRA 成为国家标准，将有利于提高我省乃至我国音视频行业的自主创新能力，增强产业核心竞争力，并通过广晟 DRA 技术的产业化带动产业结构的升级。

二是有机发光显示（OLED）专利申请发展迅速。依托广东有机发光显示产业研究院，积极开展关键核心技术的研发，已成功申请专利 16 项，涵盖 OLED 显示屏的生产流程、封装技术、测试技术、新型器件以及白光 OLED 显示屏等方面。

三是初步搭建数字家庭专利池及其管理体系。截至 2008 年 10 月，依托数字家庭中心开发了 309 项国家发明专利（16 项已正式授权）和 3 项 PCT 国际专利，带动我省数字家庭联盟核心单位申请超过 1000 项相关专利，初步搭建了数字家庭专利池及其管理体系，对专利池中的基础专利实施“零转让”，促进产业关键核心共性技术创新体系的形成。

（供稿人：林桂芸）

知识产权运用

国民经济重点产业专利态势分析、预警

专利技术实施计划

信息运用

转化

经验介绍

国民经济重点产业专利态势分析、预警

重点产业技术专利态势分析

为更好地促进专利工作与科技、经济的结合，推动我省产业的技术进步和创新，帮助企业提高运用专利制度争取市场主动权的能力和水平，省知识产权局于2007年启动了“广东省产业技术专利态势分析”工作。

一、指导思想

为全面落实科学发展观，深入贯彻中共广东省委、广东省人民政府《关于提高自主创新能力提升产业竞争力的决定》，遵循支柱产业优先、关键共性技术优先、有所为有所不为的原则，以重点产业的专利工作为抓手，采取由政府出资，为业内企业提供免费深度增值专利信息的方式，引导企业利用专利信息，在更高的起点上研发新产品、新技术，掌握市场竞争的主动权，从而有效发挥专利促进科技创新和经济增长的作用。

二、工作目标

1. 掌握重点产业专利技术发展的方向。全面收集重点产业专利技术的国内外专利信息，经过专业、深入的分析，并在此基础上进行前瞻性预测，形成利用简单、参考价值高的深度增值专利信息，并以《广东省产业技术专利态势分析报告》的形式发布。对我省经济、社会发展具有重要意义的产业，根据需要，连续做几年或者间隔几年做一次，追踪专利技术发展的最新动态，形成连续的系列报告。

2. 提高企业运用专利信息参与市场竞争的能力。《广东省产业技术专利态势分析报告》立足我省重点产业，着重分析我省产业专利技术在国内外所处的技术阶段、比较优、劣势和存在问题，指出我省产业竞争力所面临的机遇和挑战，引导业内企业充分利用专利信息调整研发和营销策略，逐渐打造“广东产业优势”，进而促进我省产业获得“产业制控权”。

3. 为制定产业发展政策提供权威信息。《广东省产业技术专利态势分析报告》以半公开方式在社会一定范围内发布，主要受众为业内企业，同时也面向有关政府部门。为政府部门有针对性地制定推进产业发展的引导、扶持政策提供便捷、权威的参考信息。

三、工作方式

该工作采取省知识产权局和专家组合作的方式进行。

1. 由省知识产权局根据《广东省工业产业结构调整实施方案》和《广东省产业技术自主创新“十一五”专项规划》，结合省委、省政府中心、重点工作以及相关厅局的意见和建议，每年选择2～3个重点产业作为工作对象。选择的原则为：优先选择关系到我省工业产业竞争力提升的关键产业和鼓励发展类产品产业。同时兼顾区域因素，择优选择区域特色产业和区域资源产业。

2. 省知识产权局对工作要达到的质量、

进度安排等提出要求，通过公开招标或者直接委托的方式组建专家组，双方经协商后，正式签订合作协议。

3. 信息检索、分析、报告撰写等工作主要由专家组承担，省知识产权局派员全程参与。对每一阶段的工作，双方及时沟通，达成共识后方可进行，确保工作保质、保量、按时完成。

4. 报告完成后，由省知识产权局负责发布，专家组成员不能以任何途径或方式外泄报告内容。

四、工作开展情况

我们先后对电池、平板显示器、LED三个产业开展了专利态势分析工作，其中，LED产业专利态势分析工作于2008年底启动。

1. 电池产业专利态势分析工作圆满完成。电池产业是我省产业结构调整中列入鼓励发展类目录的产业之一，也是我们选择的首批开展专利态势分析工作的两个产业之一。由于是初次尝试，省内又缺乏开展该项工作的专门人才，省知识产权局委托了国家知识产权局知识产权发展研究中心进行研究。该项工作于4月份完成，形成了包括一个主报告《电池行业专利分析与产业状况报告》和《燃料电池专利分析与产业状况报告》、《锂电池专利分析与产业状况报告》、《铅酸蓄电池专利分析与产业状况报告》、《镍电池专利分析与产业状况报告》等四个专题报告在内的研究成果。省知识产权局在“4·26”期间召开了电池产业专利态势分析报告会，向我省有关政府部门和电池领域的企事业单位公开发布研究成果，国家知识产权局协调管理司司长马维野到会并作了专题报告，来自省府政研室、省发改委、省国资委、省科技厅、省质监局等省直部门，各市知识产权局、各电池企业、相关行业协会、知识产权中介机构的代表共170余人参加了报告会，在社会上引起积极反响。根据我们会上回收的调查表的统计，参会人员对报告的内容和形式的满意度均较高，有73.85%的与会者认为报告内容对个人很有帮助，75.00%的人认为报告内容对单位很有帮助，对报告形式的满意度高达100%。企事业单位纷纷表示该项工作对产业的可持续发展具有重要意义，应该针对更多产业开展此项工作。

2. 平板显示产业专利态势分析工作进展顺利。平板显示产业是省知识产权局选择的另外一个首批进行专利态势分析的产业。该工作委托北京路浩知识产权代理有限公司和北京御路知识产权发展中心开展。2008年9月，《平板显示产业专利态势分析报告（初稿）》完成，省知识产权局组织召开专家论证会对报告进行了论证。专家们都对态势分析工作的开展给予了高度评价，同时，对报告存在的不足也提出了修改的意见和建议。目前，《平板显示产业专利态势分析报告》正在进一步改进、完善，补充数据，将适时联合省信息产业厅共同向社会发布。

3. LED产业技术专利态势分析工作高速启动。2008年12月初，省知识产权局开始筹备开展LED产业技术专利态势分析工作，该项工作完全依靠广东人才力量完成，依托我省高校人才资源，在完成工作的同时培养一支广东的专利信息分析运用人才队伍。12月中旬，省知识产权局组织召开专家座谈会，就工作步骤、组织模式和工作方式进行了布置。其后，组建了由华南理工大学、华南师范大学和中山大学三所高校的专家参与的LED产业专利态势分析项目专家组，全盘工作正在顺利进行，计划在明年上半年可完成《LED技术专利态势分析报告》并对外发布。

（供稿人：刘延君）

专利技术实施计划

2008年广东省专利技术实施计划

为贯彻十七大精神，落实《广东省知识产权战略纲要》，促进我省专利技术实施，按照《广东省专利技术实施计划实施方案》(以下简称《方案》)，省知识产权局继续在全省开展了广东省专利技术实施计划编制工作。经过项目的申报、推荐、形式审查、专家评审等工作，顺利完成今年计划的编制和下达工作。

一、项目申报和推荐情况

1. 首次实现网上申报和审查。今年我们委托省专利信息中心开发了《广东省知识产权局业务管理系统》，包括“广东省知识产权试点区域认定”、“广东省知识产权示范企业认定”、“广东省知识产权优势企业认定”、“广东省专利技术实施计划工作”和“广东专利奖评选工作”5个业务模块。各项业务的申报、推荐、评审和批准、合同管理、实施管理、绩效评价等工作均可以通过该系统完成。今年计划利用该系统，首次实现了网上申报和评审。

2. 项目推荐情况。今年各市及省直单位有效推荐项目共129项，比去年106项增长了21.7%，省直推荐单位数比去年多3个。其中：广州15项，深圳、中山2市各10项，佛山、东莞2市各8项，汕头、河源、潮州、云浮4市各6项，阳江、茂名2市各5项，梅州、惠州、肇庆、清远4市各4项，珠海、韶关、汕尾、湛江、揭阳、省科学院、省国资委、省农科院等8地市和单位各3项，江门、省教育厅各2项。

二、立项条件

1. 项目的申报单位应为广东省行政区域内注册的企事业单位，申报项目应当具有一件至数件以发明或实用新型专利技术为核心的关键技术和产品。

2. 专利技术要有较高的技术创新水平，有后续的创新潜力和发展空间，对提高相关产品的附加值及市场竞争力有突出的作用。

3. 项目所属的技术领域应符合国家及我省产业和环保政策。

4. 项目实施能为发展高新技术、引进再创新、取代进口或出口创汇、山区致富和发展区域经济起示范带动作用。

5. 承担项目单位有较强的技术创新开发能力，重视知识产权保护工作并有相应的措施，目标任务明确，人员、经费、组织落实，有较好的实施条件。

6. 项目产品的生产、销售已有一定规模；或专利技术水平代表了本领域本行业的技术发展方向，项目的实施能带动相关产品或产业的发展。

三、立项原则

1. 申报项目必须符合立项条件的原则。

2. 在项目的选择上，以考虑专家意见和尊重市局意见相结合为原则。

3. 各市项目数量安排，在符合立项条件的前提下，适当考虑地区平衡原则。

四、项目及经费

今年实施计划经费预算总额为 360 万元，比去年有较大幅度的减少。为了不挫伤申报单位的积极性，解决今年项目增多经费减少的矛盾，今年安排了 10 个经费额度为 0 的示范项目，这些项目的承担单位都是属于综合实力较强（如深圳华为、中兴通讯公司）或往年已经安排过项目（如广州白云化工、惠州罗浮山药业公司）的单位。具体经费安排：拟列入今年专利技术计划的项目共 70 项。其中示范项目 10 项，安排经费为 0；一般项目 60 个，分别安排经费 5 万～7 万元。

五、列入计划项目基本情况

70 个纳入计划项目中，发明专利项目 38 个（54.29%），实用新型专利项目 32 个（45.71%）；中国专利申请、授权数为 1642 和 1016 件，其中发明专利申请、授权数为 759 和 316 件；技术领域分布：机械 20 项、电学 7 项、光电 2 项、通讯 5 项、生物医药 19 项、化学 7 项、材料工程 10 项；国外专利申请 63 件；已经实现销售额、税收和出口额分别约为 79.60 亿元、2.42 亿元和 8.98 亿美元。

2008 年广东省专利技术实施计划项目简介

（一）双模双待手机技术

该专利基于高端商务人士的使用习惯、在 Windows 系统基础上开发出的智能操控系统，具有私密保护、远程防盗、来电防火墙、邮件防火墙等多项安全功能，保证了移动商务办公的数据可靠性，使商业机密得到保护。而无线小秘书、日程安排、远程邮件管理等管理功能，保证了用户外出办公的条理性，使用户随时随地可以规划自己的工作安排。C 网 G 网同时在线，高速 CDMA 网络专线炒股，同时配置资料隐私保护＋精密防盗技术＋双数字认证三重安全保障。2003 年专利权人宇龙计算机通信科技（深圳）有限公司应用该专利技术，推出中国首款 CDMA1X 彩屏智能手写手机，2004 年推出全球首款 GSM 双卡智能手写手机和首款 CDMA/GSM 双模智能手写手机。2007 年酷派智囊操控系统和开发的双模双待移动终端荣获国家科技进步二等奖。在 2005 年发布全球第一款 CDMA/GSM 双模双待智能手机酷派 728 之后，公司开发的 CDMA/GSM 双网双通终端技术成为了这个新兴行业的默认标准，并一举开拓了海内外双模双待机市场，2005 年首款双模双待手机的推出，销售额逐年呈高速增长趋势，3 年累计销售额达 25.2 亿元。

（二）脱乙醇型 RTV 硅橡胶

承担单位为广州市白云化工实业有限公司。该项目产品为脱乙醇型中性固化的有机硅（硅酮）密封胶，主体成分为聚硅氧烷和纳米无机填料以及脱乙醇型交联剂，主要用于电子电器、家电、汽车、灯具、轮船等工业领域的黏结和密封。具有卓越的耐气候性能、优异的位移能力、电绝缘、耐高低温、耐臭氧、憎水、难燃、生理惰性、对各种基材具有良好的粘接性以及施工方便、贮存期长等一系列优点，同时本产品不含有机锡等毒性催化剂，固化时释放出小分子酒精，无毒无刺激对金属无腐蚀作用，符合国际最新环保要求，对铅、铜、钢、铁、玻璃、多种塑料、木材等具有良好的黏结性。2005 年，本项目列入国家重点新产品项目，获 2006 年广东省科学技术进步奖三等奖。脱乙醇型单组份 RTV 硅橡胶实现产业化后，2007 年生产量达 1000 吨，按照公司现有的市场占有率以及市场开发能力，产品的销售额将达 4500 万元。

（三）ZL—300 等离子自动焊织链机

该专利产品可广泛用于首饰制造及工艺饰品等行业，如时尚首饰品、项链、工艺美术品。主要是将贵金属如金、银、铂金、不锈钢等材料从直径 0.15mm～2.0mm 金属丝经该产品通过放线、绕圈、切断、扣圈等离子焊接收链一次性制造成多款成品贵金属链条。该项目技术水平可达每分钟 250～300 圈，可编程控制系统是从线材输入掉链检测、吹链检测、挂链驱动到停等功能采用单片机控制电路，其信号处理电路输入端分别接有挂链同步信号检测电路、冷却同步信号检测电路、线完信号检测电路和手控键盘电路，信号处理电路的输入端分别接有冷却、挂链、调速驱动、停机和数码显示电路，自动化程度高，达到过程控制、手动控制、整机自动控制的目的，符合机台工艺自诊断、报警自动保护的要求。按目前的生产能力，年产 210 台，可创产值 2100 万元，创利税 450 万元，2007 年年产品销售额为 2100 万元。

（四）防治椰心叶甲的农药主剂及用其制成的制剂和使用方法

本发明来源于国家林业局项目，2005 年获佛山市及南海区科技进步奖，2006 年获广东省农业技术推广奖一等奖。根据药剂对椰心叶甲成虫的毒杀活性、用药成本和对环境的安全性，从 30 多种杀虫剂中筛选出杀虫单和啶虫脒（即吡虫清），明确了基本配方和控释药袋。基于此发明的椰甲清淋溶性粉剂内吸性好、持效期长、操作方便，防治成本低，对环境安全，对棕榈科植物没有药害，是一种高效、安全的防治椰心叶甲的农药新产品，具有突出的经济效益、社会效益和环境效益。2005 年，椰甲清被列为国家重点新产品，在广东、海南、云南、广西等地大面积地推广应用，累计在 2400 多万株棕榈科植物上应用椰甲清 7000 万袋，累计挽回直接经济损失近 150 多亿元。成功遏制椰心叶甲的传播与危害，对保障华南地区，特别是海南和广东的旅游特色具有重要意义。被许可实施单位新增销售额和利润分别为 12600 万元和 3780 万元。

（供稿人：李强）

信息运用

2008年全省知识产权信息运用工作简介

2008年，广东省积极推进专利信息化建设，以建立和完善省专利信息服务平台及应用系统建设为重点，以重点产业、行业专题数据库的建设和服务为手段，以提高专利信息开发利用能力和水平、推动企事业单位自主创新能力建设为目的，不断推动全省专利信息化建设向纵深发展，成效显著。

一、基本情况

（一）制定建设规划，谋划知识产权信息服务未来发展

2005—2007年，广东省知识产权局党组连续三年将专利信息化建设工作列为局重点工作项目，制定并实施了《广东省专利信息服务平台及应用系统建设方案》。经过不懈努力，完成省、市（区域）、重点行业三级专利信息网络服务体系的构建，形成在省局建立省中心平台、在21个地级以上市按同构分布、信息源共享的模式建立市级分平台或使用分站、在重点行业和企业建立内部专题数据库的系统布局。平台及系统的建设架构与我省已形成的"珠江三角洲、东西两翼、山区区域经济协调发展"格局基本吻合，为我省实施知识产权战略，促进企事业单位提升自主创新能力，提供了便捷、权威、经济的公益性专利信息服务，产生了良好的社会效益。

为进一步贯彻落实《广东省知识产权战略纲要（2007—2020）》，加快我省知识产权信息化建设步伐，提高我省知识产权信息利用和信息服务水平，促进知识产权制度运用和自主创新能力提升，2008年9月召开首次全省知识产权信息运用工作会议，全面总结我省知识产权信息化建设成效，并结合当前知识产权信息运用工作发展的形势，提出下一阶段开展知识产权信息化建设和信息运用工作的要求：一是要加快建设全省知识产权公共信息综合服务平台；二是要努力形成以公益性服务为主导的知识产权信息服务机制；三是要规范服务，科学管理，实现全省知识产权信息共享；四是要加强我省知识产权信息运用和服务人才队伍建设。随后，为了贯彻会议精神，省知识产权局于2008年底先后制定印发《关于加强我省专利信息服务和管理的意见》和《广东省知识产权公共信息综合服务平台建设方案（2009—2012）》。这标志着我省新一轮知识产权信息化建设与运用工作的全面展开，为推动我省知识产权事业又好又快发展提供了有力的支撑。

（二）结合产业特点，积极开展专题专利数据库建设

根据我省产业、区域特点，结合对部分行业的调研结果，省知识产权局制定了重点行业库建设方案，先后建设重点家电、汽车、医药和精细化等省级行业专题数据库。根据地市产业发展需求，先后为部分地市建立阳江五金刀剪、开平水暖卫浴、韶关液压、珠海打印耗材、重点家电等地方特色专题数据库。在建设模式上，为使建设的行业专题库具有专业性、区域性和实用性，采取与大专院校、研究院所、行业协会、龙头企业等相结合，先集中意见再分步实施的方式进行。建设过程中，对各

个主题首先按照国民经济行业分类方法，结合专利文献技术分类特点，根据每种产品目前研究的现状、市场发展特点及可能涉及专利侵权的技术点或部件进行了不同程度的分类；然后进行专利检索表达式的编写、数据采集、整理加工，最后制作功能齐全的行业分类导航和检索系统。通过科研企业联盟、专家用户携手，共同打造符合行业生产应用习惯的行业专利专题数据库。

这些专题数据库的逐步建立和完善，使我省相关产业、行业、企业不需要再在浩如烟海的专利数据库全库中费劲地检索自己需要了解的信息，只需要进入相应的专题库中，就可以简捷、方便、实时地掌握本行业技术的研发、引进、吸收、专利申请等情况，对于推动行业的技术创新能力和水平建设起到了积极作用。随着平台深加工行业库建设数量和类型的增长，平台数据源得到不断充实和完善，不断满足各类用户对专利信息资源的需求，更好地发挥平台专利信息方便快捷、及时准确的作用。

（三）狠抓研发推广，推动专利信息应用工作有效开展

针对当前企业专利信息分析系统软件与专利信息平台脱节问题，以广东省专利信息服务平台为数据源基础，我们开发了基于信息平台的配套应用软件，使知识产权战略制定和应用与信息平台相结合，为我省政府部门和企事业单位制定和实施知识产权战略提供了有效手段。

开发的两套专利信息应用系统软件《企业知识产权信息管理系统》（计算机软件著作权登记证号：2007SR07381）和《专利信息分析系统》，在国内同行业产品中均处于领先地位，软件与广东省专利信息服务平台数据配套使用，为企事业单位搭建了一个集专利信息的检索、采集、加工、分析、管理于一体的专利信息综合应用平台，为提升企业、行业专利信息利用能力和水平，有效促进企业科技成果科学管理和技术创新起到了积极作用。两套应用系统通过在我省范围内100多家企事业单位中的试用，针对试用中发现的情况和问题，及时修改完善。在9月召开的全省知识产权信息运用工作会议上，我们又为南方医科大学等119家企事业单位配发了《专利信息分析系统（升级版）》软件，为广州中一药业有限公司等95家企事业单位配发了《企业知识产权信息管理系统》软件（升级版）。广大企事业单位通过使用高性能的专利信息应用系统，既提高了企事业单位知识产权信息综合管理能力，又使企事业单位综合了解所在行业领域的各种发展趋势、竞争态势，更加全面深入地挖掘专利文献中的战略信息，提高了他们分析专利信息、制定和实施知识产权战略的能力和水平。这种由政府大规模、有计划地资助企事业单位开展专利信息应用系统软件使用工作，在全国也是首例。此外，我们还先后举行了“家电专利信息应用培训班”、“中医药知识产权战略研讨班”等多期以专利信息利用为主题的培训，为专利信息利用知识的普及和能力的提升营造了良好的氛围。

（四）发挥导向作用，纵深推进专利信息运用工作

为进一步发挥专利信息对产业发展的引领和导向作用，我局稳步推进重点产业专利态势分析研究工作。发布《电池产业专利态势分析报告》，推进平板显示、LED等产业专利态势分析工作，帮助政府部门和企事业单位了解不同产业的专利布局，研究技术发展方向和产业发展态势，为政府决策、企事业单位科研立项、产品开发和市场开拓提供科学决策的依据。

（五）紧密联系实际，提高专利信息利用能力和水平

近年来，我省企事业单位越来越重视对专利信息的准确把握和有效利用，政府部门也从宏观上加强了指导和服务，政府部门及企事业单位利用专利信息的能力和水平得到了普遍提高。如深圳市开通了“中外专利信息服务平台”，并定期进行系统的完善和升级，帮助企业、特别是中小企业有效利用专利信息，缩短

研发时间，节省研发资源，加速自主创新。汕头市开通了“汕头市企业专利信息服务平台”，配套建立了8个专业数据库，还开通了“汕头市专利信息网”。佛山市禅城区结合当地特色建设了陶瓷专利数据库；佛山市南海区建设了包括纺织、玩具等7个行业在内、涵盖中外500多万条专利信息的专利数据库，加强了专利信息的收集、管理和利用。许多企业都加大投入改善条件，将专利信息利用贯穿于公司运作全过程。如风华公司把主导产品所属技术领域在公司局域网上建立了企业专利信息数据库。华为公司不但建立了自己的专利数据库，还自主开发建设了专利检索平台。中兴公司在运用专利信息开展战略研究的基础上，大力加强专利与技术标准的结合，与国内、国际通信行业标准组织共同或独立制定相关的行业标准。

二、当前知识产权信息运用工作中存在的问题

在充分肯定知识产权信息化建设取得的成绩的同时，我们也必须清醒地看到存在的问题和不足，尤其是专利信息资源开发利用、专利信息服务方面还存在一些问题，有待今后重点改进和加强。

（一）专利信息开发利用的广度和深度有待加强

目前，我省在专利信息资源方面的开发不足，利用不够，专利信息的开发利用工作相对滞后于专利信息化基础设施的建设。专利信息的开发利用同产业的转型升级发展结合得不够紧密，我们虽然已经拥有了包括七国两组织在内的基础专利文献数据，但是对这些数据有效的开发和利用还远远不够，现有的专利数据库建设和服务工作远远不能满足全省创新活动的需要。在今后的工作中，要加强专利数据整合和深度加工的能力建设，紧紧围绕我省产业转型升级和经济发展抓好专利信息的深度开发利用工作，不断提高专利信息的开发利用水平。

（二）知识产权信息人才队伍和服务机构建设亟待加强

随着我省知识产权事业的快速发展，知识产权信息尤其是专利信息人才队伍和服务机构建设与广大企事业单位的需求矛盾日益显现，专业服务人才严重不足，从事专利信息开发和专利战略分析等深层次服务工作的能力十分有限，具有专利信息服务能力的服务机构严重匮乏，很大程度上限制了我省专利信息服务向广度和深度发展。今后，我们要加强人才培训和引进力度，制定鼓励和支持知识产权信息人才队伍和知识产权信息服务机构发展的政策措施，加强人才队伍和服务机构建设，逐步建立起一支具备具有现代管理知识和相关工作能力的信息化人才队伍，形成由知识产权管理部门、政府知识产权信息服务机构、中介机构、企事业单位的知识产权部门、商业专利信息服务机构等共同组成的服务队伍，为我省提供全方位的知识产权信息服务。

（供稿人：成思）

2008年专利信息服务平台及应用系统建设情况

近年来，省知识产权局制定并成功实施《广东省专利信息服务及应用系统建设方案》，建设了颇具特色的广东省专利信息服务平台，形成省、市、重点行业三级专利信息网络服务体系。2008年继续稳步推进平台及应用系统建设，为我省社会公众提供服务。

一、不断完善平台系统

（1）继续充实基础专利数据资源。

拥有丰富的专利信息资源是提供专利信息公共服务的前提。我省的对外经济贸易活动较为活跃，用户对专利信息资源的需求较多，我

们基于原来的七国两组织基础专利数据，通过申请、购置、互惠合作等多种方式不断充实平台数据源。2008年间共添置了外观设计专利电子公报数据、全部领域代码化专利数据库以及韩国、俄罗斯、东南亚、阿拉伯、台湾、香港等国家和地区的专利信息库等，至此，平台数据总量达3600万条，最大限度地满足了用户在专利数据源和数据量方面的需求，为公众提供了实实在在的信息资源服务。

（2）修正平台各重点行业库导航体系和相关管理模块，重新设计平台界面，增加用户使用指引等，简化了用户登录系统和进行检索的操作流程。

（3）对汕头分平台、东莞分平台、佛山南海分平台的数据存储空间进行扩容和系统的升级。

二、继续开展行业专利数据库建设

（1）大力配合地方经济支柱产业专利信息开发工作，提供建库支持，完成“珠海打印耗材行业国际专利数据库”建设，该库已顺利通过验收并投入使用，为行业用户提供了一个权威、方便、专业的专利信息服务平台。

（2）继续修正重点家电、世界医药、精细化工行业专利数据库，优化检索表达式和行业导航系统，方便用户快捷、准确地获取行业专利信息。

（3）启动平板显示、数字电视、电池、陶瓷行业专利数据库建设，不断完善我省九大产业、重点行业专利数据库体系。

三、全面升级应用系统软件

《企业知识产权信息管理系统》和《专利信息分析系统（广东版）》是我们针对企业专利信息应用软件与专利信息平台脱节问题而研发的两套软件，2008年我们加大研发资金和技术力量的投入，对系统进行全面的升级改版和优化。《企业知识产权信息管理系统》由单机版改成B/S结构的网络版，更具实用性，而《专利信息分析系统（广东版）》则集成了国内相关软件的优点，嵌入公知技术模块，优化了系统模块功能，使系统更趋国际化，满足我省企事业单位对专利信息应用软件的需求。两款软件与广东省专利信息服务平台数据配套使用，为企事业单位搭建了一个集专利信息的检索、采集、加工、分析、管理于一体的专利信息综合应用平台，为提升企业、行业专利信息利用能力和水平，有效促进企业科技成果科学管理和技术创新起到了积极作用。

四、加强平台的应用推广及宣传培训工作

（1）不断加大专利信息应用推广及宣传培训的力度。除了平台系统自身配套的专利信息应用培训外，还将专利信息相关内容纳入在专利执法、知识产权保护等培训主题中，结合行业、区域等实际情况，开展面向不同对象的、多种形式的宣传推广及培训工作，对象涵盖了各重点产业、行业、企业的专业技术人员和知识产权信息管理应用专员，全面普及公众专利信息的意识，提高从业人员的专利信息应用能力和水平，提高平台知名度及使用效果。

（2）组织我省家电行业、企业对我省重点家电行业专利数据库的试用，广泛收集建议并完善数据库，6月，我们在顺德召开了广东省重点家电行业专利数据库开通仪式暨家电专利信息应用培训班，帮助广大家电企业用户认识专利信息、运用专利信息，促进企业技术创新。

（3）密切跟进我省100多家企事业单位对专利信息应用系统安装使用的情况，给予企业技术支持，以电话、邮件等方式解决企业应用软件过程中出现的问题，同时，为了更好地发挥专利信息应用软件的作用，根据用户使用软件系统的进度，适时组织“专利信息应用系统软件使用培训班”，已培训相关企事业单位人员100多人。

（供稿人：黄少晖）

转　化

2008年知识产权交易

为解决长期困扰知识产权向现实生产力转化渠道不畅的问题，今年省知识产权局通过各种途径，搭建平台，努力推动知识产权的转移和转化。

一、积极推进“全国专利技术展示交易平台计划”工作

今年，为加快我省知识产权交易体系建设，省知识产权局积极协调国家知识产权局，推荐我省机构纳入国家计划。继我省佛山、东莞的两家机构被列入“全国专利技术展示交易平台计划”后，今年广州、深圳的两家机构也被纳入该计划。至此，位居我省专利申请量前4位的市都拥有了专利技术展示交易中心。据统计，我省4家展示交易中心2008年现场展示专利项目共1323项，网上展示项目共28400项，成交38项，成交额共11849万元，意向交易项目62项，交易额22784万元。

11月18日至22日，以“实施知识产权战略，发展知识产权市场，建设创新型国家”为主题的“2008'第二届中国专利周”在20多个省市异地同时举行。同期，我省分别在已建立国家专利技术交易展示中心的广州、佛山、东莞市三地同时举办广东地区活动，并在东莞市设广东主会场。省知识产权局局长陶凯元出席了东莞广东地区活动主场的开幕式，书记马宪民、副巡视员李南开分别出席了广州、佛山的开幕仪式。本届专利周省政府首次作为支持单位，省知识产权局及三个举办市给予高度重视，筹备工作做得周密细致、活动办得隆重热烈，现场展示的规模、成交量、到会人数都比首届有很大提高。展区总面积达到10300平方米、展位1120个，现场展出项目573项、实物样品近500件，网上发布项目2万多项，同时为专利代理、专利评估、融资服务等中介机构提供展位，使发明人、中介服务机构、投资人集聚一堂。在5天展示交易期间，参观者达到10500多人次，登陆相关网站浏览专利项目6000多项，19家主流媒体参加报道。本届专利周活动，共成交专利项目20项，成交金额高达8320万元，意向成交项目47个、金额1.322亿元，相对于成交项目和金额几乎为零的首届，是一个巨大的突破，说明专利周活动已由单纯的技术展示行为向展示与交易相结合的目标迈进。专利周期间，省知识产权局还向江西全国主会场提供20多平方米的展板和300本《广东专利事业30年》宣传册子，参加“30周年专利成就展”。本届专利周，进一步提升了展示交易中心的影响和公众的信心，为发明人和投资者搭建了对接桥梁，引起了政府和社会对专利交易市场建设的重视。

二、举办第五届中国国际专利与名牌博览会暨首届中国（顺德）国际工业设计创意博览会

今年9月19日至21日，由国家知识产权局、广东省政府共同举办的第五届中国国际专利与名牌博览会暨首届中国（顺德）国际工业设计创意博览会，在我省佛山市顺德展览中心成功举行，这是专博会设立以来首次在我省举办。全国16个省、市组团参加了博览会，乌

克兰、白俄罗斯等独联体国家多个科研机构以及日本、韩国、香港等国家和地区工业设计机构共530家参展商带着专利、高新技术和工业设计成果亮相本届博览会，现场汇集了3200多项专利技术200多个各类名牌和2000多项最新工业设计成果，3天内参观人数超过5万人。本届展会规模大及涉及领域广、参展企业和参观人数多，创下了专博会历史之最。

三、组团参加中小企业博览会

省知识产权局组织了三环、新诺、华学等6家知识产权中介服务机构参加了“第五届中国国际中小企业博览会暨中韩中小企业博览会”，这是省知识产权局首次组团参加中小企业博览会。参展的中介机构为广大参会的中小企业提供专利申请、商标注册、著作权登记、许可证贸易、专利信息检索分析、专利战略研究、知识产权培训、知识产权侵权诉讼、无形资产评估等相关知识产权业务咨询和服务，受到了参会中小企业的一致好评。

四、组织项目参加知识产权会展

今年，省知识产权局继续组织知识产权项目参加各类会展活动，这些会展活动，对专利技术和产品推广运用产生了积极的效果。主要活动有：组织15家企业22个项目参加2008年中国国际专利技术与产品交易会；组织5家企业8个项目参加第十届高交会；组织2家企业5个项目参加第十一届中国北京国际科技产品博览会、9个项目参加第十四届农业高新科技成果博览会、9个项目参加无锡工业设计博览会。

（供稿人：李强）

2008年专利实施许可合同备案情况简述

2008年，国家知识产权局专利局广州代办处共受理广东省专利实施许可合同备案574件，涉及金额15671万元。从已备案的专利实施许可合同情况来看，具有以下特点：

一、全年专利实施许可合同备案数量剧增

2008年专利实施许可合同备案申请数量已经超过广东省1999－2007年期间的全部备案数量的总和，与2007年相比，同比增长1025%。

二、专利许可方式以独占许可为主

专利实施许可方式有独占许可、普通许可、分许可、交叉许可、排他许可等五种。2008年，以独占许可方式为主的专利实施许可合同备案共510件，占总量的89%；排他许可和普通许可分别占总量的2%、9%；交叉许可备案量为0。从全国的备案情况上分析，独占许可方式占总量的95%，排他许可和普通许可分别占总数1%、4%，广东省的情况与全国基本保持一致。

三、专利权许可人以自然人居多

大部分个人专利权持有者并不具备将专利成果转化的条件，所以将专利转让是专利权人实现效益的有效途径之一。2008年，专利权许可人为个人、企业、大专院校和科研院所的备案量分别占总数的63%、29%、7%和1%，个人的专利权转让数量最多，许可人主要集中在珠三角地区。

四、专利权实施年限较集中

专利权的实施年限侧面反映了专利技术的市场运用和产业前景。2008年，全省专利实施许可的年限较集中，主要集中在5～10年期间，这一期间的备案数量为509件，占总量的89%；1～4年和11年的备案数分别为39件、26件，分别占总量的7%和4%。

五、专利权实施地域集中

广东省的企业主要集中在珠江三角洲地区，这一点在2008年的实施专利企业中得到相应的体现。专利权实施地域主要集中在佛山、深圳、中山、东莞等四个地市企业为主，这四个地市占总数的80%以上。

六、专利技术含量高

2008年专利实施许可合同备案共涉及2178件专利，其中，发明专利662件、实用新型专利1178件、外观设计专利338件，分别占总数30.4%、54.1%、15.5%。专利实施许可合同备案主要以发明专利和实用新型专利为主，专利技术含量较高。

（供稿人：曾丽）

经验介绍

以全球知识产权布局策略推动企业发展

（华为技术有限公司）

世界知识产权组织（WIPO）在其网站上发布2008年全球专利申请情况，特别强调说“第一次，有一家中国公司在2008年名列PCT（全球《专利合作条约》）申请榜榜首”。这家公司就是华为，该公司以1737项PCT国际专利申请，超过日本松下公司（1729件）和荷兰皇家飞利浦电子有限公司（1551件），成为PCT国际专利申请第一大户。而在2007年，华为的PCT国际专利申请量为1365件，居全球第四。2006年居全球第13位，2005年则位居全球第37位，可谓一年一大跨越。

对于成为全球PCT国际专利申请第一大户，华为非常低调。有关人士解释说PCT专利申请只是申请外国专利的一个途径，不能说明华为的专利申请量就真正成为世界第一，仅仅是因为很多欧美企业不使用PCT这个申请途径而已。事实上，华为更加关注的是专利申请的质量，并已经连续多年位居中国企业发明专利申请数量第一。截至2008年底，华为公司累计申请国内外专利达到35000多件，其中发明占90%以上，累计申请PCT国际专利5400多件；共获得3项中国专利奖；2009年1月全国科技奖励大会上，华为共有4项成果获得奖励，其中“移动通信分布式基站”获得2008年度中国国家科技进步二等奖，这是该年度通讯领域的最高奖项；在3G（第三代移动通信）专利方面，华为目前拥有的基本专利（Essential Patents）数量排名全球前五位，在LTE（4G长期演进无线通信技术）专利方面，华为已跻身为全球前三位的基本专利拥有者。

源源不断的高质量专利申请来源于华为公司多年在研发方面人员和资金的巨额投入和对知识产权的高度重视、长期积累。从本质上说，这是“以知为本”的企业文化在起作用。华为从其成立之日起，看重的就是知识，而不是资本。在机会、人才、技术和产品4种企业成长的牵引力中，华为将人才所掌握的知识看做是最核心的部分，而资本则被搁置在牵引力之外。从这一与传统理论完全相反的理念出发，华为确立了“人力资本不断增值优于财务价值增值”的发展原则，依靠知识创造核心技术和知识产权、凭借在知识经营力上无形的投入巩固核心技术和知识产权，将知识产权视作战略性投入和企业的核心能力长期不断地持续积累。公司建立了完善的知识产权战略规划和制度，成立了专门的知识产权部，服务于全公司4万多研发人员。据测算，华为仅2008年研发投入就超过120亿元。每年将不低于销售收入的10%和43%的员工用于产品研发和技术创新，其中的10%用于技术预研，这意味着华为每年起码有50%的利润被用于研究。这种投入方式的实质是把财务的增值转化为人力资本的投资，再以人力资本增值推动财务资本的增值；通过人力资本与财务资本的联动，形成有形资产与无形资本的良性循环。

以大量高质量专利作为后盾，以对知识产权制度的深刻理解和有效运用为基石，华为参与全球市场竞争的能力大步提升。为了以最佳途径普及先进技术、以最好方式保护知识产权，在申请25000多件国内外专利的同时，华为还参加了ITU、3GPP等91个国际标准组织，积极参与国际标准的制定，仅2008年就提交了4100多篇提案。几年来，华为以知识产权为底蕴，深入开展和爱默生（Emerson）、3COM、赛门铁克（Symantec）、摩托罗拉(Motorola)、NEC、富士通（Fujitsu）、西门子（Siemens）等国际一流公司的合资合作，积极参与TD－SCDMA联盟等产业联盟的运作。强大的知识产权实力为华为进入欧洲、美国、日本等发达国家和地区铺平了道路。如仅"移动通信分布式基站项目"就申请专利22项，成功在全球20多个国家和地区应用，实现了大量的利润和税收。目前，华为已经和全球50家领先的电信运营商中的36家建立了紧密的合作关系。如果说在2005年思科诉华为案件中，华为还处于守势的话，今天的华为在国际竞争中，分明已经获得了更大的话语权。事实上，经过多年坚持不懈的努力，华为业已从2G时代的跟随者，跃进为3G的同路人，并将成为4G的领跑者。

依靠知识产权这一重要装备，华为在此次抗击金融危机的实践中顺利"过冬"。公司2008年度合同销售金额达233亿美元，同比增长46%，预计2009年将增长29%，达300亿美元；合同销售总额中，75%来自于海外市场，自2005年度海外合同销售额首次超过国内合同销售额以来，华为在海外的销售比例一直持续增长，尤其令人欣喜的是，在此次金融危机的重灾区：欧洲和北美市场，华为的增长分别达到42%和58%，表现出强劲的发展势头。

华为的经验证明，知识产权是企业核心竞争力的源泉，企业应高度重视知识产权，以战略眼光持续积累知识产权能力。

（供稿人：成思）

建立知识产权战略体系服务市场和研发

（中兴通讯股份有限公司）

中兴通讯股份有限公司自1998年成立知识产权管理部门，至今已十一年时间，在这期间，中兴通讯对于企业如何有效开展知识产权工作、如何建设符合中国企业的知识产权战略作了很多的探索性尝试。

一、中兴通讯简介

中兴通讯是全球领先的综合性通信制造业上市公司，是近年全球增长最快的通信解决方案提供商之一，为全球140多个国家的500多家运营商提供优质的、高性价比的产品与服务。

2007年，根据香港会计准则，中兴通讯主营业务收入超过340亿元，其中，国际收入达57.8%。同时，凭借优异的全球业绩，中兴通讯2007年跻身"2007年度最具全球竞争力中国公司20强"和美国《商业周刊》"中国十大重要海外上市公司"，成为唯一上榜的中国通信设备企业。2008年，中兴通讯销售收入达560亿元，同比增长超过60%。2009年5月，中兴通讯因在3G设备研发、产品、品牌、商用等方面综合实力表现突出，获评工信部"2009中国3G产业通信设备领域最具竞争力企业"。

中兴通讯承担了近30项国家"863"重大课题，是通信设备领域承担国家"863"课题最多的企业之一，公司每年投入的科研经费占销售收入的10%左右，并在美国、印度、瑞典及国内设立了15个研究中心。

中兴通讯自1995年启动国际化战略，已相继与和记电讯、法国电信、英国电信、沃达丰、西班牙电信、加拿大 Telus 等全球顶级运营商及跨国运营商建立了长期合作关系，并持续突破发达国家的高端市场。

未来，中兴通讯将以“人才国际化为根本，市场国际化为重点，资本国际化为依托”，全力以赴为客户创造价值和成功，打造享誉全球的中兴通讯品牌，力创世界级卓越企业。

二、企业知识产权工作

（一）知识产权战略的定位

2002 年，中国加入 WTO，国内企业纷纷走向海外，然而，成功加入世界贸易组织的欢呼声还没有消歇，中国企业家们就亲身领会到了专利战的残忍和无情：

在接二连三的专利费征收打击下，到 2004 年中期，中国一度繁荣的 DVD 产业完全衰败，中小企业纷纷倒闭，先科、金正等企业也出现经营危机；

2002 年之后，比亚迪先后遭受日本三洋电机、索尼的专利起诉；

2003 年初，思科起诉华为。

……

中国加入了 WTO，也就加入了《与贸易有关的知识产权协议》（TRIPS 协议）这一约束所有成员知识产权保护的“基本法”。TRIPS 协议为全球的知识产权保护划定了底线，更为美国、欧盟、日本等发达国家利用知识产权进行经济欺压和市场掠夺奠定了基础，最典型的形式就是“专利战”。

回顾日本、韩国企业成长历程，剖析目前中国企业走出海外遭遇的“专利门”，无不说明一点：专利战，其实就是市场争夺战；专利之争，就是市场之争。专利已不是简单的法律或技术概念，已经成为任何想要在国际舞台施展身手的中国企业的生存概念。

专利战是企业之间划分“势力范围”的武器，是跨国企业压制新生竞争对手的利器：

专利是一种合法的垄断权力，是企业势力划分的“界桩”；

专利战的频发则可以看出市场的活力和市场抢夺的惨烈；

美国对日本、日本对韩国、中国，陈陈相因，有史可鉴；

新兴国家和企业没有选择，只有拿起专利武器，冲破发达国家和企业已经编织的专利战的火网，为自己的生存和发展开拓新的发展和创新之路。

建立完善的知识产权战略，是中国建立 IP 防御能力，巩固市场地位的有力工具，更是关乎企业存亡。

企业知识产权战略是指企业充分运用知识产权制度，谋求企业经济利益最大化的整体策略。知识产权战略是企业经营发展战略的重要组成部分。企业必须在经营过程中全面的运用知识产权战略，知识产权活动应当紧密嵌入到企业的采购、研发、生产、市场销售以及标准等各个体系和部门的各项活动。

企业的知识产权战略应立足于企业实际，因自身所处的行业、自身的技术、经济实力以及市场地位等因素而有所不同。

绝大多数的中国企业目前所处的地位，决定了其知识产权战略定位，应当将培养防御能力放在首位。培养企业的知识产权防御能力，以谋求获得与各国外跨国公司之间的交叉授权；首要工作在于快速提升企业的 IP 资产，加强对自有知识产权的维护和应用，重视对于研发和市场活动中的知识产权风险控制，同时尊重他人的知识产权。

这个阶段是必须要经过的过程，也是非常关键的过程。日韩企业也是这样走过来的。经历了数十年之久，三星、LG 目前的知识产权战略仍然主要定位于防御为主。

中兴通讯一直将知识产权战略作为公司的核心战略之一。知识产权战略紧紧围绕两个核心来指导各项业务的开展：发展和保护。对于保护，侧重点在于保护创新成果，防止他人侵权；发展，则在于通过不断增强自身知识产权实力，防御他人进攻，获取全球广阔市场空间。可见，中兴通讯的知识产权战略，其定位也是以防御为主，以提升知识产权竞争力，服务于公司的国际市场开拓。

（二）知识产权战略体系的建立

中国企业的知识产权战略目标，应当着力于提高企业 IP 竞争力，控制企业全球化 IPR 风险。为实现这一目标，应当从战略、策略和战术三个层面考虑，建立完整的、符合企业实际情况的切实可行的 IP 战略体系。

知识产权战略体系应当覆盖各类知识产权业务活动，主要包括以下五大部分内容：创造和维护知识产权的基础业务、控制 IP 风险的分析业务、知识产权资产运用的运营业务、营造企业知识产权文化的培训业务以及确保各项业务顺利贯彻执行的制度流程的平台业务。

其中，基础业务、分析业务、运营业务应当成为企业知识产权战略中最为核心的业务，而培训业务、平台业务则是三大业务得以顺利推进的保障。

当然，企业还应当具有与知识产权战略体系配套的知识产权管理机制。常见的知识产权管理体制大致分为三类：一类基本属于集中管理体制，如 IBM 公司；一类是分散管理体制，如东芝公司；另一类是按行列管理的体制，如佳能公司。无论哪种组织机制类型，知识产权管理部门应该处于总公司管理层的核心位置，与物流采购、技术研发、生产、市场营销等密切联系。

（三）重视专利布局 快速提升防御能力

为实现知识产权战略目标，最为重要的工作是拥有相当规模的、具有较高商业价值的 IPR 储备，以使企业获得抗衡和运营的基本能力。

专利申请策略应以市场需求（商业目标）为导向，专利申请策略是否得当，对专利产品的市场营销和市场竞争力，有着直接的影响。因此，专利储备应当坚持以专利质量为核心，放眼未来的市场竞争和权利保护来全面考虑具体申请策略、布局重点（技术、地域），力求全面覆盖。

专利申请应当强调专利布局，避免走入单纯追求专利申请数量的误区。专利申请的资源投入应当有所侧重，保证 70%的工作资源投放在具有发展前景的技术上。

专利的申请储备，应当是由一个综合性团队在整个公司的知识产权战略框架下来实施。换言之，专利申请团队，应当是一个以专利为产品的经营性团队，应当由技术专家、法律专家、营销人员、标准人员等人员组成，对专利储备进行整体布局策划，通过技术专利化的活动，将技术方案转化为法制化的产品。

专利申请应当融入企业的采购、研发、市场、标准中各个环节，因不同的环节确定不同的申请重点和申请策略，以谋求自身知识产权的保护全面覆盖到所有的产品和技术。

专利申请部署地域策略，主要围绕以下问题：哪些技术会在哪些地域得到规模市场应用？存在专利威胁的竞争对手的市场和生产在哪里？这些地域的知识产权保护力度如何？等等……

为保证专利布局储备的质量，企业应当建立专利资产审计制度，根据公司不同的发展阶段，对自己的专利资产随之进行动态的优化组合。

中兴通讯在始终坚持以“质量核心”的前提下，专利申请储备以专利布局为依托，专利申请随研发投入的增长逐年稳步增长。截至目前，中兴通讯在全球范围内的专利申请数量达到 17000 项，国际专利申请超过 1400 项，其中，发明专利比例超过 90%。PCT 国际专利申请方面，2008 年，中兴通讯首度进入“前 50 强”，以 329 项的申请量居全球第 38 位。此外，中兴通讯还是国内拥有手机专利最多的厂商，其中，仅 3G 终端的专利申请量就已超过 1000 项，居全国首位。这些专利主要集中在多模手机和 3G 业务两个方面，而 3G 业务类的专利涉及手机电视、可视电话、数字家庭、手机支付等终端产品。

（四）重视知识产权分析 控制海外知识产权风险

对于走出国门的中国企业而言，目前最为

关键的知识产权工作重心，在于如何有效的控制在海外市场的知识产权侵权风险，也就是在投入大量资金开发新产品或新业务并将其投放市场之前，确保不侵犯他人的专利，有效控制专利侵权风险。

为实现以上目的，中国企业应当建立完善的知识产权风险控制体系，推进知识产权分析业务。

知识产权分析业务是一个“承上启下，价值传递”的关键业务，是知识产权运营业务和基础业务的沟通桥梁，即，通过机会发现成为运营业务的前提，通过分析确立专利布局策略而成为专利申请基础业务的基石。

通过知识产权分析，实时审慎、调查各个项目/产品/市场/技术领域的自由操作空间，尽早发现并降低风险；知识产权分析应当贯穿于采购、预研、产品开发、市场等各个环节，实行全程监控，并保持定期更新；实践证明：知识产权分析工作越早启动，其代价越低。

知识产权分析业务应当全面，不仅包括研发项目分析、产品分析、厂商分析、专案分析，还应当对目标国家的知识产权法律环境进行分析。

知识产权分析，要做到“知己知彼”，涉及的调查应当完整全面。

“知己”重点体现在：调查自己的产品知识产权风险如何，例如，哪些产品有风险、在哪些国家有风险、侵犯谁的知识产权、风险程度如何，还包括自己的专利竞争力如何，例如自己的竞争优势在哪些技术/产品、主要是谁侵犯自己的知识产权、在哪些地域等等。

“知彼”则侧重在调查竞争对手的专利部署情况，例如其知识产权的强劣势在哪些技术领域或地域、竞争对手的产品情况、市场分布，以及目标市场国家的知识产权保护环境。

为有效推进知识产权分析，需要建立知识产权分析制度和业务流程、规范与指引，同时，进行激励和绩效考核，双管齐下。

（供稿人：成思）

推动创新链和知识产权的协同运用

（广东志成冠军集团有限公司）

2008年，在第十届中国专利奖评选中，志成冠军的发明专利“大容量不间断电源”（ZL00135897.9）一举夺得中国专利奖金奖，志成冠军成为广东省两家获金奖的企业之一。志成冠军能获得国内专利领域的最高奖项，源于其对创新和知识产权作用的深刻认识和对相关工作的大力投入。

17年来，志成冠军在激烈的市场竞争中顺利完成了由OEM（贴牌加工）向ODM（自主设计加工）、OBM（自主品牌生产）的转变，从当年的一家作坊式小厂跃进为员工上千人、资产过亿元、人均年创利税过10万元的集团公司。这一切都源自其坚持自主创新的理念、通过推动创新链和知识产权互促发展和良性循环以促进企业腾飞的一系列举措。

通过成立初期缺乏创新能力致利润稀薄、缺乏知识产权意识致失去客户的市场启蒙教育，志成冠军对创新和知识产权给企业带来的影响和作用有了直接深刻的认识。公司果断转型，坚持自主创新，加强研发，向技术要效益，不断强化技术创新体系和知识产权网络体系建设：先后与华中科技大学、武汉大学共建“电源研究院”、“太阳能研究院”、“网络多媒体技术研究院”等技术创新平台，构建国家级“博士后科研工作站”和省级“企业技术中心”、“大功率电源工程技术研究开发中心”等创新载体，单独设置直属董事局领导的知识产权部，建立健全由总裁助理、副总裁兼董事长秘书和总工程师挂帅的知识产权工作体系，制定实施《知识产权管理办法》等各类知识产权规章制度……

在近年来愈发激烈的市场竞争中，志成冠

军更加深刻地体会到：创新链始于研发、终于市场，知识产权的创造、运用、管理和保护等各个环节恰好与创新链的创新要素有机对接；完善的创新链是企业的根和魂，知识产权是创新链的“保护神”、企业发展的重要支撑和战略资源。公司自2000年以来，研发投入均超过销售额的6%，经费额度由200余万元攀升至2008年的5000多万元，增长了近30倍；知识产权发展专项资金也成倍增加。通过加大对创新活动的投入和知识产权的管理、保护和运用，志成冠军拉动了企业产品结构由附加值低的中小容量电源向附加值高的大容量不间断电源调整和优化，拥有自主知识产权的产品成为公司最具竞争力的拳头产品和经济与效益的重要增长点。公司年收入由2000年的0.73亿元攀升至2007年的超过8亿元，年利税由2000年的500多万元增长到2007年的1.2亿元，公司目前60%以上的销售收入源于拥有自主知识产权的新产品，而新产品的利润更是高达80%。

2008年以来，在愈演愈烈的国际金融危机面前，志成冠军坚持以市场为核心，强化以创新和知识产权为双支撑的企业发展战略体系，不断发展壮大。在经济环境不好的大背景下，公司2008年出口额占总销售额的比例同比增长51.5%，达到总销售额的1/2；年销售收入同比增长30%，近9亿元；纯利润同比增长近20%，达到6100多万元；2009年以来，公司的销售收入和利润额继续大幅增长。北京奥运会前，志成冠军凭借强大的综合实力，从某跨国公司抢走了1000多万元UPS设备的小“蛋糕”，而就在不久之前，志成冠军更是将毗邻的一家受金融海啸影响、停止了生产的企业的厂房、土地全部收购。志成冠军正在创新与发展的道路上大步前进。

志成冠军的经验证明，创新是企业的灵魂，知识产权是灵魂的“保护神”，企业要不断完善创新链与知识产权互动的战略机制，实现企业可持续发展。

（供稿人：成思）

运用知识产权掌握行业发展制高点

（珠海格力集团公司）

格力电器公司在金融危机面前始终坚信创新和知识产权是企业的灵魂，凭借创新和知识产权创造新的经济增长点才是摆脱危机、实现增长的根本出路。格力积极运用知识产权战略，通过知识产权的创造、运用和管理成功应对金融危机的影响，在全球经济不景气的背景下依然保持了强劲的发展势头。

格力加大研发投入力度，将销售收入的5%用于研发，从设计源头进行创新，在产品中融入更先进、更强大的功能，确保每一款新产品都拥有4～5项专利技术，不断提升产品的市场竞争力；格力依靠制度充分调动员工创新积极性，确保每两天创造3个专利，申请的专利90%以上得到应用，截至2008年底，共拥有各类技术专利2000多项（其中发明专利300多项），在日本、韩国、英国等100多个国家和地区注册商标超过4000个；依靠自主研发掌握了最尖端的变频空调技术，以深厚的技术研发实力和关键专利技术、商标品牌价值等强大的知识产权储备作支撑，格力于2009年2月与享有“世界变频之父”之称的世界顶级空调厂家——日本大金工业株式会社展开全球战略合作，成立由格力控股的合资企业，研发领先于国际市场的“第四代变频压缩机”，推动格力空调的技术跃上世界最高水平，在促进自身国际竞争力进一步提升的同时，推动高效节能的变频技术在中国的应用和发展。

格力不断强化知识产权管理：继续加强涵盖29类55万多条与企业密切相关的中、美、日、欧专利信息在内的中外专利数据库建设，深化专利信息利用和专利预警机制的建立健全；重新制定《企业知识产权管理办法》、《企业商标管理办法》；完善知识产权奖励办法，调动研发人员创造知识产权的积极性；制定《格力电器外协厂知识产权管理标准》、《格力电器第三方物料知识产权管理办法》等新的知识产权规章制度；在各分／子公司设置专门的知识产权管理机构，指定专人负责知识产权工作，定期召开知识产权工作会议并及时汇报工作进展情况……

格力通过加强创新和知识产权工作，取得了一系列傲人的成绩：公司旗下“格力”品牌空调，是中国空调业唯一的“世界名牌”产品，连续14年产销量、市场占有率居国内空调行业第一；通过进一步完善知识产权规章制度和工作体系、强化知识产权管理和运用，为公司抵御金融海啸的冲击构筑了一道坚实的屏障，2008年，全球用户超过8800万，业务遍及90多个国家和地区，实现净利润50％的增长，全年净利润达19.5亿元。用格力总裁董明珠的话说就是：金融危机对优秀的企业只是一场“小感冒”。

格力的经验证明，企业要通过创新和知识产权的支撑向技术要效益，企业应不断加强研发，追求独创，通过对自主知识产权的创造和运用助推自身发展。

（供稿人：成思）

加强技术创新和产学研合作增强发展后劲

（深圳市东阳光实业发展有限公司）

面对肆虐全球的国际金融海啸，东阳光公司在生产经营市场萎缩、订单减少的不利条件下，通过技术创新、技术改造、加强知识产权能力建设等手段，减少不具有竞争优势的普通产品生产，提高具有自主知识产权、产品附加值高的产品比例，在产值减小的情况下，提高公司利润。

一方面，东阳光加大了技术创新和技术改造投资力度。以产业结构调整优化升级为主线，依靠技术创新投资推动发展方式由粗放型向集约型转变，利用当前原材料价格低迷和装备制造业疲软的有利时机，通过技术改造，不断提高生产设备的自动化程度和技术水平，优化了生产过程，降低了成本，提升了产品品质和生产效率。

另一方面，东阳光加强了产学研合作，通过不断开发新产品占领市场。与国内大专院校、科研院所和企业建立强化技术合作关系，通过创新链组织结构和伙伴网络的有效运转，自身掌握运用核心技术与知识产权的能力不断提升。东阳光坚持走自主开发和产学研相结合的创新道路，加强了与西安交通大学、中南大学、西南大学、电子科技大学、华南有色金属研究院等科研单位在前沿技术领域的合作，通过走出去、请进来的方式，增加技术创新的动力和活力，利用众多科研院所的人才、设备、信息等有利条件联合攻关、开发新产品，开拓新市场，在联合创新的过程中着重对企业科技人才的培养，企业创新能力不断提升。

在金融危机面前，东阳光愈发深刻地体会到：知识产权是提高企业自主创新能力的重要助推器，只有不断加强自主创新，加快知识产权的创造与转化，才能减小对外技术依赖度、推动产业结构优化升级、增强抗风险能力。通过卓有成效的工作，东阳光在知识产权能力建设方面成绩喜人：将知识产权战略纳入公司总体发展战略之中，建立了包涵《专利工作管理办法》、《商标管理办法》、《技术秘密管理办法》、《专利奖励制度》等在内的一系列知识产权规章制度，对于在知识产权方面作出重大贡献的个人和集体进行嘉奖，最高奖金达80万元；截至目前，共申请国内专利近百项，有针对性地开展了专利全球布局的步伐，已申请PCT专利和韩国专利各1项；在中国、中国台湾、日本、韩国等国家和地区注册商标100多件，统一总商标与商号，并形成了以东阳光、

HEC、HFF为主的商标体系；“HFF牌铝板带”荣获中国名牌产品称号，品牌建设初见成效；积极参加标准化工作，组织专业人员参与行业标准、国家有关产品、能耗、方法标准的制定，成为标准的主要起草人或制定者，截至目前共参与制定7项标准，有7种主要产品获得采用国际标准和国外先进标准证书，采标率达到80%以上。东阳光公司正在以自主创新和知识产权驱动企业发展壮大的道路上昂首迈进。

东阳光的经验证明，知识产权对于企业提高研发水平和自主创新能力具有明显优势，企业要不断加强产学研合作，通过对整个创新过程的管理和知识产权的运用提升竞争能力。

（供稿人：成思）

坚持自主创新推动产业链高效整合

（广东奥飞动漫文化股份有限公司）

奥飞动漫作为国内知识产权拥有量第一的玩具企业，坚持走倚重自主创新、注重创立自主品牌、着重发展自主知识产权的科学发展之路。奥飞从市场出发，以市场需求为导向，不断强化自主创新，加大投入，鼓励发明创造，其“AULDEY双钻”品牌先后获“中国驰名商标”和“中国名牌产品”两项殊荣。截至2008年底，累计申请国内外专利1200件、注册国内外商标576件，国内外版权登记1017件。奥飞以雄厚的研发能力和强大的自主知识产权为支撑，近年来销售额保持30%的增幅，2008年依旧延续强劲增长势头，年销售额近5亿元。

面对市场的风云变幻和行业的飞速发展，奥飞敏感地觉察到未来玩具企业的发展方向是向产业链上游进军，加速转型成文化创意型企业。为此，奥飞于2006年起进军动漫行业，通过成立动漫公司、创造动漫形象、创作动漫作品等方式，将玩具与动漫有机结合，先后制作播出《火力少年王》系列、《战斗王EX》、《淘气包马小跳》、《电击小子》、《梁家妇女》、《铠甲战士》等多部动漫影视片。在传播社会优秀文化和价值观的同时，进一步提升了产业链附加值和公司商业价值，加速公司由单纯的玩具生产企业向以动漫创意设计为核心的国际性文化创意综合性企业发展。

近年来，奥飞在激烈的市场竞争中更加深刻地体会到：21世纪企业的竞争就是知识产权的竞争；玩具动漫产业就是知识产权产业，动漫与玩具的结合产生了很多新的技术、新的设计和新的作品，本质上是一种全新的自主知识产权创造、运用和管理的产业模式，知识产权工作做得越深入越扎实，企业就会有越多的优势和空间。

对行业本质的准确把握和对动漫玩具产业链的高效整合，促使奥飞在金融危机来临时进一步加强了创新和知识产权工作：继续加大对技术创新和研发的投入，鼓励发明创造；完善《知识产权保障制度》、《专利工作管理办法》、《新产品知识产权保护运作规范》、《知识产权维权打假运作规范》、《创新奖励办法》等一系列知识产权规章制度；加强专利申请和对授权专利的筛选评估及产业化；以“广东省版权兴业示范基地”为载体，加速实施“版权兴业”和“品牌兴业”战略……

因不断强化知识产权管理和运用，奥飞提前成功转型，在抵御金融海啸的冲击中不仅树立了一道坚实的“防火墙”使自身幸免于难，而且逆势崛起。可以说，奥飞为中国制造从利润微薄的低端加工向附加值更高的产业链上游迈进树立了示范典型。

奥飞动漫的经验证明，企业的战略出路是产业链高效整合，企业要通过强化自主创新和知识产权创造、运用和管理来把握行业本质。

（供稿人：成思）

知识产权保护

概述

行政执法

市场监管

专利无效审查

实例

概 述

2008年广东省知识产权保护状况

2008年，广东省知识产权保护工作取得新成效。专利、商标、版权、海关、公安、法院等行政和司法部门各司其职，密切配合，通力合作，不断增强知识产权保护力度，在提高全省自主创新能力、增强产业竞争实力、帮助企业在全球金融风暴中转危为机、加强奥林匹克标志专有权保护等方面取得了显著成绩，推进了知识产权强省建设，有效地促进了全省知识产权事业的蓬勃发展，有力地支撑了广东经济、社会、文化和科技的发展。

一、知识产权强省建设目标首次确立

2008年，是实施知识产权战略的重要一年。全省深入贯彻、落实《国家知识产权战略纲要》和《广东省知识产权战略纲要（2007—2020年）》，稳步推进各项战略实施工作。6月，省委、省政府在《关于争当实践科学发展观排头兵的决定》中明确将"实现从知识产权大省向知识产权强省跨越"作为今后一个时期我省知识产权事业的发展目标。7月，省政府召开全省知识产权工作会议，部署知识产权战略实施工作和加强知识产权强省建设的各项任务。11月，省政府办公厅印发《广东省知识产权战略纲要（2008—2009年）实施方案》，确定了50项战略任务及措施。12月，省政府和国家知识产权局签署知识产权高层次战略合作议定书，省部知识产权高层次战略合作关系正式确立，为深入推进战略实施，建设知识产权强省提供了有力保障。

二、专利管理与保护取得新进展

截至2008年底，全省累计专利申请量和授权量分别为631816件和371447件，均居全国第一位；全省有效专利数量177144件，居全国第一位，占全国有效专利总量的19.2%，其中，有效发明专利16022件，有效实用新型专利71231件，有效外观设计专利89891件。

2008年，全省专利申请量和授权量分别为103883件和62031件，同比增长1.4%和9.9%；其中发明专利申请量、授权量分别为28099件和7604件，同比增长5.3%和104.7%。全省专利授权量连续14年位居全国第一位，发明专利授权量首次跃升全国第一位。

2008年，全省企业专利申请量47954件，同比增长12.3%，占全省专利申请总量的46.2%。其中，企业发明专利申请量21282件，占全省发明专利申请总量的75.7%。企业发明专利申请量继续居全国第一位，自主创新主体地位更加突显。

2008年，全省PCT（专利合作条约）国际专利申请优势明显，连续7年保持全国第一。当年申请量达3120件，占全国PCT国际专利申请总量的53.3%。华为技术有限公司PCT国际专利申请量取得了历史性突破，超过松下、飞利浦和西门子，首次位列全球企业第一位，中兴通讯位列全球企业第38位，比上年上升了13位。

专利行政执法力度不断加大。全省各级知识产权局积极开展"雷雨"、"天网"专利执法专项行动，对大型商场、超市、批发市场中的

假冒专利和冒充专利的违法行为进行全面查处，有效地提升了专利行政保护的整体水平。全年，各级知识产权局立案受理各类专利纠纷案件199件，结案198件；立案查处假冒、冒充专利案件41件，结案46件；出动执法人员1634人次，检查商业场所263次，检查商品67668件。

三、商标管理与保护取得新成绩

2008年7月，《广东省著名商标认定和管理规定》经广东省人民政府第十一届九次常务会议通过，自今年1月1日起施行。

截至2008年底，全省有效注册商标总量已逾48万件，连续14年居全国首位。2008年，我省新增驰名商标30件，累计驰名商标总数为138件，继续位居全国首位，梅州、汕尾、云浮实现驰名商标零的突破；新认定省著名商标407件，延续认定339件，省著名商标总数达1969件。

2008年，全省各级工商行政管理部门结合名牌带动战略和农业品牌培育工作，积极开展农业品牌的培育、扶持和调研，取得了一定的成效。全年新增地理标志证明商标4件，地理标志证明商标总数达12件。省工商局首次开展全省企业的商标普查工作，同时大力推进创建区域国际品牌试点工作。

2008年，各级工商行政管理部门依法履行职能，开展保护商标专用权专项执法行动，严厉打击商标侵权行为。截至2008年底，各级工商行政管理部门共查处各类商标违法案件4414宗（不含以其他法律法规处理的商标案件），数量居全国第二位，同比增长44%；共处罚款5670.97万元，同比增长43.2%。其中商标侵权假冒案件3964宗，同比增长40.3%；侵犯港澳台和外国商标注册人权益案件2455宗，同比增长34.5%。移送司法机关案件22宗，涉嫌商标犯罪当事人27人。

四、版权管理与保护取得新进步

2008年，省版权局积极推进“版权兴业工程”，广州开发区创意产业园等12家企业（集群）获得“广东省版权兴业示范基地”称号。同时，省版权局成立“广东省推进企业使用正版软件工作联席会议”，继续推进企业正版软件使用工作，截至2008年底，省属国有企业基本实现了通用软件的正版化；各市企业的正版软件使用工作也在稳步推进中。省信息产业厅继续做好软件产品认证登记工作，全年全省新增认定软件产品2572个，累计登记备案软件产品14410个，位居全国前列。

2008年4月，全省版权行政管理部门在“保护著作权宣传周”期间，开展打击著作权侵权盗版行为专项行动，查处非法音像制品仓库12个，大型地下图书（音像制品）批发窝点14个，包装厂2个，取缔无证经营单位121个，非法书报刊音像制品流动摊档208个，“黑网吧”44家，收缴非法音像制品、电子出版物、计算机软件、书报刊1106520万张（份、册）。1月至6月，省版权局组织6个市的版权局开展“治理非法预装计算机软件专项行动”，广州市执法总队查处预装盗版操作系统、办公软件及其他盗版软件的电脑278台，珠海市重点整治电脑城和大卖场，收缴侵权盗版软件16000张。6月至10月，按照国家版权局的部署，省版权局组织各地级以上市版权局开展“打击网络侵权盗版专项行动”，重点查处“三无”网站、违法服务器和国家版权局交办的6宗网络侵权案件，在公安、电信等部门的协作配合下，严肃处理了一批侵权网站。

五、奥运知识产权保护成果突出

各级知识产权行政执法部门加强奥林匹克标志专有权保护力度，切实维护权利人的合法权益，有效地保障了北京奥运会的顺利召开。

全省各级工商行政管理部门组织开展保护

奥林匹克标志专有权专项整治行动，查处了一大批侵犯奥林匹克标志专有权案件，严厉打击了各种侵犯奥林匹克标志专有权的违法行为，5月至12月，各级工商行政管理部门出动执法人员19736次，执法人数66046人次，检查经营企业和个体户140799户，检查批发市场、集贸市场等各类市场10416个，整治重点区域2651处，查处侵犯奥林匹克标志专有权案件362件，案值约254.41万元，进行行政指导等行政措施1616次。

省版权局、省通信管理局与省公安厅共同组建了处理非法转播奥运赛事案件工作组，严查非法转播奥运赛事案件。在奥运会期间快速查处了红意网、21CN网站、碰碰明星网等16宗互联网站非法转播奥运赛事案件，其中核查关闭正在非法转播奥运赛事网站11家，查处并删除登载涉奥赛事信息2家，协查网站相关信息2次，注销违法网站1家，平均每宗案件处理时间在1小时内。

4月，省文化厅部署查处大型奥运主题动画片《福娃》非法音像制品活动；5月至10月，全省文化行政管理部门组织开展以“创建平安文化市场”为主题的文化市场“奥运保障行动”，全面查处奥运期间文化市场的违法违规经营行为，出动行政执法人员243397人次，排查音像制品经营单位26005家次，查处违法违规经营的音像制品经营单位1095家，查获非法音像制品11844153张（盒）。

广东海关认真组织保护奥林匹克标志专有权专项行动，全年共查获涉嫌侵犯奥林匹克标志专有权的案件169宗，查获侵权嫌疑货物167批次、共计22万件。

六、音像制品知识产权保护力度加强

全省文化行政管理部门强化文化市场知识产权保护，2008年，共出动行政执法人员341998人次，检查各类文化市场经营单位356665家次，查处违法违规经营的音像制品经营单位1713家，查获非法音像制品18151630张（盒）。

全省文化行政管理部门开展多项音像市场专项整治行动，加强对合法音像门店的监督检查力度，查处和取缔销售非法音像制品的无证照音像制品经营店档及游商，严厉打击文化市场各类违法经营活动。1月，开展节日音像市场专项整治活动；2月，加强对持证门店的检查力度，同时，会同有关部门严厉打击无证坐商游商，取缔无证照经营活动；4月，全省各市分别举行非法音像制品集中公开销毁活动，销毁非法音像制品约1500万张（盒）；5月启动文化市场“奥运保障行动”；1月至9月，依照文化部《违法音像制品查缴目录》，重点清理收缴违法音像制品。

2008年，全省文化行政部门充分利用文化市场举报电话“12318”和网上举报等有效载体，加强对文化市场案件的督办和查处。全年共受理举报（信访）共4639宗，立案调查3844宗，移送司法机关案件88宗。省文化厅还直接查处了广东新马文化传播有限公司和广东星外星文化传播有限公司2宗音像批发单位违法经营案件。

七、名特优产品保护与打假工作措施得力

名牌带动战略成效显著。省名牌产品评价机制不断完善，截至2008年底，广东省名牌产品累计量达1512件，其中工业类名牌产品1104件，农业类名牌产品408件。技术标准战略扎实推进，落户广东的TC/SC/WG达76个，高新技术产业标准化示范区试点和现代服务业标准化试点工作稳步实施，联盟标准在专业镇、产业集群中大力推广，专利技术向标准转化的工作积极落实。

2008年，全省地理标志产品保护工作再上新台阶，新增地理标志产品10个，累计数量达41个，继续保持全国第一。

省农业及林业行政管理部门不断提升农林业自主创新能力，积极推进重点科研项目中的植物新品种培育、申报及保护工作。2008年，

全省农业植物新品种申请量和授权量分别同比增长26.6%和54.5%。截至2008年底，全省累计申请农业植物新品种90项，授权34项，累计申请林业植物新品种12项，授权7项。省农业厅加大对农资市场的监督管理力度，严厉打击以侵犯品种权为主的各类假冒违法行为。

全省质监系统整合执法资源，创新执法模式，严厉打击生产假冒伪劣产品和侵犯知识产权的违法行为，逐步建立了保护知识产权的长效机制。全年共出动执法人员11719人次，检查生产、经销、使用单位和仓储点2133个，立案查处案件1504宗（其中生产企业876宗，经销单位102宗，仓储点7宗，捣毁制售窝点519宗），涉案货值5439.44万元，销毁货值722.46万元，移送公安64宗。

八、打击侵犯知识产权犯罪取得新成效

2008年，全省各级公安机关大力推动知识产权刑事保护工作，立案侦办侵犯知识产权案件387宗，破案250宗，抓获犯罪嫌疑人482名，涉案金额约8.7亿元人民币，挽回经济损失6000多万元人民币。

2008年，按照公安部“鹰眼行动”的统一部署，省公安厅组织广州、深圳、肇庆3地公安机关经侦、网警等部门开展破案行动，在深圳市罗湖区、肇庆市鼎湖区成功捣毁集销售、加工、仓储于一体的假冒“Cialis”、“Xenical”等药品窝点三处，查获非法加工药品生产线一条，缴获假冒各种公司品牌的假药320多万粒，涉案价值初步估算约4000万元，抓获主要犯罪嫌疑人15名。6月28日，根据公安部“闽粤行动一号专案”的统一部署，成功侦破特大跨境制售假货案件，查获假冒“万宝路”、“希尔顿”等外国品牌香烟200多件，假冒德国“Jenaer”厨具产品900多套，涉案金额9000多万元，抓获犯罪嫌疑人14名。

省公安厅与省烟草专卖局密切配合，在2007年9月至2008年2月期间开展的打击非法运输假冒伪劣烟草专卖品专项行动中，共查获涉嫌非法运输假冒伪劣烟草制品机动车153辆，缴获假烟5.2万件，立案51起，抓获犯罪嫌疑人120名。9月，全省公安机关开展打击非法运输假冒伪劣烟草制品专项行动，共查处涉嫌非法运输、仓储假冒伪劣烟草专卖品案件110起，抓获犯罪嫌疑人48名，查扣机动车65辆，查获假烟4.2万件，涉案价值1亿多元。

九、海关知识产权保护成效突出

广东海关不断完善执法机制，提高执法效能，强化打击各类进出口侵权行为力度。2008年，广东省内海关共采取保护知识产权措施2422次，查获侵权嫌疑货物6.4亿件，有效地维护了广东关区公平竞争的对外贸易秩序和知识产权权利人的合法权益，进一步优化了广东地区的投资环境。

广东海关加强执法业务培训，提高口岸关员知识产权执法能力和水平，同时，充分运用风险分析技术，提高查获侵权货物的准确性。目前，在广东海关查获的侵权知识产权的案件中，99%以上的案件是依职权主动查获，近40%的案件是通过风险分析布控的方式查获。

广东海关继续开展针对通过邮递、快件途径小批量、多批次进出口侵权货物的打击邮递快件渠道侵权行为专项行动，加大人力和设备投入，提高了来自重点国家和地区邮递物品和快件货物、物品的查验比率，取得了重要成效。在海关总署的统一部署下，广东海关开展了为期半年的保护知识产权“龙舟行动”，共采取保护知识产权措施1025次，查获涉嫌侵权货物2138批次，共计1.1亿件。

十、知识产权司法保护成绩显著

全省法院稳步推进知识产权审判工作，2008年，新收一审知识产权民事案件4427件，同比增长41.8%，审结4304件，同比增长

38.7%；新收二审知识产权民事案件690件，同比增长19.8%，审结671件，同比增长17.3%；新收一审知识产权刑事案件381件804人，审结380件801人；新收一审知识产权行政案件37件，审结37件。全省法院坚持"调解优先"的原则，注重以诉讼调解促进社会和谐，通过充分运用多元纠纷解决机制改进调解方式，增强调解效果，共调解（含经调解撤诉）一审民事案件2611件，调解率60.7%；省法院共调解二审民事案件148件，调解率达到27.7%。

知识产权司法保护重心进一步下移，审判资源配置继续优化，全省共有8家中级法院管辖一审专利案件，16家基层法院管辖部分一审知识产权案件。全年基层法院受理一审知识产权民事案件2065件，占全省案件总数的46.3%，同比增长144.8%。9月，省法院下发通知，由广州、深圳、佛山市中级人民法院指定所辖有知识产权管辖权的基层法院审理属于中院管辖的部分知识产权案件。

省法院进一步增强知识产权审判工作的透明度，全年共向中国知识产权裁判文书网上传生效裁判文书4025件，连续三年位居全国第一位；11月份，开展了以"司法护权、激励创新"为主题的加强知识产权司法保护行动月活动，选取典型案件公开开庭，并广泛听取社会各界对知识产权司法审判工作的意见和建议。

十一、会展及行业协会知识产权保护进一步加强

2008年，全省各级知识产权行政执法部门在第103届和104届中国进出口商品交易会（广交会）、第5届中国国际中小企业博览会暨中韩中小企业博览会、第10届中国国际高新技术成果交易会、第28届和29届广州国际美容美发化妆用品进出口博览会、第4届中国（深圳）国际文化产业博览交易会、中国国际音像博览会、第20届广州国际玩具及礼品展览会等各类展会上积极开展知识产权保护工作，维护会展正常交易秩序，受到了参会客商的一致好评。其中，广交会加大对涉嫌侵犯知识产权行为的处罚力度，第103届广交会取消了1家连续两届涉嫌侵权企业的6届参展资格和1家涉嫌侵犯3个权属号以上企业的下届参展资格。第103届及104届广交会共受理涉嫌侵犯知识产权投诉1179宗，同比增长1.2%，被投诉企业1592家，同比下降1.8%，认定涉嫌侵权企业968家，同比下降2.3%。

会展及行业协会充分发挥知识产权保护协调作用。全年，全省各级知识产权局系统通过指导各类会展和行业协会协调解决专利纠纷共1083宗；其中，指导会展解决专利纠纷918宗，指导行业协会调解纠纷165宗。

十二、对外及区域知识产权合作与保护不断深化

知识产权对外交流合作工作进一步深化。省知识产权局与美国专利商标局合作举办了"珠江知识产权及创新论坛2008"，与国家知识产权局、欧洲专利局、欧共体商标局联合举办了"欧洲知识产权制度—外观设计与专利国际研讨会"。省工商局与中华商标协会、日本贸易振兴机构联合举办了"中日商标行政保护研讨会"。省公安厅组织广州市公安机关与美国联邦调查局办案人员就跨境销售假冒"高露洁"牙膏案件进行了交流。省外经贸厅派员赴欧洲开展会展知识产权保护交流活动。省法院与美国、日本等国家的相关机构开展了知识产权司法保护交流活动。

粤港知识产权合作继续深入。2008年，在粤港保护知识产权专责小组的组织下，两地知识产权部门召开了第七次专责小组会议和"正版正货"计划十周年庆祝活动，举办了"粤港知识产权与中小企业发展（汕头）研讨会"、粤港知识资本管理讲座等，开展了粤港两地高校及科研机构知识产权管理工作交流活动和粤港知识产权教师交流计划。

粤港澳海关知识产权保护不断推进。全年粤港、粤澳海关在知识产权保护合作领域共形成各类情报通讯近100份，在罗湖、皇岗、沙头角、深圳湾、拱北和横琴口岸举行双边联合执法行动5次，查获侵权案件40余宗，开展案件协查10余宗。我省公安系统加强与香港海关知识产权方面的协作沟通，双方在设立联络员、处理情报信息的沟通、涉粤港案件协查等方面达成初步共识。

十三、知识产权保护合力显著增强

2008年，全省各级知识产权行政和司法部门加强沟通与协作，促进知识产权保护工作整体发展。省知识产权局与国家知识产权局专利复审委员会签署了合作共建协议，在粤设立了复审委第一巡回审理庭。省法院与国家知识产权局专利复审委签订了《国家知识产权局专利复审委与广东省高级人民法院交流合作协议》，促进专利司法保护与行政保护的协调发展。省版权局与省公安厅、省通信管理局共同开展打击网络侵权盗版专项行动，与省国资委共同推进省属国有企业使用正版软件工作。省知识产权局和省工商局在全省范围内联合开展查处取缔非法从事专利代理行为的专项行动，净化专利代理市场环境。各级公安机关加强与工商、质监、烟草部门的联系和沟通，定期通报打击侵犯知识产权犯罪行为的新情况和新特点。广东海关继续加强与公安、工商、专利、版权等地方知识产权行政主管部门的合作，提高知识产权保护整体效能。

十四、知识产权文化意识氛围浓厚

2008年7月，国家知识产权局局长田力普应邀在省委理论学习中心组“广东学习论坛”上宣讲《国家知识产权战略纲要》，党政军领导近400人参加学习。全省各知识产权部门全年举办了多场大型论坛和宣传活动，营造了浓厚的尊重和保护知识产权的良好社会氛围。省知识产权局领导带队分赴全省21个地级以上市宣讲国家和我省知识产权战略纲要。省知识产权局制作“实施知识产权战略”公益广告片、联合省政协科教卫体委员会举办“2008年广东知识产权保护与发展论坛”。省工商局组织9个市在《南方日报》上刊登12个宣传专版，报道全省30年商标管理工作成绩。省文化厅部署开展第十届广东省音像市场法制宣传周活动。省司法厅深入开展法制宣传教育活动。广东海关重点针对进出口企业和定牌加工企业宣传边境知识产权保护工作，奥运期间在各出入境口岸、国际航班上播放和张贴尊重知识产权的宣传片及宣传画。省法院充分利用中央电视台等主流媒体报道知识产权审判工作，进一步完善广东知识产权司法保护网，公开知识产权审判信息。全省知识产权界还隆重举行了改革开放30周年纪念活动，评选并发布了“改革开放30年广东知识产权十大成就”。

在“4·26”世界知识产权日期间，全省知识产权系统组织开展了一系列形式多样、内容丰富的宣传活动。省知识产权局首次与省委宣传部、省广播电影电视局在广东电视台联合举办“智慧之光——4·26世界知识产权日”专题电视晚会。省工商局与南方日报社联合举办“广东自主品牌战略论坛”。省版权局在公共汽车上投放《著作权法》公益广告，在局政府信息网站上开设“版权保护在广东”专题报道栏目，对外发布2007年度广东版权行政管理部门保护著作权十大事件和2007年度十起典型版权案件。省法院举办新闻发布会，公布2007年广东知识产权审判十大案例。各级农业管理部门印发宣传资料50余万份，举办现场咨询活动10多场，接待咨询群众10万人次。活动对提高社会知识产权意识起到了十分积极的推动作用。

全省中小学知识产权教育工作进一步深化。省知识产权局与省教育厅、团省委、省少工委共同确定第三批省中小学知识产权教育试点学校42所。至2008年底，省试点学校达107所，遍及21个地级以上市，受教育学生近

22万人。

全省知识产权教育培训取得显著进步。省版权局举办各类版权保护培训班12次。省信息产业厅面向电子信息企业举办中国—欧盟知识产权保护项目“保护知识产权培训班”。广东海关多次组织开展知识产权业务培训。省农业厅举办知识产权专题培训班2次。省知识产权局大力实施“广东省百千万知识产权（专利）人才培育工程”，全年全省知识产权局系统共面向社会举办了各类知识产权培训班、研讨会、讲座169期，参加培训人员达2.4万多人次。

（供稿人：张璟）

2008年广东省会展知识产权保护工作

会展经济作为广东省经济发展的“助推器”，对广东省经济乃至全国经济起到巨大的推动作用。目前，广东省的会展业已进入到一个以整合资源、规范发展、提升水平为主要内容的新的发展阶段。2008年，广东省在加强和推进会展知识产权保护工作方面作了如下工作：

一、稳步推进以广交会为龙头的会展知识产权保护工作

2008年，广东省知识产权局在第103届和第104届广交会、第28届和第29届广州国际美容美发化妆用品进出口博览会、第20届广州国际玩具及礼品展览会、第5届中国国际中小企业博览会暨中韩中小企业博览会等各类展会上，积极开展知识产权保护工作，认真维护会展的正常交易秩序，得到了各有关部门领导和多方面的重视和支持。

在两届广交会上，广东省知识产权局分别组织广东各市知识产权局近50人进驻大会投诉站，参加大会的知识产权保护工作。广东省市执法人员与大会投诉站团结协作，认真公正处理投诉案件，积极维护正常有序的工作局面。从第104届广交会开始，商务部对广交会组展体制、办会模式和各方职能等进行了重大改革和调整，广交会知识产权、产品质量安全和贸易纠纷投诉接待站（下称投诉站）工作由七大商（协）会牵头负责，并首次在琶洲展馆A区、B区和C区三馆分三期设站。广东省知识产权局根据本届广交会“新展期”、“新展馆”、“新机制”和“新人员”的特点，认真组织包括广州、深圳、佛山、汕头、韶关、惠州和中山等10市知识产权局共50余人的省市专利联合执法队伍驻会，进一步采取各种措施，把各项工作落到实处，认真做好知识产权保护工作，积极维护大会的交易秩序。广东省知识产权局报送的第104届广交会总结，副省长宋海还亲自作出批示：“广东省知识产权局参与广交会的现场知识产权保护工作，对外对内形象良好，多次受到国家知识产权局和商务部的表扬和赞誉，同时也锻炼了自己的队伍。望能不断总结经验提高工作水平。”

二、不断提升全省会展知识产权保护工作

2008年，在广东省知识产权局的指导和推动下，全省会展和行业知识产权保护工作呈现良好的发展态势。2008年7月，中国民主促进会广东省委员会秘书长胡献一行来广东省调研广东会展业知识产权保护情况，广东省知识产权局组织了有关市知识产权局、代理机构、广交会等单位的代表参加了座谈会，双方就广东会展业知识产权保护的特点、会展业知识产权司法保护的可行性、立法建议等问题充分交换了意见。

为了有效遏制会展知识产权侵权行为，为客商营造良好的贸易洽谈环境，近几年，在湛江市保护知识产权工作办公室的协调指导下，湛江市知识产权管理部门对湛江市举办的“工

博会”、“农博会”、“海博会”的参展企业所携带样品有关专利、商标使用情况，以及专有出版权或出版物合法来源凭证和禁止使用情况等进行检查，防止侵权产品在各种会展中出现，也防止知识产权侵权纠纷案发生。会展期间，采取的措施包括积极宣传知识产权知识、实施“展前预告、展中检查、展后跟踪查处”、提高参展人员的知识产权保护意识，保护企业自身利益等。由于工作措施得力，扎实到位，近年来湛江会展期间没有知识产权侵权纠纷案发生，收到了较好的效果。云浮市知识产权局一方面协助新兴县不锈钢制品企业商会举办了17期会员企业专业技术骨干知识产权保护培训班，协助中国（云浮）国际石材科技展览会举办了3期石材专利战略培训班。培训内容包括专利侵权的种类、侵权后所要承担的法律责任以及专利权人可通过什么途径保护自己的专利权等知识，大大地提高了广大专业技术人员知识产权保护意识。参加培训人员达600多人次。另一方面进驻第二届中国（云浮）新兴不锈钢餐厨具五金制品博览会和第五届中国（云浮）国际石材科技博览会，做好会展专利保护工作，使得展会专利侵权零投诉。

2008年，广东省各级知识产权局通过指导各类会展解决专利纠纷共918宗。

（供稿人：傅蕾）

行政执法

“4·26”广东省知识产权联合执法及宣传活动

近年来，广东省各地区的知识产权局均通过“4·26”期间在广东省范围内组织知识产权宣传和联合执法等一系列活动，把世界知识产权日逐步打造成广东省保护知识产权的一个重要品牌。2008年，为庆祝第八个“4·26世界知识产权日”，广东省各级知识产权局精心组织开展了“4·26”知识产权联合执法及宣传活动，加强知识产权保护，促进自主创新，取得了良好成效，营造了全社会尊重和保护知识产权的氛围营造

一、召开广东省2008年10个知识产权典型案件发布会

2008年4月23日，广东省政府知识产权办公会议办公室召开广东省2008年10个知识产权典型案件发布会，向新闻界公布了广东省2008年10个知识产权典型案件。这10个知识产权典型案件分别是：

案件一：特大跨境制售盗版软件光盘案；

案件二：外籍人士假冒注册商标案；

案件三：侵犯“水烟筒”实用新型专利权案；

案件四：假冒“LV”国际品牌案；

案件五：携带侵犯奥林匹克专有权“福娃”模具入境案；

案件六：网络销售侵权盗版软件案；

案件七：仿冒知名商品特有包装不正当竞争案；

案件八：侵犯《丝路驼铃》著作权案；

案件九：假冒“金霸王”（DURACELL）干电池案；

案件十：一种镀金属抛釉陶瓷制品及其制作工艺发明专利侵权纠纷案。

这次公布的10个知识产权典型案件是从广东省公安厅、广东省工商局、广东省版权局、广东省知识产权局等和海关总署广东分署、广东省高级人民法院提供的31个知识产权案件中挑选出来的，具有涉案金额高、涉及类型广、涉外案件多、社会影响大等特点，这一方面体现了广东省知识产权保护事业的快速发展，另一方面也反映了权利人对知识产权保护的强烈需求以及对法治的信心。这10个典型案件，第一，从案件类型来看，涉及专利的案件2件，涉及商标的案件3件，涉及著作权的案件3件，涉及不正当竞争案件1件，涉及奥林匹克专用权案件1件。第二，从具体内容来看，在专利案件中，加强沟通，力促合作；调解到位，力促共赢，有效实现了专利行政执法的法律效果和社会效果的统一。在商标案件中，侵犯、假冒国际著名商标和品牌的现象时有发生，涉外刑事案件渐露冰山。在著作权案件中，网络销售盗版软件是近年来出现的一种新的违法犯罪方式，特大跨国盗版犯罪案件体现出侵犯知识产权犯罪全球化、专业化、隐蔽化等特征，著作权邻接权人如何正当、合法行使权利也值得大家深思和探讨。在不正当竞争案件中，侵犯知名商品特有的包装、装潢权是一种排他使用的民事权利，这类案件逐步上升。此外，随着2008年奥运会逐渐临近，加强对奥林匹克标志专有权的保护已迫在眉睫。第三，从涉及领域来看，这些案件涵盖了生活

日用品、电子产品、化妆品、建材、吉祥物等多个方面。第四，从处理结果来看，涉及行政处罚的案件2件，刑事犯罪的案件4件，民事判决的案件2件，行政调解的案件2件。这些典型案件一方面证明了广东省全面加强对知识产权的民事、行政、刑事的保护，在打击侵犯知识产权违法犯罪方面取得了明显进展；另一方面，也体现了知识产权案件新类型和复杂、疑难案件层出不穷，知识产权司法和行政保护遇到了前所未有的挑战。

二、组织开展知识产权联合执法及宣传活动

"4·26世界知识产权日"期间，广东省各地积极开展知识产权联合执法及宣传活动，取得了显著的成效，有力地打击了知识产权侵权、假冒冒充专利等违法行为，有效地维护了知识产权权利人和社会公众的合法权益，营造了尊重和保护知识产权的社会氛围和公平有序的市场竞争环境。广东省知识产权局在"4·26"期间组织开展了全省知识产权联合执法及宣传活动。江门市知识产权局隆重举行了"4·26世界知识产权日"大型户外宣传咨询活动，江门中院、江门海关、江门市文广新局、江门市工商局、江门市公安局等部门和3家专利代理机构参加了现场宣传咨询活动，江门市30多家拥有自主知识产权的企业也在现场进行了专利产品展示。韶关市知识产权局会同韶关市工商局等有关部门开展了知识产权联合执法活动，共出动了执法人员40多人，在韶关市区多个大型商贸场所、主要流通市场进行了现场检查，对涉嫌假冒知识产权的物品进行了现场立案，并暂扣了一批假冒知识产权的物品。

三、严厉打击假冒他人专利和冒充专利行动

2008年，广东省各地积极开展打击假冒专利和冒充专利行为，取得了显著的成效，有效地遏制了假冒冒充专利等违法行为的滋生。2008年4月21日，广东省知识产权局会同佛山市知识产权局、禅城区知识产权局和禅城区工商局，在禅城区敦厚综合批发市场开展查处冒充专利的联合执法专项行动。此次专项行动，共出动执法人员30多人，对多个食品、消防器材批发档口进行检查，现场查获涉嫌冒充专利的灭火器一批，山楂饼155筒，此外，广东省知识产权局还和东莞、中山等市知识产权局开展了非法经销仿制三九集团的"999"牌夏桑菊等冲剂产品的"4·22"专案行动。查处了位于东莞、中山两市的12家商场和1家地区总经销商，查获仓库1个，涉案商品3000包，涉案货值约15000元。

（供稿人：傅蕾）

"雷雨"、"天网"知识产权执法专项行动

为了充分发挥知识产权执法在构建和谐社会、发展社会主义市场经济和建设创新型国家中的作用，根据国家知识产权局的统一部署，2008年"4·26"世界知识产权日期间，广东省知识产权局在全省范围内组织实施"雷雨"、"天网"知识产权执法专项行动。

"雷雨"行动主要是打击知识产权侵权假冒行为。重点查处群体性侵权案件，尤其要严厉查处系列侵权、重复侵权、反复侵权等恶意侵权行为和假冒他人专利、严重的冒充专利行为。

"天网"行动主要是打击涉及专利的诈骗行为。重点是严厉查处假借国家机关、全国性组织或国际组织的名义搞专利评奖、专利转让，从中诈骗钱财；或假冒国内外合法组织名义，以举办博览会许诺参展专利项目获奖，骗取参展费；或谎称出版优秀专利项目汇编或发明人名录，骗取出版费等诈骗行为。

一、认真制定切实可行的专项行动实施方案

"雷雨"、"天网"知识产权执法专项行动是2008年广东省知识产权保护工作的重头戏。根据国家知识产权局《"雷雨"、"天网"知识产权执法专项行动方案》有关要求，2008年3月初，广东省知识产权局结合广东省的实际，及时制定了《广东省"雷雨"、"天网"专项行动的实施方案》。该方案明确了广东省开展专项行动的指导思想、工作任务、目标、要求、具体措施和时间安排等，并确立了"四个相结合"的工作原则：日常执法与专项整治相结合；查处案件与扩大宣传相结合；落实责任与强化协作相结合；突出重点与整体推进相结合。

《广东省"雷雨"、"天网"专项行动的实施方案》的具体措施包括：

1. 在"4·26"期间组织开展全省知识产权联合执法及宣传活动；

2. 在重点领域开展专利执法活动；

3. 在流通领域中查处假冒他人专利和冒充专利行为；

4. 在各类展会中开展知识产权保护工作；

5. 在社会上打击冒充合法组织进行涉及专利的诈骗行为。

按照行动方案的统一要求，广东省各地市知识产权局纷纷制定了切实可行的实施计划，从人力、财力、物力等方面给予了充分保障，确保了专项行动各项工作顺利开展。

二、组织开展知识产权联合执法活动

根据《广东省"雷雨"、"天网"专项行动的实施方案》，广东省知识产权局在"4·26"期间组织开展了全省知识产权联合执法及宣传活动。活动内容包括查处和公开审理重大、典型的知识产权侵权案件，打击假冒他人专利和冒充专利行为，公布我省"2008年侵犯知识产权十个典型案例"，开展广交会等会展知识产权保护工作等。2008年4月23日，广东省知识产权局召开了广东省2008年10个知识产权典型案件发布会，向驻粤新闻界公布了广东省10个知识产权典型案件，既是展示广东省知识产权保护成果的重要举措，也是增强全社会保护知识产权法律意识的有效途径，在社会上引起了积极反响。4月15日－30日，广东省知识产权局组织广东省市专利联合执法队伍进驻广交会，展前指导会展主办单位，从源头抓起，采取有效措施，严把展品审查关；会展期间派出执法人员驻会，切实做好会展知识产权保护和宣传工作，协助大会处理专利侵权纠纷，查处假冒他人专利和冒充专利行为，维护正常交易秩序。广东省各市知识产权局根据广东省知识产权局的要求，与公安、文化、工商、版权、药监、海关等有关部门联系和协作，集中时间，密切配合，通力合作，开展知识产权联合执法和宣传活动，掀起了保护知识产权的热潮，取得了显著的成效。

三、周密部署查处假冒他人专利和冒充专利统一行动

打击假冒他人专利和冒充专利行为，是"雷雨"、"天网"专项行动的一项重要内容。根据专项行动实施方案，选择了一批影响较大的大型商场或商品批发市场，协调和组织有关部门共同开展查处假冒他人专利、冒充专利行为等联合行动。广东省知识产权局组织开展了非法经销仿制三九集团的"999"牌夏桑菊等冲剂产品的"4·22"专案行动。广东省知识产权局和东莞、中山等市知识产权局的执法力量联合重拳出击，分别查处位于东莞、中山等市的12家商场和1家地区总经销，查获存假商品仓库1个，涉案商品3000包，涉案货值约15000元，这起大面积仿制"999"牌系列凉茶冲剂产品的涉嫌假冒他人专利案得到了成功的查处。4月21日，广东省知识产权局会同佛山市知识产权局、禅城区知识产权局和禅城区工商局，在禅城区敦厚综合批发市场开展查处冒充专利的联合执法专项行动。出动执法人

员30多人，对多个食品、消防器材批发档口进行检查，现场查获涉嫌冒充专利的灭火器一批，山楂饼155筒。广东省电视台、《羊城晚报》、《南方日报》等多家媒体进行跟踪现场报道，引起社会各界的广泛关注。广东省市联合查处假冒、冒充专利统一行动，标志着广东省"雷雨"、"天网"专利执法专项行动进入了高潮。

与此同时，广东省各市知识产权局对食品、医药、农业、高新技术及本地优势产业和重大项目领域加大查处力度，严厉打击假冒他人专利和冒充专利行为，涉嫌犯罪的，及时移送公安机关处理。

四、"雷雨"、"天网"专项行动扎实推进并取得硕果

2008年3月以来，以打击恶意专利侵权、假冒他人专利、冒充专利以及专利诈骗案件为主的"雷雨"、"天网"知识产权执法专项行动，在广东省各地顺利展开。广州市知识产权局积极开展食品、药品、农资、烟酒、服装、建材、移动通讯产品、汽配、电脑等商品的"羊城维权"专项执法检查行动，取得了明显成效。佛山市知识产权局积极组织佛山市、区、县三级执法人员，对批发市场的有关涉嫌冒充专利行为的商铺进行了突击检查。湛江市在大型零售商场和超市中重点进行"雷雨"、"天网"知识产权执法专项行动，重点对食品、医药、日用品流通领域假冒他人专利和冒充专利的违法行为进行检查，共检查湛江市区大型商场、超市、批发市场10家，检查商品3000多种。通过开展"雷雨"、"天网"知识产权执法专项行动，不断加大执法行动的声势和力度，广东省专利侵权及假冒他人专利、冒充专利等违法行为得到了有效遏制，进一步提升了广东全省专利行政保护的整体水平，为促进广东省经济社会发展作出了积极贡献。

（供稿人：傅蕾）

2008年专利行政执法及协作机制建设

2008年，广东省知识产权局不断提升执法效能，努力创新工作机制，扎实推进执法工作，努力营造广东省保护知识产权，促进经济发展的投资环境和公平竞争的市场环境。

一、继续深化专利行政执法工作

（一）注重增强对重大复杂疑难案件的处理能力

2008年，广东省知识产权局继续注重增强对重大复杂疑难案件的处理能力，切实提升办案质量和水平，扎实有效开展专利行政执法工作。全年共受理了专利侵权纠纷案件23件，结案26件，其中处理7件，调解12件，撤回7件；受理假冒和冒充专利案件16件，结案20件；参加行政诉讼7件。2008年，在广东省知识产权局受理的纠纷案件中，告同一被请求人不同专利的系列案件和涉外案件明显增多。如"汽车方向盘锁"和"一种锁杆调节装置"两项专利的系列案、"插头内架构造"、"插头内盒接地铜片承载板改良"、"插头内盒接地铜片支持板改良"和"插头电端子绝缘层注浇料引流补强装置"四项专利系列案等。受理的涉外案件共10件，其中日本精工爱普生株式会社的"墨盒"专利案件在我国境内已有广泛影响。此外，广东省知识产权局还对两件重复侵权性质恶劣的纠纷案件采取了封存暂扣的行政强制措施，办案人员还亲自到广西开展调查。广东省知识产权局参加的6件行政诉讼二审案件，广东省高院全部维持原判和原处理决定。

（二）召开东莞、中山两市专利行政执法专题座谈会

2008年1月14日至15日，广东省知识产

权局在东莞市召开了东莞、中山两市专利行政执法工作座谈会。广东省知识产权局法制处和东莞、中山两市知识产权局的有关同志近30人参加了座谈。这次座谈会是共同研讨东莞、中山两市专利行政执法工作的第三次会议，会议的主题是：发挥行政执法效率优势，加快专利纠纷案件查处。会上，广东省市执法人员紧密围绕主题，结合工作实际，交流心得，沟通思想，总结经验。大家讨论热烈，气氛活跃，对进一步强化省市联合执法以及锤炼提高自身水平和能力，都提出了很多富有建设性的意见和建议。

（三）组织编写《广东省专利行政执法操作指南》

为进一步规范专利行政执法行为，提高执法水平和效率，2008年，广东省知识产权局组织了广州、深圳、汕头、佛山和中山等市知识产权局的有关人员进行《广东省专利行政执法操作指南》（简称《操作指南》）和《广东省专利行政应诉指南》两书的编写工作，并分别于6月和9月在广州市和汕尾市两次集中进行撰写和修改。编写操作指南既是广东省依法行政的需要，也是广东省专利法制建设和加大专利行政保护力度的迫切需要。《操作指南》共分为三章，涵盖了《专利法》赋予的三大职能，条理清楚，结构清晰，重点突出，内容创新。经过反复修改和多次讨论，共完成了三章、二十节、近7万字的稿件，基本实现了预期目标，取得了阶段性的成果。

（四）首次举办针对基层执法人员的专利行政执法培训班

自2004年开始，广东省知识产权局每隔两年都举办一期不同层次的专利行政执法培训班，这是提高广东省执法队伍整体素质和业务水平，推动专利行政执法工作稳步发展的重要举措。2008年9月17日至20日，广东省知识产权局在广州举办了全省专利行政执法培训班。广东省知识产权局党组书记马宪民、副局长唐毅出席了开班仪式，120多名省、市、县、区的执法人员参加了培训。这期培训班共安排了专利侵权判定等6个专题，培训对象扩大到广东省各市、县、区级基层一线的执法人员，培训人数是历年来最多的一次，培训师资也是历年来层次最高的一期。学员们普遍反应，这次培训更加注重针对性和实践性，受益匪浅，进一步夯实了专利行政执法的理论和实践基础，开阔了执法工作的思路和视野，提升了基层干部执法的能力和水平。

二、整合资源，扎实推进省际、区域、部门间执法协作

（一）认真开展省际、部门间的专利行政执法协作

2008年，广东省知识产权局接受重庆市知识产权局移送的纠纷案件1件，向湖北省知识产权局移送冒充专利案件1件，向广州、深圳、佛山等市知识产权局作出了10件指定管辖案件，对及时、有效地制止专利违法行为，加强各地区、各部门的协同执法工作力度起到了积极作用。此外，广东省知识产权局还不断深化区域间的专利行政执法协作，继续强化行政执法与刑事司法相衔接机制。2008年3月25日，广东省知识产权局就重庆市知识产权局移送的“多功能保健运动鞋”被东莞某商家侵权一案，与广东省公安厅紧密协作，统一开展查处行动，并与东莞市知识产权局、东莞市公安局、东莞市大岭山公安分局、大岭山质监站等省、市、镇多部门组成联合执法队伍，在该镇的一间出租屋里，发现一名利用互联网发布假冒他人专利产品销售广告的涉案人员，当场查获的证据足以证实被投诉人的假冒他人专利的行为。随后广东省知识产权局及时作出行政处罚决定，责令被处罚人立即停止假冒他人专利行为，并将信息反馈给该案的当事人和重庆市知识产权局，该案的当事人对处理结果也表示非常满意。

（二）建立健全知识产权执法协作和协调会商机制

2008年7月，广东省知识产权局与广东省公安厅联合下发了《转发国家知识产权局公安部关于建立协作配合机制共同加强知识产权保护工作的通知》，进一步建立健全知识产权执法协作和协调会商机制，充分发挥各级知识产权部门和公安机关在打击侵犯知识产权违法犯罪工作中的职能作用。通知强调，各级知识产权部门和公安机关领导要高度重视执法协作和协调会商机制的建设，要根据“推动行政执法、刑事司法的衔接配合”的要求，加强线索移送、信息通报、办案协作和案件互送等工作，并充分发挥执法联络室的桥梁和平台作用，共同推进广东省知识产权保护工作的深入开展。此外，广东省知识产权局还参加了广东省打击经济犯罪协调会商机制成员单位负责人第一次会议、广东省行政执法与刑事司法相衔接工作机制第五次联席会议、广东省经侦部门知识产权法律适用问题研讨会等有关会议，对知识产权执法协作提出了富有建设性的意见和建议。

（三）强化指导省际、区域间的知识产权协作

在广东省知识产权局的推动下，新一轮的粤东六市知识产权局长联席会议、粤西片首届专利合作联席会议和闽粤两省沿海城市保护知识产权工作第五次联席会议也顺利召开并取得了新成绩，为推进区域协调发展奠定了良好基础。2008年，粤东知识产权局长联席会议已经举办了7个年头，粤东知识产权合作经历了一个逐步探索和实践发展的过程，对加强区域间知识产权合作与交流、为广东省知识产权事业的健康发展积累了宝贵经验。在粤西片首届专利合作联席会议上，粤西4市知识产权局负责人签署了《粤西四市专利合作协定》，并对专利合作的有关问题达成共识。闽粤联席会议确立了推进区域知识产权行政执法协作、知识产权信息应用协作、知识产权人才培养协作等主题，对闽粤两省自主创新和经济发展起到了积极的促进作用。

（供稿人：傅蕾）

2008年广东省商标案件统计分析

2008年广东省各级工商行政管理部门依法履行职能，强化执法手段，严厉打击生产、流通等领域中的各种商标侵权违法行为，维护了市场经济秩序的健康稳定，保障了商标权利人的合法权益，为推动广东省名牌带动战略的实施、建设创新型广东提供了保障。

一、查处商标违法案件的概况

2008年广东省查处各类商标案件4414宗，其中商标一般违法案件450宗，商标侵权假冒案件3964宗；全部案值5768.92万元，罚款5670.97万元；没收、销毁侵权商品8382903件，没收、销毁侵权商标标识1707928件；移送司法机关案件22宗，涉案人员27人。

二、查处商标违法案件的特点

（一）案件数上升，案值略有下降，但处罚金额增大

2008年广东省查处各类商标案件4414宗。其中：商标一般违法案件450宗，与2007年同期相比增长94.81%；商标侵权假冒案件3964宗，与2007年同期相比增长40.32%；案值5768.92万元，与2007年同期相比减少11.13%；罚款5670.97万元，与2007年同期相比增长43.16%。

（二）涉外商标案件的查处力度有所加大

2008年广东省查处侵犯港澳台和外国商标注册人权益案件2455宗，与2007年同期相比增长34.48%。其中，案值4082.63万元，与2007年同期相比增长1.18%；罚款

4135.02万元，与2007年同期相比增长36.17%。

（三）查处侵犯奥林匹克标志专有权的案件数明显增加

2008年，随着奥运会在我国北京的成功举办，奥标保护的专项行动也进入最重要的阶段。广东省在上半年奥标保护专项行动的基础上，下半年进一步加大力度，从严从重打击侵犯奥标的违法行为，履行我国政府保护奥林匹克知识产权的庄严承诺。根据专项统计，自2008年5月至12月底，全省各级工商部门出动执法人员次数为19736次，出动执法人员数量66046人次，检查经营企业和个体户140799户，检查批发市场、集贸市场等10416个，整治重点区域2651处，查处侵犯奥林匹克标志专有权案件362件，案值254.41万元，进行行政指导等行政措施的次数为1616次。

（四）行政诉讼案件大幅增加，执法水平经受了考验

2008年广东省商标行政诉讼案件96件，而在2007年只有1件。这些行政诉讼案件全部得到了维持，无一败诉，充分说明我们的执法水平经受得起各方考验。

（供稿人：伍莉）

2008年广东省农业野生植物保护

广东地处我国大陆最南端，属热带、亚热带季风气候，光热充足，雨量充沛，地形复杂，蕴藏着丰富的植物资源，是华夏植物区系的重要组成部分。2008年，广东省农业厅认真贯彻执行《中华人民共和国野生植物保护条例》和农业部《农业野生植物保护办法》，扎实推进了全省农业野生植物保护工作。

一、扎实组织申报农业野生植物调查项目

为了掌握广东省农业野生植物种类和分布情况，2008年初向农业部申报广东省农业野生植物调查项目。主要重点调查中华猕猴桃、野生荔枝、道县野桔、莽山野桔、藜檬、柠檬、山桔（柑橘）等农业野生植物资源的地理分布、种群数量、生物多样性丰富程度，生态环境状况、威胁其生存的经济、社会、环境等主要因素及成因。建立野生植物资源数据库。农业部经过审核，于2008年6月批下该项目。

二、广泛开展农业野生植物调查

主要在广东省范围内对中华猕猴桃、野生荔枝、道县野桔、莽山野桔、藜檬、山桔（柑橘）等6种农业野生植物资源进行调查。我们主要通过在资料收集和线路勘察的基础上，用样方调查法对所有目的物种进行调查；用GPS全球卫星定位仪对目的物种进行定位，科学确定其具体分布地点和范围；对所见目的物种及其所在植物群落进行拍照；在不影响目的物种正常生长的前提下采集凭证标本，并请有关专家到现场或审阅标本，确定其是否属于野生种群进行论证。

（一）具体做法

2008年8月中旬，制定项目工作方案和调查方法。收集广东省农业野生植物方面的有关资料，查阅各调查区的地形图、自然地理和植被群落方面的资料，征询有关专家意见，查阅标本和文献，收集、分析、整理资料，提出调查计划及安排，制定各调查区域和调查路线。据有关资料和报道，野生荔枝廉江市、东莞市有产，但是否为真实的野生种性质，仍有待确认。而根据标本记录，中华猕猴桃在乳源县和乐昌县有分布。道县野桔，据收集到的现有资料显示莽山野桔仅产于湖南省。又据闻藜檬、山桔在龙门县、粤北山区可能有分布。因此，计划实施调查的区域是这些目的物种的已知分

布区及其邻近地区，以及有可能分布的地区，所以选择调查的市县有廉江市、化州市、遂溪县、东莞市、连州市、连山县、乳源县、阳山县、乐昌县、仁化县、南雄县、和平县、始兴县、龙门县、博罗县等15个县市，面积约35600平方公里。重点调查地区以上述县市的自然保护区、森林公园和林场为主。

野外调查于2008年8月16日至12月1日期间进行，共组织23人13批次的野外调查队分别到深圳市、珠海市、佛山市、中山市、广州市、东莞市、汕尾市、惠州市、台山市、阳江市、茂名市、湛江市、韶关市等13个地级以上市48个县进行实地调查，野外调查时间共55天。

（二）取得成效

通过调查初步掌握了中华猕猴桃 Actinidia chinensis Planch.、野生荔枝 Litchi chinensis Sonn. var. euspontanea Hsue、道县野桔 Citrus reticulata Blanco（*C. daoxianensis* S. W. He & G. F. Liu）、莽山野桔 Citrus reticulata Blanco（*Citrus mangshanensis* S. W. He & G. F. Liu）、藜檬（*Citrus limonia* Osb.、柠檬 *Citrus limon*（Linn.）Burm. f.）Citrus ×limon（Linn.）Osbeck、山桔（柑橘）Citrus reticulata Blanco 等农业野生植物资源在广东的地理分布、种群数量、生境等基本情况，为今后保护和利用这些物种提供了基础数据。

（三）主要经验

我们的主要经验是：调查农业野生植物时，首先查找、阅读有关书籍、资料，初步确定所调查农业野生植物物种在历史上的分布地点及别名，之后进行线路勘查，向当地老农和农业专家了解有关情况，然后组织调查队到目标物种分布点实地调查、采集样本，对物种所在地进行定位，最后分析、确定物种，这样就能快捷准确地查找到目标物种。

（供稿人：刘晚治）

2007—2008年广东省奥林匹克标志专有权保护

2007—2008年，广东省全省工商行政管理系统认真学习实践科学发展观，贯彻国家和广东省知识产权战略纲要，全面落实国家工商总局提出的“监管与发展、服务、维权、执法的统一”，强化“法治行政、效能服务、科学管理”理念，认真履行职责。根据国家工商总局《保护奥林匹克标志专有权行动方案》、国家工商总局商标局《关于进一步加强保护奥林匹克标志专有权专项整治的通知》等文件的要求，全省各级工商部门自2007年7月以来开展了保护奥林匹克标志（以下简称“奥标”）专有权行动，结合广东省实际严厉打击各种侵犯奥林匹克标志的行为，维护了奥运特许商品市场秩序，保障了奥林匹克标志权利人的合法权益，树立了我省工商执法队伍公正、文明、专业的执法形象。

一、充分的准备

（一）深刻认识北京奥运会举办的重大意义

广东省工商局提出，北京奥运会的举办是中华民族向世界展示精神风貌、文明气质的重大契机，具有政治、经济和历史意义。广东省奥标保护工作既关系到国家的对外形象，也反映了广东省各级工商部门依法行政的水平和能力。因此，广东省工商局要求各市工商部门围绕国家工商总局的部署，提高思想认识，充分认识这项工作的全局性和重要性，增强工作的主动性和自觉性，全力以赴完成好这次专项保护行动。

（二）加强奥标法规学习、培训和宣传

考虑到社会上对奥标的使用和管理情况还缺乏必要的了解，公众保护奥林匹克标志的意识比较薄弱，我们充分发挥各种媒体作用，有针对性地开展宣传活动，普及奥标法律知识，营造尊重和保护奥标专有权的舆论氛围。同时，积极开展奥标法规学习、培训工作，一方面积极组织全省商标执法骨干参加国家工商总局组织的奥标保护培训班，另一方面，部分市局结合本地特点，先期开展了5次奥标法律法规学习培训活动。这些培训、学习和研讨使执法人员熟悉、掌握《奥林匹克标志保护条例》、《特殊标志管理条例》、《奥林匹克标志备案及管理办法》、国家工商总局关于保护奥标的一系列通知以及奥林匹克法律文件，以保证办理奥标案件的执法人员心中有数，处理有据，宽严相济，并为以后开展的大规模专项行动奠定良好基础。

（三）配足配强执法力量

广东省工商局高度重视奥标保护机制的健全，首先要求各级工商部门抓好人员配备，为执法工作的顺利开展提供人力资源支撑。据了解，全省21个地级以上市工商局都指定业务熟、经验多、责任心强的人员专门负责奥标保护及配套工作。如深圳市局各分局建立了奥标保护应急处理机制，由分局科、所商标执法骨干组成应急执法队，全力应对奥标侵权的突发事件。另外，广东省工商局要求加强工商部门内部经济检查、消费者权益保护、市场合同、商标管理和广告管理等部门的配合，形成各司其职，密切配合的良好局面；同时，注意协调与其他知识产权保护部门的协作配合，为生产、流通、商标印制、广告、进出口环节监管到位、线索收集、案件转办、信息反馈各项工作衔接到位提供组织、机制保障。

二、取得的成效

（一）查处了一大批侵犯奥标专有权案件

广东省工商局围绕国家工商总局的部署，快速反应，组织开展保护奥标专有权的专项行动，督促各市工商局对全省市场的奥标使用行为进行全面检查。据不完全统计，自2008年5月建立保护奥林匹克标志专有权专项整治活动月报制度至同年12月底，全省各级工商部门出动执法人员次数为19736次，出动执法人员数量66046人次，检查经营企业和个体户140799户，检查批发市场、集贸市场等各类市场10416个，整治重点区域2651处，查处侵犯奥林匹克标志专有权案件362件，案值254.41万元，进行行政指导等行政措施的次数为1616次。

（二）为奥运会各项活动提供有效保障

广东省全省各级工商部门在2007年8月、2008年1月和2008年4月，奥运会火炬在广东接力活动、奥运会比赛、赛后庆功活动期间进行了集中整治行动，迅速处理了这些重要时段发生的奥标侵权行为，确保北京奥运会三个重要倒计时纪念日，奥运会火炬接力、比赛、赛后庆功等活动顺利、有序进行，营造了良好的社会环境，促成全社会形成尊重奥林匹克知识产权、合法经营、自觉维护国家形象的良好社会风尚。

（三）锻炼了执法队伍，探索建立了应急机制

广东省全省各级工商部门坚持“法治行政、效能服务、科学管理”理念，不断提高执法效能。在开展保护奥标专有权行动过程中，各级工商部门进一步准确理解和适用《奥林匹克标志保护条例》等法规，进一步完善了执法程序，加强了对涉及奥标保护案件的调查取证、定性处罚的流程管理，研讨建立了应急处理机制，丰富了应急管理经验。个别市局开始探索构建管理协调、渠道畅通，信息资源和社会资源充分共享的突发事件应对网络。

三、主要做法

广东省工商局考虑到奥标侵权突发性、影响全球性、维权需应急处理的特点，以尽可能快的速度转发、传达了国家工商总局、广东省政府办公厅、国家工商总局商标局相继下发的《关于印发〈保护奥林匹克标志专有权行动方

案〉的通知》、《关于保护北京2008年奥运会火炬接力活动标志的通知》、《转发第29届奥运会组委会关于规范设置和管理北京奥运会倒计时设施的函的通知》、《关于进一步加强保护奥林匹克标志专有权专项整治的通知》、《关于在北京奥运会赛后庆功活动中注意保护奥林匹克知识产权的通知》。在转发《关于印发〈保护奥林匹克标志专有权行动方案〉的通知》时，省工商局结合本省执法实际，从国家工商总局商标局获得备案的奥运许可商名单及2007年8月15日、17日批准的北京奥运会特许商品零售店清单，连同转发意见一起下发给各市局，要求切实保护好中山华帝燃具股份有限公司的合法权益。针对火炬在广东接力活动期间中外旅游者相对集中、奥运特许商品需求旺盛，易发生奥标侵权的情况，专门部署了保护奥标专有权集中行动，并对保护情况进行了汇总。

各市工商部门根据国家工商总局、商标局通知及广东省工商局转发意见和通知的要求，努力做到三个结合，切实开展奥标专有权保护行动。

（一）专项整治与长效监管相结合

首先，在有计划有步骤开展地毯式排查奥标侵权行为的同时，注重对奥林匹克标志纪念品的主要生产地、商品集散地、批发市场和大中型商业销售的巡查，掌握并重点监控各风景名胜旅游区旅游纪念品市场、中外公众所熟知的商品批发零售市场、城乡结合部、城镇小商品集散地等易发生侵权行为的风险点，开展重点防范、重点攻坚。其次，既在北京奥运会倒计时、火炬接力、比赛进行和赛后庆功的重要时段分别进行集中整治行动，开展清理、整顿和专项执法检查，又注重长效机制建设，从人才培养、机制建设、资源倾斜、制度安排和工作计划方面给予倾斜，初步实现粗放式突击整治向精细化长效监管转变，以工作模式创新提高战斗力和影响力。

（二）行政处罚与教育指导相结合

坚持实施处罚是手段、引导守法经营是目的的原则，做到既严厉打击奥标侵权行为，又保护广大群众参与奥运会的热情。着力通过对重点地区、重点环节、重点时段的奥标侵权行为以及屡犯行为进行坚决严厉处罚，警醒教育其他经营户懂法、守法。如广州菲凡表面自理技术有限公司未经奥标权利人的许可，在网站、宣传单张上使用“2008北京奥运指定产品”、“绿色奥运许可产品”等奥标，并且涉及其他违法行为，涉案案值达100万元，广州市番禺工商分局依照《奥林匹克标志保护条例》有关规定，对该公司作出责令立即停止侵权行为，罚款3万元的行政处罚决定。各市还加强对市场主办单位的教育引导，提高其依法经营的意识，鼓励其对本市场的违法经营行为及时举报。对奥标隐性市场行为的处理问题上，以行政指导为主，通过建议、劝诫、教育和警告等形式及时阻止或消除隐性市场行为。

（三）内部协调与外部联系相结合

广东省各级工商行政管理部门加强内部协作，突出重点，做好奥标保护工作。我省部分市局根据各部门的职能优势，从广告审批监管、经济检查、消费者权益保护、市场监管等环节加强配合，提高了案件发现、会商、移送、审核的效率，形成打击侵犯奥标专有权行为的合力，实现了制造、仓储、流通、宣传环节的综合监管。各市工商局在加强日常巡查监管的同时，抓好销售环节和印制环节的检查，对本地区重点地段、重点行业、重点商品、重点活动进行专项治理和宣传教育。如深圳、阳江市工商局畅通12315申诉举报网络，及时受理消费者对购买的奥运商品存在质量问题的申诉，及时将销售假冒奥运纪念品、擅自使用奥运标志、用奥运做宣传活动等违法行为的投诉转给相关执法部门，拓宽查处各种侵犯奥标专有权行为的渠道。各市工商局密切监测报纸、广播电台、电视台等媒体与奥运有关的广告发布情况，加强对媒体的监督、指导，预防侵权行为的发生。同时，充分发挥海关与工商部门协作机制的作用。2007年，广东省工商局根据海关获取的线索，有人携带北京奥运会吉祥物模具一套5件入境，请省工商局协助对某一涉嫌企业进行调查。广东省工商局根据《广东省工商行政管理局海关总署广东分署关于在保护商标专用权行政执法中进一步加强协作的通知》的规定，及时转给了相关市工商局进行跟踪查处。另外，加强与第29届奥运会组委会法律事务部的沟通与协作，发挥其在奥标权利信息、案件线索、商品真伪鉴定等方面的积极作用，确保执法行为准确、高效。自去年开展专项行动以来，广东省全省各级工商部门集中力量查办第29届奥运会组委会法律事务部转来的案件线索40余件，并及时予以回复。

（供稿人：伍莉）

市场监管

2008年广东省知识产权涉外应对工作

随着经济全球化进程的不断加快，特别是加入WTO以来，广东省面临的国际贸易摩擦形势更加严峻，涉外知识产权纠纷案件呈现数量不断增加、范围不断扩大、影响不断加重、频率不断提高的趋势，涉外知识产权问题已成为直接影响广东省产业发展和经济安全的重大问题。为此，2008年，广东省知识产权局开拓了一项全新工作——知识产权涉外应对工作，以进一步深化和拓宽全省知识产权保护工作的层面。

2008年上半年，为了解和掌握广东省开展知识产权涉外应对保护工作的基本情况，研究和探讨建立知识产权涉外应对机制，广东省知识产权局与广东省外经贸厅、广东省WTO事务咨询服务中心和广东进出口商会，共同探讨如何切实有效地开展知识产权涉外应对调研工作，并达成了协作意向和具体方案。7月30日至8月1日，广东省知识产权局副局长唐毅率领广东省知识产权局调研组一行5人赴深圳开展知识产权涉外应对工作调研活动。调研组先后深入到知识产权涉外维权工作的“急先锋”——深圳市中小企业发展促进会、深圳市燕加隆实业发展有限公司和深圳市朗科科技股份有限公司等单位考察，召开有华为、比亚迪、深圳市WTO事务中心等单位参加的座谈会，了解各单位在开展知识产权涉外应对保护工作的主要做法、经验体会、存在问题和工作设想，听取他们对广东省涉外知识产权应对工作的相关建议。

（供稿人：李鹏）

2008年广东省知识产权维权援助工作

广东省对知识产权维权援助工作相当重视，广东省政府在2007年颁布的《广东省知识产权战略纲要》中就已经明确提出，要“建立知识产权涉外应对和维权援助机制”，“加强我省应对涉外知识产权纠纷尤其是重大涉外知识产权案件的指导与援助，加大对中小企业和民营企业涉外知识产权维权的组织、协助及服务力度，保护权利人在境外的合法权益，促进我省企业和行业的健康发展”。在收悉国家知识产权局《关于开展知识产权维权援助工作的指导意见》（国知发管字〔2007〕157号）后，广东省知识产权局党组高度重视，认真部署，广东省知识产权维权援助工作取得了一定的成绩。

一、开展知识产权维权援助工作的重要性和必要性

随着经济全球化进程的不断加快，知识产权在经济社会中的重要性日益凸显。特别是加入WTO以来，我国面临的国际贸易摩擦形势更加严峻，我国企业因知识产权纠纷引发的经济赔偿已超过10亿，尤其是美国针对我国企

业的"337"调查，年均涉案金额超过13亿。据统计，广东省企业遭遇包括知识产权在内的贸易保护案件125起，涉及15个国家，涉案金额累计50多亿美元；其中"337"调查15起，占全国的25%左右。同时，涉外知识产权纠纷案件呈现范围不断扩大、影响不断加重、频率不断提高的趋势。而广东省企业知识产权保护和运用能力普遍较低，应对知识产权纠纷的经验严重不足，出现了DVD专利收费等严重知识产权事件，知识产权维权问题已成为直接影响广东产业发展和经济安全的重大问题。因此，开展知识产权维权援助工作，既是广东省经济社会发展的迫切要求，也是提高广东省企业国际竞争力的客观需要，更是履行政府部门公共服务职能的重要体现。

二、广东省具备开展知识产权维权援助工作的坚实基础

在国家知识产权局的正确指导下，广东省的知识产权工作一直走在全国前列。2007年广东省累计专利申请总量及授权总量分别为529305件和309416件，突破了50万件和30万件的大关，广东省专利申请量和授权量已经连续13年居全国第一，发明专利申请量已经连续3年居全国第一。与此同时，知识产权工作机制基本形成，专利法制建设不断健全，专利行政保护力度不断加强。据统计，2002—2007年，广东省立案受理专利纠纷案件共1972件，同期结案1583件；查处假冒和冒充专利案件量966件，每年查处的专利纠纷案件数占全国案件总量的四分之一左右。此外，自会展和行业协会知识产权保护试点工作开展以来，即2004—2007年，广东省各级知识产权局通过指导各类会展和行业协会解决的专利纠纷案件3620宗，为同期行政管理机关处理专利纠纷案件971件的3.7倍。可以说，通过不断努力，广东省知识产权工作取得显著成效，积累了相当丰富的经验与资源，为开展知识产权维权援助工作奠定了良好基础。

三、广东省知识产权维权援助工作取得的进展

（一）"中国（广东）知识产权维权援助中心"及"中国（汕头）知识产权维权援助中心"获批成立

广东省知识产权局严格按照国家知识产权局的要求，积极落实开展维权援助工作的各项保障条件，拟定《中国（广东）知识产权维权援助中心组建及工作方案》，积极申报成立知识产权维权援助中心。同时，广东省知识产权局也积极鼓励有条件的地市向国家局申请成立知识产权维权援助中心，部分地市正在积极筹备这项工作。目前，国家局已经批准建立"中国（广东）知识产权维权援助中心"和"中国（汕头）知识产权维权援助中心"，广东省知识产权维权援助工作的体系建设初步建立，这为全面开展知识产权维权援助工作提供了坚实的工作和组织基础。

（二）知识产权维权援助工作得到广东省编办的理解和支持

为使中心获得广东省财政、编制的支持，以顺利开展知识产权维权援助工作，广东省知识产权局拟申请成立广东省知识产权维权援助中心，主要职能是实施广东省知识产权维权援助工作的政策和规划、建立知识产权维权援助协作机制、组织共建单位和各类专家开展涉外知识产权维权援助工作、组织研究国（境）外知识产权发展动态及其涉外应对措施等，拟落户广州科学城。加挂中国（广东）知识产权维权援助中心的广东省知识产权维权援助中心，已正式列入广东省新一轮事业单位机构改革方案。批准成立后，该中心将为广州科学城乃至广东全省更好地提供知识产权法律咨询与法律援助等服务。

（供稿人：李鹏）

2008年广东省行业协会知识产权保护试点

开展行业协会知识产权保护试点工作，对促进行业协会以更高水准、更高效率为企业服务，创造产业集群发展的良好知识产权保护环境，增强行业技术创新和市场竞争能力都产生了积极的影响。2008年，广东省行业协会知识产权保护试点工作情况如下：

一、不断推进行业协会知识产权保护工作

2008年，在广东省知识产权局的指导和推动下，广东省行业知识产权保护工作呈现良好的发展态势。广东知识产权保护协会组织了2007年度知识产权诉讼形势及案例分析报告会和企业知识产权维权经验交流会，产生了良好的社会影响和宣传效果。2008年3月，深圳朗科科技有限公司在北京人民大会堂举行的赴美维权首战告捷新闻发布会，广东省知识产权局曾积极为朗科维权活动出谋划策，并就案件的具体情况加强与广东省高院、国家知识产权局的沟通协调。4月，中国镀金属抛釉陶瓷专利制品产业合作联盟在佛山成立，该联盟组织突破现有以维权来实现专利价值的单一形式，以政府导向于产业联盟合作及维权相结合的新形式来创新专利的价值，以提升联盟企业成员的整体竞争能力。7月，中国民主促进会广东省委员会秘书长胡献一行来广东省知识产权局调研广东会展业知识产权保护情况，并听取了有关市知识产权局、代理机构、广交会等单位的代表参加了座谈会，双方就广东会展业知识产权保护的特点、会展业知识产权司法保护的可行性、立法建议等问题充分交换了意见。2008年，广东省各级知识产权局通过指导行业协会解决的专利纠纷案件165宗。

二、积极开展市级行业协会知识产权保护试点工作

在广东省知识产权局的指导和推动下，广东省各市知识产权局大力推进市级试点知识产权保护工作，市级行业知识产权保护工作呈现良好的发展态势。

汕头市知识产权局为切实提高汕头市行业知识产权的创造、管理、运用和保护水平，确定了汕头市濠江区工艺行业协会等4个具有代表性的行业协会作为汕头市行业知识产权保护试点单位，并给予一定的试点工作经费。力争通过为期3年的试点工作，在试点行业内形成鼓励创新和尊重知识产权的良好氛围，行业专利申请量大幅度提高，行业的核心竞争力明显增强。同时，汕头市知识产权局还切实加强指导和扶持“汕头市金平区机电商会”的知识产权工作，积极帮助商会建章立制，制定《汕头市金平区机电商会知识产权保护试点工作计划和实施方案》；并对商会的全体会员单位进行培训，介绍和讲解企业的知识产权管理、知识产权保护等内容，并就企业常见的知识产权争议、纠纷案例等，启发会员如何应对侵权纠纷以及维权途径并解答企业日常碰到的特殊案例。此外，汕头市知识产权局还积极利用有关资源，在2008年扫盲活动中深入8家会员企业并为这些企业免费申报了15项专利，填补这些企业的专利空白。

深圳市知识产权局积极帮助企业做好知识产权会展保护涉外应对工作。与深圳市贸易工业局商议建立双向交流合作机制，开拓“出国参展知识产权保护与应对”工作新领域，为深圳市企业“走出去”保驾护航，避免因不熟悉展会举办地知识产权政策法规而遭受不必要的损失，维护我国良好的国际形象。2008年7月3日，深圳市知识产权局与深圳市贸易工业局合作召开了深圳市出国展览知识产权保护工作会议，参会的单位包括十几家深圳主要的展会主办单位及组织参展企业，会上介绍了近年来

深圳市企业在出国（境）参展过程中遭遇到的知识产权纠纷情况，介绍了主要的应对策略，并邀请专家作了案例分析。通过会议，提高了各主要参展组织方的知识产权保护与应对意识。2008年12月12日，与深圳市科技和信息局共同举办了“德国展会知识产权保护研讨会”，特意邀请了德国专利代理人和欧洲专利商标代理人汉斯·高登博士和查德·哈曼博士讲解德国等欧洲国家展会知识产权保护最新动态，两位德国专家阐述了德国“IFA”展上发生的“搜查门”事件，首次揭示此次“专利侵权”大搜查闹剧的真相、内幕及最新进展，同时还为深企提出了积极的应对策略建议，受到与会企业的好评。

三、部分试点单位知识产权保护情况

（一）深圳市中小企业发展促进会

近年来，涉外知识产权案件大幅提升，国外企业通过知识产权竞争中国市场，我国自主创新面临极大的挑战。为此，深圳市中小企业发展促进会专门成立了中小企业知识产权服务中心，以促进中小企业发展提供知识产权服务，更好地开展知识产权服务和推广工作，切实提升中小企业知识产权创造、运用、管理和保护的能力。2008年开展了如下知识产权保护工作：

1. 针对深圳中小企业知识产权保护意识较薄弱的状况，利用会刊、网站进行知识产权保护宣传。特别是在《深圳中小企业》会刊的“法律咨询”栏目的基础上，开辟了“中小企业知识产权”专栏，以中小企业海外知识产权保护的真实案例，通过专家分析与论证，向企业普及基础知识，宣传知识产权保护的重要性。另外，在网站首页醒目位置还专门开辟了“中小企业知识产权服务中心”绿色通道，收到200多家中小企业的咨询，受到企业的高度肯定。

2. 成立中小企业工商注册代理中心，继续帮助企业申报驰名、著名商标。派专人定期深入会员企业了解掌握企业的经营情况，尽全力为企业申请驰名、著名商标，使越来越多的中小企业认识到提升自身品牌的重要意义。2008年，深圳市中小企业发展促进会有8家会员企业在工商注册代理中心的帮助下，完成中国驰名商标或广东省著名商标的申报工作。

3. 举办第二届自主创新百强中小企业评选活动，挖掘企业自有知识产权创造能力。2008年4—12月，深圳市中小企业发展促进会联合深圳特区报社共同主办“深圳市自主创新百强中小企业”评选活动，有600多家深圳中小企业报名参加。本次活动鼓励企业树立自主创新精神，从而不断增强企业核心竞争力，提高企业在自主知识产权保护方面的意识。

4. 通过组织企业参加国内外各类展会，加强其知识产权保护意识。在2008年的国际中小企业博览会、北京军工展、匈牙利布达佩斯时尚生活汇展等展会招展时，重点加强对参展方有关知识产权的保护和对参展项目（包括展品外观设计、展板及相关宣传资料等）的知识产权状况的审查，确保参加国内外展览的企业都必须有知识产权证书（如企业产品证书、专利证书、营业执照等都必须留给协会备案）。在展会期间，促进会设立知识产权服务区，积极配合知识产权行政管理部门的知识产权保护工作及企业投诉处理。

5. 邀请政府相关部门领导和维权专家，开展企业海外维权培训活动。2008年7月11日，深圳市中小企业发展促进会与深圳市中小企业投融资联盟共同举办了“深圳中小企业创业板上市辅导讲座”，特别邀请了深圳市知识产权局等部门给与会企业讲解相关知识产权知识，共有78家企业负责人参加了此次会议。2008年11月21日下午，深圳市中小企业发展促进会邀请了深圳市工商行政管理局商标处以及维权律师专家郭伟刚针对知识产权海外维权进行全面讲解，帮助企业学习如何运用自有知识产权进行境外侵权诉讼及如何申请专利、商标、版权保护，了解和掌握相关知识产权法律法规，对于海外展销、海外销售、海外定制、海外服务、海外投资等如何保护及进行必要的维权，共有60家企业逾80人参加此次培训活动。

（二）佛山市南海区铝型材行业协会

2008年，佛山市南海区铝型材行业协会在知识产权保护工作上不断探索与发展，积累经验的同时也与佛山乃至广东省有色金属行业的中小企业建立了紧密且广泛的服务联系，使得铝材协会赢得了有色金属行业和地区政府有关部门的认可。2008年主要开展了下列工作：

1. 引导行业加强质量管理，创建企业品牌。2008年佛山市南海区铝型材行业新增了1件“广东省著名商标”，4个“广东省名牌产品”。目前，南海铝型材行业已有8个“中国名牌”，20个“广东省名牌”，5件“中国驰名商标”，16件“广东省著名商标”。

2. 促进企业技术创新，提高行业专利申请量和技术产业化转移。一是通过宣传、组织培训提高企业对知识产权的保护及应用意识。二是通过设立专利重点示范企业，为企业组织专利代理人或专家提供咨询及协助办理。三是根据铝材行业特点，佛山市南海区铝型材行业协会成立知识产权保护小组，协调解决协会会员之间的知识产权纠纷，并负责组织会员企业共同应对对外纠纷。四是制定建立知识产权保护自律机制，使协会会员单位自觉遵守知识产权法律，自觉培养知识产权意识，自觉参与知识产权管理，自觉培育自主知识产权，自觉运用知识产权成果，自觉维护知识产权权益，促进了行业知识产权的健康快速发展。这些工作不仅促进了行业的自律，在行业内逐渐形成积极、良性、有序的竞争，也为适应国内外经营和贸易往来奠定了基础。目前，南海铝材行业已有专利申请量达4000多件，其中2008年度南海铝工业企业的专利申请量600多件，专利授权量1000多件。

3. 成立技术专家委员会，为行业技术交流、人才培训、技术公关等提供技术支持。2008年1月18日，由佛山市南海区铝型材行业协会管辖的技术专家委员会正式成立，现有专家成员18人。专家委员会的成立不仅丰富了佛山市南海区铝型材行业协会的内涵，也为铝型材行业的专业技术人才提供一个交流平台，为解决行业的难点、重点问题提供专业技术支持。技术专家委员会的成立为铝材行业走向专业化，走向技术创新领域迈出了重要的一步。2008年，技术专家委员会主要开展了几方面的工作：一是成功组织了“GB5237新标准实施座谈会”、“技术专家与企业家座谈会”、“2008中国铝型材挤压模具开发与应用研讨会”、“铝型材一模多孔挤压技术研讨会”等专题会议。二是参与《广东省铝工业技术路线图》的拟订和论证，并协助政府科技管理部门分解和论证铝型材加工有关的技术创新研发项目。同时，组织了专家到企业现场进行技术咨询和诊断。三是技术专家委员会成员参与建筑铝型材行业标准的修订。四是为壮大铝型材行业知识产权专业人才的队伍，提高专业人才业务素质，以适应行业企业知识产权工作的需要，通过技术引进及人才培训，提升行业技术支持，开展共性技术和金属加工技术专题组织培训活动。课程范围涵盖：铝型材挤压工艺及模具优化设计、知识产权普法培训、商标和专利实务培训、企业管理、铝型材生产管理等，受训人员约2500人次。五是协助协会和政府做好产业情况调研和报告，发挥桥梁作用。2008年11月份上旬协助协会撰写《南海铝型材行业情况汇报》；2008年12月份中旬向佛山市政府递交《佛山铝型材产品升级和铝业拓宽应用领域及转型方向》；2008年12月向政府递交《关于对南海铝型材行业进一步发展和升级的思考》。六是2008年8月创办《有色金属铝型材专刊（月刊）》和“中国铝型材专家网（www.alextuder.com）”，并率先制作了铝材行业的eBs商务系统。网站和专刊的投入运作，促进了行业的技术交流和传播，并及时解答了企业提出的技术问题，为委员会开展技术交流提供了载体。

4. 整合资源，提升行业知名度。通过举办、协办或参加全国性或国际性的展会、论坛和研讨会，塑造“南海——中国铝型材产业基地”、“大沥——中国铝材第一镇”、“大沥——中国有色金属名镇”效应，树立了“南海大沥铝材”区域品牌，提升南海铝材行业的国内外知名度，促进行业国内外交流和合作，健全行业自律，促进行业健康发展。于2008年3月在“2008全国铝门窗幕墙行业年会暨铝门窗幕墙新产品博览会”上，协会延续性的展示和巩固“南海大沥铝材”区域品牌的VI系统。

（三）广东省有色金属行业协会

2008年，在广东省知识产权局的大力指导下，广东省有色金属行业协会紧紧围绕构建广东省有色金属创新型产业为中心，不断提高知识产权保护和管理水平。积极推进企业自主创新、完善专利保护机制，使广东省有色金属行业知识产权保护工作打开一个新局面。2008年开展如下了知识产权保护工作：

1. 加强引导行业内知识产权优势企业，开展企业专利技术项目实施和转化工作。2008年，广东省有色金属行业协会加强优势企业的知识产权管理工作，要求广东兴发集团、广东坚美铝材有限公司、广亚铝业有限公司等多家知识产权优势企业企的专利工作，增强企业自主创新能力，加大对专利产业化的投入转移，做到专利与科技项目管理相结合、专利与产、学、研相结合、专利与制定标准相结合，使企业经济效益和社会效益明显增强，增加了产品竞争力，扩大了市场占有率。

2. 积极开展知识产权宣传及培训工作，提高中小企业专利申请力度。2008年，广东省有色金属行业协会加强对中小企业的知识产权培训、引导中小企业采取适合产业，企业特点的知识产权策略，避开他人专利的保护区、开拓新的市场区域。通过中小企业专利知识培训和专利工作推进会，丰富了企业科技管理和技术人员的知识，为企业多出专利、多出成果奠定了基础。

广东省有色金属行业协会利用行业管理的工作机会，深入部分中小企业，与企业一道研究企业知识产权工作问题，宣传、鼓励企业开展知识产权工作，利用知识产权的管理、保护和应用为企业的生存与发展服务。同时，逐步对广东省内有色金属多家企业的知识产权现状进行调查。调查表明，除部分大、中型企业拥有专利技术较多、市场转化较快外，广东省中小企业多数没有独立的专利技术及机构，也没有开展知识产权工作。为此，协会积极协调、鼓励和指导有条件的企业开展知识产权工作。结合企业创名牌的工作，为有一定创新能力的中小企业领导、技术人员举办了三期知识产权讲座，内容包括知识产权的基础知识、企业如何建立知识产权制度、企业如何保护知识产权等，企业的管理人员充分认识到知识产权对企业的重要性，促进了企业运用知识产权制度、研发、申请专利的主动性和积极性。通过不断的努力，有的中小企业已开始关注知识产权问题，有的已开始了利用专利法律手段保护自己的利益，培训工作已显现成效。提高了参会人员对知识产权工作的认识，推动了全行业知识产权工作全面发展。截至2008年，广东省有色金属行业有10家企业获得“中国名牌产品”称号，67家企业获得“广东省名牌产品”称号，获得“中国驰名商标”的企业5家和获得“广东省著名商标”的企业35家，这些企业都建立知识产权工作体系和具有独立的专利技术。

3. 坚持抓好日常专利纠纷调解工作，创造良好的知识产权保护环境。2008年，广东省有色金属行业协会以普及知识产权知识，提高保护知识产权意识，查处侵犯专利权等违法行为为重点工作，努力营造全行业知识产权政策、法治环境，积极创造良好的保护知识产权社会环境。2008年1到12月共收到侵犯企业专利权纠纷案件52件，已经调解结案的有50件，尚有2件未结案。责令向专利权人赔礼道歉，停止生产销售侵权产品通知书，并把侵权产品进行销毁，并保证不再生产销售侵权专利产品，受到专利权人的好评。

另外，在侵权案件调解过程中，广东省有色金属行业协会也发现中小企业研发力量较弱，不可能像大型企业那样生产一代，研发一代，储备一代，围绕核心产品形成专利池，通过知识产权优势垄断市场。中小企业研发和生产时，主要采取的是跟踪和引进战略，其产品推向市场时更容易侵犯他人的知识产权而导致高额赔偿。因此，让中小企业了解本行业及其主要产品的知识产权分布情况，是协会今后应做的主要工作。

4. 加强知识产权工作的信息化建设，开展知识产权咨询工作。2008 年，为加强广东省有色金属知识产权信息化建设，宣传和推动全行业的知识产权工作，广东省有色金属行业协会已连续四年在《广东省有色金属行业协会通讯》中设立了名牌与知识产权专栏，积极开展知识产权咨询工作，在宣传法律、沟通信息、普及知识、服务决策和联系管理部门等方面做了大量工作。此外，广东省有色金属行业协会网站在重建改版中也增加了知识产权工作栏目，及时反映广东省和国内外知识产权工作动态，为会员提供了快捷便利的信息服务平台。准备建立专利统计、专利行政执法等数据库，为企业单位及个人申报、检索和实施专利搭建一个服务平台。

（四）汕头市金平区机电商会

汕头市金平区机电商会于 2007 年被广东省知识产权局确定为广东省第二批行业协会知识产权保护单位，根据《广东省行业协会知识产权工作指引》的要求，2008 年重点做好下述知识产权保护工作：

1. 加强和规范机电商会的知识产权工作，提高行业知识产权的保护管理和应用水平。汕头市金平区机电商会根据《广东省行业协会知识产权工作指引》的要求，结合机电行业的特点及知识产权现状，制定《汕头市金平区机电商会知识产权保护试点工作计划和实施方案》，并经汕头市金平区机电商会二届三次理事会讨论审议通过。内容包括：设立知识产权专门工作机构并指定专人负责商会的知识产权工作；制定商会知识产权保护自律规则及内部协调机制；把知识产权宣传、培训作为一项重要基础性工作并做到常态化；构建知识产权信息服务平台，全方位为会员企业做好协调工作，促进行业的发展。

2. 召开机电商会知识产权保护试点工作座谈会。4 月份，汕头市金平区机电商会召开了知识产权保护试点工作座谈会，邀请汕头市、区两级知识产权局的领导及有关专家参加，并就行业商会如何加强知识产权保护工作进行交流探讨，达成共识，并就企业常见的知识产权争议、纠纷案例，启发会员如何应对侵权纠纷进行维权，使与会的会员企业受到一次知识产权有关知识、运用、保护和管理的学习和启发。

3. 积极组织各类培训。组织会员企业参加各级知识产权机构举办的各类专利知识、知识产权战略实施、知识产权管理、运用、申请文献撰写及 PTC 国际申请提高班、汕头市专利信息服务平台和重点行业数据库咨询业务的培训班。全年送培人数达 60 人次以上。

4. 配合汕头市、区两级知识产权局开展“专利扫盲”服务活动。专利扫盲活动月是汕头市知识产权局为提高企业运用知识产权制度的能力，对专利空白或近三年来没有申请专利的企业进一步的宣传引导，提高企业的专利意识。同时针对不同企业的不同需求提供急需的服务并为企业免费申请专利。在扫盲活动中汕头市金平区机电商会深入 8 家会员企业并为这些企业免费申报了 15 项专利，填补了这些企业的专利空白。

5. 发挥行业商会的平台，加强沟通协调，提高服务质量。服务内容包括：一是深入会员企业进行调研，了解会员企业知识产权专利制度建设情况，协助建立或完善企业知识产权制度。二是对会员企业自行研发的具有自主知识产权的产品，汕头市金平区机电商会及时地引导他们申报专利或联系专利代理机构深入企业协助撰写申报文书，2008 年由汕头市金平区机电商会引导、推荐申报的专利达 20 多件，对一些知识产权制度完善、创新成果优秀、专利拥有量及质量高的会员企业及一些技术含量高、市场前景好、能形成规模效益的专利产品，推荐给知识产权管理部门，参加各类评奖。2008年汕头市金平区机电商会有2家企业获评广东省知识产权优势企业，1项专利产品获国家专利优秀奖，1项获省专利金奖，1项获省专利优秀奖，5家会员企业获汕头市专利奖金奖，4人获汕头市优秀专利发明人奖。三是为会员单位维权，协助会员单位调解有关知识产权的争议纠纷，及时化解矛盾，有效地维护会员的合法权益，2008年商会调解会员企业纠纷3宗。

6. 整合团队力量，集中行业的优势，联合开展创新工作，共谋持续发展。有8家企业在汕头市金平区机电商会的动员下，主动结盟，成立了汕头市轻工装备制造企业联盟。联盟的宗旨是集合团队力量，集中行业的优势，着眼未来，联合开展创新工作，提升联盟企业的核心竞争力，参与国内外高端市场竞争，联合应对各种风险

（五）阳江市五金刀剪行业协会

2008年，阳江市五金刀剪行业协会认真探索研究知识产权涉内涉外应对问题，帮助会员企业处理知识产权纠纷，总结如下：

1. 制定规章制度，规范企业行为。根据《广东省建立行业协会知识产权自律机制试点工作实施方案》的精神，制定了《阳江市五金刀剪行业行规行约》、《阳江市五金刀剪行业知识产权保护管理办法》、《阳江市五金刀剪行业专利纠纷调处办法》等三个文件，作为试点单位的工作计划和实施方案，分别刊登在会刊上，并编印成小册子发至各会员企业。同时还在各种会议上进行宣传、讲解，以提高企业管理人员知识产权意识，积极维护知识产权的法律、法规和政策，规范企业行为。

2. 举办知识产权知识讲座和培训班。为使五金刀剪行业协会的企业了解专利基本知识，运用专利制度来维护自身权益的能力，推动全行业专利工作开展，阳江市五金刀剪行业协会与阳江市知识产权局联合举办了两期知识产权讲座和培训班。先后邀请了华南理工大学专利中心、广东省专利信息中心、广州知识产权律师事务的专家、教授、律师前来授课。就专利的基本知识、地位和作用、专利的申请、专利侵权与被侵权应对措施、实用新型和外观设计侵权的判断原则、专利检索基本知识以及专利实务等方面知识进行辅导、互动交流、解难答疑。参加培训班的企业负责人及专利工作人员深受启发，较好地增强了自主创新保护意识，把企业做强做大。

3. 认真开展知识产权保护工作。利用各种场合，通过各种途径广泛深入地做好知识产权的宣传教育工作，做到“三同时”：一是到企业进行调查研究时，同时了解企业知识产权工作情况；二是开会布置工作时，同时布置知识产权工作；三是举办《劳动合同法》、应对金融风暴等培训班时，同时宣讲有关专利保护工作。

4. 发现问题，及时调查处理，做好化解矛盾工作。阳江市有一家会员企业的一种产品有侵权行为，被对方企业通过律师发出警告通知，阳江市五金刀剪行业协会得知情况后，立即对其产品进行鉴别，从外观设计上看确有侵权嫌疑，责成该企业立即停止生产，销毁有关模具，并向对方道歉，化解了专利侵权纠纷的发生。

5. 配合有关执法部门，对侵权行为依法处理。阳江市广东芳龄实业有限公司的产品被阳江市另一家企业仿制、侵权，几经协商未果，阳江市五金刀剪行业协会配合阳江市有关执法部门，通过法律途径进行解决。

6. 聘请常年法律顾问，为企业进行维权服务。根据部分会员企业的要求，为维护会员企业的合法权益，聘请广东沿海律师事务所一名资深律师担任阳江市五金刀剪行业协会常年法律顾问。为企业宣传法律知识、进行法律咨询、提供法律帮助、参与诉讼、调解等方面做了大量工作，同时也能做到及时、公正、合法地处理了一批专利纠纷。

（六）珠海市软件行业协会

2008年，珠海市软件行业协会组织引导

软件企业深入贯彻落实国家知识产权战略，认真按照广东省知识产权局知识产权保护试点单位的要求，加快知识产权建设，努力为珠海市软件产业发展营造良好的知识产权保护和开发利用的环境，积极扶持有自主知识产权和市场前景的软件产品，积极组织各式各样的活动，开展多种多样的服务，宣传和鼓励企业加强知识产权保护，增强珠海市软件企业知识产权保护意识，2008 年珠海市软件产业尽管遭遇金融海啸仍有长足发展，据不完全统计，2008 年珠海市软件产值达 130 亿元，出口 5.6 亿美元；珠海市软件行业协会全年共代理登记软件著作权 322 件；珠海市双软认定企业累计达 207 家，登记软件产品 1114 件。

1. 建立珠海市软件行业协会知识产权保护工作小组。在知识产权行政部门的关心和指导下，定期召开知识产权工作会议，听取知识产权保护工作情况汇报，检查知识产权工作落实情况，针对新情况、新问题研究知识产权工作新思路、新方法。为企业提供宣传、培训、代理软件著作权等服务工作，并配合有关知识产权执法部门查处企业的知识产权违法行为，营造公平、有序竞争的市场秩序。

2. 建立和完善知识产权保护的各项规章制度，加强对知识产权保护的宣传和培训力度。帮助软件企业建立公司内部知识产权保护制度，特别加强公司商业秘密、技术秘密保护条例的制定。加强行业自律，制止会员之间的知识产权侵权行为，切实遵守珠海市软件行业协会人才信用联盟公约，引导企业在聘用员工时应尊重原单位的合法权益和遵守与原单位签订的保密协议，没有发现企业通过不正当手段获取、使用、泄露或许可他人使用原单位的技术成果、知识产权和商业秘密的现象。充分利用社会资源，开展知识产权相关培训、研讨会、交流会等活动，不断提高企业自我教育、自我保护、自我约束、自我发展的意思。组织软件企业在保护的基础上开展会员与会员之间、会员与研究机构及各高校之间的联合创新工作，促进拥有自主知识产权的核心技术的实施和转化。

3. 深入开展知识产权的宣传普及工作，组织“珠海市软件行业协会创新人才”评选表彰活动。珠海市软件行业协会加强同报刊、电视、广播等媒体的联系，利用《珠海软件之窗》网站和《珠海软件》杂志，围绕珠海市知识产权的重点工作，在做好软件行业知识产权工作动态宣传的同时，挖掘信息，在知识产权工作的深度报道上下工夫，使知识产权意识日益深入人心。在软件行业中形成鼓励科技进步和技术创新的良好氛围，协会组织评选“珠海市软件行业协会创新人才”，并为 10 位获奖者颁发荣誉证书。

4. 组织软件企业积极参加“承诺销售、制造正版正货”等活动，带领企业参加第十二届中国国际软件博览会，宣传推介珠海市知识产权优势软件企业。2006 年珠海有 10 家企业被广东省知识产权局授与“承诺销售、制造正版正货企业”牌匾，2008 年炬力集成电路设计有限公司、珠海高凌信息科技有限公司等 7 家软件企业被广东省知识产权局授与“承诺销售、制造正版正货企业”牌匾。对提高全社会的版权保护意识，优化珠海投资环境，树立珠海良好的知识产权保护形象起到不断促进作用。推动企业科技创新，增强企业自主创新能力，保护和使用正版软件，清理和抵制盗版软件，树立科学发展观，促进软件产业健康发展。

组织珠海市 9 家软件企业参展第十二届中国国际软件博览会，宣传推介珠海良好的投资创业环境和知识产权优势软件企业。珠海金山软件股份有限公司的“WPS Office 2007 V1.0”、广东远光软件股份有限公司的“远光电力 ERP”获大会金奖；珠海市网欣软件开发有限公司的“网欣房地产 CRMV4.3”、珠海凡特科技有限公司的“凡特电能量采集分析系统 V3.0”、珠海杨氏网络动画设计有限公司的“杨氏建筑 3D 虚拟展现系统 1.0”获大会创新奖。

5. 承担建设和管理市 IT 和 IC 产业公共

技术服务平台项目，充分利用政府项目资金，以团购方式购买开发工具软件，解决企业开发工具昂贵问题，降低企业经营风险。近几年来，在国家优惠政策的扶持下，我国软件产业得到了迅速发展，但核心技术仍主要依赖国外。珠海市政府通过立项，委托珠海市软件行业协会建设珠海南方软件产品检测中心、珠海南方网络检测中心、珠海南方集成电路服务中心、珠海南方数字娱乐公共服务中心等公共服务平台，为企业提供有共性的软硬件研发环境，解决软件和集成电路企业部分正版开发工具购买昂贵的问题，用正版软件开发工具来规范我市软件行业行为。目前4个技术平台累计投入4780多万元。珠海市软件行业协会担负的由广东省发展现代信息服务业专项资金重点支持建设的项目——“珠海南方数字娱乐公共服务中心”，目前正在投入建设阶段，先期投入1500万已到位，后期1500万也将在近期拨付。该中心为数字娱乐企业提供影视、动漫后期制作、网游美工技术支持、制作流程标准化建设、人才培训、企业孵化、市场开拓等服务。该平台的建成，将为以网络游戏、动漫产品和影视后期制作为主的企业提供正版的开发工具等技术支撑。

6. 深入企业开展调研，了解企业知识产权工作存在的问题和需求。珠海市软件行业协会产业研究部门对珠海市的知识产权工作认真调研统计与分析，为政府提供决策依据。高质量完成《2007年珠海市软件产业研究发展报告》，配合完成《2007年高新区软件产业概况》，受到珠海市委、市政府等领导的肯定。协助企业在新产品、新技术的研究、开发、生产、经营的各个环节，开展专利文献的检索，帮助企业了解产业的技术动向和发展趋势，预测出市场和社会的需求，提高企业知识产权创造、运用、保护的能力与水平。

7. 做好软件著作权登记服务。珠海市软件行业协会设立软件著作权登记服务点，协助指导企业对研发的新产品办理软件著作权登记、专利申请，切实有效帮助企业做好知识产权管理和保护工作。鼓励企业通过专利权、著作权登记等方式来保护自身的软件产品。2008年珠海市软件行业协会加强了对软件著作权保护的宣传和培训力度，全年共代理登记计算机著作权322件。珠海市软件企业有发明专利约270个，实用新型专利180个，外观设计专利约110个，拥有商标约1050件。

（供稿人：傅蕾）

2008年广东省会展知识产权保护试点工作

为促进广东省会展经济健康发展，广东省知识产权局开展的会展知识产权保护试点工作，以设立会展知识产权保护机构、建立和完善知识产权保护规章制度、配合查处知识产权投诉案件、开展知识产权宣传教育等为工作内容，对进一步完善会展业知识产权保护，及时查处和制止知识产权违法行为，维护公平有序的市场交易环境，具有重要的现实指导意义。2008年，广东省会展知识产权保护试点工作情况如下：

一、继续指导会展知识产权保护试点工作

2008年，广东省知识产权局不断推进会展试点单位的知识产权保护工作，继续指导会展试点单位切实加强知识产权保护工作的管理，完善知识产权保护的各项规章制度，努力提高参展商和社会各级的知识产权意识，树立会展保护知识产权的良好形象，大力提升品牌效应。2008年，在第103届和第104届广交会、第28届和第29届广州国际美容美发化妆用品进出口博览会、第20届广州国际玩具及礼品展览会、第5届中国国际中小企业博览会暨中韩中小企业博览会等各类展会上，广东省知识产权局积极开展知识产权保护工作，认真

维护会展的正常交易秩序，得到了各有关部门和各方面的重视和支持，推动了相关会展单位的知识产权建设。

在第103届和第104届广交会上，广东省知识产权局在大会颁发的《涉嫌侵犯知识产权的投诉及处理办法》和《关于在受理和处理投诉案件过程中需严格掌握几条原则的通知》的基础上，制定了《广交会专利投诉案件抗辩程序和审查办法》，进一步规范办案流程，统一办案标准和档案管理，使各项工作更加制度化、规范化、高效化。在案件处理过程中，三个展馆都统一实行“抗辩”指定专人负责审查，“合议”处理疑难案件制度，同时加强对受理立案、现场认定、举证“抗辩”、结案等环节的监督和管理，力求准确、规范、统一地处理投诉案件。还根据各展馆展品的分布状态和投诉案件的受理情况，及时统一调整和安排各展馆驻会人数，这种灵活的安排有效地解决了案件积压的情况，受到了大会业务办和投诉人的一致好评，使知识产权保护工作再次成为广交会的一大亮点。

二、积极开展市级会展知识产权保护试点工作

广东各市知识产权局一方面协助广东省知识产权局努力做好省级知识产权保护试点工作，加强对试点单位的指导、考核验收、认定工作，另一方面在省级试点的基础上，不断推进本市会展和行业协会作为市级试点单位进行试点示范，形成了广东省市区县联动、齐抓共管，政府部门与会展单位互动、携手推进的良好局面，对进一步完善广东省知识产权保护体系，提升知识产权保护的整体水平具有重要的意义。2008年，广东省各级知识产权局通过指导各类会展解决的专利纠纷案件918宗。

深圳市知识产权局通过完善知识产权保护的相关政策法规，以高交会、文博会、中国国际人才交流会等重点展会的现场执法工作为基础，大力开展各种形式的宣传培训，切实加强对这些优势、试点单位的工作指导和扶持，推动各单位积极开展知识产权保护工作，取得了显著效果，在社会和业界形成了尊重和保护知识产权的良好氛围。比如，中国国际高新技术成果交易会从源头做好展会的知识产权保护工作，在布展期间就加强了展前的展品审查，防止侵权产品及假冒他人专利、冒充专利产品进入会展场所。

汕头市知识产权局针对汕头市以外向型经济为主的特点，切实强化政府服务职能的转变，紧紧结合自身职能，积极创新服务方式，为汕头市企业在广交会这个最重要的进出口贸易窗口提供服务。2008年首次派出两位工作人员作为汕头市知识产权局“专利顾问”，全程进驻第103和104两届广交会，在广交会上向汕头市参展商派发专利维权服务联系卡，为汕头代表团企业在展会期间遇到的专利纠纷提供咨询服务。这一举措受到了企业的欢迎，也取得了较好的效果。如汕头市濠江区工艺行业协会的一企业就在汕头市知识产权局专利顾问及企业法律顾问的协助下，先后对18家涉嫌侵犯其实用新型专利产品的企业进行投诉，迫使有关涉嫌侵权产品撤出展会，及时维护了自身的合法权益。此外，汕头市知识产权局连续10届联合各有关职能部门组成知识产权监督保护组，进驻汕头市最具影响力的国际展会“澄海国际玩具博览会”，并与组委会联合制定了展会知识产权管理制度。2008年，为了更好地适应知识产权保护工作的需要，汕头市澄海区经贸局和质监局还首次加入玩博会知识产权保护监督组，使知识产权保护力量得到进一步加强。在第十届澄海国际玩具博览会期间，汕头市、区有关职能部门联合采取展前扩大检查范围、展中增加巡查次数和密度等办法，共清退涉嫌侵权展品12款，其中涉嫌侵犯知名商标展品5款，涉嫌侵犯版权展品7款，责令改正涉嫌冒充专利行为1宗，受理并及时处理涉嫌侵犯实用新型专利权投诉1宗。

东莞市知识产权局加强对国际名家具（东莞）展览会和中国（长安）国际机械五金模具展览会的工作指导和扶持，帮助两个展会制定

了知识产权保护工作条例，形成了制度保障，并在展会期间，协助组委会开展知识产权投诉工作，不仅方便了企业维权，更提升了展会的形象。2008年东莞市知识产权局共调处会展知识产权纠纷5宗，分别组织了11家和2家专利代理机构进入展会现场，协助主办方开展知识产权投诉及法律咨询服务，维护了公平有序的展会秩序。

三、部分试点单位知识产权保护情况

（一）中国国际高新技术成果交易会

随着2008年第十届高交会的圆满落幕，高交会已经走过了十年的辉煌历程。“花开十年不败”，高交会以“国家级、国际性、高水平、大规模、讲实效、专业化、不落幕”的特色，发展成为最富实效的高新技术成果交易平台。高交会也致力于打造成为我国保护知识产权的窗口，一直将知识产权保护工作作为展会服务的主要内容之一。在国家知识产权局和广东省、深圳市知识产权局的指导下，积极宣传推广知识产权保护，促进了会展知识产权保护工作的开展，保证了展会的质量，保障了参展商的权益。2008年在知识产权保护方面，完成如下工作：

1. 完善规章制度。继续完善以《保护知识产权管理规定》为核心的会展知识产权管理和保护的规章制度。通过总结历届高交会知识产权保护工作的经验，制定完善展品审查备案、参展承诺、投诉处理、涉嫌侵权产品管理等规定，并通过宣传册、网站、组团工作会议等多种形式向参展商进行广泛地宣传。

2. 加强展前知识产权保护。在招展时，优先照顾拥有自主知识产权证书的项目和产品，并在会刊、导览图等宣传品上给予特别标识，引导人流更多地前往。布展期间，加强展前的展品审查，防止侵权产品及假冒他人专利、冒充专利产品进入会展场所，争取从源头做好展会的知识产权保护工作。

3. 完善和改进现场维权和纠纷处理的具体措施。大会组委会在知识产权现场投诉和服务的基础上，针对近年来维权和纠纷处理工作中出现的新问题，提前与深圳市知识产权局、中国国际经济仲裁委员会等专业机构协调，扩大宣传的范围，加大现场服务的投入和力度。

4. 加大宣传力度。利用高交会的影响力和平台作用，配合国家知识产权局、广东省知识产权局举办了《知识产权质押融资论坛》，积极开展自主知识产权认证等宣传推介活动。

（二）中国进出口商品交易会

2008年度，广交会知识产权保护工作在商务部的正确领导下，在广东省知识产权局、广州市知识产权局、市工商局、版权局的大力指导和帮助下，本着务实、创新的工作方法，加强展会知识产权保护工作，进一步擦亮了“中国第一展”的知识产权保护品牌。2008年重点做了以下工作：

1. 2008年两届广交会受理投诉案件情况。2008年，第103届广交会共受理涉嫌知识产权侵权投诉534宗，被投诉企业681家，认定涉嫌侵权企业473家；取消1家连续两届涉嫌侵权企业6届广交会的参展资格，取消1家涉嫌侵犯3个权属号以上的企业下届广交会的参展资格。第104届广交会实施重大改革，分三馆三期举办，共受理涉嫌侵权投诉645宗，被投诉企业911家，认定涉嫌侵权企业495家。

2. 不断加强和规范内部管理。2008年，广交会进行了改革，第103届广交会分三馆举办，第104届分三期举办，投诉站也相应设立了3个站点受理知识产权投诉。为了完善内部工作流程，从第103届广交会开始，大会投诉站下发了《关于在受理和处理投诉案件过程中需严格掌握几条原则的通知》，规定了若干种情况下的具体操作细则，要求工作人员采取有效的方法准确、规范、统一地处理投诉案件。

3. 加大宣传力度，营造保护知识产权的良好氛围。措施包括：在3个投诉站下设统筹、专利、商标版权和合同4个小组，以方便知识产权权利人的投诉；在《参展商手册》中公布专利、商标和版权的受理流程图，明确投诉条件；更新广交会保护知识产权宣传栏；在大会新闻中心统一安排下与媒体积极沟通，引导媒体正面报道；积极为《广交会通讯》提供有关稿件素材等。

4. 加强与各有关部门的协调和联系。第103届大会业务办专门召开知识产权工作会议，要求交易团、商会配合大会做好维权工作，督促参展企业严格执行大会规定。第104届广交会，外贸中心配合七大商（协）会做好知识产权保护工作，对投诉站的组织、设立和配置等具体工作给予了大力协助，确保广交会知识产权工作顺利开展。

5. 积极开展对外交流与合作。2008年，广交会大会副主任、外贸中心副主任王润生赴布鲁塞尔在UFI“展会保护知识产权”主题论坛做了《中国广交会保护知识产权的实践》的主题演讲，向世界介绍了广交会保护知识产权工作的经验和做法，较好地宣传了广交会以及中国的展会知识产权保护工作，并获得了与会者的一致好评。此外，2008年年底，广交会派员参与商务部小组考察欧盟展会的知识产权保护情况，与欧洲同行交流了展会知识产权保护工作，有利于进一步完善广交会的保护知识产权工作。

（三）中国（长安）国际机械五金模具展览会

第八届中国（长安）国际机械五金模具展览会于2008年11月21—24日在东莞市长安镇顺利举办并取得圆满成功。以“模具名镇·装备中国”为主题，以打造“国际化、品牌化”展会为方向，本届展会的层次和规模更上一层楼，知识产权保护工作更是迈上新的台阶，各项工作开展有序，成果丰硕喜人，具体工作总结如下：

1. 展览会的基本情况。本届展览会分别设立了A、B、C、D四大展馆，展位总面积15万平方米，展位730个（商铺另有947个），专业观众达28万人次，意向成交额近48亿元，吸引了国际、港澳台和国内共730家机械五金模具知名企业参展。本届展览会有“三高”、“两创”、“一提升”的特点。三高：一是展会组织规格高，二是展品技术含量高，三是参展商、参观商、采购团规格高。两创：创立了“模具设计创意区”和“金融创意区”，模具创意区展现了模具技术发展新趋势。金融创意区吸引了60多家企业前来咨询洽谈融资贷款业务，三分之一的企业与银行、担保机构达成了意向融资合同，累计融资金额超过8000万元。一提升：极大地提升了展会影响力和名镇名展的形象。

2. 加强展会知识产权法治意识。大力抓好展会的知识产权保护工作，努力提高企业的市场竞争能力，在展会期间各个环节严把知识产权关，避免参展商侵犯或被他人侵犯知识产权。

3. 建立知识产权自律制度，制定知识产权自律规则。加强协会成员单位的知识产权知识培训，协助知识产权执法部门查处会展中各种侵权案件，制止不正当竞争行为，营造展会知识产权保护的良好环境。

4. 加强管理，营造展会期间乃至行业间的知识产权保护的良好环境。加强对会展知识产权工作指导和监督，完善有关知识产权保护的管理规定，支持会展知识产权执法工作，维护公平竞争的展会及市场经济秩序。

5. 加大对知识产权保护宣传经费的投入，做好会展知识产权保护管理工作。宣传知识产权法律、法规知识，及时通报有关参展维权和侵权信息，减少以至杜绝会展中知识产权侵权行为的发生，增强各参展商的知识产权法治意识、自我保护意识，努力提高各参展商的市场竞争能力。

（四）中国（水口）水暖卫浴设备展销洽谈会

广东省开平市水口镇是全国有名的水龙头生产基地、水暖卫浴生产基地。为了宣传水口水暖卫浴产业，“让世界关注水口、让水口走向世界”，做大做强水暖卫浴产业，开平市水口镇于2000－2007年成功举办了七届大型专业性展会——中国（水口）水暖卫浴设备展销洽谈会（以下简称卫展会），并获得空前的成功，使水口水暖卫浴产业插上了腾飞的翅膀，借着展会的东风加快了发展的步伐。2008 年的工作总结如下：

1. 加强卫展会的机构建设。建立知识产权工作领导小组，专门负责对水口水暖卫浴商会会员企业知识产权保护的业务培训，聘请律师为卫展会顾问，协调处理企业之间的产权纠纷，接受企业的投诉，反映企业的意见和要求等工作，这样才能更好地推进保护知识产权工作不断向前发展。在 2008 年展会休会期间，组委会积极走访企业，了解企业的想法、倾听企业的意见，尽力帮助解决企业在知识产权方面的需求和问题。不断加强自身的建设，充实领导力量，提升卫展会的领导和协调能力。

2. 完善卫展会知识产权保护规章制度。为使知识产权保护工作能顺利开展，大会在既有的《中国（水口）水暖卫浴设备展销洽谈会规章制度》上进一步完善知识产权保护方面的规定，制定了《中国（水口）水暖卫浴设备展销洽谈会知识产权保护办法》，明确参展商遵守国家的有关法律法规和政策，引导参展商依法管理、保护、运用知识产权，规范参展商的行为准则，制止参展商之间的知识产权侵权行为，使卫展会管理工作形成合力，共同维护参展商的知识产权合法权益。

3. 深入开展宣传培训工作，不断增强企业知识产权意识。加强宣传培训，提高认识是实施知识产权制度，做好知识产权工作的基础，要制定宣传培训计划，对认识不足的企业要进行重点的培训和教育，尽快提高他们的认识，对成绩显著的企业要大力推广，树立榜样，用模范的作用来推动该项工作的开展。2008 年组委会先后组织举办了包括欧盟——德国专利申请等课程的 7 场培训活动，受培训的企业人员达到 400 人次，培训得到了水口卫浴企业的大力支持，各企业踊跃派人参加培训，培训取得了圆满成功得到了企业学员的一致肯定和好评。

4. 推行名牌战略，提高水口卫浴知名度。名牌是企业的无形资产，也是知识产权保护工作的一项重要内容。推行名牌、名标战略是提高企业知名度和市场竞争力，推动区域经济发展的一项战略性措施。现在水口企业中获得“中国卫浴名牌产品”称号的企业有 14 家，“中国水龙头行业十大知名品牌”的企业 3 家，获得“中国公认名牌产品”的企业 5 家，“中国绿色水龙头”的企业 10 家，获得“广东省著名商标”称号的企业 3 家，“广东省名牌产品”称号的企业 2 家。各企业获得国家专利授权的产品有 200 多项。2002 年 10 月，开平市水口镇被中国五金制品协会命名为“中国（水口）水龙头生产基地”，2007 年 2 月，又被中国建筑卫生陶瓷协会命名为“中国水暖卫浴生产基地”。

5. 推进技术创新，促进产业结构升级。依托水口水暖卫浴研发中心进行水暖卫浴高端产品的研发，目前已经完成了光电水龙头的研发，现在正与企业合作进行将科研成果向产品转化的二次开发工作，近期已经联系了水口多家卫浴企业，同时我们也将向更多的卫浴企业进行此项目科研成果转化的推广工作，力争尽快将研发成果产业化。并积极做好知识产权保护工作，申请相关的专利保护。

6. 充分发挥专利中心作用，积极推动知识产权保护工作。2008 年专利中心工作发展态势较好，年内不断有企业来人来函咨询专利申请等方面的问题，特别在 5 月份科技活动月和知识产权月活动中，更是有大量的企业进行专利知识方面的申请和咨询。到目前止，专利中心已受理的总数有 84 件，其中发明 3 件，实用新型 5 件，外观专利 76 件，商标 24 件，外国专利 1 件（美国外观）。专利中心已为开平广大的企业所熟悉，成为开平企业专利申请、业务咨询的主要机构。

（供稿人：傅蕾）

专利无效审查

专利无效审查情况

针对广东复审无效案件较多的实际，为方便复审无效当事人参加专利无效宣告案件的公开审理，进一步扩大专利无效案件审理的影响。近年来，国家知识产权局专利复审委员会每年都会到广东各地市进行专利无效宣告案件的公开审理。

2008年，应广东省知识产权局的邀请，国家知识产权局专利复审委员会第六申诉处、第七申诉处等7个部门3次来粤，共对23件专利权无效宣告案件进行巡回公开审理。广东省知识产权局认真做好接待工作，并积极组织企业及社会公众参加审理旁听，扩大社会影响，起到了较好的宣传效果，营造了良好的知识产权保护氛围。5月7—16日，国家知识产权局专利复审委员会副主任杨光带领电学、通讯、光电、诉讼和立案等处一行11人来粤调研，先后深入到广州、深圳和珠海等市6家企业调研，同时还召开了企业、中介机构等参加的座谈会，关注企业在知识产权保护工作中遇到的困难，切实为企业提供服务，受到了广大企业的极大欢迎。11月24—30日，光电申诉处、行政诉讼处分别在广州、深圳二地巡回审理专利无效案件，对加快广东省专利权无效宣告案件的审理进程及扩大专利复审委员会第一巡回审理庭的影响力起到了积极的推动作用。

（供稿人：张元琴）

国家知识产权局专利复审委员会第一巡回审理庭

2008年，国家知识产权局与广东省政府建立了知识产权高层次战略合作关系。结合广东专利工作的部署，为了进一步扩大专利无效案件审理的影响，优化广东案件审理的环境和条件，2008年初，广东省知识产权局与国家知识产权局专利复审委决定开展合作共建工作。合作共建的主要内容包括五方面：设立复审委第一巡回庭，主要满足复审委在广东省巡回审理的需要；安装“庭审多媒体记录系统”，实现国家、地方等多级监管；研究知识产权保护问题，主要对无效案件审理和专利行政保护等问题进行探讨和研究；开展人员交流活动，每年互相选派业务骨干到对方机关处室进行业务学习和交流；建立信息沟通渠道，共同构建信息交流平台等。

一、安装多媒体记录系统并成立复审委第一巡回审理庭

根据合作共建工作的具体安排，2008年初至10月，安装“庭审多媒体记录系统”并设立国家知识产权局复审委第一巡回审理庭是合作共建的首要工作。国家知识产权局专利复审委员会办公室的有关人员多次到广东省知识产权局对该系统和审理庭的建设情况进行测试和检查。10月9日，国家知识产权局专利复审委员会副主任祁德山带队一行3人到广东省知

识产权局进行最后验收，并与广东省知识产权局进行了仪器设备和其他事项的交接。“庭审多媒体记录系统”顺利地通过验收，标志着广东省知识产权局与国家知识产权局专利复审委员会开展的合作共建工作正式进入规范化轨道。多媒体记录系统实现了国家知识产权局专利复审委员会、广东省知识产权局和相关处室的多级监管，具备良好的记录、监控和宣传效果。在广东设立国家知识产权局专利复审委员会在全国的第一个巡回审理庭，既满足了国家知识产权局专利复审委员会在广东审理专利无效宣告案件的需要，同时承担起为专利行政执法、司法审判以及企事业单位、权利人提供技术指导和技术援助，以及研究探索专利案件处理的普遍规律及相关机制等任务，并使之成为知识产权法制教育基地、教学实习基地和宣传培训基地。

二、举行国家知识产权局专利复审委员会第一巡回审理庭的揭牌仪式

2008 年 10 月 29 日上午，国家知识产权局专利复审委员会第一巡回审理庭的揭牌仪式和国家知识产权局专利复审委员会与广东省知识产权局合作共建协议的签字仪式在广东省知识产权局办公大楼隆重举行。国家知识产权局副局长贺化和广东省政府副省长宋海出席仪式并作重要讲话。国家知识产权局专利复审委员会主任廖涛、广东省政府副秘书长江海燕及广东省知识产权局的有关领导一起出席了仪式。广东省高级人民法院、广州市中级人民法院、广东省知识产权研究会、广东省知识产权保护协会、广东省专利代理协会、广州市知识产权局及部分专利代理机构的有关人员共 40 多人参加了仪式。广东电视台、《南方日报》、《广州日报》等多家新闻媒体均作了追踪报道，在社会上引起了积极反响。这次仪式活动成为 2008 年广东知识产权工作的一个亮点，标志着国家知识产权局与广东省正式启动长期、全面、稳定、紧密的省部会商合作机制，是加强中央与地方互动，整合地方资源优势的重要举措，对进一步强化知识产权保护、拓展广东知识产权工作新一轮的发展空间具有深远意义。

（供稿人：刘嵘）

实 例

2008年广东省十个知识产权典型案件

为加大知识产权保护力度，进一步提高社会公众的知识产权意识，广东省知识产权局在每年“4·26”世界知识产权日活动期间，都向社会公布十个知识产权典型案件。受广东省政府知识产权办公会议办公室主任、广东省知识产权局局长陶凯元的委托，今年的十个知识产权典型案件，由广东省知识产权局副局长唐毅予以公布。

这次公布的十个典型案件，是从广东省公安厅、广东省工商局、广东省版权局、广东省知识产权局等和海关总署广东分署、广东省高级人民法院提供的31个知识产权案件中挑选出来的。与往年相比，这次公布的这十大典型案件，呈现出如下几个特点：一是涉案金额高，个别案件涉案物品的价值巨大；二是涉及类型广，涵盖了专利、商标、著作权、不正当竞争和奥林匹克专用权等多种类型的知识产权；三是涉外案件多，十个案件中一半以上为涉外案件，外国人被刑事处罚首次列为典型案件，表明近年来外籍人士在我国境内侵犯知识产权违法犯罪行为具有增多的趋势；四是社会影响大，这些案件涉及社会生活众多领域，必然引起社会各界的广泛关注。

希望通过公布这些典型案件，使广大公众了解我国知识产权保护发展的新特点和新趋势，更加重视、关注和支持知识产权保护工作，在全社会共同努力下，营造一个良好的知识产权保护环境，进一步促进广东省经济社会又好又快地发展。

广东省政府知识产权办公会议办公室

案件一：特大跨境制售盗版软件光盘案

2007年1月，美国联邦调查局向我国公安部通报称，该局在调查一起跨国销售盗版软件犯罪集团案件时，发现以车某为首的一伙人以深圳为据点，通过互联网将盗版软件“WINDOWS”、“OFFICE”和“SERVER”销往美、加、英等世界各地。2007年3月初，根据公安部经侦局的部署，广东省公安厅经侦局组织协调深圳市公安局经侦局开展核查工作，在初步掌握犯罪事实和证据的基础上，于3月23日由深圳市公安局经侦支队立案侦查。

经过近3个月的缜密侦查，在基本锁定犯罪嫌疑人以及制售、仓储窝点的情况下，2007年7月6日，公安部经侦局统一部署北京、上海、广东开展代号为“夏至”的破案行动。广东省公安厅经侦局牵头组织指挥涉案地深圳、东莞两地公安机关开展查处工作，成功端掉一个生产、仓储、包装及跨境销售盗版软件光盘的特大犯罪团伙，抓获犯罪嫌疑人18人，捣毁生产、包装、仓储、销售窝点6处，缴获制假母盘、盗版软件光盘、软件说明书、包装盒、外包装防伪标签、制假工具及销售信息资料等一批，涉案金额巨大。现该案已移送检察机关审查起诉。

本案的成功侦破，对北京、上海破案起到了至关重要的作用，得到了公安部部长的通令嘉奖。同年7月25日，公安部在深圳举办“中国知识产权刑事保护论坛”期间，召开了“夏至”行动新闻发布会，中央电视台、香港《大公报》、新华网等30多家新闻媒体进行现场采访并报道，引起了社会各界的广泛关注。

案件二：外籍人士假冒注册商标案

被告人M（瑞典籍）明知其国外客户没有得到注册商标所有人授权或许可的情况下，于2005年12月至2006年1月擅自接受国外公司的委托，组织某厂工人生产加工带有三星、索尼爱立信、摩托罗拉、诺基亚注册商标的手机充电器。其中假冒三星注册商标的手机充电器6750个、假冒索尼爱立信注册商标的手机充电器8839个、假冒摩托罗拉注册商标的手机充电器1470个、假冒诺基亚注册商标的手机充电器10980个，经广州市价格认证中心鉴定，上述假冒产品共价值人民币4173670元。

广州市人民检察院指控M犯假冒注册商标罪，于2007年5月8日向广州中级人民法院提起公诉。广州市中级人民法院经审理认为，被告人M未经注册商标所有人许可，在同一种商品上使用与其注册商标相同的商标，情节特别严重，其行为已构成假冒注册商标罪。鉴于被告人M是受他人委托加工假冒产品，在共同犯罪中起次要作用，是从犯，依法可减轻处罚，判处被告人M有期徒刑一年三个月，并处罚金人民币5万元，驱逐出境。被告人M不服一审判决，上诉至广东省高级人民法院。广东省高级人民法院认为一审认定事实清楚，证据确凿，定罪准确，审判程序合法，依法驳回了M的上诉请求，但认为，M犯罪情节较轻，且在中国从事贸易多年，在广州开办企业并拥有财产，一审法院适用驱逐出境的处罚不当，于2007年12月5日终审判决上诉人M有期徒刑一年三个月，并处罚金人民币5万元。

本案是一起涉外刑事案件，司法机关依法对在我国境内实施知识产权犯罪行为的外国人予以刑事处罚，以保护外国企业的知识产权。这充分体现我国严格执行TRIPS协议的平等保护原则，同时也表明我国制止外国人在我境内实施知识产权犯罪行为的坚决态度。

案件三：侵犯“水烟筒”实用新型专利权案

请求人广州市某公司发现被请求人中山市某五金制品厂涉嫌侵犯其名称为“一种水烟筒”、专利号为ZL02226804.9的实用新型专利权，遂向广东省知识产权局提出处理请求，并提供30万元担保金，请求对涉嫌侵权产品进行查封、暂扣。2007年12月12日，广东省知识产权局受理立案，并于次日派员前往被请求人处进行现场勘验检查，发现被请求人正在生产涉嫌侵权的产品。在公安机关协助下，广东省知识产权局查封了库存的涉嫌侵权成品400箱，并暂扣了一批半成品，总价值约100万元。12月15日，广东省知识产权局和中山公安机关分别接到请求人举报，称被请求人转移被查封的部分物品，广东省知识产权局立即派人配合当地公安机关开展调查和处理。

涉案双方在广东省知识产权局的调解下，于2008年1月25日达成了和解协议，被请求人同意立即停止生产、销售涉嫌侵权的产品，将被封存、暂扣的物品交由请求人处理，并支付请求人补偿金3万元人民币。

本案从立案、现场勘验检查、审理到双方达成和解，一共才45天，体现了专利行政执法简便、快捷、高效以及采取强制措施有利于侵权案件的处理等特点。而且，本案处理过程中，知识产权部门得到公安机关的大力支持，两个部门形成合力，进一步发挥了专利行政执法的优势。

案件四：假冒“LV”国际品牌案

2007年1月21日，根据群众举报，深圳市工商局罗湖分局会同深圳市罗湖公安分局经侦大队对深圳市永新街八达商城某铺位进行检查。检查中，当场查获当事人销售的涉嫌假冒LV钱包451只、LV手袋163只、LV拉杆箱4个、LV皮带184条、LV手表7只、LV皮鞋2对、LV名片夹45个等商品，经商标所有人法国路易威登公司鉴定为假冒商品，参考价值约人民币33万元。

此案当事人的行为，已涉嫌违反《中华人民共和国刑法》第214条，及《最高人民法院 最高人民检察院关于办理侵犯知识产权刑事案件具体应用法律若干问题的解释》第2条规定，属于销售假冒注册商标商品的行为。根据《行政执法机关移送涉嫌犯罪案件的规定》第3条规定，深圳工商局罗湖分局于2007年2月7日将该案移送深圳罗湖公安分局。2007年5月9日，深圳市罗湖区人民法院对涉案7人分别判处有期徒刑和拘役，并处罚金，另由公安机关按规定销毁所有假冒注册商标的商品。

此类案件主要发生在商品批零市场或商品贸易集散地。根据《最高人民法院 最高人民检察院关于办理侵犯知识产权刑事案件具体应用法律若干问题的解释》，在认定侵权行为成立后，还应参照被侵权商品的市场价格确定其涉案价值，或者计算侵权商标标识数量。案值或侵权标识数量没有达到移送标准的，由工商部门根据《商标法》对侵权人进行行政处罚；达到或超过移送标准的，则移送司法机关追究刑事责任。

案件五：携带侵犯奥林匹克专有权"福娃"模具入境案

2007年6月3日，广州海关隶属的白云机场海关在对乘坐CZ368航班自越南入境的旅客进行监管时，发现中国籍旅客王某行李结构简单，过海关时走无申报通道，且未向海关申报任何物品，现场关员按照有关风险提示，决定对其行李实施重点查验。

经查验，发现其随身行李中有标有第29届奥林匹克运动会吉祥物"福娃"的模具1套5件。当事人不能提供相关知识产权授权书，经广州海关联系北京奥组委，确认该模具为侵犯奥林匹克标志专有权的产品，根据《知识产权海关保护条例》的相关规定予以没收。另经调查，发现当事人为广东省中山市某商标制造企业员工，此套模具为该公司胡志明分厂委托其带至中山分厂，可能存在跨境生产销售侵权产品的利益链。广州海关立即将此重要线索通报广东省工商局。6月19日，在广州海关协助下，广东省工商局会同中山市地方工商部门在该市某商标加工厂，查获奥运"福娃"模具两套及塑胶"福娃"样品一批，并发现该厂批量生产"福娃"标志的记录。

此案是海关首次查获侵犯奥林匹克标志专有权的专用生产模具的典型案例。随着2008年奥运会的临近，奥运"福娃"家喻户晓，案件成功查获后，被《人民日报》等多家中央新闻媒体广为报道，引起了社会公众对加强奥林匹克知识产权保护及海关边境执法的普遍关注，从正面宣传了海关加强奥林匹克知识产权保护的执法成果，并有力地震慑了潜在的侵权行为人。

案件六：网络销售侵权盗版软件案

2007年7月30日，广州市文化市场综合行政执法总队接省版权局和国家版权局转办的案件，对举报人举报的称"XX软件网"涉嫌销售盗版计算机软件一案进行调查，发现该网站在线销售软件554个，初步认定均为盗版软件。经进一步调查，发现网站建立者的居住地址为深圳市布吉某小区。

9月26日，在广东省文管办的协调带领下，广州市执法总队会同深圳市文管办、深圳市版权局、深圳市公安局等单位联合到该处进行检查，发现当事人的电脑里存有网站经营销售记录单，该记录显示此案已明显达到刑事追诉标准，涉嫌犯罪。执法人员立即现场联系深圳市公安局罗岗派出所进行立案查处，并对两名犯罪嫌疑人实施刑事拘留。据涉案人交代，他们是代广州市天河区某科技有限公司销售该批软件。

同年10月19日，广州市执法总队配合深圳市公安局罗岗派出所办案人员到广州市天河区某科技有限公司调查取证，控制现场涉案人员4人，查获台式电脑9台，笔记本电脑1台，软件破解工具近百个，盗版软件光盘和经营销售单据一批，经营销售金额约为44万元。

目前，深圳市公安局已将此案移送给广州市天河区公安分局，4名犯罪嫌疑人已被广州市天河区检察院批捕，现已进入审查起诉阶段。

通过网络销售盗版软件是近年来出现的一种新的违法犯罪方式。本案件涉及地域、部门、人员之广，持续时间之长，查处效果之好，为近年来所不多见，在社会上引起了强烈反响，对侵权盗版者起到了有力的震慑作用。

案件七：仿冒知名商品特有包装不正当竞争案

法国C公司在中国享有“希思黎”（sisley）及花图形注册商标专用权。2005年，该公司以深圳市某化妆品有限公司、某贸易商行、某实业有限公司生产、销售的“希思汀”（sistains）系列化妆品的包装装潢与“希思黎”（sisley）产品相似为由，向一审法院提起诉讼。

一审法院认为法国C公司提交的证据不足以证明其商品是知名商品，驳回其诉讼请求。二审法院认为“希思黎”（sisley）商品在我国已达到知名商品的程度，其包装装潢具有显著特征，应受我国法律保护，深圳市某化妆品有限公司、某贸易商行、某实业有限公司的行为构成不正当竞争，故于2007年2月28日判令三被告立即停止生产、销售侵权产品，销毁侵权产品的包装和装潢，并赔偿法国C公司相应的经济损失人民币10万元。

本案因涉及侵犯知名商品特有的包装、装潢权，引起了广泛的关注。判决表明，判断商品的知名程度时，不能单纯以销售量作为判断依据，而应该综合考虑该产品的消费群体、商品价位、广告投入等各种因素。

案件八：侵犯《丝路驼铃》著作权案

宁某于1982年在中国音乐学院就读时创作了阮曲《丝路驼铃》，该曲完整演奏时间约8分钟，收录于某唱片公司1994年录制出版的《中国中阮名家名曲》中。电影《卧虎藏龙》的制片人某制片公司、北京某影视文化有限责任公司、英国某影视公司，经征得某唱片公司同意，在《卧虎藏龙》中使用《丝路驼铃》作为背景音乐，时长2分18秒。宁某遂以《卧虎藏龙》未经其许可使用其音乐作品为由，将某制片公司、北京某影视文化有限责任公司、英国某影视公司和某唱片公司等诉至法院。

广东高院于2007年9月25日最终判决《卧虎藏龙》制片者侵犯了《丝路驼铃》音乐作品的著作权，应依法承担停止侵权、赔礼道歉、赔偿损失的民事责任。

本案自受理以来一直受到社会广泛关注。本案的判决表明，作品的录音录像制作者对作品虽然享有出版、传播权等权利，但无权代表著作权人许可他人以摄制电影的方式使用作品。使用出版发行后的录音录像制品，应当取得原作者的同意并支付报酬，否则就会构成侵犯。

案例九：假冒“金霸王”（DURACELL）干电池案

2007年9月22日，黄埔海关接到美国某公司代理人举报，称有一集装箱假冒“金霸王”（DURACELL）干电池即将通过黄埔口岸出口。该关通过风险分析，经通关、查验部门核对情况后，立即下达布控指令，由知识产权部门联合查验部门对该集装箱重点查验，查获涉嫌假冒“金霸王”（DURACELL）干电池416箱共计399360粒。2007年11月26日，黄埔海关认定查获的干电池为侵权产品。2008年1月11日，该关依法作出行政处罚，决定对该批侵权电池予以没收，并对当事人处以罚款人民币 10480 元。

在案件查办过程中，黄埔海关还根据掌握的情报线索、案件材料，及时通报和协同公安等部门，一举端掉一座位于广州番禺的地下工厂，捣毁生产线 2 条，查获假冒“金霸王”(DURACELL)、“劲量”(ENERGIZER)、555 电池 130 多万粒，各类包装标识 300 多万只，抓获涉案人员多名。现有关人员已被刑事拘留。

本案查处及时快速，极大降低了权利人的维权成本。且海关在查获货物后，继续跟进查找出口人和生产商的线索，为最终发现和打击假冒产品生产源头创造了重要条件。此举获得国外权利人的高度赞赏，为中国海关知识产权保护工作树立了良好的国际形象。

案件十：一种镀金属抛釉陶瓷制品及其制作工艺发明专利侵权纠纷案

请求人陈某拥有“一种镀金属抛釉陶瓷制品及其制作工艺”发明专利，专利号为 ZL200410051820.X，该专利于 2006 年 9 月 13 日被授权公告。2006 年 11 月，陈某以佛山某厂生产涉嫌侵权的抛釉陶瓷砖为由，请求佛山市知识产权局立案处理。佛山市知识产权局立案后，到佛山某厂进行勘验检查。经现场调查询问，基本掌握了该厂研究和生产被控产品的时间、规模、产量、利润、成本、型号、设备以及产品特征、生产工艺等要素，初步判定被控产品及其制作工艺分别具有涉案专利权利要求 1 和 3 的特征，同时也了解到其镀金工艺是委托另一厂家制作的。

陈某取得初步证据并撤案后，为索赔向佛山中院提起诉讼。佛山中院经审理，认定佛山某厂构成侵权，判决其赔偿陈某经济损失 48 万元。该厂不服，上诉至广东省高院。经高院法官调解，双方当事人当庭达成和解协议。随后，在佛山市知识产权局的指导和陶瓷协会促成下，双方还达成了建立以其为基础、多家陶瓷企业参与的专利联盟的意向。

本案充分显示了专利行政执法的优势，即通过现场勘验程序可以快捷、准确地查明侵权事实，为人民法院判定侵权和确定赔偿金额提供强有力的证据。另外，此案的成功调解，使“冤家”变成“同盟”，探索出一种以合作共赢解决专利侵权纠纷的新模式；而行业协会力促专利联盟的建立，反映了广东省行业协会知识产权保护的发展动向。

（供稿人：李鹏）

2008 年广东省知识产权审判十大案例

案例一：侵犯美国某公司注册商标专用权纠纷案

【当事人】

上诉人（原审原告）：美国某公司

被上诉人（原审被告）：湖南某公司

【案情及裁判】

美国某公司在中国享有“ABRO”注册商标专用权。湖南某公司生产、销售了标有“ABRO”标识的粘合剂等产品，并在宣传资料和网站上展示了标有“ABRO”标识的产品。美国某公司以湖南某公司侵犯其商标权及构成不正当竞争向广州市中级人民法院起诉。一审法院认为湖南某公司已侵犯美国某公司的注册商标专用权，判决湖南某公司停止侵权，并赔偿 50 万元人民币。二审法院认为：美国某公司在中国市场上有宣传、销售“ABRO”商品的事实；湖南某公司声称其在先使用“ABRO”商标的请求没有事实和法律依据；被控侵权产品与涉案注册商标核定使用的商品是同一种或类似商品；一审判决在确定赔偿数额时，已经充分考虑了神力公司的侵权时间较长、性质恶劣（如拒不提供财务资料）以及涉案注册商标的声誉等因素，酌情判令神力公司赔偿50万元是适当的，遂维持一审判决。

【启示】

美国某公司“ABRO”粘合剂产品在全球享有较高知名度，该案即引起多方关注。该判决体现了对中外当事人的知识产权依法平等保护的原则。

案例二：驰名商标侵权纠纷案

【当事人】

上诉人（原审被告）：黄某。

被上诉人（原审原告）：A有限公司。

原审被告：B化工有限公司、张某。

【案情及裁判】

A有限公司先后于2003年8月7日、2004年11月21日成为第1692156号“立邦”文字商标、第3485390号“n字＋NIPPON PAINT”商标注册人。商标核定使用商品均为第2类，即油漆、漆、底漆等。2006年3月6日，A有限公司以B化工有限公司、黄某、张某侵犯商标专用权为由，诉诸原审法院，要求：B化工有限公司停止在其企业字号中使用“立邦”、停止在其网站域名中使用“nippon-paint”、停止销售产品、销毁产品宣传资料和产品外包装、在《经济日报》上赔礼道歉并赔偿损失等；张某、黄某等停止销售侵权产品，销毁侵权宣传资料和产品外包装和赔偿损失等。一审法院判决基本支持了A有限公司的诉讼请求，并判令B化工有限公司与黄某共同赔偿经济损失30万元，张某对其中的9万元承担连带赔偿责任等。二审判决驳回上诉，维持原判。

【启示】

“立邦”商标知名度高，系我国驰名商标，本案判决充分体现了对驰名商标强有力的保护。

案例三：“美在花城”侵犯著作权纠纷案

【当事人】

上诉人（原审原告）：华某

被上诉人（原审被告）：广州市某电视台

【案情及裁判】

华某曾系广州市电视台广告部主任，1988年广州市电视台举办“美在花城”广告新星大奖赛，华佛尘作为策划人、组委会主任负责大奖赛选手遴选、培训、联系嘉宾及广告赞助等。大奖赛决赛实况经剪辑制作成电视节目由广州市某电视台署名并播出。是年起广州市某电视台每两年（或一年）一届举办“美在花城”广告新星大奖赛。每届均将大奖赛决赛的实况经过剪辑制作成电视节目由广州市某电视台署名并播出。华某创作《〈美在花城〉——广告新星大奖赛方案书》并进行著作权登记。广州市某电视台则在不同的商品和服务项目上注册“美在花城”文字和图案组合商标。另外，华佛尘还提交若干人证、物证证明其曾承包广州市某电视台广告部，期间投资举办第一届“美在花城”电视节目大奖赛并制作讼争电视节目。华某据此向广东省广州市中级人民法院起诉，请求判令广州市电视台停止侵权等。法院认为，民事主体投资与他人合作拍摄以类似摄制电影的方法创作的作品，双方对作品的权属没有约定或约定不明的，在发表作品上署名的制片者享有著作权，投资者只能就投入资金向著作权人主张债权，而不能主张著作权。同时作品名称作为作品的有机组成部分，难以独立表达作品的内容，不构成独立作品。故驳回华某全部诉讼请求。

【启示】

“美在花城”广告新星大奖赛在广州地区乃至全国都享有较高的知名度，该案的社会关注度非常高。本案涉及作品名称能否作为独立的作品进行保护及制片人与投资人之间权利范围的确定。

案例四：仿冒知名商品“京都念慈菴蜜炼川贝枇杷膏”特有包装装潢纠纷案

【当事人】

上诉人（原审原告）：A有限公司

被上诉人（原审被告）：B有限公司

【案情及裁判】

A有限公司经核准注册“念慈菴”文字及图形组合商标，并将其使用在自己的药品“京都念慈菴蜜炼川贝枇杷膏”的外包装盒上。香港工业总会为该产品颁发《香港优质产品标志（Q—Mark）特许权证》，中华中医药学会将其认定为中华中医药学会推广产品。A有限公司另一文字商标“念慈菴”亦因使用在前述产品上而被国家工商局认定为驰名商标。B有限公司经核准注册“京都”文字及图形组合商标，并将其使用在自己的产品“京都蜜炼川贝枇杷膏”的外包装盒上，包装盒主视图使用的装潢图案与念慈菴公司““念慈菴”文字及图形组合商标不构成近似，但产品的包装装潢与A有限公司使用在先的包装装潢构成近似。A有限公司遂向广东省潮州市中级人民法院起诉。一审法院认为现有证据不能证明“京都念慈菴蜜炼川贝枇杷膏”为知名产品，驳回A有限公司诉讼请求。二审认为，A有限公司的“京都念慈菴蜜炼川贝枇杷膏”是知名产品，遂判决B有限公司停止侵权并赔偿20万元。

【启示】

本案充分保护了香港地区的“京都念慈菴蜜炼川贝枇杷膏”知名商品的合法权益，制止了侵权并保护了广大消费者的利益。

案例五：日本“铃木”注册商标确权纠纷案

【当事人】

上诉人（原审原告）：A会社

被上诉人（原审被告）：酒井某

【案情及裁判】

1998年A会社在北京开设北京代表处，任命酒井某为会社常驻代表。1999年A会社注册登记深圳铃木公司，酒井某任公司总经理及首席全权法人代理人。2000年A会社在中国经核准注册“铃木”文字商标。2003年A会社制定章程规定公司重大资产的处分与受让必须经董事会同意后才能实行。同年，酒井某在未经董事会同意的情况下向国家商标局提交商标转让申请书，申请将商标转让给自己，申请书上加盖有A会社公章。经国家商标局进行商标转让核准公告，转让生效。2004年酒井某从A会社辞职，并将上述商标许可给深圳铃木公司使用。其后，A会社将其拥有的深圳某公司股份全部卖出，并向广东省深圳市中级人民法院起诉。一审法院认为A会社不能证明转让商标不是自己的真实意思表示，转让有效，驳回某会社诉请。二审法院认为，日本公司未经董事会决议同意，转让公司重大资产是否有效，涉及法人的民事行为能力效力，应依公司注册登记地国家的法律确定。由于A公司违反董事会决议将公司商标转让给公司管理人员的行为违反了公司章程及日本公司法禁止性规定，损害社会公共利益，应认定无效，判决“铃木”商标权归A公司所有。

【启示】

案件涉及日本公司与其雇员之间就该公司在中国注册的“铃木”商标的权利归属问题，法院适用日本公司法正确处理纠纷，社会效果好。

案例六：注册商标与商品名称冲突纠纷案

【当事人】

上诉人（原审被告）：A公司。

被上诉人（原审原告）：B集团。

【案情及裁判】

1994年7月11日鲁南制药公司获得卫生部批准新药证书及生产批件，新药正式名称为“单硝酸异山梨酯片（商品名：欣康）”。2004年2月20日，鲁南制药公司授权其子公司A公司生产销售该药品。珠海经济特区丽珠制药厂于1996年3月21日取得“欣康”注册商标，后该商标转让给B集团。B集团认为A公司生产和销售“欣康片”（单硝酸异山梨酯片）侵犯其注册商标专用权，为此向珠海市中级人民法院提起诉讼。2005年2月16日，国家商标局撤销了“欣康”商标。一审法院认为国家商标局虽作出撤销“欣康”商标的决定，但因B集团提出复审申请而并未生效，B集团仍享有“欣康”注册商标专用权。A公司在其制售的药品的包装及装潢上使用“欣康”商品名，虽经过有关药品行政管理部门批准，但有关药品行政管理部门的许可仅是一种行业管理的具体行政行为，不能对抗B集团对“欣康”注册商标的专用权，判决A公司侵犯B集团注册商标专用权。

二审法院认为，B集团“欣康”注册商标因连续3年停止使用而被撤销，该注册商标专用权自国家商标局的撤销决定作出之日起终止。“欣康”商标被撤销后，B集团不再享有注册商标专用权。“欣康”商标被撤销前，B集团提供的证据不能证明在药品上实际使用过“欣康”注册商标。而A公司使用“欣康”商品名称的同时，还在显著位置上突出使用“鲁南”文字及图形注册商标，标注了注册商标标志，并标明生产企业的名称。A公司使用的“鲁南”文字及图形注册商标系驰名商标，为我国相关公众广为知晓并享有较高声誉，该注册商标所具有的显著性和驰名程度，足以将A公司生产的药品与其他同类药品区别开来，相关公众施以一般注意力，不会产生误认。A公司使用“欣康”商品名称的行为，没有侵犯B集团“欣康”注册商标专用权。

【启示】

本案系国内两家著名制药企业发生的注册商标与商品名称冲突纠纷，引起了广泛的关注。判决表明，注册商标是否实际使用，是能否受到有效保护的重要考虑因素。注册商标闲置，不仅可能导致商标价值降低，甚至被撤销，也不能得到有效保护。

案例七：专利侵权纠纷案

【当事人】

上诉人（原审原告）：广东某讯设备有限公司。

被上诉人（原审被告）：某天线技术（深圳）有限公司。

【案情及裁判】

2001年5月16日，广东某通讯设备有限公司向国家知识产权局申请“一种伸进型全向天线馈电结构”实用新型专利，并于2002年4月17日获得授权。该公司后以某天线技术（深圳）有限公司侵犯其专利权为由诉诸法院，要求立即停止侵权行为，并赔偿经济损失2000万元。深圳市中级人民法院审理认为被控侵权产品不构成侵权，判决驳回广东某通讯设备有限公司的诉讼请求。该公司不服向广东省高级人民法院提起上诉。二审认为，涉案专利曾被专利复审委宣告部分无效，目前有效专利的发明目的是，在小灵通天线内部组件下端与天线外壳底端之间保持一定的距离，使雨水不容易从天线外壳底端吸入到天线里面，从而保持天线内部干燥。而被控侵权产品小灵通天线内部组件下端与天线外壳底端之间基本持平，这就没有达到专利的发明目的，被控侵权产品不构成侵权。二审因此判决驳回上诉，维持原判。

【启示】

本案启示在于，专利诉讼具有很强的技术性，专利权人在提起侵犯专利权诉讼之前，应当深入研究所涉技术特征功能和效果，以减少不必要的诉讼。

案例八：网络传播侵权纠纷案

【当事人】

上诉人（原审被告）：广州某软件公司

被上诉人（原审原告）：北京某影视公司

【案情及裁判】

北京某影视公司享有电影《七剑》在中国

内地的著作权。电影公映3个月后，网民在广州某软件公司开办的POCO网站，下载并安装广州某软件公司推出的POCO软件，输入POCO分配的号码、密码，进行登陆，以“七剑”为关键词进行搜索，就可以从网站提供的中央目录索引库提供的链接到达其他上传《七剑》的网民的个人客户机，下载到《七剑》。北京某影视公司遂向广东省广州市中级人民法院提起诉讼。二审认为，广州某软件公司应当知道网络用户非法传播作品，但仍然通过网络帮助用户实施侵权行为；广州某软件公司有权利和能力监督、终止网络用户的侵权行为并从用户的侵权行为中受益，却未尽严格注意义务，应停止侵权、赔偿权利人损失8万元及赔礼道歉。

【启示】

本案就点对点式网络下载（P2P）问题中的相关法律问题进行了规范，在利用新技术侵权与合法利用新技术之间划清了界限。判决希望通过“禁止吃免费午餐”来促使网站转型为购买相关作品版权的合法网站。

案例九：侵犯注册商标专用权纠纷案

【当事人】

上诉人（原审被告）：A公司

被上诉人（原审原告）：B公司

【案情及裁判】

美国B公司“MOLEX”商标于1989年在第9类获得中国商标注册，指定的商品为连接器、开关、插座、互换接插设备及制品，B公司于1994年注册了“molex. com”的域名。A公司经营范围包括连接器、接插件、连接线、线束、端子、电子元器件的销售等，该公司于2003年注册了域名“molex. cn”，在该域名下的网站所宣传的产品与B公司的产品类别相同，并在可链接该域名的网站上宣称可提供包括B公司产品在内的替代品。B公司为此向深圳市中级人民法院提起诉讼。一审法院认为A公司的行为侵犯了B公司注册商标专用权并构成不正当竞争，判决A公司立即停止侵权行为，停止使用“molex. cn”域名、注销域名www. molex. cn并赔偿B公司所遭受的经济损失。二审法院维持原判。

【启示】

将与他人注册商标相同或者相近似的文字注册为域名，使用该域名宣传或通过该域名链接侵权人的其他域名，误导消费者，违反了诚实信用原则，构成不正当竞争。

案例十：仿冒知名商品特有名称、包装、装潢纠纷案

【当事人】

上诉人（原审被告）：湖北A酒厂

被上诉人（原审原告）：四川B有限公司

原审被告：中山市C有限公司顺德某分公司

原审被告：中山市C有限公司

【案情及裁判】

四川B有限公司享有知名商品“诸葛酿”特有名称、包装、装潢权，湖北A酒厂在自已的产品上突出使用“诸葛酿”三字，且使用了与四川B有限公司产品极为相似的包装装潢，四川B有限公司遂向广东省佛山市中级人民法院起诉。一审法院判决认为，湖北A酒厂构成不正当竞争，应赔偿权利人经济损失200万元。二审维持原判。

【启示】

因“诸葛酿”而发生的纠纷在全国有数起，其影响较大。本案对侵权赔偿数额问题，确立了根据案件具体情况在50万元以上合理酌情确定赔偿额的原则。体现了对知名品牌的司法保护力度。

（供稿人：岳利浩）

2008 年广东海关保护知识产权典型案例

案例一：侵犯“LV 及图形”等商标权案

【案情介绍】

2008 年 7 月 21 日，两票由浙江某公司以一般贸易方式申报出口到印尼的品名为“人造革”的货物引起了广州海关隶属花都海关关员的注意：一是花都虽是皮革箱包制造业中心，但产品主要面向国内，出口的不多，异地企业到此出口皮革的更少；二是多年查获侵权案件的情况表明皮革类产品一直是侵权高风险产品；三是货物指运地属于侵权货物出口的高风险地区。经查验，两柜中皆藏标有“LV 及图形”、“GUCCI（G 图形）”、“D&G”等商标的人造革，共计 9793 公斤，约 17000 米。这些人造革全部为制造假冒“LV”、“GUCCI”、“D&G”等品牌箱包的原材料，至少可以制造 50000 个以上一般大小的手袋，价值过千万元人民币的假冒产品。据“LV”公司权利人反映，此案为我国海关首次查获出口涉嫌侵权箱包原材料案件。目前，地方公安对该案的刑事侦查工作正在进行中。

【案件述评】

此案为我国海关首次查获的出口侵权箱包原材料案件。案发后，广州海关迅速组织开展进一步的贸易调查和分析，调查显示，由于受国际金融环境恶化、人民币升值等因素的影响，国内侵权产品制造业的利润空间也在逐步被压缩，这为侵权原材料的出口提供了客观需要。广州海关据此及时针对有关业务现场下发风险信息提示，将案件查缉向纵深推进。8 月 14 日，广州海关隶属佛山海关驻高明办事处就根据风险提示，查获用同类手法出口侵犯“LV 及图形”人造革 89 卷，产生了良好的联动效应。

案例二：假冒“Midea”商标电视机案

【案情介绍】

2008 年 8 月 12 日，佛山某公司以进料对口方式向广州海关隶属佛山海关申报出口到缅甸 3 个货柜共 1395 台电视机。虽然出口报关单上未标明电视的商标品牌，但海关关员在随附的装箱单上发现货物的规格描述中有“Midea”字样，经布控查验，发现该批彩色电视机款式老旧，做工粗糙，外包装及机身均附有“Midea”商标字样，为涉嫌侵权商品。经联系“Midea”商标注册人广东美的电器股份有限公司，确认上述货物为侵犯美的公司商标权的商品。查获此案后，广州海关迅速向地方公安部门通报案件线索，保全证据，之后正式移交案件，积极配合公安部门调查出口商及生产厂家。目前公安机关正在进行本案的刑事侦查工作。

【案件述评】

广州海关以查获此案为契机，进一步出台了加强自主知识产权保护的举措，建立联系热线，为自主知识产权企业提供个性化咨询服务，积极协助企业解决维权中遇到的难题，有效应对金融危机对企业的不利影响，从而有力地支持了企业和地方经济的发展。

案例三：侵犯“HUAWEI”商标专用权无线数据上网卡案

【案情介绍】

2008 年 7 月 23 日，中外运空运发展股份有限公司深圳分公司以快件方式向深圳海关隶属机场海关申报出口网卡一批，目的地香港。通过风险分析，该批货物具有很大的侵权风险，经布控查验，发现实际货物为标有“HUAWEI”商标的无线数据上网卡 100 个，涉嫌侵犯权利人深圳华为技术有限公司在总署备案的“HUAWEI”商标专用权，涉案货物价值人民币7万元。经权利人鉴定，涉案货物属于假冒产品，而且制作水平很高，特别是其结构件、背贴字体和颜色高度仿真，迷惑性很强。现案件已正式移交地方公安机关作进一步侦查。

【案件述评】

本案涉案货物具有高科技产品的特点，与之相关的侵权活动呈现组织化、专业化、科技化的趋势，且与在传统货运环节中截获大众常见日用消费品或一般家电类产品相比，具有相当的难度。深圳海关高度关注自主知识产权保护，充分重视权利人反映的信息，积极把握业界动态，有重点地开展风险布控，成功查获了此案，沉重打击了侵权人利用快件渠道出口假冒自主品牌高科技类产品的违法行为，反映了该关突出的知识产权保护意识，也体现了该关高超的风险分析和布控水平以及应对进出口环节重难点问题的执法能力。

案例四：侵犯“EPSON”商标专用权打印机色带案

【案情介绍】

2008年1月14日，北京某公司以一般贸易方式向拱北海关下辖九洲海关申报出口打印机用色带41070个，货物申报价值人民币358159.78元，出口目的国为古巴。该关通过风险分析，发现该票货物存在较大的侵权嫌疑，遂果断下达布控指令，对该批货物进行开箱查验，发现在一个20尺长的货柜里堆满了中性包装的纸箱，纸箱内是数以万计的打印机兼容色带。该批兼容色带在外包装盒上虽然也标明了国内生产厂家的商标，但却同时以放大、加粗的方式突出突显了“EPSON”商标字样，部分色带在“EPSON”之前还缺少“USED FOR”或“COMPATIBLE FOR”等表明其兼容产品特性的说明文字。

经联系“EPSON”商标权利人精工爱普生株式会社，其书面确认上述货物侵权并依法向海关提出了知识产权保护申请。经立案调查，拱北海关认定上述41070个色带侵犯了EPSON商标专用权，并依法作出了没收并处罚款的行政处罚决定。

【案件述评】

本案是近年来海关运用风险分析方法，成功查获的案值最大、数量最多的一起兼容耗材产品侵权案件。该案发生后，拱北海关本着“查处一典型，教育一行业”的工作理念，主动加强了与珠海市耗材行业协会的合作，注重依靠行业协会的力量规范业内企业的生产和进出口行为，取得了良好成效。

案例五：侵犯“虎头”牌商标专用权手电筒案

【案情介绍】

2008年7月22日，黄埔海关连续接到权利人举报，称有两批假冒“虎头”手电筒即将通过黄埔口岸出口。该关通过风险分析，立即联系现场海关通关、查验部门核对情况。在发现货物已经海关单证审核后，立即下达布控指令，进行重点查验，共查获两批次共计12540粒“虎头TIGER HEAD及图形”手电筒，市场价格近20万元。经立案调查，黄埔海关认定上述手电筒侵犯了“虎头”牌商标专用权，依法对两批侵权手电筒予以没收，并对当事人处以罚款。

【案件述评】

广州市电筒工业公司作为我省大型企业，在中东、非洲等市场均享有较高的声誉。该案是黄埔海关继2007查获10万余支侵犯“虎头”牌手电筒案之后，又一次查获同类货物。该案的查处有效维护了我省知名企业在海外市场的权益，对国内生产类似假冒侵权手电筒的厂家产生了极大警示的作用，凸显了海关打击侵权尤其是侵犯国内自主知识产权的坚定决心。

案例六：侵犯联合利华有限公司品牌系列案

【案情介绍】

2008年3月至12月期间，黄埔海关根

据联合利华有限公司提供的情报线索以及风险分析，连续布控查获8宗侵犯联合利华有限公司“Lipton”、“CLOsE UP”商标专用权案件，共查获假冒“Lipton”茶1360000袋，假冒“CLOSE钟”牙膏142424支。在该系列案件的办理过程中，黄埔海关充分利用权利人提供的信息，主动开展风险分析和风险提示，尤其在圣诞前期，连续成功查获三宗侵犯联合利华有限公司“CLOSE UP”牙膏案。

【案件述评】

黄埔海关在知识产权保护中，创新协作执法模式，主动与权利人建立起长期的情报信息协作机制，充分发挥权利人的信息优势，并且利用有关信息自行开展风险分析和风险提示，成功查获了一系列侵权案件，对今后海关和权利人合作打击侵权行为起到了良好的示范作用。

在情报信息协作机制的框架下，海关和知识产权权利人明确各自的联系人，24小时不间断联系，确保情报信息不遗漏。海关各部门密切合作，通过双向联系配合机制将风险布控与查验环节有机结合，及时跟进货物布控查验动态，保证在有确切情报后查验指令执行到位，权利人在海关查获涉嫌侵权货物后，及时响应，积极配合海关做好确认货物和申请保护的工作。

案例七：侵犯“VIGOSS”商标成人长裤案

【案情介绍】

2008年8月5日，珠海信驰服装有限公司委托开平达通报关行以一般贸易方式向开平海关申报出口“VIGOSS”100%棉制机织男成人长裤11880条，货值93852美元，报关单编号为684120080418515662。经查“VIGOSS”商标已在知识产权海关保护备案申请管理系统注册备案，海关立即联系“VIGOSS”商标权利人广州增城市广英服装有限公司，经权利人确认，珠海信驰服装有限申报出口的货物侵犯其所有的“VIGOSS”商标专用权。经立法调查，江门海关认为当事人出口上述货物的行为已构成侵权，依法作出没收货物并处以罚款的行政处罚决定。

【案件述评】

案发地开平市为牛仔服装行业生产基地，具有众多生产厂家，大多数牛仔类服装产品专供出口。牛仔服装行业是带动当地产业经济发展的龙头行业，具有重要的地位。该案的查处对于规范开平地区牛仔服装行业秩序，宣传守法经营，提高进出口企业知识产权保护意识，避免在进出口环节因为侵权而受到处罚，具有积极的推动和警示意义。

（供稿人：陈桃生）

2008年广东版权行政执法部门查处的十件典型版权案例

一、广州“1·3”发行盗版教辅案

2008年1月3日，广州市文化执法总队根据举报线索立案调查了赵某特大盗版教辅图书案。1月3日上午，广州市文化执法总队根据举报线索前往广州市天河区沐陂大街光明巷4号检查。现场发现该处地址是非法出版物仓库。存放的出版物有《小学毕业升学总复习》辅导手册、《开心假期寒假作业》系列、《欢乐假期寒假作业》等系列教辅图书，经清点共计24万册，涉案码洋约84万元。执法人员还发现了大量图书批销单、联系电话、营业执照、身份证等证据。通过对涉案材料的分析、核查，执法人员发现该案与该队2006、2007年分别处理过的两宗教材侵权案件涉及的侵权人为同一人，三个案件涉及的侵权物品、采取的侵权方式等也十分相似。鉴于赵某发行侵权非法出版物数量巨大，已构成犯罪行为，广州市文化执法总队当即将该案移送广州市公安局处

理。2008年5月24日，公安人员在福州将潜逃的赵某抓捕归案。

此案的侦破对于文化市场执法具有深远意义。1. 时间跨度长，追查困难。案件历经三年，执法人员不断寻求犯罪嫌疑人的线索，但犯罪嫌疑人警觉性高，非法图书的进出货及存放极其隐蔽，都是城乡结合的村民住宅，查找困难；2. 犯罪嫌疑人拒不履行行政处罚，并且转为地下经营，此次抓获犯罪嫌疑人对于知法犯法者有深刻的警示意义；3. 犯罪嫌疑人经营的图书是盗版教辅，数量巨大，销售渠道广泛。广州市文化执法总队三次查获的盗版教辅数量为609280册，是近几年广州市查处数量最多的盗版经营者。其经营品种绝大部分是盗版教辅图书，涉案盗版图书销往全国各地，危害极大。此次通过刑事手段打击侵权盗版违法分子，势必极大震慑违法分子。

二、处理非法转播奥运赛事案件

根据国家版权局、工业和信息化部、国家广播电影电视总局联合印发《关于严禁通过互联网非法转播奥运赛事及相关活动的通知》（国权联［2008］3号）和国家版权局、公安部、工业和信息化部、国家广播电影电视总局制定的《处理非法转播奥运赛事案件快速反应机制》的要求，广东省版权局会同省通信管理局和省公安厅，组建了处理非法转播奥运赛事案件工作组，专门处理我省在奥运期间发生的侵权案件。

在举世瞩目的29届奥运会举行期间，为保护第29届奥运会赛事权利人的合法权益，及时制止对奥运赛事及相关活动的非法转播行为，广东省处理非法转播奥运赛事案件工作组在省版权局领导的亲自参与下，与省通信管理局配合，建立了处理非法转播奥运赛事案件快速反应机制和工作流程，在夏季奥运会和冬季奥运会举行期间（8月8日至9月17日），施行24小时值守机制，并指定专人负责双方协调、配合工作，严查非法转播奥运赛事案件。在奥运会举行期间共快速查处了红某网、某明星网、某免费在线电视网等16宗互联网站非法转播奥运赛事案件。

三、广州某公司侵犯微软公司软件案

2008年7月30日，广州市萝岗区文化市场综合行政执法队根据微软（中国）有限公司的投诉，对广州某公司涉嫌未经授权，复制、安装权利人微软（中国）有限公司享有版权的软件（windows XP、office系列办公软件）一案进行了查处。执法人员在该公司现场查看了电脑中使用的软件名称及版本信息、文件使用记录，发现电脑中使用的WINDOWS XP操作系统和OFFICE 2003办公软件多为未获授权的侵权复制件，对该公司侵犯微软公司依法对上述作品享有的复制权、发行权和获得报酬等合法权利的行为，广州市萝岗区文化市场综合行政执法队依法对该公司给予责令停止侵权行为、罚款人民币70000元等行政处罚。在执法过程中，执法人员耐心细致地做好法律宣传、说服工作，提高了该公司的法律意识，使该公司自愿与微软公司达成和解，出资33万元购买微软公司的正版软件，解决了公司通用软件正版化的问题。

四、汕头孙某擅自复制销售侵权软件作品案

2008年1月11日，群众举报汕头市金砂东路某大厦B幢十八层B单元有一生产游戏光盘的窝点，并主要通过网络销售。接此举报后，汕头市版权局文化市场综合执法大队执法人员经过认真踩点确认，多次以普通访客的形式试图实施突击检查，但屋内均没人。2008年1月15日，市版权局文化综合执法大队再次组织执法人员，以问路找人为由，敲开了该窝点的门，并立即展开现场调查取证。现场查获私自刻录的侵权PS游戏光盘《FIFA08》、《AVATAR》、《NARUTO》共485张及组装光盘刻录机2台，当事人孙某无法提供任何合

法证照。其行为违反了《计算机软件保护条例》第24条的规定，侵犯了著作权人的合法权益，扰乱了软件市场的正常经营秩序，损害了社会公共利益。根据《中华人民共和国著作权法》第47条第1项、第52条和《计算机软件保护条例》第24条、《中华人民共和国著作权法实施条例》第36条的规定，汕头市版权局对当事人孙某作出了责令停止侵权行为，没收已查扣的侵权软件作品并销毁，处罚款人民币12000元的行政处罚。

五、某公司利用网络侵权转播中央电视台“圣火耀珠峰”电视节目案

2008年7月，国家版权局转来央视国际网络有限公司（以下称央视国际）的投诉，称某公司未经其许可，通过互联网向公众提供中央电视台“圣火耀珠峰”的电视节目，侵犯了他们对该电视节目享有的信息网络传播权。广东省版权局经过调查，证实某公司存在侵权播放圣火上珠峰、北京奥运圣火在希腊境内传递、北京奥运会圣火欢迎仪式等3个由中央电视台制作和播放、含有CCTV台标、与奥运有关的侵权视频节目的行为，依据《信息网络传播权保护条例》第十八条（一）和国家版权局、信息产业部联合发布的《互联网著作权行政保护办法》第十一条的有关规定，广东省版权局对某公司给予了立即停止利用互联网侵权传播中央电视台制作的电视节目、从公司相关的服务器中彻底删除由中央电视台制作的视频节目、罚款10000元等行政处罚。

六、广州某书店等侵犯美国安利公司版权案

2008年5月19日，广州市文化执法总队根据美国安利公司的投诉，在一天内转战海珠、越秀两个区，连续查处了7家书店和2家百货公司的仓库，查获涉嫌侵犯美国安利公司版权的光盘及大量相关出版物的订单及送货单据，现场登记保存涉嫌侵权图书1.6万册、光盘4.2万张，广州市文化执法总队对这些涉案单位依法进行了行政处罚。

七、湛江某4家音乐网站侵权案

2008年1月21日，湛江市文化综合执法大队按广东省版权局《案件转办通知书》（粤权［2008］10号）的要求，对通过湛江IP地址服务器传播侵权盗版音乐作品的某4家音乐网站进行了查处。经查，该4家音乐网站利用湛江IP实施异地操作电脑网络，是一起典型的异地经营逃避文化市场主管部门的监管、利用网站上的侵权音乐非法牟取暴利的案件。湛江市文化综合执法大队及时与电信网络部门联系，断开了该4网站IP服务器的连接，关闭了该4家侵权音乐网站。

八、广东某公司侵犯微软软件著作权案

微软（中国）有限公司（以下称微软公司）投诉广东某公司未经许可，在办公场所侵权复制、安装微软公司的软件产品，广东省版权局立案调查后，查明广东某公司确实未经微软公司授权，在公司办公场所在用的计算机中安装了微软公司享有著作权的Microsoft Windows 2000、Microsoft Windows XP Professional Service Pack 2操作系统软件和Microsoft Office word 2003办公软件，该行为侵犯了微软公司依法对上述作品享有的复制权、发行权和获得报酬等合法权利，扰乱了软件消费的正常秩序，同时也损害了公共利益。根据《著作权法》第四十七条（一）和《计算机软件保护条例》第二十四条（一）的有关规定，广东省版权局对广东某公司给予停止对微软公司操作系统和Office办公软件著作权的侵犯、从公司办公场所在用计算机中删除上述侵权软件、罚款3万元的行政处罚。

九、河源某酒店非法使用酒店管理软件案

河源市版权局根据赛贝斯软件（中国）有限公司的投诉，对滨江某大酒店涉嫌非法使用Sybase数据库软件案进行调查。

2008年6月4日执法人员进入该酒店，找到酒店经理，告知Sybase数据库软件著作权人投诉滨江某大酒店涉嫌非法使用其Sybase数据库软件，版权执法部门现依法对有关投诉情况进行调查。在调查过程中，酒店负责人表示酒店的信息管理系统外包给了一家专业电脑公司管理，对电脑公司使用盗版软件一事，酒店并不知情。执法人员随后与电脑公司工作人员核实相关情况，其承认非法使用了Sybase数据库软件。执法人员要求酒店负责人立即停止使用盗版Sybase数据库软件，卸载所有非法盗版软件，并告知酒店负责人应从正规渠道购买正版软件安装使用。该酒店负责人当场让专业电脑公司管理员卸载了所用的非法盗版软件，并表示会尽快购买正版软件安装使用。

一周后，市执法大队执法人员上门复查，酒店已使用了经杭州西湖软件公司所授权的正版酒店管理软件。

十、广州某VOD系统经营商侵犯音乐作品著作权案

2008年7月4日，广州市文化综合执法总队根据中国音乐著作权协会、中音传播（深圳）有限公司、北京天语同声信息技术有限公司的投诉，对北京市某科技公司广州分公司未经录音、录像制品著作权人许可，非法将其录音录像制品复制入VOD系统的行为进行调查。经过认真仔细的核查，执法人员查清了该经营商的侵权事实，依法给予该分公司停止侵权行为、删除VOD点播系统中的《咱们工人有力量》等162首歌曲以及罚款人民币3万元的行政处罚。

（供稿人：张同英、凌立华）

主要案例

“一种由肉桂枝叶提取桂油的方法”发明专利侵权纠纷

案情及诉辩双方理由

请求人梁某、张某于2001年9月18日向国家知识产权局申请了名称为“一种由肉桂枝、叶提取桂油的方法”的发明专利，2004年1月7日被授予发明专利权，专利号为ZL01127865.X。请求人发现被请求人某芳香桂油厂未经其许可，使用了上述发明专利方法提取桂油，损害了请求人的合法权益，请求广东某市知识产权局处理。请求事项为：1.责令被请求人停止使用其发明专利提取桂油，拆除生产设备中的“二级复馏锅”；2.责令被请求人承担本案请求费及调查费用；3.要求被请求人赔偿请求人的经济损失。

被请求人辩称：1.被请求人自1991年开始办厂以来就已采用现在的方法生产桂油，使用的时间在请求人专利权申请日前已经开始。根据《专利法》第六十三条第一款第二项，被请求人不构成专利侵权。2.请求人的发明专利权无效。在请求人的专利权申请日以前，几乎所有生产桂油的企业都是采用这种方法提取桂油的。3.被请求人称其提取桂油的方法与请求人的发明专利有所不同。请求人的发明专利是将带有桂油的混合蒸汽由蒸馏锅顶部出来后，输出至复馏锅作为蒸馏馏出液的热源，复馏锅顶部出来的混合蒸汽经冷却器进行冷凝、冷却，得到的馏出液进入油水分离器进行油水分离。然后启动泵，将油水分离器中分离出的馏出水输至预热器预热，再输进复馏锅进行复蒸馏。最后将复馏锅出来的所有混合蒸汽经冷却器冷凝、冷却，再输出油水分离器进行油水分离，桂油沉于底部。蒸馏完毕后，将复馏锅

中残留的废水输至蒸馏锅，在下一次蒸馏进行时再复馏一次后排放。而被请求人所采用的桂油提取方法则是将带有桂油的混合蒸汽在第二只蒸馏锅蒸出后，经由第二只蒸馏锅顶部延伸出来的管道直接穿过加热罐（复馏锅）进入到冷却器冷凝、冷却，冷却后得到的馏出液进入油水分离器进行分离。然后启动泵，将所得的桂油抽出，剩下的馏出水预热后，再输进加热罐（复馏锅）进行复蒸馏。最后将复馏锅中残留的馏出液输至蒸馏锅继续第二次蒸馏。两者主要的不同点是：请求人的发明专利中的复馏锅是与第二只蒸馏锅和冷却器在空间上是连通，而被请求人提取桂油的设备中则是由第二只蒸馏锅顶部延伸出来的一条管道直接穿过加热罐（复馏锅）与冷却器相通，即加热罐（复馏锅）与第二只蒸馏锅和冷却器在空间上是不相通的。

处理过程及结果

广东某市知识产权局受理本案后，前往被请求人处进行现场勘验检查、调查取证。在该厂生产现场，发现涉嫌使用专利号为ZL01127865.X发明专利方法的设备一套。该设备包括：两个蒸馏锅、一只加热罐（复馏锅）、冷却器、油水分离器、预热器和连通上述各部分的管道。将其与请求人发明专利权利要求中记载的技术方案相比较，被控侵权的生产方法具有该发明专利权利要求1所述的全部必要技术特征，落入该发明专利权利的保护范围。遂作出处理决定：1. 被请求人立即停止侵权行为；2. 销毁在提取桂油生产中起到复馏作用的加热罐（复馏锅）。

被请求人不服广东某市知识产权局作出的上述处理决定，向人民法院提起行政诉讼。

一审法院认为：广东某市知识产权局对于被请求人先用权的主张不予采纳是正确的，但被请求人的加热罐（第3个锅）在提取桂油生产中起到复馏作用，进而认定被请求人使用的方法与发明专利方法相同的主要证据不足。依照《中华人民共和国行政诉讼法》第五十四条第（二）项第1目的规定，判决撤销某市知识产权局作出的处理决定。

广东某市知识产权局不服一审法院判决，以一审判决书认定对被上诉人（即被请求人）提取桂油的方法与第三人（即请求人）的专利方法在生产流程不一样，证据不足，以及原处理决定是严格按照《专利法》及其实施细则和有关规定的要求作出的为由，向省高级人民法院提出上诉，请求撤销一审法院的判决，维持该局处理决定。

二审法院认为：本案原审第三人方法发明专利所使用的设备包括两个蒸馏锅、一只复馏锅、冷却器，油水分离器、预热器和连通上述各部分的管道。被上诉人被控侵权的提取桂油方法所使用的设备为两个蒸馏锅、一只加热罐、冷却器，油水分离器和连通上述各部分的管道。将被上诉人提取桂油方法与原审第三人方法发明专利权利要求书中记载的内容对比，前者的设备中不包括原审第三人方法发明专利设备中的预热器，被诉处理决定认定被控侵权方法的设备中包括预热器与事实不符。上诉人未提供证据证明被控侵权方法的设备中第3个锅（即被上诉人所称的加热罐）的内部构造，无法充分证明该锅与第2个蒸馏锅及冷却器的连接与原审第三人专利方法的设备相同，即在空间上是相通的，而不是不相通的，只有密封管道通过，且被上诉人的设备中没有预热器装置。在上述情形下，上诉人认定被上诉人被控侵权方法的设备中的加热罐起到复蒸锅的作用，证据不充分。因此，上诉人认定被控侵权方法中加热罐和原审第三人方法发明专利中的复馏锅所起的作用与原理相同，二者工艺流程基本一致，技术方案相同，被控侵权的生产方法具有该发明专利权利要求所述的全部必要技术特征，落入上述发明专利权利要求1的保护范围，构成侵犯专利权，证据不足，原审判决撤销被诉处理决定正确，依法应予以维持。依据《中华人民共和国行政诉讼法》第六十一条第（一）项的规定，判决

驳回上诉，维持原判。

本案所涉及的法律问题

《专利行政执法办法》第三十条规定："在证据可能灭失或者以后难以取得，又无法进行抽样取证的情况下，管理专利工作的部门可以进行登记保存，并在7日内作出决定"。但专利行政管理部门在这种情况下，如何进行调查取证、登记保存，并保证原始证据的真实性？

评析

本案是一起比较典型的方法发明专利侵权纠纷疑难案件。主要有以下几个难点：一是请求人举证难。请求人难以得到必要的证据，必然造成侵权证据不充分。二是管理部门调查取证难。本案立案后，市局和省局曾先后两次在县政府和镇政府有关部门的配合下，到被请求人处进行现场勘验，并到请求人处进行现场调查。应该说，整个案情调查是比较客观和全面的，但由于被请求人处现场堆满桂叶，环境恶劣，无法对被控设备进行切割勘验和测绘，只能采取由被请求人画图和从一定的角度拍照的方式取证，难以收集、保存充分的证据。三是被请求人抵触情绪大，不配合勘验检查，不能进行现场演示。四是司法机关坐堂问案，有些关键问题未予证实，加之其他一些错综复杂的关系，最终导致本案败诉。因此，建议国家知识产权局从立法的层面上，赋予专利行政管理部门更有力的行政强制手段，完善侵犯发明专利的调查取证方式方法，把"加强知识产权保护"落到实处。

（供稿人：刘在东）

"一种水烟筒"实用新型专利侵权纠纷案情及诉讼双方理由

请求人广州市某五金有限公司于2002年4月12日和2002年6月27日，分别依法向国家知识产权局提出名称为"一种水烟筒"和"一种水烟筒吸烟软管"的实用新型专利申请，2003年2月26日和2003年5月28日分别获得授权并公告，专利号分别为ZL02 2 26804.9和ZL02 2 71358.1。2004年4月28日，请求人发现东莞市某五金实业有限公司制造、销售的"水烟筒"产品，侵犯了上述实用新型专利权，给其造成了一定的经济损失。为此，向广东省知识产权局提出如下请求：责令被请求人立即停止制造、销售水烟筒侵权产品；责令销毁库存的侵权产品和侵权产品的宣传物，销毁全部生产侵权产品的模具；责令赔偿经济损失150万元人民币；责令公开赔礼道歉并承担本案的调查费用。该局在被请求人的经营场所现场勘验检查时，发现正在生产被控产品水烟筒。将其与上述两项实用新型专利权利要求1的技术方案分别比较，完全覆盖了两项专利权利要求1的全部技术特征，分别落入了这两项实用新型专利权的保护范围。为此，认定构成侵犯上述实用新型专利权，并作出责令立即停止侵权行为的处理决定。被请求人对上述处理决定不服，向法院提起行政诉讼，一审、二审法院经审理，分别作出维持处理决定和原判的判决。

请求人称，请求人合法拥有专利号分别为ZL02 2 26804.9和ZL02 2 71358.1为的"一种水烟筒"和"一种水烟筒吸烟软管"的实用新型专利权。被请求人制造、销售的"水烟筒"产品，产品结构覆盖了请求人上述两项实用新型专利权利要求1中的全部必要技术特征，侵犯了请求人上述实用新型专利权，严重冲击本请求人专利产品的销售市场，给请求人的专利产品市场制造混乱，也给请求人造成了一定的经济损失。

被请求人辩称："一种水烟筒吸烟软管"的实用新型专利未出具由国家知识产权局作出的检索报告，不符合《专利法》第五十七条的规定。同时，请求人对本案两项实用新型专利的有效性未提供充分证据，虽然请求人提交了本案两项实用新型专利的证书复印件和年费缴纳收据，但这仅仅说明该两项实用新型专利的历史状况和曾经有过的单方面的付费行为，与这两项实用新型专利目前的法律状态是否有效没有任何联系，请求依法驳回请求人的全部请求事项。

处理过程及结果

2004年5月10日，广东省知识产权局依职权在被请求人的经营场所现场勘验检查时，发现正在生产被控产品水烟筒，并库存有涉嫌侵权被控产品水烟筒半成品配件6类421个和吸烟软管1200个，另有被控产品水烟筒的生产模具30套。被控产品水烟筒与上述两项实用新型专利权权利要求1的技术方案分别比较，完全覆盖了ZL02 2 26804.9和ZL02 2 71358.1专利权利要求1的全部技术特征。因此，均属于相同的技术方案。

2004年5月17日，被请求人以向专利复审委员会提出ZL02 2 26804.9号专利无效宣告请求为由，请求中止本案的处理。该局决定不予中止并经审理认为，请求人拥有的两项实用新型专利权真实有效，应当受到法律保护；被控产品水烟筒与这两项实用新型专利相同，分别落入了这两项实用新型专利权的保护范围；被请求人未经专利权人许可，生产制造与这两项实用新型专利相同的产品，构成侵犯专利权，应当承担相应的法律责任。根据《专利法》第十一条第一款、第五十七条第一款的规定和《广东省专利保护条例》第三十一条的规定，于2004年6月30日作出停止制造与上述两项实用新型专利相同的水烟筒产品、销毁库存的水烟筒半成品配件和模具的处理决定。

被请求人不服广东省知识产权局的处理决定，于2004年7月14日向广州市中级人民法院提起行政诉讼，请求停止执行和撤销该处理决定。其理由是，ZL02 2 71358.1实用新型专利未出具由国家知识产权局作出的检索报告，不符合《专利法》第五十七条的规定；在答辩期内已提出ZL02 2 26804.9专利权无效宣告的请求，“不予中止”的决定没有充分理由和依据；处理决定书未经案件承办人署名，违反了《专利行政执法办法》第十三条的规定等。一审法院于2004年10月30日作出了维持该处理决定的判决。被请求人不服，以同样的理由向广东省高级人民法院提起上诉，二审法院于2005年3月7日作出驳回上诉、维持原判的判决。

本案所涉及的法律问题

（一）实用新型专利权人的特别举证责任；

（二）专利侵权纠纷处理的中止处理程序；

（三）案件承办人在决定书上的署名问题。

评析

“一种水烟筒”专利侵权纠纷案件实体认定事实清楚，证据充分，执法程序正当，适用法律正确，经两审行政诉讼，分别维持处理决定和原判，被全国整规办列为2005年知识产权十大案件之一。在今年第99届广交会上，另一涉嫌侵犯水烟筒专利权的当事人的被控产品，被取消进入广交会展出的资格。本案要点和所涉及的法律问题，基本上属于专利侵权纠纷处理某些程序的选择裁量问题，关键在于专利行政管理部门的正确把握。

（一）是否出具实用新型专利检索报告不是专利侵权纠纷立案的条件。《专利法》第五十七条第二款规定，“专利侵权纠纷涉及实用新型专利的，人民法院或者管理专利工作的部门可以要求专利权人出具由国务院专利行政部门作出的检索报告”。这一规定明确了实用新型专利权人的特别举证责任，实质上也是对实用新型专利权的一种限制。实用新型专利由于未经实质审查，其专利权具有很大的不确定性，因此专利行政管理部门可要求专利权人出具检索报告，作为其专利权稳定性的初步证据。本案涉及的两个实用新型专利，请求人在立案前只出具“一种水烟筒”实用新型专利检索报告，而“一种水烟筒吸烟软管”实用新型专利检索报告是在一审期间提供的。被请求人以此认为不符合《专利法》和最高人民法院《关于审理专利纠纷案件适用法律问题的若干规定》的有关规定，专利行政管理部门不应当受理立案。这种将司法程序的规定评判行政机关处理专利纠纷案件程序是否合法的说法，法院亦未予采纳。虽然，是否出具实用新型专利检索报告，法律并无强制性规定，也不是立案受理的条件，专利行政管理部门可以选择裁量，但是，在处理专利纠纷案件时，一般应要求实用新型专利权人出具检索报告，以确认其专利权的稳定性，同时维护双方当事人的权益，减轻双方当事人的诉累。

（二）不予中止处理不等于违反专利侵权纠纷处理程序的规定。在专利纠纷案件处理过程中，被请求人常以涉案专利的权属或权利的效力进行抗辩，尤以权利效力有瑕疵进行抗辩居多，其表现形式是向专利复审委提出宣告无效请求。此时是否中止处理，等待专利复审委的审查结果是专利行政管理部门经常遇到的问题。《专利法》实施细则第八十二条规定，“在处理专利侵权纠纷过程中，被请求人提出无效宣告请求并被专利复审委员会受理的，可以请求管理专利工作的部门中止处理。管理专利工作的部门认为被请求人提出的中止理由明显不能成立的，可以不中止处理”。根据本条的规定，被请求人向专利行政管理部门请求中止处理必须符合两个条件：一是被请求人向专利复审委员会提出无效宣告请求，二是该请求被专利复审委员会受理的。从本案的情况看，被请求人在提出中止处理时，未能提交专利复审委员会的受理通知，且中止理由明显不能成立，将被请求人提供在先专利与涉案专利进行比对，两者技术方案既不相同也不等同，涉案专利不可能被宣告无效。因此，专利行政管理部门行使裁量权决定不予中止，并继续进行审理后作出处理决定，是符合专利纠纷处理讲求效率的程序要求的。

（三）承办人未在决定书上署名不影响处理决定的合法性。行政机关实行行政首长负责制，向来以行政机关的名义实施具体行政行为，所作出的处罚、处理决定均以行政机关署名，案件承办人只在呈批表上签名以示负责。本案被请求人在一审期间提出，决定书未经案件承办人署名，违反了《专利行政执法办法》第十三条有关处理决定书应当由案件承办人员署名的规定。法院认为，鉴于决定书已加盖专利管理部门的公章，没有案件承办人署名并不影响处理决定的合法性，也不影响处理机关对外承担责任。此举说明法院并不支持被请求人上述观点，也未依照作为部门规章的《专利行政执法办法》。建议根据国家知识产权局有关部门对上述规定酌情修改。

（供稿人：钟兴子）

香港摩科建材科技有限公司重大发明专利遭遇群体性侵权案

案情

2008年10月，深圳市知识产权局收到香港摩科建材科技有限公司称上海、东莞、佛山、深圳等地21家建材生产企业和经销商侵犯了专利权人的3项发明专利权，请求专利管理部门进行处理。因被请求人中有12家为深圳市外单位，深圳局报请广东省知识产权局将有关材料移送相关专利管理部门处理，请求广东省局协调处理有关事宜。

据称，涉案产品主要为一类立体仿石玻化砖，涉案的3项发明专利分别为：96103804.7“制作立体仿石玻化砖的模具及其使用方法”、200310113713.0“含微粉图案的三维仿石图案瓷质板材及其制造方法与制品”、97114309.9“瓷质颗粒立体图案花岗石”。广东省知识产权局对这一特大群体侵权案件高度重视，专门听取深圳局的情况介绍，多次联系请求人要求其补充相关资料。

评析

近年来，跨省、跨地区大范围的群体侵权的现象不断增多。专利权人如果一一通过司法途径起诉，则不堪诉累，且维权成本太高；如果仅仅起诉其中一两家，则不能有效制止侵权。目前，只有充分发挥专利行政执法及执法协作的优势，通过加强线索移送、办案协作、案件互送、信息通报等工作，来最大限度减少当事人的维权成本，及时、有效地制止群体侵权行为。

（供稿人：刘嵘）

侵犯高尔夫球把外观设计专利权案

案情

广州某橡塑五金制品有限公司合法拥有名称为“高尔夫球握把”、专利号为ZL200430092657.2的外观设计专利权。2007年，广州某橡塑五金制品有限公司发现东莞市某运动器材有限公司未经许可制造、销售的高尔夫球握把，侵犯了该专利权，给其造成了一定的经济损失，遂向广东省知识产权局提出查处请求。

广东省知识产权局受理此案后，于2007年6月26日派出工作人员到东莞市某运动器材有限公司进行了现场勘验，现场发现一批涉嫌侵权产品。广东省知识产权局多次召集双方当事人就该案进行调解，办案人员建议双方当事人本着实事求是的态度，通过友好协商，解决本次纠纷。经过调解，双方达成和解协议，请求人于2007年7月16日提出撤回处理请求。

评析

《专利法》第五十七条中规定“未经专利权人许可，实施其专利即侵犯其专利权，引起纠纷的，由当事人协商解决；不愿协商或者协商不成的，专利权人或者利害关系人可以向人民法院起诉，也可以请求管理专利工作的部门处理。……进行处理的管理专利工作的部门应当事人的请求，可以就侵犯专利权的赔偿数额进行调解；……”本案中的被请求人，自知其生产的产品落入请求人专利保护的范围，在专利管理部门的调解下，及时停止侵权，而请求人也根据实际情况，主动握手言和，使本案得以迅速解决。

（供稿人：傅蕾）

钢筋砼用空心管及其制作方法、专用模具发明专利纠纷案

案情

发明人邱某某于2002年5月向国家知识产权局提出了名称为“钢筋砼用空心管及其制作方法、专用模具”发明专利申请，并于2004年10月获得专利权，专利号为ZL02122558.3。2007年，专利权人发现东莞市南城区会展北路的建设工程“鸿×大厦”中使用的钢筋砼用空心管的技术特征落入专利权人的独立权利要求，同时还落入了相关的从属权利要求的保护范围，侵犯了该专利权，遂向广东省知识产权局提出查处请求，请求责令工程的建设方和承建方立即停止侵权行为。

广东省知识产权局受理此案后，派出工作人员到鸿×大厦进行了现场勘验，由于涉嫌侵权的是正在建设的大楼，广东省知识产权局的工作人员在现场进行了拍照并取证。随后，广东省知识产权局对此案进行了多次开庭审理，积极组织三方当事人予以和解。经调解，三方当事人互谅互让、达成和解协议。被请求人不再使用涉嫌侵犯请求人专利权的产品，不实施侵犯请求人合法权利的行为；在今后的工程项目中，同等条件下优先使用专利权人的专利产品；被请求人补偿请求人的各项费用2万元人民币。

评析

本案是一宗涉及公共利益的专利侵权纠纷，涉嫌侵权的是正在建设的商品房，如果责令被请求人停止侵权行为，则可能会影响到鸿×大厦的建设，危及社会公众的权利，但如果不责令停止侵权行为，又对专利权人不公，不能真正的保护专利权，需要在专利权与社会公众权利中寻求平衡。

（供稿人：傅蕾）

婴幼儿三轮车专利侵权纠纷案

案情

请求人中山市某公司合法拥有“三轮车”、“婴幼儿车车轮护罩”和“三轮车”的外观设计专利权，专利号分别为ZL99304614.2、ZL99307743.9和ZL00320016.7。请求人发现两被请求人东莞市A公司和B公司制造、销售的“婴幼儿童车”产品，侵犯了上述外观设计专利权，给其造成了一定经济损失。为此，向广东省知识产权局提出如下请求：立即停止侵权行为，销毁库存侵权成品、半成品、零配件。

2006年12月28日，广东省知识产权局在两被请求人的经营场所现场勘验检查时，发现东莞市A公司共销售“9114”型童车42431台，“9139”型童车2160台；东莞市B公司共销售“9114”型童车5594台，“9178”型童车2160台，“9178TW”型童车2047台。在处理过程中，两被请求人均对上述外观设计专利权向国家知识产权局专利复审委员会提出无效宣告请求，并请求广东省知识产权局中止案件的处理。经审查，广东省知识产权局认为被请求人提出的中止理由明显不能成立，随即作出不予中止处理的决定。将被控侵权产品分别与上述三项外观设计专利权比较，分别与三项外观设计专利权相近似，落入三项外观设计专利权的保护范围。广东省知识产权局以此认定构成侵犯上述外观设计专利权，并作出处理决定，责令两被请求人停止制造、销售与上述外观设计专利相近似的婴幼儿童车产品，销毁库存的产品、半成品、零配件。

两被请求人对上述处理决定不服，向广州市中级人民法院提起行政诉讼，起诉称：广东省知识产权局在行政处理程序中，没有告知被请求人涉案的承办人员组成，剥夺了被请求人申请回避的权利；《专利纠纷案件处理决定书》没有署名，不符合专利行政法规的规定；广东省知识产权局不中止审理案件没有法律依据等。经审理，广州市中级人民法院认为：广东省知识产权局不予中止决定程序合法，处理决定书已经加盖了单位的公章，并且在案件审理过程中公开了案件的承办人员，处理决定程序违法的理由不能成立。广东省知识产权局的处理决定经立案、现场勘验检查、开庭审理等程序，程序合法，依法判决维持广东省知识产权局的专利纠纷案件处理决定。

两被请求不服一审判决，上诉至广东省高级人民法院，广东省高级人民法院经过开庭审理，最终认为原审判决认定事实清楚，判决和适用法律正确，依法予以维持。在法院审理的过程中，国家知识产权局专利复审委员会对上述三项外观设计专利权分别作出了维持专利权有效的审查决定。

评析

本案中，专利行政管理部门在行政执法过程中，依照法定程序进行立案、现场勘验检查、开庭审理，并公开了案件承办人员的姓名，出示行政执法证件，最后以单位的名义作出处理决定，是完全符合程序和法律的规定。此外，本案的处理充分显示了专利行政执法的优势，即通过行政执法程序可以快捷、准确地查明侵权事实，并依此作出正确的处理决定，有效地维护了专利权人的合法权益和公众利益。而且，行政处理决定经得起行政诉讼一审、二审等多个环节的司法审查，也充分体现了专利行政执法的公平与公正。

（供稿人：傅蕾）

邓某特大制售假冒“HP”等品牌电脑耗材标识案件

案情

2008年6月底，美国惠普公司委托权利代理人向佛山市公安局经侦支队报案称：该公司发现自2007年6月至今，邓姓男子将大量印有仿冒惠普商标的惠普打印机及耗材包装箱从佛山运往广州，再批发到全国各地。佛山市公安局经侦支队经过初步调查，于2008年6月26日进行立案侦查。

处理过程及结果

经过近5个月的经过缜密的侦查，佛山市公安局经侦支队于2008年11月初，掌握了主要犯罪嫌疑人邓某的活动规律，迅速抓住有利战机，于11月20日开展统一破案行动，在广东省公安厅经侦局的指挥协调下，佛山市公安局经侦支队与该局巡警支队、派出所等出动100多名警力，在该市工商局的大力协作下，兵分6路，采取统一破案行动，对大沥颜边某工业区1号仓库、顺德勒流红岗一间无门牌仓库、佛山大沥某工业区的一间无门牌废油回收厂、顺德区某某彩印有限公司、顺德区北滘镇某某彩印有限公司等地方进行搜查，捣毁制售假窝点4个、印刷厂2个，现场查扣带有"HP"、"CANON"等商标标识的涉假打印机耗材包装物200多万件，并抓获主要犯罪嫌疑人邓某、聂某某等6人。经初步审讯，邓某、聂某某、许某等犯罪嫌疑人对犯罪行为供认不讳。破案行动后，佛山市公安局经侦支队紧锣密鼓地开展审讯、固定证据、网上追逃等措施，多管齐下，进行扩线深挖，于2009年1月19日和1月22日分别将在逃犯罪嫌疑人曾某某、杨某某抓获归案。

目前，该案主要犯罪嫌疑人邓某、聂某某等8名犯罪嫌疑人已移送检察机关审查起诉。

(供稿人：陈招健)

深圳市忠兴制衣厂涉嫌生产假冒阿迪达斯运动服装产品案

案情

2008年4月17日，根据举报投诉，省质监局组织深圳市局执法人员对深圳市忠兴制衣厂进行了执法检查。现场查获该厂生产的假冒"adidas"运动服装产品共13141件及标识包装物一批，涉案货值约390万元。

经联系阿迪达斯公司广东总代理，确认阿迪达斯公司从未授权深圳市忠兴制衣厂生产加工阿迪达斯服装产品。据深圳市忠兴制衣厂厂长刘尚军交代，该批服装产品是其接受口头委托加工的，没有得到相关授权书。

处理结果

由于此案非法经营数额超过有关规定，根据《中华人民共和国刑法》和《关于侵犯知识产权刑事案件具体应用法律若干问题的解释》的有关规定，此案已由深圳市质监局依法现场移交深圳市公安局追究深圳市忠兴制衣厂及当事人的刑事责任。

(供稿人：卢卫军)

陈某假冒注册商标案

案情

2007年9月，被告人陈某伙同同案人黄某（另案处理）在广州市白云区东平老屋工业区自编5号厂房内，未经诺基亚、摩托罗拉等注册商标持有人授权，组织生产带有"诺基亚"、"摩托罗拉"、"三星"、"索尼爱立信"等注册商标标识的无线移动电话机充电器、电池等配件的外包装。同年11月13日，陈某在该厂被公安人员抓获，并缴获带有上述注册商标标识的配件共270600个，共价值人民币29525400元。广州市白云区人民检察院于2008年3月28日向白云区人民法院提起公诉，指控被告人陈某犯假冒注册商标罪。

承办过程

2008年4月18日被告人陈某的家属向省法律援助处提出法律援助申请，省法律援助经审核决定给予提供法律援助，并指派该处及广东粤鑫律师事务所的律师共同作为被告人陈某涉嫌假冒注册商标罪一案的一审辩护人。接受指派后，承办律师会见了被告人陈某，查阅了该案的卷宗材料，并参与了该案的庭审过程。

针对白云区检察院的指控，结合该案的事

实和相关证据材料，辩护律师综合发表了以下辩护意见：

1. 该案是否存在假冒注册商标的犯罪行为需要进一步查证。根据我国刑法的规定，只有在相同商品上使用与他人注册商标相同的商标的行为才能以假冒注册商标罪定罪处罚。如果在相同商品上使用与他人注册商标相似的商标，便不能以此罪论处。根据此刑法理论，构成假冒注册商标罪的客观方面至少包括两层含义：第一层含义是侵犯到他人的注册商标。这里，他人的商标必须是依法核准受法律保护的，即依法在商标局注册的商标，且在有效期内，另外，在实践中，商标权利人使用的商标与核准注册的商标必须完全一致。在庭审中，公诉机关只提供了涉及该案的“诺基亚”、“摩托罗拉”、“三星”、“索尼爱立信”等属于合法注册的且在有效期内的商标权证书，但实践中上述商标的权利人实际使用的商标是否就是其核准注册的商标，这一点公诉机关并没有提供证据加以证明。如果注册商标的权利人没有恰当地使用其注册商标，则假冒其实际使用的，而与其注册商标不同的商标的行为，就没有侵犯到他人的商标专用权。第二层含义是使用与他人注册商标相同的商标，不是相似的商标，这里就需要对“相同”进行认定，但认定需由中立的鉴定机构作出。在庭审中，公诉机关提供的是广州市质量监督局出具的《情况说明》及该案“诺基亚”、“摩托罗拉”等受害企业提供的《鉴定书》。其中，受害企业虽然是注册商标的权利人，但因与该案有利害关系，缺乏中立性，出具的《鉴定书》的效力值得怀疑；而广州市质量监督局虽是中立机构，但其不是注册商标的管理机构，是否具有对商标相同与否作出认定的鉴定资格存在疑问。公诉机关在庭审中对上述两方面都没有提供充足的证据，因此，特提请法庭对这方面的有关证据和资料进行严格审核，对该案被告人的行为是否构成犯罪作出正确判断。

2. 即使假冒注册商标犯罪成立，该案的事实认定方面也存在以下几个方面的问题：

一是公诉机关起诉加工厂假冒注册商标涉案物价值高达 2900 多万元，这一价格认定缺乏合理的事实依据。涉案物的价格鉴定应由中立机构独立进行，且具有客观性和真实性，才能作为该案定罪量刑的参考依据，但由于广州市价格认证中心出具的几份《涉案物价格鉴定结论书》的客观性和真实性令人置疑，致使该案的价格认定缺乏合理的事实依据：一方面，广州市价格认证中心出具的几份《涉案物价格鉴定结论书》中，有二份明确写明委托方即广州市公安局经济犯罪侦查支队侦查三大队没有提供实物，仅以委托方提供的标的物的资料为依据进行价格认定，在没有提供实物的情况下，广州市价格认证中心所作出《涉案物价格鉴定结论书》就失去了其赖以建立的物质基础，明显缺乏客观性，其真实性当然地就存在疑问。另一方面，广州市价格认证中心出具的几份《涉案物价格鉴定结论书》中，名义上说是采用市场法这一价格鉴定方法，实际上具体进行价格鉴定时，却没有参照在广州市场上同类商品的中等价格水平，反而去采用该案受害企业如“诺基亚”、“摩托罗拉”等公司向广州市公安局经济犯罪侦查支队提供的《价格说明》或《价格证明》等书面材料中所提出的市场零售价格。受害企业既然是该案的一方当事人，与该案存在利害关系，其提出的市场零售价格当然不能作为涉案物的价格鉴定单价，广州市价格认证中心在没有经过认真的市场调查，就简单地以受害企业提供的市场零售价格作为涉案物的价格鉴定单价，一来完全丧失了其作为鉴定机构应有的中立性，二来其作出的鉴定价格缺乏合理性。在该案《涉案物价格鉴定结论书》缺乏真实性、中立性、合理性的情况下，价格认定就不应以《涉案物价格鉴定结论书》上的数额为依据。

二是加工厂假冒注册商标的行为并没有达到“情节特别严重”的程度。起诉书只是认定了加工厂是组织生产带有“诺基亚”、“摩托罗拉”、“三星”、“索尼爱立信”等注册商标标识的无线移动电话机充电器、电池等配件的外包装，即涉案的加工厂并没有生产假冒的无线移动电话机充电器、电池等产品；没有制造“诺基亚”、“摩托罗拉”、“三星”、“索尼爱立信”等假冒的商标标识，也没有具体销售假冒“诺基亚”、“摩托罗拉”、“三星”、“索尼爱立信”等注册商标的假冒无线移动电话机充电器、电池等产品，相对而言，生产配件的外包装，仅仅收取利润微薄的加工费，而上述的其他三种行为其利润要可观得多，故从社会影响和社会危害的角度讲，加工配件外包装远远不及上述其他三种行为的恶劣影响大。而且，即使广州市价格认证中心出具的几份《涉案物价格鉴定结论书》中的2900多万元价格鉴定是客观真实的，其也是对生产假冒的无线移动电话机充电器、电池等产品、制造“诺基亚”、“摩托罗拉”、“三星”、“索尼爱立信”等假冒的商标标识、加工假冒的无线移动电话机充电器、电池等产品的外包装，销售假冒“诺基亚”、“摩托罗拉”、“三星”、“索尼爱立信”等注册商标的假冒产品等一系列过程的所有行为所涉及的假冒商标的商品进行鉴定的结果。公诉机关没有认识到上述前后相关联的行为都应对涉案物的价值承担相应的责任，起诉书所称的涉案价值仅限于加工厂进行的配件外包装行为，明显就是不合理的。如果由加工厂对与其行为前后相关联的所有行为都承担责任，一来违背了刑法“罪刑相适应”原则，二来对客观上放弃了对其他行为犯罪主体的惩罚和制裁。

3. 即使假冒注册商标犯罪成立，该案在量刑方面也具有从轻、减轻处罚的情节：一是被告人陈某是从犯，犯罪作用较小。因被告人本人是受雇于老板，听从老板的安排从事工作，在整个犯罪过程中，陈某始终处于从犯的地位，起到的仅是辅助作用，依法应当从轻、减轻或免除处罚。二是该案被告人认罪态度好，可酌情予以从轻减轻处罚。在侦查到审判阶段，该案被告人都能积极配合公、检、法等部门，如实供述犯罪事实，认罪态度较好，公诉机关在庭审过程中对被告人的认罪态度也给予了认可，希望法庭对其能酌情予以从轻、减轻处罚。三是该案被告人本身是一位农民，文化水平较低，由于没有法律意识，才未能分辩其行为的违法后果，而且其是初犯，没有前科，说明其主观恶性小，社会危害不大，完全具有改造的可能性。希望法庭能从教育为主、惩罚为辅的方针出发，对被告人宽大处理，对其判处较轻的刑罚，相信被告人一定会吸取教训，选择正确的人生道路。

承办结果

白云区人民法院根据《最高人民法院、最高人民检察院〈关于办理侵犯知识产权刑事案件具体应用法律若干问题的解释〉》第八条的规定，认定被告人陈某组织加工包装带有“MOTORLA”、“NOKIA”、“SONY ERECSSON”等商标标识的无线移动电话机电池、充电器等配件，与商标权人的注册商标在视觉上基本无差别，足以对公众产生误导，认为被告人陈某无视国家法律，未经注册商标所有人许可，在同一种商品上使用与他人注册商标相同的商标，情节特别严重，已构成假冒注册商标罪。另根据《最高人民法院、最高人民检察院〈关于办理侵犯知识产权刑事案件具体应用法律若干问题的解释〉》第十二条的规定，认为本案查获的假冒注册商标产品既无标价，也无法查清其实际销售价，被告人陈某及证人均不能证实其标价及实际销售价格，故认定侦查机关依法委托价格鉴定部门依据被侵权产品的市场中间价格计算涉案物品的价值符合法律规定。综合全案的性质、情节、危害后果及被告人的认罪态度，白云区法院对辩护律师辩护意见部分予以采纳，并于2008年9月27日作出一审判决，被告人陈某犯假冒注册商标罪，判处有期徒刑3年，并处罚金20万。被告人陈某获得了较轻的判决，对一审判决也没有继续上诉。

（供稿人：詹建勇）

特大制售盗版美国微软公司系统软件案件

案情

2008年6月10日，微软公司中国大陆地区代理人向广州市公安局经侦支队报案称：其公司发现近期在广州荔湾区有一生产盗版微软公司软件的窝点，该窝点老板叫杨某，窝点存放盗版软件5000余套，市场价值约200万元。接警后，广州市公安局经侦支队立即组织警力对上述窝点进行侦查。在基本摸清窝点的情况下，6月23日，广州市公安局经侦支队联合该市工商部门，组织荔湾区公安分局经侦大队和东海派出所，出动20多名警力，对位于荔湾区海北西埔×××号进行搜查，当场抓获主要犯罪嫌疑人杨某，缴获盗版Windows 2000软件200套、Office 2003软件1400套、Office 2007办公软件1500套，尚未包装的Office 2007光盘12760张、尚未包装的各种微软光盘5000多张，微软COA标签122000张以及收缩膜包装机、烫金机、加热机等加工工具一批。

处理结果

2008年6月23日，广州市公安局经侦支队出动20多名警力，成功捣毁了一个位于荔湾区的制造盗版微软公司软件的窝点，抓获犯罪嫌疑人1名，缴获盗版微软公司软件成品3100套、半成品17760套、微软COA标签122000张以及收缩膜包装机、烫金机、加热机等加工工具一批。犯罪嫌疑人杨某已于2008年7月24日被依法刑事拘留。目前，该案已移送检察机关审查起诉。

（供稿人：陈招健）

知识产权管理与服务

区域知识产权发展

知识产权试点示范

知识产权重大决策研究

专利代理管理

服务与支撑机构

区域知识产权发展

广东区域知识产权发展计划

为解决广东省知识产权工作区域发展不平衡的问题，对不同区域实行分类指导，广东省知识产权局于2007年开始施行“区域知识产权发展计划”。该计划推出后，得到了各地市的一致好评。为全面提高各地市知识产权创造、管理、保护和运用水平，实现省内区域知识产权工作的协调发展，广东省知识产权局2008年继续实施“广东区域知识产权发展计划”。

一、计划制定原则

（一）注重实际，兼顾绩效

根据各地市的工作基础等实际情况，着重考虑各地市设定的工作任务的可行性，结合上年度区域发展计划的完成情况，预期本年度绩效评价前景，对所申报的工作任务和经费支持额度的客观性、合理性作出判断；

（二）沟通为主，指令为辅

加强与各市局的沟通和对局内各处室间的协调，在听取各市局意见的基础上，结合广东省知识产权局下达给各市局的指令性任务，对各市局申报的工作任务及经费作调整；

（三）把握原则，注意平衡

坚持《广东区域知识产权发展计划》的指导思想，因地制宜，分类指导，对不同区域的工作提出不同的要求、给予不同力度的引导和扶持。同时，兼顾区域平衡，努力缩小区域间知识产权工作的差距，促进省内各区域知识产权工作的协调发展；

（四）全局为重，灵活处理

顾全大局，根据2008年度全省知识产权工作重点的调整、工作内容的增减和工作经费的变化，对各市局工作经费支持额度作出相应的调整。

二、计划申报、确定情况

4月，广东省知识产权局启动2008年度的申报工作。各地市知识产权局均根据计划的要求结合本地区的实际情况，拟定2008年度的工作目标及具体工作任务，如期完成了申报工作。广东省知识产权局遵照计划制定原则，确定了各市2008年度广东区域知识产权发展计划合同书，并进一步规范了合同书文本，于2008年7月上旬下达了计划执行通知。

2008年度区域发展计划的指令性任务有两个：一是开展“雷雨”“天网”知识产权执法专项行动，二是开展万名知识产权人才培养和公需培训工作。此外，8个正版正货试点城市的指令性工作任务必须设定“开展正版正货承诺活动”（各地市2008年区域知识产权发展计划项目内容见附件）。

各地市扶持经费额度在24～35万之间。

三、计划实施情况

各地市按照《广东区域知识产权发展计划合同书（2008年度）》积极开展各项工作，专款专用，认真完成各项项目任务，有力推动了各地市知识产权工作的发展。

附件：
《2008年广东区域知识产权发展计划》项目内容

广州市

1. 开展执法协作和联合执法行动；制定《广州市展会知识产权保护办法》；建立区、县级市知识产权维权援助中心。

2. 开展“雷雨”、“天网”知识产权执法专项行动。

3. 承担万名知识产权人才培养任务；开展“正版正货”承诺活动。

4. 实施区域知识产权工作推进计划：培育1～2个市级知识产权试点区域，选择1～2个专利技术产业化园区开展试点工作，引导区域知识产权工作能力提升。

5. 实施企业知识产权工作推进计划：出台国有企业知识产权工作指导意见，选择10家企业开展企业知识产权工作站建站工作，提高高新技术企业知识产权管理能力。

深圳市

1. 开展执法协作和联合执法行动；建立知识产权行政执法综合信息库（专利行政与司法保护联络体系）；开展专利预警分析。

2. 开展“雷雨”、“天网”知识产权执法专项行动。

3. 承担万名知识产权人才培养任务。

4. 开展“正版正货”承诺活动。

5. 开展数字电视专利预警分析。

6. 中介机构与中小企业服务对接机制与策略研究。

珠海市

1. 建立耗材行业专利联盟；建立知识产权保护警企协作联系机制。

2. 开展“雷雨”、“天网”知识产权执法专项行动。

3. 承担万名知识产权人才培养任务；开展“正版正货”承诺活动。

4. 组织生物医药、医疗器械等行业专利培训工作。

5. 建成和完善“打印耗材行业专利数据库”。

6. 培育市知识产权优势企业5家。

汕头市

1. 筹建专利维权援助机制。

2. 完善执法联络室建设；强化专利保护工作。

3. 开展“雷雨”、“天网”知识产权执法专项行动。

4. 承担万名知识产权人才培养任务；开展“正版正货”承诺活动。

5. 完善知识产权工作机制。

6. 完善知识产权公共服务平台。

7. 引导支持企业运用知识产权制度提高自主创新能力。

佛山市

1. 开展执法协作和联合执法行动；完善执法联络室建设；建立涉外维权支持机制。

2. 开展“雷雨”、“天网”知识产权执法专项行动。

3. 开展万名知识产权人才培养工作，培训对象为企事业单位知识产权管理人员、专利信息分析人员、研发人员及学校知识产权教师。

4. 宣传普及。

5. 完善专利孵化服务平台：加强中孵网网上交易平台维护和建设；建设常年开放的国家专利技术展示交易中心实务展厅，并建设成青少年科普基地；建立与平台建设和发展相适应的专业化队伍和研究服务机构。

韶关市

1. 制定《韶关市专利行政执法案件办理程序规定（试行）》；完善执法联络室建设；组织编写《知识产权案例选编》。

2. 开展“雷雨”、“天网”知识产权执法专项行动。

3. 开展万名知识产权人才培养工作。

4. 积极推进企事业单位知识产权工作，抓好专利技术实施计划项目，加快专利技术产业化。

5. 建立健全支柱产业专利数据库和服务平台，推进专利信息化建设。

河源市

1. 发挥执法联络室作用，开展联合执法工作。

2. 开展“雷雨”、“天网”知识产权执法专项行动。

3. 开展万名知识产权人才培养工作，并对各级领导干部开展知识产权宣传培训。

4. 开展市级知识产权教育试点、示范工作。

5. 推进企业知识产权工作。

梅州市

1. 开展执法协作和联合执法行动；完善执法联络室建设。

2. 开展“雷雨”、“天网”知识产权执法专项行动。

3. 开展万名知识产权人才培养工作，培训对象为企事业单位管理人员、研发人员、各县（市、区）知识产权局工作人员。

4. 筛选3～5家中小学开展知识产权教育试点工作。

5. 企业知识产权制度建设：以4家省知识产权优势企业为重点，通过建立工作机制，指导专利申请、商标注册等，开展知识产权战略研究，以点带面，带动高新技术企业、民科企业知识产权工作开展。

6. 信息化建设：完善市知识产权局网站；完善省专利信息服务平台梅州分平台；指导企业有效利用专利信息。

惠州市

1. 完善知识产权管理体系，拓展工作职能，设立市知识产权协调机构；加强县（区）知识产权体系建设，推动县（区）完善知识产权管理机构和协调机制，加强特色园区知识产权环境建设。

2. 加大执法力度，改善本市行政执法条件；加强对各县（区）专利行政执法工作的指导、监督和协调，着力提升全市专利行政执法的能力和水平；完善执法联络室的建设。

3. 开展“雷雨”、“天网”知识产权执法专项行动。

4. 开展万名知识产权人才培养工作；开展“正版正货”承诺活动。

5. 企事业单位知识产权工作：加强对企业的宣传，在市级重点工程技术研究开发中心开展消除零专利申请活动。

6. 开展中小学知识产权教育试点工作。

汕尾市

1. 积极开展专利执法协作；加强执法队伍建设和工作人员培养，提升专利行政保护的整体水平；购置设备，强化责任，确保专利案件快速、高效查处。

2. 开展“雷雨”、“天网”知识产权执法专项行动。

3. 开展万名知识产权人才培养工作。

4. 推进企事业知识产权工作：加强企事业单位知识产权工作，加大对专利技术实施单位的扶持力度；开展中小学知识产权教育试点。

5. 筹建专利技术交易平台，为全市专利技术交易提供服务。

东莞市

1. 加大专利保护与行政执法力度，配合省局开展省市专利联合执法；指导相关展会建立知识产权保护制度；建立知识产权维权服务中心；完善执法联络室建设。

2. 开展“雷雨”、“天网”知识产权执法专项行动。

3. 开展万名知识产权人才培育工作，举办3期专利工作者培训班，培养知识产权管理人才150名；开展“正版正货”承诺活动。

4. 举办宣传活动和论坛，提高全社会知识产权意识。

5. 企事业知识产权推进工作：起草《东莞市电子信息、家具玩具行业知识产权状况报告》等。

6. 信息化工作：开展专利信息统计分析，定期出版专利数据简报。

中山市

1. 省市联合执法；完善执法联络室；专利案件管理信息化建设；与省内外城市建立执法协作机制。

2. 开展“雷雨”、“天网”知识产权执法专项行动。

3. 开展万名知识产权人才培育工作，建立知识产权中级专业人才队伍，在高等学校广泛开展知识产权必修课或选修课教育，建立一支知识产权中介服务的高级人才队伍。

4. 加强知识产权宣传普及力度：深入开展知识产权宣传普及教育活动，对各级党政领导进行知识产权宣传培训，加强对企事业单位的宣传培训。

江门市

1. 加强对各市、区知识产权局的业务指导；完善执法联络室建设；开展知识产权职能部门联合执法行动2次。

2. 开展“雷雨”、“天网”知识产权执法专项行动。

3. 开展万名知识产权人才培育工作，举办各类知识产权知识培训、讲座班及报告会10期以上，受训人数超3000人次；开展“正版正货”承诺活动。

4. 开展形式多样的知识产权宣传活动和对外交流活动，举办1期涉外专利培训班。

5. 完善广东省专利信息服务平台江门市分平台建设，提供高效专利信息服务。

6. 开展市知识产权示范企业培育工作，认定江门市知识产权示范企业10家以上。

阳江市

1. 加强会展知识产权保护工作；完善执法联络室建设。

2. 开展“雷雨”、“天网”知识产权执法专项行动。

3. 开展万名知识产权人才培育工作，加强宣传培训工作。

4. 推进企事业知识产权工作：培育2～3家知识产权试点企业；促进专利运用和产业化，扶持3～6项有市场前景的专利技术实施。

5. 组织申报“知识产权试点学校”项目，培育2～3家知识产权教育试点学校。

6. 加强专利信息数据库建设。

湛江市

1. 体系建设：完善知识产权管理体系，建立知识产权协调机制，争取全部县（市、区）成立知识产权局。

2. 设立执法联络室；设立粤西四市专利合作联络室；购置执法设备；开展知识产权联合执法。

3. 开展“雷雨”、“天网”知识产权执法专项行动。

4. 开展万名知识产权人才培育工作，举办知识产权培训班、研讨会；培训企事业单位知识产权管理人员不少于50名；开展“正版正货”承诺活动。

5. 企事业单位专利工作：开展企事业单位专利工作者交流活动；促进企业专利技术实施；继续开展中小学知识产权教育试点工作。

茂名市

1. 完善执法联络室建设；着力提高执法水平。

2. 开展“雷雨”、“天网”知识产权执法专项行动。

3. 开展万名知识产权人才培育工作，举办一期企业知识产权培训班和一期中小学知识产权师资培训班，受训人数不少于150人，举办市青少年科技创新比赛活动。

4. 宣传普及。

5. 推进企业知识产权工作：培育和发展省、市专利试点企业，省知识产权优势企业和省知识产权试点区域；通过政府引导，把专利技术实施项目纳入市重点科技计划项目，加大力度，扶持专利技术实施及产业化；开展市专利技术实施项目评审和奖励工作。

肇庆市

1. 专利行政执法规范化工作；开展联合执法行动。

2. 开展“雷雨”、“天网”知识产权执法专项行动。

3. 宣传普及。

4. 开展万名知识产权人才培育工作。

5. 企业知识产权推进工作；开展企业试点示范工作；专利技术实施工作；开展专利奖励工作。

清远市

1. 开展对县（市、区）知识产权管理工作现状的调研，促进各级知识产权管理体系逐步健全。

2. 完善执法联络室建设；开展联合执法行动。

3. 开展“雷雨”、“天网”知识产权执法专项行动。

4. 开展万名知识产权人才培育工作，举办知识产权培训讲座，培训人员1200人次。

5. 宣传普及。

6. 促进专利技术实施。

潮州市

1. 体系建设：完善管理体系，健全工作制度，推进知识产权与经济、科技、贸易相结合，开展知识产权交流和区域合作。争取建立潮州市知识产权保护协调办公室，完善粤东5市知识产权联席会议制度。

2. 完善执法联络室建设；争取设立市知识产权协作机制；推动行业协会自律机制。

3. 开展“雷雨”、“天网”知识产权执法专项行动。

4. 开展万名知识产权人才培育工作。

5. 企事业单位知识产权工作：推进知识产权优势企业培育认定工作，计划认定市知识产权优势企业5家，推荐1～2家企业列入省知识产权优势企业；制定实施《潮州市知识产权示范实施计划管理办法》，将4～5个项目列入市知识产权实施计划项目；推荐3～6个项目列入省专利实施计划项目。

揭阳市

1. 完善行政执法规程；购置执法设备；完善执法联络室建设。

2. 开展“雷雨”、“天网”知识产权执法专项行动。

3. 开展万名知识产权人才培育工作，举办2期民营企业培训班。

4. 宣传普及。

5. 开展企事业单位知识产权试点示范工作，完成对2家市知识产权企事业试点单位的组织引导、制度建设的规范化工作。

云浮市

1. 开展联合执法行动；做好会展知识产权保护工作。

2. 开展“雷雨”、“天网”知识产权执法专项行动。

3. 开展万名知识产权人才培育工作，培训企事业单位知识产权管理人员、研发人员，培养专利信息分析和知识产权中介服务人才。

4. 制定实施《云浮市知识产权战略纲要》。

5. 宣传普及。

6. 加强企业知识产权工作，引导支持行业、企业制定实施知识产权战略，提高企业运用知识产权信息的能力，培育和发展一批知识产权优势企业。

（供稿人：刘延君）

创建区域品牌工作

2008年，广东省经贸委积极指导和扶持广东规模较大、基础较好、已有一定社会知名度和美誉度产业集群加快创建区域品牌，推动区域品牌管理机构成为产业集群区域知识产权的管理、保护牵头单位，促进形成产品、企业品牌和区域品牌相互促进的良好互动，加快特色产业经济的发展，提高区域竞争力。

一、加强宏观引导，推动区域品牌创建

为了加强指导、扶持规模较大、基础较好

的产业集群创建区域品牌，广东省经贸委按照《关于创建区域品牌的指导意见》，要求各地充分认识创建区域品牌的重大战略意义，加强对创建区域品牌工作的领导，引导具备条件的产业集聚地特别是省级产业集群升级示范区以集体商标、地理标志、骨干龙头企业知名品牌等为依托建设区域品牌，指出要在加强技术研发、建立标准体系、完善检验检测机构、建设专业市场、发展物流服务、建立信息服务平台、开展培训教育、健全信用担保体系、搞好基础设施建设、整顿市场经济秩序、加强区域文化建设、加大品牌推广、完善中介服务等方面为区域品牌建设提供支撑，带动产业集群的优化升级和经济发展方式转变。目前，已申请或注册集体商标 28 个，35 个产品获得原产国标记，41 个产品获得地理标志保护。

二、加强管理机构建设，完善区域品牌和区域知识产权保护机制

首先，指导产业集聚地成立推进区域品牌建设的运营主体，承担区域品牌的民事权利和义务，负责区域品牌的具体运作，建立完善区域知识产权的管理机制。其次，指导运营主体在国内以及重点出口国家和地区注册集体商标，负责商标的注册和维护。其三，指导运营主体制定使用区域品牌的标准、使用者的权利与义务。其四，指导运营主体开展区域品牌的运行，及时帮助运营主体解决运作过程中出现的问题。到目前为止，广东省已有 22 个产业集群升级示范区申请或注册了集体商标，如“顺德家电”、“大涌红木家具”、“黄圃腊味”等。顺德区努力打造“顺德家电”区域品牌，区政府出资，率 52 家企业以“顺德制造”的形象集体参加德国科隆展，向世界展示顺德家电的整体形象。中山市黄圃镇注册“黄圃腊味”商标，制定了商标使用管理暂行规则，对使用商标的企业产品标准、企业资质、商标管理办法等作出详细规定，已有多家企业共同使用这一商标。省工商局牵头指导东莞大朗毛织产业集群、潮州枫溪陶瓷产业集群、汕头澄海玩具产业集群 3 个创建区域国际品牌试点地区制定了“创建区域国际品牌试点工作计划”、“试点工作实施方案”及“试点地区培训教材”，指导 3 个试点地区分别成立了区域国际品牌的组织管理机构。明确东莞市大朗镇为试点地区的领头羊，开展深度调研，对大朗镇毛织产业的状况进行分析；进行整体形象设计和商标注册，完成视觉标识系统的设计并在国内的所有类别提出商标注册申请，同时也在一些主要出口国家和地区提出了注册申请；制定了品牌营销策略框架，以“大朗”品牌策划了在美国纽约的纺织品展览，效果明显。

三、完善公共服务，支撑区域知识产权建设

广东省经贸委结合省级产业集群升级示范区建设，重点指导经省认定的示范区开展区域品牌支撑服务体系建设，同时支持和鼓励其他有条件的产业集群积极进行探索，为区域知识产权创造提供平台。从 2005 年起，在省财政挖潜改造资金中设立了公共服务体系建设专项，支持省级示范区建设完善区域品牌支撑服务平台以及有利于完善区域品牌建设环境的集中处理技术创新工程，4 年来共投入 8480 万元支持了 52 个公共服务平台项目，内容涉及工业设计、产品研发、产品质量检测、职业技能人才培训、电子商务、展览展示、物流服务、建设发展规划制修订、公共设施建设、区域品牌标识编制等。同时，积极引导各地财政加大配套投入，大力开展产业集群区域品牌公共支撑服务体系建设。如东莞市财政和大朗镇财政共配套投入 1000 多万元，建立大朗毛织品公共检测平台，建设“大朗毛织”区域国际品牌，营造后发优势，为大朗毛织中小企业创造更好的创业和服务环境，促进毛织产业集群可持续发展和区域国际品牌流放光彩。

四、着力夯实区域品牌的质量基础

积极引进国外先进管理经验和技术，积极推行 ISO9000、ISO14000、ISO18000 等质量体系认证工作，引入卓越绩效管理模式、零缺陷管理、六西格玛等新的管理方法，规范企业管理，提高质量管理水平，为创名牌打下良好基础。引导广大中小企业围绕创立区域品牌组织生产经营，主动采用国家标准、国际标准以及国外先进标准组织生产，建立健全企业标准化体系和计量检测体系，积极开展国际质量体系和环境体系的认证，提高中小企业整体的市场竞争力，以质量保证催生知识产权。

五、着力加强区域品牌文化建设

深入挖掘地方独特的历史文化和产业文化，丰富产业集群区域品牌的文化内涵，增强产业集群的核心竞争力，推动特色产业知识产权创造。重视具有历史底蕴和民族特色的老字号品牌的价值，按照市场经济方式，保护、开发并重，重新焕发和提升老字号的新价值。如佛山陶瓷承继了 500 年薪火相传的“南风古灶”和“高灶”，保持了龙窑特有的烧成工艺技术和独特的“窑变”、“釉变”艺术效果，并将之发扬光大，成为佛山陶瓷的特色知识产权。

（供稿人：黄海丹）

知识产权试点示范

2008 年广东省知识产权区域试点示范

2008 年 6 月，受国家知识产权局委托，广东省知识产权局对汕头市国家知识产权试点城市进行考核验收。汕头市自 2006 年 1 月开展国家知识产权试点城市以来，市委、市政府高度重视知识产权工作，将其作为提升汕头经济核心竞争力、优化投资创业环境、树立良好对外形象的重要手段，逐步建立了知识产权政策法规体系，加强了知识产权管理和服务体系建设，加大了知识产权工作的投入，在知识产权创造、管理、保护、运用等方面均取得了显著的成效。试点期间，全市新增专利申请 7921 件，年均增长 25.7%，新增注册商标 6731 件，年均增长 22%。汕头市以优异的成绩通过了验收，并于 8 月被国家知识产权局确定为国家知识产权示范城市创建市。

为贯彻实施国家和省知识产权战略纲要，继续推进广东省区域知识产权工作，根据《广东省区域知识产权试点示范工作方案（试行）》（粤知规〔2003〕50 号）精神，2008 年 6 月，确定了广州市越秀区、韶关市乐昌市、汕尾市海丰县、湛江市吴川市、茂名市信宜市、清远市清新县、东莞市常平镇、中山市东升镇、惠州仲恺高新技术产业开发区、河源市高新技术开发区等 10 个区（市、县）、园区、镇为省知识产权试点区域。同年 11 月，对曾是 2005 年省知识产权试点区域的东莞、中山、阳江、湛江等市以及 2006 年省知识产权试点区域的广州市荔湾区、韶关市武江区、梅州市兴宁市、江门市开平市、潮州市潮安县、云浮市郁南县、中山市小榄镇、清远市清新县太和镇、揭阳市揭东经济开发试验区等进行考核，并全部通过验收。

（供稿人：王开智）

2008 年广东省知识产权示范、优势、战略试点企业认定

为帮助更多的企业提高运用知识产权的能力，广东省知识产权局对不同的企业进行分类指导，推动企业知识产权工作向更广、更深、更高发展。

1. 开展知识产权战略试点企业认定工作。为贯彻落实《广东省知识产权战略纲要（2007—2020 年）》，推进国家知识产权战略纲要在广东的实施，帮助企业适应经济全球化发展的要求，2008 年广东省知识产权局启动了知识产权战略试点企业的认定工作。制定了《广东省企业知识产权战略试点工作方案（试行）》，择优选择知识产权工作基础较好的企业纳入“知识产权战略试点企业”培育，通过引导和扶持，促进广东省企业积极研究、制定和运用知识产权战略，不断增强企业参与国内外市场竞争的能力。全省共有 13 个地市组织了 35 家企业申报，经过严格的认定程序，最终 10 家企业被认定为首批“知识产权战略试点企业”。

2. 继续认定一批知识产权优势、示范企业。2008 年，全省共有 21 个地市组织了 91 家企业申报广东省知识产权优势企业，14 个地市组织了 35 家企业申报省知识产权示范企业。

经过严格的认定程序，新认定了50家省知识产权优势企业、10家省知识产权示范企业。截至2008年底，全省共有国家级“创新型”企业6家，国家知识产权示范创建企业7家（TCL、格力、奥飞动漫、华为、中兴、比亚迪、朗科），示范创建企业数量居全国第一。省知识产权战略试点企业10家，省知识产权示范企业30家，省知识产权优势企业253家。

广东省知识产权局长期以企业作为工作的重点，已取得明显效果，企业自主创新主体地位突现。2008年，全省企业专利申请量继续保持良好的增长势头，1—12月，企业专利申请量为47954件，同比增长12.3%，占全省专利申请总量的46.2%。其中，企业发明专利申请量达21282件，同比增长4.9%，占全省企业专利申请量的44.4%，占全省发明专利申请量的75.7%。2008年，广东省企业专利授权量为25697件，同比增长29.9%，占全省专利授权总量的41.4%。其中，企业发明专利授权量达5800件，同比增长137.4%，占全省企业专利授权量的22.6%，占全省发明专利授权量的76.4%。6家企业跻身国内发明专利申请量前十名。PCT国际专利申请方面，广东省企业申请量占全国申请总量6089件的一半以上，华为更是以1737项PCT专利申请超过日本松下电器公司、荷兰皇家飞利浦电子公司和德国西门子公司，跃居PCT国际专利申请全球企业排名第一。随着企业工作的不断深入，以华为、中兴等为代表的自主创新跨国经营企业和以金发、威创、腾讯、朗科等为代表的一批深刻洞悉知识产权规则、灵活运用知识产权制度的国内行业龙头企业迅速崛起，越来越多的企业开始加速运用知识产权提高核心竞争力。

此外，广东省已经涌现了一批拥有自主知识产权核心技术的企业，促进了广东省产业整体竞争力的提升。如在消费类电子关键技术领域，在移动通信特别是LTE（长期演进无线通信技术）上，华为公司通过自主研发、创新，已取得全球市场10%的基础专利，跻身全球前三名。致力于数字音频领域核心技术研究开发的广州广晟数码技术有限公司，其拥有完全自主知识产权、具有国际领先水平的DRA音频编解码技术日前已被正式采纳为我国数字音频编解码技术国家标准。标准的颁布打破了数字音频核心技术长期以来被国外专利技术垄断的局面，对提升广东省乃至我国数字音视频产业的全球竞争力具有重要意义。朗科公司作为闪存盘技术的发明者和行业的开创者，拥有大量闪存盘核心专利。创维公司的V12数字引擎技术、A12音响技术、六基色技术，TCL公司的PDP（等离子）显示驱动与控制技术、I2C快速生产线设计技术、微缝电视屏幕墙技术、丽彩芯片设计技术，格力公司的第四代变频压缩机技术等，均为各自所处产业核心技术的重大突破。又如在新材料关键技术领域，广州吉必盛科技实业有限公司通过研究开发和专利保护，在气相二氧化硅工艺技术与装备上形成了大量核心技术，成为气相二氧化硅生产规模最大的国内生产厂商。

（供稿人：成思）

2008年广东省事业单位知识产权试点工作

2007年11月底，广东省知识产权局启动了省知识产权试点事业单位申报工作，共确定首批广东省知识产权试点单位20家（其中，大专院校10家，科研单位8家，医院2家），享受试点待遇单位2家。这些单位的知识产权工作特点突出、基础扎实，并且具有一定的代表性。

2008年，广东省知识产权局从三个方面全面推动试点事业单位工作：一是资金支持，广东省知识产权局每年给予试点单位5万元知识产权专项经费；2008年广东省知识产权局还专门划拨公需科目培训经费1万元，支持试点单位面向教职员工和科研人员开展知识产权公需培训；二是政策支持，广东省知识产权局在《广东省知识产权战略纲要（2008－2009年）实施方案》等文件中制定政策措施，解决事业单位在知识产权工作中遇到的重点和难点问题；三是资源支持，广东省知识产权局在人才培训、合作交流、软科学研究项目等方面对事业单位提供了丰富的资源，例如，1月，组织省试点事业单位赴香港5所大学考察知识产权工作，交流工作经验，拓展工作思路，9月，专门面向事业单位举办了为期两天的知识产权管理人员培训班，12月，在省百名高层次知识产权人才培养工作中组织事业单位代表赴美国学习知识产权制度，访问美国加州大学，为推动事业单位知识产权管理工作与国际接轨奠定了一定的基础。四是加强指导，广东省知识产权局主管领导先后多次赴试点单位开展专题调研，现场了解各单位知识产权工作情况，解决其在知识产权工作中遇到的疑难问题。

知识产权试点工作的开展，极大地激发了广东省事业单位知识产权工作的热情，提高了事业单位知识产权工作整体水平。仅以专利申请为例，在广东省专利申请量增幅明显放缓的背景下，全省大专院校及科研单位的专利申请量、特别是发明专利申请量出现了大幅度增长。2008年，广东省大专院校专利申请量达2322件，同比增长45.8%，其中发明专利申请量1663件，同比增长32.6%，增长率均远高于全省平均水平；科研单位专利申请量达783件，同比增长56.6%，其中发明专利申请量515件，同比增长45.1%，增长率均远高于全省平均水平。同年，在广东省知识产权局开展的授权专利实施状况抽样调查工作中，广东省科研单位专利实施率达69.6%，其中发明专利实施率达59.6%，两者均远高于全国平均水平（46.3%和26%）。华南理工大学全年实得科研经费超过4.5亿元，其中40%以上的经费直接或者间接来源于专利技术。通过开展试点工作，广东省事业单位的知识产权意识得到了显著增强，知识产权创造及运用能力得到了进一步提高。

（供稿人：张璟）

2008年广东省版权兴业示范基地认定

2008年，为了发展独具地方特色的版权产业，促进文学、艺术和科学作品的创作、制作和传播，广东省版权局特授予广州开发区创意产业园、广州艺洲人文化传播有限公司、广州天烽导航科技有限公司、深圳市华动飞天网络技术开发有限公司、宇龙计算机通信科技（深圳）有限公司、中国·观澜版画原创产业基地、中国游戏游艺产业基地、汕头市华莎驰家具家饰有限公司、广东宇航鼠动漫有限公司、珠海杨氏网络动画设计有限公司、东莞市唯美陶瓷工业园有限公司、广东亿业科技有限公司等12家企业（集群）“广东省版权兴业示范基地”称号，并颁发“广东省版权兴业示范基地”证书。

（供稿人：张同英、凌立华）

知识产权重大决策研究

广东省知识产权局软科学研究计划实施情况

2008年，广东省知识产权局在软科学研究计划实施与软科学研究工作管理方面，取得新的进展，基本情况如下：

一、加强知识产权软科学研究管理制度建设

广东省知识产权局制定了《广东省知识产权局软科学研究项目管理办法》，报省法制办审查通过，由广东省知识产权局印发实施，并在《广东省人民政府公报》全文公开。《办法》于7月20日开始施行。《办法》对广东省知识产权局知识产权软科学研究计划项目的申报立项、实施管理、经费管理、评审工作、结题应用等方面作了系统性的规范，提升了管理工作的规范化、科学化，提高了管理成效，标志着广东省知识产权局软科学研究管理工作进入新的发展阶段。

二、组织开展软科学研究项目申报与管理工作

2008年，广东省知识产权局大力实施软科学研究计划，围绕广东省知识产权战略实施重大问题以及现阶段广东自主知识产权的创造、管理、保护与运用问题，组织全省各市知识产权局、各研究机构和有关单位申报研究项目。全年共组织各部门申报软科学研究计划项目45项，经评审予以立项38项，初步建立了全省知识产权软科学研究队伍。

同年，广东省知识产权局开展了2008年度国家知识产权局软科学研究项目的组织申报工作，同时完成本局承担的国家知识产权局软科学研究项目《知识产权工作实务指南》的编撰工作，项目成果由知识产权出版社正式出版，全国发行。

三、组织参加知识产权软科学研究相关活动

广东省知识产权局积极组织省内有关单位参加国家知识产权局“纪念改革开放30年暨中国知识产权发展论坛”征文活动，局党组书记、副局长马宪民出席论坛并作了专题发言，介绍了广东省开展知识产权工作的经验和体会，国家知识产权局专门编印了一期《知识产权局信息》，以《“六个坚持”催生“四项全国第一”》为题，介绍了广东省以知识产权促进经济社会发展的实践与经验。同年，组织申报广东省2006－2007年度哲学社会科学优秀成果，广东省知识产权局申报知识产权研究领域成果两项。

（供稿人：李伟）

专利代理管理

2008年广东省专利代理管理工作

一、专利代理机构基本情况

2008年，广东省新增代理机构7家，新增专利代理机构分支机构12家。截止12月底，广东省共有专利代理机构84家，分支机构73家，执业专利代理人541人，其中具有涉外代理资格的代理机构22家。全年代理省内专利申请共51642件，代理率49.7%。代理复审案件66件，无效案件658件，诉讼案件625件，调处案件184件，转让1078件，许可88件。

二、组织召开“全省专利代理管理工作会议暨广东专利代理协会成立大会”

2008年8月28日，为学习贯彻国家和广东省知识产权战略纲要，传达全国专利代理管理工作会议和全省知识产权工作会议精神，广东省知识产权局组织召开了全省专利代理管理工作会议暨广东专利代理协会成立大会。这是广东省召开的首次专利代理管理工作会议，会议总结交流专利代理机构脱钩改制以来专利代理管理工作经验，对下一阶段如何进一步强化专利代理管理进行了部署。会议提出，要加强法制建设，强化地方管理机关的监管职能；要加大人才培育力度，不断提高专利代理水平；要制定政策措施，引导行业健康发展；要强化监督管理，规范行业发展环境；要发挥行业协会作用，加强行业自律。会议同时召开了广东专利代理协会成立大会，大会通过了协会章程，选举了协会会长及理事会成员，产生了执行机构。至此，广东专利代理协会正式成立。

三、加强对专利代理的执业监管

2008年，在加强专利代理执业监管工作中，广东省知识产权局一是利用年检加强对专利代理机构的日常监管；二是充分发挥专利代理惩戒委员会加大对违法乱纪行为的惩处力度。2008年，共调处各类专利代理投诉、纠纷12起，对其中一起代理机构利用假减缓证明办理减缓手续进行全省通报批评。三是针对近来出现非正常专利申请的现象，重点加强提高专利代理质量，提升代理机构职业道德教育。转发了国家知识产权局《关于规范专利申请行为的若干规定》及《关于在专利申请量统计中扣除非正常专利申请数量的通知》，要求代理机构开展自查自纠，采取措施防止非正常专利申请的发生，对存在疑似非正常专利申请的，责令其进行彻底清查，做好改正工作。

四、专利代理人的执业培训工作

2008年，广东省知识产权局进一步加强对专利代理人执业培训的力度，一是充分发挥省市两级培训体系，举办多期培训班加强对执业专利代理人的专利文件撰写、专利信息利用及各类国外知识产权法律制度及实务培训，举办专利许可培训班、中医药知识产权战略研讨班，召开电池产业专利态势分析报告会，组织召开首次粤港两地知识产权中介服务机构座谈会；二是将专利代理人才培养列入广东省“百千万知识产权人才”培训工程，下半年组织8

名专利代理人赴美国学习深造。

五、支持与鼓励代理机构做大做强

2008年，广东省知识产权局利用4·26知识产权宣传月活动，加强对专利代理工作及专利代理机构的宣传，活动中给2007年度国内发明专利代理、PCT专利申请代理前三名的代理机构授进行表彰，并邀请副省长宋海为其授牌匾；对PCT专利申请代理工作成绩突出的广州三环专利代理有限公司等13所代理机构进行奖励。支持地市建立对代理机构的支持、扶持政策。鼓励信誉好、在业内有一定知名度的代理机构到欠发达地市设立分支机构。

六、"2008年全国专利代理人资格考试"广州考点考试工作

根据国家知识产权局的统一部署，广东省知识产权局承担了"2008年全国专利代理人资格考试"广州考点的考试组织工作。为加强考试组织工作，省知识产权局成立了以陶凯元局长为组长的"考试工作领导小组"专门负责此项工作。考试组织工作从5月份报名至11月举行考试，历时7个月，期间为方便复习，省知识产权局委托广东专利信息中心分别于7月、9月两期考前培训班。广州考点考场设在华南理工大学，报名人数共1280名，其中广州考点报名内地考生1242人、港澳考生38人。此次考试，共有101名考生通过考试获得专利代理资格，其中一名为香港考生。

（供稿人：张淑芳）

广东省查处取缔非法从事专利代理行为专项行动工作情况

为了全面贯彻落实国家及广东省知识产权战略纲要，进一步整顿和规范广东省知识产权服务市场，促进专利代理行业健康有序发展，2008年下半年，广东省知识产权局和省工商局联合在全省范围内组织开展了查处取缔非法从事专利代理行为专项行动。专项行动中，各地市知识产权局和工商局高度重视，密切配合，采取有力措施进行清查治理，共清查了200家知识产权中介机构的经营范围，查处21家非法从事专利代理的机构，责令38家机构进行限期整改。目前，非法从事专利代理行为得到了有效遏制，专项行动达到了预期目的。

一、专项行动开展情况

（一）高度重视，统一思想，周密部署专项行动

近年来，广东省专利代理行业持续稳步发展，专利代理机构和执业专利代理人队伍不断扩大，对广东省专利事业发展发挥了重要作用。与此同时，广东省一些地方非法从事专利代理行为的情况也比较严重，不仅损害了申请人的权益，而且还损害了专利代理行业的整体形象，扰乱了广东省专利代理行业的公平竞争秩序，对保护知识产权、建设创新型广东产生了不利影响。

为了打击非法从事专利代理行为，整顿规范专利代理市场，广东省知识产权局和广东省工商局于2008年7月7日联合印发了《关于开展查处取缔非法从事专利代理行为专项行动的通知》（以下简称《通知》），在全省范围内联合开展查处取缔非法从事专利代理行为的专项行动。《通知》明确了专项行动的目标和任务，对知识产权部门和工商行政管理部门联合开展专项行动中各自工作任务进行了具体分工，对各阶段的工作重点进行了周密部署。

随后，广东省知识产权局根据任务分工，于7月10日向各地级以上市知识产权局及专利代理机构印发了《关于认真开展查处取缔非法从事专利代理行为专项行动的补充通知》（以下简称《补充通知》），重点布置各地市知

识产权局开展非法从事专利代理的线索和证据收集工作，做好联合查处行动前的准备工作，确保专项行动取得成功。《补充通知》同时要求各专利代理机构在专项行动中积极协助当地知识产权局做好联合查处行动前的取证准备工作。

7月28日，广东省知识产权局召开了各地市知识产权局专项行动动员大会，对专项行动进行进一步的部署，要求各市要高度重视，统一思想，与工商部门密切配合，确保专项行动取得实效，并为建立打击非法专利代理行为长效机制奠定基础。

（二）迅速行动，密切配合，做好查处行动前的准备工作

各地市知识产权局、工商局对专项行动高度重视，积极组织贯彻落实。19个地市成立了由知识产权部门、工商行政管理部门领导组成的专项行动领导小组，专项行动需要区县参与配合的地市向所辖区县转发了《通知》，广州、深圳、湛江等市结合本地实际制定了“开展查处取缔非法从事专利代理行为专项行动工作方案”，东莞市知识产权局与工商局联合印发了《关于开展查处取缔非法从事专利代理行为专项行动的通知》。

各地市知识产权局和专利代理机构积极开展非法专利代理行为线索及证据收集工作。广州市知识产权局在发动代理机构提供线索的同时，成立了以规划处、市知识产权稽查队、市专利信息研究发展中心组成的调查工作小组，对全市40多家知识产权中介服务机构进行全面的摸底调查，对其中7家重点调查对象进行深入取证，为下一步开展现场执法做好准备。汕头市印发了《关于开展摸查和提供非法专利代理机构线索的通知》，并召开各区县知识产权局及代理机构负责人动员大会，对相关工作进行具体部署。东莞市知识产权局充分发挥专利代理机构及市知识产权保护协会的作用，对全市60多家不具备专利代理资格的知识产权中介服务机构进行全面暗访，对涉嫌从事非法专利代理行为的重点机构进行探查，搜集证据。茂名市知识产权局成立工作小组，对涉嫌从事非法专利代理的机构上门暗访调查。湛江市知识产权局联合工商局对本地区从事知识产权代理和咨询的机构进行了全面、彻底的清查。

（三）省市联动，部门联合，专项行动初战告捷

在专项行动中，省知识产权局和省工商局对各地市开展专项行动及时进行指导，省知识产权局应地市要求，直接参与了广州、东莞等市的专项行动。

在专项行动中，各地市充分发挥专项行动领导小组的作用，召开协调会议，在充分做好前期调查取证的基础上，制定切实可行的行动方案，对现场执法进行具体明确分工，确保了联合执法行动的顺利进行。广州市知识产权局在专项行动前，多次与市工商部门召开协调会议，制定详细周密的工作方案，10月21日和23日，省、市、区三级知识产权部门，省、市、区、街道四级工商行政管理部门共出动120余人次，开展了声势浩大的联合执法行动，对7家前期调查中确认涉嫌从事非法专利代理的机构进行现场查处。深圳市知识产权局和工商局非常重视此次专项行动，确定了标本兼治的原则，既要从实际出发，突出重点，集中力量开展好专项行动，又要着力从体制上、机制上和制度上入手，积极探索治本之策，制定了具体的行动方案，组织两部门28人次的执法行动，共查处6家非法从事专利代理的机构，并对建立打击非法从事专利代理行为的长效机制进行了有益的探索。东莞市是非法专利代理现象相对严重的市，也是此次专项行动开展得最好、查处力度最大、成效最显著的市。在9月3日的专项执法行动中，市、街两级知识产权部门、工商部门组成50多人执法队伍，分兵两路，同时展开现场执法行动，一举查处6家非法从事专利代理的机构，专项行动中还同时查实天利和公司、哲力公司东莞分公司等机构存在其他违法行动，市工商局依职权当场进行没收和罚款等处罚。汕头市知识产权局联

合市工商局在专项行动中，对涉嫌非法从事专利代理的机构根据不同的实际情况和性质分别作出警告、批评教育和限期整改的处理。河源市和云浮市在专项行动中，市知识产权局和工商局会同市公安局开展执法活动，借助公安机关的侦察手段，在本市进行了大范围的排查工作，切实掌握了准确的情况，对涉嫌从事非法专利代理的机构进行了查处。惠州市知识产权局和工商局在专项行动中充分发挥当地代理机构的重要作用，共查获8家涉嫌从事非法专利代理行为的机构。

（四）加强宣传，巩固成果，营造良好市场氛围

在专项行动过程中，各市以专项行动为契机，积极组织当地报刊、电视台、电台、网络等媒体对专项行动进行专题跟踪报道。广州市，邀请南方日报、羊城晚报、中国知识产权报广东记者站及广州电视台对专项行动进行全程跟踪报道，将专项行动与舆论宣传有机结合，引起强烈的社会反响。《东莞日报》刊登查处行动报道，东莞市电视台在新闻时段播出查处行动新闻，并在《焦点关注》播出查处行动专题报道，系列的宣传报道，使专项行动一时间成为社会和广大企业广泛关注的热点。深圳、珠海、清远、河源等市的媒体对专项行动均作了积极报道。通过对专项行动的宣传，达到了“查处取缔一家，宣传教育一片，以惩处促发展”的目的，同时也宣传了政府主管部门在打击非法专利代理行为、整治知识产权中介服务市场环境方面的工作，营造了尊重知识产权，鼓励发明创新，依法从事专利代理的社会氛围。

二、专项行动取得的成效

（一）有力地打击了非法专利代理机构的嚣张气焰

近年来，由于非法专利代理行为的隐蔽性，以及现行法律法规没有赋予知识产权管理部门对非法从事专利代理的处罚职权，使得地方知识产权局长期以来未能对非法专利代理行为进行有效的监管。此次，联合工商管理部门共同开展查处取缔非法从事专利代理行为的专项行动，力度大，成效显著，在社会上引起强烈反响，改变了对非法专利代理无人管也无法管的状况。专项行动对全省近200家没有专利代理资格的知识产权中介服务机构进行一次全面清查，对情节严重、性质恶劣具有典型代表性的非法专利代理机构进行重点查处，有力地打击了非法专利代理的嚣张气焰。据统计，此次全省联合行动65次，出动人员511人次，责令整改38家，现场查处21家，没收违法所得6万元，罚款9.7万元。

（二）有效地规范了的专利代理市场

本次专项行动采取疏堵结合、惩教并举的方式，除对情节严重、性质恶劣的典型非法专利代理机构进行重点查处外，对情节轻微、有条件办证、办照的经营者，重在加强依法经营教育，要求其在一定时间内办理相关手续，有效地规范了的专利代理市场。据统计，在专项行动中，给予批评教育、责令整改的机构38家。目前，这些被列入整改的机构，已基本按要求在规定时间内完成整改工作，现已有2家机构正在申请设立代理机构，1家北京的知识产权代理公司广州分公司补办了分支机构审批手续。

（三）为建立打击非法专利代理行为的长效机制进行了有益的探索

全省知识产权局系统与工商局系统联合开展查处取缔非法从事专利代理行为的专项行动，在广东省是第一次，在全国专利代理管理工作中也无先例。专项行动中，知识产权部门和工商管理部门既各司其职依法行政，又充分发挥各自的优势形成合力，这种做法为广东省深入开展整顿和规范专利代理市场，建立打击非法专利代理行为的长效机制进行了有益的探索。此次专项行动不仅得到国家知识产权局的高度评价，还得到兄弟省市的高度关注，被认为是2008年全国地方知识产权系统的亮点工作之一。

（供稿人：张淑芳）

服务与支撑机构

国家知识产权局专利局广州代办处

2008年，国家知识产权局专利局广州代办处（以下简称“广州代办处”）面对广东省知识产权事业发展的新形势，抓住全国代办处面临转型的契机，坚持创新代办处业务能力建设和职能拓展并进的工作理念，深入扎实地推进各项工作的开展，取得了较好的成绩。

一、适应新形势要求，深入推动受理收费工作稳步开展

（一）专利申请受理和收费工作取得新突破

广州代办处作为专利审查流程质量管理的前沿阵地，担负着保障审查流程前期质量的工作重任。为了进一步提高我国专利审查的质量和效率，广州代办处采取措施包括：强化岗位职责、完善层级管理制度、对不同岗位人员的工作职责与权限进行重新界定、制定代办处工作质量管理控制标准及工作流程、工作质量奖惩规定、业务登记制度和管理机制等管理制度等，这些措施进一步规范了代办处内部流程管理工作，使受理和收费工作更加有序、高效地开展，为促进广东省专利申请质量提高打下了坚实的基础。2008年，广州代办处的各项业务均呈增长态势，工作质量稳步提高，全年共受理专利申请57081件，与上一年度基本持平；收缴专利费用16万笔，10423万元，分别增长5.2%和24%，是全国首个突破亿元大关的代办处；专利申请的受理差错率低于0.3%，受理质量比上一年度有了大幅度提高；收费基本实现零差错。

（二）财务管理得到了进一步强化

广州代办处严格遵守《会计法》、《票据法》和国家知识产权局有关财务管理规定，结合实际，制定了《代办处专利收费票据管理办法》，规范了专利收费票据的领取、使用、结存的登记和管理。遵守财经纪律，严格执行各项规程和财务管理规定，及时编制和上报财务报表和会计资料，定期向财政部驻广东省财政监察办公室报送非税收入征缴情况表。通过编制月现金流量统计表，建立现金流量情况通报及处理机制等措施，加强资金的收缴、送存、入库的管理，确保国家巨额资金的安全入库。到目前为止，没有发生任何票据、资金的违规问题。

（三）专利申请数据统计分析工作有了新进展

对工作数据和信息进行有效及时的统计分析是科学决策的重要基础。为了向局领导和有关部门的决策参考提供及时有效的专利申请统计分析，广州代办处充分发挥专利申请数据的独特资源优势，加大工作力度。一是对广州代办处的专利申请数据库进行转换和加工，形成格式统一，使用方便的数据库；二是针对下半年广东省专利申请大幅下降等问题，对全省专利申请进行了深入的专题研究和分析，为局领导提供了决策建议；三是进一步完善了专利申请受理情况统计分析，从申请类别、人群、地区、行业等方面对广东省专利申请动态情况进行统计和分析，为全省知识产权局系统提供了更加全面专利申请相关信息。

（四）内部管理水平又有进一步提高

一是规范了保密工作。由于广州代办处工

作的特殊性，保密工作在处内的各项工作中显得尤其重要。为了让全处人员充分认识到工作内容保密的重要性，除了定期组织全体人员学习《保密法》及其法规规章以外，2008 年专门制定了《代办处工作人员保密协议》和《代办处废旧文件管理暂行规定》，与代办处每一位工作人员签订了保密协议，以此强化大家的保密意识，进一步规范了广州代办处的保密工作。二是完善档案管理工作。严格按档案管理有关要求，对处历年的音像图片资料和文件进行了较全面系统的收集和整理，并制定了《代办处档案管理暂行规定》，进一步完善了处内档案资料的管理和归档工作。三是加强政务信息工作。政务信息是反映工作动态、交流工作经验的重要途径。2008 年广州代办处紧紧围绕工作重点，积极向国家知识产权局和广东省知识产权局报送信息，1—12 月共向国家知识产权局报送政务信息 25 条，全部被国家知识产权局《代办处简讯》采用，并在网站上登载。四是加强工作人员业务培训。

二、以推进新增职能工作为切入点，开创专利代办工作新局面

（一）专利实施许可合同备案工作进展顺利

根据国家知识产权局《关于规范专利实施许可合同备案工作的通知》要求，广州代办处于 2 月份正式开展此项工作。为了更好地结合广东省当前工作的实际进一步推动这项工作，广州代办处在原有的工作基础上，制定了专利实施许可合同备案须知、操作流程和办事规程，规范了内部工作程序，并将我们在实际工作中碰到的问题及时反馈到国家知识产权局有关部门，进一步理顺了专利实施许可合同备案的相关工作。同时广州代办处还针对地市知识产权局和许多企业对新的合同备案办法和办事流程不熟悉的情况，通过电话咨询、网络宣传、到地市授课等方式加强对企业备案工作的指导。特别是 2008 年，科技部、财政部、税务总局联合颁发《高新技术企业管理办法》中规定了高新技术企业重新认定的条件包括了必须拥有自主知识产权，使全省各地来广州代办处要求加快办理专利实施许可合同备案的企业大幅增加，为保证广东省高新技术企业能顺利完成认定工作，广州代办处在人员非常紧张的情况下，抽出专门人员加班加点加紧处理，积极与国家知识产权局有关部门沟通协调，并取得支持，缩短了备案工作的审批周期，得到了备案企业的高度评价。2008 年，广州代办处共办理专利实施许可合同备案 579 件，涉及专利近 3000 件。

（二）专利登记簿副本出证工作又有新突破

专利登记簿副本出证是一项时效性很强、体现代办处服务水平的工作，它涉及专利许可转让、保护和管理各个环节。为了进一步做好这项工作，广州代办处抽调了人员专门负责，完善了办理程序，加大了宣传力度。广州代办处向相关部门进行了广泛宣传，使有关部门更加了解登记簿副本对专利管理和保护的重要性，登记簿副本在专利管理、专利保护、专利评奖、专利实施、专利评估、专利转让中得到了大量使用，进一步规范了广东省专利管理和保护工作。广州代办处还针对登记簿副本在出证过程中存在的办理程序复杂、出证时间长等问题，积极与国家知识产权局有关主管部门协调沟通，在全国代办处中首个与国家知识产权局建立了专利登记簿副本快速出证合作机制，简化了出证程序，提高了出证效率。为规范全省的登记簿副本出证工作，广州代办处制定了办事规程并向各地市下发。全年共为各部门、各地市和公众办理了副本出证 646 件，为进一步规范全省的专利管理和保护工作提供了重要支撑。

（三）非正常专利申请监控工作有了新进展

针对部分省市出现的非正常专利申请情况，国家知识产权局加大了打击力度，在建立相关工作机构的同时，要求代办处在专利受理

时加大对非正常专利申请的监控力度。为进一步规范广东省专利申请行为，广州代办处认真贯彻落实国家知识产权局45号局令精神，充分发挥自身优势，积极配合国家知识产权局和省知识产权局认真做好非正常专利申请的监控工作。广州代办处制定了非正常专利申请监控操作规程，将非正常专利申请的监控贯穿在日常专利受理工作之中，发现非正常申请的线索及时上报，积极配合国家知识产权局非正常专利申请领导小组完成相关申请信息的调查和确定工作。具体措施包括：建立“黑名单”制度，提高监控力度；加强对疑似非法从事专利代理行为人的监控，为全员开展查处取缔非法从事专利申请行为专项行动提供第一手材料；加强与中介机构的沟通，及时了解和掌握情况，配合省知识产权局做好广东省专利申请正常发展的引导工作。

三、以新一轮解放思想学习活动为契机，加强窗口服务能力建设

（一）建立了代办处业务语音咨询系统

为了向广大公众提供规范统一的代办处业务介绍和办事流程，满足广东省专利申请人了解专利申请相关知识和办事流程的需要，经过了大量的前期调研，广州代办处正式启动了代办处业务语音咨询系统的建设。经过半年多的实施准备和系统调试，9月份，全国首个代办处业务语音咨询查询系统正式对外开通。该系统可全天24小时为广大公众提供专利受理、专利收费、专利实施许可合同备案、专利登记簿副本制作等业务语音咨询，为申请人提供了方便、快捷的咨询平台。

（二）建立了代办处银行卡收费系统

为进一步完善代办处的收费方式，给广大申请人和专利权人提供更方便快捷的现代支付方式，专利局流程部在广东省知识产权局和国家知识产权局的大力支持下，2008年初，广州代办处启动了增设银行卡收费系统的工作。在推进过程中，经过与银行等多方协调，成功解决了银行卡的手续费收取问题，为我局节省了每年近20万元的费用，还进一步解决了财务账目处理等瓶颈问题。在实施过程中，广州代办处采取稳步推进的工作原则，积极采取措施确保系统运行的稳定性和准确性。通过半年多测试和合格培训有关人员后，广州代办处在全国代办处首个开通了银行卡收费系统。该系统的开通，不仅极大地方便了广东省专利申请人的专利缴费，而且为全国代办处的推广应用积累了很好的经验。

（三）积极参加知识产权宣传和业务咨询活动

为扩大广州代办处的影响，向广大申请人提供专业的专利申请和审查咨询服务，广州代办处作为广东省的知识产权对外服务部门，积极参加各种宣传和咨询活动，在第五届中国国际中小企业博览会上，广州代办处对展板的内容和宣传材料进行了精心布置，在会展期间，处里派出业务骨干积极为参展的中小企业提供专利相关业务咨询，并针对中小企业要求加快专利受理和办理专利登记簿副本等业务的需求，专门设立业务快速通道给予大力支持。

四、积极探索代办处发展新路子，大力推动试点工作

充分发挥代办处的桥梁和纽带作用，积极探索国家知识产权局审查资源如何为地方经济发展、综合管理服务的新路子和新机制，同时为代办处今后发展奠定基础。广州代办处作为国家知识产权局的远程会晤系统的首家试点单位，积极配合国家知识产权局做好系统线路的测试及功能的拓展试验工作。2008年，这项工作有了突破性的进展，在大量试验和测试的基础上，10月7日，广州代办处和国家知识产权局有关部门利用国家政务网成功测试了远程会晤系统的各项功能，顺利实现了广东省与国家知识产权远程会晤系统的开通，标志着持续近两年的广州代办处远程会晤系统改造工程取得初步成功。

远程会晤系统开通后，广州代办处利用该系统，组织了广东省部分专利代理机构进行了电子申请业务培训，并现场开展了电子申请登记注册，收到了很好的效果。10月29日，国家知识产权局副局长贺化、广东省副省长宋海等领导视察了广州代办处，重点了解了远程会晤系统的建设和使用情况，对进一步发挥系统的作用寄予了很高的期望。

（供稿人：曾丽）

国家知识产权局专利局深圳代办处

（一）设立国家专利技术深圳展示交易中心

为贯彻落实《国家知识产权战略纲要》，促进深圳市知识产权交易市场的发展，根据国家发改委、财政部、科技部、国家工商总局、国家版权局、国家知识产权局等六部委联合发布的《建立和完善知识产权交易市场的指导意见》和国家知识产权局《关于实施全国专利技术展示交易平台计划的通知》要求，2008年5月13日深圳市政府原则同意设立“国家专利技术深圳展示交易中心”，9月13日国家知识产权局批准设立“国家专利技术深圳展示交易中心”。

该交易中心是为专利技术供需各方特别是非职务发明人和中小企业等提供专利技术及产品展示、交易、宣传培训与咨询等系列相关服务的公共服务系统平台。主要由项目展示交易和网上交易平台两部分组成。主要任务和服务范围包括：登记服务、项目展示、网上交易平台、法律咨询、举办或组织参加重大的交易展示会和接受政府知识产权部门或其他相关部门的委托，开展其他知识产权相关活动。该中心拥有常设展厅200多平方米，办公场所200平方米。专设LED工作部，开展LED知识产权保护服务体系的工作。

国家专利技术深圳展示交易中心的成立，标志着深圳市建设面向全社会的创新服务体系迈出了重要一步。该交易中心的成立，将促进专利技术转移、转化和实施工作由过去的纯政府行为向政府搭台、社会广泛参与、市场化运作的方式转变，对加快专利技术成果转化、提高企业自主创新能力具有重要意义。

（二）专利代办处进驻高新区

2008年10月12日，国家知识产权局专利局深圳代办处举行隆重的进驻高新区揭牌仪式，国家知识产权局副局长张勤、广东省知识产权局副局长朱万昌、深圳市市长许宗衡、深圳市常务副市长许勤等领导出席揭牌仪式，深圳市知识产权局局长徐友军主持揭牌仪式。

深圳代办处进驻高新区是构建深圳市知识产权服务体系的重要举措，进一步发挥了代办处在国家与地方知识产权工作中的桥梁作用。2008年，深圳代办处共完成受理专利申请28160件，同比增长11.87%。已成为深圳及其周边地区广大专利申请人办理专利申请、缴纳专利费用及办理登记簿副本的主要渠道，有效促进了我市专利申请的增长、专利代理行业的有序发展，为完善深圳市知识产权服务体系、促进我市中介服务机构的发展发挥了积极作用。

此外，在2008年“4·26”期间，深圳市留学人员（龙岗）创业园知识产权工作站挂牌成立。

（供稿人：李飞）

广东省专利信息中心

2008年是实施《广东省知识产权战略纲要（2007—2020年）》的开局之年，也是实施“十一五”规划承上启下的关键一年。广东省专利信息中心紧紧围绕省委省政府及局机关的中心工作，以提升服务为根本，以推进全省专利信息化建设为重点，大力开展专利信息的传播运用和知识产权相关服务工作。

一、强化专利信息利用，推进专利信息化建设

（一）认真谋划未来发展，制定广东省知识产权公共信息综合服务平台建设方案

2007年，由省政府颁布的《广东省知识产权战略纲要（2007－2020年）》明确指出要不断加强知识产权信息化建设，加快建设和完善政府知识产权公共信息平台，构建布局合理、技术先进、功能完备、共享高效的公共信息服务体系。中心审时度势，把握机遇，通过广泛的调研、资料收集、技术实现论证，拟定了广东省知识产权公共信息综合服务平台的建设方案，计划通过4年的努力，建成集知识产权信息查询、知识产权交易、知识产权管理、知识产权保护、知识产权战略研究及预警、知识产权培训宣传等功能于一体的“一站式”全方位的知识产权服务平台。目前方案已通过局办公会议审议，2009年将启动项目建设，这标志着我省知识产权信息化建设迈向新里程。

（二）充分发挥专利信息作用，全面开拓专利信息利用的范围和领域

把握各种契机，积极寻求与其他政府部门在专利信息利用方面的新的合作点，以充分发挥专利信息在国民经济、科技活动中的作用，促进专利信息运用工作更好地为我省经济、科技、文化的发展服务。一年来，我们向政府科技、经济部门申报项目10多项，在各政府部门的重大项目中嵌入专利信息应用内容，其中，《广东汽车行业专利技术现状及发展趋势》、《广东省产业发展专利信息综合应用服务平台建设》、《平板显示知识产权管理与运用》、《广东省重点产业、行业外观设计专利图像分析服务平台》、《技术标准与专利融合及应用研究》、《广东汽车行业专利发展战略研究》等项目分别获得了国家知识产权局、省科学技术厅、省信息产业厅、省质量技术监督局、省知识产权局等立项，全面开拓了专利信息利用的范围和领域。

（三）继续开展行业专利数据建设，满足行业企业对专利信息的需求

1. 大力配合地方经济支柱产业专利信息开发工作，提供建库支持，完成“珠海打印耗材行业国际专利数据库”，该库已顺利通过验收并投入使用，为行业用户提供了一个权威、方便、专业的专利信息服务平台。

2. 继续修正重点家电、世界医药、精细化工行业专利数据库，优化检索表达式和行业导航系统，方便用户快捷、准确地获取行业专利信息。

3. 启动平板显示、数字电视、电池、陶瓷行业专利数据库建设，不断完善我省九大产业、重点行业专利数据库体系。

（四）支持灾区重建工作，援助四川局建设世界医药行业专利数据库

2008年5月12日，我国四川省汶川县发生8级地震，根据国家知识产权局《关于继续做好知识产权抗震救灾工作的紧急通知》（国知发管字〔2008〕59号）以及四川省知识产权局的需求，结合我省实际，在局机关指导下全力以赴建设“世界医药行业专利数据库（四川版）”，免费支持四川省医药行业用户运用该系统，帮助灾区灾后重建工作。目前系统已投入试运行阶段。

（五）不断完善平台系统，增强平台及应用软件功能

不断扩充和丰富广东省专利信息服务平台数据，修正平台各重点行业库导航体系和相关管理模块，全面升级《专利信息分析系统》、完善《企业知识产权信息管理系统》软件。

二、强化创新意识，推进知识产权宣传培训和教育

（一）大力宣传推广平台，提高平台知名度和专利信息利用效率

1. 组织我省家电行业、企业对我省重点

家电行业专利数据库的试用，广泛收集建议并完善数据库，6月，我们在顺德召开了广东省重点家电行业专利数据库开通仪式暨家电专利信息应用培训班，帮助广大家电企业用户认识专利信息、运用专利信息，通过利用行业专利信息价值，投入到生产研发工作中，促进企业产品技术创新。

2. 密切跟进我省100多家企事业单位对于专利信息应用系统安装使用情况，给予企业技术支持，实时以电话、邮件等方式解决企业应用软件过程中的问题，同时，根据用户使用软件系统的进度，适时组织“专利信息应用系统软件使用培训班”，培训相关企事业单位人员100多人，更好地发挥专利信息应用软件的作用。

（二）结合实际，突出特色，不断深化和创新培训形式

克服人员少、培训重、组织时间短等困难，先后举办了《专利池许可协议讲座》、《美国专利法及专利制度最新发展讲座》、《事业单位知识产权实务培训班》、《全省专利行政执法培训班》、《国际贸易中的知识产权保护研讨班》、《中小学知识产权教育试点学校师资培训班》等培训班，配合“百千万”人才培育工程开展相关培训，定期进行专利代理人考前培训，配合局机关开展4·26宣传活动及局机关委托的相关培训任务，全年共计举办各类培训班15个，参训人员超过2000人，尽可能在较大范围内采取灵活多样的培训方式，普及知识产权宣传、教育、培训，广泛提高全民的信息化意识和水平。

三、强化鉴定队伍建设，不断提高知识产权司法鉴定质量

为更全面开展知识产权司法鉴定工作，2008年鉴定所补充了部分专业技术专家型人才，共增补新鉴定人6人。组织新老专家分批、分类别参加省市司法部门举办的各项司法鉴定业务培训。利用丰富的专家资源，在开展业务的同时注重内部学习、研讨，不定期组织召开知识产权学术研讨会，研究最新技术信息和相关行业信息，不断提高鉴定水平和质量。同时我们还注重加强与公检法等部门的学术研究与交流，使其更加了解知识产权司法鉴定的流程和操作，从而也使知识产权司法鉴定工作与公检法等部门的工作衔接的更加顺畅。年度里，共受理知识产权鉴定案件37起，接受各级行政执法部门、公检法机关案件15起，其余为企事业单位、公民个人的委托，其中专利鉴定案件6起，计算机软件鉴定案件3起，技术秘密鉴定案件26起。结案33起，出庭5次，经过出庭质证的鉴定意见全部被采信，赢得社会各界的肯定和信任，在知识产权司法鉴定领域中具有较高知名度。

四、强化协调和配合，完成局机关交办的各项工作任务

1. 顺利完成《广东知识产权年鉴（2008年版）》（以下简称《年鉴》）的编撰工作。2008年我们对《年鉴》编撰进行了多方位创新。如：整体版面新设计、优化编写框架，研发软件系统等。随着“广东省知识产权年鉴信息系统”的开通，大大加快了对《年鉴》的组稿、初审和改稿等的流转速度，提高了《年鉴》工作的电子化程序，为《年鉴》工作的全面电子化、无纸化奠定了基础，为省局综合业务一站式电子政务系统的最终完善奠定了扎实基础。

2. 配合省知识产权局做好广东专利奖的申报、网上初评、系统维护、项目评审的会务组织和会场保障工作，以及会后数据整理、统计、资料归档、财务的核算和管理工作。为配合专利评奖系统的使用，已将2003、2005年专利评奖的资料录入该系统。2003－2005年共189份申报书，数据量非常大，如果采用传统的手工录入将耗费大量时间，后通过把申报书扫描成图片格式，再通过软件转换成文字，虽然识别率部分最高也只能达到90%左右，但也大大缩短了录入时间，提高了效率。

3. 承担国家知识产权局"专利实施状况抽样调查"广东抽样数据的调查工作。此次调查的范围是2005－2007年由国家知识产权局授权的国内专利，专利类型包括发明、实用新型和外观设计，专利权人类型包括企业、大专院校、科研单位及个人在我省抽样样本10512件。为做好这次调查工作，采取由中心针对分散调查对象、地市知识产权局针对集中调查对象开展，完成问卷8215份，占总问卷78.1%。在该调查工作中数量10件以下的专利权人为4062个，涉及样本量为6024件，其中1件样本的专利权人就达2922个，占总样本量27%，加大了样本回收的难度，同时，针对拒访率较高、被调查者难以取得联系、组织机构代码未能填报等问题，及时采取有效的措施，真实、有效的完成国家知识产权局的任务。

4. 继续做好局机关相关维护、系统研发工作。

(1) 继续承担好局机关办公自动化系统(OA)、计算机网络和系统、局门户网站、国知知识产权局广东子站等的维护工作，中心2008年初成立专门的"运行维护小组"，一年来，小组尽心尽责，认真对待每一项维护任务，做到"我们用心、机关满意"。

(2) 受局规划处委托，开发《知识产权预测决策平台》，用互联网技术手段解决企业知识产权信息的收集、统计、查询问题。

五、强化服务意识，做好公众服务

1. 通过对外专利检索，广泛宣传专利信息的应用。专利检索是中心的传统业务，2008年我们逐步转换服务意识，注重社会效益和公众形象，对于比较简单的检索项目，免费当场为客户检索，并指导客户检索方法和检索技巧，逐渐走向以公共服务为主，收费服务为辅，为社会公众提供更多服务，促进专利信息的传播和利用。2008年共完成180多项中外专利检索课题、专利法律状态检索及专利文件证明。

2. 进驻第103届、第104届广交会，为广大参展商和相关当事人提供专利法律状态检索证明400多项。配合省局法制处现场受理和处理专利投诉案件，为外商提供执法翻译和解答，成为广交会专利行政执法和会展保护不可或缺的一部分。

3. 做好由工业和信息化部、国家发改委等国家部委和广东省人民政府，以及韩国等有关部委在广州举办的"第五届中国国际中小企业博览会暨中小企业博览会"的参展工作。中心对本次展会的展板内容和宣传材料进行了精心布置，并在展区为广大中小企业提供有关专利信息检索、知识产权战略、知识产权培训等方面的咨询解答。

4. 继续做好技术合同的登记工作。由于技术合同登记纳入省电子监察系统监察的非行政许可审批事项，进入了电子行政审批业务系统。中心一方面配合省监察厅调试该业务系统与技术合同登记业务的衔接；另一方面配合科技部中国技术市场管理促进中心的技术合同网上登记系统该业务的办理，使其进一步规范技术转让、技术开发及相关服务性收入免征营业税的审批工作。在使用技术合同网上登记系统同时还帮助企业解决在登记时遇到的问题。共完成技术合同登记16项。

(供稿人：陈蕾)

广东省知识产权研究会

——为激励广东省少年儿童爱科学、学科学、讲科学、用科学的积极性，鼓励少年儿童的发明创新，提高少年儿童重视知识产权、保护知识产权意识，促进少年儿童素质的全面提高，与广东发明协会等单位共同举办第六届"广东省少年儿童发明奖"评选活动。第六届"广东省少年儿童发明奖"评选活动的对象是省内年龄在18周岁以下的少年儿童，参赛作品是在近两年由本人选题，自行或在辅导老师的帮助下完成的具有科学性、先进性和实用性的发明作品。评审结果分别设一、二、三等奖和少儿创新奖、园丁奖、组织奖和专利申请鼓励奖，分别对参赛优秀作品及其辅导老师、组织活动出色的单位和申请或授权专利作品给予奖励和表彰。

——为推进广东省轻工产品外观设计的发展，提高创新水平，搭建创新资源共享平台，实现创新成果转化、创新人才交流，与广东省学生联合会、广东发明协会共同主办“朗能杯”2008年广东轻工产品外观设计专利大赛（中山·小榄）。“朗能杯”2008年广东轻工产品外观设计专利大赛（中山·小榄）是以省内企事业单位或个人、高校学生及其他爱好产品设计的人士为对象。参赛作品分为综合类和专项类，其中综合类又分为厨卫产品、安防产品、家用电器类；专项类又分为家用照明及开关、插座专项。评审标准主要是作品的创新性、实用性、审美效果及表现力。评审结果按综合类和专项类分设奖项，其中综合类设金奖5个、银奖15个、铜奖40个；专项类设金奖1个、银奖2个、铜奖4个。获奖作品将获得奖金、证书和奖杯。

——为配合《广东省知识产权战略纲要（2007——2020年）》的顺利实施，开展了2008年度学术研究论文征集活动，要求学术研究的重点紧紧围绕纲要的内容。共征集到来自我省机关、高校、中介服务机构、企业等的学术研究论文26篇。

——开展题为《中国企业应对美国“337”调查之策略研究》、《上市公司知识产权（无形资产）信息披露制度研究》等软科学研究。我国建立现代知识产权制度的时间不长，企业对知识产权法律制度的了解不多，对知识产权保护意识和应对知识产权壁垒的经验严重不足，加剧了应对的复杂性。《中国企业应对美国“337”调查之策略研究》从广州企业的视角进行研究并提出对策，对企业应对策略的研究具有较大的现实意义。以知识产权为核心的无形资产是一个经济实体的重要资源和核心价值，上市公司知识产权（无形资产）信息披露问题是证券市场的热点、焦点和难点。相关方面对此问题尚无统一认识，导致现在尚无科学的方法、规范的制度。这些薄弱环节影响了中国股市的健康发展，中小投资者在了解上市公司知识产权（无形资产）方面处于较为严重的信息不对称状态，我国股市甚至出现了上市公司用虚假的知识产权（无形资产）信息欺骗股民的事件。我国对于上市公司知识产权（无形资产）信息披露的研究尚无全面、系统、综合的研究。《上市公司知识产权（无形资产）信息披露制度研究》对于建立健全上市公司披露知识产权（无形资产）信息制度，引导上市公司规范系统披露知识产权（无形资产）信息、积极创造知识产权，并向获取收益的无形资产转化有积极意义。

（供稿人：王开智）

广东知识产权保护协会

一、机构简介

广东知识产权保护协会（英文名称 Guang-Dong Intellectual Property Protection Association 简写 GDIPPA），是由广东省企事业法人和企事业单位知识产权工作者等自愿组成的全省性的非营利性社会团体。广东知识产权保护协会于2004年3月29日成立，其宗旨为团结和教育协会会员遵守国家的有关法律、法规和政策；提高会员开展知识产权工作的水平；加强行业自律，引导企事业法人会员依法管理、保护、运用知识产权，促进企事业知识产权工作的健康发展；开展国内外的企事业知识产权保护、管理的交流和合作；促进和维护本行业领域职业道德；协调行业内、外部关系；协调企事业单位与政府的工作关系，维护会员的合法权益。广东知识产权保护协会的业务主管单位为广东省知识产权局，社团登记管理机关为广东省民政厅，接受广东省知识产权局、广东省民政厅的业务指导和监督管理。

二、业务范围

广东知识产权保护协会业务范围：宣传国家知识产权方面的法律、法规和有关政策，提高会员的知识产权法律保护意识；研究并实施会员知识产权保护自律行为规范；总结交流企事业知识产权保护工作经验，提高企事业知识产权保护工作水平和层次，拓展其范围与内容，增强会员的自我保护、自我约束和自我发展机制；组织开展知识产权培训、信息、咨询及法律等方面的服务，举办知识产权培训班、研讨会和考察活动，提高企事业单位知识产权工作者综合素质和业务水平；维护会员的合法权益，接受会员的申诉和委托，向有关部门反映会员的意见和要求，并提供相关服务；协助政法部门处理涉及会员的知识产权纠纷，并根据政府主管部门的授权和委托，组织协调会员参加有关诉讼，对会员间的知识产权纠纷进行调解；举办本会的年会及其他需要协会组织开展的业务会议；开展面向行业协会的知识产权保护工作指导，协助作为团体会员加入本会的行业协会开展会员知识产权自律规范活动；编辑出版会刊，及组织编辑有关书刊、音像资料等；开展与省内其他协会的积极合作，加强与国内外同类团体组织的联系、交流和合作；履行国家法律、法规和省知识产权局授权的职责；办理有关政府部门和会员委托的有关事宜。其他有利于提高广东全省及企事业单位知识产权保护水平又被有关国家法律、法规许可的相关活动。

三、组织架构

广东知识产权保护协会最高权力机构是会员大会（或会员代表大会），会员大会（或会员代表大会）每五年召开一次。协会设立理事会及常务理事会，理事会是会员大会（或会员代表大会）的执行机构。理事会每届任期五年，会员代表大会提前或延后举行时其任期作相应改变。广东知识产权保护协会现任会长（法人代表）为唐善新。协会下设秘书处，秘书长为顾奇志，秘书处下设综合管理部（会员部）、宣传培训部、法律事务部等部门。协会另设有一个专业委员会即广东知识产权保护协会皮革皮具知识产权保护专业委员会。

四、2008年工作情况

（一）在继承中创新，品牌培训活动开展得有声有色

1.2008年1月11日，广东知识产权保护协会成功举办“专利无效请求实务及案例分析”专题讲座，邀请了国家知识产权局专利复审委员会派驻广东高级法院知识产权庭指导专利审判工作的黄颖副处长，为与会的80多名代表做了讲座，讲座中主要讲授了专利无效请求的基本程序、专利无效请求程序在司法诉讼案件中的作用和注意事项等，并引用了典型案例加以说明，受到了与会代表高度肯定。

2.2008年4月3日，广东知识产权保护协会成功举办“2007年度知识产权诉讼形势及案例分析报告会”。从2006年开始，广东知识产权保护协会每年都邀请司法审判机关、行政执法机关和法律服务界人士，就上一年度发生的知识产权典型案例进行介绍。在这次案例报告会上，邀请了省高级法院、广州、深圳、佛山等中级法院的有关法官，以及部分律师，介绍了知识产权司法审判情况，并重点分析了一些典型案例，来自全省的160多名企事业单位代表及律师参加了报告会。

3.2008年6月20日，广东知识产权保护协会在佛山市三水区，与健力宝集团联合举办了“企业知识产权维权经验交流会”。这是广东知识产权保护协会首次举办企业维权的经验

交流活动。会上，健力宝、运豪集团、中兴通讯、立白集团、奥飞动漫公司、比亚迪公司等6家会员企业代表介绍了各自在知识产权维权方面的工作经验和取得成效，还邀请了省高级法院知识产权庭于小山审判长等作为点评嘉宾，对企业经验进行了简要点评，并与企业展开了热烈的交流。100多人参加了本次经验交流会。

4.2008年12月4日，广东知识产权保护协会在广州成功举办"第五届中国（广东）知识产权实务高层论坛"，该高层论坛也是广东知识产权保护协会的传统品牌活动之一，自2004年推出以来，每年一届，已经在广东地区形成了较大的影响力。本次论坛结合当前的经济形势，推出了"运用知识产权积极应对全球金融危机"专题，取得了较好的效果，参加人数达到200多人。

在自身举办活动的同时，广东知识产权保护协会还积极参与其他单位组织的知识产权活动，为促进知识产权事业的发展作更大的贡献。2008年中，协会参与、支持的活动还包括：2008年4月29日，参与主办广州市花都区"运用知识产权做强区域品牌"大型研讨会；2008年5月8日—9日，支持主办在深圳召开的第三届企业知识产权论坛等等。均取得了较好的效果。

（二）争取多方支持，旁听知识产权案件数量和种类多

1. 2008年1月9日，广东知识产权保护协会组织到广州中级法院旁听了我省第一例植物品种权纠纷的案件的审理。

2. 2008年3月4—5日，广东知识产权保护协会组织会员单位和企事业单位人员，参加在省知识产权局举行的5场专利无效案件庭审旁听。

3. 2008年4月24日，广东知识产权保护协会组织会员单位参加广州中院的一起反不正当竞争纠纷案件审理旁听。

4. 4月25日，广东知识产权保护协会组织会员单位参加白云法院的一起反不正当竞争纠纷案件审理旁听。

5. 2008年9月22日，广东知识产权保护协会组织会员单位参加广州天河法院的一起竞业禁止及商业秘密侵权纠纷案件庭审旁听。

在5次案件庭审旁听活动中，参加的会员单位和企业企事业人员达到200多人，有力地宣传了广东省知识产权保护成就，提高了旁听人员的知识产权工作水平。

（三）创新服务方式，为有需求的会员单位提供个性化服务

1. 2008年6月22日，广东知识产权保护协会协助增城运豪集团公司组织知识产权专题讲座。在讲座的举办过程中，协会在讲座内容的安排，主讲嘉宾的确定和邀请等方面，与运豪公司有关领导多次沟通，并提出大量合理化建议。该公司的讲座一共组织了近100人参加，效果良好。

2. 2008年9月22—23日，应大型国有企业、会员单位大亚湾核电运营管理有限责任公司的请求，广东知识产权保护协会首次针对特定的对象，为其举办了为期两天的知识产权高级研修班。在两天的研修活动中，该公司参加研修的人员共进行了企业知识产权战略制定、知识产权案件庭审旁听、知识产权的司法保护、专利行政保护、专利的申请与授权等专题的学习，并与省高级法院林广海庭长、国家专利复审委李彦涛先生、省知识产权局王虎副处长、钟兴子副处长等有关专家进行面对面的交流和座谈。

（四）加强宣传工作，搭建更为强大和有效的宣传平台

1. 与"珠江知识产权网"建立战略联盟关系，促进广东知识产权保护协会走入网络时代。珠江知识产权网是由我省几位知识产权界专业人士建设、运营的综合型知识产权公益网站。为了整合资源，协会与该网站建立了紧密合作关系，将该网站作为协会的官方发布网站，协会在不花一分钱的情况下，建立了专业的知识产权资讯发布平台，为广东知识产权保护协会融入网络时代奠定了良好的基础。

2.《广东知识产权》获得批准，将成为有省级内部刊号的专业出版物，2008 年 9 月，经省知识产权局、省新闻出版局的审批，协会会刊定名为《广东知识产权》，获得了省级内部刊号，可以正式出版了。

3. 进一步加强和《中国知识产权报》、《南方日报》等媒体的合作，充分发挥媒体宣传的力量。2008 年中，广东知识产权保护协会举办的很多重要活动，都通过新闻媒体进行了广泛的宣传，产生了重要的社会影响力。

（供稿人：顾奇志）

广东专利代理协会

为了进一步实施知识产权战略，开创专利代理事业发展新局面，广东省知识产权局积极鼓励和推动广东专利代理协会的成立。2007 年正式启动了广东专利代理协会的筹备工作。2008 年 3 月 20 日，广东省民政厅正式批准筹备成立“广东专利代理协会”。2008 年 8 月 28 日召开了广东专利代理协会召开了成立大会暨第一次会员大会，通过了协会章程，选举产生会长和理事单位，确定了执行机构。

一、广东专利代理协会简介

广东专利代理协会是由在广东省范围内执业的专利代理机构以及分支机构自愿结成的非营利性社会团体，活动地域为广东省，住所地设在广东省广州市。

广东专利代理协会的宗旨是团结和倡导会员及其从业人员诚信敬业，认真负责，自尊自信，树立高尚职业信仰和道德风尚；维护会员及其从业人员的正当权益，提高执业和服务水平；加强行业自律，制止行业内的不正当行为；开展交流与合作，促进广东省专利代理事业健康发展。

广东专利代理协会接受广东省民政厅的监督管理和业务主管单位—广东省知识产权局的业务指导。

经 2008 年 8 月 28 日广东专利代理协会第一届会员大会选举产生的理事名单是：

名誉会长朱万昌（广东省知识产权局副局长）

会长林德纬（广州粤高专利代理有限公司董事长）

副会长兼秘书长谢红（广东省知识产权局协调处处长）

理事：刘孟斌、胡杰、李卫东、江耀纯、王雄杰、李德魁、喻新学（按照理事单位字号首字笔画为序排列）

常务副秘书长：任重

广东专利代理协会秘书处设有 3 个主要职能部门：行政部、对外联系及培训部和会员服务部。

二、广东专利代理协会 2008 年工作开展情况

自 2008 年 8 月 28 日成立以来，在广东省知识产权局的指导下，在不到半年的时间里，广东专利代理协会建立和完善了运作机制，并协助广东省知识产权局做好专利代理管理相关的工作。协会会长、副会长和协会秘书处的同志以及各位理事积极配合，主动为广东专利代理行业的管理和发展献计献策，积极促进行业发展。

协会成立伊始，在建立和完善秘书处内部机制的基础上努力完成广东省知识产权局委托承办的工作，同时还卓有成效地组织了研讨、交流等各项活动：

1. 建立和完善秘书处的内部管理和工作机制。

协会秘书处克服人员有限、资金紧张等困难，完成了办公室工作环境建设、协会的登记注册以及各项资质证照的办理等工作，建立了秘书处各项规章制度，在很短的时间内秘书处就进入了正常的工作运转状态，并积极参与专

利代理人考试资料的统计和核实工作、参与专利代理管理工作会议的组织工作、专利代理机构年审资料初核工作。目前协会秘书处已经具备组织会员活动以及业内相关培训的工作能力，同时也具备了承办代理机构设立、变更、年审材料的初审等业务工作能力。

秘书处定期召集各个理事召开理事会议，先后就协会的工作规划、活动策划、行业公约的建立进行讨论，形成会议决议，秘书处参照执行。目前这项工作已经建立为理事沙龙例会制度，广泛邀请专利代理机构参与，有效地发挥了理事在协会工作中的重要作用。

在广东省知识产权局的支持下，秘书处完成了协会网站系统的建设，为全省专利代理机构提供一个新的、专门的交流沟通和展示行业风貌的统一平台。

2. 组织讨论和沟通，了解专利代理机构，大量吸纳会员。

广东专利代理协会成立的时间虽然不长，目前全省大部分代理机构已经参与进来，协会会员数已经达到112家。2009年协会秘书处将继续努力，争取更多的专利代理机构加入协会，统一管理，共同进步。

3. 积极开展活动。

贯彻广东省知识产权局鼓励专利代理机构服务边远地区企业的工作思路，选取梅州市梅县组织召开了一次“梅县知识产权研讨会”。参加研讨会的包括广东省知识产权相关部门领导、专利代理机构负责人、梅县各局级单位、各专业镇、高新技术企业和民营科技企业负责人等100多人。

组织行业内专利代理机构沟通交流，举办“同业交流会”，并成功在深圳举办了第一次活动，协会全部理事单位、深圳市36家专利代理机构和分支机构负责人及专利代理人共60多人参加了交流会。

（供稿人：任重）

广东商标协会

2008年，广东商标协会广东省工商行政管理局党组、商标处的领导和指导下，在全体会员单位积极参与及社会各界的大力支持下，经过协会全体工作人员的共同努力，基本上完成了各项工作任务。

一、大力推进学习型、创新型、服务型协会的建设

2008年5月12日四川汶川发生了特大地震后，广东商标协会积极响应党中央和国务院号召，帮助灾区人民重建家园，踊跃捐款，和四川省商标协会签订了《关于支持四川地震灾区经济重建的意向性合作协议》，并在广东商标网上发布信息，动员广东省的驰名商标、著名商标企业、广东商标协会会员去四川参加灾后重建，并发放《关于支持四川地震灾区经济重建的通知》书1600份。

二、依法维护会员企业商标权益

针对当前社会上存在的傍名牌及商标抢注行为，为了更好地维护商标协会会员的商标权益，更好地对广东省著名商标加强保护，协会在原有的商标预警机制的基础上扩大了商标监控范围，除了对协会170家会员的注册商标进行监控外，又增加了对1611件广东省著名商标的监控。经监测，发现有近800多件商标与协会会员及省内知名企业的商标相同或近似，并将商标监测结果及其详尽情况及时地通报有关会员及企业，使得会员及相关企业能够及时的根据不同的情况采取措施以保护自己的商标权益。商标监测为会员及著名商标企业在加强商标的管理与保护方面提供了重要的依据和帮助，得到了会员及驰名商标、著名商标企业的

认可。

三、协助商标处做好著名商标的认定和管理工作

协助商标处开展省著名商标的认定工作是协会工作的重点之一。2008 年，为圆满完成这项工作，广东商标协会协助全力以赴，协助省工商局商标处并全程参与省著名商标申请应用软件的开发、测试、审查书面申请材料、实地现场考察、准备认定委员会开会材料等工作。保障 2008 年广东省著名商标的审查和认定的准备工作按时完成。

（供稿人：伍莉）

广东省版权保护联合会

2008 年，是中国不平凡的一年。在南方冰灾和汶川地震之后，我们迎来了改革开放 30 周年纪念日，坚定了发展的信心；2008 年，是广东不寻常的一年。在思想大解放讨论活动之中，我们共识了转型的重要，统一了发展的思想。2008 年，广东省版权保护联合会在各级领导的关心、支持和指导下，在全体会员单位和理事的共同努力下，在版权民间管理和社会服务方面做了一些工作。

一、加强组织建设，努力促进社会服务向专业化方向发展

1. 搞好社会服务，提升协会形象。在维护著作权人的合法权益的同时，搞好版权的社会服务是协会的工作宗旨。秘书处全年共受理作品自愿登记 2283 件，为作品的正常使用和传播提供了方便；完成图书著作权合同备案登记 97 件、著作权售付汇审查备案 17 件。

2. 积极发动、支持软件企业开展软件正版化工作。经严格审核有关推荐材料，向 266 个单位颁发《正版软件示范单位》证书。为推动软件使用正版化，联合会积极参与软件企业的各项活动，如国产 CAD 软件解决方案全国巡展广州站活动、国产软件用户联盟 2008 巡展·广州站活动、深圳企业软件正版化推进活动等，并与省内有关单位共同发起“鼓励和支持自主品牌 共同推动企业 CAD 软件正版化”倡议和“推进软件正版化”倡议。

3. 积极组织会员单位参加各项评选活动。召集相关会员单位协商，推荐广州日报社等 12 家企业参加“中国首届版权年会”组织的“2008 中国版权产业最具影响力企业”评选活动；推荐广东奥飞动漫文化股份有限公司董事长蔡东青等 4 人参加“2008 中国版权产业十大风云人物”评选活动。广州日报社荣获“2008 中国版权产业最具影响力企业”称号。推荐广东宇航鼠动漫有限公司参加 2008 年中国创意产业年度大奖评选活动。

4. 健全版权信息网络，及时、快速传递版权保护信息。继续办好广东版权信息网，扩大信息源、改善信息传输渠道、提高信息质量，使版权信息充分发挥指导、借鉴和参考的作用，真正做到为全省版权保护工作服务，为版权产业的发展服务。

5. 完善档案管理，方便权利人维权及查阅。秘书处组织人力，继续整理 2007 年下半年至 2008 年上半年作品登记档案及其他备案资料。

二、加强宣传教育培训工作，强化社会版权保护意识，努力营造良好的社会版权保护环境

借助各种活动和行业会议之机，采取培训、报告会、专题讲座、现场咨询等多种形式，通过报刊、电台、电视台等传媒，大力宣传普及版权保护知识，强化版权保护意识。

1. 配合全省知识产权普法教育，参与各级行政管理部门和相关协会举办的培训活动，

如图书、报纸、期刊编辑记者资格培训、作家职称资格培训、著作权行政执法人员培训、印刷业从业人员及境外出版物审查人员培训、全省中小学知识产权示范学校教师培训等，派员宣讲版权知识，受众 880 人次；为社会团体和企业单位举办专题讲座，参与人员 240 多人次。

2. 开展著作权维权护法宣传，散发版权保护宣传单张，为维护著作权人的合法权益提供舆论支持和法律援助。免费为会员单位、行政部门以及社会各界提供版权法律咨询数十起。

三、加强协调、交流，开创协会工作新局面

联合会积极发挥纽带作用，组织会员参与广东省内外与版权保护有关的活动，以加强业界的沟通和交流，扩大联合会的影响。如参加中国版权协会组织的《中国版权》杂志通讯员会议、版权贸易与产业发展研讨会、北京中国版权首届年会；参加内地与香港版权保护与执法研讨会、广东法学会粤港澳知识产权保护研讨会及论文评选，以及参加广东省家纺协会主办的 2008 春、秋两届深圳国际家纺布艺展，现场提供版权咨询和维权服务，倡议行业自主创新、加强知识产权保护等。

2008 年底前，广东省版权保护联合会与广州、深圳协会在从化召开联席会议。会议回顾了 2008 年广东省版权保护、版权登记取得的成绩，展望了 2009 年面临的整体态势与发展前景，并就版权协会发展、协会间协调配合、作品自愿登记服务体系、报刊出版单位的版权保护，大型展销活动的维权服务等相关问题展开交流及进行探讨。

（供稿人：刘板盛）

广东省发明协会

2008 年广东发明协会以科学发展观为指导，重点组织好重大活动，为营造发明创新氛围、提高群众性发明创新水平、建设创新型广东服务，取得了较好的成效。

一、组团参加第六届中国国际发明展览会效果显著

第六届中国国际发明展览会，于 2008 年 10 月 16—19 日在江苏省苏州市举办。来自全国各省、市、区及国外的 3000 多项最新发明成果参加展览和交流活动。其中国外参展者近 300 人，参展项目 600 多项。广东省在广东省科技厅的重视和大力支持下，成立了以协会副理事长兼秘书长刘庆茂副巡视员为团长的广东展团，全省共组织了 45 个展位、263 项发明成果、110 多名参展人员参加展览和大会交流，是本届展览会上阵容最大的展团之一。特别是我省 16 个重点实验室和广州市的参展项目以特装形式集中展出，成为展览会的一大亮点。在 4 天的展出中，广东展团各参展单位积极开展项目推介和交流活动，共接待参访观众超过 1 万人次，体现了广东近年来在发明创新和科技成果转化方面所取得的最新成果，收到了较好的效果。广东团参展项目还以其技术水平高、转化前景好得到观众和大会评委的好评。由广东发明协会组织参展的 103 项目中，获奖 86 项，获奖率达 82.5%。其中金奖 20 项、银奖 35 项、铜奖 30 项、专项奖 1 项，获奖总数和获奖率均居各参展团的前列。广东展团连续第 7 年获得“优秀展团奖”。

二、组队参加第二届“中国青少年创意大赛暨知识产权宣传教育活动”取得良好成绩

第二届“中国青少年创意大赛暨知识产权宣传教育活动”由国家工商行政管理总局商标局、中国版权协会、中国教育学会联合主办。在省知识产权局的大力支持和领导下，广东发明协会与广东教育学会联合发文组织我省中小学校共25支参赛队、150多名师生参加。为了做好赛前的备战工作，我们专门组织了赛前培训，由省知识产权局领导和专家进行动员、辅导，进一步提高了参赛队伍和师生的参赛能力。

活动于2008年7月27—29日在山东烟台市举行。全国20多个省市的183支代表队、1300多名中小学生参赛。大赛角逐十分激烈，广东省25支参赛队伍团结协作、创意奇特，夺得良好成绩，受到大赛的赞誉。共获得各类奖项176项，居参赛各省市的前列。其中团体金奖8项、银奖4项，个人一等奖46项、二等奖40项、三等奖16项，均占同等奖项总数的10%以上。45人被授予“创新型优秀辅导教师”称号，2所学校被评为“创新型学校”。广东省知识产权局、广东发明协会、广东教育学会获得优秀组织奖，广东省知识产权局朱万昌副局长、谢红处长、黄詰调研员、张淑芳主任科员和广东发明协会施明副秘书长等10人，被评为“优秀组织工作者”。

三、组织第六届广东省少年儿童发明奖评选活动和推荐参加第六届中国宋庆龄少年儿童发明奖评选完满成功

第六届广东省少年儿童发明奖评选活动，于2008年5月17、18两日在广东实验中学举办了“优秀作品展示”和颁奖活动。全省14个地级以上市、130多间中小学校（青少年科技活动中心）、515件发明作品参加评选和展示活动。广东省科技厅、省教育厅、省知识产权局、省科协、省科学院以及协会领导出席了活动。省科技厅刘庆茂副巡视员在开幕式上讲话，高度赞扬全省中小学校在开展发明创造活动中所取得的成绩，勉励少年儿童以科学发展观为指导，再接再厉，在发明创造的征途上不断攀登，取得更大的成绩。出席活动的领导和专家饶有兴趣地参观了展示会，与参展师生进行了亲切的交谈，对富于创意和想象力的参展作品赞不绝口。领导和专家的光临指导，给参展师生很大的鼓励，纷纷表示要继续努力，争取更好的成绩，决不辜负领导和前辈的期望。经过活动评委会的认真评审、现场考核和组委会核准，515件参评发明作品中365件获奖。其中一等奖24件，二等奖65件，三等奖196件，专利申请鼓励奖80件。200多名科技老师获得园丁奖。46个单位由于工作出色、成绩突出获得组织奖。尤其值得一提的是，获得本届活动“专利申请鼓励奖”的发明作品由上届的40件增加到80件，翻了一番。说明“专利申请鼓励奖”的设立，对增强广大师生的知识产权观念，调动他们发明创造和申请专利的积极性起了很好的推动作用。

第六届中国宋庆龄少年儿童发明奖评选活动，于2008年12月17至21日在北京举行。全国政协副主席、科技部长万钢，宋庆龄基金会主席胡启立，中国发明协会理事长朱丽兰等领导出席闭幕式，并为获奖师生和学校颁奖。按照要求，从我省第五、六届评选活动获奖作品中择优推荐60件发明作品参加评选，33件获准参加终评、展示活动，是全国参评作品最多的省份之一。经评审，33件参评发明作品全部获奖，说明广东推荐的参评作品水平比较高。其中金奖3枚、银奖10枚、铜奖17枚、创意奖3枚，35名教师获园丁奖。获奖总数和获奖率均居全国各省、市、区的前列。广东实验中学、深圳市南山区桃源小学荣获“宋庆龄少年儿童科技发明示范基地”称号。广东发明协会荣获“组织奖”，这是协会连续三届获得这一奖项。

四、开展 DI 创新思维竞赛反映良好

DI 是英语 Destination Imagination 的缩写，原意是“目的地想象”，现译为“创新思维竞赛”，是近年来国外比较流行的青少年科技竞赛项目。竞赛旨在培养和提高青少年的创造性思维能力以及团队协作精神、时间管理、动手实践和解决问题的能力。为了吸取国外的先进经验，开拓多渠道培育和提高青少年创新能力的形式和方法。协会在 2007 年组织部分学校参加北京的 DI 年度交流大会和在广州举办创新思维培训班的基础上，2008 年 3 月在广州举办了首届广东省创新思维竞赛活动。共组织 12 间学校、22 支代表队、200 学生参赛。由于认真组织、严格管理，保证了竞赛的顺利进行，竞赛热烈，气氛活跃。通过竞赛，共决出一等奖 3 名、二等奖 8 名、三等奖 10 名，同时选出 10 支优秀代表队参加北京的 DI 全国赛，3 支优秀队参加美国的全球赛。在全国赛中广东获得一等奖 3 名、二等奖 4 名、三等奖 3 名。广东队已成为 DI 全国赛事的主力军。

2008 年 9 月，由广东发明协会承办，中国 DI 年度会议在广州举行。来自全国各省、市、区及广东省部分学校的代表 100 多人出席，会议就如何推进 DI 竞赛健康有序发展的相关措施进行了热烈的讨论，对广东省开展 DI 竞赛也起到了很好的指导和推动作用。

五、联合举办第三届“朗能杯工业设计大赛”和参与第四届“新世纪巾帼发明家”的评选推荐活动取得好成绩

“朗能杯”广东轻工产品外观设计专利大赛始于 2006 年，以营造保护知识产权氛围，提升创新理念，培养创新人才，增强企业自主创新能力为宗旨，由广东省学生联合会、广东省知识产权研究会、广东发明协会、广东省工业设计协会联合主办。2008 年是第三届，活动主题是“自主创新，知识产权”。省内企事业单位、高校师生和个人为本届活动提供设计作品 1039 件。经评委会评委依据大赛评选原则和标准进行评审，从 200 件入围作品中评选出综合类金奖 5 名、银奖 17 名、铜奖 40 名，专项类（朗能电器）金奖 1 名、银奖 2 名、铜奖 5 名。获奖作品可分别获得 10000、3000、1000 元的奖金和荣誉证书。本次活动的发动面比较广，参加单位和作品比前两届都有较大的增加，对推动群众性发明创造活动、工业设计和专利事业的发展起到了良好的作用。

“新世纪巾帼发明家”评选活动由国家知识产权局、全国妇联、中国发明协会联合主办，每两年举办一次，分设发明家创新奖 10 名、发明家创业奖 10 名、发明家新秀奖 10 名和发明家优秀奖 20～30 名。2008 年是第四届。广东省知识产权局、广东省妇联、广东发明协会联合发文，转发相关文件，并对各市报来的人选进行联合评审。经认真评比、筛选后推荐参加全国评选。经全国评选，广东省孙国萍（省微生物研究所副所长、博士生导师）获得本届新世纪巾帼发明家创新奖，徐玉娟（省农科院蚕业与农产品加工研究所主任）获得新秀奖，苏薇薇（中山大学教授）获得优秀奖。创该项活动开展以来广东省获奖的最好成绩。

此外，协会在加强与会员的联系，沟通企业的信息渠道，促进发明成果转化等方面，也做了不少工作，取得一定成绩。

（供稿人：邝伯麟）

《中国知识产权报》广东记者站

一、机构简介

《中国知识产权报》广东记者站是中国知识产权报社与广东省知识产权局共建，经国家

知识产权局、广东省新闻出版局批准同意，于2003年3月开始筹建，2003年8月正式成立的驻地方新闻机构。广东记者站主要负责《中国知识产权报》在广东地区的新闻采访、通联等工作。同时也为省知识产权局开展宣传工作提供协助。

目前广东省知识产权局分管记者站工作的领导为副局长朱万昌，记者站在报社通联部和省局协调管理处的指导和支持下开展相关工作。广东记者站目前驻站记者1名。

二、2008年工作情况

2008年年度广东记者站充分发挥知识产权宣传的推手和助手作用，做好新闻报道、通联队伍建设和宣传策划等工作，均取得了较为突出的成绩。

一年以来，驻站记者在《中国知识产权报》上发表新闻报道123篇，其中各版头条42篇，累计字数达到12.33万字。发稿篇数和实际字数均比上一年增长20%以上。在开展新闻报道工作中，驻站记者始终围绕“发展与保护”主题，积极反映广东知识产权事业进程动态变化，又高度关注广东知识产权保护成就，从宏观和微观的角度，忠实地予以记录和反映。其中《广东实施技术标准战略规划》、《广东省颁布知识产权战略纲要》、《实施知识产权战略纲要是广东的必然选择——访广东省宋海副省长》、《以新一轮思想大解放促进广东知识产权事业新一轮大发展——访广东省知识产权局陶凯元局长》、《广东“雷雨”“天网”行动取得硕果》等系列报道，以及关于《卧虎藏龙》影片、培正中学商标争议、五羊石像著作权纠纷等一批典型案例的报道，引起了社会的关注，取得了较好的宣传效果。

与此同时，广东记者站还积极抓好通联工作。在广东省知识产权局的大力支持下，广东记者站一年来在通联工作方面取得了很大的进步，主要表现为：1. 建立健全了通联队伍。2008年1月，记者站向省局各处室、各地级以上市知识产权局和法院等系统，发出《关于请支持加强通联队伍建设，做好新闻宣传工作的函》得到了各单位的积极响应，经过几个月的推动，目前已经重新登记的通讯员有140多名，分布在省直机关、市局、区县局和重点企事业单位，特别重要的是，各大部分地级以上市知识产权局还明确了专门的局领导分管该项工作，促进了工作的深入开展。2. 通讯员投稿积极性大幅提升，发稿量迅速增加。为了做好通联工作，广东记者站制定了《通联工作管理办法》，指定了专人负责与通讯员的联络，鼓励通讯员积极投稿。特别是驻站记者加大了对通讯员稿件的处理和扶持力度，投入了大量的精力为通讯员修改、指导稿件，使投向报社的稿件质量基本上均达到较高水平，大大促进了发稿率的提升。2008年度全省在册通讯员在《中国知识产权报》发稿89篇，其中独立发稿36篇，另外53篇为与驻站记者合作。发稿的通讯员数量达到43人，有7人发稿在5篇以上，核心通讯员队伍迅速扩大。

此外，广东记者站还积极参与地方知识产权宣传的策划、组织工作，为地方知识产权宣传工作献计献策，做好“宣传助手”，为省局重大知识产权宣传活动，策划宣传方案，协助媒体宣传。一年来，广东记者站在《广东省知识产权战略纲要》颁布专题宣传（2007年12月）、2008年“4·26”世界知识产权日系列宣传、广东提出建设知识产权强省系列宣传、国家知识产权战略纲要颁布广东地区专题宣传、广东知识产权局纪念改革开放30周年系列宣传等一系列的重要宣传活动中，均发挥了主动、积极的作用。

同时，广东记者站还积极策划、出版知识产权专业书刊。包括：《智慧的角逐与裁决——最新知识产权典型疑难案例判解》。该书共收集知识产权行政执法、司法民事、司法刑事及行政诉讼等各方面案例50多篇，是广东省第一本汇编各种知识产权典型案例的案例集，经由法律出版社出版，引起了广泛关注。《中国知识产权报广东新闻作品汇编（2003－2007年度)》，该书收集了广东记者站建站 5 年来的 400 多篇新闻报道，出版后免费赠阅给全省知识产权各界人士，为他们提供了翔实的历史资料。以及承接省知识产权局软课题《知识产权法说新闻》等宣传业务，进一步提升了记者站在地方知识产权宣传工作中的地位。

2008 年，《中国知识产权报》2008 年全国通联工作会议在福州召开，会议对年度通联工作先进单位和先进个人进行了表彰，广东记者站再次荣获 2008 年度最佳记者站等多项荣誉和奖励。

（供稿人：顾奇志）

广东省专利信息中心知识产权司法鉴定所

广东省专利信息中心知识产权司法鉴定所是广东省唯一一家开展知识产权司法鉴定的机构，自 2004 年设立以来，在广东省知识产权局、广东省司法厅的指导和帮助下，针对执业类别开展业务宣传、工作拓展，逐步规范内部管理，通过不断地摸索和总结改进，取得了良好的业务成绩和社会影响，为社会提供客观公正的司法鉴定服务。

2008 年鉴定所把宣传、营造良好的执业环境，规范执业行为，抓培训，提升司法鉴定队伍的综合素质放在首位，取得了一定的成绩。

一、以增强知识产权司法鉴定能力为核心，认真开展知识产权司法鉴定工作

（一）各项鉴定业务受理情况

2008 年，共受理知识产权鉴定 37 件，接受各级行政执法部门、公检法机关共 15 件，其余为企事业单位、公民个人的委托，其中专利鉴定案件 6 件、计算机软件鉴定案件 3 件、技术秘密鉴定案件 28 件。结案 34 件，出庭 6 次。其中经过出庭质证的鉴定意见全部被采信，赢得社会各界的肯定和信任，在知识产权领域中具有较高知名度和代表性。

（二）增强服务意识，提高司法鉴定质量

鉴定所以热情的服务态度、认真负责的精神，客观公正的对待每一位当事人。并加强了服务的信息反馈，定期地向委托方、司法机关、当事人就服务态度、质量、出庭等多方面征求意见。不断总结经验，查找不足，改进服务，增强服务意识及司法鉴定的能力和水平。

二、以人为本，加强人员队伍建设

（1）增补不同专业背景的新鉴定人，2008 年又有 5 人获批司法鉴定人执业资格并在鉴定所执业，增强了化工、机械等专业技术领域的专家实力。

（2）组织新老专家分批分类别参加省市司法部门举办的各项司法鉴定业务培训。包括全省司法鉴定机构负责人培训班、司法鉴定工作座谈会、年度培训班等，通过培训学习增强鉴定人的业务能力和常保公正、客观的鉴定意识。

（3）利用丰富的专家资源，在开展业务的同时注重内部学习、研讨，不定期组织召开知识产权学术研讨会，研究最新技术信息和相关行业信息，不断提高鉴定水平和质量，增加学术氛围。全年根据本所的鉴定资源，开展了商业秘密保护等方面的研究工作。

三、大力拓展业务，对内营造良好的执业环境，对外加强学术研究与交流

（一）装修并搬入新办公场所，为客户提供更好的服务环境

5 月 30 日，鉴定所搬入新办公室，在新办公环境里继续为客户提供更优质、高效地提供服务。

（二）在鉴定中加强与公、检、法部门的学术研究与交流

6月应广州市公安局经侦支队邀请，鉴定所请出本所两位鉴定人为其讲授关于专利犯罪的知识产权专题课程。授课内容涉及专利违法行为的法律责任、公安对侵犯知识产权刑事案件的受理及专利侵权司法鉴定等方面的问题。本次课程学习收效良好。

（供稿人：何谦）

广东省法学会知识产权法学研究会

广东省法学会知识产权法学研究会（下简称知识产权法学研究会）是经广东省法学会批准，根据广东省知识产权法学理论研究和法律实践的需要，由全省知识产权法学理论界和实务界较具有权威性的代表组成的、依据有关章程组建的专业性学术研究社会团体，属于广东省法学会领导的二级学科研究会。

知识产权法学研究会自2004年11月成立以来，为积极推动广东省知识产权的法制进程，结合我省实际，认真组织了知识产权法学理论与实践问题的研究工作，供政府及有关部门决策管理参考，以配合广东省自主创新能力的建设；将针对广东地区的特殊情况加强组织开展我省知识产权保护特色法律问题的研究活动，探讨知识产权法律保护工作在我省的特殊性，并通过知识产权法制宣传、法律培训及法律服务等活动培育知识产权保护意识与社会氛围；研究会还通过开展多种形式的合作交流活动，帮助业界协调各种关系及解决现实疑难问题，在实践中促进全省知识产权法律保护工作。

知识产权法学研究会的干事大都是由省（市）人大、知识产权局、新闻出版局、高中级法院等实务界业务主管领导和中山大学、暨南大学、深圳大学、华南理工大学等高校的学术代表组成。此外，研究会还得到了《南方日报》、《羊城晚报》等省内权威报刊的一贯支持。研究会已经成为全省知识产权界进行法学学术交流和创新研究实践问题的重要平台，对全省知识产权法律保护工作与知识产权战略实施将作出积极贡献。

（供稿人：薛晓光）

知识产权交流与合作

对外交流与合作

区域交流与合作

国际知识产权动向

对外交流与合作

2008 年广东省知识产权对外交流与合作

2008 年，广东省知识产权局在开展知识产权对外协调、组织国际知识产权研讨、接待来访和组织境外访问和培训等方面取得较好成效。基本情况如下：

一、发挥广东省知识产权局职能，协调相关部门共同开展对外知识产权工作

2008 年，广东省知识产权局积极发挥协调涉外知识产权事宜的机构职能，协调全省各知识产权管理与保护部门共同开展对外知识产权工作。4 月，统筹协调省政府知识产权办公会议各组成单位，形成《2007 年广东省知识产权保护状况》中英文白皮书，并专门举办发布会向各国驻穗领事机构及境内外媒体发布，各知识产权保护部门还分别回答了各国领馆代表的提问。发布会连续数年举办，已成为全省对外知识产权宣传工作的一个品牌性活动。7 月，广东省知识产权局与省公安厅、文化厅、工商局、版权局、质量技术监督局、广东海关及省外办等相关部门一行 14 人，与美国商务部、美国专利商标局、美国联邦上诉法院、美国驻华大使馆等部门代表组成的美国知识产权代表团，举行了中美（广东）知识产权保护与合作圆桌会议，就双方的知识产权保护工作进行了深入的沟通与探讨，取得了较好成效。

二、组织举办国际交流与研讨活动，拓展全省知识产权工作的国际影响力

7 月，广东省知识产权局与美国专利商标局合作举办了“珠江知识产权及创新论坛 2008”，来自中美两国的 20 余名知识产权专家，围绕知识产权与创新议题进行了深入研讨，中美两国知识产权管理部门与企事业单位代表共约 200 人参加了论坛。论坛达到了加强交流、增进了解的目的，同时也为广东省知识产权工作者创造了高效、便捷的学习机会。此次论坛是广东省知识产权局与美国专利商标局首次合作主办的大型研讨活动。9 月，广东省知识产权局与国家知识产权局、欧洲专利局、欧共体商标局在佛山市顺德区联合主办了“欧洲知识产权制度—外观设计与专利国际研讨会”，全省各地市政府及相关企事业单位代表近 200 人参加。研讨会邀请了我国和欧洲知识产权专家对欧洲的专利和外观设计制度，以及中国权利人如何在欧洲获得知识产权保护等问题进行了解析，并对我国与欧洲知识产权制度进行了比较，深化了双方在知识产权领域的交流。另外，广东省知识产权局应邀派代表出席中国欧盟商会会展知识产权保护研讨会、中国外商投资企业协会优质品牌保护委员会年会、广州车展日本知识产权战略研讨会，并在会上向外国企业宣讲广东省知识产权保护工作及知识产权战略。

三、接待外事访问，增进与国外机构的交流与互相了解

全年，广东省知识产权局共接待美国、英

国、荷兰、韩国、比利时、德国、意大利、澳大利亚8个国家政府及民间19个知识产权代表团65人次来访。来访机构包括美国贸易代表署、美国专利商标局、美国驻华大使馆及驻广州总领事馆、美国全国商会、欧洲专利局、欧共体商标局、英国驻广州总领事馆、比利时BTF电视台、意大利驻穗总领事馆、澳大利亚悉尼科技大学、韩国设计振兴院等多个国家的多个部门。来访会谈内容涉及知识产权保护、宣传、培训、服务等多个领域。在外事接待工作中，广东省知识产权局一方面注意了解国外知识产权制度发展的最新动态，获取了很多有价值的信息，同时重点宣传广东知识产权保护的措施与成效，增进了外方对广东知识产权工作的认知，为双方进一步开展交流合作奠定了基础；另一方面，注重与外方商讨实质性的合作项目。在接待外事来访的同时，广东省知识产权局还应美国、韩国、中国欧盟商会等多国机构与组织的邀请，参加国际知识产权交流活动，为外国工商企业讲解我国及广东省的知识产权政策法规。

四、组织出访交流，学习借鉴国外知识产权工作经验

2008年，广东省知识产权局共组织了4个知识产权考察团组21人次，分赴西班牙、澳大利亚、美国、加拿大等国开展知识产权交流与合作活动，考察国外知识产权制度。各代表团访问了国外知识产权政府机构、服务机构、研究机构以及知名企业，重点了解了各国知识产权制度建设情况，特别是各国运用知识产权鼓励创新、促进国家竞争力等方面的政策措施，并商讨建立相互交流与合作的机制，进一步拓展全省知识产权对外交流合作的局面。同时，广东省知识产权局组织了两个知识产权高级人才培训班共计36人次，分赴德国、美国进行短期培训，系统学习了欧美发达国家的知识产权制度与经验。另外广东省知识产权局派遣2人分别参加国家知识产权局组织的赴美国和赴英国、瑞士知识产权访问团组。通过访问与学习，代表团一方面对外宣传了广东的知识产权工作，一方面获取了对广东知识产权事业发展的有益启示。

五、结交国际友人，为我省知识产权发展营造有利的国际舆论

在进行知识产权对外交流与合作过程中，广东省知识产权局重视结交对我国和广东省友好的外国朋友，特别是国外知名的知识产权专家和企业知识产权管理人士。全年，在实际工作中认识与结交了一批美国、德国、韩国、英国、荷兰等国的政府机构、商会组织、知名企业中的知识产权专家、人士，对进一步落实知识产权领域“请进来”战略，营造对广东知识产权发展有利的国际舆论环境，起到了积极的促进作用。

（供稿人：李伟）

2008年广东省版权对外交流与合作

2008年3月20日广东省版权局版权管理处接待了美国驻广州总领事馆知识产权办公室知识产权专员等一行3人，提供版权行政机关立案查处案件方面的咨询以及通报我局在开展保护版权活动等方面的情况。

（供稿人：张同英、凌立华）

区域交流与合作

2008年粤港知识产权合作

2008年，在粤港保护知识产权合作专责小组各成员单位的共同努力下，粤港知识产权合作取得了新的进展。

一、召开粤港保护知识产权合作专责小组第七次会议

7月18日，粤港保护知识产权合作专责小组第七次会议在香港召开。粤方代表团由广东省知识产权局局长陶凯元带队，广东省知识产权局副局长朱万昌、广东省公安厅副厅长何广平、广东省对外贸易经济合作厅副厅长黄永智、广东省工商局副局长姜海平和广东省版权局、海关总署广东分署和广东省港澳办代表等共15人参加了会议；港方代表团由香港知识产权署署长谢肃方带队，香港知识产权署助理署长冯淑卿、香港商务及经济发展局首席助理秘书长游雯、助理秘书长麦德荣、香港海关版权及商标调查科高级监督何继开等共10人参加了会议。双方回顾了自2007年7月第六次专责小组会议以来两地知识产权事业发展及合作情况，讨论了下一阶段的合作内容，商定了一系列合作项目。会议代表会后访问了香港海关，并于7月19日参加了“正版正货承诺”计划成立十周年庆祝活动。

二、举办知识产权战略宣讲会

12月11日，广东省知识产权局与香港知识产权署在香港合作举办“知识产权战略宣讲会”，特邀国家知识产权局局长田力普和广东省知识产权局党组书记、副局长马宪民，在会上分别宣讲国家和广东知识产权战略纲要的目标、重点、任务与措施等核心内容。香港政界、企业界与知识产权业界代表400余人参加了宣讲会。活动增进了香港各界对内地知识产权战略与政策环境的了解，为粤港知识产权合作的进一步深化创造了条件。

三、举办粤港知识产权与中小企业发展（汕头）研讨会

3月27日，广东省知识产权局、汕头市人民政府、香港知识产权署、香港贸易发展局在汕头市联合举办了“粤港知识产权与中小企业发展（汕头）研讨会”。粤港两地政府知识产权管理部门代表、知识产权专家和企业代表共约350人参加了研讨会。会上，粤港知识产权专家就两地的知识产权制度及最新发展状况、两地企业管理与运用知识产权的成功案例与先进经验，以及内地企业在香港如何获得知识产权保护等方面发表了演讲，并同与会企业代表进行了交流。自2003年以来，粤港知识产权与中小企业发展研讨会在广东多次举办，已成为粤港知识产权合作的品牌。这次会议是本系列研讨会在广东第九次举行。

四、举办两次粤港知识资本管理讲座

4月16日和5月8日，广东省知识产权局、香港知识产权署合作，先后在香港、广州分别主办了粤港知识资本管理讲座。两次讲座都从粤港两地邀请了三位专家，分别从政府、

学术界、企业界的角度介绍了知识资本的概念和管理机制，每次都有两地企业和知识产权管理部门代表100余人参加。讲座有效地向两地参会企业推广了知识资本管理的概念与基本机制。

五、深入开展“正版正货承诺”活动

2008年，广东省知识产权局与香港知识产权署进一步加大“正版正货”承诺活动的推广与宣传力度，共同制作了以“行得正、买得正”为主题的“正版正货”承诺活动公益广告片，并于4—6月间在两地电视台播出。同期，双方共同设计与制作了“正版正货”承诺活动海报、宣传环保袋等，分别在两地广泛向社会公众发放。7月初，广东省知识产权局与香港知识产权署参与活动的商家和企业名单等资料上载至双方网站新增设的“粤港知识产权合作”专栏，以加强管理，提高活动的透明度。7月18日，在粤港保护知识产权合作专责小组第七次会议上，广东省工商局正式成为广东开展承诺活动的支持单位。7月19日，“正版正货承诺”计划成立十周年庆祝活动在香港举行，两地活动的倡导单位、发标贴与支持机构代表共同参加了活动，并就活动的开展与推广进行了交流。10—12月间，珠海、惠州、广州3市相继发动了最新一批共计71家企业和商家参加活动，并举行了授牌仪式。截至2008年年底，全省“正版正货”承诺活动8个试点市（广州、深圳、汕头、东莞、珠海、江门、惠州、湛江）参加活动的商家和企业共计420余家。

六、参加粤港合作联席会议第十一次会议

8月5日，广东省知识产权局陶凯元局长参加粤港合作联席会议第十一次会议，在会上作书面发言，提出了关于深化粤港知识产权合作的建议。万庆良副省长在会上对粤港两地共同推进的“正版正货承诺”活动、粤港创意产业与知识产权论坛、粤港知识资本管理讲座等知识产权合作项目，以及鼓励广东企事业单位在香港申请专利的国（境）外专利申请资助办法，给予了充分肯定。会上，粤港双方同意将按照双方达成的共识，继续大力推进知识产权领域的合作。

七、继续开展粤港高校与科研机构知识产权交流活动

为继续推进粤港高校与科研机构知识产权交流与合作，1月29日—1月30日，广东省知识产权局组织组织中山大学、华南理工大学、暨南大学、中国科学院广州能源研究所、广东省微生物研究所等省内12所高校和科研机构代表一行19人，赴香港与有关高校及科研机构就知识产权管理工作进行了深入交流。粤港双方在考察交流的基础上，形成了《粤港两地高校及科研机构知识产权管理工作交流计划情况报告》，有关报告已上载至广东省知识产权局、香港特区知识产权署的网站及“粤港澳三地知识产权资料库”内。

八、推进粤港知识产权中介服务机构交流

6月26日，广东省知识产权局、香港知识产权署在深圳市共同组织召开了粤港知识产权中介服务机构圆桌会议。会议由深圳市知识产权局承办，并得到广东专利代理协会、深圳市专利协会、香港律师会及香港商标师公会的支持。广东省知识产权局和香港知识产权署代表主持了会议，粤港两地知识产权中介服务机构和管理部门代表共37人参加。来自两地的知识产权中介服务机构代表，就加强粤港知识产权专业人员的交流、知识产权法律程序中的所需证据、知识产权民事与行政执法事宜、商标及公司名称跨境注册4个主题，进行了热烈探讨与交流。此次会议是粤港双方知识产权部门组织的两地知识产权中介服务机构间的第一次交流，为两地相关机构建立联系、开展合作提供了平台。

九、继续开展知识产权教师交流计划

2008年1月，广东省知识产权局组织广州、中山等市中小学知识产权教师代表团6人，赴港参加了香港知识产权署举办的“学校知识产权导师计划”培训班，学习了香港在中小学知识产权教育方面的经验，并与香港知识产权教师代表进行了交流。

十、充实粤港澳知识产权资料库内容

粤港澳知识产权资料库（www.ip－prd.net）建立后，为粤港澳地区的企业和公众提供了一个知识产权信息利用平台。为了进一步提高资料库信息服务质量，2008年，粤港双方对资料库不断进行扩充与更新，使其内容日趋丰富。截止2008年年底，资料库访问量已近10万人次。

十一、继续开展粤港两地知识产权专题研究

粤港两地知识产权部门继续完成“粤港两地公司注册与注册商标的关系与现况”调研报告，此调研的目的是调查粤港两地公司注册与注册商标的关系与现况，研究该类情况的表现形式和原因，预计完成调研报告有助了解两地的公司注册及商标注册制度，双方更可就报告内容进一步制定宣传推广方案。两地知识产权部门继续开展“粤港两地知识（创意）产业发展现状”调查研究，以探讨如何推动两地知识（创意）产业发展。

十二、增设与更新“粤港知识产权合作”专栏

2008年7月，广东省知识产权局、香港知识产权署分别在各自官方网站增设“粤港知识产权合作”专栏，通过网站发布最新的合作信息，让外界更好地了解粤港知识产权合作的动向。

十三、利用会展提升两地企业和公众的知识产权认知水平

7月初，广东省知识产权局与香港知识产权署共同参加“香港国际专利授权展”，通过在展会现场展示和派发两地知识产权制度的资料，以及派员在场内为企业代表和公众人士现场解答知识产权申请注册的问题，加深企业和公众人士对两地知识产权注册制度的认识。

十四、继续完善“创新知识企业”指标体系

2008年，广东省知识产权局、香港生产力促进局合作开展的“创新知识企业”计划取得新的进展。继“创新知识企业通用规范”被列为广东省2007年第一批地方标准制修订计划项目后，双方进一步修改完善“创新知识企业通用规范”文本，并在香港开展了“创新知识企业”评审培训班。

（供稿人：李伟）

2008年泛珠三角区域知识产权合作情况

2008年，在泛珠三角区域“9＋2”各方知识产权职能部门的共同努力下，区域知识产权合作层次不断提高、合作领域不断深化、合作重点不断突出。

一、第四届泛珠三角区域知识产权合作论坛暨第五届泛珠三角区域知识产权合作联席会议筹备情况

2008年，广西壮族自治区知识产权局积极开展第四届泛珠三角区域知识产权合作论坛

暨第五届泛珠三角区域知识产权联席会议筹备工作，向各合作省市广泛征集论坛论文和新增合作项目。5月12日，四川汶川发生了强烈地震灾害。为全面支持抗震救灾及灾后重建，第五届泛珠三角区域知识产权合作联席会议暨第四届泛珠三角区域知识产权合作论坛延期至2009年举行。

二、“泛珠三角区域有效发明专利存量调查及分析”项目进展情况

在第四届泛珠三角区域知识产权合作联席会议上，由广东省提出的建立“泛珠三角区域有效专利存量调查及分析”被列为2007－2008年度新增项目。

2008年年初，广东省从专利数据库中提取了截至2007年底的泛珠三角区域有效专利数据，并草拟了研究课题框架。同年3月，国家知识产权局公布了相同时间段内全国各省（区、市）有效专利数据。上述数据与广东省提取的数据都存在着较大偏差，泛珠三角内地9个省（区）的有效专利总量的偏差高达20—30%。为了提高数据的准确度，经过广东省知识产权局的多次沟通和协调，2008年11月，国家知识产权局向广东省知识产权局提供了泛珠三角区域、长三角区域、环渤海区域有效专利数据的部分明细。广东省知识产权局已将三大区域内50万余件有效专利数据全部提取完毕，从地域分布、权利人类型、存活期、有效率、技术领域、半衰期等几个方面对数据进行了分类处理，具体分析工作和研究报告的撰写工作也在同时展开。

三、泛珠三角区域知识产权合作的主要成效

截至2008年底，泛珠三角区域知识产权合作共召开泛珠三角区域知识产权合作联席会议四次，启动“泛珠三角区域知识产权合作论坛”、“泛珠三角区域专利技术转移和产业化专题调研”、“泛珠三角区域内地九省区专利代理信息查询系统”等合作项目20项，完成11项。这些合作项目涉及知识产权政策研讨、宣传培训、中介与信息服务、企事业单位知识产权管理、知识产权保护、专利技术转移与产业化以及知识产权人才培养等多个方面。

泛珠三角区域知识产权合作的深入开展，一是树立了泛珠三角区域政府保护知识产权、对外合作开放的良好形象；二是增进了区域内知识产权管理和保护部门之间的沟通，特别是促进了内地与香港、澳门特区在知识产权领域中的相互了解和认识；三是所开展的20个合作项目内容涉及知识产权各个领域，合作成果已经并将继续在推进区域知识产权事业发展、区域经贸合作中发挥重要作用；四是境内外媒体十分关注知识产权合作，对合作工作进行了大量宣传报道，有效地提升了区域的社会知识产权意识。

（供稿人：张璟）

2008年粤哈知识产权对口协作

2008年是开展粤哈知识产权对口协作的第三年，也是开展中西部知识产权合作联席会议和对口支援合作第一年。广东省知识产权局和哈密地区知识产权局的共同努力下，对口协作工作不断深化，合作领域不断拓展，合作成效不断显现。

一、以中西部知识产权合作联席会议和对口支援合作为契机，不断深化粤哈知识产权对口协作

8月8日，国家知识产权局、新疆维吾尔自治区人民政府在乌鲁木齐市召开了中西部知识产权合作联席会议和对口支援合作协议签字仪式。广东省知识产权局陶凯元局长应邀参加会议并就粤哈知识产权对口协作情况向与会者进行

详细介绍。国家知识产权局领导高度评价粤哈知识产权对口协作工作，要求与会者学习借鉴粤哈知识产权对口协作经验，加大对西部地区的知识支持力度，将对口协作工作落到实处。

广东省知识产权局和哈密地区知识产权局以此次会议为契机，加强交流与沟通，不断深化粤哈知识产权交流与合作。8月15日，广东省知识产权局陶凯元局长一行3人赴哈密与哈密地区行署领导就进一步加强粤哈对口协作进行了会谈。双方一致认为，进一步深化粤哈对口协作是贯彻落实国务院《关于进一步促进新疆经济社会发展的若干意见》和国家知识产权局《关于进一步促进新疆知识产权事业发展的若干意见》具体举措，是双方充分发挥比较优势和互补优势，进一步整合和优化资源，实现知识产权事业共同发展的有效途径。在哈密期间，陶凯元局长一行考察了近三年来粤哈协作项目，并就如何进一步提升协作项目的质量与水平与哈密方面交换了意见与建议。

二、加大对口协作项目支持力度

2008年，广东省知识产权局在继续支持哈密地区开展“中小学知识产权教育”、“万亩优质哈密瓜科技示范园”建设以及干部人才交流与培养等协作项目的基础上，新增“哈密大枣系列产品深加工”作为对口协作项目。为了将协作项目落到实处，广东省知识产权局支持哈密地区知识产权经费30万元，赠送由广东省知识产权局主编的“中小学知识产权读本”一批，并派纪检专员邝伯麟带队去哈密对协作项目进行现场考察落实。同年，东莞市知识产权局为支持哈密地区知识产权工作，捐赠价值15万元的工作用车一辆。

三、对口协作项目落到实处

（一）支持哈密加强干部人才交流与培养

2008年，为切实加强粤哈在专利行政执法、知识产权宣传培训、企业知识产权工作等方面的交流，在广东省知识产权局大力支持下，哈密知识产权局2名业务骨干来东莞市知识产权局进行为期三个月的交流与学习。通过学习，提升了哈密知识产权局干部的工作水平与能力，并为哈密地区学习与借鉴广东省地区知识产权工作经验，促进两地知识产权事业共同发展起到了积极作用。

（二）支持哈密深化中小学知识产权教育试点工作

在广东省知识产权局的大力支持下，2008年，哈密地区知识产权教育试点工作取得了新进展。一是第一批试点学校哈密石油第二学校和哈密市第四小学经自治区验收合格，被自治区知识产权局授予“自治区知识产权教育示范学校”。二是协助第二批知识产权教育试点学校，开展知识产权教育活动。三是开展哈密地区中小学知识产权教育试点教材的编写工作。四是召开有哈密地区知识产权局、地区教育局及两县一市知识产权局、教育局、各试点（示范）学校的40名代表参加的知识产权教育试点示范工作经验交流会。

（三）“万亩优质哈密瓜科技示范园”建设取得新进展

2008年，“万亩优质哈密瓜科技示范园”项目通过两年的建设，取得了令人可喜的成效。此项目通过引进试验推广哈密瓜优良新品种，建立标准化无公害哈密瓜生产技术体系，有效地提升哈密瓜的品质和质量，使出品的哈密瓜在国内外市场上的竞争力得到了迅速提高。截至2008年底，已累计推广哈密瓜新技术1.5万亩，农民实现销售收入6000万元。该项目的顺利实施，有效地推动了哈密地区哈密瓜种植产业化工作的蓬勃发展。

（供稿人：张淑芳）

国际知识产权动向

外展知识产权遭遇战

目前，出国参展已成为我国企业开拓国际市场的有效做法之一。作为国际贸易活动的一种重要形式，出国参展不仅可以使国内企业扩大商务接触面，开阔视野，还能为企业提供寻求最佳供货厂商与合作对象的绝好机会。但是，参加国际展会需要企业具备专业的素质，否则，就难以达到预期目标。

近年来，我国海外知识产权纠纷数量不断增多。一方面，随着我国经济社会的持续快速发展，越来越多的企业正在或者已经“走出去”；另一方面，我国企业在海外遭受知识产权侵权指控的案件大幅增加。知识产权海外维权业已成为这些企业海外发展战略的重要组成部分。知识产权日益成为我国企业走向国际市场、参与国际竞争的先决条件。

2006年10月初，在法国巴黎举办的世界制药原料展览会上，我国3家企业被指控专利侵权，随后法国内政部有关部门对这3家企业的6名参展代表进行了扣押，并展开了司法调查，当天参展的中国医药企业全部“弃柜”回国，造成了中国企业都有侵权嫌疑的恶劣影响。2007年3月德国汉诺威电子展上，我国不少于20家MP3生产企业的展品因涉嫌专利侵权被德国海关查扣，原因是这些公司使用的MP3技术在欧洲受专利保护，而这些企业没有向提出查抄要求的意大利S公司交纳专利费。

此类事件的屡次发生清楚地表明，我国企业要想真正“走出去”，必须首先解决好知识产权问题。

一、中国展商汉诺威再遭查抄

2008年CeBIT展会上，作为为飞利浦、法国电信进行MP3相关专利管理的公司，意大利S公司针对参展商侵权行为进行“搜索调查”，被查抄的51家参展商中，24家来自中国内地、12家来自台湾、3家来自香港，其余12家来自德国、波兰、荷兰和韩国。而在2007年的CeBIT展会上，中国的几家厂商就因为MP3专利问题被S公司和德国执法机关查抄，该公司与相关企业达成协议后连称“误会”和“需改进和加强与中国厂商的沟通”。但一年后再以同样方式在这个国际舞台上查抄中国企业，令涉案厂商和国内业界对该公司及其背后的专利拥有者深表不满。

事实上这场持续几年的知识产权博弈的背后即是对这一去年收入高达1617亿美元、正以每年近20%的速度膨胀的全球消费电子产品市场利益的争夺。中国力量在崛起的同时，既要反思自身海外竞争策略，避免同质化、解决专利问题，也须在必要时正面应战，避免被动挨打。

二、中国IT企业柏林再次“遇袭”

2008年9月1日，德国柏林国际消费电子展如期开幕，数个月前的CeBIT展上的一幕再次上演。德国海关以“可能侵犯专利权”为由，突袭了69家企业展位，并没收了大量电视机、MP3和手机等亚洲产展品。受到波及的包括中国内地和台湾地区的多家知名企业。

据悉，幕后“指使”的推手是一家 MP3 专利代理公司，目前该公司正与中国内地及台湾、海外等众多厂商就 MP3 专利授权进行谈判，此次通过德国海关查抄的方式，显然是想给谈判对方施加一定的压力，迫使对方妥协。不过这种极其“暴力”的方式可能让谈判陷入僵局。

多数遭受审查的公司都极其愤怒，有厂商的参展代表认为，如果仅仅是专利谈判上的问题，可以通过协商解决，完全没必要搞这种突然袭击，砸掉人家的摊子，对谁都没有好处。何况，不少厂商参展的产品并没有侵权，却遭受了搜查，这给企业带来了品牌上的损伤。事件发生后，多数遭遇查抄的企业参展代表聚集在展会门口表示抗议，并向德国 IFA 展组委会发出了联合抗议函。面对这种局面，柏林电子展组委会也已出面表示道歉，并组织律师与当地海关进行交涉。上述参展厂商人士表示，这种行为极大地损害了企业的品牌声誉，许多经销商甚至因此暂停了在当地的产品代理和采购，采取观望态度。

美国“337 调查”

337 调查是指美国国际贸易委员会（International Trade Commission，简称 ITC）根据美国《1930 年关税法》（Tariff Act of 1930）第 337 节（简称“337 条款”），对不公平的进口行为进行调查，并采取制裁措施的做法。337 调查主要针对进口产品侵犯美国知识产权的行为以及进口贸易中的其他不公平竞争。实践中，涉及侵犯美国知识产权的 337 调查大部分都是针对专利或商标侵权行为，少数调查还涉及版权、工业设计以及集成电路布图设计侵权行为等。其他形式的不公平竞争包括侵犯商业秘密、假冒经营、虚假广告、违反反垄断法等。如果进口产品侵犯了美国有效的知识产权，该知识产权权利人（无论其是美国企业还是外国企业）可以向美国国际贸易委员会（ITC）提起 337 调查申请，并要求 ITC 采取相关救济措施。

一、337 调查的法律依据

337 调查的基本框架最初由美国《1922 年关税法》（Tariff Act of 1922）第 316 节确立，后来在《1930 年司莫特—郝利关税法》（Smoot—Hawley Tariff Act of 1930）第 337 节中被进一步明确。经过《1974 年贸易法》（Trade Act of 1974）、《1988 年综合贸易与竞争法》（Omnibus Trade and Competitiveness Act of 1988）以及 1994 年《乌拉圭回合协议法案》（Uruguay Round Agreements Act）等三次修改，337 调查的申请门槛被大大降低，美国国内企业能够更容易地证明进口产品侵犯其知识产权。越来越多的美国企业开始利用 337 条款对进口产品提起侵权调查。

在实体法方面，337 调查主要适用美国《1930 年关税法》第 337 条款的有关规定、美国联邦和各州关于知识产权侵权认定的各种法律以及其他关于不公平竞争的法律等；在程序法方面，337 调查主要适用包括《联邦法规汇编》关于 ITC 调查的有关规定、《ITC 操作与程序规则》、《联邦证据规则》关于民事证据的规定、《行政程序法》关于行政调查的有关规定等。

二、337 调查的救济措施

如果 ITC 经调查认定进口产品侵犯了美国的知识产权，ITC 有权采取救济措施：

（一）有限排除令，即禁止申请书中被列名的外国侵权企业的侵权产品进入美国市场；

（二）普遍排除令，即不分来源地禁止所有同类侵权产品进入美国市场；

（三）停止令：要求侵权企业停止侵权行为，包括停止侵权产品在美国市场上的销售、库存、宣传、广告等行为。任何违反停止令的企业将会被处以每天十万美元的罚款，或等同所涉商品当日销售额两倍的罚款，两者中取高者。

（四）没收令：如果 ITC 曾就某一产品发布过排除令，而有关企业试图再次将其出口到美国市场，则 ITC 可发布没收令。根据该没收令，美国海关可以没收所有试图出口到美国的侵权产品。

救济措施没有确定的有效期，除非 ITC 认为侵权情形已不存在，否则排除令和停止令可在涉案知识产权有效期内一直执行。

三、337 调查的主要程序

337 案件可以由原告提起或由 ITC 自行发起，但多数都是由原告提起的。原告提交调查申请应以书面方式提交至 ITC 秘书处（Office of the Secretary）。申请书的主要内容应包括：对涉案知识产权的描述；对涉嫌侵权的进口产品的描述；涉嫌侵权产品的生产商、进口商或经销商的相关信息；涉案知识产权正在进行的其他法院诉讼或知识产权程序；国内产业情况及原告在该产业中的利益；诉讼请求。

ITC 收到申请书后将进行审查，并在 30 日内决定是否立案。如果决定立案，ITC 将在《联邦纪事》（Federal Register）中登载原告和起诉事项，并向每位被告送达申请书和调查通知。立案后，ITC 指定一名行政法官主持案件的法庭审理，同时从不公平进口调查办公室指派一名调查律师参加审理。如果 ITC 决定不立案，应当向原告说明理由。

立案后，ITC 会立即向申请书中列名的美国被告以及外国被告所在国驻美国大使馆送达申请书副本及调查通知。如果申请书及调查通知未能由 ITC 送达，原告可以在行政法官同意的情况下自行送达。

被告应在收到申请书之日起 20 日内针对调查通知提交书面答辩意见，决定是否应诉。被告在美国境外的，上述期限可以延长 10 日。如果原告同时申请了临时救济措施，被告还必须在收到申请书之日起 10 日内（较为复杂的案件为 20 日）提交对临时救济措施的答辩意见。被告没有做出反应的，视为缺席（不应诉）。

根据《ITC 操作与程序规则》，337 调查启动后当事人有权就其申诉或抗辩有关的任何非保密问题进行取证，包括：书籍、文件或其他有形物是否存在、（如存在）具体描述、性质、保管情况、具体情况及位置；任何知道可取证事项的人员的身份和位置；合适的救济措施；被调查方合理的保证金。取证一般包括以下形式：承认要求、质询、传票、供词、进入财产和文件提供。取证程序一般会持续 5 个月。

在调查启动 6 个月后，行政法官可以主持召开听证会，全面听取双方当事人的质证和答辩意见。在听证会上，每一方当事人都有权进行询问、提供证据、反对、动议、辩论等。听证会一般需要 1—2 周时间。

听证会后，在不迟于立案后 9 个月（如果调查目标日期超过 15 个月的，则在调查结束前的 4 个月），行政法官应该向 ITC 提交对该案的初裁决定，说明是否存在违反 337 条款的行为，并对救济措施提出建议。

初裁做出后，ITC 可以应当事人的申请或主动要求对初裁进行复审，并初裁做出后 90 日内决定是否进行复审。ITC 的复审决定将成为最终裁定。一旦 ITC 的最终裁定和救济措施（如有）被做出并登载于《联邦纪事》上，则终裁和救济措施均已生效。终裁发布后，被判侵权的外国产品可以保证金方式进口，直至总统审议期结束。

终裁做出后，ITC 应将其提交美国总统审议，如美国总统在 ITC 裁决做出后 60 日内未基于政策因素予以否决，则该裁决将成为终局裁决。实践中，极少出现美国总统否决 ITC 终裁结果的情况。

特别值得注意的是，在专利侵权案件中，当事人可以通过签订和解协议解决争议，终止调查。整个337调查程序中有3次法定的和解会议，促使双方当事人达成和解。和解协议的内容通常包括：被告停止进口、原告放弃对被告的指控、授权被告使用专利、对侵权事实的认定、对争议产品的销售时间或区域的规定等。签订和解协议的当事人必须向行政法官提交一份协议文本供审查。行政法官从公共利益角度出发，审查和解协议是否存在反竞争因素以及是否违背公共利益。如果审查结果是否定性的，行政法官可以做出初裁决定，依据该协议而结束调查。如前所述，ITC有权最终决定是否结束调查。

四、2008年中国企业337调查实例

案例一：发光二极管（LED）和激光产品337调查案

2008年2月，美国某大学退休教授向ITC提起申请，指控全球34家企业在美生产和对美销售的发光二极管（LED）和激光产品侵犯其1项专利（专利号：5252499），要求ITC对被申请人启动“337调查”，并申请普遍排除令，我国共有4家企业涉案。

据了解，申请人本打算向4家企业索要300万专利费，由4家企业平分，不过其中2家企业早已放弃应诉——也就是说，不再向美国出口该类产品。后来，在政府的指引下，为挽救LED行业对美国的出口，另外2家企业联合应诉。目前，应准企业已经接到了和解协议书，两者将共同向申请人支付数十万美元的费用——包括申请人需向政府支付的25%的个人所得税。该赔偿已经获得了外管局的批准，这意味着，这场针对中国LED企业的调查，即将以和解收场。

案例二：三氯蔗糖337调查案

2008年9月22日，美国国际贸易委员会（ITC）对三氯蔗糖337案一案做出初裁，认定除部分缺席应诉企业外，我国应诉企业均不侵权；1项核心专利无效且不存在国内产业；同时建议ITC在做出终裁时将原告申请实施的普遍排除令变为有限排除令。这意味着我应诉企业在该案应诉中取得初步胜利。

2007年4月7日，英国某科技有限公司和美国某三氯蔗糖公司，向ITC递交诉状，指控中国多家企业，侵犯了其3项美国专利，ITC于2007年5月7日启动了该项337调查。面对突然而至的官司，我国4家企业选择了应诉，他们以大量的证据据理力争，获得了初裁的全胜。

案例三：芯片和芯片组337调查案

2008年年底，包括深圳某通信技术有限公司在内的17家公司在美国赢得了337条款的诉讼。这意味着这17家公司仍可以向美国出口包含A通公司芯片的手机、PDA等所有手持无线通信设备。

据了解，此次诉讼源于几年前A通公司与B通公司的专利之争。2005年，B通公司向美国国际贸易委员会提起诉讼，认为A通公司的芯片和芯片组侵犯了其拥有的专利。B通公司胜诉后，美国国际贸易委员会遂于2007年6月7日签发了排除A通公司芯片和芯片组以及包含A通公司芯片的“所有手持无线通信设备，包括手机和PDA”进口美国的有限排斥令。此排斥令一旦执行，将导致我国等众多使用A通公司芯片的手机和PDA的制造商的产品无法进入美国市场。

于是，2007年10月5日，众达律师事务所代表深圳某通信技术有限公司等10家公司，向美国联邦巡回法院提起上诉。经过审理，联邦巡回法院同意众达律师事务所提出的理由，认定将有限排斥令的权利限定为针对原案中的当事人，即A通公司。

案例四：L型赖氨酸337调查案

历时27个月，5家生产和销售L型赖氨酸的中国公司，在2008年7月31日终于迎来了美国337调查的初裁结果。初裁的时间虽然比通常程序“晚”来了8个月，但初裁的胜利还是冲淡了等待的焦虑。

2006年，日本某公司向美国国际贸易委员会提出请求，对5家生产和销售L型赖氨酸

的中国公司启动337调查。日本某公司认为，5家中国公司从事不正当竞争，未经许可进口并销售特定L型赖氨酸饲料添加剂，从而侵犯了其拥有的美国专利中的1项或多项权利。2006年5月，美国国际贸易委员会投票决定，对进口的L型赖氨酸饲料添加剂以及该产品的生产方式和基因组成启动337调查程序。

2008年7月31日午夜，中国公司终于迎来了美国国际贸易委员会的初裁。初裁认定：日本某公司由于没有披露最佳模式等原因，其在美国注册的两项专利的权利要求无效。因此，没有发现中国公司违反美国1930年关税法的第337条。

当然，初裁的胜利并不代表中国公司从此可以“高枕无忧”。对方当事人还可以根据美国337调查的程序，要求美国国际贸易委员会复审行政法官出具的初裁，如果复审维持初裁，原告还有权就美国国际贸易委员会的终裁上诉于美国联邦巡回上诉法院。理论上讲，如果联邦巡回上诉法院仍然维持美国国际贸易委员会的原判，该公司还可以上诉到美国最高法院，但是，在美国司法实践中，美国最高法院极少受理此类案件。因此，从实践看，美国联邦巡回上诉法院的裁决即为案件的终局裁决。

案例五：橡胶防老剂制品337调查案

2008年6月3日，美国国际贸易委员会（ITC）正式宣布：撤销由美国总统签发的针对中国山东某化工股有限公司（以下简称山东公司）所生产的橡胶防老剂制品的“有限排除令”。来自中国的山东某化工股份有限公司在美国打赢了同美国富某公司的知识产权官司。强大竞争对手、橡胶业巨头富某公司针对山东公司的337调查目标没能实现，这意味着今后所有该公司生产的中间体4－ADPA，以及由4－ADPA制成的防老剂6PPD对美国的出口不再受到排除令和禁止令的限制。

早在2003年5月，富某公司曾以同样的理由起诉使用山东公司产品的韩国某化学公司，理由是该公司从山东公司购买的防老剂中间体4－氨基二苯胺的生产工艺侵犯了富某公司在韩国的专利。山东公司作为涉嫌侵权的另一方虽然没有被起诉，但仍然不可避免地被卷入其中。关键时刻，山东公司站到了化学公司一边，在韩国提出了富某公司专利无效的诉讼申请。至2004年10月一审结案，韩国法院判定富某公司败诉，认为其韩国相关专利不具有可实施性，使用山东公司产品的韩国公司不构成侵权。

然而，纠纷没有就此平息。

富某公司的攻击“兵分两路”：其一，富某公司在俄亥俄州北部地区法院对山东公司提起专利侵权之诉；其二，富某公司作为申诉方向美国国际贸易委员会申请337调查，指称山东公司等有关企业侵犯了其拥有的3项专利，申请对由此专利制成的防老剂6PPD及下游轮胎产品进入美国市场发出永久禁止令。山东公司随即做出反击，分别在中国和韩国针对富某公司的专利提出了无效申诉，使这起国际专利纠纷案进入三案连环诉讼状态。双方在三案中的任何一案胜负都将对其他两案产生重要影响。

2005年4月29日，美国俄亥俄州北部地方法院批准山东公司等被诉方的抗辩和提议，宣布该案在美国国际贸易委员会337调查终裁之前被永久中止审议。此后，中国国家知识产权局出具的检索意见认为，富某公司相关专利不符合中国《专利法》第22条第3款规定的创造性。事态向有利于山东公司的方向发展。更大的利好还在后面。2005年9月27日，富某公司突然提出撤销其对山东公司的专利指控，并主动提出动议要求终止与该专利侵权有关的所有调查。个中原因，系山东公司法律团队“获得了富某公司538专利存在缺陷的证据，随后提出该专利不具有可实施性的简易判决动议。”

但谁料风云变幻。2006年2月17日，美国国际贸易委员会作出了不利于山东公司的初裁判决，该判决认为山东公司侵犯了富某公司在美国的部分专利。与此同时，美国联邦俄亥俄州北部地区法院的审理重新启动。随后，美国总统布什签发了“有限排除令”，禁止山东公司的涉案产品进入美国市场。巨额经济赔偿的危机愈发迫近。

但山东公司没有选择放弃。2007 年 2 月，山东公司对该案的终裁结果向美国联邦巡回上诉法院提起了上诉。与此同时，山东公司也在中国、韩国、欧盟等多个知识产权战场向对手全面反击，提起对手专利无效的诉讼。针对富莱某公司这种行为，山东公司的国际战略合作伙伴——韩国某石化公司，也向美国法庭提出了反垄断和不正当竞争的诉讼。

不久之后，韩国最高法庭宣判，富某公司在韩国的专利无效，原告山东公司获得胜诉。最关键的时刻在 2007 年 12 月 21 日到来。山东公司美国律师的电话在全公司的期盼中打来，电话那头传来了“美国联邦巡回上诉法院撤销并驳回美国国际贸易委员会的裁决，明确山东公司并不存在侵权行为”的消息。2008 年 4 月 14 日，美国联邦巡回上诉法院驳回富某公司提出的陪审员复审和全院联合复审申请，维持 2007 年 12 月 21 日的判决。这场耗时三年的知识产权纠纷终以中国一方的“神奇逆转”而告终。

案例六：电池 337 调查案

2008 年 4 月 22 日，美国联邦上诉巡回法院对美国某控股有限公司（以下原称美国公司）诉中国电池企业碱锰电池专利侵权一案作出终审判决：维持美国国际贸易委员会（ITC）的裁定，美国公司的“709 无汞碱锰电池专利”全部无效。这意味着持续 5 年之久的由中国电池工业协会组织联合应诉的美国“337 电池调查案”，以中国方胜诉而结束！

据了解，美国公司于 2003 年 4 月 28 日向 ITC 起诉包括中国内地和香港的 9 家企业侵犯了该公司的“709 无汞碱锰电池专利”，起诉方要求 ITC 就此展开“337 调查”，并申请执行“普遍排除令”，禁止我国生产的无汞碱锰电池及相关下游产品进入美国市场。同时美国公司已准备在欧洲等市场利用该专利起诉中国企业。我国电池行业是以出口为主的行业，该案的胜败将严重影响我国电池产品的出口和行业的发展。为了保护企业和行业利益，中国电池工业协会在商务部、中国轻工业联合会等上级部门的关心支持下，积极组织国内涉案企业，动员其他相关企业，带领全行业打响了极其艰苦的、曲折复杂的海外知识产权侵权案的反击战。

2004 年 6 月 2 日，美国 ITC 主审法官作出初裁，认为原告专利有效，中方企业侵权成立。面对严峻的局面，中国电池工业协会积极与企业沟通，分析我们的证据优势，鼓舞士气，排除干扰，要求继续保持团队作战，向 ITC 提出复议。经过我方强有力地举证、抗辩，2004 年 10 月 2 日，ITC 作出终裁，裁定原告美国公司专利因不具备确定性而无效。

2004 年 10 月 7 日，美国公司向美国联邦巡回上诉法院提出上诉。2006 年 1 月 25 日，美国联邦巡回上诉法院将“337 电池调查案”发回 ITC 重审。2007 年 2 月 ITC 再次作出专利无效的裁决，美国公司遂第二次向美国联邦上诉巡回法院上诉。经过再审，2008 年 4 月 22 日，美国联邦上诉巡回法院最终维持了 ITC 的裁定，判决美国公司 709 专利无效。

过去，中国企业在遭遇外国侵权起诉时，往往因势单力薄或承受不了沉重的经济负担，宁可放弃市场而不愿应诉。“337 电池调查案”的胜诉，不仅为中国企业继续向美国和欧盟等发达国家出口无汞碱锰电池扫清了障碍，保护了中国企业的合法权益，同时为我国积极应对国外各类非关税贸易壁垒起到了示范作用，也为其他行业协会在涉外维权中，如何发挥作用提供了可借鉴的经验。

（供稿人：傅蕾）

宣传 教育培训

宣传

教育培训

宣 传

2008年广东省知识产权局宣传工作

2008年是国家知识产权战略纲要颁布之年，也是广东省知识产权战略纲要全面实施的第一年，广东省知识产权局围绕知识产权战略纲要的颁布实施，大力开展宣传工作。

一、召开全省知识产权宣传培训工作交流会，部署全省全年宣传工作

3月，广东省知识产权局组织召开全省知识产权宣传培训工作交流会，会议交流了全省知识产权系统的宣传工作经验，并部署了全年知识产权宣传工作。会后，广东省知识产权局专门下发了《关于做好2008年全省知识产权宣传工作的通知》，对全省知识产权系统开展宣传工作作了具体要求。

二、组织举办“保护知识产权宣传周”，开展形式多样的知识产权宣传活动

4月，广东省知识产权局以实施知识产权战略为主题，精心组织开展了“保护知识产权宣传周”活动。一是与省委宣传部、省广播电影电视局在广东省电视台联合举办“智慧之光—4·26世界知识产权日”专题晚会，这是广东第一台省级“世界知识产权日”专题电视晚会，宋海副省长亲自出席晚会并致辞。二是举行广东首次公民知识产权意识调查结果发布会，标志着广东省公民知识产权意识调查及结果发布制度的建立。三是制作广东省知识产权局首部“实施知识产权战略”电视公益广告片，在广东电视台黄金时间连续播出一个月，同时组织各市知识产权局在当地电视台播出。四是举行广东省知识产权保护状况新闻发布会，向各国驻广州领事馆代表、境外及港澳驻穗新闻媒体代表、中央驻粤和广东各新闻单位代表发布2007年广东省知识产权保护状况。五是召开广东省知识产权十个典型案例发布会，多家媒体《南方日报》、新华网、南方新闻网进行了报道。六是举行电池产业专利态势分析报告会，将开展宣传与促进企业提高知识产权管理与运用能力相结合。七是组织开展“4·26”全省知识产权联合执法及宣传活动，将执法活动与宣传工作相结合。八是在《中国知识产权报》、《南方日报》、《广东科技报》刊登知识产权专版，广泛宣传广东省知识产权战略纲要的颁布实施及全省知识产权事业的最新发展。九是编印并向全省分发知识产权宣传资料，支持各地开展宣传周活动。十是组织各地市开展了内容丰富、形式多样、各具特色的宣传活动，如仅深圳市在“宣传周”前后在全市各区组织开展了40多项活动。

三、围绕知识产权战略贯彻实施，开展一系列宣传活动

《国家知识产权战略纲要》（下称《纲要》）于6月份颁布实施后，广东省知识产权局连续数月不断掀起学习宣传贯彻《纲要》的高潮，在全省持续营造了实施《纲要》的氛围。

一是积极筹备“广东学习论坛”知识产权战略纲要专题报告会，邀请国家知识产权局田力普局长，为省委中心组全体成员，省人大常委会、省政协其他领导同志，省军区党委常

委，省法院院长、省检察院检察长，省武警总队军政主官，省直各单位、各人民团体现职正厅级领导干部近400人作了“实施知识产权战略，建设创新型国家”的专题报告，这是广东省宣传贯彻《纲要》的最高层次的学习活动，也是广东省委中心组在短短7个月时间内第二次组织知识产权专题学习报告会。

二是利用全省知识产权工作会议，特邀国家知识产权局田力普局长专程为参会人员作知识产权战略专题报告，对《纲要》进行详细解读。

三是利用全省地方知识产权局长会议，部署各地市学习宣传贯彻《纲要》。会议之后，广东省知识产权局领导及有关处室负责人多次深入地市，向社会各界广泛宣传和深入讲解《纲要》的核心思想和主要内容，全省各地级以上市普遍掀起了学习、宣传、贯彻《纲要》的热潮。

四是实施“知识产权战略纲要全省宣讲计划”，9月，为在全省掀起知识产权战略纲要宣传新高潮，广东省知识产权局制定并启动了“知识产权战略纲要全省宣讲计划”，局领导班子全体成员于9月至11月间分赴全省各个地市，面向各地市中心组成员、市直单位及县区领导干部、企事业单位负责人等系统宣讲国家及广东省知识产权战略纲要，进一步营造贯彻落实《纲要》的良好氛围。

五是充分发挥媒体作用，面向社会各界广泛宣传《纲要》。《纲要》颁布后，广东省知识产权局积极利用报刊、电视、广播、网络等各类媒体进行宣传。7月，在局网站特设学习宣传《纲要》专栏，汇总《纲要》内容与解读，向社会公众宣传《纲要》。8月，在《中国知识产权报》组织专版，刊登了对宋海副省长关于实施《纲要》的专访；9月，在《南方日报》组织专版，刊登了田力普局长在省委中心组“广东学习论坛”所作的专题报告全文；在《中国知识产权报》组织刊登对陶凯元局长关于贯彻落实《纲要》的专访。11月，广东省知识产权局面向广东省各知识产权保护部门征集学习贯彻《纲要》专题文章，并在《南方日报》专版刊登。同时，广东省知识产权局向各类媒体发布广东省宣传贯彻《纲要》的动态信息，省内各主要媒体积极予以报道。

四、组织举办2008年广东知识产权保护与发展论坛

8月22日，广东省知识产权局与省政协科教卫体委员会在省政协常委会议厅，联合举办“2008年广东知识产权保护与发展论坛”。省政协副主席温兰子出席并讲话，广东省知识产权局局长陶凯元、省政协科教卫体委员会主任李中铎出席并致辞，广东省知识产权局党组书记、副局长马宪民主持论坛。论坛汇聚了省政协常委、委员代表，广东省知识产权行政管理部门、司法部门、高等学校、科研院所、企事业单位以及知识产权服务机构代表等50余位知识产权专家。各位专家从不同角度探究了当前广东省知识产权保护与发展存在的问题，并提出了解决方案，形成了许多新的思路和建议。这是广东省知识产权局与省政协科教卫体委员会首次联合主办知识产权论坛。

五、围绕全局中心工作组织媒体宣传报道

全年，广东省知识产权局坚持利用新闻媒体对知识产权中心工作进行宣传报道、扩大工作影响面的思路，对全省知识产权宣传培训工作交流会、保护知识产权宣传周系列活动、全省知识产权工作会议、广东学习论坛知识产权专题报告、珠江知识产权及创新论坛、广东知识产权保护与发展论坛、全省知识产权信息运用工作会议、全省查处取缔非法从事专利代理行为专项行动等多项重要工作和重大活动，组织《南方日报》、广东电视台等多家媒体进行广泛报道，有效提高了各项工作的社会显示度与影响力。同时，广东省知识产权局充分发挥《中国知识产权报》广东记者站作用，及时报道广东省知识产权事业最新发展动态，截至9

月底，记者站全年累计发稿90余篇，其中头版头条及其他版头条30余篇。另外，广东省知识产权局多次为省领导准备国内外新闻媒体关注广东的知识产权热点问题材料。

六、组织开展广东省知识产权局改革开放30周年纪念系列活动

今年是改革开放30周年，为了回顾广东省知识产权事业在改革开放以来的发展历程，总结成功经验，推动广东省知识产权事业新一轮大发展，广东省知识产权局组织开展了知识产权系统改革开放30周年纪念系列活动。一是组织编写《广东知识产权一大省的光荣·强省的梦想》纪念画册；二是开展“改革开放30周年广东知识产权十大里程碑事件”评选活动，评选出“改革开放30年知识产权十大成就”。三是举办“足印·方向—广东知识产权界纪念改革开放30周年”座谈会。

七、完成各类年鉴编写工作任务

全年，广东省知识产权局完成了《广东知识产权年鉴》编写工作，并应有关单位要求，为《中国知识产权年鉴》、《广东改革开放纪事》、《广东年鉴·2008》等提供相关稿件。

（供稿人：李伟）

2008年广东省工商行政管理局知识产权宣传工作

广东省工商系统根据广东省整规办《关于印发〈2008年广东省“保护知识产权宣传周”活动方案〉的通知》（粤整规办〔2008〕13号）的要求，在“2008年知识产权宣传周”期间在全省范围内开展系列宣传活动，取得良好的社会反响，现将具体情况总结如下：

一、领导高度重视，精心准备，周密部署，确保“2008年知识产权宣传周”活动顺利完成

2008年4月26日是第八个世界知识产权日，广东省工商局对此高度重视，一是及时向全系统转发了全国整规办、中宣部、国家工商行政管理总局等18部委下发的《关于开展2008年“保护知识产权宣传周”活动的通知》，二是对全系统在“宣传周”的工作安排提出了具体要求，并制定了详细的工作计划和实施方案。

二、形式多样，内容丰富，努力营造尊重和保护商标专用权的良好氛围

为使“宣传周”活动取得良好的社会效应，广东省各级工商部门努力创造条件，组织了形式多样的系列活动。

一是通过电视、电台、报纸、现场咨询等媒介报道各级工商部门商标管理工作的成绩、普及宣传商标法律知识。4月25日，广东省工商局和南方日报社联合在广州举办了“广东自主品牌战略论坛”，通过对自主创新与自主品牌的关系探讨，阐述了自主品牌的创建与自主创新同等重要。随着世界知识产权制度的发展，自主品牌是自主创新的重要载体，二者相辅相成缺一不可。在此同时，广东省工商局组织了深圳、佛山、珠海、东莞、中山、潮州、揭阳、湛江、阳江共9个市工商局在《南方日报》进行“自主品牌 南粤风采”12版特刊专版宣传，报道了我省30年的商标管理工作的成绩和实施名牌带动战略和服务地方经济的工作。同时，各地级市工商部门也通过当地报纸、电视、电台等宣传渠道大力宣传商标知识，如：东莞、中山、揭阳、江门等市工商局在当地电视台、电台连续多日播放商标知识的宣传片，全省各市工商局在当地报纸上集中展示本市驰名著名商标风采和介绍当地商标保护

状况。各地工商部门还通过现场咨询的方式，发放各种宣传资料上万份。部分市工商局还深入到企业和农户，通过面对面的交流，为他们排忧解难。中山市工商局开展知识产权进校园的活动，在大学生中广泛宣传商标知识。

二是组织保护商标专用权的专项执法行动，以维护商标注册人及消费者权益。在“宣传周”期间，广东省工商局统一部署了保护“三角”、“苹果”等商标的专项执法行动。除广东省工商局统一部署的专项行动外，广东省各市局也在全市范围内开展了各种不同程度的执法行动，查处了一大批商标侵权案件，初步统计全省工商系统共出动了上千人次，执法车辆上百台，巡查了近千家企业。

三是结合奥运火炬传递，为奥运会的顺利召开营造良好环境。“4·26”期间，一些市开展了奥运标志保护的培训和专项行动。如：佛山市工商局就组织了三期奥运标志培训班，东莞市工商局也举办了奥运标志保护专业培训。全省各市工商局根据国家工商总局的部署，积极在辖区开展对涉嫌侵犯奥运标志专用权的各种形式的宣传和专项行动。据统计，“知识产权宣传周”期间，全省共查处侵犯奥标专用权案件15件。进一步打击侵犯奥林匹克标志行为，维护奥运会在我国举行的国际大环境，增强全社会的保护奥林匹克标志意识和品牌观念，提高企业对奥林匹克标志的保护意识，推进保护奥林匹克标志的良好趋势，迎接奥运会的胜利举行，取得了双赢效果。

三、宣传工作的不足和对策

（一）经费不足，难以保证宣传工作的连续性

提高全社会的知识产权意识，需要有广泛的群众基础，是一项长期的工作，仅靠各职能部门的有限的资源是难以做到持之以恒的。每年一次的集中宣传，虽然能起到一定的效果，但要引导全社会广大公众共同关注、重视知识产权，营造出创建、保护好知识产权的良好氛围是远远不够的。特别是要实施好国家和广东省知识产权战略纲要，应当把知识产权的宣传教育作为一项长期的工作，并设立专门经费，有计划的推进普及知识产权的宣传教育。

（二）合理安排，保证宣传质量和效果

近几年来，中宣部等国家各部委对纪念世界知识产权日宣传周的工作都做了部署和提出了要求，但逐级转发到执行部门，所剩的准备时间却不多了，致使整个宣传安排显得比较仓促，造成部分宣传工作流于形式，难以保障宣传的质量和效果。建议将纪念世界知识产权日的活动作为每年的一项日常工作，由专门部门牵头，提前安排，统一主题，这样各部门将节省一定的资源，确保宣传效果，又能保证整项工作有条不紊地推进。

（三）加强交流，相互学习，共同提高

“4·26”宣传是同一时间在全国范围内集中开展的活动，该项工作涉及工商、版权、知识产权局、法院、海关等多个部门。全国各省及各部门的宣传都有各自的主题和特色，形式上也多种多样。各部门间组织交流和学习，以促进我省进一步加强宣传工作，提高宣传的效果。

（供稿人：伍莉）

2008年广东省版权局知识产权宣传工作

2008年，广东省版权局按照国家版权局印发的《关于贯彻落实全国整规办等十八部门开展2008年“保护知识产权宣传周”活动的通知》（国权办〔2008〕4号）的精神，及时组织全省地级以上市版权局开展了2008年“保护著作权宣传周”活动。

一、广东省版权局开展2008年“保护著作权宣传周”活动的情况

（一）认真制定、印发

《广东省2008年“保护著作权宣传周”活动计划》，组织全省版权行政管理部门开展版权法律知识的宣传普及活动和开展打击著作权侵权盗版行为的专项行动。

2008年3月份广东省版权局局收到国家版权局《关于贯彻落实全国整规办等十八部门开展2008年“保护知识产权宣传周”活动的通知》（国权办〔2008〕4号）后，立即制定并向全省各地级以上市版权局印发了《关于印发〈2008年“保护著作权宣传周”活动计划〉的通知》（粤权［2008］13号，以下称《活动计划》），要求各地级以上市版权局围绕“保护版权，促进创新发展”的宣传主题，制定本部门“宣传周”活动计划，落实活动项目，在今年的“4·26宣传周”期间结合实际，因地制宜开展各种形式的宣传活动，同时组织一次打击著作权侵权盗版行为的专项行动。各地级以上市版权局按照广东省版权局的要求，纷纷制定了各自的宣传周活动计划，对“宣传周”期间的活动进行了详细的安排。

（二）落实“宣传周”活动项目

广东省版权局按照制定的《活动计划》主要完成了以下宣传活动：

1. 投放宣传《著作权法》公益广告。在2008年“4·26宣传周”来临之际，广东省版权局与往年一样，拨出专款用于投放版权保护公益广告。为取得良好的宣传效果，今年，广东省版权局选择在广州市第一公共汽车公司所属的36路、245路、287路和864路公共汽车车身上刊出“保护版权，促进创新发展”和“使用正版软件，树立企业形象”的宣传公益广告和广东省版权局的反盗版举报电话。分别刊有上述宣传公益广告和反盗版举报电话的6辆公共汽车已于2008年4月20日上路，分别运行在广州市黄石路至珠江泳场、广州大学城至外语学院、天平架到海珠客运站、海联路至奇绿山庄这四条企业较集中的线路上，时间为90天。

2. 开设“版权保护在广东”专题报道栏目。2008年是广东省版权局连续第四年在“宣传周”期间通过广东省版权局公众信息网开辟“版权保护在广东”专栏，向社会公众传递上一年度广东省各级版权行政管理部门在版权法律宣传、促进产业发展、打击侵权盗版等方面的一些信息，让社会公众了解、监督全省版权行政管理部门的工作情况，分享广东省版权管理和产业发展的新成果。为办好2008年的专栏，广东省版权局从各地版权局、省版权兴业示范基地等多方面收集相关信息，组织编辑18篇专稿，从2008年4月16日起，每天1篇，连续在广东省版权局公众信息网上刊发。

3. 通过广东省版权局公众信息网对外公布2007年度广东版权行政管理部门保护著作权十大事件。这十大事件从广东省各地级以上市版权局推荐参加“2007年度广东保护著作权十大事件”的候选事件和各市版权局的年度工作总结中选出，包括广东省版权局与广州市版权局、深圳市版权局、珠海市版权局联手承办的“版权保护与创新型国家”全国巡回演讲活动广东报告会，广州市版权局的广交会版权保护工作和青少年保护知识产权宣传教育工作，深圳市版权局牵头进行的《深圳市平面设计作品版权行政保护办法》和《大芬油画村美术作品版权交易法律指导》等地方法规的立法工作，珠海市版权局在促进版权产业快速发展方面探索出的“版权保护前移、建立全程式服务性保护工作机制”的新模式，汕头市版权局对本地玩具产业发展的积极扶持，东莞市版权局组织辖区各乡镇在“宣传周”期间开展各具地方特色的系列著作权宣传活动，广东省版权局举办的“创意产业与版权保护论坛暨‘广东省版权兴业示范基地’授匾仪式”和“清华——广东省版权局版权管理高级研修班”，全省各级版权行政管理部门开展的打击非法预装计算机软件专项行动和打击网络侵权盗版专项

行动，潮州市版权局对本地动漫产业做强做大的支持，河源市版权局开展的“版权教育进学校”示范点工作，阳江市版权局积极为本地版权相关企业提供版权知识培训等。

4. 通过广东省版权局公众信息网对外公布2007年度广东省各地级以上市版权行政管理部门查处的十起典型版权案件。这十起典型版权案件是从全省各地级以上市版权局上报的2007年度办案材料中挑选出来的，包括广州市文化市场综合行政执法总队查处的“宏志软件网”销售侵权盗版软件案，深圳市版权局查处的深圳市某实业有限公司鼠标侵权案，汕头市版权局查处的汕头市澄海区某玩具厂玩具著作权侵权案，湛江市文化市场综合执法大队查处的《征途》网络游戏私服案，韶关市版权局查处的某家纺韶关专卖店第五分店销售侵权床上用品案，深圳市版权局移交的深圳亿易电脑技术有限责任公司侵犯著作权刑事案，肇庆市版权局查处的私设网络游戏《盛世传奇》服务器案，梅州市版权局查处陈某某网络侵权案，河源市版权局查处的“万联电脑城”贩卖盗版音像制品案和汕头市版权局查处的音像制品侵权案等。

二、全省各地级以上市版权局开展2008年“保护著作权宣传周”活动的情况

在“宣传周”期间，广东省各地级以上市版权局按照国家和广东省版权局的要求，开展形式各异的宣传活动，主要情况如下：

1. 按广东省版权局印发的《活动计划》的要求，在“宣传周”期间组织开展打击著作权侵权盗版行为专项行动的有广州、珠海、汕头、佛山、韶关、河源、梅州、惠州、汕尾、东莞、中山、阳江、湛江、茂名、肇庆、潮州、揭阳和云浮等市的版权局。全省共查处非法音像制品仓库12个，大型地下图书（音像制品）批发窝点14个，包装厂2个；取缔无证经营书刊、软件、音像制品、电子出版物经营单位121个，非法书报刊、音像制品流动摊档208个，“黑网吧”44家；查处有证照音像制品和电子出版物经营店档19家；收缴非法音像制品、电子出版物、计算机软件、书报刊等出版物110.6520万张（份、册）。其中，广州市版权局执法人员查处非法音像制品仓库11个，地下批售点8个，包装厂2个，取缔无证音像制品、电子出版物档口37个，查处有证照音像店档10家，共收缴非法音像制品、电子出版物46.2658万张，行动期间共受理投诉举报74起，立案68起，向公安机关移送涉嫌犯罪3起。珠海市版权局在“宣传周”期间共开展3项专项行动，其开展的“音像制品经营单位专项检查行动”，对全市范围内持有经营证照的音像制品经营单位进行全面检查，同时重点清查大型商场周边、拱北口岸、车站、码头等窗口地段和电脑城等无证照音像制品经营单位，整治了拱北口岸、中亿电脑城和瀚高电脑城等无证销售侵权盗版音像制品行为，共收缴侵权盗版音像制品27300张，查处销售侵权盗版音像制品行为案件12宗；此外，还分别开展针对“网吧”和歌舞娱乐场所的专项检查行动，督促经营者尊重著作权，使用正版软件和有合法来源的影视、音乐作品。东莞市版权局采取“扫摊、清边、端窝、截源”等有效措施，在全市范围内开展大规模著作权专项执法宣传行动，全市共出动执法人员960多人次，出动执法车辆200多车次，取缔“黑网吧”44家，查处大型地下图书（音像制品）批发窝点6个，收缴非法音像制品23.9万张，盗版电子出版物6491张，盗版图书20.3万册、刊物6435份。肇庆市版权局于4月22日和24日，组织肇庆市、区执法人员对本市出版物市场进行了两次清查，共收缴盗版光盘12652张，“六合彩”报19515份。

2. 全省举办主题各异的版权保护培训班12次。其中，广州市版权局举办了广州市2008年版权工作会议暨版权业务骨干培训班，各区、县级市版权局局长、版权业务骨干以及市、区两级文化市场综合行政执法机构的执法人员120余人参加会议和培训。国家版权局王

自强司长、广州市徐志彪副市长到会作重要指示。珠海市版权局于4月17日召集全市网吧业主120人参加正版实务培训，取得良好效果。惠州市版权局组织文化经营单位业主进行培训，加强学习著作权法律法规，逐步提高行业的自律能力和内部监管水平。东莞市的石排、樟木头、茶山、企石、厚街等镇，分别组织辖区音像、书报刊、影剧院、娱乐场所、网吧、印刷企业等文化经营单位的负责人及各村（社区）宣传委员等举办版权知识培训班。清远市版权局于4月11日组织举办音像制品经营单位（业主）培训学习班，参加培训学习人员共120多人。潮州市版权局在“保护著作权宣传周”期间先后举办市区音像制品经营者版权法律法规培训班、市区出版物经营者版权法律法规培训班，共140名经营者接受培训。云浮市云城区文广新局（版权局）举办音像市场从业人员的法律法规培训班，并在培训结束时对从业人员进行严格考核。

3. 举办保护知识产权报告会（讲座、研讨会、论坛等）11场。4月23日，深圳市版权局召开《互联网软件知识产权保护办法》立法论证会。该保护办法是深圳市版权局为贯彻落实深圳市政府鼓励、促进互联网软件产业又好又快发展的精神，增强深圳市互联网软件产业知识产权创造、管理、运用和保护的综合能力，助推互联网软件企业提高核心竞争力和做大做强而主动承担的一项立法工作。韶关市版权局在4月23日组织1场由音像、书刊、网吧、游戏机、歌舞娱乐场所等单位有关人员300余人参加的保护知识产权专题讲座。河源市版权局在“4·26保护著作权宣传周”期间，联合河源市科技局、教育局河源市第三小学组织召开全市性“知识产权（版权）保护教育进学校”研讨会。梅州市的嘉应学院、工业学校和商业学校各组织1场知识产权报告会，向大中专学生介绍知识产权的基本知识、法律法规等。东莞市版权局举办松山湖科技产业园荣获“广东省版权兴业示范基地”等称号揭牌仪式暨“创意松山湖”知识产权论坛，国家、广东省、东莞市有关领导和松山湖园区企业的知识产权工作者、东莞市知识产权保护学会会员、东莞市博士创业促进会会员、东莞市留学人员信息库留学人员、东莞理工学院知识产权学科学生、东莞市版权产业企业代表及新闻媒体近400人参加了论坛。中山市版权局于4月26日上午在中山市图书馆三楼综艺厅召开全市音像制品经营者和网吧经营者参加的“保护知识产权”经营者会议，对相关经营者进行了保护正版、抵制盗版的教育。阳江市版权局共举办了3次专题讲座，在公共场所向社会公众进行相关法律法规知识和侵权盗版物品鉴别办法的讲解。

4. 面向公众举办宣传、咨询活动的有广州、深圳、珠海、汕头、佛山、河源、梅州、汕尾、东莞、江门、阳江、湛江、茂名、肇庆、潮州、揭阳、云浮等市的版权局。例如，汕头市版权局于4月21—24日在第十届澄海国际工艺玩具博览会举行期间，会同澄海区版权行政管理部门在大会现场设立咨询台，接受有关人员的版权问题咨询，宣传有关法律法规，取得较好的社会效果。

5. 通过报刊、电台、电视台、互联网、电信网络等媒体开展宣传活动的有汕头、佛山、韶关、河源、惠州、汕尾、东莞、中山、江门、湛江、茂名、肇庆、潮州、云浮等市的版权局。4月26日，在佛山电台的协助下，佛山市版权局成功举办了“佛山市4·26保护知识产权宣传周版权保护主题活动”，有效扩大了“4·26”宣传周活动的影响。河源市版权局从21日至26日，利用河源晚报、河源广播电视周报开设“著作权保护”专栏，大幅刊载“著作权知识问答”等有关著作权保护内容；河源中小企业信用信息网站开辟了保护著作权专栏，而且天天更新内容；26日，河源人民广播电台《走进河源》栏目专题报道了全市“宣传周”活动和著作权保护工作的有关情况。东莞市版权局充分发挥新闻出版领域的思想和信息传播优势，在“宣传周”期间，通过本局公众网站、阳光网和《东莞日报》、东莞广播电视台、南方日报东莞记者站、羊城晚报东莞记者站以及各镇（街）有线电视系统等，围绕2008年“保护著作权宣传周”活动开展“版权保护在东莞”专题报道，营造强大的宣传声势。潮州市版权局通过中国移动公司潮州分公司，向广大中国移动潮州用户发送“保护知识产权，促进创新发展，建设和谐潮州，您我共同努力”的宣传信息。

6. 刊登、投放公益广告的有广州、佛山、河源、惠州、阳江、揭阳、云浮等地版权局。广州市版权局制作版权保护公益广告，通过广州市有线电视和地铁进行播放。佛山市版权局从4月中旬开始，持续1个月在佛山电台的三个频道滚动播出版权保护宣传广告。河源市版权局在河源内各新闻媒体刊播“保护版权，促进创新发展”公益广告和反盗版举报电话100多条（版）次。云浮市通过广播电视台滚动播出“保护版权，促进创新发展”、“保护知识产权，打击侵权盗版”、“拒绝盗版，从我做起”等公益宣传广告；云浮市辖内的罗定市、新兴县、郁南县、云安县的电视台、电台等新闻媒体也积极播放保护知识产权的公益广告。

7. 举办反盗版公众签名活动的有广州、东莞、揭阳、云浮等市版权局。广州市版权局开展了“拒绝盗版，从我做起”的签名活动。东莞市东城区版权局组织学校学生开展了“2008保护著作权签名会”，东城初级中学1200多人在一条长8米、宽1.5米印有版权宣传口号的横幅上签名。

8. 举办版权知识图片宣传巡展的有广州、珠海、佛山、东莞、阳江、揭阳、云浮等市版权局。广州市版权局举办了“打击侵权盗版，塑造诚信广州”图片巡回展览；同时，还与海珠区版权局联合举办了“著作权知识图片展”。4月24—26日期间，佛山市版权局在禅城区东方广场进行了图文展示活动，向市民宣传版权保护基本知识、该市2007年版权执法情况及省内外的典型案例。

9. 向公众发放宣传资料的有珠海、汕头、佛山、河源、梅州、汕尾、东莞、江门、阳江、湛江、茂名、肇庆、潮州、云浮等市的版权局。茂名市版权局印发了宣传手册、扑克牌、活页宣传资料等20000多份，分发给市民。

10. 举办（参加）新闻发布会、发表电视讲话、制作电视（电台）专题宣传节目的有深圳、汕头、佛山、梅州、茂名、潮州的饶平县等地。4月22日，深圳市版权局徐友军局长做客广电集团“民心桥”栏目向市民讲述知识产权，现场来电积极踊跃，得到广大市民的一致好评。梅州市版权局制作了片长10分钟的《保护知识产权 促进自主创新》的电视专题片，于4月26日、27日分别在梅州时政综合频道和客家公共频道播出；梅州电台制作了为时5分钟的《保护知识产权 促进自主创新》专题节目，于27日在梅州电台播出4次，节目内容声情并茂，收到了较好的社会宣传效果。

11. 举办与保护版权有关的各类挂（揭）牌仪式、活动启动仪式的有广州、深圳、东莞、江门、肇庆。“宣传周”期间，广州市、区（县级市）两级领导向荔湾区六所版权教育示范学校赠送图书，并举行了挂牌仪式。深圳市版权局为了以更加直接、更加方便快捷的方式向归国留学人员提供知识产权服务，推动科技产业知识产权的创造、应用和保护，为创业园企业的快速发展提供更好的创新环境，4月23日，为深圳市留学人员（龙岗）创业园知识产权工作站举办了挂牌成立仪式。东莞市版权局于4月16日为荣获2007年度“广东省版权兴业示范基地”称号的松山湖科技产业园举行了揭牌仪式。肇庆市版权局于4月20日上午10时，在牌坊广场举行了2008年“保护知识产权宣传周”活动启动仪式，肇庆市政府及相关部门的领导、文化产品经营业主等人员参加了活动。

12. 通过举行灯谜竞猜、开出宣传车辆、组织文艺表演、张贴宣传标语等形式宣传著作权法律法规的有汕头、佛山、河源、梅州、汕尾、东莞、中山、湛江、揭阳等市的版权局。

此外，有的市还结合本地实际，开展了各具特色的宣传活动。例如广州市版权局，在4月26日凌晨正式启动了“时间戳”作品首创时间著作权登记系统。进一步完善知识产权保护体系，提高行政执法与监管的效率，4月1日，深圳市人大常委会第十八次会议第二次全体会议审议通过了《深圳经济特区加强知识产权保护工作若干规定》，并将于2008年7月1日起在深圳实施。这是全国第一个以立法形式出台的对知识产权各领域综合性保护的地方性法规；4月24日，深圳市版权局和深圳市新闻办联合发布2007年《深圳市知识产权发展状况》白皮书，公布了深圳市2007年知识产权方面的情况及知识产权创造、管理、利用及保护的现状。珠海市版权局会同文化执法部门正在进行版权监管和认证的子平台网络的建设工作，适时与珠海市各区及广东省和国家网联通，尽快建立起一个信息共享、互通互联的工作平台，以提高打击侵权盗版和社会监管职能，更好地为经济建设和文化建设服务，为构建和谐珠海服务。惠州市版权局结合举行奥运圣火传递活动，开展奥林匹克知识产权专项保护行动。作为奥运圣火传递城市，惠州市高度重视奥运会知识产权保护工作，按照国务院《奥林匹克知识产权条例》的有关规定，积极营造保护奥运知识产权、树立良好社会形象的文化氛围，加大市场清查力度，严防侵犯奥林匹克知识产权的现象发生，同时在举办奥运圣火传递的过程中，积极宣传有关奥运知识产权保护知识，收到了良好的普法及宣传效果。

各市还按照统一部署，在“宣传周”期间举办了集中销毁违法音像制品的活动。

（供稿人：张同英、凌立华）

2008年广东省信息产业厅知识产权宣传工作

2008年11月12—13日，在广东省信息产业厅协助下，原信息产业部知识产权中心在广州成功举办了中国－欧盟知识产权保护项目（二期）“保护知识产权培训班”，来自省内有关IT企业八十多名代表参加了培训，聆听了欧盟和国内保护知识产权领域的资深专家关于国内外专利申请、保护知识产权政策和法律法规以及专利利用方面的精彩讲座，是提高企业知识产权意识，推动保护知识产权工作的一次有益尝试，收到良好的效果。

（供稿人：林桂芸）

教育培训

2008年广东省知识产权局培训工作

2008年，全省知识产权系统积极贯彻实施国家和广东省知识产权战略纲要，多渠道、多层次地开展知识产权培训工作，取得了良好成效。

（一）面向各级领导干部开展知识产权宣传培训活动

一是面向高层领导开展宣传培训活动。广东省知识产权局积极建议并协助筹备举办了省委中心组理论学习第53期“广东学习论坛”知识产权专题报告会，邀请国家知识产权局田力普局长为省委中心组成员，广东省人大、广东省政协其他领导同志，广东省军区党委常委，广东省法院院长，广东省检察院检察长，广东省武警总队军政主官，广东省委各部委、广东省直各单位、广东省各人民团体现职正厅级领导干部，作了“实施知识产权战略，建设创新型国家”专题报告。这次省委中心组理论学习是广东省委、省政府领导继2007年第47期“广东学习论坛”知识产权专题报告会以来第二次进行知识产权专题集体学习，对提高全省知识产权宏观管理能力产生了积极的影响和作用。

二是面向分管知识产权工作的领导干部开展宣传培训活动。在全省知识产权工作会议上，国家知识产权局田力普局长向参加会议的广东省直各部门有关领导、各地级以上市分管知识产权工作的副市长和专利、商标、版权管理部门负责人宣讲《国家知识产权战略纲要》。

三是面向全省地市各级领导干部开展宣传培训活动。广东省知识产权局十分重视学习宣传国家和广东省的知识产权战略纲要，制定实施了“知识产权战略纲要全省宣讲计划”，局领导班子全体成员从9月至12月分赴全省21个地级以上市，向各市中心组成员、市直单位及县区领导干部宣讲国家及广东省知识产权战略纲要。

（二）制定实施百千万知识产权人才培育工程

2008年，广东省知识产权局制定了“广东省百千万知识产权（专利）人才培育工程”实施方案。总体目标是到2010年，培养100名左右精通知识产权法律法规、熟悉知识产权国际规则、具有较高理论水平或实务技能的高层次专门人才；培养1000名左右具有较高理论水平和实务技能的知识产权专业人才；培训10000名左右企事业单位知识产权人才，初步形成一支适应广东省经济社会和知识产权事业发展需要的专利人才队伍。作为百名人才培养项目，广东省知识产权局组织行政管理及执法人员和企事业单位知识产权管理人员两期出国研修班，共有36人分别赴德国和美国参加学习。作为千名人才培养项目，广东省知识产权局委托华南理工大学举办2期企事业单位知识产权研修班，委托暨南大学知识产权学院举办1期知识产权行政管理及执法研修班，共有180多人参加培训。作为万名人才培养项目，广东省知识产权局通过《2008年广东区域知识产权发展计划》下达万名人才专项培训任务给各市，并提供一定的培训经费，各市均按照下达的培训计划完成了本年度的培训任务。

（三）指导支持各市开展知识产权基础培训

2008年3月，广东省知识产权局组织召开全省知识产权宣传培训工作会议，会议提出2008年全省知识产权培训工作的目标及任务，制定印发《2008年广东省知识产权培训计划》，指导各地市知识产权局开展培训工作，并为各市提供一定的经费支持。2008年，全省知识产权系统共举办各类知识产权培训班、研讨会、讲座169期，参加培训2.4万多人次。

（四）组织开展中高层次知识产权专题培训

在各地市广泛开展知识产权基础培训的基础上，广东省知识产权局以广东省专利信息中心作为全省知识产权短期培训基地，针对经过各地市局初级培训的人员的需要，举办各类专题培训班，进一步提高专业能力。2008年，广东省知识产权局委托广东省专利信息中心举办各类专题培训班12期，内容涉及中医药领域知识产权战略、国际贸易中的知识产权管理与保护、专利池许可协议、专利信息检索利用、PCT专利申请、专利代理提高班、专利代理人考前培训、美国专利法及美国专利制度最新发展、省试点事业单位知识产权实务培训、专利行政执法、中小学知识产权教育师资培训等多个方面，组织地市知识产权局局长赴江苏、浙江学习考察活动。

（五）组织开展专业技术人员知识产权公需科目培训

根据国家知识产权局和人事部的部署和要求，2008年，广东省知识产权局组织开展广东省专业技术人员知识产权公需科目培训。委托有关专业技术人员继续教育培训基地举办12期专业技术人员知识产权培训班；支持广东省22家知识产权试点事业单位举办本单位专业技术人员知识产权培训班；部署各市与当地人事部门共同组织举办专业技术人员知识产权培训班。

（六）利用社会培训资源开展培训工作

2008年，广东省知识产权局委托广东省知识产权保护协会举办电子信息产业、家电行业、建筑材料行业知识产权研讨班等5期培训班，委托广东省企业管理咨询协会举办12期培训班。各地市知识产权局也非常注重调动各种社会力量开展知识产权培训，特别是深圳、东莞、江门、汕头等市，委托或支持知识产权中介机构和知识产权民间组织开展培训工作，收到良好的成效。

广东省知识产权局还与有关机构联合举办知识产权研讨活动。2008年，广东省知识产权局与美国专利商标局合作举办“珠江知识产权及创新论坛”；与国家知识产权局、欧洲专利局、欧共体商标局联合主办了“欧洲知识产权制度—外观设计与专利国际研讨会”；与汕头市政府、香港知识产权署、香港贸易发展局联合举办“粤港知识产权与中小企业发展（汕头）研讨会”；与广东省政协科教卫体委员会联合举办“2008年广东知识产权保护与发展论坛”等。

（七）进一步推进高校知识产权教育工作

目前，广东省已有3所高校成立了知识产权学院。2008年，广东省知识产权局继续支持3所高校知识产权学院开展知识产权教学和研究活动，支持华南理工大学组织举办“高校知识产权人才培养专题研讨会”，委托学院承担知识产权软课题研究项目共11项，接受学院学生到广东省知识产权局实习。目前，3所学院已逐步组建了较强的师资队伍，并结合本校的优势积极探索知识产权学历教育模式。

（供稿人：陆兵）

2008年华南理工大学知识产权学院

2008华南理大学知识产权学院在学科建设、科研、培训等方面取得显著成绩。

一、知识产权学科建设跃上新台阶

1. 制定和完善知识产权专业本科培养计划。从2008年初开始，就对“知识产权本科专业的培养计划”进行反复讨论、推敲、修改，期间修改稿共完成了六稿。培养计划力求解决好法学基础课程与知识产权专业课程的关系、理工经济方面课程开设的可行性操作性、知识产权专业课程设置的科学性等重大问题。

2. 2008年5月17日，组织召开“高校知识产权人才培养专题研讨会”。这次会议争取到广东省知识产权局大力的支持，同时邀请华东政法大学知识产权学院、上海大学知识产权学院及广东省内各主要高校参加此次会议，会议交流了各高校知识产权人才培养的经验教训、讨论了知识产权本科专业的课程设置、充分介绍和展示了学院知识产权人才培养的情况，研讨会组织严密、讨论充分，取得圆满成功。

3. 2008级正式招收知识产权专业本科生。2008年4月正式向学校提交“知识产权专业本科招生可行性报告”。原计划招生40名，后学校批复招生80名。2008年8月实际招生88名，后实际报到学生84名。知识产权本科生的正式招收在知识产权高校学历人才培养方面，在全国、甚至全世界都具有试点价值和意义，对学院工作提出了更高的要求。

二、对外学术交流活动显著活跃

1. 学院教师积极参加各层次知识产权学术研讨会和各类知识产权活动。据不完全统计2008年知识产权教师被邀请参加的研讨会有：上海华东政法大学知识产权组织的“中国高校知识产权人才培养研讨会”；武汉中南财经政法大学组织的“2008知识产权南湖论坛”；中国法学会知识产权研究会组织的2008“知识产权年会”；深圳知识产权局组织的大陆与台湾知识产权研讨会；广东省法学会知识产权研究会组织的2008“知识产权年会”；广东省法学会组织的改革开放30年法学研讨会等。此外还参加了：广东省知识产权工作会议；国务院、全国人大专利法修改调研会议；广州中国专利周活动；“广州亚运会知识产权保护办法”修改论证会等等。通过参加上述会议，教师及时跟踪掌握了知识产权学术研究的前沿和热点问题，开拓了研究思路，扩大了知院知识产权专业的影响力。

2. 邀请国内外知识产权专家到学院讲学或交流。2008年邀请了李明德、陶鑫良、皮特一俞、张玉敏、林广海等专家学者来学院为学生开设知识产权专题讲座。邀请美国法官、检察官到我院进行知识产权交流。都取得了良好效果。另外，与华进联合律师事务所签订合作协议，对我院知识产权系列讲座进行经济支持。目前合作良好，运作顺利。

三、科研工作取得显著进步

1. 承担科研项目的数量明显增加、质量明显提高。2008年承担广东省知识产权局委托项目和软科学共9项；主持承担国家知识产权局委托项目1项；主持承担广东省科技厅软科学项目1项；主持承担广东省社科基金项目1项；承担广州市、东莞市知识产权战略研究项目。其他项目2项。

2. 教材与论文。据不完全统计，2008年度共发表知识产权论文11篇，核心期刊10篇，CSSCI 6篇，SSCI 1篇，主编教材3本，获论文奖2项。

四、知识产权外训工作顺利开展

2008年与广东省知识产权局联合开展广东省企业知识产权人才培训工作。组织完成两期人才培训工作。第一期培训班于2008年7月25—30日进行；第二期培训班于2008年11月22—26日进行。共培训学员116人。

（供稿人：关永宏）

2008年暨南大学知识产权学院

2008年，暨南大学知识产权学院专职教师9名，其中博士6人、硕士3人（1位在职博士生），教授1人、副教授3人、讲师5人；行政人员2名，其中1人副研究员职称、在职博士生，1人为临时聘用。

知识产权学院自2005年开始招收知识产权专业本科生，其中2005级15人，2006级28人，2007级23人，2008级23人。挂靠法学院民商法专业招收知识产权方向研究生，其中2007级13人，2008级13人。硕士生指导导师有：徐瑄、严永和、沈仲衡、张晓薇。

2008年，知识产权学院科研工作取得突破性进展，由徐瑄教授和国家知识产权局张勤副局长担任首席专家的《贯彻科学发展观实施知识产权战略研究》，被国家社科规划办批准为特别委托项目，是广东省这类课题零的突破。另外，还获得广东省教育部产学研项目1项，广东省知识产权局项目13项，总经费达115万元。

4月7日，暨南大学隆重敦聘国家知识产权局副局长张勤为学校兼职教授。

4月9日，广州市作为全国首批知识产权示范城市正式启动，知识产权学院徐瑄教授、王爱华副教授、严永和副教授三位老师受聘为广州市知识产权专家顾问团顾问。

5月8日，暨南大学隆重敦聘香港知识产权署谢肃方署长为暨南大学客座教授。

9月28日，徐瑄教授应邀参加中国人民大学书报资料中心主办的《第五届法学研究与法学期刊学术论坛》，并作《国家知识产权战略中的公共利益问题》的主题报告。

11月11—13日，徐瑄教授应邀出席中国社会科学杂志社、广东省社会科学界联合会和学术研究杂志社共同举办的主题为“改革开放三十年中国社会科学发展成就与前瞻”的第三届中国社会科学前沿论坛。暨南大学胡军校长、蒋述卓书记、纪宗安副校长、经济学院院长张捷教授、产业经济研究院副院长朱卫平教授等应邀出席。知识产权学院徐瑄教授提交了《表达自由与版权制度设计》的学术论文并作小组发言。

12月13日，徐瑄教授应邀出席中国社会科学院与广西大学共同主办的第二届全国马克思主义院长论坛，担任主题发言主持人，并提交了论文《财产权及其交互性——马克思和科思发现了什么》。

12月15—16日，暨南大学增补为中国高校知识产权研究会第十四届年会理事单位，徐瑄教授继续担任中国高校知识产权研究会第十四届常务理事，学校科技处处长洪岸教授增补为常务理事。徐瑄教授提交了《知识产权与国家创新机制》的研究成果在会上宣讲并做了分会主持。

12月17日，徐瑄教授参加北京大学“知识产权—新经济时代的机遇与挑战”研讨会并发表《知识产权运用中的对价》的主题报告。

12月24日，徐瑄教授受聘为广东省法学会审判理论研究会常务理事。该研究会由中国法学会广东省法学会成立。广东省高级人民法院院长、党组书记郑鄂任会长。

（供稿人：周玉宇）

2008年广东金融学院知识产权研究所

2008年，广东省金融学院研究所紧密结合学校发展的客观实际，在积极推进我国知识产权战略实施和知识经济发展方面做了许多积极有益的工作。

一、为发展知识经济切实加大知识产权人才的培养力度

在当今经济高度全球化、知识化的新形势下，知识产权正日益成为人类社会最大的产权，成为21世纪现代财富中心。研究所一方面在各种学术会议和工作会议上都极力倡导加速知识产权人才培养，并在多种媒体上撰文呼吁呐喊；另一方面学校内部，则极力推动利用现有条件开办相关知识产权专业方向，加大复合型知识产权人才培养的力度。在研究所的积极倡导和推动下，广东金融学院自2006年开始以经济学专业的名义招收知识产权方向的本科生，2008年开始则以法学专业的名义再度招收107名知识产权方向的本科生。

二、为培养知识产权人才构建特色鲜明的办学思路

通过几年的办学与科研实践，研究所与法律系紧密合作，现已形成了一条富有特色的办学思路。主要概述为："一个中心"、"两扇翅膀"、"三大追求"、"四项举措"、"五种能力"。所谓"一个中心"，即是指要坚持以育人为中心。体现在知识产权教育上，就是要坚持以培养应用能力较强的知识产权人才为中心。所谓"两扇翅膀"，是指教学与科研是知识产权学科专业的"两翼"，办好知识产权专业方向教育一定要坚持"两翼"齐飞。所谓"三大追求"，就是要求我们的知识产权教师应当努力做到"理论上追求至真，人格上追求至善，教学上追求至纯"。所谓"四项举措"，是指一定要牢牢抓住教学质量、学科专业、师资队伍、品牌建设等四个切入点，始终坚持"质量立所（系)，学科兴所（系)，人才强所（系)，品牌荣所（系)"。所谓"五种能力"，即是应坚持以能力培养为核心，从基本素质层面上重点培养学生的学习能力、创新能力、实践能力、交流能力和社会适应能力等五种能力。

三、为培养知识产权人才打造特色专业和特色科研

鉴于广东金融学院自身的办学条件和长期办学所积累形成的优势，以及广东及华南地区的实际情况，广东金融学院的知识产权专业教育正在逐步形成并将继续强化自己独特的办学特色，那就是必须始终坚持以能力培养为核心，致力为广东和华南地区培养应用能力较强的复合型、偏管理型知识产权人才。我们的培育目标、课程设计、师资配置、教学体系、能力实训、学术研究和就业途径都要充分地体现和反映这一点。

我们的培育目标定位是要为广东和华南地区知识经济的发展培养应用能力较强的复合型、偏管理型知识产权人才。具体来说，广东金融学院知识产权专业方向人才的培养目标是：培养适应社会主义现代化建设需要，面向华南地区特别是广东知识经济发展，掌握现代法学和经济及管理学等基本理论、专业知识和基本技能，能在企事业单位、金融机构、各级政府行政执法部门、司法机构从事知识产权管理及知识产权法律实务工作，德、智、体、美全面发展的具有创新精神的应用型、复合型专门人才。该专业毕业生的就业方向是，主要到企事业单位、金融机构、政府行政执法部门、司法部门、律师、专利、商标事务所从事知识产权管理、代理、诉讼、执法等工作。

广东金融学院知识产权专业方向的课程设计主要体现"两大结合"，即理论课与实践课相结合，不断强化实践课；专业核心课与专业特色课相结合，在开设完教育部和教指委规定的16门法学核心课的基础上，进一步开设一系列体现知识产权专业方向的特色课和经济、管理类专业拓展课。坚持用特色课程及实践课程来反映和体现我们的专业特色。

广东金融学院知识产权专业方向的师资配置，主要应由两部分构成，一部分为通用法学专业课师资，主讲16门法学专业核心主干课；

另一类为特色专业课师资，主讲广东金融学院知识产权专业方向的特色课。

广东金融学院知识权专业方向的教学体系，是一种多元的、开放的体系，通过案例教学法、研讨式教学法、实验创新教学法以及模拟法庭教学法等多种教学法来不断提升学生的专业能力与专业素质。

广东金融学院知识产权专业方向教育的能力实训，将主要通过模拟法庭、旁听庭审、实验创新、社会调研、课程论文、学年论文、毕业论文、毕业实习等形式和路径来完成，其内容将侧重对学生处理知识产权问题方面的能力培养。

广东金融学院的知识产权研究将逐步形成以知识产权理论应用研究为特色的科研团队和科研成果。凝聚强大的特色科研力量，取得高质量的特色知识产权理论研究成果，是办好我院知识产权专业方向的重要条件。这些年，我们已在凝聚特色科研团队及特色科研方面也已取得了一定的成绩。特别是 2008 年，我们又在原有基础上再度引进了 1 名知识产权博士；同时还取得了一批较好的知识产权研究成果。

2008 年发表知识产权理论文章基本情况

（1）吴国平：《加快弥补我国知识产权人才的“短板”》，《经济参考报》理论前沿，2008 年 4 月 11 日（10），独著，新华社第一大报。

（2）吴国平：《为创意寻找新的保护机制》，《羊城晚报》求是学术理论版，2008 年 8 月（A16）。

（3）吴国平：《企业家应具备现代科技意识》，《党政论坛》，2008（9），独著，核心期刊。

（4）吴国平：《用知识产权强化中小企业造血机能》，《中国知识产权报》理论版，2008 年 10 月 29 日（04 版），独著，国家知识产权局第一大报。

（5）安雪梅：《中国商标侵权的法律救济相关问题研究》（The Relieve Method and Related Issues of Executives Aspects about Trademark Infringement in China，〈Journal of politics and Law〉）.《政治与法律》，2008 年 9 月，独著，核心期刊。

（6）唐珺：《企业的驰名商标价值经营》，《广东金融学院报》理论版，2008 年 3 月 31 日，独著，核心期刊。

（7）司马向林、唐珺、卫伟：《培养驰名商标的永续魅力》，《中华商标》，2008 年第 7 期，一般刊物，第二作者。

（8）向凌、黄瑶：《香港专利权限制制度对内地相关立法的启示——以内地〈专利法〉的再次修改为视角〉》，《政治与法律》，2008 年第 9 期，第一作者，核心期刊。

（9）向凌：《创新型国家建设中的知识产权高等教育模式探析》，《广东金融学院学报》，2008 年第 7 期，独著，一般刊物。

（10）江忠英、许绍玉：《商标商品平行进口与工商行政职能管理》，《改革与战略》2008 年第 9 期，合著，核心期刊。

（供稿人：吴国平）

2008 年广东省中小学知识产权教育

一、组织召开“全省中小学知识产权教育试点工作交流会暨师资培训班”

3 月 12 日，广东省知识产权局、广东省教育厅、团省委及省少工委四部门联合在广州举办“全省中小学知识产权教育试点工作交流会暨师资培训班”。会议总结交流了一年来广东省中小学知识产权试点教育工作取得的经验，对如何进一步深化广东省中小学知识产权教育试点工作进行统一部署，并为第二批 35 所试点学校举行了授牌仪式。广东省知识产权局副局长朱万昌、广东省教育厅基础教育处副处长许顺兴、共青团广东省委少年部长池志雄，以及有来自知识产权系统、教育系统、团委及和少工委系统以及试点学校分管知识产权教育工作领导及知识产权教师共280多人参加。会后，举办了为期一天的师资培训班，有来自全省的200多名教师参加学习。培训内容为知识产权概论、专利法基础知识、商标法基础知识、著作权法基础知识及专利信息利用等。

此次会议明确，各试点学校要进一步加大知识产权教育工作力度，做好知识产权教育工作中师资、教材、课时及经费等方面的教学保障，要把握好中小学知识产权教育是向中小学生渗透知识产权意识，让学生从小树立尊重知识产权的观念，要因教而宜，量力而行，课时要适当，不要增加学生负担，不要冲击主课。各级知识产权部门、教育部门、共青团和少工委要密切配合，进一步加强对试点学校的指导和支持，积极与各相关部门的沟通，争取更多的资源来推进中小学知识产权教育试点工作。有条件的市可参照省试点工作方案，结合本市实际情况，开展市级中小学知识产权教育试点工作，积极探索适合当地中小学生的知识产权教育模式，共同推动全省中小学知识产权教育工作。

二、组织申报第三批“广东省中小学知识产权教育试点学校”并举办授牌仪式

4月份，广东省知识产权局、广东省教育厅、共青团广东省委及广东省少工委四部门根据《广东省中小学知识产权教育试点示范工作方案》的要求，启动了第三批试点学校的申报工作。现在自愿申请、地市推荐的基础上，确定了42所学校为第三批“广东省中小学知识产权教育试点学校”。并于12月11—12日，举办了“第三批广东省中小学知识产权教育试点学校授牌仪式暨师资培训班”，为第三批42所试点学校举行隆重的授牌仪式，并举办师资培训。授牌仪式有地市知识产权局的有关人员、第三批试点学校分管知识产权教育的副校长及知识产权教师近150人参加。

为了加强对试点学校的指导与管理，广东省知识产权局与各试点学校及试点学校所在地市知识产权局签署了《广东省中小学知识产权教育试点教育工作合同书》，明确试点工作的目标、任务，并根据合同要求，在试点期间内，广东省知识产权局每年给每所试点学校提供一万元的工作经费，同时配发200本《知识产权教育读本》。

三、加强粤港中小学知识产权教育工作的交流与合作

为了学习与借鉴香港特区开展中小学知识产权教育的经验，同时也为了增进对香港知识产权制度的了解，广东省知识产权局1月12日组织了广东实验中学等4所试点学校负责人及部分地市知识产权局干部赴港参加由香港知识产权署举办的“学校知识产权导师计划”培训班。

四、结合青少年发明创造活动深化知识产权教育工作

为了进一步浓郁知识产权的社会氛围，广东省知识产权局结合青少年的发明创造活动开展知识产权教育，在广东省少年儿童发明奖评选活动、广东省青少年科技创新大赛中设立专利申请鼓励奖，并拨专项经费择优资助参赛作品申请专利。据统计，2008年，在第六届广东省少年儿童发明奖中，共颁专利申请鼓励奖80项，其中申请发明专利3项，申请实用新型专利62项，已授权实用新型专利15项。在第23届广东省青少年科技创新大赛中，共颁专利奖12项，其中发明专利申请2项，实用新型专利申请9项，已授权实用新型专利1项，并择优资助参赛项目申请专利44项。

同时，广东省知识产权局还组织举办广东省青少年创意大赛暨知识产权宣传教育活动，并通过比赛选送优秀代表队参加今年的第二届中国青少年创意大赛暨知识产权宣传教育活动。

（供稿人：张淑芳）

2008年广东省中小学知识产权教育试点学校

（第三批）

广州市第七中学
广州市番禺区洛浦中学
广州市玉岩中学
深圳市高级中学
深圳市石岩公学
深圳市龙岗区龙城小学
珠海市文园中学
汕头市长厦小学
汕头市龙湖区丹霞小学
佛山市南海区桂城街道南海师范附属小学
佛山市顺德区胡宝星职业技术学校
佛山市冼可澄纪念学校
韶关市第十中学
韶关市第九中学
河源市田家炳实验中学
河源中学
河源市和平县福和高级中学
广东梅县东山中学
梅州市曾宪梓中学
惠州市惠阳区第四中学
陆丰市职业技术学校
汕尾市海丰县红城中学
东莞市长安镇乌沙小学
东莞市南城区阳光第一小学
中山市实验小学
中山纪念中学
江门市第一中学
鹤山市第一中学
广东两阳中学
阳江职业技术学院附属实验学校
湛江市第二十四小学
湛江市坡头岑霞小学
高州市第二中学
化州市第一中学
清远市华侨中学
清新县第一中学
潮州市枫溪区枫溪中学
潮州市潮安县凤塘镇大埕小学
揭阳市东山区乔东小学
普宁市第二中学
郁南县西江中学
罗定市中等职业技术学校

（供稿人：张淑芳）

举办全省推进企业使用正版软件工作培训班

为贯彻落实国家版权局、信息产业部、商务部、财政部等九部门《关于印发〈关于推进企业使用正版软件工作的实施方案〉的通知》（国权联［2006］2号）要求，切实推进广东省各地级以上市企业使用正版软件工作，广东省版权局于2008年11月27—29日，在广州市广东迎宾馆举办了“全省推进企业使用正版软件工作培训班”。来自广东省国资委、广东省金融办、广东省信息产业厅、广东省工商联合会等广东省推进企业使用正版软件联席会议成员单位以及全省各地级以上市使用正版软件工作领导小组（联席会议）的代表共90人参加了培训班的培训。国家版权局版权管理司处长、推进企业使用正版软件工作部际联席会议办公室成员赵秀玲和推进企业使用正版软件工作部际联席会议办公室聘请的专家邹忭先生、王莉女士亲临培训班授课和指导。专家们对广东省直有关单位和各地级以上市使用正版软件工作领导小组及其办公室有关工作人员，进行了软件版权知识、资金预算、资产管理和软件技术等方面知识的培训。

（供稿人：张同英、凌立华）

地市知识产权工作

地市知识产权工作

广 州 市

一、概况

2008年，广州市在成为首批“国家知识产权工作示范城市”的基础上，抓住《国家知识产权战略纲要》颁布实施的良好机遇，在市委、市政府的高度重视下，积极创建国家知识产权示范城市。全市专利申请量13990件，同比增长16%；其中，发明申请4047件，同比增长39.6%. 全部专利累计申请量，达99941件。在第六届国际发明展上获得15项金奖，其中，华南理工大学“电磁式聚合物动态注射成型方法及装置”项目获得由世界知识产权组织颁发的唯一最高奖项——世界知识产权最佳发明奖；2005年商标注册量2.1万件，其中注册商标总累计12.1万件；新增29个广东省名牌，中国名牌产品总数在全国各省会城市中居第二位。办理著作权登记6360件。

二、创建国家知识产权示范城市工作

根据广州市创建工作部署，市政府对原有的市知识产权协调机构市政府知识产权办公会议、市保护知识产权工作组和市创建国家知识产权示范城市工作领导小组进行了整合，成立广州市知识产权工作领导小组，进一步完善“大管理”的工作格局。下发《2008年广州市创建国家知识产权示范城市工作分解方案》，从政策导向、制度建设、自主创新、试点示范、专项保护、文化建设等方面落实责任单位和配合部门。各区、县级市政府也相应制定本地区、本部门具体工作计划，全方位推进创建工作。一年来，44个责任单位和各参与单位的工作主动性明显增强，工作的创新性有新的突破，知识产权与各地区、各部门工作的融合度进一步提高。先后召开了2008年市创建国家知识产权示范城市工作领导小组暨知识产权办公会议和区、县级市知识产权局长会议，通报表彰了黄埔海关等22个创建工作先进单位和集体，授予创建工作中表现特别突出的广州市经济技术开发区知识产权局为标兵单位。知识产权信息化基础建设取得新进展，成立了财政全额拨款事业单位“广州市知识产权信息中心”，为加快知识产权示范城市的创建增加了技术保障。

三、知识产权创造与运用

围绕建立促进我市专利申请量稳健发展的长效机制，出台《关于加强知识产权工作推进自主创新的配套政策》，提出建立知识产权奖励制度，加强国有企业知识产权工作等措施；下发《区、县级市知识产权工作指导意见》；市政府出台《广州市发展自主出口品牌若干意见》，强化对企业创立和培育自主出口品牌的引导、促进和支持；编制《广州市实施名牌战略重点培育的名牌产品（企业）指导目录(2008—2010)》，支持名牌产品企业技术进步项目；制定了《广州市作品著作权登记政府资助办法》，对软件、动漫、网游等作品版权登记实行政府资助，进一步推动了广州市软件、动漫等核心版权产业的发展。此外，修订支持

科技创新、名牌战略、创意产业、现代服务业以及民营经济等发展的20余项政策法规。着力抓好重点产业、高新技术企业、进出口优势企业的知识产权工作。形成以广州开发区高新技术企业为龙头的“增长极”和花都、增城等新兴区域的“增长点”，带动全市专利申请量稳定增长。继续推进试点示范工程，全市有2家企业荣获“国家级创新型试点企业”称号、3家企业被省确定为首批“知识产权战略试点企业”、3家企业获得“省知识产权示范企业”称号（全市已累计6家）和“省创新型试点企业”称号、9家企业荣获“省知识产权优势企业”（全市已累计38家），广州获得认定的企业数量占全省1/5强。此外，我市还在10家国有企业中建立了第二批“知识产权工作站”。深入推进广州开发区国家级试点园区和花都、荔湾、天河区以及花都狮岭镇等省区域试点工作并取得明显进展。越秀区新入选省知识产权试点区，花都区入选广东省首批实施国家知识产权强县工程。

广州市专利产业化专项资金首次对4个省级试点区域给予专利产业化配套资金的支持，并扶持了市24个示范项目。组织专家对已扶持的14项专利产业化项目进行了验收并全部通过。14个项目累计完成销售收入10亿余元，并在产业化过程中后续申请了63项专利。其中有2个示范项目以60万元的贴息扶持向银行质押融资了5500万元。广东省食品所清怡公司三氯蔗糖项目在广州市专利产业化项目的支持下，取得发明专利2项，申请PCT发明专利1项。美国国际贸易委员会接受一家英国公司申请，针对该项目立案展开337调查，该公司联合省外企业经过近一年半的艰苦诉讼，赢得了337调查案初裁的胜利。该项案例对我市企业专利产业化工作有效应对涉外纠纷起到重要示范作用。

申报国家专利技术（广州）展示交易中心并获得国家局批准，使我市专利服务、交易和产业化平台建设登上了新台阶。与此同时，加大推介展示创新成果的工作力度，先后组织参加第六届国际发明展览会、第五届中国国际专利与名牌博览会、第四届中国国际文化产业博览交易会、广东省工业设计活动周等大型推介展示活动，并取得良好成果。在第六届国际发明展上我市共获得15项金奖、9项银奖、22项铜奖以及优秀展团奖，“专博会”广州展区特装展示广州发明创造成果和名牌产品，获得优秀组织奖和设计奖，得到国家局领导的充分肯定。中国（广州）专利周有6个项目现场签约，合同金额6000多万元；意向签约项目20个，金额达1.3亿元，其中有9个项目成交。我市知识产权运用的能力和水平进一步提高。

四、知识产权行政执法保护

市政府制定《广州市亚洲运动会知识产权保护规定》，打击涉及亚运会的知识产权侵权行为，确保2010年第16届亚运会成功举办。出台并实施《广州市保护知识产权行动纲要（2008—2010）》和《2008年广州市重点商品知识产权专项行动工作方案》，成立广东首家“知识产权仲裁中心”，形成了行政、司法、仲裁多渠道保护知识产权的新格局。全市组织开展保护奥林匹克标志专用权专项整治、知识产权“春雨”、“08羊城维权”、“重点商品保护”、“展会保护”等专项行动，加大对严重侵犯知识产权重点区域、重点市场、重点展会的执法检查。共检查14个大型专业批发市场、13个大型商场超市的店档2135个，检查商品3万余种，进驻103、104届广交会和广州博览会、广州汽车展、国际家具展等28个展会开展知识产权维权工作，协助处理专利侵权投诉914宗，全年共处理专利侵权纠纷案件24件，其中涉外案6件，结案15件，严厉打击假冒、冒充专利案件，全年共查处22件，情况调查26件，向外地移办25件，出动执法人员1061人次。全市工商系统共立案查处各类制售假冒伪劣案件3177宗，罚没入库6111万元，捣毁制假售假窝点137个，移送公安机关案件20宗。市版权局坚持一手抓推进正版，一手抓打击盗版，持续开展严厉打击软件侵权盗版行动。其中在“打击侵权盗版，塑造诚信广州”预装正版软件等专项检查活动中，共出动执法人员620人次，查处非法音像制品仓库11个，地下批售点8个，包装厂2个，收缴非法音像制品、电子出版物46.3万张。海关系统共查获涉嫌侵权案件901宗，价值人民币5932万元，同期立案659宗，比去年同期分别增长30.2%、-13.7%和54%。此外，在广东省知识产权局、广东省工商部门的指导下，查处知识产权非法代理机构7家，对规范、引导广州市知识产权服务行业的健康发展起到积极的作用。

五、知识产权司法保护

知识产权司法保护成效显著。据统计，2008年，广州市两级法院共新收一审知识产权民事案件1477件，同比增长35.63%。新收案中，著作权纠纷案件540件，占36.56%；专利纠纷案件216件，占14.62%；商标纠纷案件684件，占46.31%；不正当竞争案件18件，占1.22%；技术合同案件18件，占1.22%；植物新品种1件，占0.07%。全年共审结知识产权民事案件1407件，同比增长27.79%。同时，司法机关采取多项措施，通过强化打击力度、提高打击准确度、严把司法尺度，确保打击知识产权犯罪的工作实效。2008年，广州市两级法院共审理知识产权刑事案件134件，对194名涉案犯罪分子适用了刑罚。各级公安部门共立知识产权犯罪案件112宗，涉案价值12172.4万元，破案99宗，挽回经济损失3875.8万元，抓获犯罪嫌疑人111人。天河区法院知识产权庭的刑事、民事、行政‘三合一’试点工作进一步深入，该庭2008年被最高法院评为全国知识产权审判先进单位，是全国唯一获此殊荣的基层法院审判庭。

六、区、县级市知识产权工作

2008年，黄埔、海珠区和增城市分别成立了知识产权工作协调领导小组。目前，全市12个区、(县级）市已有10个成立了知识产权协调机构。荔湾区、天河区、番禺区还相继成立了区级知识产权保护协会和维权援助中心。区、(县级）市知识产权管理机构和编制建设取得较大突破。荔湾区单设知识产权科、新增2名行政编制；海珠区增配1名公务员、2名事业编制加强知识产权工作力量；天河区在2007年增设科室领导职数1名、落实知识产权工作机构后，2008年又为区知识产权局增设副局级领导职数1名，行政编制1名；番禺区将区专利管理办公室正式纳入区财政全额拨款单位，黄埔区则加挂了知识产权科牌子。南沙区还和省保护知识产权工作组在南沙资讯科技园共建保护知识产权举报投诉服务中心。花都、增城等区县还纷纷引入专业代理机构加强本区域的知识产权服务力量。区、(县级）市知识产权管理力量明显加强。

在保护方面，全年区、(县级）市共有27批次、66人次参加市知识产权局组织的专项行动和展会执法等行动，参与率比上年增加22%。白云区打击涉嫌假冒专利案件3宗，配合处理专利纠纷案件9件，加强了对音像、演出、网吧、印刷等文化市场检查，受理盗版举报150起，立案查处各类商标违法案件399宗；番禺区积极利用整规力量，对大石、市桥等重点地区开展了多次专项检查活动，没收盗版光碟8000多张。在1至10月保护知识产权行动中，查处商标违法案件40宗，其中涉外案件17宗，罚款39.41万元，销毁侵权商品108871件；从化市专门成立领导小组开展“08年广交会重点商品知识产权保护专项行动”；黄埔区在多项保护知识产权专项行动中，查处商标侵权假冒案件10件，收缴非法出版物20357张（册），查处涉嫌假冒专利1件，有效规范了市场经营秩序。

七、宣传和培训工作

积极开展知识产权宣传教育活动，通过广

场宣传、公益广告、新闻发布会、论坛、图片展览等形式普及知识产权知识，提高全社会的知识产权保护意识。仅“4·26知识产权宣传周”期间就组织开展了14大项活动，社会大众参与达到近30万人次，发放各种宣传资料近10万份。举办各类大型新闻发布会、广场宣传、保护知识产权论坛、展览等活动近20场次。1500台公共汽车播放了知识产权专题动画公益宣传片。其中，在荔湾区、番禺区、花都区、增城市举行广场宣传活动、通过《机关建设报》在公务员中开展知识产权知识竞赛、海关举行侵权物品集中销毁活动、法院进行公开庭审活动等都取得了很好的宣传效果。在知识产权培训方面，广州市知识产权部门在原市知识产权讲师团的基础上，成立了全国首个“知识产权专家顾问团”，推进培训工作进一步专业化、规范化和普及化。年内共举办各种形式的知识产权培训班50多期，其中“市知识产权管理人员培训班”从2005年开班至今，连续4年累计培训4000余人次；实施“十百千万人才”培训工程，先后举办企事业知识产权培训班13期，培训专业技术人员超过3000人；全年共有10942名公务员参加了知识产权网络课程培训。全市省知识产权试点学校达到10所，全年有31000多名学生参加了知识产权宣传教育。举办“广州市青少年‘迎奥运’知识产权创新大赛”，参赛作品433件，共拥有专利28件，专利申请100件。在《中国知识产权报》、《专利工作动态》、《文汇报》、《广州日报》、国家知识产权网站、电视、电台等媒体、刊物和网站报道新闻和政务信息516条次，广州市知识产权局荣获2008年度“全国知识产权政务信息工作先进单位”，中国知识产权报广州通联站被评为“全国先进通联站”称号。

八、交流与合作

对外公布《2007年广州市知识产权发展与保护状况》（白皮书），充分反映我市知识产权创造、运用、保护和管理的情况。为推进两岸知识产权的发展，我市知识产权界组织代表团首次赴台湾访问，与台湾方面就知识产权的合作交流交换意见，并商定于2009年举办海峡两岸知识产权交流促进会，为今后进一步的合作奠定了基础。多次组团出访港澳，与他们开展广泛合作与交流。接待英、美等国驻广州总领事馆官员、专利商标局官员来访，就知识产权合作交流交换了意见。广州海关代表海关总署参加世界知识产权组织在日本举办的知识产权培训与交流并作专题报告，介绍中国知识产权保护规定、措施与成效，展示了中国海关打击侵权的决心与成绩。接待英国驻广州总领事馆副商务领事、大韩贸易投资振兴公社代表等外国政府机构、社会团体来访10余人次，交流知识产权保护工作，并派员赴广州韩国贸易馆主办的“在华投资韩国企业知识产权保护及经营管理巡回说明会”，向在华投资韩国中小企业家50余人授课，介绍我国尤其是海关的知识产权保护法规，树立韩国投资者信心。市外办主动向各国驻广州总领馆宣传、介绍广州市知识产权保护工作情况，宣传广州市知识产权保护工作成果。会同市国资委等单位妥善处理了丹麦休莫尔公司与广州某公司关于“hummel”商标争议纠纷和沙面南街一带公开出售假冒瑞士手表现象，树立了广州市保护知识产权的良好国际形象。市外经贸局积极组织企业参加“中国品牌商品美国展、欧洲展”等展会，鼓励企业拓展国际市场。不断拓宽宣传渠道，推介广州自主品牌企业，提高了“广州制造”在国际的知名度。

九、统计资料

（一）广州市2008年专利申请量和授权量图表

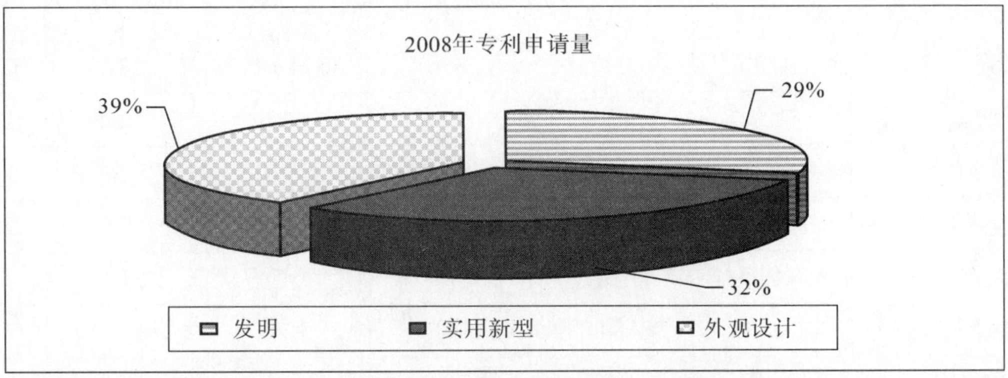

（图1） 2008年广州市三种专利申请占总量比例

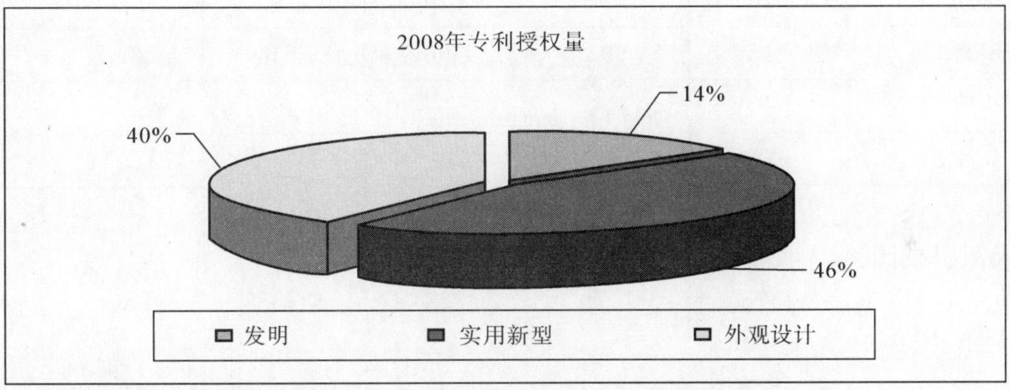

（图2） 2008年广州市三种专利授权量占总量比例

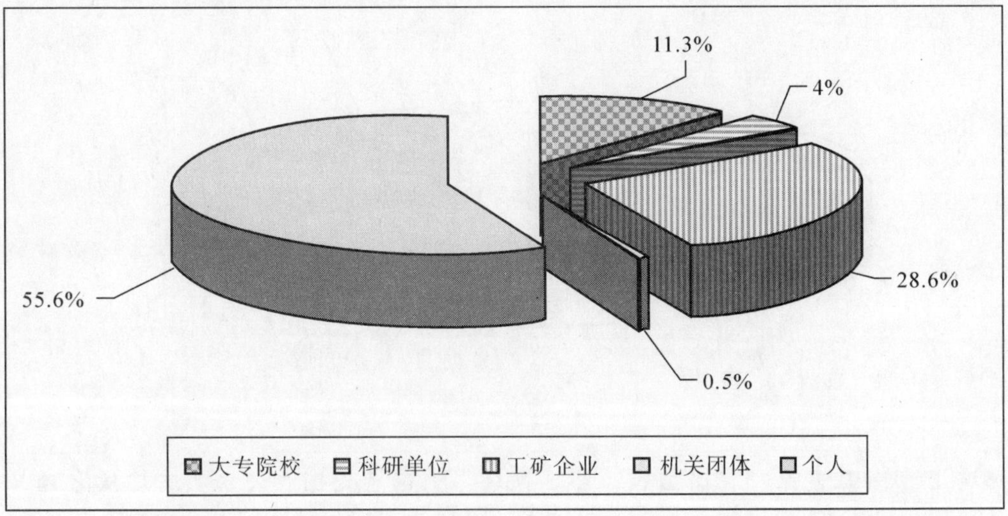

（图3） 2008年专利申请人情况分布

2008 年各区县专利申请情况表

地区	发明	实用新型	外观设计	合计	去年同期	同比
增城	22	102	523	647	329	96.70%
萝岗	643	312	215	1170	703	66.40%
荔湾	161	287	686	1134	822	38.00%
海珠	619	383	514	1516	1194	27.00%
天河	1477	1074	1110	3661	2893	26.50%
花都	113	248	314	675	555	21.60%
南沙	42	168	32	242	212	14.20%
黄埔	53	84	22	159	141	12.80%
番禺	337	645	723	1705	1593	7.00%
从化	18	84	57	159	157	1.30%
白云	216	447	629	1292	1374	−6.00%
越秀	345	603	666	1614	2061	−21.70%
其他	1	7	8	16	23	
合计	4047	4444	5499	13990	12057	16.00%
另：高新区：（含开发区、天河科技园、黄花岗信息园、南沙资讯科技园、民营科技园）	1876	1079	783	3738	2561	46.00%

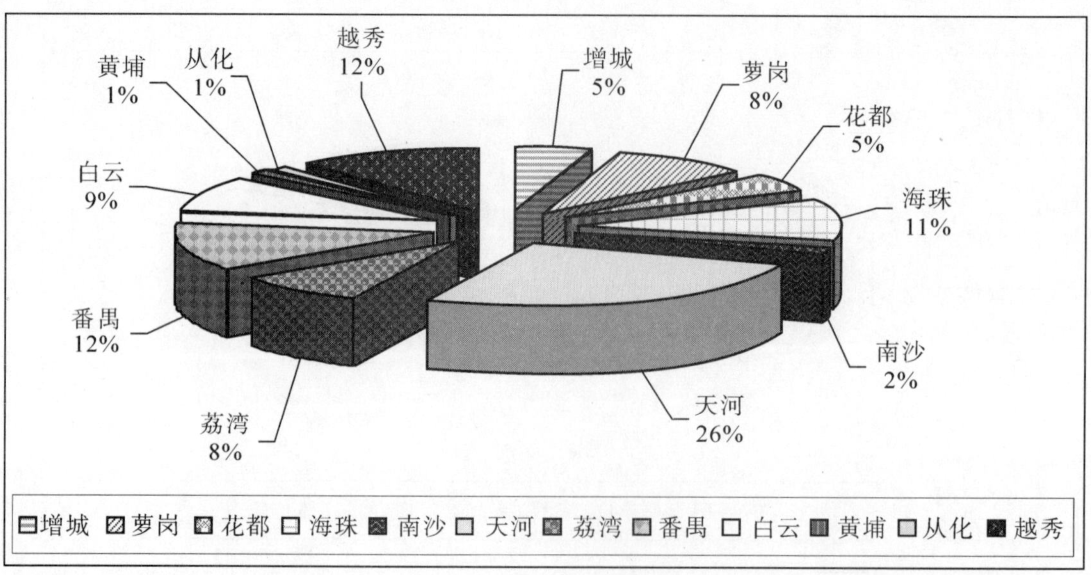

（图 4） 2008 年各区、县专利申请占总量比例

2008年各区县专利授权情况表

地区	发明	实用新型	外观设计	合计	去年同期	同比
萝岗	43	239	150	432	248	74.20%
天河	543	853	779	2175	1750	24.30%
增城	9	88	120	217	195	11.30%
海珠	222	322	216	760	729	4.30%
番禺	45	596	472	1113	1134	−1.90%
从化	3	50	40	93	98	−5.10%
白云	68	397	528	993	1209	−17.90%
黄埔	12	58	12	82	104	−21.20%
越秀	121	523	567	1211	1545	−21.60%
花都	20	199	148	367	475	−22.70%
荔湾	25	226	188	439	629	−30.20%
南沙	11	148	14	173	387	−55.30%
其他	0	10	16	26	21	
合计	1122	3709	3250	8081	8524	−5.20%
另：高新区：（含开发区、天河科技园、黄花岗信息园、南沙资讯科技园、民营科技园）	495	818	485	1798	1549	16.10%

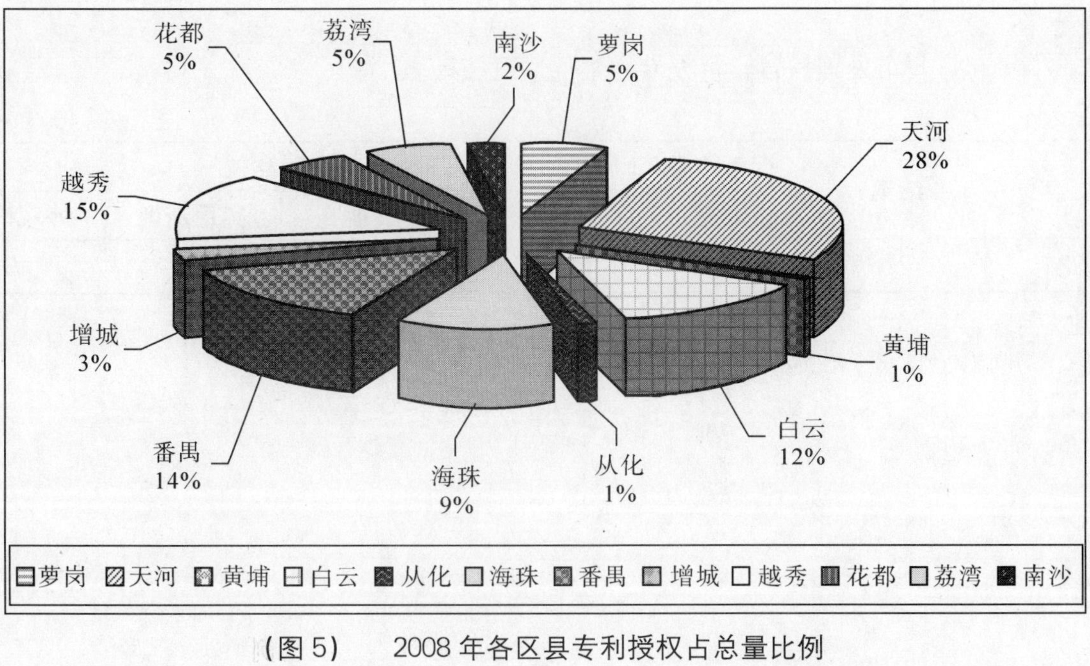

（图5） 2008年各区县专利授权占总量比例

（二）广州市2008年专利行政执法统计图表

1. 2008年广州市知识产权局专利纠纷案件受理结案情况

单位：件

<table>
<tr><th colspan="2" rowspan="3">受理</th><th colspan="4">结案</th><th rowspan="3">中止</th><th rowspan="3">申请法院强制执行</th></tr>
<tr><th rowspan="2">合计</th><th colspan="3">结案方式</th></tr>
<tr><th>处理</th><th>调解</th><th>撤诉</th></tr>
<tr><td>发明</td><td>4</td><td>3</td><td>0</td><td>2</td><td>1</td><td>0</td><td>0</td></tr>
<tr><td>实用新型</td><td>7</td><td>4</td><td>0</td><td>2</td><td>2</td><td>1</td><td>0</td></tr>
<tr><td>外观设计</td><td>13</td><td>8</td><td>1</td><td>6</td><td>1</td><td>4</td><td>0</td></tr>
<tr><td>合计</td><td>24</td><td>15</td><td>1</td><td>10</td><td>4</td><td>5</td><td>0</td></tr>
</table>

2. 2008年广州市知识产权局涉外专利纠纷案件情况

单位：件

<table>
<tr><td rowspan="6">受理总数
6</td><th>外国</th><th>港澳</th><th>台湾</th></tr>
<tr><td>5</td><td>1</td><td>0</td></tr>
<tr><td>侵权纠纷</td><td>假冒他人专利</td><td>冒充专利</td></tr>
<tr><td>6</td><td>0</td><td>0</td></tr>
<tr><td>发明</td><td>实用新型</td><td>外观设计</td></tr>
<tr><td>2</td><td>0</td><td>4</td></tr>
<tr><td rowspan="2">其中结案总数
4</td><td>处理</td><td>调解</td><td>撤诉</td></tr>
<tr><td>0</td><td>4</td><td>0</td></tr>
</table>

3. 2008年广州市处理假冒、冒充专利案件情况统计表

单位：件

<table>
<tr><th rowspan="2">立案</th><th rowspan="2">结案</th><th colspan="2">行为种类</th><th colspan="3">专利类型</th></tr>
<tr><th>假冒</th><th>冒充</th><th>发明</th><th>实用新型</th><th>外观设计</th></tr>
<tr><td>22</td><td>22</td><td>5</td><td>17</td><td>0</td><td>9</td><td>13</td></tr>
</table>

4. 广州市2002年—2008年处理假冒、冒充专利案件情况图

单位：件

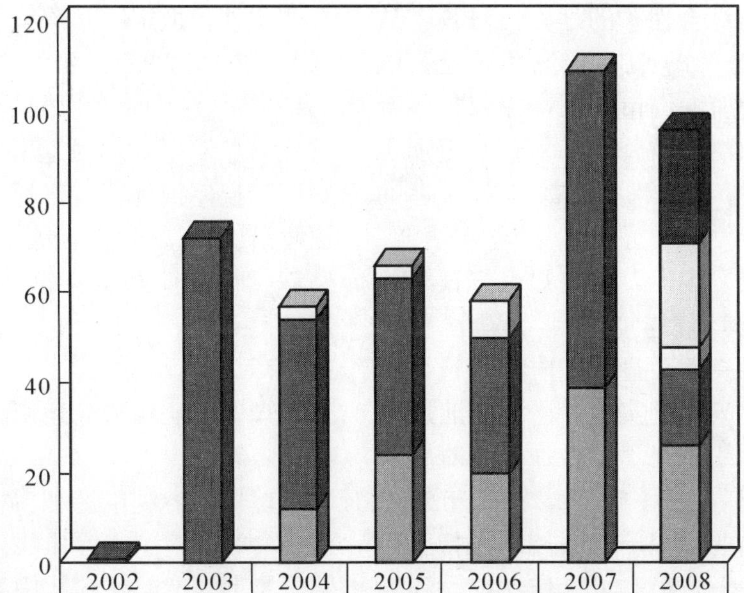

	2002	2003	2004	2005	2006	2007	2008
■移送							25
□整改							23
□假冒			3	3	8	0	5
■冒充	1	72	42	39	30	70	17
■调查			12	24	20	39	26

（供稿人：刘付仲志）

深　圳　市

一、概况

深圳市委、市政府高度重视知识产权工作，将大力推进知识产权战略实施作为贯彻落实科学发展观的重要举措。2008 年，在完善知识产权政策法规、加强知识产权行政保护、优化企业自主创新环境、推动知识产权文化建设等方面取得了明显成效，有力地推动了深圳国家创新型城市和知识产权强市的建设，成为全球金融危机形势下推动深圳经济又好又快发展的一大亮点。深圳企业获第十届中国专利金奖 1 项，专利优秀奖 5 项。

二、知识产权政策体系建设

首先，率先在国内提出建设发明之都的战略目标。2008 年 6 月 6 日，深圳市委、市政府在《关于坚持改革开放推动科学发展努力建设中国特色社会主义示范市的若干意见》（深发〔2008〕5 号）中提出以世界创新名城为标杆，大力推进知识产权、标准、品牌战略，努力打造中国“发明之都”。2008 年 9 月 19 日，深圳市委、市政府在《关于加快建设国家创新型城市的若干意见》（深发〔2008〕8 号）中要求把知识产权作为全市发展的战略性资源和提高国际竞争力的核心要素，加强知识产权保护，不断优化创新环境。

其次，率先在国内出台对知识产权进行综合性保护的地方法规。2008 年 4 月 1 日，深圳市四届人大常委会第十八次会议审议通过了《深圳经济特区加强知识产权保护工作若干规定》，成为全国第一个以立法形式出台的对知识产权各领域进行综合保护的地方性法规，从2008年7月1日起正式实施。《若干规定》的出台，对进一步完善深圳市知识产权保护体系建设，提高行政执法与监管效率，营造更加优质的自主创新法制环境等方面都具有深远的意义。

第三，率先在国内发布企业知识产权海外维权指引。作为出口额连续16年居全国首位的城市，深圳经济有着明显的外向型特征，随着近年“走出去”战略的实施，深圳企业遭遇的涉外知识产权纠纷也在不断增加。针对企业的实际需求，2008年7月18日，深圳市知识产权局发布了《企业知识产权海外维权指引》，指引具有较高的参考价值和可操作性，受到知识产权界的广泛好评，国家知识产权局在全国知识产权系统转发了该文件。

第四，率先在国内实施地方知识产权指标体系。2008年4月，深圳市首次发布了《深圳市知识产权指标体系》实施情况，科学全面地评估了我市2007年度的知识产权发展状况，起到了提高各级干部的知识产权意识、形成全市知识产权工作合力和促进知识产权工作“全社会、全方位、全过程”推进的作用。

第五，全方位多领域的知识产权政策法规体系逐步完善。深圳市人大、市政府、各区政府和有关部门通过认真研究，推动有关法规政策体系的完善。2008年，先后出台《深圳经济特区科技创新促进条例》、《关于加强自主创新促进高新技术产业发展若干政策措施》、《深圳市2008年度知识产权推进计划》、《深圳市高新技术企业知识产权保护行动计划工作方案》、《深圳市知识产权许可指引》、《深圳市数字作品备案办法》、《关于加强全市六区和光明新区知识产权工作的指导意见》、《福田区关于贯彻〈深圳经济特区加强知识产权保护工作若干规定〉的配套实施办法》、《宝安区知识产权发展纲要（2008－2010年）》、《龙岗区知识产权专项资金资助计划实施细则》、《盐田区知识产权保护资助计划实施办法》等法规和规范性文件。

此外，拟定了《深圳市关于贯彻落实国家知识产权战略纲要的实施意见（2009－2010）》、《深圳第26届世界大学生夏季运动会重大信息发布管理规定》、《深圳市互联网软件知识产权保护规定》、《版画原创产业知识产权法律指引》、《深圳展会知识产权保护办法》，修订了《深圳经济特区企业技术秘密保护条例》。

三、知识产权创造与运用

首先，专利申请和授权继续保持平稳快速发展。2008年，深圳国内专利申请36249件，同比增长1.23％；其中发明专利申请18757件，占国内专利申请总量的51.74％，同比下降2.3％；实用新型申请9008件，外观设计申请8484件。全市专利授权18805件，同比增长20.92％；其中发明专利授权5409件，同比增长139.65％；实用新型授权7971件，外观设计授权5425件。在每万人年专利授权量及每万人年发明专利授权量上，我市均居全国大中城市第一。PCT申请2709件，同比增长24.84％，连续五年排名全国第一。截止2008年底，深圳累计专利申请量170363件，累计授权量78218件。

企业继续成为专利申请主力军，企业专利申请约占专利申请总量的75％。华为技术有限公司以1737件专利申请，从2007年全球专利申请公司（人）排名榜第4位跃居第1位，中兴通讯首度进入“前50强”，以329项的申请量居全球第38位，首度进入了前50强。

第二，品牌战略实施效果显著。2008年，全市国内商标注册量为10946件，增长61％；境外商标年申请量700余件，增长超过90％。“同洲”、“齐心”、“雅芳婷”、“艾美特”和“科健”等5件商标被认定为中国驰名商标，“超美”、“志海”等53件商标和“平安”、“面点王”等72件商标分别于3月和12月被新认定为广东省著名商标；“芭田”、“太太”等23

件商标被延续认定为广东省著名商标。目前，深圳市共有中国驰名商标30件，广东省著名商标206件。

第三，一批重要研究领域取得进展。2008年11月，华大基因的“第一个亚洲人基因组图谱”登上国际顶级学术刊物《自然》的封面，这标志着长期以应用科技见长的深圳在基础研究领域取得重大突破。高交会期间，华大基因还公布了大熊猫基因组序列图谱、手工克隆猪等成果，引起海内外广泛关注。一批民生科技项目如五洲龙公司的新能源电动汽车和比亚迪DM双模电动车大规模示范运行或即将投产。

第四，企业的知识产权运用能力大大提高。2008年，全市分别有4家企业和6家企业被评为广东省知识产权示范企业和广东省知识产权优势企业，20家企业被评为深圳市知识产权优势企业，越来越多的企业开始加速运用知识产权提高核心竞争力。华为、中兴等一批企业将知识产权战略纳入企业的整体战略，将知识产权运营作为企业经营的重要方面，不断通过知识产权入股、与竞争对手开展专利交叉许可、优化专利布局、设立防御专利等策略，突破国外企业专利壁垒，节省研发经费和时间。朗科公司通过在闪存盘及闪存应用领域建立严密的专利网，使专利许可收入成为公司主要利润来源，开创了国内独一无二的商业模式。备受瞩目的朗科赴美诉PNY侵犯专利权一案，以朗科向PNY签署专利授权许可告终，这是海外专利战舞台上中国IT企业首次以胜利的维权者形象出现。

第五，高新技术产业继续快速发展。2008年，全市实现高新技术产品产值8710.95亿元，比上年增长14.6%；高新技术产业增加值为2526.1亿元，增长15%，占全市本地生产总值的32.4%。市级高新技术企业达到3086家，国家级高新技术企业395家。全市企业中高新技术产品产值超10亿元的有85家，超50亿元的有21家，超100亿元的企业有9家，超300亿元的有5家，超1000亿元的有两家。拥有自主知识产权的高新技术产品产值5148.1亿元，占全部高新技术产品产值的59.1%。

四、知识产权保护

首先，加强知识产权行政执法。2008年，深圳市知识产权局受理专利案件37件，结案36件；立案查处版权侵权案件15件，结案10件，主持调解50余件，行政罚款13.5万元，荣获国家版权局“2006年至2007年查处侵权盗版案件有功集体二等奖”。认真完成好第四届文博会、第十届高交会等重大展会知识产权保护工作，切实维护展会期间的知识产权秩序。深圳市工商管理部门审结商标违法案件223宗，移送司法机关处理25宗，罚没136.93万元，案值543.91万元，没收销毁侵权商品17.6万件。市质监部门共查处各类假冒侵权案件101宗，移送公安机关涉嫌犯罪案件32宗。市文化执法总队收缴各类非法出版物约400万余张（册），查获非法光盘生产线5条，协助破获非法出版物刑事案件116起，涉及违法经营者144人。深圳海关共办理确权事项1000余件，办理侵权案件496宗，案值逾1亿元，查获案件数量、侵权货物数量均居全国海关前列。市各级公安机关共受理侵犯知识产权类案件214起；立案135宗，涉案金额8120.91万元；破案77宗，抓获犯罪嫌疑人231名。

其次，加大知识产权司法保护力度。市中级人民法院按照《深圳经济特区加强知识产权保护工作若干规定》的要求，专门制定了相应实施办法。2008年，全市知识产权司法案件受理1473件，结案1166件。其中：市中级人民法院受理知识产权案件753件，结案535件；福田区法院受理266件，结案223件；罗湖区法院受理89件，结案80件；南山区法院受理165件，结案160件；龙岗区法院受理76件，结案68件；宝安区法院受理124件，结案100件。2008年，全市知识产权司法案件结案率79.16%，比上年提高2.04%。

2008年，市检察机关进一步加大了对知识产权犯罪的打击力度，共批捕侵犯知识产权犯罪305人，提起公诉198人，并成立了知识产权刑事法律保护研究中心，在全国人大、国务院、教学科研机构聘请了知名专家，积极开展各项研究工作。

第三，开展多项专项行动。市工商部门制定了奥林匹克标志和残奥会标志专有权的行动方案，出动执法人员17595人次，检查经营企业和个体户26288户次，查处侵犯奥林匹克标志专用权案件22件。市知识产权局积极组织开展"雷雨"、"天网"知识产权专项行动，重点打击专利诈骗、假冒冒充专利等违法行为；并积极推进企业使用正版软件工作，组织开展了计算机预装软件查处和打击盗版专项行动。深圳海关继续重点开展保护知识产权"龙舟行动"，查获了多宗侵权案件，年内还与香港海关举行了3次粤港海关保护知识产权联合执法行动，查获多批侵权货物和物品，打击了跨境侵权行为。南山区开展了整治西部电子市场的打假专项行动。

由于我市严厉打击侵犯知识产权的违法犯罪活动并对国外企业的知识产权给予同等保护，受到外商投资企业的普遍好评，美国微软公司还于4月1日向深圳市人民政府赠送了"保护知识产权，构建和谐社会"的牌匾和感谢信。

五、知识产权管理与服务

首先，各部门努力提供优质服务。2008年，市知识产权局资助发明专利申请20，971件，发放资助金额9642.6万元，同比增长74.22%。认真做好行业知识产权预警分析工作，完成了深圳市LED产业专利分析课题任务，与中彩联公司合作开展了数字电视终端产品行业预警并建立专利数据库。市科技和信息局共资助高新技术企业各类标准研制98项，资助金额1770万元。市工商部门通过商标预警系统累计发出预警通知6560份，其中5031份被权利人采纳。市检察机关主动服务高新技术企业，举办各类座谈、走访和法律咨询活动60多次。深圳市WTO中心建立了WTO成员方的法律法规和贸易政策库、国际贸易争端案例库和一系列的反倾销与产业损害预警分析模型，积极为企业服务。

其次，各区积极开展有针对性的服务。福田区成立了由区长担任组长的区知识产权工作领导小组，在全市率先开展了对专利代理机构的资助，并与区内中介代理机构合作，对200多家企业提供了知识产权中介托管服务。全年知识产权资助金额511万元，同比增长5.9倍。罗湖区与市版权协会建立了长期合作，组织了近10次辖区企业负责人知识产权座谈会或讲座。南山区开辟了知识产权分项资金网上申报系统，共资助有关项目83项，金额571.5万元。同时，修订了《南山区科技创新奖励暂行办法》及操作规程，将知识产权作为各奖项评审的重要条件，将发明奖由原10万元提高到20万元。盐田区组织有关部门对华大基因、超美等企业知识产权维权活动进行了指导和协助，出台了《盐田区知识产权法律维权资助操作规程》，对知识产权纠纷的胜诉企业或个人予以维权费用补贴，对区内国家驰名商标和省著名商标的持有企业分别给予了40万元和30万元的奖励。龙岗区设立了知识产权专项资金，对华为等9家公司的发明专利技术实施、技术标准研制等进行了资助，并积极推进基层知识产权工作，建立了深圳市留学人员（龙岗）创业园知识产权工作站和坂田知识产权专利服务平台。宝安区扶持了自主知识产权项目487项，比去年增加了近60%，安排了1.8亿元资金扶持企业发展。

第三，行业协会充分发挥了桥梁作用。深圳市专利协会定期组织有关企业、中介机构开展学习培训和交流参观活动。市版权协会举办了多项版权宣传培训活动，并积极协助有关部门办理版权登记资助。深圳市商标协会建立完善的商标保护预警及服务系统，主要对深圳市的中国驰名、著名商标企业、中国名牌企业、享受深圳市政府直通车服务的企业和会员企业提供免费的预警服务。深圳市零售商业行业协会配合有关部门发起"正版正货承诺"活动，并在国内零售商业领域率先制定了《"正版正货承诺"联盟工作条例》。深圳市手机行业协会在"3·15"保护消费者权益日、"4·26"

世界知识产权日成功举办了《手机行业知识产权维护及企业核心竞争力论坛》等宣传活动。深圳市影视动漫画行业协会还组织会员单位向日本动画行业的专家取经，学习日本动漫画行业在知识产权保护方面的成功经验。

第四，推动大企业与中小企业知识产权战略协同发展。组织实施了深圳市第三批知识产权优势企业评选工作，深圳市燕加隆实业发展有限公司、易拓科技有限公司、研祥智能科技股份有限公司等20家企业获得了知识产权优势企业称号。加强知识产权中介机构与中小企业的服务对接，顺天达专利商标代理有限公司等首批5家中介机构与深圳市麦逊电子有限公司等100家中小企业实现了服务对接。突出政府公共服务职能，通过“直通车”等形式架起政府与企业沟通的桥梁，帮助企业解决实际困难。

第五，不断完善知识产权服务支撑载体。在第十届高交会期间成立“国家专利技术深圳展示交易中心”。深圳拥有大量的知识产权创新资源，企业和个人有专利技术转移和交易的迫切需求，该中心的建立为专利技术供需方特别是非职务发明人和中小企业提供了专利技术的展示、交易、宣传、咨询的公共服务系统平台，将为促进专利技术的转化和深圳高新技术产业的发展发挥重要的支撑作用。国家知识产权局专利局深圳代办处进驻高新区提供贴身服务，使企业得到更为方便快捷的服务，全年共受理国内专利申请28160件，同比增长11.87%，并荣获2007年全国质量进步奖。

第六，搭建版权贸易平台，与福田区人民政府共同主办首届“深港动漫嘉年华”活动。耗资35万人民币从日本正版引进，首次在深港地区推出全球五大主题乐园之一，占地6000平方米的哆啦A梦快乐乐园。建立深圳数字作品版权管理系统，构建三位一体的平面设计作品版权保护体系，为“设计之都”建设提供版权保护支撑。组织举办了知识产权（版权）创新系列新闻发布会。

六、知识产权宣传、教育与培训

首先，组织系列知识产权论坛讲座。深圳市知识产权局根据企业需求，联合有关部门精心组织了美国专利法研讨会、互联网领域的知识产权问题论坛、创业板金融与知识产权论坛、专利信息分析培训班、知识产权战略与创新型城市建设、版权贸易与文化产业发展论坛、美国专利申请许可诉讼策略、专利实务培训班、第26届大运会知识产权保护专家论坛等专业培训活动30余场，培育了“知识产权名人讲堂”、“知识产权鹏城论坛”、“知识产权半月谈”等文化品牌。深圳市中级人民法院安排了“司法护权、激励创新”知识产权司法保护行动月活动，精心挑选典型案件进行公开审理并集中公开宣判了5宗知识产权案件。市高新办联合深圳市知识产权研究会开展了为期两月的以“专利预警”为主题的系列培训，内容涵盖专利申请、侵权判断、预警机制与实战演练四大部分。深圳市知识产权局与团市委联合举办了“创新与未来”青少年版权保护主题教育活动。福田区开办了面向中小企业的专利实务培训班。南山区以“博士论坛”为平台，开展了“知识产权专题月”讲座，还组建了南山区知识产权讲师团，开展了“百场知识产权讲座进企业”活动。宝安区认真开展了企业知识产权创造培训工作，共组织有关专家200多人次深入企业，为企业提供自主创新和知识产权培训。

其次，大力推进知识产权“进学校”。宝安区开展了以版权知识学习、自觉抵制盗版行为集体签名、知识问答、主题团日为主要形式的中小学“版权保护”主题教育专项活动。在宝安区“青少年科技创新竞赛”中，全区共10万名学生参加了本次竞赛，共评出获奖作品714件，申请发明专利3项和实用新型3项。罗湖区共举办了3次区级知识产权教育公开示范课、2次市级知识产权教育师资培训和2次省级知识产权教育师资培训，区内各学校均开设了知识产权综合实践课，在“首届中国青少年创意大赛暨知识产权宣传教育活动”决赛中，东晓小学、水库小学参加比赛，取得优异成绩，获得团体金奖2名、一等奖5名，从全区部分学校挑选的学生作品中，申请专利45件、商标2件，登记版权10件。

第三，积极推进知识产权"进机关"。市人事局联合市知识产权局组织力量精心编辑了《深圳市公务员知识产权读本》，作为教材向全市公务员发放。市知识产权局定期开展内部学习活动，邀请国内知名学者、专家讲授知识产权热点和前沿问题。深圳海关组织了奥林匹克专题知识产权保护培训班，与日本贸易振兴机构、中国贸促会专利商标事务所联合举办了知识产权海关保护培训班，培训现场关员近200人次。

第四，多渠道强力推进知识产权宣传工作。大力营造"崇尚创新、尊重知识、诚信守法"的社会氛围，围绕"4·26世界知识产权日"、高交会、文博会等重大活动，加强知识产权宣传攻势。首次公布知识产权指标数据，与市新闻办连续第四年联合发布《深圳市知识产权发展状况》白皮书。通过举办知识产权有奖问答比赛，知识产权十大事件评选，征集公益广告词，在街道悬挂知识产权标语，开辟媒体专版等多种形式，全力推动知识产权文化建设。

七、知识产权交流与合作

加强港、台学术研究与交流。派员赴港出席由香港知识产权署和广东省知识产权局联合举办的知识产权战略纲要宣讲会，派员出席香港知识产权署与广东省版权局联合举办的"正版正货承诺交流活动"。为进一步推动海峡两岸在知识产权实务和学术方面的合作与交流，为两岸"产、学、研、商"各界打造互通有无的平台，"第七届海峡两岸知识产权学术研讨会"在深圳举行。本次研讨会的主题是"知识产权的保护与经营管理"，此次研讨会被列入深圳市第十届"高新技术产品交易会"的重点项目，在改革开放30周年之际，成为"高交会"新亮点。

加强与其他国家和地区的合作交流。2008年广东省工商管理局外事接待共计13次，来访外国团体包括美国贸易代表办公室、美国知识产权法律协会代表团、麦克尔拜斯特律师所、摩托罗拉公司、微软公司、美国科技界代表团、英国驻广州领事馆、Epson（日本）公司、日本小学馆公司。广东省工商管理局与其他国家和地区的合作交流主要体现在涉外培训方面。其中包括LED337专利案分析会、欧洲专利申请与诉讼策略研讨会、春季美国专利法研讨会、2008美国企业知识产权管理策略论坛、美国专利实践（四期）、美国知识产权实务论坛、加拿大专利申请程序讲座、欧洲（德国）展会知识产权保护论坛、美国专利申请基本程序及专利诉讼指南讲座等，来自美国和欧洲的产业界专家、国内高校学者以及来自政府、企业和中介机构的代表参加了会议，取得了良好的社会效果。

（供稿人：李飞）

珠　海　市

一、概况

2008年，在珠海市委、市政府指导下，珠海市知识产权局、市工商局、市版权局等知识产权相关部门充分发挥职能，坚持知识产权为经济建设服务的方针，努力营造保护知识产权的社会氛围，全社会知识产权意识不断增强。

为传达贯彻全省知识产权工作会议精神，贯彻实施《国家知识产权战略纲要》和《广东省知识产权战略纲要》，珠海市知识产权局积极制定有关计划，开展了针对纲要的宣传活动，协同相关知识产权职能管理部门制定了《珠海市贯彻落实国家和省知识产权战略纲要的实施方案》，大力推动知识产权战略纲要的深入贯彻落实。

根据广东省知识产权局开展《国家知识产

权战略纲要》及《广东省知识产权战略纲要》宣讲活动的工作部署，2008年珠海市举办了知识产权战略纲要专题报告会，由广东省知识产权局领导主讲。珠海市知识产权局与市委组织部协调，将宣讲活动安排在市委党校中青班，来自珠海市各部门120名中青班学员参加了此次专题报告会。

二、知识产权政策体系建设

目前，珠海市颁布和实施了《珠海市专利技术实施计划工作方案》、《珠海市知识产权优势企业培育和认定工作方案》、《珠海市专利和集成电路布图设计登记申请资助管理办法》、《珠海市“十一五”实施带动战略的工作方案》、《珠海市企业软件正版化工作方案》等相关政策，积极发挥了政府在知识产权管理和保护中的主导作用，进一步强化和完善了知识产权管理机制。

2008年，珠海市知识产权局向珠海市机构编制委员会请示各区科技局加挂区知识产权局牌子，香洲区、斗门区、金湾区及高新区科技局先后加挂区知识产权局牌子。10月份珠海市知识产权局协同相关知识产权职能管理部门建立了珠海市知识产权联席会议制度，联席会议成员包括市知识产权局、市工商局、市版权局、市公安局、拱北海关等部门。

三、知识产权创造与运用

2008年，珠海市专利申请量为2244件，同比增长1.2%。其中，发明专利申请量为437件。珠海市专利授权量为1797件，同比增长8.4%。其中，发明专利授权量为143件，同比增长186%。

2008年，珠海市共有注册商标12847件，其中今年1—12月份新注册商标1718件。到12月为止，珠海市共有中国驰名商标5件，省著名商标56件，其中2008年认定省著名商标11件，延续认定申请7件。

2008年珠海市版权局共为16家软件企业登记软件版权23个，为著作权权利人登记作品著作权25个。

四、知识产权保护

2008年，由珠海市政府副秘书长主持召开了全市知识产权联席会议。市知识产权局、市工商行政管理局、市文化广电新闻出版局、市公安局、市中级法院、市法制局、拱北海关的负责人参加会议。会议要求全市有关部门都要把知识产权工作摆到更加重要的战略地位，做好当前的知识产权工作，要健全保障措施，有效增强知识产权创造能力；要完善执法体系，加大知识产权保护力度；要加强协调，增强全市知识产权工作合力。

2008年宣传周期间，由珠海市知识产权局、珠海市工商局执法人员组成的联合执法组，在珠海市开展了保护知识产权联合执法行动。对珠海市多家超市、药店等流通领域进行联合执法检查，检查商家出售商品的标识、标记是否存在假冒他人专利、冒充专利、假冒商标等违法行为，杜绝有假冒伪劣标识的商品进入流通领域，保护知识产权权利人合法权益，维护市场经济秩序，规范商品专利、商标标注行为，树立保护知识产权的良好形象。通过联合执法行动，一方面规范了市场经济秩序，另一方面也对流通领域的商家进行了保护知识产权的宣传教育。

2008年，珠海市知识产权局受理并立案专利纠纷4件。其中调解处理3件，请求人撤回1件。珠海市知识产权局利用机关建立ISO9000管理体系的契机，完善了专利侵权纠纷调处工作流程，引入了提前告知和听证程序，在案件的处理过程中，珠海市知识产权局吸收了周边城市在行政诉讼败诉的经验教训，严格把关，目前未发生行政诉讼。

珠海市工商局全年查处商标违法案件262宗，案值819万元，罚款222万元，收缴和消除商标标识30983件，没收、销毁侵权商品

38611件，没收造假模具3套，捣毁制假打印机墨盒窝点2个。其中商标侵权案件181宗，案值186万元；商标一般违法案件25宗，案值633万元。根据国家工商总局下发的《保护奥林匹克标志专有权行动方案》的部署和省局的相关通知要求，珠海市工商局的商标监管工作以保护奥林匹克标志专有权为重点，连续在全市范围内开展专项整治行动，2008年珠海市工商局出动执法人员2283次，出动执法人员5256人次，检查经营企业和个体户15031户次，检查批发市场、集贸市场等各类市场831个次，立案调查56宗，案值12万元，罚款32万元，进行行政指导等行政措施421次。

珠海市版权局全年共检查经营单位2793家企业、查处版权侵权行政处罚案件19件、取缔违法经营单位43家、行政处罚违法经营单位18家、行政处罚违法经营个人10人、收缴盗版光盘35万张。为迎接奥运顺利召开，珠海市版权局开展了“保护版权，迎接奥运”为主题的打击网络侵权盗版专项行动，查处了珠海奇力创电气设备有限公司未经著作权人许可，复制并通过互联网向公众传播其作品的案件，侵权人在限期内停止了侵权行为。

五、知识产权管理与服务

珠海市知识产权局通过实施《珠海市专利和集成电路布图设计登记申请资助管理办法》，大大激发了广大企业、发明人申请专利的积极性，2008年资助1800件专利申请，资助金额161万元。珠海市知识产权局组织珠海市企业及个人申报国（境）外专利申请资助工作。2008年17项国外专利申请获得26.2万元资助。珠海市通过实施《珠海市专利技术实施计划工作方案》，促进了珠海市专利技术实施，推进了高技术产业的知识产权化和拥有自主知识产权的高技术产业化，提高企业的核心竞争力。2008年，共有10个项目列入珠海市专利技术实施计划，共安排经费275万元。2008年新增认定6家珠海市知识产权优势企业，通过珠海市知识产权局的培育，已有33家企业被评为珠海市知识产权优势企业，累计申请专利共2560件，其中发明专利近480件。

2008年，珠海市工商局在实施名牌带动战略工作中，能够紧紧围绕生态文明建设这一主题积极地开展培育和发展商标品牌各项工作。为使珠海市更多企业申报省著名商标，珠海市工商局采取多种形式广泛宣传。珠海市工商局筛选出经济效益好、知名度高的“帆船图形”、“南水”、“乡意浓”“柔乐”、“安生”等20多件商标作为2008年的重点培育、发展对象，努力确保推荐企业的质量。积极做好2008年度省著名商标的申报和延续工作以及驰名商标认定的帮扶工作。引导珠海斗门区旭日陶瓷有限公司的“白兔”商标、珠海元朗食品有限公司的“元朗欢乐”商标、珠海汉胜工业有限公司的“Hansen”等商标申请认定驰名商标。

珠海市版权局加大“版权兴业工程”实施力度，在金山软件公司、南方文化产业园和炬力集成电路设计有限公司被省版权局授予“广东省版权兴业示范基地”基础上，今年又申报了两家企业，经省版权局批准，珠海杨氏网络动画设计有限公司被授予“广东省版权兴业示范基地”；同时，为金山软件、炬力软件等企业在国内外资本市场成功上市提供了版权保护指导与服务。

六、知识产权宣传、教育与培训

加大面向社会公众的宣传普及力度。珠海市知识产权局、珠海市工商局、珠海市版权局在“4·26世界知识产权日”、“3·15”消费者权益保护活动日及“科技宣传周”等重要时段，利用各种新闻媒体，采取多种形式，积极开展宣传普及活动，在珠海特区报开设“世界知识产权日专版”进行专题报道，介绍政府知识产权政策导向及实施成效、各部门知识产权宣传活动、部门协作打击知识产权侵权行为等，营造全社会尊重和保护知识产权的良好氛围。

围绕市委市政府发展产业集群的工作目

标，珠海市知识产权局针对重点行业举办专利知识讲座培训班共 9 场，参加人数达 900 多人。4 月份，珠海市知识产权局举办了“珠海市医药行业专利实务知识讲座”。生物医药产业集群作为珠海市重点发展的发展七大产业集群之一，讲座内容包括国内外医药专利申请概况、医药专利申请特点等。5 月份，珠海市知识产权局举办了“美国专利及中国专利知识讲座”和“知识产权专题讲座”。内容包括美国专利知识，企业申请美国专利时注意事项和遇到问题等。7 月份，珠海市知识产权局与拱北海关联合举办“知识产权海关保护专题讲座”。由海关总署专家主讲，内容包含中国知识产权保护体系概览、中国海关知识产权保护的制度等。10 月份，珠海市知识产权局举办了珠海打印耗材行业专利研修班。邀请国家知识产权局专家主讲，内容包括激光打印耗材专利解析、喷墨打印耗材专利解析等。参加此次研修班有 34 家打印耗材相关企业，各企业有关法律、专利负责人、技术主管及研发工程师 100 多人参加。

珠海市工商局在《珠海特区报》开设宣传专版，宣传商标工作的成绩、展示服务地方经济、培育品牌发展、引导企业争创驰著名商标和保护商标专用权等工作情况，以及对新认定和延续认定的著名商标及其企业予以宣传；积极参与市知识产权局牵头组织的各种宣传活动，如 4 月份与市相关职能部门一起在《珠海特区报》开展联合宣传活动，宣传保护注册商标专用权、奥林匹克标志专有权及部分企业商标注册情况；在珠海电视台、《珠海特区报》、珠海工商红盾网等媒体以及市局注册大厅滚动播放“实施商标战略，创立自主品牌”、“加大商标专用权保护力度，营造公平竞争市场环境”、“保护知识产权，坚决打击违法侵权行为”、“严厉打击非法使用奥林匹克标志、销售侵犯奥林匹克标志商品的行为”等标语；“4·26”期间市局、分局、工商所在办公楼和各市场拉挂“开展 2008 年保护知识产权宣传周活动”、“严厉打击侵犯注册商标专用权行为”等条幅或横幅 53 条。

珠海市版权局按照 2008 年企业软件正版化工作的阶段性目标，先后两次组织珠海市有关音像、电子出版物及互联网上网服务企业负责人进行著作权法学习和培训，开展形式多样的普法宣传，并在全市互联网上网服务企业推进软件正版化工作。珠海市版权局会同团市委组织开展了“创新与未来—青少年版权保护主题教育活动”，制定下发了《珠海市“创新与未来—青少年版权保护主题教育活动”工作方案》，通过讲座、座谈、正版与盗版的实物比较、问题咨询等形式开展活动，以提高青少年版权保护意识，形成“版权促进创新、创新保障发展，发展才有未来”的共识，使青少年从小自觉形成“支持正版、抵制盗版”的思想，营造良好的版权保护意识，收到了很好的效果。

七、知识产权信息化建设与知识产权信息运用

据统计，目前珠海集中了世界前五大耗材厂家，生产了世界上 70%的色带、60%的墨盒、20%的硒鼓。出口销售额超过 100 亿元，产品远销 70 多个国家和地区。为应对国际竞争，引导珠海市打印耗材行业增强核心竞争力，珠海市知识产权局决定建立珠海市打印耗材行业国际专利数据库。

专利数据库项目于 2007 年 10 月份启动，珠海市知识产权局委托广东省专利信息中心建设，专利数据库于 2008 年 4 月初步建成并开始试用，2008 年 7 月数据库顺利通过专家验收，正式投入使用。珠海打印耗材行业国际专利数据库数据构成包括中国、美国、英国、日本、德国、法国等主要国家以及欧洲专利局、世界知识产权组织的专利文摘数据库和中国专利全文说明书，国内外激光打印耗材和喷墨打印耗材的行业技术专利数据近 46 万条，其中激光打印耗材约 34 万条、喷墨打印耗材约 12 万条。目前，数据库使用情况是浏览量 8 万多页，下载量 2 万多页。

数据库的建成为耗材企业在科研立项、新

产品开发、技术设备引进、合资合作、技术产品出口、专利预警、专利战略研究等各项工作中，有效利用打印耗材行业专利信息、深入研究国内外打印耗材行业专利技术提供了便利，对促进珠海打印耗材行业的科技进步、提高自主技术创新、提升竞争实力具有十分重要的意义。

（供稿人：谭韬）

八、统计资料

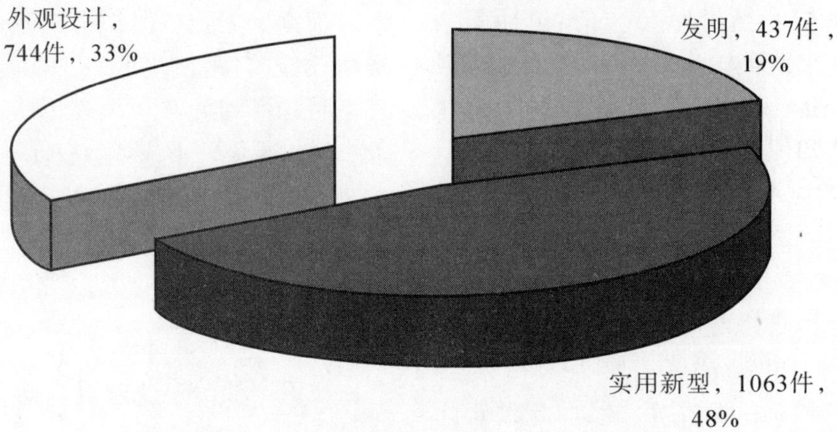

图1 2008年珠海市三种专利申请比例

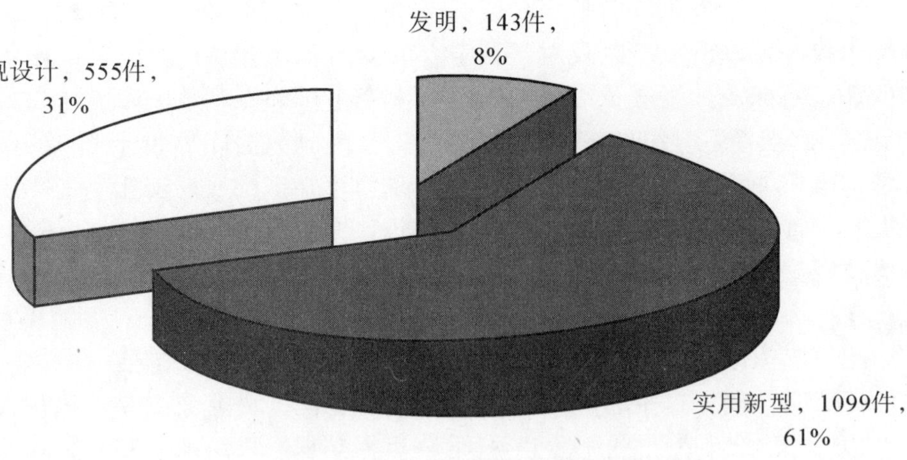

图2 2008年珠海市三种专利授权比例

汕 头 市

一、概况

2008年，汕头市知识产权职能部门以科学发展观为统领，紧紧围绕市委、市政府中心工作，进一步解放思想，认真贯彻实施国家和省知识产权战略纲要，扎实开展国家知识产权示范城市创建工作，全市知识产权工作又迈上一个新起点。2008年，市知识产权局升格为行政正处级局，汕头市顺利通过国家知识产权试点城市考核验收并被国家知识产权局批准为国家知识产权示范城市创建市，成为全省第二个跻身国家知识产权示范城市创建市行列的地级市。

二、知识产权政策体系建设

12月，市政府出台《汕头市专利扶持资金管理办法》，《办法》整合了市政府近年来出台的各项专利保护与促进工作政策措施，明确了设立专利专项资金的目的、原则，以及使用和监管等，提出一是将专利扶持资金纳入本市年度财政预算，并根据市财政经常性收入的增长幅度逐年递增；二是将专利申请资助的重点转向资助发明专利和国外专利，国内发明专利每件资助2000元，国外专利每件最高资助3万元，并对首次申请专利且当年度申请数量超过50件的申请人，一次性资助2万元；三是奖励专利奖项目，对获得中国专利金奖和优秀奖的项目分别奖励30万元和16万元，对获得广东专利奖金奖和优秀奖项目分别奖励12万元和8万元，对获得汕头市专利奖金奖和优秀奖项目分别奖励3万元和1万元，对汕头市优秀专利发明人奖励6千元；四是设立专项资金扶持专利技术实施转化，扶持园区、企事业单位和行业协会开展知识产权试点示范工作，提升全市知识产权制度运用能力；五是设立专项资金培育专利中介机构，发展壮大专利中介服务市场，对专利中介机构承办专利宣传培训等公益性服务活动或到专利服务薄弱地区设立服务机构的给予资助。此外，市知识产权局牵头粤东五市签订了《粤东五市知识产权局关于专利侵权纠纷案件代为受理的协定》，市外经贸局、知识产权局、工商局、版权局联合出台了《汕头市对外贸易知识产权管理办法》，市外经贸局出台了《关于认定“汕头市外经贸局重点培育和发展的出口名牌”的意见》。

三、知识产权创造与运用

2008年，全市新增专利申请4822件，同比增长13%，高于全省平均增速11.6个百分点；新增专利授权2927件；新申请注册商标5899件，新增有效注册商标5604件，有效注册商标同比增长51.5%；新增驰名商标2件，著名商标34件。至2008年底，全市专利申请总量已达29982件，专利授权总量达20512件，年专利申请量和累计专利申请总量持续位居全省第六位；全市累计有效注册商标已达到39134件，驰名商标12件，著名商标188件，有效商标注册量和驰名、著名商标拥有量排名全省前列。地理标志产品保护工作取得新突破，潮阳区“金玉三捻橄榄”获得地理标志产品保护，“南澳鱼露”和“南澳牡蛎”通过省质监局审核并推荐上报国家质检总局，澄海区的“樟林林檎”也向省质监局申报了地理标志产品保护。植物新品种保护取得零的突破，市农科所的“博优691”和“汕恢316”两个水稻新品种获得植物新品种权。

认真开展知识产权优势企业培育和专利技术实施孵化、专利奖评选和技术标准战略实施工作，促产业进步取得新成效。

全市新增省知识产权优势企业3家，市知识产权优势企业6家、知识产权优势培育企业10家，截止2008年底，全市共有国家知识产权示范企业1家、试点企业1家，省知识产权示范企业1家、优势企业17家，市知识产权优势企业30家。2008年，17家省知识产权优势企业新增专利申请369件，其中发明专利申请28件，同比增长了211.1%；专利产品实现销售收入25.8亿元，同比增长了28.3%，占企业销售总额的71.5%。

全市新增省专利实施示范项目1个、专利实施项目2个、市专利技术实施孵化项目14项，截至2008年，全市共有省专利技术实施项目17项、市专利技术实施孵化项目45项，经二次开发新增专利申请804件，其中发明专利申请85件，实现销售收入29.82亿元，同比增长了18.7%，占企业销售总额的38.8%，出口创汇1.21亿美元，同比增长了26.6%，占企业出口创汇总额的55.0%。

汕头市第二届专利奖评选出“一种吹塑机环形口模装置”等6项市专利金奖，“一种防炸弹玻璃及系统”等10项市专利优秀奖；与首届获奖项目相比，这批获奖项目经济效益增长了15.8%，出口创汇增长了47.7%，其中获得市专利金奖的广东绍河珍珠有限公司的“一种淡水有核再生珠的养殖方法”发明专利，在淡水珍珠养殖技术上取得突破，并被国家标准化管理委员会指定为修制订“淡水珍珠国家标准”的唯一企业，该技术已带动全国淡水珍珠养殖户几千家，年产淡水有核珍珠400至500吨，产值超过10亿元。

“技术专利化、专利标准化、标准产业化”的工作模式初步建立，“标准化良好行为企业”创建、“联盟标准制定”、采用国际标准和国外先进标准工作、专业镇（产业集群）标准化工作等实施技术标准战略工作稳步推进，取得了完成采用国际标准或国外先进标准98项，累计308家企业的475项产品获得采标标志等新进展。

四、知识产权保护

全市知识产权职能部门以营造良好的投资兴业环境和公平公正的市场秩序为出发点，坚持日常监管和专项保护相结合，有效规范市场经济秩序，切实为企业健康发展保驾护航。市知识产权办公会议办公室组织成员单位进驻澄海第十届国际玩博会开展知识产权维权保护。市知识产权局在全市组织开展了“雷雨”、“天网”专项行动；派出“专利顾问”进驻广交会为汕头参展企业提供咨询和维权服务；开展了首批4个行业的知识产权保护试点。市工商局加强各类商标假冒侵权行为的查办力度，重点开展了保护奥林匹克标志专有权专项行动。市版权局开展了打击非法预装计算机软件专项治理、打击网络侵权盗版等专项行动。市中院依法审结一批重大疑难知识产权案件，坚决制裁知识产权侵权行为。汕头海关开展“海龙行动”和“铁拳行动”等一系列打击侵犯知识产权专项行动。

2008年，市知识产权局共处理专利侵权案件28宗，帮助参加广交会的汕头企业开展专利维权，有18家涉嫌侵权企业的产品从展会撤架。市工商局查处各类商标违法案件144宗，收缴注有奥林匹克标志图形的童衫422件，拆除侵权广告6处，销毁侵权商标标识一批，罚款100多万元。市版权局查处违规音像和书报刊经营单位14家，取缔违法经营地摊218家，查封“私服”、“外挂”2个，停止5个涉嫌传播淫秽色情网站的服务器接入服务，收缴并销毁盗版制品一批。市公安局共受理各类侵犯知识产权案件73宗，立案查处71宗，破案48宗，依法刑事拘留涉假人员99名，逮捕54名，捣毁制假窝点44个，查获制假设备和假冒产品一大批。市中级人民法院受理知识产权侵权案件112宗，其中民商事案件106宗、刑事案件6宗。汕头海关开展“海龙行动”和“铁拳行动”等一系列打击侵犯知识产权专项行动，共查处涉嫌侵犯知识产权案件3宗，案值20万元。

五、知识产权管理与服务

全市各级知识产权职能部门不断加强知识产权管理和服务，引导企业运用知识产权制度做强做大。在市委、市政府的重视下，独立设置市知识产权局并升格为行政正处级局，全市基本形成了分工明确、相对集中的大知识产权工作格局。相关知识产权职能部门紧密结合各自工作实际做好服务：市知识产权局充分利用汕头市企业专利信息服务平台开展专利信息服务，针对汕头八大支柱产业发展需要建立了八大支柱产业专利信息数据库和网上专利技术交易平台，除此以外还开展了企业专利扫盲活动，提供了专利申请、专利信息利用、专利维权等十个方面的服务；市工商局不断加大服务力度，帮助企业申报广东省著名商标，做到早宣传、早摸查、早发动，指导和帮助企业做好“申著”各项工作；市版权局开展版权产业创新能力调研活动，指导澄海玩具产业向动漫产业升级转化，指导省版权联合会汕头办事处为作品权利人进行版权登记提供服务，并编写“版权登记指南”在政府网站发布；汕头海关为应对金融危机的影响，出台了《汕头海关关于落实促进经济增长十项措施 加强对自主知识产权保护的工作方案》，为进出口企业快捷通关和减少通关成本提供服务。

六、知识产权宣传、教育与培训

知识产权宣传培训工作在汕头市扎实有效开展。市委中心组先后举行了两场次知识产权专题学习报告会；市政府主办了“2008 粤港知识产权与中小企业发展（汕头）研讨会”，召开了“2006－2007 年汕头市知识产权保护状况”政府新闻发布会；全市组织开展了以“保护知识产权，促进创新发展”为主题的一系列宣传活动，通过组织开展“4·26”保护知识产权宣传周、“司法护权、激励创新加强知识产权司法保护活动月”、“版权保护在广东”以及知识产权法律法规进机关、进单位、进社区、进企业、进展会、进学校、进乡村等活动，在全社会营造了浓烈的知识产权发展氛围。市知识产权局认真落实国家知识产权局“百千万知识产权人才培育工程”以及广东省区域知识产权发展计划，会同汕头大学举办了第一期高学历人才知识产权培训，组织开展企业和专利中介服务机构人员知识产权培训班，举办专利申请文件撰写及 PCT 国际申请提高班、专利申请代理服务供需对接会等。市工商局把提高队伍业务管理能力和企业商标战略运用能力有机结合，举办了全市工商系统商标业务培训班。市版权局结合推进企业使用正版软件工作加强企业培训。市经贸部门举办了“实施名牌战略、实现工业强市”、“金融海啸背景下的企业品牌经营战略”等专题培训。市人事局在全市组织专业技术人员公修课培训，举办《知识产权法基础与实务》培训班 136 期，共 2 万余人参加。其他有关职能部门也都结合各自实际开展了形式多样的知识产权培训活动。

稳步推进中小学知识产权教育。市知识产权局、市教育局、团市委、市少工委联合在全市中小学开展知识产权教育试点工作，确定汕头华侨中学等 5 所学校为汕头市首批知识产权教育试点学校，推荐金平区长厦小学等二所学校列入省第三批中小学知识产权教育试点学校。各试点学校的知识产权教育和培训工作各具特色，并逐步带动了其他学校的教育活动，有效激发了中小学生发明创造热情，到 2008 年为止全市中小学生共申请专利近 200 件。

七、知识产权交流与合作

3 月 27 日，市政府与省知识产权局、香港知识产权署和香港贸易发展局联合在汕头主办了“2008 粤港知识产权与中小企业发展（汕头）研讨会”。会上，来自粤港两地的九位知识产权专家就粤港两地的知识产权保护制度、组织架构、相关法律法规及知识产权最新发展状况、粤港两地企业在管理知识产权、运用知识产权的成功案例与先进经验，以及内地企业在香港如何获得知识产权保护等方面进行了演讲和交流。另外，市知识产权局还派员参加了省知识产权局组织的赴德国、美国的知识产权学习考察活动，加深了对国外知识产权制度的了解；参加了香港“正版正货承诺”十周年纪念暨交流活动，通过学习借鉴香港“正版正货承诺”活动的经验，对汕头“正版正货承诺”活动的开展起到很好的促进作用。

（供稿人：柯宁）

佛　山　市

一、概况

2008年，佛山市各级党委、政府认真落实中央和省关于知识产权工作的方针政策，积极贯彻落实国家和省知识产权战略纲要，围绕全市经济发展战略目标和中心工作任务，与时俱进，开拓创新，积极探索，大力推进国家知识产权示范城市创建市的各项工作，企业掌握和运用知识产权制度的能力和水平得到明显提升。

2008年全市有7家企业获得省知识产权优势企业称号，1家企业获得省知识产权示范企业称号，4家企业的专利项目获得省专利技术实施计划支持。到目前为止，全市获得国家知识产权试点单位的企业有3家，获得省知识产权示范企业称号的企业有3家，获得省知识产权优势企业称号的企业达到49家，获得省知识产权试点事业单位1个。

2008年9月佛山市顺德区被国家知识产权局批准为国家工业设计与创意产业基地。12月佛山市南海区知识产权局被确定为全国知识产权质押融资试点单位。

二、知识产权创造

（一）专利

2008年佛山市专利申请授权情况：

2008年全市专利申请量为13569件，数量位居全省第四位，比2007年下降22.6%；其中发明专利申请量为1575件，比2007年下降16.6%。2008年全市PCT国际专利申请60件，比2007年增长了27.7%。至2008年底，全市累计申请专利量已达114930件，累计专利授权量达73893件，居全国地级市领先地位。

2008年全市专利授权量为10667件，数量位居全省第二位，比2007年增长5.9%；其中发明专利授权量为366件，比2007年增长58.4%。虽然近年来专利申请量有所下降，但发明专利授权量仍显著增长，发明专利申请占专利总申请量的比例仍在不断提高，专利申请结构更趋合理。

（二）商标

至2008年底，全市注册商标55837件，位居全省第三位，占全省注册商标总量的11.5%。在各类注册商标里，数量靠前的分别是电器类8864件、机械类5102件、服装类4849件、家具类4317件、铝型材3467件以及陶瓷类3326件。另外，服务商标注册总量为3076件，占全市注册商标总量的5.5%；农业类商标注册总量为476件，占全市注册商标总量的0.85%。

2008年全市新增中国驰名商标6件，驰名商标拥有数量达到25件；新添省著名商标85件，著名商标拥有数量达到261件。

三、知识产权保护

（一）知识产权司法保护

1. 审判工作基本情况。

2008年佛山中级人民法院共新收一审案件数量289件，二审案件37件，旧存一审案件55件，全年的审判任务共计381件。

一审案件结案289件，占全部一审案件的比例84.01%，存案55件。二审案件100%结案，结案量为37件。其中，一、二案件判决有182件、调撤134件、移送7件、裁定驳回起诉2件、裁定禁令1件。总体结案率85.56%。其中调解、撤诉结案的比例达到41.10%。

2. 主要工作措施。

（1）加强调解工作。

把调解工作贯穿于各个办案环节，将大调解、大和解作为结案的重中之重，将案件调解在裁判之前，具体做法为七步调，即第一步“送达调”，第二步“答辩听证调”，第三步“庭外调”，第四步“庭审调”，第五步“庭后调”，第六步“判前调”，第七步“案例示范调”。

（2）完善合议庭工作。

制定《知识产权审判合议庭工作规则》，全面彻底地推行合议制。充分发挥合议庭的共审、共合、共议、共判的作用，最大限度地把承办人和审判长置于合议庭之下，避免合议庭成员之间信息不对称情况的发生，避免合议庭审而不合、合而不议，更好地完善、规范合议庭审判、合议、审批、判决等制度，为进一步规范合议庭工作提供了指引性的依据。

（3）注重宣传培训工作。

在“4·26”世界知识产权日活动中，召开了“4·26”知识产权司法保护新闻发布会，通过《佛山日报》等媒体向社会公布了十大知识产权司法保护案例。

7月9日至11日，举办了为期三天的知识产权法官续职培训。

8月20日召开了佛山市两级法院知识产权审判座谈会，就知识产权案件的审判经验、遇到的新问题进行了座谈交流，并邀请最高人民法院知识产权庭蒋志培庭长就知识产权案件的前沿性问题举行讲座。

（4）提高判赔标准，加大保护力度。

针对目前知识产权侵权行为还比较普遍、侵权行为越益隐蔽、权利人维权成本较高的现状，普遍提高了知识产权案件的赔偿标准，在侵权成立情况下最大限度地支持权利人的赔偿请求。

（5）进一步规范驰名商标的司法认定。

针对目前社会中不少商家试图利用法院对驰名商标的认定作为宣传工具的情况，在有关驰名商标认定的案件中，注意以判定是否侵权为主线，坚持以在我国境内大部分地区驰名为标准。对于构成对驰名商标侵权的被告，在判决时还加大赔偿的力度，以更好地保护驰名商标。

（二）知识产权行政保护

1. 专利。

（1）案件查处情况。

2008年共受理专利侵权纠纷17件，审结15件，涉案金额约100万。其中有10件撤案，4件作出处理决定，1件调解。全年累计出动执法人员93人次，受理查处冒充专利案件6宗，已全部结案，涉案金额0.306万元，罚没金额0.2万元。

（2）开展会展知识产权保护。

2008年对在佛山市举办的第二届中国（南海）国际机床暨模具交易会、第四届顺德家用电器原材料零配件采购展览会、第十一届中国（佛山）陶瓷博览交易会、第五届中国国际专利与名牌博览会暨首届中国（顺德）国际工业设计创意博览会、第十二届中国佛山（国际）陶瓷博览交易会、第四届中国（佛山）机械装备展览会暨第六届中国（陈村）机床及橡塑设备博览会等6次重点展会开展了知识产权维权行动，为专利权人提供维权咨询和现场鉴定服务。

（3）促进专利联盟建设。

2008年顺德电压力锅专利联盟继续吸收新的成员，顺德区专利协会参与专利联盟的具体运作，并开展了维权工作。目前，联盟企业发展至七家，联盟专利池的专利增加到195件，专利许可企业四家，筹集维权基金达130多万元，联盟维权工作进入新的阶段。

在专利纠纷处理过程中，积极引导帮助佛山个性陶瓷有限公司组建“镀金属抛釉陶瓷”专利联盟。4月21日，佛山市个性陶瓷有限公司、佛山市禅城区汇美陶艺术腰线厂等单位联合举行“镀金属抛釉陶瓷”专利联盟成立仪式。

（4）建立联合维权协作机制。

4月24日，南海区知识产权局与区法院举行了“加强行政与司法保护知识产权”合作协议的签署活动，邀请了南海区工商联及20多家企业的负责人参加。这项协作机制的建立，使南海区的企业在知识产权保护过程中将获得更加高效、及时的途径和保障措施。

2. 商标。

2008年，工商系统共查处各类商标违法案件452件，与2007年相比上升71.86%。其中，一般商标违法案件64件，商标侵权假冒案件388件，案值达到999.48万元，营造了重视知识产权保护的良好商贸和投资环境，取得良好的社会效果。

保护奥林匹克标志是2008年商标管理的工作重点，全年共出动执法人员2416人次，检查相关经营户8115户次，共查处侵犯奥林匹克标志专有权违法案件57宗，没收、销毁侵犯奥林匹克标志专有权的宣传单张、商品一大批。

3. 版权。

2008年，佛山市开展了查处印制非法出版物和侵权盗版活动专项活动、打击非法印刷复制发行盗版教辅教材等专项行动，全市出动执法人员37438人次，捣毁了地下非法出版物仓库（窝点）26个，收缴非法出版物154.2万册（张）。加大了打击网络侵权行为的力度，对网络服务器设在佛山市的“37TT在线音乐网”等6家涉嫌侵权网站进行停止接入处理，并责令其进行整改。同时，加大对企业未经授权非法使用软件情况的监管力度，推进企业使用正版软件。

四、知识产权管理与服务

1. 专利奖励。

贯彻落实市政府《关于加强专利工作的实施意见及其奖励办法》的文件精神，开展了第一届佛山市专利奖的评审工作。为了充分体现专利奖的特点，通过评奖有效推动全市知识产权工作的健康发展，我们将专利纳入标准、专利质押贷款、专利资产评估、专利保护措施及维权效果、专利无效复审确权等内容列入了专利奖评分体系，开全国专利奖评审新指标之先河，并得到了评审专家的赞许和省知识产权局的肯定。经过评审共评选出33项获奖专利。其中金奖3项，每项给予8万元奖励；优秀奖30项，每项给予5万元奖励。同时对佛山市获得第十届中国专利优秀奖的3个项目按佛山市专利金奖的标准给予奖励。由于专利奖评分体系的引导，对企业开展专利成果标准化工作具有很好的推动作用，许多获奖专利项目都参与了地方标准、行业标准和国家标准的制修订工作。

2. 专利技术实施。

为进一步推进佛山市专利技术的实施，2008年从科技发展专项中单独划出116万的专项资金，首次开展了佛山市专利技术实施计划项目工作。经专家评审，对16个有较高技术创新水平、有后续的创新潜力和发展空间、对提高相关产品的附加值及市场竞争力有突出作用的专利技术项目进行扶持。

3. 专利信息利用。

佛山市专利信息服务平台经过多年开创性的探索与发展，已基本形成富有成效和特色的服务模式。该平台现拥有包括8国两组织的专利文献量已达到2100多万件，全国各地都有用户登录，建立的用户全文库已超过900多个，下载的全文数据累计已达80多万件。2008年继续加大对专利信息利用的扶持，利用该平台为佛山市6个企业建立专利数据库。目前在该平台建立的各种行业专利库和企业专利库达到33个。这些数据库的建立，为企业的技术研究开发、跟踪国内外竞争对手动向、制定企业知识产权战略等起到了积极的作用。

4. 举办第五届中国国际专利与名牌博

览会。

2008年9月19日至21日，由国家知识产权局和广东省人民政府共同主办的第五届中国国际专利与名牌博览会暨首届中国（顺德）国际工业设计创意博览会，在佛山市顺德区成功举办。来自全国16个省市以及日本、韩国、香港、乌克兰、白俄罗斯等国家和地区共530家参展商亮相本届博览会，展览面积超过2万平方，现场共展出了3200多项专利技术和2000多项最新工业设计成果，参观人数超过5万人次。本届专博会内容丰富、题材广泛，发挥出良好的知识产权资源集聚效应和引领作用。同时为国内外众多展商与本地企业搭建起成果交易、展示、转化的桥梁，也为一批深具发展潜力和前景的中小企业与专利成果提供了展示的舞台。

5. 举办专利技术展示交易活动。

2008年11月18日至22日，举办了2008·第二届中国专利周（佛山）专利技术展示交易活动。共有130多项专利项目和实物参加现场展示，并采取网上、网下联动的形式，在网上发布专利项目1180多项，参观人数近3000人次，网站点击量约两万次。其中有6个项目与投资人达成初步合作意向，一些专利权人与投资者在活动结束后还在进行密切的联系协商。另外，我们还举办了由清华大学和佛山水泵厂共同研发的PCM无模快速制造技术创新连锁服务平台项目推介会、高新技术企业认定及融资策略分析会、佛山名企专利技术产品及成果推介发布会、专利权人与企业项目对接洽谈会等一系列主题活动，取得了很好的效果。

6. 落实《佛山市发明专利资助办法》政策。

为佛山市企业和个人2007年度授权的中国发明专利、外国发明专利以及PCT国际专利申请办理了资助，共资助项目183项，资助金额1980000元。各区知识产权管理部门还对三种专利申请费进行了资助，2008年市区两级专利资助金额超过400万元。目前我们按照国家知识产权局《关于专利申请资助工作的指导意见》的精神，正在对《佛山市发明专利资助办法》重新进行修订。

五、知识产权宣传、教育与培训

1. 学习宣传知识产权战略纲要。

《广东省知识产权战略纲要》和《国家知识产权战略纲要》颁布实施后，佛山市举行了一系列学习贯彻国家和省知识产权战略纲要的活动。

6月2日佛山市委理论学习中心组举行学习会，邀请中南财经政法大学校长、知识产权专家吴汉东教授作“实施知识产权战略与建设创新型国家”专题报告。包括市委理论学习中心组成员在内的全市副处以上领导干部和知识产权管理工作人员共1000多人参加了报告会。

7月25日举办了“佛山市学习贯彻《国家知识产权战略纲要》暨知识产权管理人员培训班”。邀请了省知识产权局协调管理处谢红处长和法制处钟兴子副处长作专题报告，学习领会《国家知识产权战略纲要》和《广东省知识产权战略纲要》精神，并对知识产权行政执法方面相关知识进行讲解。

9月19日在佛山市顺德区举办的第五届中国国际专利与名牌博览会暨首届中国（顺德）国际工业设计创意博览会期间，又举办了“国家知识产权战略与创新高峰论坛”，国家知识产权局张勤副局长就知识产权战略实施作了专题报告。

10月25日按照省知识产权局的统一部署，佛山市举办了“知识产权战略纲要宣讲报告会”，省委党校张艺教授和省知识产权局郑良生副局长宣讲国家和省知识产权战略纲要。

2. 开展形式多样的知识产权宣传活动。

一是“在4·26知识产权宣传周”期间，大力开展知识产权宣传活动，在《佛山日报》上公布年度知识产权十大案例，在佛山电台制作和播放知识产权保护专题节目，还组织了《佛山日报》等媒体进行相关活动跟踪报道，开辟专栏介绍知识产权应用和保护等有关内容，南海区在政府相关网站登载了“尊重知识产权、赞美创新”宣传广告，顺德区举行专利代理机构诚信公约签约仪式，举办了“4·26”知识产权宣传普法讲座，三水区和高明区在电视台播放知识产权宣传广告短片，禅城区和三水区还开展知识产权现场咨询活动。

二是举办了多次各种大型高峰论坛、研讨会以及各种宣传培训，并深入企业进行知识产权宣传。2008年全市举办各种讲座、论坛、报告会、培训班20多次（期），参加人数超过4000人。其中主要活动有：3月18日顺德区举办了专利申请文件的撰写与审查专题报告会；6月13日三水区举办了电子电器ASP平台及专利数据库推介会；7月18日顺德区举办了工业设计与产业发展高峰论坛；8月4日举办了专利文件撰写及代理人考试相关知识培训班；8月7日顺德区举办了知识产权实务培训班；8月19日顺德区举办了企业知识产权保护法律和诉讼实务专题报告会；9月18日由国家知识产权局、欧洲专利局、欧洲内部市场协调局、省知识产权局联合主办的欧洲知识产权制度—外观设计与专利国际研讨会在顺德区举行；11月7日至9日由中国知识产权培训中心主办的国家中小学知识产权教育研讨会在南海区召开。

三是编印了《佛山知识产权年讯》向社会各界免费派发，各区也编印了有关知识产权宣传单张，派发到企业、学校等单位。以内容丰富、形式多样的宣传形式，提高了公众的知识产权意识，对营造知识产权保护和创新环境起到了很好作用。

3. 继续推进中小学开展知识产权教育工作。

在中小学开展知识产权教育工作是佛山市的特色之一，目前中小学知识产权教育工作已在全市五区全面铺开。为继续推进学校开展知识产权教育工作，4月18日，在南海区九江镇初级中学举办了佛山市中小学知识产权教育试点示范学校授牌仪式暨师资培训班，佛山市首批33所试点示范学校的老师共100多人参加了培训。5月15日，高明区在高明区沧江中学举办了中小学知识产权教学研讨会，并观摩了知识产权公开课。各区还购买了《知识产权教育读本》发放给知识产权试点示范学校，支持学校开展知识产权教育工作。

4. 商标管理部门积极开展知识产权宣传活动。

一是知识产权宣传周前后，在《南方日报》、《佛山日报》先后开辟专版，在佛山电台录制两期节目，在《羊城晚报》等10多家媒体上对佛山商标发展情况进行了宣传，引起了很多企业的回应。

二是先后举办了7期奥林匹克标志保护、商标普查、驰著名商标培育与推荐、执法办案等培训班，还在市区两级工商局内网上开通“奥林匹克标志保护”专栏。

三是利用视频网络系统，采用“双流”模式举办驰著名商标培育与推荐、商标案件查处培训，全系统有近300人受训，使工商执法人员商标管理业务能力进一步提高。

5. 版权部门积极开展知识产权宣传活动。

一是开展“4·26保护知识产权宣传周”版权保护系列活动。包括在电台连续一个月播放版权保护公益广告，在《早安佛山》节目邀请佛山市软件行业协会秘书长钟晓庆进行关于软件保护的专访，4月26日举办了以“保护版权，促进创新发展”为主题的文艺表演、知识问答和展览等内容的广场文化活动，还联合佛山移动、佛山联通等电信公司向用户发送版权保护手机短信。

二是开展青少年版权保护主题教育活动。9月27日在佛山市第三中学举行了“创新与未来——青少年版权保护主题教育活动”启动仪式，向佛山市第三中学赠送了版权知识读本，并邀请广东省版权局版权管理处副处长郭秀文讲授了版权保护的基本知识；另外，还联合《珠江青少年》报面向全市中小学生举办了以“创新与未来”为主题的征文大赛，联合佛山电台举办了面向青少年为期四个多月的《版权保护PVP》知识问答竞赛。

六、统计资料

表 1　2008 年佛山市三种专利申请统计

类型	发明	实用新型	外观设计	合计
申请量	1575	4198	7796	13569
增长	－16.6％	－6.8％	－30.0％	－22.6％

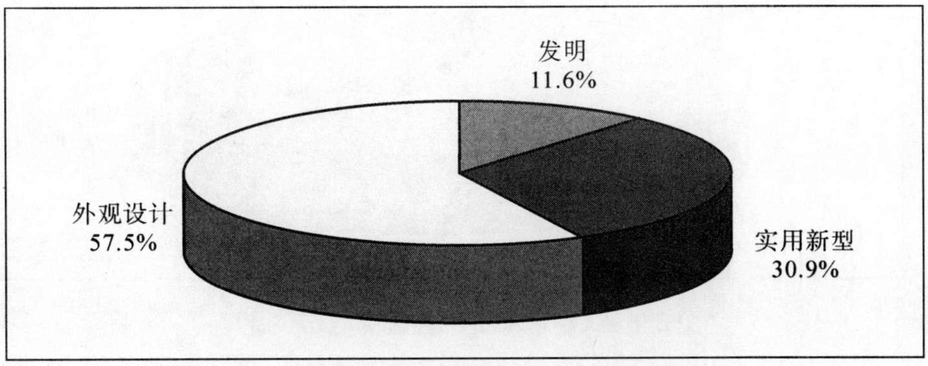

图 1　2008 年佛山市三种类型专利申请比例

表 2　2008 年佛山市三种专利授权统计

类型	发明	实用新型	外观设计	合计
申请量	366	3888	6423	10677
增长	58.4％	9.8％	1.7％	5.9％

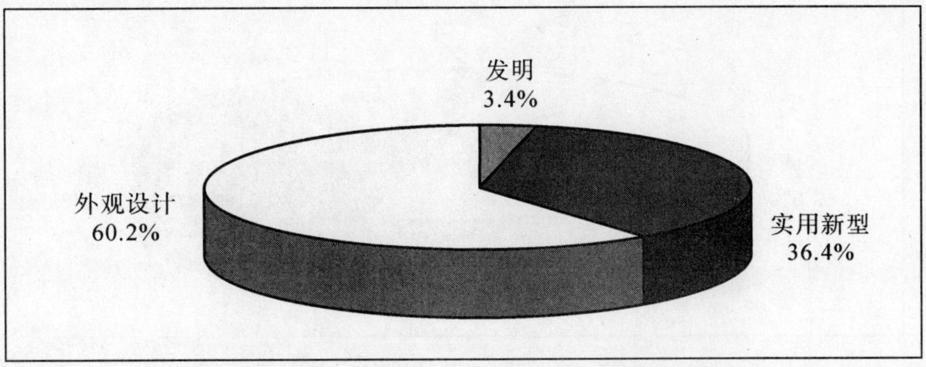

图 2　2008 年佛山市三种类型专利授权比例

表3 2008年佛山市各区专利申请统计

区	禅城	南海	顺德	高明	三水	合计
申请量	2042	3255	7649	176	447	13569
增长率	12.8%	−56.8%	2.5%	−43.0%	8.2%	−22.6%

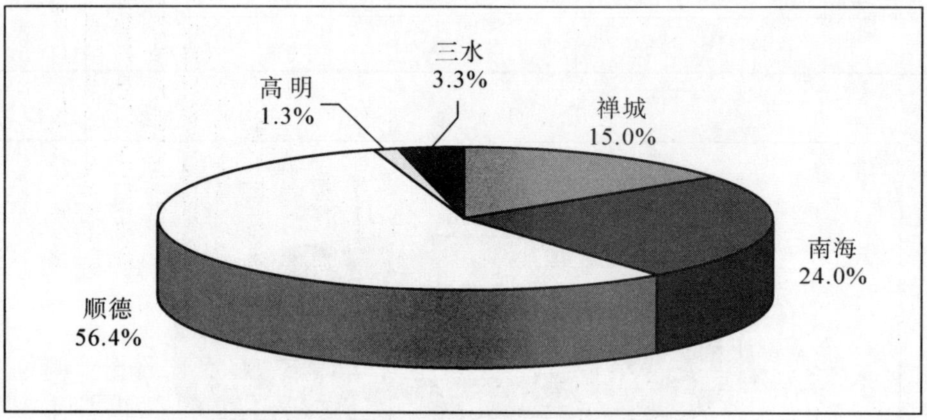

图3 2008年佛山市各区专利申请比例

表4 2008年佛山市各区专利授权统计

区	禅城	南海	顺德	高明	三水	合计
授权量	1195	3684	5298	211	289	10677
增长率	−17.6%	34.6%	−3.0%	73.0%	−8.0%	5.9%

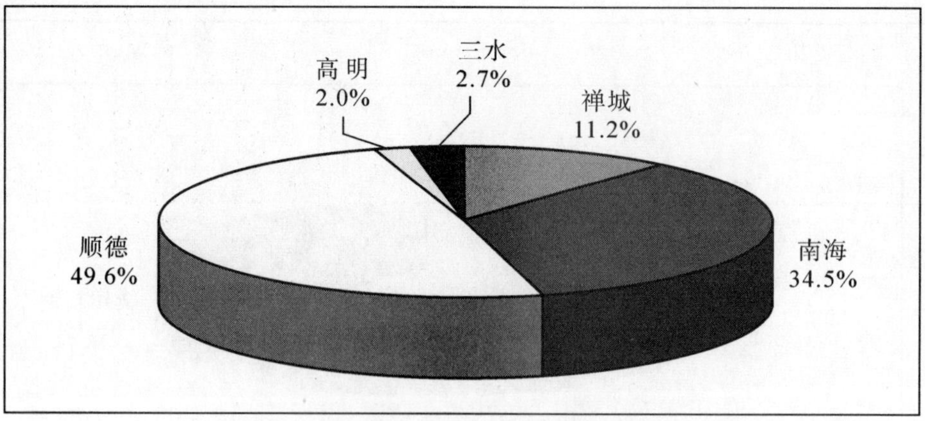

图4 2008年佛山市各区专利授权比例

佛山市历年专利申请授权量统计

1985－2008 年佛山市累计专利申请量 114930 件

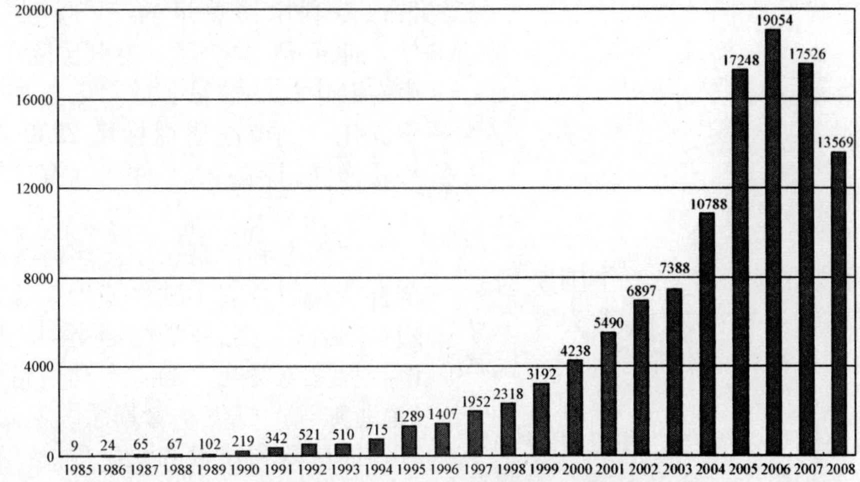

图 5　佛山市历年专利申请量

1985 年－2008 年佛山市累计专利授权量 73893 件

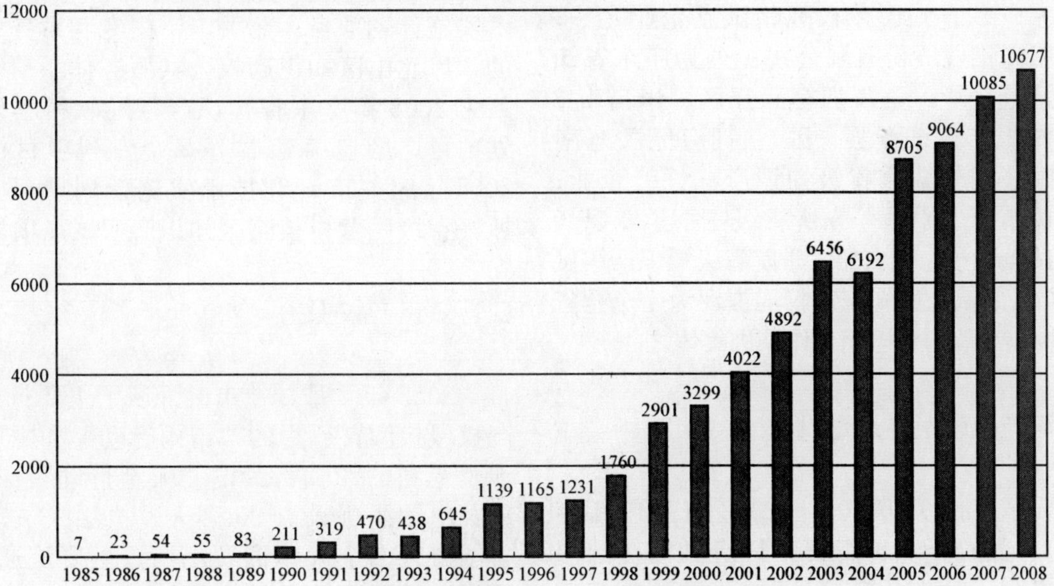

图 6　佛山市历年专利授权量

（供稿人：梁明国）

韶关市

一、概况

2008年，韶关市知识产权工作围绕国家和省知识产权战略纲要的实施，贯彻落实全省知识产权工作会议精神，突出抓好知识产权制度、管理机构、人员队伍建设三个重点，广泛开展知识产权战略纲要的宣传，积极开展“发展自主知识产权，积极应对金融海啸”专题调研，引导企业以自主知识产权应对金融危机，实现保增长目标。知识产权工作迈上了新台阶。2008年，韶关钢铁集团有限公司被列为首批十家广东省知识产权战略试点企业之一；广东东阳光铝业股份有限公司被列为广东省知识产权示范企业。全市拥有武江区、乐昌市2个省级知识产权试点县（区）；拥有韶关东南轴承有限公司等5家省级知识产权优势企业；拥有韶关市第九中学等5所省级中小学知识产权教育试点学校；拥有韶关学院省级知识产权试点事业单位；武江区知识产权局被评为十个全省知识产权局系统信息运用工作先进集体之一。

二、知识产权政策体系建设

出台了《韶关市2008—2012自主创新行动计划》，鼓励企业、高校和科研机构在国内外申请专利，对获得美国、日本、欧洲授权专利，经审核符合条件的，每件给予5万元资助；企事业单位年专利授权量外观设计专利达到40件或实用新型专利达到20件或发明专利达到10件以上的，奖励2万元；对获得国家专利金奖、省专利金奖的单位，市政府分别给予30万元、10万元奖励。

三、知识产权创造与运用

2008年，韶关市专利申请量407件，同比增长13.1%，其中发明专利申请79件，实用新型专利申请206件，发明和实用新型专利申请占专利申请总量的70%；专利授权量265件。拥有PCT申请（专利国际申请）3件。全市专利申请的数量和质量明显提升，结构进一步优化。全市注册商标量2232件，其中2008年新增注册商标226件。拥有广东省著名商标16件。

加强专利信息运用。韶铸等7家企业列入全省专利信息应用软件使用单位。韶关钢铁集团有限公司、韶关学院等企事业单位使用省知识产权局免费配发的《专利信息分析系统》和《企业知识产权信息管理系统》软件。

加快专利技术产业化步伐。乳源东阳光实业发展有限公司的“高叠加性能锰锌系铁氧体材料”、广东省第二农机厂的“多功能钻岩机”和韶关市明辉兴达机械厂的“双联多功能制砖机”3个项目被列为广东省知识产权局专利技术实施计划项目；韶关市雷门专利事务所承担的“粤北山区知识产权公共服务体系研究”被列为2008年广东省知识产权局软科学研究计划项目；烟包美容器等2个专利项目被列入2008年韶关市专利技术实施计划项目。切实抓好省级民营科技园区知识产权试点项目。

四、知识产权保护

2008年4月，在市区开展了主要打击知识产权侵权假冒行为的“雷雨行动”和主要打击涉及专利的诈骗行为的“天网行动”。本次行动共出动执法人员30多人，执法人员现场检查了市区多个大型商贸场所、主要流通市场，并对涉嫌假冒、冒充知识产权的行为进行了现场立案，暂扣了一批假冒、冒充知识产权的物品。

2008年4月23日，在韶关市科技信息局（知识产权局）举行了“韶关市公安局、韶关市知识产权局执法联络室”挂牌仪式。

五、知识产权管理和服务

加强专利维权服务。2008年，指导和帮助韶关市第二拖拉机厂、广东省第二农机厂、韶关市新元食品有限公司、韶江食品有限公司等企业以及蔡志安、刘蓉晖个人对“混凝土桩的施工方法”等5个专利，进行了专利维权及调处。切实维护了专利权人及企业的合法权益。

加强知识产权公共服务平台建设。完善液压件行业专利数据库和广东省专利信息服务平台韶关站建设，为企业和个人提供优质的专利信息检索服务。

六、知识产权宣传、教育与培训

在“4·26”世界知识产权日期间，组织新闻媒体对知识产权联合执法活动作了跟踪报道，在韶关电视台播放知识产权公益广告，在《韶关日报》开辟专栏，大力宣传我市专利工作；组织编印了《知识产权案例选编》3000份，免费向企业及知识产权工作人员发放；通过参加青年农民科技文化活动月等活动，设立知识产权咨询点，派发专利知识宣传手册200多份。2008年4月，举办韶关市知识产权行政执法培训班一期。分两批组织行政管理部门、企事业单位的专利工作者参加由省知识产权局、华南理工大学知识产权学院主办的企事业单位知识产权管理及实务研修班。2008年10月22日，在韶关学院举办“学习贯彻国家及省知识产权战略纲要”专题报告会，广东省知识产权局副局长郑良生出席会议并讲话，省委党校张艺教授作专题报告。企业技术骨干等200多人参加了报告会。9月，组织召开了全市专利工作座谈会。10月24日，组织凡口矿等部分企业20多名专利工作者前往韶钢和乳源东阳光公司考察知识产权工作。通过各类知识产权培训，提升了知识产权管理人员的专业素质，加快了知识产权行政管理人才、企业知识产权管理人才、专利代理人才三支人才队伍的建设。

（供稿人：冯瑞麟）

河　源　市

一、概况

2008年，河源市知识产权工作在河源市委、市政府的正确领导下，在广东省知识产权局的大力支持下，坚持以邓小平理论和“三个代表”重要思想为指导，树立和落实科学发展观，以建立和完善知识产权保护制度体系、营造重视知识产权的良好氛围为基础，以提高科技创新能力为目标，认真贯彻落实《国家知识产权战略纲要》和《广东省知识产权战略纲要（2007—2020年）》，积极推动河源市知识产权事业的发展。2008年，河源市专利申请量309件，同比增长66.13%；专利授权量115件，同比增长17.3%。

二、知识产权政策体系建设

2008年，为进一步优化民营经济发展环境，拓宽发展空间，大力推动实施知识产权战略，河源市委、市政府出台《关于进一步加快我市民营经济发展的意见》（河委发〔2008〕12号），从2008年起，对获得发明专利并形成生产规模的民营企业，给予5万元的资金资助。对拥有自主知识产权并参与创立国际、国家或行业技术标准的民营科技企业，在每年市级切块安排的科技三项费用指标中分别按30万元、20万元和10万元安排专项补助。同时，为鼓励民营企业建立自主研发机构，凡被认定为国家和省级企业技术中心的研发机构，由当地财政分别给予20万元和10万元的资金支持。

2008年1月，为充分发挥商标管理职能，营造公平竞争的市场环境，河源市工商局制定《河源市2008年商标监管工作设想》，促进河源市商标监管、执法工作有序开展。

2008年，为打击盗版，维护河源市文化市场秩序，增强了广大市民和经营者自觉抵制侵权盗版的意识，河源市文广新局制定《河源市推进企业使用正版软件工作实施方案》，推进企业使用正版软件。

三、知识产权创造与运用

（一）2008年河源市专利申请及授权情况

2008年，河源市专利申请量和授权量总体呈上升趋势，从专利申请量来看，专利申请总量309件，同比增长66.13%（其中发明34件，同比下降2.86%，实用新型116件，同比增长73.13%，外观设计159件，同比增长89.29%）；从专利申请构成来看，个人申请249件，工矿企业申请52件，大专院校申请7件，科研单位申请1件；从专利申请类型来看，外观设计申请159件，实用新型申请116件，发明申请34件；从专利授权量来看，专利授权总量为115件，同比增长17.3%（其中发明专利授权9件，同比增长80%，实用新型57件，同比增长54.05%，外观设计49件，同比下降12.5%）。

（二）2008年河源市商标注册情况

截止2008年底，河源市共拥有有效注册商标1542件，广东省著名商标12件。2008年，河源市有5家企业正在申请认定评选广东省著名商标，4家企业进行延续广东省著名商标。

四、知识产权保护

1. 加强联合执法，努力维护企业的合法权益。

为建立和完善知识产权执法协作机制，整合行政执法和刑事打击的资源，形成保护知识产权的合力，河源市知识产权局从建立知识产权联合执法协调机制入手，通过严厉查处取缔非法从事专利代理行为，积极为企业特别是科技型企业服务，保护了专利权人的合法权益，进一步增强了群众的知识产权保护意识，净化专利代理市场环境，促进了企业科技创新和河源市企业的健康发展。2008年“4·26”活动期间，河源市知识产权局联合河源市工商局、版权局、公安局和河源海关等单位，对河源市各大型商场进行了执法巡查活动。通过执法巡查，既检查了河源市各商家与知识产权有关的经营情况，又提高了河源市民对保护知识产权的认识。

2008年8—9月份，河源市知识产权局还联合河源市工商局、版权局、公安局开展了查处取缔非法从事专利代理行为的专项行动。通过开展联合清查专项行动，促进了河源市打击非法从事专利代理行为长效机制的建立，达到净化专利代理市场环境的目的，有力地推动河源市专利代理事业健康发展。

2. 积极开展查处非法使用奥林匹克标志，维护企业的合法权益。

2008年是我国奥运之年，为进一步打击侵犯奥林匹克标志行为，增强全社会的保护奥林匹克标志意识和品牌观念，提高企业对奥林匹克标志的保护意识，河源市工商局着重对奥林匹克标志的违法行为进行整治，尤其以河源市区、县区公众所关注的旅游景区、大型商业购物中心和星级宾馆等场所为重点进行专项整治。2008年，河源市工商局一共出动了车辆16车次，人员70人次，检查相关经营场所30个；并重点对未经奥林匹克权利人许可擅自使用奥林匹克标志以及在广告中侵犯奥林匹克标志专用权的行为、未经授权许可在广告中使用奥运标志以及广告中侵犯奥运赞助商合法权益的行为进行严厉查处。据统计，河源市立案查处未经奥林匹克权利人许可在广告宣传中擅自使用奥标行为案件12宗，罚款6.5万元。

3. 有效推进打击非法预装计算机软件专项治理行动。

2008年5月1日至6月10日，河源市文化市场执法部门组织执法人员，对全市范围内的各类出租柜台、摊位组装批售计算机的商铺进行检查，重点检查预装盗版软件的非法行为。期间共进行突击行动12次，出动执法人员96人次，检查计算机经营商铺、门店46家，检查电脑350台，收缴计算机各类盗版软件16套。通过整治，河源市计算机经营市场秩序明显好转。

4. 开展打击网络侵权盗版专项行动。

专项行动期间，河源市共出动执法人员260人次，检查网站45家次，给予警告的3家。通过“专项行动”，提高了各经营业主对反“网络侵权盗版”重要性和必要性的认识，增强了广大市民和经营者自觉抵制侵权盗版的意识，经营者守法经营自觉性明显提高。

5. 定期进行文化市场集中整治行动。2008年，河源市版权局自始至终把打击著作权侵权盗版工作作为文化市场综合执法最重要的工作来抓。经统计，2008年河源市各级文化执法部门组织各类专项执法行动共计218次，动用执法力量3116人/次，出动执法车辆210台/次，共检查文化市场经营单位2531家/次；收缴非法音像制品54576张（盒），各类盗版、非法印刷品91036册（张），立案查处著作权侵权经营企业1家，给予停业整顿的9家，清理无证经营出版物地摊和流动摊贩112个。

五、知识产权管理与服务

1. 大力培育知识产权优势企业、优势区域，认真组织实施专利技术实施计划项目，加快建设创新型河源步伐。

第一，在全市范围内开展了知识产权调研。通过调研发现，河源中创实业有限公司自主研发生产的电子屏蔽布属于全球领先的产品并已获得诺基亚、三星等世界著名品牌认可，被许多厂商广泛用于防止手机等电子产品辐射上。又如河源鹏翔超高压水切割机械有限公司研发的运用超高压水切割机械的技术，既是国内领先的技术又是无噪音污染、环保的技术。对于河源中创实业有限公司、河源鹏翔超高压水切割机械有限公司等拥有自主创新技术的公司，在研发成功之初却没有申请专利、实施知识产权有效保护的情况，有针对性的宣传与帮助企业提高认识并及时将技术创新方案申请了专利。

第二，采取产学研结合的方式，不断提高企业的科技创新能力，推动专利技术产业化。广东省省级民营科技企业河源粤兴实业有限公司是一家生产LED照明产品的公司，与中山大学合作解决了LED热耗散、供电电路高效率和降低成本等问题，向国家专利局申请专利50余项，已获授权发明专利2项、实用新型专利8项、外观设计专利7项。运用这些技术，开发出系列LED照明产品，并都通过了信息产业部电子第五研究所（中国赛宝实验室）的检测。其产品具有节能、环保、耐用、健康等特点，顺应未来发展节能、环保的主流，符合国家节能减排政策。为此，河源市科技局、河源市知识产权局向河源市委、市政府提出了“河源市计划重点扶持LED产业的培育发展，使其成为河源市新兴支柱产业”建议，河源市委陈建华书记作了批示，节约的能源是最绿色的能源。

第三，开展知识产权优势企业、优势区域的培育，抓好专利技术项目实施，推进创新型河源的发展。2008年，河源市高新区被广东省知识产权局认定为知识产权优势区域，河源市金源绿色生命有限公司被认定为广东省知识产权优势企业。河源市绿纯酿酒厂的客家黄酒防酸专利产业化开发等2项技术被列入广东省专利技术实施计划项目。河源市职业技术学院关于河源市知识产权工作创新及提升研究被广东省知识产权局列入软科学研究课题计划。

2. 协助企业建立知识产权管理制度，促进专利技术标准化. 为使河源市企业及时将自主创新成果、核心技术、名优产品在国内外申请相应的知识产权，以企业的核心专利技术为依托，构筑自身的知识产权创造、管理、实施和保护措施体系，积极帮助企业建立知识产权管理制度，将知识产权纳入企业研发、生产与经营的全过程。同时，协助河源市绿纯酿酒厂制定《河源市绿纯酿酒厂知识产权管理办法》，将知识产权管理参与到企业产品开发、生产、经营、销售、对外贸易等各个环节，对企业的发展起到了显著的推动作用。该企业成为广东省知识产权保护协会理事单位，是河源市第一个参与制定广东省小釉糯米酒标准的单位之一。

3. 积极落实名牌带动战略，规范企业商标使用意识。

为使河源市企业踊跃申报著名商标和增强商标意识，提高争创名牌的积极性和企业市场竞争能力。河源市工商局主动下基层发动企业申报著名商标；指导协助企业申请省著名商标的材料，指导、帮助企业规范商标、装潢、企业名称、广告宣传用语的使用，同时，认真指导帮助企业整理、完善有关申报材料，2008年，河源市共有5家企业申请认定评选广东省著名商标，4家企业进行延续广东省著名商标。

企业获得注册商标以后，如果对注册商标的使用不正确，其商标专用权就得不到法律的保护，而且也不利于企业利用商标信誉扩大企业的影响，更谈不上申请广东省著名商标和国家驰名商标。因此，河源市各级商标管理部门组织人员多次深入企业，对企业使用商标正确与否给予指导，并重点对企业自行改变注册人名义、地址、超注册范围使用商标等行为进行了现场教育，督促企业及时办理相关变更和延续手续，使商标实际使用情况与商标注册内容相符，最大限度减少企业因商标使用不当而引起的纠纷，从而真正起到保护商标权人和消费者的合法权益作用，规范市场秩序。

六、知识产权宣传、教育与培训

1. 积极做好知识产权宣传工作。

第一、举办知识产权专题讲座，提高河源市各级领导干部、学生等群体知识产权意识。2008年8月26日，河源市知识产权局与河源市委宣传部共同举办“河源讲坛”，邀请吴汉东教授为河源市委中心组领导成员和市直部门科级以上干部1000多人宣讲国家知识产权战略，提高他们对知识产权创造、管理、保护和运用的认识，增强了河源市各级党政领导干部对知识产权工作和建设创新型河源的重大意义的认识。2008年12月11日，河源市知识产权局与河源市科协、东源中学联合邀请深圳市石岩公学少年科学院院长覃宝学老师为东源中学1600多名师生作“知识产权从科技创新开始”专题讲座。2008年，河源市知识产权局共开展各种专题讲座4期。

第二、运用政务信息宣传知识产权。2008年河源市知识产权政务信息先后在国家和广东省知识产权局以及河源市知识产权局的网站上发布。2008年，河源市开展的“4·26世界知识产权宣传周”活动信息，被作为广东省“4·26世界知识产权宣传周”活动的典型材料登载到国家知识产权局网站上；同时，河源市知识产权局发布的相关信息还被中国技术市场报、广东科技报、河源日报、河源晚报等报纸报道和转载，如关于《河源市开展查处非法从事专利代理行为专项行动》的报道就被中国技术市场报转载和关于《河源开展第一批市级知识产权教育试点学校评选工作》的报道被广东科技报转载等。

第三、采取多种形式广泛宣传普及知识产权知识。一是不定期编发内部刊物《河源知识产权》，宣传专利政策法规，宣传发明人事迹，介绍河源市专利工作最新动态；二是为河源市县区主要领导、高新技术企业、民营科技企业、专业镇等赠送《中国知识产权报》；三是在《河源日报》开办“科技时代”专栏和河源电视台开办“科技之窗”栏目，定期撰写知识产权的信息与相关报道；四是积极组织开展各种讲座和专题报告，拨专款编印“实施知识产权战略，建设创新型河源”学习资料等。

2. 加大知识产权培训力度。

一是积极组织执法人员参加知识产权业务培训，提高我市知识产权管理人员业务素质。

2008年9月17—20日，为进一步提高执法人员的业务水平和综合素质，河源市知识产权局组织市、县（区）知识产权局（科技局）派出8名执法人员参加省知识产权局在广州市举办的全省专利行政执法培训班。

二是积极组织企业技术骨干和教师参加各种培训。2008年12月11—12日，河源市组织河源中学、田家炳中学、和平县福和高级中学等10所学校共11人参加了广东省知识产权局、省教育厅、团省委和省少工委四部门联合举行的第三批广东省中小学知识产权教育试点学校师资培训。

3. 积极开展学校知识产权教育。2008年，河源市河源中学等3家学校被列入第三批省级中小学知识产权教育试点。同时，为了加大学校知识产权教育步伐，河源市积极开展市级学校知识产权教育试点工作。

一是制定学校知识产权教育工作方案。2008年，由河源市知识产权局、教育局、工商局、版权局、科技局、科协、团市委、妇联、少工委、关工委制定了《河源市学校知识产权教育试点示范工作方案》，得到了广东省知识产权局的充分肯定，并向各地市转发。

二是积极开展市级学校知识产权教育研讨工作。2008年，河源市知识产权局于4月10日和7月4日，在市区第三小学、河源中学先后举办了河源市中小学知识产权教育研讨会。研讨会总结了近几年来河源市中小学知识产权试点教育教学工作的经验，对进一步深化中小学知识产权教育试点工作进行统一部署。

三是做好知识产权教育试点学校申报和认定工作。2008年12月3日，由河源市知识产权局、教育局、工商局、版权局、科技局、科协、团市委、妇联、少工委、关工委组成的河源市知识产权教育试点考核评定小组，根据《河源市学校知识产权教育试点示范工作实施方案》的要求和河源市各县、区上报的学校资料，评选出河源职业技术学院、源城区下城小学等10所学校作为河源市知识产权教育试点学校。这10所学校基本涵盖了河源市五县一区的各类学校，为在河源大专院校及中小学中开展知识产权教育，培养学生的创新精神和提高知识产权的创造与运用能力打下了基础。

七、统计资料

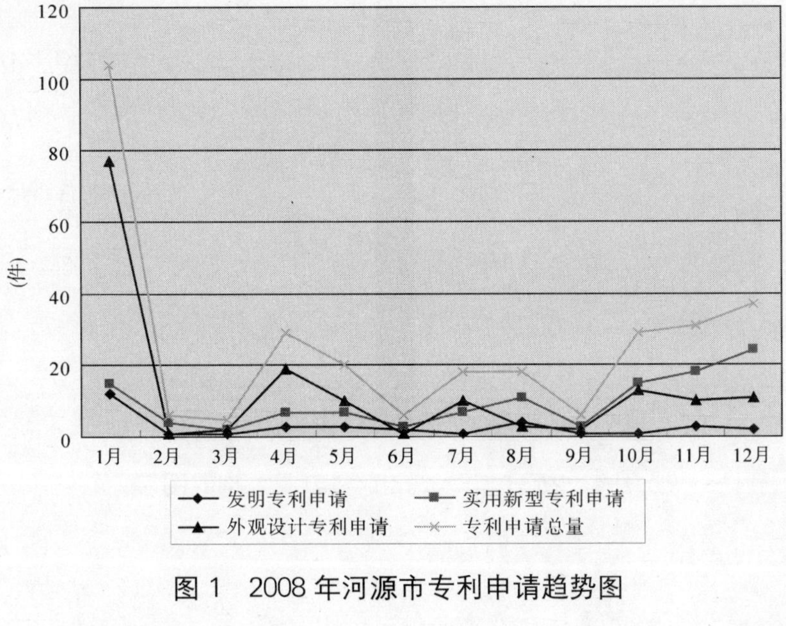

图1 2008年河源市专利申请趋势图

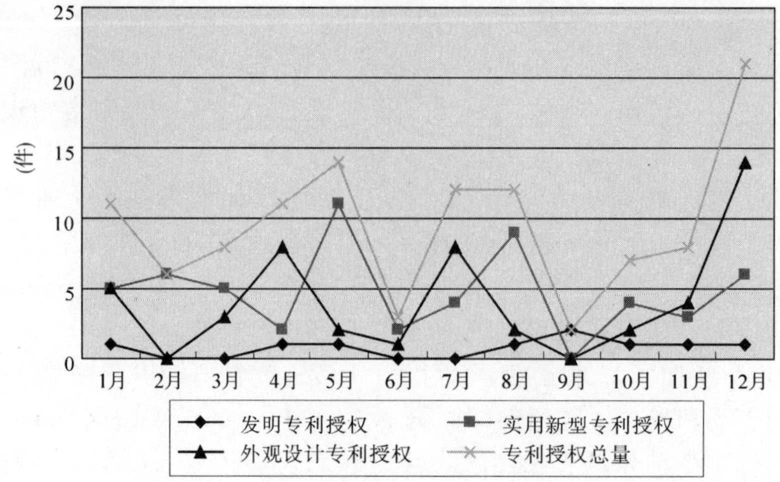

图2 2008年河源市专利授权趋势图

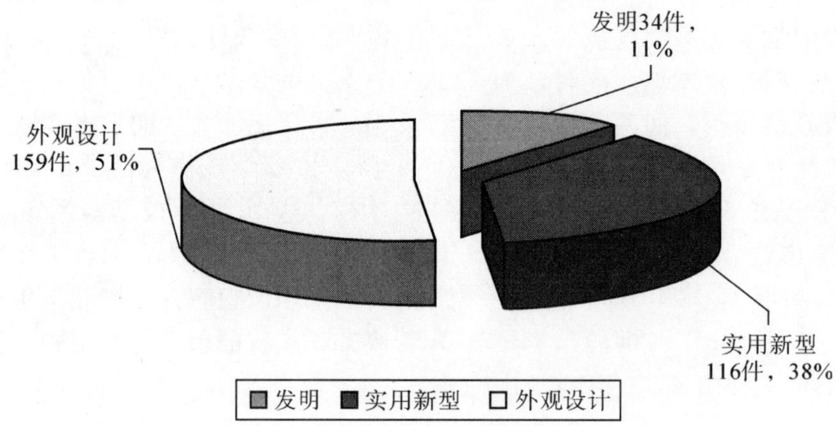

图3 2008年河源市专利申请比例图示

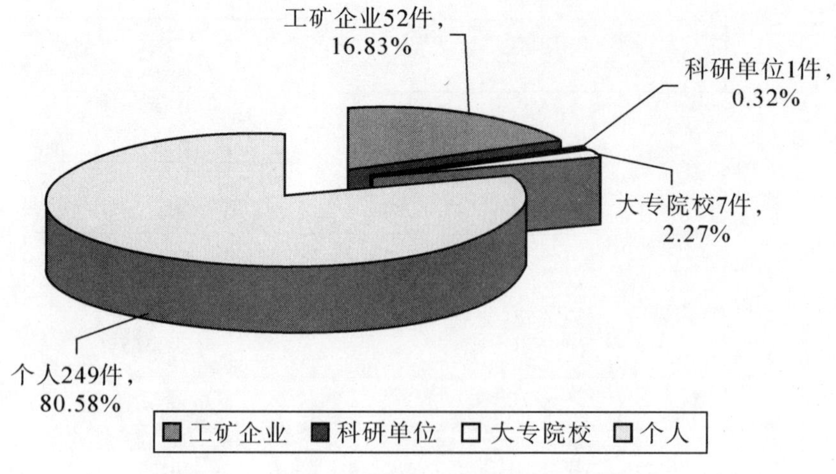

图4 2008年河源市专利申请人构成图示

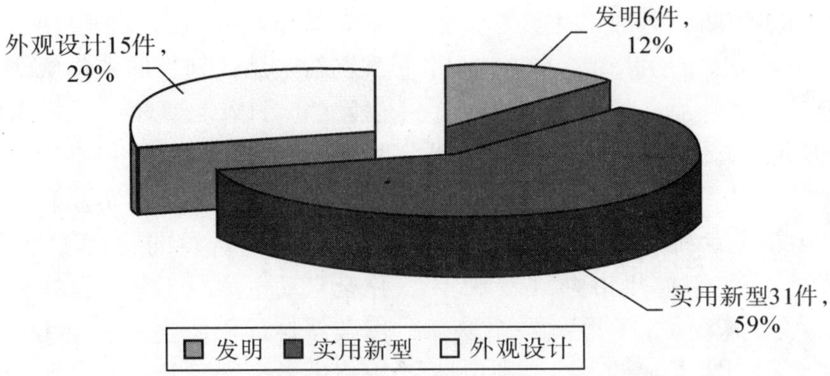

图 5　2008 年河源市工矿企业三种专利申请比例图示

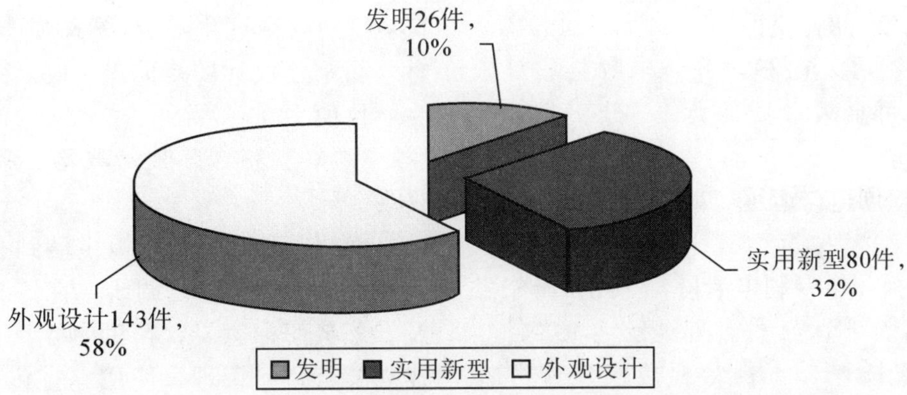

图 6　2008 年河源市个人三种专利比例图示

（供稿人：陈进）

梅　州　市

一、概况

2008 年梅州市知识产权工作稳步发展，专利申请取得新的突破，专利申请量的增幅位居全省第二、授权量的增幅名列全省第一。梅州市通过多渠道多形式大力宣传知识产权，提升全社会知识产权意识；举办知识产权讲座和培训班，提高企业创造和运用知识产权的能力；深入企业进行调研，为企业提供知识产权服务；开展联合执法行动，严格执法，及时查处各种侵犯知识产权的行为；充实完善梅州市知识产权局网站，搭建信息交流平台。

二、知识产权政策体系建设

2004 年，梅州市委、市政府制定了《关于大力发展民营经济的若干意见》，已产业化的专利技术，经梅州市主管部门确认，可以直接参加市级科技成果评审；被评为广东省著名商标的，一次性奖励 3 至 5 万元；产品被评为广东省名牌产品的，一次性奖励 3 至 5 万元；被授予广东省专利金奖的，奖励 10 万元；被授予广东省专利优秀奖和专利工作先进企业的，奖励 5 万元。根据该文件精神，广东梅县梅雁蓝藻有限公司的“螺旋藻抗糖尿病因子技术开发”发明专利、广东华威化工实业有限公司的“废旧乳胶炸药的回收方法”发明专利经梅州市知识产权局确认，获得2008年度梅州市科学技术进步三等奖。

2000年10月梅州市制定了《梅州市专利申请费用资助暂行办法》，对发明专利的申请费和实审费，实用新型专利和外观设计专利的申请费进行资助。2008年梅州市办理专利申请资助157件，资助金额3.1万元。此外，2004年7月，丰顺县制定了《丰顺县专利申请费用补助暂行办法》，对该县获得发明专利的，一次性资助1000元；获得实用新型专利的，一次性资助800元；获得外观设计专利的，一次性资助500元。至2008年，丰顺县累计资助39件，资助金额2.12万元。

三、知识产权创造与运用

2008年梅州市专利申请量326件（其中发明54件，实用新型74件，外观设计198件），比2007年增长41.1%；专利授权量207件（其中发明15件，实用新型73件，外观设计119件），比2007年增长46.8%。2008年梅州宏丰工艺品有限公司专利申请量67件，专利授权量47件，均居全市之首。至2008年底，全市累计专利申请量1905件，专利授权量1150件。梅州市被核准注册商标569件。至2008年底，梅州市累计注册商标3662件，其中中国驰名商标1件，广东省著名商标31件。

（一）紧抓企业专利工作，促进专利产业化

2008年梅州市有3个项目列入广东省专利实施计划项目，分别是：广东嘉应制药股份有限公司的双料喉风散、梅州侨微生物科技有限公司的复方灵芝菌丝体粉产业化以及广东庆发药业有限公司的硝酸咪康唑软膏产业化开发。广东新大地生物科技股份有限公司被确定为2008年广东省知识产权优势企业。2008年平远县恒明汽车底盘制造有限公司、梅州市金穗生态农业发展有限公司被认定为广东省民营科技企业。梅县梅雁电解铜箔有限公司“高延伸率双面光超薄电解铜箔”列入2008年度国家重点新产品计划。广东华威华工实业有限公司研发的“HWA型环保无梯粉状工业炸药”获得中国爆破器材行业协会第一届科学技术奖三等奖，广东华威华工实业有限公司与深圳金奥博公司共同研发的“JWL乳化炸药连续自动化全自动生产线工艺、设备及配方”获得中国爆破器材行业协会第一届科学技术奖三等奖。梅州侨微生物科技有限公司的原木赤灵芝孢子粉被评为广东省名牌产品。梅州市风华喷雾喷灌机械设备有限公司自主研发的专利产品“3WD2000型远射程风送式喷雾机”成功中标，新疆建设兵团森防站11月采购喷雾机87台，价值1400多万元。

（二）实施名牌带动战略，服务地方经济发展

梅州市工商系统积极主动到有意向申报省著名商标的企业进行调研，宣传商标法律法规及省著名商标意义，帮助制定商标发展规划，建立健全商标管理、使用、宣传等有关制度；对具备条件的企业，积极支持企业实施商标战略，提高企业运用商标实施“走出去”战略的能力，服务地方经济发展。2008年2月，梅州市有5件注册商标（广福、威利邦、YUE DONG、梅岭、黄金商标）被省著名商标认定委员会认定为2007年度省著名商标，有3件注册商标（雁南飞、梅雁、西竺商标）被延续认定为2007年度广东省著名商标。2008年3月，广东宝丽华服装有限公司的“绅浪”商标被国家工商行政管理总局商标评审委员会认定为驰名商标，实现了梅州驰名商标零的突破。2008年12月，梅州市有5件注册商标（超宇、金良稻丰、航海、珍珠红、XIN MA商标）被省著名商标认定委员会认定为2008年度著名商标，有3件注册商标（绅浪、强华、豪豹商标）被延续认定为2008年度著名商标。

四、知识产权保护

（一）查处冒充专利案件三宗

1. 梅州市××投资实业有限公司生产、销售的××春牌梅菜，其包装袋及包装盒上标有“专利号 00321504.0”的专利标记。经检索，上述专利因未按时缴纳年费已导致专利权终止，××投资公司涉嫌生产、销售冒充专利产品的行为。梅州市知识产权局于 2008 年 4 月 3 日立案，前往该公司进行现场勘验，调查取证，并向该公司发出了提供专利有效性证件通知书。××投资公司于 6 月 30 日向梅州市知识产权局提交了整改报告，并将库存的包装盒及时处理，保证以后新印制的包装袋及包装盒不再标上“专利号 00321504.0”。

2. 丰顺县××食品厂生产、销售的××食品牌××可口姜糖，其外包装盒上标有“专利号 200330115494.0”的专利标记，其内包装盒上标有“专利号 200330115495.5”的专利标记。经检索，上述产品的两项专利因未按时缴纳年费已导致专利权终止，该厂涉嫌生产、销售冒充专利产品的行为。梅州市知识产权局于立案后，在丰顺县知识产权局的陪同下，前往丰顺县××食品厂进行现场勘验、调查取证，并向该公司发出了提供专利有效性证件通知书。丰顺县××食品厂于 6 月 19 日向梅州市知识产权局提交了整改措施，将标有“专利号 200330115494.0”、“专利号 200330115495.5”专利标记的包装盒进行销毁，共约有六、七万个包装盒，价值约 7000 多元，并重新设计、印制新的包装盒上市。

（二）调处外观设计专利侵权纠纷案件二宗

1. 请求人广州市手电筒工业公司与被请求人梅州市××日用制品有限公司关于专利号为 ZL 20063005535.9、名称为“手电筒（0543）”的外观设计专利侵权纠纷案，在梅州市知识产权局的调解下，双方当事人于 2008 年 1 月 29 日自愿达成协议，被请求人在协议生效之日起，保证不制造、销售、许诺销售、使用与请求人的专利产品“手电筒（0543）”（专利号 ZL200630055359.5）相同或相近似的手电筒。梅州市知识产权局于 2008 年 1 月 31 日向请求人、被请求人发出了专利侵权案件调解书。

2. 2008 年 7 月 8 日，请求人平远县××仙人粄食品厂与被请求人兴宁市××仙人粄食品厂关于专利号为 ZL 200530016756.7、名称为“仙人粄粉”的外观设计专利侵权纠纷案。在梅州市知识产权局的调解下，双方当事人自愿达成协议：被请求人在该协议生效之日起，立即停止制造、销售、使用与请求人使用的“仙人粄粉”包装袋相近似的包装袋，并在协议生效之日起 7 日内收回未销售的侵权包装袋；将库存的侵权包装袋，在协议生效之日起 5 日内交给梅州市知识产权局销毁。梅州市知识产权局 2008 年 9 月 2 日向请求人、被请求人发出了专利侵权案件调解书。

（三）开展查处取缔非法专利代理行为专项行动

梅州市知识产权局对知识产权代理机构进行了摸底调查。发现梅州市有 4 家，其中仅 1 家是经广东省知识产权局批准外，其余 3 家机构是经梅州市工商部门批准颁证的，但这三家的经营范围均是知识产权代理（不含专利代理）。

（四）加强对注册商标专用权的保护，提高执法效能

梅州市工商系统经常深入到一些注册商标企业及省著名商标企业中，了解它们的商标使用管理及生产经营情况，协助它们解决在生产经营中遇到的有关商标方面的问题，扶持企业做强做大。同时，加强对商标侵权假冒行为以及侵犯特殊标志的处理力度，加大对驰名商标、著名商标的保护力度。适时组织统一执法行动，严厉打击对社会危害性较大的商标侵权行为。通过有效的整治，有力地打击了各种商标侵权假冒和侵犯特殊标志行为，保护了商标

注册人的合法权益，强化对知识产权的保护。2008年. 梅州市工商系统共查处商标案99件，案值71.18万元，罚款49.17万元，没收侵权商品及标识4743件。

（五）加强保护奥林匹克标志专有权工作，开展专项整治

按照国家工商总局、省工商局的工作部署，梅州市工商系统结合本地实际，认真落实《保护奥林匹克标志专有权行动方案》，集中开展保护奥林匹克标志专有权专项整治，加大日常市场巡查监管力度，加强对户外、印刷品广告等媒介中使用奥林匹克标志行为的监管，对在广告中擅自使用奥林匹克字样、奥运、奥运五环、福娃等标志来推销产品和服务的行为进行严厉查处。2008年，梅州市工商系统多次开展专项整治行动，以查处在商品、服务及广告中擅自使用奥林匹克标志的各类侵犯奥林匹克标志专有权行为为重点，在辖区超市、商场、各类市场和商标印制领域中集中检查奥林匹克标志使用情况，共查处侵犯奥林匹克标志专有权案件36件，罚款8.22万元。

（六）做好全省企业商标普查工作

按照广东省工商局的安排，在2007年度企业年检工作的同时，开展全省企业商标普查工作。梅州市工商系统积极做好《商标普查表格》的领取和发放、回收；与企管部门共同做好普查工作的宣传和指导年检企业正确填写表格事项；对表中的调查事项进行详细解释；及时收集普查工作进程中的问题向省工商局反馈等工作，圆满完成了省工商局布置的商标普查工作任务。

（七）组织开展打击侵权盗版活动

在规范准入和加强日常监管的同时，组织开展了印刷复制企业中开展严厉查处印制非法出版物和侵权盗版活动专项行动工作；打击网络侵权盗版、打击非法出版活动、治理非法预装计算机软件等专项行动。据统计：梅州市共出动执法人员18060人次，收缴非法音像和计算机软件制品6502多张、非法书报刊7650多（册）张，取缔无证经营摊（档）店59家，查处了6宗影响较大盗版教辅案件和2宗网络侵权案件。

五、知识产权宣传

2008年举办知识产权培训班6场，共培训1020余人。

（一）举办大型知识产权讲座

10月7日，梅州市知识产权局邀请了广州三环专利代理有限公司总经理、律师温旭教授，分别为企业和学生进行专题讲座。温旭阐述了知识产权的概念，专利的抢先意识，专利的保护模式，专利的仿制战略，商标的法律保护等知识产权的理论和实践知识。向梅州市技工学校750多名学生介绍了什么是知识产权，版权、专利、商标的基本知识，并结合大量的典型案例，有利于学生理解知识产权的基本知识。讲座使学生对知识产权有初步的认识，让学生从小形成尊重他人的知识产权，保护自己知识产权的意识，培养学生的创新意识，树立知识产权从娃娃抓起、从少年抓起、从青年抓起的理念。

（二）召开知识产权战略纲要宣讲会

1. 为进一步贯彻实施国家和广东省知识产权战略纲要，10月9日上午，广东省知识产权局陶凯元局长在梅州市委礼堂作了“开放梅州论坛·实施知识产权战略，建设知识产权强省”专题报告，这是广东省知识产权局领导宣讲国家和省知识产权战略纲要的第一站。梅州市五套班子全体领导，以及市直和中央、省属驻梅单位副处级以上干部共500多人聆听了报告。梅州市政府陈建青副市长主持报告会。陶凯元局长在报告中从四个方面阐述了制定和实施知识产权战略纲要的背景及意义，国家及省知识产权战略纲要核心思想和主要内容，实施知识产权战略，建设知识产权强省的路径和要求，报告内容丰富，论述精辟，见解独到，开拓了干部的视野，启迪了思维。

陶凯元局长在梅州期间，参观考察了广东嘉应制药股份有限公司和梅县梅雁电解铜箔有

限公司等，在考察活动中，陶凯元局长详细询问了解企业的知识产权工作情况，并深入车间参观生产流程，希望企业能运用知识产权战略，申请国外专利，取得更大的经济效益。

2. 11月11—12日，梅县知识产权局举办了知识产权研讨会。广东省知识产权局协调处谢红处长宣讲了国家和省知识产权战略纲要，广州三环专利代理有限公司董事会监事程跃华作了《专利申请与保护》讲座，广州华进联合专利商标代理有限公司总经理胡杰作了《商标理论与实务》的专题讲座。梅县相关部门负责人、各专业镇镇长、高新技术企业和民营科技企业、农业龙头企业和工艺编制企业负责人及业务骨干共100多人参加。

（三）组织开展2008年度“保护知识产权宣传周”活动

在保护知识产权宣传周期间，梅州市在梅州时政综合频道和公共频道播出广东省知识产权局制作的知识产权公益广告。在梅州市科技局（知识产权局）大楼前挂“保护知识产权，促进创新发展”的宣传标语。编辑《梅州知识产权》简报，发放《中国知识产权报》约100份，《知识产权ABC》挂图约50份。梅州市版权局向社会广泛宣传新闻出版、版权等法律法规，组织文化市场法定代表人和主要经营管理人员，开展了宣传咨询活动，全市共散发宣传资料2000份，接受咨询人数780人次；分别召开了印刷、复打印门市、网吧、出版物经营业主会议，采取以会代训的方式，组织学习了《中华人民共和国著作权法》、《计算机软件保护条例》、中华人民共和国新闻出版总署和中华人民共和国公安部《印刷品承印管理规定》，并就如何加强知识产权保护作了宣传讲解。

（四）做好中小学知识产权教育试点工作

梅州市曾宪梓中学、梅县东山中学被确认为2008年中小学知识产权试点学校。目前梅州市已有4所省知识产权试点学校。

（五）推进企业使用正版软件工作取得了初步进展

制定了《梅州市推进企业使用正版软件工作实施方案》，并向各县区及市直各单位下发，制定宣传计划，充分利用新闻媒体的宣传作用，多角度地对企业使用正版软件工作展开宣传。展开了企业使用正版软件的调查摸底工作。

（供稿人：李昌栋　徐静　刘森芬　张伟辉）

惠　州　市

一、概况

2008年，惠州市知识产权相关部门以建设创新型惠州、促进全市经济社会又好又快发展为目标，贯彻落实国家及广东省知识产权战略纲要，牢固树立科学发展观，积极开展知识产权的创造、运用、管理与保护工作，不断提高知识产权保护和管理水平，积极探索和开创惠州知识产权工作新局面，全年专利申请量为1160件，专利授权量1011件，新增注册商标1673件，企业获第十届中国专利优秀奖1项。

二、知识产权政策体系建设

完善知识产权创造的激励机制。2008年，惠州市政府出台的《惠州市鼓励支持民营经济发展的若干措施》和《惠州市名牌名优国家免检产品和驰名著名知名商标奖励办法》，对获得国家专利金奖的民营企业，市财政给予一次性奖励50万元；对获得省专利金奖的民营企业，市财政给予一次性奖励15万元；对以自有品牌出口的企业，在境外获得专利、商标注册、产品认证等费用给予50%的补助；对获得“中国名牌产品”和“中国驰名商标”称号的企业将分别一次性奖励100万元。

起草和完善相关知识产权政策文件。惠州市知识产权局起草了《惠州市实施〈国家及广东省知识产权战略纲要〉若干意见》（代拟稿）；惠州市知识产权局和惠州市财政局联合制定了《惠州市知识产权专项资金管理暂行办法》，该办法已进入法制审查程序，将于2009年1月出台。惠州市知识产权局修定了《惠州市专利费用资助办法》，惠州市文化广播电视新闻出版局制定了《惠州市推进文化大发展大繁荣实施规则》，修订了《惠州市文化（新闻出版）事业和文化产业发展“十一五”规划》。

三、知识产权创造与运用

2008年惠州市国内专利申请量为1160件，同比，其中发明专利252件，同比增长200%，实用新型510件，外观设计398件；专利授权量1011件，同比增长39.3%件，其中发明专利66件，实用新型426件，外观设计519件；PCT国际专利申请9件；新增注册商标1673件，累计注册商标11996件，认定惠州市知名商标25件，推荐广东省著名商标10件，全市资助专利申请费用49.112万元，资助项目296项。

2008年，惠州盈美科技有限公司的“全媒体内容分布应用与服务系统”等3项专利技术项目被列入“广东省专利技术实施计划”，获得广东省知识产权局的经费支持。惠州市知识产权局安排81万元专项资金扶持惠州雷士光电科技有限公司的“钛金电子节能灯”等7个项目产业化；惠州市正牌科电有限公司被广东省知识产权局认定“广东省知识产权优势企业”；惠州市知识产权局培育认定了惠州华阳通用电子有限公司等4家企业为2008年惠州市知识产权优势企业。在中国专利奖评选中，惠州亿纬锂能股份有限公司的“锂电池”专利项目获第十届中国专利优秀奖。10月15日，惠州市委、市政府召开惠州市科学技术奖励大会，对荣获第十届中国专利优秀奖的惠州亿纬锂能股份有限公司重奖15万元，对荣获广东省专利优秀奖的惠州亿纬锂能股份有限公司和广东罗浮山药业有限公司以通报表彰。会上，惠州市委书记黄业斌为获得第十届中国专利优秀奖的惠州亿纬锂能股份有限公司颁奖。2008年，惠州市知识产权局还推荐了实施后取得明显经济效益和社会效益的TCL集团股份有限公司“用于图像显示器件的图像色调的调整方法”等13个优秀专利项目申报“2009年广东专利奖”。

2008年，惠州市科技进步对工业经济增长贡献率达到55%，对农业的贡献率达到51.5%，有研发机构的企业技术自给率达到50%以上，高新技术产品增加值占全市规模以上工业增加值的40%以上。按照科技部、财政部、国家税务总局联合下发的《高新技术企业认定管理办法》，全市共有44家企业通过了国家新的管理办法重新认定；高新技术企业规模不断壮大，产值超10亿元的有20家，超100亿元的有4家，5家企业入选广东工业企业50强。全市投入生产的高新技术产品164种，实现产品产值1246.29亿元，产品销售收入1199.22亿元，出口产品销售收入98.27亿美元，产品利税总额48.95亿元。

2008年，惠州市文化广电新闻出版局以印刷业为主导，结合开展科学发展观试点工作，深入企业进行调研，积极寻找发展对策，组织召开了惠州市印刷协会第三届理事全体会议，着重提出了发展我市印刷行业的新思路，促进惠州印刷业加快发展，提高印刷业的集聚度，充分发挥不同区域特色印刷产业集聚效应，在全球经济出现下滑的情况下，惠州印刷企业仍呈现出良好的发展势头，新增投资项目38家（其中外商投资企业11家），投资规模近2亿元，行业发展出现良好态势，并先后5次组织印刷企业参加各类展览会及全省印刷产品质量评比活动。

四、知识产权保护

2008年，惠州市知识产权局开展了重点领域的专利专项执法行动2次，共出动执法人员40余人次，检查商业场所12家，检查商品近3000件。惠州市工商行政管理局查处违法商标案件60宗，罚没金额57.39万元，收缴并销毁违法商标标识82380个；惠州市文化市场综合执法人员共出动4314人次，检查各类文化经营场所3112家次，收缴各类非法出版物58893册、（盘）（其中非法图书55526册、非法报刊3367份）。

1. 开展“雷雨”、“天网”专利联合行政执法行动。2008年4月，由惠州市政府知识产权办公室牵头，惠州市知识产权局、惠州市工商行政管理局和惠州市文化广电新闻出版局等部门在市区和博罗县开展了“雷雨”、“天网”知识产权执法专项行动，重点打击知识产权侵权假冒行为，以及设计专利的诈骗行为，遏制各种侵权和假冒行为。

2. 2008年4月25日，由惠州市文化广电新闻出版局、知识产权局、公安局、工商行政管理局、海关等10多个单位及出版经营界、电子音像经营界等联合举办了“销毁盗版光盘和非法出版物现场会”，集中销毁盗版光盘4.8万多张、盗版图书3.5万多册。

3. 根据广东省知识产权局、广东省工商行政管理局《关于开展查处取缔非法从事专利代理行为专项行动的通知》精神，惠州市知识产权局和惠州市工商行政管理局成立了专项行动联合清查小组，出动人员16人次，在全市范围内开展了查处取缔非法从事专利代理行为专项行动。

4. 组织开展保护注册商标专用权专项行动。针对惠州市部分地区和行业市场上商标侵权假冒行为较为突出，惠州市工商行政管理局先后指导和组织各县区工商行政管理机关和基层工商所查处了“耐克”、“双鱼”、“红双喜”、“杜邦万灵”、“东洋油墨”、“白大夫”等商标侵权案件，其中受到日本企业东洋油墨公司赠送“模范执法、维权尖兵”锦旗，有效打击了商标侵权行为。根据国家工商行政管理总局整顿和规范市场经济秩序工作的统一部署，惠州市工商行政管理局在全市范围内对商标印制市场进行集中清理整顿，严厉打击非法印制和买卖商标标识的行为，从源头上制止商标侵权假冒行为的发生。

5. 2008年，惠州市文化广电新闻出版局根据广东省版权局《案件转办通知书》等线索，查处了成都明扩信息技术公司利用在惠州托管的服务器进行私服《征途》游戏案，依法暂扣了16台涉嫌侵权的服务器，并对侵权《卓越宝剑》和赛贝斯软件（中国）有限公司投诉情况进行了处理；2月，惠州市文化广电新闻出版局联合博罗县有关部门，破获了经营盗版教辅案，收缴盗版教材约2万册，码洋近13万元。全年查处侵权案件8宗，涉及20多家单位；此外，还组织开展打击侵权盗版等专项治理行动，加大保护知识产权宣传力度，继续做好计算机销售单位预装正版软件工作。2008年，先后组织检查组，督导、检查各县（区）政府部门及企业使用正版软件情况，积极推进惠州市软件正版化工作。

五、知识产权管理与服务

为方便企业和群众办理业务，惠州市文化广电新闻出版局在市政府政务网上公开了新闻出版行政审批事项，印制了《设立包装装潢印刷企业的审批》等10项办事指南共3万多份，并建立了服务承诺、一次性告知、限时办结等制度，2008年，共受理新闻出版行政审批业务共548宗，完成了全市600多家印刷企业、500多家出版物发行单位的网上数据录入工作。

根据国家工商总局《关于加强农产品地理标志保护与商标注册工作的通知》文件精神，惠州市工商行政管理局组织商标监管部门对全市农副产品行业商标进行深入认真调查摸底，掌握农副产品基本情况，以惠城区和博罗县农产品行业作为实施区域品牌带动战略试点，对“惠州梅菜”、“福田菜心”等具有原产地独特品质的农副产品引导其进行注册；指导帮助惠州梅菜协会、博罗福田镇农产品蔬菜流通协会分别向国家商标局申请注册“惠州梅菜”、“福田菜心”2件集体商标。

2008年，惠州市知识产权局、市教育局、共青团惠州市委和少先队惠州市工作委员会加强对中小学知识产权教育试点工作，培训和指导惠州市中小学开展知识产权教育工作，推荐惠阳区第四中学被确定为“广东省中小学知识产权教育试点学校”。

六、知识产权宣传、教育与培训

1. 知识产权宣传工作。

2008年，惠州市知识产权相关部门在组织“3·15保护消费者权益日”、“4·26世界知识产权日”和“12·4全国法制宣传日”等活动期间，结合惠州市当前实际情况，开展多场大型知识产权宣传咨询活动，以大型图片展览、接受法律法规咨询、派发宣传资料等开展活动，在报纸、广播、电视等本地主流媒体上开设保护知识产权专栏、专版，连续介绍保护知识产权常识和惠州市知识产权保护工作成果；组织发放知识产权宣传资料。2008年，惠州市知识产权系统发放宣传资料5000多份，悬挂宣传条幅10多条；工商系统发放商标法律法规宣传资料2多万份，出动宣传车10多台次，悬挂宣传条幅60多条。

2. 知识产权培训工作。

2008年，惠州市知识产权局举办知识产权培训班3场，培训企业负责人和技术骨干500多人；召开座谈会1场。组织本局和县（区）局知识产权工作人员到省局参加专利行政执法业务培训，共计18人次；安排执法人员到广东省知识产权局法制处实习，参与具体办案；抽调业务骨干参加第103、104届广交会，协助完成广交会会展知识产权执法工作等。2008年4月，惠州市知识产权局联合TCL集团股份有限公司举办了知识产权专场培训、咨询活动，邀请广东省知识产权局朱万昌副局长和知识产权专家分别为学员讲授了知识产权战略的有关内容、自主创新与知识产权保护、专利相关配套政策、专利申请程序和专利维权等方面的内容。12月17日，惠州市知识产权局和惠州市科学技术局组织召开了惠州市科技型企业知识产权座谈会暨2008年民营科技企业协会年会，近150多人参加会议。惠州市工商行政管理局举办商标培训班4场，召开企业座谈会6次，参加人员达700多人，培训的重点对象是我市中小企业的负责人和商标管理人员。惠州市文化广电新闻出版局举办专题培训班2期，参训近100人；组织了系统业务骨干培训班2期，参加人数近100人次。

3. 开展“正版正货承诺”活动。12月2日，惠州市知识产权局在市涛景高尔夫度假村酒店举办了“正版正货承诺”活动座谈会暨承诺企业授牌仪式，广东省知识产权局朱万昌副局长、惠州市知识产权局严曙光局长等领导出席座谈会并为参加第二批承诺企业授牌。2008年有15家单位承诺制造销售“正版正货”，目前全市共有24家企业和商家加入到该活动的行列。

4. 7月18日，惠州市知识产权局举行了局中心组扩大学习会，对全省知识产权工作会议内容进行了传达和学习，特别是学习了黄华华省长的重要讲话和国家知识产权局田力普局长的专题报告精神。

5. 7月15—16日，广东省科技咨询服务中心、惠州市知识产权局、惠州市科学技术协会和惠州仲恺高新技术产业开发区管委会共同承办“2008年国家高新区实施知识产权战略巡讲活动”，此次活动由国家知识产权局协调管理司、最高人民法院知识产权庭、科技部火炬高新技术产业开发中心、中国科学技术咨询服务中心、科技部知识产权事务中心、中国高新技术产业开发区协会和中国技术市场协会联合主办，中国科技咨询服务中心主任盛小列、国家知识产权局协调管理司司长马维野、科技部知识产权事务中心主任杨林村、广东省科学技术协会副主席吴焕泉和广东省高级人民法院知识产权庭庭长林广海等出席巡讲活动。

6. 10月28日，惠州市委、市政府举办“国家及广东省知识产权战略宣讲报告会”，邀请广东省知识产权局陶凯元局长进行宣讲知识产权战略纲要。惠州市委书记、市人大常委会主任黄业斌同志、市四套班子领导、市知识产权办公会议制度成员单位以及市直有关部门的领导、各县、区分管领导和市知识产权主管部门领导、高新技术企业和知识产权优势企业等代表近200余人参加报告会。

七、统计资料

2008年惠州市各县区专利申请统计表

县区	发明	实用新型	外观设计	合计	2007年合计	同比增长%
惠城区	177	333	217	727	561	29.6%
博罗县	29	66	87	182	452	−59.7%
惠阳区	43	81	61	185	189	−2.1%
惠东县	3	23	31	57	24	137.5%
龙门县	0	7	2	9	9	0.0%
合计	252	510	398	1160	1235	−6.1%

2008年惠州市各县区专利授权统计表

县区	发明	实用新型	外观设计	合计	2006年合计	同比增长%
惠城区	46	264	171	481	428	12.4%
博罗县	16	82	264	362	149	143.0%
惠阳区	3	62	78	143	97	47.4%
惠东县	1	13	4	18	50	−64.0%
龙门县	0	5	2	7	2	250.0%
合计	66	426	519	1011	726	39.3%

2008年获惠州市知名商标企业名单

	企业名称	商标
1	博罗县长宁强沥日常用品制造厂	家必洁＋图形
2	博罗县山前荔枝专业合作社	山前
3	联合铜箔（惠州）有限公司	图形
4	博罗石湾帝克电子有限公司	图形
5	博罗县园洲镇桦达制衣有限公司	卡莉俏
6	广东宝丹制药有限公司	宝丹
7	惠州市东亮铝业有限公司	图形

（续表）

	企业名称	商标
8	乐庭电线工业（惠州）有限公司	图形
9	惠州市盛佳不锈钢环保厨房设备有限公司	图形
10	惠州市佳佳利化妆品有限公司	澳维丝
11	龙门县南昆山乳业有限公司	南昆山
12	惠州市阅粮饲料有限公司	图形
13	惠阳海天堂食品有限公司	海天堂
14	惠州市惠阳区浩德实业有限公司	图形
15	惠东县黄埠镇盛裕鞋厂	曼莉花
16	惠州市文进鞋业有限公司	红衣女郎
17	惠东县平山赛一鞋厂	步丹尔
18	惠东县寰海鞋业有限公司	雪丹妮
19	惠州市裕腾鞋业有限公司	梦婷
20	惠州市正新鞋业有限公司	名利香
21	惠东县黄埠新华源鞋厂	娇依
22	惠东县凯达服装有限公司	红豆
23	惠东县华宝食品有限公司	图形
24	惠东县新庵酒厂	图形
25	广东奥蜜联合开发公司	奥蜜

（供稿人：纪智敏）

汕尾市

一、概况

2008年，汕尾市认真贯彻实施国家和广东省知识产权战略纲要，继续深入开展知识产权区域发展计划的实施工作，不断加大知识产权保护力度，强化宣传、培训和服务，促进了汕尾市知识产权工作的开展。

长期以来，汕尾市专利管理机关都处于人手少、手段缺的状态，难以满足知识产权形势发展的需要。汕尾市知识产权局实现制度创新，与汕尾市人事局联合筹建成立了汕尾市知识产权工作专家库，首期入库专家26人。建立了知识产权工作助理员制度。

加强有关部门合作，汕尾市知识产权局、工商行政管理局、版权行政部门全力开展知识产权联合打假执法活动，有力规范了市场经济秩序。

二、知识产权政策体系建设

汕尾市知识产权局努力实现制度创新，借助社会力量，扩大知识产权工作队伍，建立起了知识产权工作助理员制度，目前加入该队伍的人员有66人。助理员主要来自于全市机关、学校和企业的业务骨干，主要工作职责是：宣传普及知识产权知识、政策和法律法规；收集、传播知识产权发展信息；反映企业和社会各界对知识产权工作的要求和建议；协助市知识产权局开展专利行政执法活动等。

三、知识产权创造与运用

1. 专利申请、授权及商标情况。

2008年，汕尾市共申请专利164件，其中发明专利25件，实用新型54件，外观设计85件；专利授权139件，其中发明专利14件，实用新型42件，外观设计83件，专利申请质量比往年有明显提高。

汕尾市2008年获得驰名商标2件，实现汕尾市驰名商标零的突破；广东省著名商标5件，累计拥有著名商标15件；商标注册新增2000多件，累计注册商标8000多件。

2. 积极实施知识产权专项计划项目。

2008年，汕尾市共实施省专利技术实施计划项目2项，企业知识产权战略试点1家，知识产权优势企业1家，知识产权区域试点1处，知识产权教育试点学校2所，认定培育市级知识产权优势企业2家。

四、知识产权保护

2008年，汕尾市知识产权局进一步加强与市整规办、打假办、公安局、工商局、文化局等有关部门的合作，积极开展“4·26”知识产权宣传和联合执法活动和“雷雨”、“天网”专项执法行动，有效打击了侵犯知识产权的违法行为。共出动执法车辆22车次，执法人员82人次，检查了大型商场、超市36家，药店27家，抽查有专利标识的食品472件，药品117件，查获假冒专利案件2宗，冒充专利案件1宗；查处专利侵权纠纷案件5宗，其中调解结案1宗，请求人撤诉4宗，均为涉外发明专利侵权纠纷案件。通过知识产权联合执法活动，有力规范了市场经济秩序。

汕尾市工商行政管理局先后四次集中开展整治行动，组织汕尾市商广部门和经检支队、大队及工商所对重点企业、市场、商场、超市开展检查，先后出动车辆200多车次，人员600多人次，检查了企业、商场、超市、市场200多场次。同时还在日常监管中巡查和检查。经检查发现违法使用、侵犯奥林匹克标志专用权的侵权行为的案件5宗，罚款4.2万元；组织汕尾市各县（市、区）工商商标广告管理部门对一些重点企业开展突出性的检查。同时结合“4·26”世界知识产权保护日，组织汕尾市工商行政管理局经检支队、市知识产权局等部门在市区进行检查。检查了批发市场、大型商场及企业。先后查处了商标违法案件32宗，罚款34.24万元，有力打击了商标的违法行为，维护汕尾市正常的市场经营秩序。

汕尾市版权行政部门共出动执法人员350人次，检查出版物经营单位450家次，印刷企业245家次，收缴非法音像制品9189张，非法书报刊10065册（张），查处违规经营单位15家，取缔无证照地摊23个。

五、知识产权管理与服务

1. 完善知识产权工作协作机制，筹建成立市知识产权工作专家库。汕尾市知识产权局与市人事局联合筹建成立了市知识产权工作专家库。专家库的入选专家为熟悉知识产权法律法规、具有高级技术职称的专业技术人员和从事知识产权管理工作超过十年的行政机关工作人员，首期入库专家26人。入库专家的主要工作职责是研究知识产权战略，培养知识产权工作专才，为汕尾市委、市政府的知识产权政策提供建议和决策参考，开展知识产权软课题研究和专利预警分析等。

2. 增强服务意识，为企业提供优质服务。汕尾市工商行政管理局认真做好商标普查工作，为企业做好咨询指导填表工作，发放商标普查表4172份，回收表格4047份，回收率97%。主动为企业提供咨询服务，积极下企业做好调查摸底工作，选择重点对象，引导和发动企业申办注册商标、申报著名商标、驰名商标。

六、知识产权宣传，教育与培训

2008年，汕尾市共举办了6期知识产权培训班，培训人数达到1000多人次；举办了4场知识产权咨询活动，接受咨询800多人次，发放各类知识产权宣传资料4000多份；召开了2次知识产权座谈会，就如何贯彻实施国家和广东省知识产权战略纲要和进一步提升知识产权数量及质量等问题进行了研讨；贴宣传画68套544幅，悬挂“保护知识产权，促进科技创新”、“尊重知识产权，保护知识产权”等宣传横幅20多幅；

2008年3至4月，汕尾市工商行政管理局会同市消委会、市知识产权局认真开展2008年消费者权益保护日和世界知识产权保护日的法律、法规宣传活动。4月26日，联合汕尾市知识产权局在市区通港路设立咨询服务台，向群众发宣传资料800多份。咨询人数约1000多人次。

2008年“4·26保护知识产权宣传周”期间，汕尾市版权部门组织开展“保护著作权宣传周”活动，广泛宣传普及版权保护法律法规和日常知识，强化“杜绝盗版，使用正版”观念，提高全民保护版权意识，推进企业使用正版软件工作。共开展宣传活动3场，刊登宣传周相关信息4条，发放宣传资料1400张，出动宣传车辆12次。

七、知识产权交流与合作

2008年10月24日，粤东六市知识产权局长联席会在潮安县沙溪镇召开。汕尾市知识产权局罗奕凡局长参加会议。

各市代表围绕异地维权、法制建设、执法手段等知识产权热点问题进行讨论。通过交流，开拓工作新思路，加强粤东各市之间的执法协作，推动了知识产权工作进一步发展。

（供稿人：袁劭翊）

东 莞 市

一、概况

东莞市2008年新认定省知识产权试点区域1个，省知识产权优势企业4家，省知识产权战略试点企业1家，省中小学知识产权教育试点学校2所，市专利培育企业102家，市专利试点企业38家。全市累计拥有市专利培育企业261家，市专利试点企业93家，省知识产权优势企业15家，省中小学知识产权教育试点4所，省知识产权试点区域2个，省知识产权战略试点企业1家。

二、知识产权政策体系建设

落实优秀专利产业化政策。通过《东莞市专利促进实施办法》，推动优秀专利产业化。获得2008年市专利奖的25项专利技术，共为企业创造28.8亿元的销售额；对包括专利技术实施费用在内的企业研发投入给予最高600万元的资助，2008年共引导企业研发投入超过12亿元，其中促进专利技术产业化的投入约为1.3亿元。

推进核心技术标准化政策。出台《东莞市推进制造业标准化工程实施办法》，推动企业，参与国际、国家技术标准的研究制定、开展技术标准活动、建设技术标准平台以及推进技术标准示范。围绕技术标准建立了芯片研发与应用技术联盟等6家行业技术联盟，40多家企业参与。

三、知识产权创造与应用

专利创造。2008年东莞市专利申请量为14406件，同比增长4.1%。其中发明专利

1188件、实用新型专利4606件、外观设计专利8612件。授权量为8093件，同比增长19.9%。其中发明专利115件、实用新型专利3616件，外观设计专利4362件。1985－2008年，东莞市累计专利申请总量65786件，授权总量36775件。新增3个省专利奖项目，其中省专利金奖1个，省专利优秀奖2个。新增25个市专利奖项目，其中市专利金奖5个，市专利优秀奖20个。

品牌培育。2008年新增中国驰名商标1个，累计10个；省著名商标38件，累计164件；省名牌产品30个，累计133个；新增注册商标1000件，累计26500件。推动企业创建自有品牌，打造区域国际品牌，开展大朗区域国际品牌试点工作，打造长安五金模具、茶山食品、虎门服装、厚街家具、大岭山家具、石龙电子等区域品牌。

版权兴业。松山湖科技产业园区和东莞市唯美陶瓷工业园有限公司被认定为“广东省版权兴业示范基地”，广东永正图书创意产业园、东莞市创意产业中心园区、大朗镇创意产业园等被认定为东莞市创意园区。

专利信息服务。依托专利信息平台，东莞市传统产业中的玩具、家具和电子等产业的发展态势研究工作已近尾声，准备向社会公布；新兴产业中的太阳能、RFID、无铅焊料、OLED等产业也已着手开展专利预警分析，得到企业的积极响应。

四、知识产权保护

知识产权跨部门执法协作。市知识产权局与市公安局专门成立了知识产权执法联络室，及时通报、查处重大专利侵权案件；市工商局、质监局也和市公安局共同查处商标侵权案件；市信息办配合市文广新局，投入1000万元用于购买政府机关正版软件，使政府部门办公电脑软件全部实现正版化。

知识产权行政执法。市知识产权局配合省知识产权局受理17宗专利侵权纠纷案件，查处4宗假冒和冒充专利案件；工商系统查处各类商标违法案件444宗，收缴和消除侵权商标标识29.59万件，其中，涉外商标案件91宗；市文广新局全年共检查与版权密切相关的经营单位25762家次，取缔违法经营单位728家，收缴翻版盗版音像制品、电子出版物1506399张（套、盒），翻版盗版书刊946654册。市质监局立案查处知识产权方面的案件126宗，端掉55个制假黑窝点，查处假冒物品现货货值779.02万元；市经贸局酒类市场打假共立案175宗，涉案金额约165万元。

知识产权刑事司法。2008年市公安局以商标侵权案件为打击重点，捣毁11个制假、售假窝点，受理8起经济案件，立案6起、破案5起，收缴假冒产品、原材料等总值约4320多万元。市中院受理一审知识产权案件522件，其中著作权94件，专利权111件，商标283件，不正当竞争34件。审结各类知识产权案件470件，结案率90.04%，其中知识产权案件调撤率达到62.34%。

知识产权企业保护。市知识产权局建立片区和重点企业挂钩联系，及时指导企业通过专利制度来保护创新成果；市公安局对重点联系企业进行走访和摸底，提供法律咨询和援助服务，扩大案件线索来源；市工商局逐一走访重点企业，指导企业增强品牌保护意识，规范使用商标，积极运用商标战略保护自有品牌；市外经贸局主动与遭遇美国337知识产权调查的企业联系，指导企业开展应诉工作，并实行全程跟踪；市经贸局也与创名牌试点企业建立联系制度，积极帮助企业创建名牌。

五、知识产权管理与服务

知识产权服务机构。2008年东莞市新增7家专利代理机构，累计拥有22家专利代理机构。市知识产权局和市工商局开展查处取缔非法从事专利代理行为专项行动，查处了7家非法代理机构；成立了市知识产权维权服务中心，成立仅七个月就受理各类知识产权咨询

200多次。

六、知识产权宣传、教育与培训

知识产权宣传。2008年“4·26”世界知识产权日期间，市委常委、常务副市长冷晓明发表了“尊重知识产权、保护知识产权”的主题电视讲话；市知识产权局、市工商局、市版权局分别以“保护知识产权，促进自主创新”、“自有品牌，东莞风采”和“保护版权、使用正版，拒绝盗版”等为年度主题，通过媒体宣传、举办大型咨询活动、发布公益广告、举办知识产权模拟法庭、开展青少年版权保护教育等活动。市中院还组织了知识产权庭审观摩活动，使市民“零距离”接触知识产权司法保护流程。

知识产权教育。与广东省专利信息中心联合举办了3期企业专利工作者培训班，培养了专利工作人才225人，考试合格后颁发“广东省企业专利工作者证书”，到目前为止，全市共有400多人获得该证书。推动知识产权进校园活动，加大对东莞中学松山湖学校等4家省知识产权教育试点学校的指导。东莞中学松山湖学校在初中部和高中部分别设立了知识产权实验班，建立了良好的知识产权教育机制，15名学生的发明获得了专利证书。

知识产权培训。邀请中南财经政法大学校长、我国著名知识产权法学家吴汉东教授在“东莞学习论坛”作了题为“实施知识产权战略，推进产业结构调整”专题报告。2008年共组织举办了“中国企业如何应对美国337条款”等7场知识产权高级专题论坛，共1200多人次参与。承办了中欧知识产权保护项目（二期）之“中小企业和科技中介知识产权高级研修班”，邀请了国家知识产权局张勤副局长及多位欧盟专家为100多位学员授课。

七、知识产权交流与合作

专利技术展示交易。东莞市连续举办两届中国（东莞）专利周，2008年第二届专利周共有23所大专院校及173家企业214件展品参展，参加人员共5000人次，成交11个项目，交易额达2300多万元。

（供稿人：谢华）

中　山　市

一、概况

中山市专利工作紧紧围绕着实施知识产权战略，提高自主创新能力的要求，努力营造良好的政策环境，着力提高全市专利工作水平。积极推动专利信息运用，鼓励服务机构发展，加大行政执法力度，强化专利宣传培训，完善企业知识产权管理制度。2008年全市专利申请量6901件，同比增长7.61%，其中发明专利申请555件，同比增长89.42%；专利授权量4342件，同比增长27.86%。

中山市商标工作以整顿和规范市场秩序为主线，把“坚持执政为民、服务经济发展”作为商标管理工作的出发点和落脚点，提高全民商标意识，切实保护注册商标专用权，努力推动商标战略创名牌工作，取得了一定成绩。全市共查处商标一般违法案件和侵权假冒案件312宗，案值548.77万元，罚没金额639.89万元，收缴和消除商标标识8.99万件，收缴专门用于商标侵权的模具、印版等工具3件，没收销毁侵权商品11.34万件，其中商标一般违法案件46宗，侵权假冒案件266宗，并包括涉外案件187宗，移送司法机关案件5宗。

中山市版权工作坚持“宣传、服务、执法”三管齐下的方式，落实各项管理措施。2008年，建立版权示范基地3个、查处非法音像制品16万张、电子出版物4000张、非法书报刊2万份、捣毁地下音像仓库5个、查处网络侵权案件1宗、计算机软件侵权案件1宗、移交司法部门案件3宗。

二、知识产权政策体系建设

通过政策引导扶持，推动专利事业发展。2008年，中山市知识产权局新出台了《中山市专利专项资金使用管理暂行办法》，为专利创造、应用、管理和保护工作提供了政策上的保证。在市专利政策的引导下，中心市部分镇区出台专利支持政策，推动专利事业向纵深发展。

2008年，中山市评选出专利金奖9项、专利优秀奖32项、优秀专利发明人1人，颁发奖励证书和奖金；选出专利技术实施计划项8项、专利试点单位15家、专利专题数据库建设单位5家予以资金支持；核准发明专利申请资助148项、发明专利代理费100件、发明专利奖22项、专利代理人1人、新专利代理机构2家的申报材料，并予以经费支持。通过奖励、表彰和资助，调动中山市单位与个人申请专利的积极性。

三、知识产权创造与运用

加强专利信息运用，提高自主创新能力。为提高企业运用专利信息的水平，增强企业自主创新能力，中山市知识产权局从全市经济社会发展的需要出发，根据中山市产业集群密集的特点，建立起世界灯具照明专利专题数据库，打造灯具创新平台，使企业能以国际化的视野，站在巨人的肩膀上解决前进道路上的知识产权问题，突破企业发展的瓶颈，加速产业结构的优化升级，为中山制造向中山创造的成功转型奠定了良好的基础。

与此同时，中山市知识产权局还引进全球最大的科技、专利情报的信息服务机构—汤姆森科技信息集团，对重点企业、重点行业、优势产业专利信息运用现状、专利信息服务需求等进行全面的调研，为中山市企业免费提供优势产业的新技术跟踪分析简报、重点行业和领域的专利战略分析报告，并对企业研发人员、专利工作者免费培训。

四、知识产权保护

（一）加大专利执法力度，维护市场竞争秩序

中山市知识产权局全面开展省市联合专利执法工作，专利案件立案、勘验检查、封存暂扣、案件合议、专家鉴定、会展执法、调解等各项工作均得到扎实推进。同时，积极做好与公安部门的联合执法工作，增强执法能力。2008年，共受理专利侵权案件9件，结案件7件。2008年，接会展专利投诉14件，全部结案。我们的执法工作得到当事人的赞扬，也得到了国家知识产权局的充分肯定，2008年中山市知识产权局获得全国专利执法工作先进集体。

（二）突出重点，开展商标专用权的保护工作

为保证商标专用权保护工作既有的放矢又有效能，中山市工商局突出重点，开展专项执法行动。一是重点开展奥林匹克标志的专项保护工作，集中时间、集中力量对侵犯奥运标志的违法行为进行整治，期间共查处侵犯奥运标志的案件6宗，罚没金额12.5万元。二是加强对重点商标的保护，对驰名商标、著名商标把好登记关，凡这类商标禁止作为字号登记，加大对侵犯此类商标的处罚力度。三是加强对假冒食品、药品等重点商品商标行为的打击力度，切实保护人民群众的身体健康。四是加强对重点环节、重点区域的管理，如对小商品交易市场、专业市场、星级宾馆内设的名牌特卖场、步行街以及商标印制企业的监管。

（三）加强执法打击，维护版权市场秩序

1. 突出监控重点区域。根据盗版行为的发生的区域特点，中山市版权局将电脑城、集

贸市场及流动人员密集的生活区列为重点监控对象，通过加强日常执法巡查和专项统一行动进行整治，取得了较好的打击效果。2008年共组织对集贸市场清理85次，取缔无证经营出版物点档1413家，收缴各类非法出版物近20万多册（份）。

2. 突出监管重点时期。节假日及休息日是违法行为的高发期，中山市版权局以实行节假日执法制度的对策，把春节、“两会”、“4·26”、奥运等列为重点，出动执法人员1367人次，检查场所306家，查获违法出版物4300余册。

3. 突出查办重大案件。中山市版权局实行“发现一起、严查一起”的做法，着力破获违法音像制品地下窝点。6月，对市内某大型电脑城进行突击检查，捣毁无证经营违法音像制品地下仓库4个，查获违法音像制品近30000张。8月，查处市内某镇区违法音像制品窝点一处，查获违法音像制品8500张及色情淫秽音像制品3353张。

4. 妥善处理侵权纠纷。目前，涉及经营者之间的版权侵犯纠纷时有发生，中山市版权局本着“行政指导、宣传教育”的原则，妥善解决纠纷，及时化解矛盾。2008年，本局受理版权咨询及参与版权纠纷调解10余宗，取得较好的社会效果。

五、知识产权管理与服务

（一）引进高端中介机构，提升专利服务水平

随着中山市单位和个人的专利意识不断提高，专利的运用能力不断加强，也对专利的保护和专利的服务工作提出更高的要求，提高服务水平、扩大服务范围、增强服务理念的呼声越来越高，在增强现有的专利服务机构的服务能力的基础上，积极引进一批高素质的专利服务机构，从不同的角度，支撑中山市专利事业的快速发展。

2008年，中山市知识产权局引进北京市立方律师事务所和北京东方灵盾科技有限公司来中山发展，开展专利检索、专利代理、专利维权、专利调研、专利战略等各项服务。同时，召集全市专利代理机构座谈会，共同研究进一步提高专利服务水平，促进专利机构服务的办法，形成政府、中介、企业相辅相成、相互促进、共同发展的良好工作局面。

（二）实施商标战略，开展驰名著名商标的培育工作

1. 把协助企业申报驰名商标作为重中之重。近年来，中山在实施商标战略方面初显成效，涌现一大批知名度高，发展潜力大的企业和品牌。2008年初商标局、商标评审委员会公布最新认定的驰名商标名单中，中山的“康尼雅及图”、“榄菊及图”2件商标被认定为驰名商标，中山的驰名商标数量增至12件，居全省第四位。2008年下半年，中山市工商局协助“健将”内衣、“建华”管桩、“樱雪”燃具、“百得”燃具和“柏仙多格”服装等5个商标向国家商标局和商标评审委员会申报驰名商标。

2. 脚踏实地抓好省著名商标的推荐工作。2008年初，中山市工商局开始下乡镇，走企业，摸底调查，“培育一批、扶持一批、推荐一批”和“突出对支柱产业、特色产业、重点企业、重点商标”的指导思想，确定了2008年申报省著名商标的推荐名单，推荐了中山宝宝好日用制品有限公司“宝宝好”等49件商标申请认定著名商标，同时推荐了广东美味鲜调味食品有限公司“岐江桥牌”等28件商标延续认定著名商标。

（三）强化服务意识，营造版权兴业氛围

1. 推动版权兴业基地建设。2008年，中山市版权局大力实施版权兴业战略，以版权服务促进经济发展，协助企业做好版权工作，保护企业权益。中山市古镇华艺灯饰有限公司、中山市坦洲镇伊泰莲娜有限公司和中山市港口电子游艺游戏产业集群成功作为省版权兴业示范基地挂牌，迈出了版权兴业的第一步。港口镇现已成为全国最大的游戏游艺机生产基地，

成立了全球首个游戏游艺产业交易平台——龙城（国际）游戏游艺交易中心。

2. 实行驻厂监督员制度。中山市版权局将光碟生产企业的管理提到更加重要的位置，加强服务，坚持实行驻厂监督员制度，确保企业的健康发展。聘请了两位退休老干部担任力华光碟制造有限公司的监督员，对该公司的光盘生产情况跟进服务，及时落实各项制度，确保企业守法经营。

3. 推进政府部门和企业正版软件化工作。政府拨出150万元专项经费采购通用正版软件，2008年，对全市大型国有和民营企业进行了摸底工作，两次牵头召开了部分企业参加的座谈会。

六、知识产权宣传、教育与培训

（一）强化专利宣传培训，营造知识产权氛围

以中山媒体为依托，做好“4·26”知识产权周的宣传，举办知识产权集市活动，提高民众专利意识。中山市将普及培训与镇区工作相结合，为东升、古镇、坦洲等十几个镇区普及专利知识、专利政策；举办专利检索、复审与无效、涉外知识产权应对专业培训班，提高专利业务水平；举办知识产权战略及专利保护高端培训，开阔视野；在中山职院、火炬职院为学生讲课，培训人才；深入企业与技术人员座谈，提高企业专利的运用能力。

（二）加大宣传力度，提高全民的商标法律意识

1. 开展省著名商标专题宣传。4月下旬在《南方日报》上进行专题整版报道宣传。重点突出2007年认定及延续认定的省著名商标和企业，报道政府、工商部门在营造环境、扶持品牌发展、维护企业的商标权益方面所做的大量工作。全面展示中山大力实施名牌带动战略所取得成绩。

2. 开展商标法律咨询服务。“3·15”消费者权益保护日和“4·26”世界知识产权日，搭建咨询平台，开展咨询活动，派发商标法律宣传小册子。

3. 举办省著名商标表彰活动。为进一步推进名牌带动战略，9月，中山市工商局举办了“2007年度广东省著名商标授匾仪式”。仪式上，对“泰山牌”、“读书郎”等64家企业进行表彰、授匾。冯煜荣副市长代表市委、市政府发表了重要讲话，表示名牌带动战略是中山市实施“工业强市”的重要措施之一。

4. 深入基层，开办专题商标辅导学习班。今年以来，广东省工商行政管理局先后在黄圃、南朗等多个镇区举办多场的商标法律学习班。8月在黄圃镇大岑村办的学习班，专门针对卫浴行业在商标运用中主要存在问题进行了讲解。

（三）加大宣传力度，提高版权保护意识

1. 积极组织执法人员参加业务培训。执法人员的知识和水平是执法质量的关键，中山市版权局十分重视执法人员的版权保护培训工作。2008年选派骨干力量参加省级以上专业培训，分别学习了网络版权保护、计算机软件保护、执法程序和取证技巧等知识。

2. 加强对经营者的宣传教育。4月26日，组织了“中山市保护知识产权经营者会议”，对经营者提出要求，特别是网络传播中的知识产权问题，加强行业自律，学会行业保护，正视网络侵权盗版问题。7月，中山市版权局制作了电子出版物版权保护的宣传单张，重点向小榄镇、石岐区等电脑城的200多家经营单位派发，并向经营者讲解有关规定。为规范印刷企业经营和加强版权保护，中山市版权局将《印刷业管理条例》的重点条款编制成宣传画，印制了3000份，向印刷企业派发，以通俗易懂方式进行宣传，取得了较好的宣传效果。

3. 开展保护版权社会宣传。2008年“4·26保护著作权宣传周”和6—12月份“创新与未来——青少年版权保护主题教育活动”活动期间，中山市版权局与团市委联合组织开展了一系列保护版权的宣传活动，以知识竞赛主题征文、知识讲座等多种活动形式，在青少

年学生中营造版权保护的氛围，培养青少年版权保护意识和创新精神。

（供稿人：蒋宇）

江 门 市

一、概况

2008年，江门市深入贯彻落实党的十七大、全国和全省科技大会精神，进一步解放思想，积极贯彻落实国家和省知识产权发展战略纲要，使全社会的知识产权意识普遍增强，知识产权管理和服务体系进一步强化，企事业单位掌握和运用知识产权制度的水平和能力不断提高，知识产权制度在推动科技创新和经济社会进步方面的作用日益突出，实现了江门市知识产权事业的快速发展。至2008年底，全市创建省级知识产权试点区域4个，广东省知识产权战略试点企业1家，广东省知识产权示范企业1家，广东省知识产权优势企业12家，广东省行业协会知识产权保护优势单位1家，广东省会展知识产权保护试点单位1家，广东省中小学知识产权教育试点学校5家，培育认定江门市知识产权示范企业29家，全市共获得广东省著名商标81件，企业使用正版软件工作得到稳步推进。

二、知识产权政策体系建设

一直以来，江门市委、市政府始终高度重视知识产权工作，紧密结合江门市实际，出台了一系列发挥知识产权制度作用、推动技术创新和科技进步的政策措施，充分发挥知识产权制度对科技创新、经济发展和社会进步的激励和保障作用，有力地推动了知识产权工作的深入开展。

2008年，江门市认真贯彻落实近年来出台的《江门市知识产权保护实施办法》、《江门市知识产权局专利资助管理暂行办法》和《江门市知识产权示范企业培育工作实施方案》等知识产权政策措施，积极发挥政府在知识产权管理和保护中的主导作用，进一步强化和完善知识产权管理机制。在认真贯彻实施已有知识产权政策措施的同时，江门市制定了《江门市工商行政管理局2008－2010年培育驰名、著名商标工作规划》，明确这三年间，以企业为主体，以市场为导向，建立健全一套行之有效的培育机制，有计划、有步骤切实将培育驰名、省著名商标工作做好做细，努力打造一批国内外知名商标品牌，以推动江门市向经济强市迈进。为了全面落实商标兴市的战略部署，积极协助农业组织、农业企业和农村个体户以商标促发展，江门市制定了《商标富农工作示范点实施方案》，大力推进商标富农工作。自2005年起，江门市财政设立知识产权工作专项经费，并逐年加大投入，为江门市开展知识产权工作、全面提高自主创新能力提供经费保障。2008年，江门市安排知识产权专项资金250万元用于开展知识产权工作。

三、知识产权创造与运用

江门市从指导企业开展知识产权制度建设、加大知识产权宣传培训力度、强化专利信息服务、落实资助政策、加强知识产权执法力度等措施入手，鼓励自主创新，提升竞争力和产业结构优化升级，知识产权创造与运用能力得到进一步提升。

2008年，全市专利申请达到4187件，再创历史新高，同比增长18.5%，其中发明专利313件，增幅高达70%，新获得省著名商标23件，共有高新技术企业201家，其中，国家级30家，省级117家，市级54家。2008年高新技术企业年产值达475.9亿元，较上年增长15.9%，技工贸总收入超亿元的高新技术企业达63家。民营科技企业总数累计达365家，其中省级268家、地市级97家，民营科技企业全年实现技工贸总收入319亿元，同比增长15.7%。

四、知识产权保护

江门市把知识产权保护作为增强自主创新能力、营造良好投资环境、维护公平有序的市场秩序的重要手段和内容，大力推动行政保护和司法保护两种途径的知识产权保护工作，促进了社会经济的健康、快速发展。

（一）知识产权行政保护

江门市注重建立、健全知识产权工作机构，加强知识产权队伍建设，为开展知识产权行政保护工作奠定组织保证。目前，江门市基本形成了一套比较完整的知识产权行政管理和执法工作体系。在完善知识产权工作体系的同时，江门市切实加大知识产权行政保护力度，不搞地方保护主义，做到有法必依，执法必严，充分发挥知识产权制度的保障功能，将知识产权行政执法作为开展知识产权工作的重要手段，充分发挥行政保护程序简单、流程快、时间短、成本低的优势，切实维护知识产权权利人的合法权益。在做好日常行政执法的同时，江门市各知识产权行政管理部门根据上级部门的部署，积极开展各种知识产权专项执法行动。2008年，江门市知识产权局在全市范围内积极开展“雷雨”、“天网”、查处取缔非法从事专利代理行为等专项执法行动；江门市工商行政管理局开展保护奥林匹克标志专用权和保护“长城”等注册商标的专项整治行动；江门市文化广电新闻出版局开展治理非法预装计算机软件和“保护版权，迎接奥运”打击网络侵权盗版专项行动。2008年，江门市受理专利侵权纠纷案件10件，查处各类商标违法案件126宗，罚没入库199.12万元，其中：商标一般违法案件21宗，罚款37.8万元；商标侵权假冒案件105宗，罚款161.32万元（含涉外商标案件35宗，罚款83.07万元）。江门海关查获知识产权案件47宗，案值1306.7万元，处置侵权货物21个批次，价值300余万元。

（二）知识产权司法保护

江门市中级人民法院坚持“公正司法、一心为民”的宗旨，不断提升知识产权的审判水平，切实加大知识产权司法保护力度，努力扩大保护知识产权的社会影响，为优化江门市创新环境和建设创新型城市提供优质高效的司法保障。江门市中级人民法院注重研究认定知识产权侵权行为的法定标准，准确把握侵权判定原则，区分各类知识产权侵权行为认定的特色，充分运用知识产权诉讼证据规则，严格按照侵权判定流程的基本步骤审理了一批知识产权民事案件，2008年，江门市中级人民法院依法审理知识产权民事案件241件，其中专利案件33件。

（三）知识产权执法协作机制

1. 严格执行《江门市知识产权保护实施办法》。江门市知识产权保护工作领导小组成员单位加强联系沟通，团结协作，在做好日常执法工作的同时，突出重点，有目的地开展一系列专项联合执法行动，净化江门市知识产权保护的环境，切实维护知识产权权利人的合法权益。

2. 充分发挥“江门市知识产权局、江门市公安局执法联络办公室”的作用。2008年，江门市知识产权局与江门市公安局联合举办了2期知识产权刑事保护与技术秘密的培训班，进一步健全和完善协调高效的知识产权执法协作长效机制，形成保护知识产权的整体合力。

3. 加强专利行政保护与司法保护的衔接。江门市知识产权局与江门市中级人民法院建有良好的沟通、协调关系，双方定期举行关于专利保护的座谈会，探讨专利保护的实务问题，研究专利行政保护与司法保护的衔接和协调。同时，双方加强互动，如在4月24日，江门市中级人民法院的法官在江门市知识产权局举办的高新技术企业知识产权培训讲座上，做了题为《企业如何应对专利诉讼》的知识产权司法保护实务讲座。在“4·26世界知识产权日”宣传活动中，江门市中级人民法院积极参与由江门市知识产权局举办的主题为“保护知识产权，促进创新发展”大型户外活动，通过接待群众，提供指引，释法答疑。在11月，江门市知识产权局组织各市、区知识产权局、行业协会和知识产权企业的领导，积极参与江门市中级人民法院举办的“依法护权、激励创新”为主题的加强知识产权司法保护行动月活动。

4. 加强上下沟通与配合。江门市知识产权局要求下属各市、区知识产权局结合本地区的实际情况，配合市知识产权局积极开展专利执法行动，实现市县两级知识产权（专利）管理部门上下联动，严厉打击侵犯和冒充知识产权的违法行为，及时保护知识产权人的合法权益，维护公平竞争的市场秩序。如在4月和12月，江门市知识产权局联合蓬江区、江海区和新会区知识产权局等单位的行政执法人员，分别开展了1次专利联合执法专项行动，对市区多家大型超市、批发市场进行了专项检查。

五、知识产权管理与服务

2008年，江门市在注重提升全市知识产权综合能力的同时，把企业知识产权工作作为全市知识产权工作的重点来抓。随着知识产权工作的不断深入，企业的知识产权意识明显提高，运用知识产权制度参与国内外市场竞争的能力不断增强，专利申请量大幅度增加。

（一）积极申报省级各类知识产权计划项目

江门市积极引导、鼓励、扶持知识产权意识较强的企业做强、做大，积极组织发动企业申报省的各类知识产权计划项目，多个专利项目获得省级知识产权立项。如鹤山银雨灯饰有限公司被确定为首批“广东省知识产权战略试点企业”，江门市蓬江区海豚水族有限公司等3家企业被确定为2008年“广东省知识产权优势企业”，江门市蓬江区大盈机电设备有限公司的“电解提铜及蚀刻废液循环利用工艺”项目获得2008年广东省专利技术实施计划的立项，五邑大学和广州粤高专利代理有限公司江门分公司的软课题研究项目获得省立项。

（二）深入开展江门市知识产权示范企业培育认定工作

江门市知识产权局在积极申报省的各类计划项目的同时，认真贯彻落实《江门市知识产权示范企业培育工作实施方案》，继续开展市级知识产权示范企业的培育认定工作，大力引导、鼓励、扶持示范企业掌握自主核心技术、拥有自主知识产权，提高企业的自主创新能力，增强企业国内外市场竞争力，促进江门市企业知识产权工作上新台阶。经审核，江门展艺电脑机械有限公司等16家企业被认定为2008年江门市知识产权示范企业。

（三）大力推进商标富农工作

江门市工商行政管理局制定了《商标富农工作示范点实施方案》，全面落实商标兴市的战略部署，积极协助农业组织、农业企业和农村个体户以商标促发展，分别在台山、新会两地建立“商标富农”示范点。经过多方面的共同努力，台山、新会两地的“商标富农”创建工作已初见成效，“新会陈皮”已被注册为证明商标，这是江门市第一件农产品地理标志证明商标，实现了零的突破，“绿沙堆”、“大鳌”等农产品商标也逐步推广使用。另外，江门市各级商标部门积极协助涉农企业办理商标查询和商标注册工作，据不完全统计，全市指导涉农企业办理商标注册约63件。

（四）加强专利信息化建设

江门市知识产权局不断完善广东省专利信息服务平台江门分平台的建设，通过加大资金投入提升平台硬件水平，举办专利信息应用培训等多种方式，积极推进专利信息化的建设与利用。

六、知识产权宣传、教育与培训

知识产权意识的强弱，是推动知识产权事业发展的重要因素。江门市通过开展知识产权宣传、培训和教育，使全社会的知识产权意识得到普遍的提高，全社会尤其是企业运用知识产权的能力和水平进一步得到提升。

2008年，江门市积极投入人力、物力、财力，以日常宣传普及工作为基础，以“3·15消费者权益日”、“4·26保护知识产权宣传周”、“六月科技进步活动月”等大型活动为重点，以举办大型的宣传和咨询活动、举行竞赛、制作电视公益广告、编写专利知识手册等多种形式为手段，坚持不懈地开展知识产权宣传工作，提高全市知识产权意识，营造重视知识产权、鼓励技术创新的良好风尚。同时，积极举办形式多样的专题讲座、报告会和座谈会等培训活动，提高全社会尤其是企业运用知识产权的能力和水平。2008年，由江门市知识产权局主办和参与组织的各类知识产权保护宣传活动共25场次，举办了18期比较大的培训班（报告会），培训人次超6000。

江门市积极开展中小学知识产权教育试点学校的知识产权教育工作，培养中小学生的知识产权意识和创新精神，在中小学中普及知识产权教育。2008年，江门市新增2所广东省中小学知识产权教育试点学校，目前，江门市已有5所学校成为广东省中小学知识产权教育试点学校。

七、知识产权交流与合作

为提升江门市涉外知识产权保护意识和运用能力，提高从事涉外知识产权工作人员的业务水平，以适应知识经济条件下国际贸易的新形势和新要求，江门市知识产权局邀请了长期从事欧洲专利申请及法律事务的德国专家托马斯·埃斯切博士、康斯坦丁·鲁兰先生来到江门市访问交流。在江门期间，德国专家与江门市知识产权局、新会区知识产权局、开平市知识产权局及有关企业进行了交流座谈，并参观了相关企业。在5月28日，江门市知识产权局邀请德国专家为江门市知识产权局系统人员、中介机构专利代理人、有关企业知识产权负责人及专职管理人员举办了一期涉外专利培训班，通过这次知识产权交流和培训活动，使江门市政府部门和企业进一步了解欧洲专利申请和审批的程序、有关知识产权制度，提高了企业在欧洲申请专利的水平和应对知识产权纠纷的能力。

（供稿人：林耀君）

阳　江　市

一、概况

2008年阳江市深入学习宣传贯彻国家和广东省知识产权战略纲要，认真开展知识产权试点城市工作，在知识产权管理、运用、保护、服务、宣传教育和培训等方面都取得了显著的成绩，获得新突破，有的还创造了建市以来的新高。据统计，全市专利申请量957件，新增中国驰名商标3件，新增广东省著名商标19件，这些都创阳江建市以来的新高。全年受理专利侵权纠纷案件9宗，商标侵权案件8宗，受理版权投诉3宗，所有案件都调解处理完毕，结案率100%。由于近年来行政执法工作成绩显著，阳江市知识产权局2008年9月被国家知识产权局评为全国专利执法先进集体。

经市知识产权局重点培育和大力扶持，阳江市顺和工业有限公司被认定为“广东省知识产权优势企业”，广东永光刀剪集团有限公司被确定为省首批“广东省知识产权战略试点企业”。有2家学校被认定为“广东省中小学知识产权教育试点学校”。市工商局积极开展“品牌富农”工程，深入乡村调查、指导、帮助、发动农户，积极申请注册农副产品商标、地理标志的证明商标。全市新申请农副产品商标12件，培育农业品牌8件，还有2件正在申请注册地理标志证明商标。

加强知识产权信息服务体系建设。市知识产权局在已经建立起的五金刀剪专利信息数据库基础上，不断完善和提高管理水平，无偿为全市五金刀剪企业服务。2008 年还建立全市人才信息库，为社会和专家之间搭建一个信息交流平台。由于知识产权信息工作成绩突出，阳江市知识产权局以及局长吴红坚同志分别被授予广东省知识产权系统信息运用“先进单位”和“先进工作者”称号。

二、知识产权政策体系建设

为推动全市知识产权工作，提高企业的自主创新能力，阳江市知识产权局开展市一级的知识产权优势企业认定工作。先后制定《阳江市知识产权优势企业培育和认定工作方法》、《阳江市知识产权优势企业认定办法》、《阳江市知识产权优势企业认定条件》。成立培育和认定工作领导小组，组织并完成了申请和认定工作，确定广东喜之郎集团有限公司等 9 家企业为全市首批知识产权优势企业。为全力推进政府、企业使用正版软件，市文化广电新闻出版局制定了《阳江市 2008 年推进企业使用正版软件工作计划》，并在市使用正版软件工作领导小组的统一领导下，坚持重点，依次推广。为充分发挥知识产权制度推动阳江五金刀剪行业做大做强，市工商局重点对全市刀剪行业进行了商标发展状况的调查研究，撰写《阳江市刀剪行业商标发展状况调查》调研文章，该文并在《中华商标》杂志 2008 年第 10 期刊登发表。

召开阳江市科技工作大会暨 2006 - 2007 年度阳江专利奖表彰会议。为表彰在科技进步与创新，促进经济和社会发展方面作出突出贡献的专利发明者和企业，阳江市委、市政府于 12 月 19 日召开全市科技工作大会暨专利表彰会议，市委、市政府、市人大、市政协等市主要领导人出席了会议，主管科技工作的陈华康常务副市长在会上作了《提高自主创新能力建设创新型阳江》的工作报告。最后市领导对获得专利优秀奖、专利先进企业和优秀专利发明者颁发了奖牌和奖金。

三、知识产权创造与运用

1. 近年来阳江市的专利申请量呈良好的发展趋势，逐年有所提高，申请量连续八年领跑粤西地区。2008 年全市专利申请量 957 件，比上年增长 2.4%。其中发明专利 22 件，实用新型 167 件，外观设计 768 件。专利授权量 661 件。

2. 市工商局为进一步推动全市注册商标工作，积极实施商标带动战略。2008 年申请注册商标 760 件，比上年增加 17. 6%。其中中国驰名商标 4 件，广东省著名商标 19 件，新增商标数量和质量都有新的突破，是建市以来新高。现全市共有注册商标 5020 件，其中中国驰名商标 6 件，广东省著名商标 54 件。

3. 阳江市知识产权局重视加强企业的知识产权工作，以增强企业自主创新能力为导向，不断加强专利技术实施工作，提升知识产权创造能力和发展后劲。在认真做好对全市现有 12 个省级专利技术实施项目的跟踪落实和指导外，2009 年又组织申报了 4 项专利实施项目，其中 3 项获批准。

4. 为更好地服务于阳江市的五金刀剪企业，提升企业专利信息应用能力，市知识产权局组建了知识产权服务中心。继续完善 2006 年由市知识产权局建立，包括俄、美、英、法、德、日等七国在内的专利数据库的管理工作，在无偿提供企业应用的基础上，进一步提升数据库的应用率。为优化全市科技人才资源配置，促进科技人才合理使用，2008 年市知识产权局建立了全市科技人才数据库，提供工业、农业、卫生、经济等领域各个专业具中级以上职称的科技人员资料信息，为社会和专家之间搭建了一个很好的信息交流平台。

四、知识产权保护

（一）专利执法和保护

1. 2008年全市共受理专利侵权纠纷案件9宗，其中3宗涉外案件，侵权涉案金额100万元。2008年全部受理专利侵权纠纷案件中，1宗是实用新型，其余8宗是外观设计专利，9宗侵权案已全部调解结案。

2. 为贯彻国家和省局的“雷雨”、“天网”专项行动，由市知识产权局牵头，会同市工商局、市文化广电新闻出版局在“4·26”世界知识产权日期间，开展知识产权联合执法检查行动。主要针对商品流通领域中存在的冒充和假冒专利、商标，音像盗版、非法预装计算机软件，以及专利标记和标识不规范等知识产权违法行为进行执法检查和整顿。在全市5家大型超市、商场、电脑城等检查了2000多件商品、产品。执法检查中有上述违法行为的，各执法单位依照各自职能即时作出行政处理，有的还提出相关的建议和整改要求。

3. 11月23—26日阳江市在阳江刀具城举办第五届国际刀博会，会展期间，市知识产权局派员驻会开展知识产权保护工作，设立知识产权投诉处，工作人员全天候为展会服务。期间共接受参展商和群众咨询200多人次，发放宣传资料近千份，受理投诉涉嫌侵权案4宗。

4. 为净化专利代理市场环境，建立健康有序的专利中介服务市场，市知识产权局会同市工商局在10月期间，联合开展查处取缔非法从事专利代理行为专项行动，对4家涉嫌公司或个人进行了检查清理。

5. 为加强专利行政执法和刑事司法有效衔接，建立知识产权保护体系，8月5日经市知识产权局与市公安局协商，同意共同建立知识产权执法联络室，并制定了联络室的工作制度和职责。

（二）商标执法和保护

1. 全年共受理查处各类商标侵权案件8宗，案值12.3万元，罚没5.01万元。2008年共出动执法人员412人次，检查经营企业和个体户2655户，检查批发市场等304个，整顿重点区域132处，立案查处5宗奥林匹克标总志权案件，罚款0.8万元。

2. 市工商局为加强商标执法力度，保护商标权利人的合法权益，一是重点对印制单位的监管，查处非法印制和买卖商标标识等违法行为，规范商标印制行为。二是加强流通领域中商标使用行为的监管，开展日常监督检查，重点打击食品、药品等商品的商标侵权行为。三是以保护驰名、著名商标专用权为重点，严厉打击商标侵权、假冒及不正当竞争行为。四是认真开展保护奥林匹克标志专有权专项整治工作。

（三）版权执法和保护

阳江市文化广电新闻出版局，为打击侵权盗版，有效遏制知识产权违法行为，2008年共出动执法人员10396人次，检查音像制品经营单位1489家（次）、电子出版物经营单位155家（次）、书报刊经营单位1126家（次）、印刷企业1423家（次）、网吧2977家（次），受理投诉3宗，作出警告4家，罚款4家，责令停业整顿2家次，取缔3家，查缴非法音像制品8211张（盒）、非法书报刊2177份（张）。

1. 打击网络侵权盗版。为保护著作权人的合法权益，与公安、通讯等部门联合开展行动，重点对网吧经营场所进行检查监控，依法打击网吧场所提供非法下载等非法行为。

2. 打击非法预装计算机软件专项治理行动。为依法规范计算机市场和软件市场秩序，根据省版权局的工作部署，结合阳江实际，重点检查了3家大型计算机销售商城，对发现的违法问题作出了及时处理。

3. 开展印刷复制业专项检查。加大对印刷企业的监管力度，全面核查和依法处理发生在源头的非法印刷复制活动，打击侵权盗版，保护知识产权。

4. 打击非法出版活动及“四假”专项行动。对照公布的《非法报刊目录》，加强出版物市场巡查，严肃处理为盗版出版物提供书号、版号及印刷、复制委托书等流通条件的出版单位，规范出版、复制行为。

5. 开展“奥运保障行动”。按照上级部署，从5月中旬开始，开展了以整治印刷、出版物以及网络文化市场为重点内容，对车站码头、城乡结合部、繁华街区以及文化经营店为重点区域，进行文化市场“奥运保障行动”的执法检查。

五、知识产权管理与服务

阳江市知识产权职能部门，不断提高知识产权管理和服务水平，充分发挥知识产权制度推动经济发展的作用。

1. 为深入学习宣传贯彻国家和省知识产权战略纲要，市知识产权局12月4日邀请省知识产权局领导、专家到阳江举办宣讲国家和省知识产权战略纲要报告会。市四套领导班子及县（区）领导、高新企业、民营科技企业负责人等共3000多人参加了听讲。

2. 市工商局在“3·15”期间，开展了消费者权益日的法律、法规宣传活动，同时组织3家驰名商标企业参加省工商局与南方日报社共同举办的“广东自主品牌创建及发展”论坛。9月份省工商局局领导与市工商局领导共同深入阳西县程村镇红光村，现场指导程村蚝协会的蚝农，利用本地资源，利用商标战略开拓市场，提高养殖蚝的附加值，切实走商标兴农之路。

3. 增强守法经营意识，提高行业自律能力。为提高经营业主的知识产权意识，做到守法经营。市版权局举办经营业主参加的知识产权讲座18场，经营业主会议12次，组织学习知识产权的法律法规和鉴别侵权盗版知识，形成抵制盗版软件和使用正版软件的良好社会氛围。组织版权管理和执法人员共75人次参加各项业务培训，加强著作权法和执法技能的学习，不断提高执法水平。

4. 阳江市五金刀剪协会在2007年被省知识产权局认定为“广东省行业协会知识产权保护试点单位”。市知识产权局为提高协会的知识产权自律水平，积极帮助指导协会的知识产权工作，制定了《阳江市五金刀剪行业知识产权保护管理办法》等协会文件，编印成小册子分发各会员企业。

六、知识产权宣传、教育与培训

1. “4·26”世界知识产权日期间，市知识产权局与市工商局、版权局等7个单位联合在市人民广场举办知识产权咨询服务活动。当日开展现场办理专利申请和资助，通过深入发动，“4·26”当天受理专利申请176件，其中发明专利7件，实用新型43件，外观设计126件，资助63300元。

2. 开展知识产权教育试点学校校园活动。一是“4·26”世界知识产权日期间，市知识产权局在阳江市职业高级中学，举行该校被省局认定为省教育试点学校挂牌仪式。市府副秘书长、市知识产权局、市教育局等领导及部分学校代表参加了揭牌仪式。二是邀请广州市知识产权研究会副会长、律师到学校讲授知识产权课，受到300多师生的欢迎和一致好评。三是举办知识产权知识有奖问答、趣味性游园活动，使同学们在娱乐和趣味性中受到知识产权教育。

3. 11月中旬，市知识产权局举办有全市省高新企业、省民营科技企业等参加的知识产权业务培训班，邀请省专家讲授国家和省知识产权战略纲要和专利业务知识。

4. “3·15”和“4·26”期间，市工商局在《阳江日报》和《南方日报》开辟宣传专栏，分别宣传阳江市著名商标企业，实施商标战略取得的成果和介绍驰名商标企业，创建自主品牌的做法及经验。

5. 市版权局为提高全民知识产权意识，采取形式多样的宣传，在阳西、阳春等县（市）举办“文艺晚会”演出3场，保护著作权现场咨询15场，共出动宣传车辆27台

(次)，印发宣传资料近4000份，报送宣传、政务信息稿件11篇。在公共宣传栏张贴“保护正版，打击盗版”等公益宣传画、公益广告247张。在日常下乡下厂工作中，进行广泛宣传，积极推进工厂、企业、学校及事业单位使用正版软件。

(供稿人：卢家新)

湛 江 市

一、概况

2008年，湛江市认真贯彻落实党的十七大精神，践行科学发展观，继续解放思想，把实施国家和省的知识产权战略纲要作为知识产权工作的重要内容，把自主创新摆上知识产权工作的核心位置，为推动和促进“工业立市、港口兴市、生态建市”战略的实施，建设城乡协调生态文明的科学发展试点市，发挥了积极的作用。在知识产权创造、管理、保护与运用等方面做了大量工作，取得了显著成绩。据统计，2008年全市申请专利646项，比上年增长0.6%；全市注册商标863件；全市8家企业共22项知识产权获得海关保护备案。

二、知识产权政策体系建设

市委、市政府对知识产权工作高度重视，不断加大对保护知识产权的投入，加强充实了知识产权管理机构，划拨知识产权专项工作经费，改善了知识产权执法的装备，确保知识产权执法工作的顺利开展。省知识产权局领导十分支持湛江市的知识产权工作，每季度都亲临指导，大大促进了湛江市的知识产权工作。市知识产权局成立了专利行政执法队，由科技成果与知识产权科科长担任执法队长，执法队的行政执法工作由分管知识产权副局长直接领导指挥。执法队组成人员均经市法制局或省知识产权局组织专业培训，并经过考试，取得省政府统一印制的《行政执法证》才上岗。

根据国家知识产权局、公安部《关于建立协作配合机制共同加强知识产权保护工作的通知》和省局、公安厅粤知法［2008］59号“关于建立知识产权保护协商会商机制”的要求，市知识产权局主动与市公安局经侦部门协商，共同商讨建立了执法联络室。2008年10月，成立了湛江市公安局、知识产权局执法联络室，根据机构设置、人员配备、工作职责和任务，制定了联络制度和各自工作职责，有利于建立和完善执法协调长效机制，整合行政执法和刑事打击的有效资源，形成保护知识产权的合力。为提高专利申请量和授权量，湛江市分别于2008年5月和10月印发了《关于执行〈湛江市专利申请资助与奖励暂行办法〉的补充通知》、《关于资助专利申请代理费用的通知》，完善知识产权创造的激励机制。

三、知识产权创造与运用

2008年全市申请专利646项，比去年增长0.6%，其中发明专利申请204项，比上年增长57%，发明专利申请质量较高。全市授权专利376项，比上年减少22%。全市注册商标863件，累计全市注册商标7403件，省著名商标66件；驰名商标4件。2008年受全球金融危机的影响，湛江市经济发展也受到较大的冲击，然而高新技术产业及企业，却表现出较强的抗风险能力，主要经济指标呈现逆势而上，持续增长的良好态势。2008年全市高新技术产品总产值达到177.92亿元，比上年增长8.5%；增加值47.8亿元，增长21.4%；销售收入173.06亿元，增长12.3%；出口收入3.9亿美元，增长32.6%；利税26.05亿元，增长71.1%。2008年科技部、财政部和国家税务总局三部门出台新的《高新技术企业认定管理办法》后，湛江市经省批准重新认定的广东湛江吉民药业股份有限公司等高新技术企业23家。实施专利142项，其中发明专利26项。这批企业的成长性普遍较好，发展后劲较强。

（一）围绕实施知识产权战略，不断提高自主创新能力

自2007年底省委、省政府《印发广东省知识产权战略纲要（2007—2020年）的通知》以来，湛江市围绕实施知识产权战略纲要，采取多项措施，激励创造、有效运用、依法保护、科学管理，提高知识产权工作的水平，提高自主创新能力。

1. 举办实施知识产权战略专题报告会，提高领导干部对实施战略纲要重要性的认识。市知识产权局抓住省知识产权局在全省各地级市间开展实施知识产权战略纲要宣讲的契机，配合省局部署，做好省局党组书记、副局长马宪民同志来湛作《大力发展知识产权事业，为争当实践科学发展观排头兵做贡献》专题报告会。报告会以市委理论学习中心组扩大会议的形式进行。陈耀光书记等市委理论学习中心组全体成员出席了报告会，市直和中央、省驻湛副处级以上单位、县（市、区）领导和科技局长、知识产权管理部门相关负责人及市新闻单位记者共300多人听取了报告。报告就如何争当实践科学发展观排头兵和全面实施知识产权战略纲要等进行了深入浅出的阐述，并对湛江市知识产权工作的开展提出了希望和要求。广大领导干部认为报告会启迪了思维，加深了对国家、省知识产权战略纲要的理解，增强了贯彻实施战略纲要的自觉性。

2. 多种方式鼓励专利申请，提高社会公众申请专利的积极性。湛江市专门召开2008年度专利工作会议，总结、回顾了2007年的专利、知识产权工作，通报了当前的知识产权工作形势和任务，分析了本市专利工作存在问题，传达了省知识产权战略纲要、相关文件精神，有针对性地提出了加强知识产权工作的意见和建议。省知识产权局在08年10月份召开全省专利形势分析会，要求各市采取有效措施，提高专利申请量和授权量，湛江市积极贯彻会议精神，出台了加大专利申请资助额度的阶段性措施，并召开驻市三家专利申请代理机构负责人会议，组织专业人员深入企事业单位进行宣传发动，指导企事业单位和个人积极申请专利。

3. 实施专利技术转化示范工程，促进专利技术转化与产业化。2008年实施省、市科技成果和专利技术转化示范项目4个，全年资助专利332项，资助费用27.054万元。有3家企业的专利技术项目列入省“专利技术实施计划”并获得经费支持，有28个专利技术项目获得省、市科技奖励。此外获得省知识产权区域试点县（市、区）1家，省知识产权战略试点企业1家，省知识产权优势企业1家，省知识产权试点事业1家。科技成果和专利技术转化示范项目的实施和专利试点工作的开展，有效地调动了企业实施专利的积极性，促进了专利技术的转化。

4. 实施科技创新工程，提高科技综合实力。创新是实施知识产权战略的重要推动力，认真组织实施了一批科技创新工程，推动了社会经济的发展。一是实施技术创新体系建设工程，积极引导企事业单位建立了各种技术开发机构，正在筹建广东省海洋开发研究院，开展了各类技术创新活动，推进了企业的创新能力建设；二是实施产学研合作工程，抓好产学研合作项目的实施工作，一年来实施产学研项目26个，实施了省部属高校科技特派员行动计划，推进了企业与高校的技术合作；三是实施高新技术产业工程，积极推动高新技术及其产业发展和制造业的信息化建设，努力培育高新技术企业和发展民营科技企业，推进了高新技术的产业化；四是实施农业科技创新工程，分别组织实施了种子种苗专项，广东省星火技术粤西水产、水果、北运菜产业带专项和农产品深加工科技专项，推进了特色农业的发展；五是实施可持续发展创新工程，通过推动医疗医药、可再生能源、清洁生产、“三废”治理、生态环境、专业镇等六个方面的技术创新，推进了社会科技的发展；六是实施“信息兴农”

工程，通过开展县级信息培训中心，镇（街）信息化服务中心、农村信息化示范村，乡镇卫生院信息化等建设，推进了信息技术为“三农”服务；七是实施创新人才工程，通过做好引进人才项目的组织实施工作和充分发挥专家机构的作用，推进了创新人才为经济建设服务。

（二）围绕信息化工作，努力推进专利信息运用

1. 出台工作办法与成立信息工作小组。市知识产权局于2008年1月28日召开了科技与知识产权信息员会议，出台了《湛江市科技与知识产权信息工作暂行办法》，向30多名信息员颁发了聘书。成立了由局领导分管，办公室牵头组织的信息工作小组，安排人员对信息进行收集、整理、编辑、上报，并且创办了《科技与知识产权信息》简报，不定期出版，向相关部门寄送。

2. 建立知识产权信息网。市知识产权局在湛江金科网的网页上增加知识产权信息网、国家知识产权局、国外专利信息上网指引等，开设了“专利动态、专利讲座、专利保护、专利论坛、专利申请”等栏目，实现了网上政务信息公开，信息资源共享，并在全省率先开通了省专利信息服务平台湛江分站，通过互联网和光盘数据库系统加强专利信息的传播，大大方便了单位和个人检索专利文献和了解知识产权信息，局分管人员被评为省知识产权局系统信息运用工作先进工作者。此外，利用局办公系统网上发布有关工作通知等。通过以上措施促使专利信息工作在网络化、制度化、规范化的轨道上有序高效运转。

四、知识产权保护

知识产权执法，肩负着维护知识产权权利人和有关当事人合法权益的重要任务，发挥着规范和整顿市场秩序、改善投资环境、提高引进外资质量和建立诚信社会的重要功能。

市知识产权局按照国家、省的部署开展“雷雨”“天网”知识产权执法专项行动。2008年4月26日至5月7日，专项行动重点在大型零售商场和超市中进行，重点对食品、医药、日用品流通领域假冒他人专利和冒充专利的违法行为进行检查。据统计，专项行动共出动执法人员20多人次，检查市区大型商场、超市、批发市场10家，检查商品3000多种，检查发现10个专利标记、专利号标注方式不规范，执法检查人员对发现的问题，提出了处理意见，要求相关单位在限期内改正。2008年，市知识产权局受理专利纠纷案1宗，因专利请求人提供证据不足，该案件已中止审理。

市工商局强化执法力度，加强了日常动态监管，有效遏制流通领域特别是生产家用电器、食品企业直接侵犯注册商标的行为。同时，加大了对驰（著）名商标和涉外商标的保护力度，对涉嫌侵犯“恒兴”驰名商标专用权和销售涉外商标产品行为进行了查处，立即责令当事人改正违法行为。对全市215家商标印制单位开展专项检查，共抽检46个企业，占应检企业的21.39%，对检查发现的问题，予以通报。其中有两个企业存在超范围经营问题，要求各管辖单位依据《商标印制管理办法》的规定，予以查处。全市工商行政管理商标广告部门出动检查和执法人员1218人次，查处商标侵权和擅自使用奥林匹克标志案件151宗，收缴商标侵权标识27.8万件，罚没款项66.63万元。

市文化市场综合执法大队出动检查出版物市场3042人次，检查书报刊、音像、电子出版物经营场所1013家次，受理举报12宗，立案查处4宗，当场处罚案件8宗，停业整顿3家，吊销许可证1家，收缴各类非法出版物21010册，盗版音像制品、电子出版物50324张（盒）。通过整治，取得较好成效，确保出版物市场沿着健康有序的方向发展。

湛江海关开展风险分析，加大查处力度。以“香港—湛江—昆明”航班复航为契机，在旅检现场摆放打击假冒盗版、保护知识产权的宣传资料，加强监控分析，切实做好2008年

奥运会知识产权保护工作。法规、风管、监管部门和现场海关密切配合，开展风险分析，反馈风险要素，掌握侵权货物新动向，加大对涉及奥林匹克标志等知识产权商品的风险布控和查验力度。联系地方政府及有关执法部门，推动建立完善的海关与地方知识产权保护联系配合机制，努力营造良好的社会氛围和执法环境，加大对出口侵权货物违法犯罪活动的打击力度。妥善处置侵权货物，将罚没侵权货物用于公益事业，共向湛江市政府、茂名市政府、四川汶川灾区转交电饭锅 11788 个，赢得了地方政府和社会各界的赞扬，树立海关的公益形象，取得了良好的社会效益。

五、知识产权管理与服务

根据湛江市人民政府办公室关于《印发湛江市政府网上行政审批系统使用和管理规定的通知》（湛府办［2008］16 号）要求，市知识产权局十分重视网上行政审批系统使用和管理工作，通过落实人员、加强培训、保证设备、规范运作、依法管理等措施，确保了窗口业务网上行政审批工作顺利开展。为社会公众提供了公开运作、方便快捷的服务平台。为建立、保护健康有序的知识产权中介服务市场，根据省局要求，市知识产权局开展了系列查处取缔非法专利代理行为专项行动，指导代理机构工作。防止未经批准成立以专利代理机构或分支机构名义非法从事专利代理的行为和超出经营范围擅自从事专利代理的违法经营行为，推动专利代理、中介工作有序开展。

市工商局按照《湛江市商标工作三年发展规划》，认真抓好规划期内各项工作的落实，积极主动地指导企业进行商标注册。2008 年全市各级工商行政管理职能部门举办各类商标知识讲座、培训共达 16 场次，指导企业商标注册和规范使用商标，提高企业商标意识和创名牌的积极性。2008 年，全市新申请商标注册 863 件，是历年来注册量最多的一年，其中：农（海）产品（涉农）商标有 165 件，累计全市注册商标 7403 件。认真落实名牌带动战略的部署，热情为企业服务。认真贯彻落实省、市政府关于实施名牌带动战略的部署，按照“扶优”、“创牌”振兴湛江经济的要求，着力打造“品牌湛江”，营造企业争创名牌氛围。全市各级工商部门采取挂钩定点对号就位新举措，主动靠近企业和农户，已对 45 家农海产品经营者开展重点帮扶指导，并产生较好的效果。

市版权局坚持抓日常管理。一是做了行政审批工作。2008 年共受理新闻出版行业行政许可 78 起，经审核符合发证条件准予发证 117 起，其中印刷企业 4 起。内部资料准印证 78 起，电子出版物经营企业 1 起；指导县（市、区）受理行政审批书报刊经营单位、打字复印企业共 35 起。二是坚持日常检查。局新闻出版管理人员在分管领导的带领下坚持到各印刷企业、书报刊经营单位和电子出版经营单位进行巡查。光盘复制厂驻厂监管员坚持驻厂监管和日常检查相结合，全年日常检查到场 321 人次，有效地预防各类政治性非法出版、“法轮功”类出版物、赌博私彩和盗版出版物在市新闻出版企业的复制、印刷、发行。积极做好出版物的鉴定工作。2008 年，市出版物鉴定委员会共为全市公安、文化、检察等行政执法机构鉴定图书、报刊等出版物 626 种。为执法部门打击各种非法出版活动提供有力保证。

湛江海关加强内外联系协调，提高知识产权保护合力。不定期牵头组织有各成员单位共同参与的行动协调会，检讨和研究推动行动卓有成效开展的对策；深入霞山海关、霞海办事处、机场办事处等业务现场，宣传知识产权海关保护的重大意义和讲授知识产权海关保护知识、业务技能，解决基层海关遇到的知识产权执法疑难问题，有力地推动业务一线知识产权保护工作的开展。

六、知识产权宣传、教育与培训

知识产权知识的宣传教育，对增强全社会

的知识产权保护意识，提高企业运用知识产权制度参与竞争的能力和水平，具有很好的促进作用。

市知识产权局举办形式多样的宣传活动，提高全社会的知识产权意识。4月26日，在市保护知识产权领导小组办公室的牵头组织下，市知识产权局、市经贸局、市工商局、市版权局、市司法局等10多个部门，在世贸广场前举办主题为“保护知识产权，构建和谐社会”的大型宣传活动。活动通过派发知识产权宣传资料，开展知识产权法律、法规咨询，图片、实物展示，现场解答知识产权相关知识等进行广泛宣传，共发放各种宣传知识产权资料3000多份，派发宣传知识产权知识扑克100多副，接受市民咨询500多人次，近千名现场观众参加保护知识产权大型签名活动。市知识产权局深入企业开展知识产权工作调研，推动企业和高校知识产权工作的深入开展。2008年10月，围绕学习贯彻科学发展观，全面做好知识产权工作进行调研，市知识产权管理部门领导陪同省知识产权局调研组考察了湛江市部分高新技术企业、省知识产权试点单位、省知识产权优势企业和省专利技术实施计划项目企业，并且深入企业、高等院校的生产、科研现场，认真考察，召开座谈会，听取企业和高校生产、科研一线科技人员对学习贯彻科学发展观，促进知识产权创造、管理、运用和保护工作的意见。鼓励各单位坚持全面贯彻科学发展观，坚持以技术创新促进发展，以自主知识产权提升竞争力，继续完善知识产权制度，加大对知识产权的投入，不断增强企业竞争力。组织省知识产权优势企业、战略试点企业、试点事业单位和省中小学知识产权教育示范学校等单位人员参加省、市的培训和学习，组织农村科技业务培训，青少年知识产权教育和科普进校园系列活动。通过各种形式的学习和培训，提高了知识产权管理人员和企事业单位人员的理论水平和实务技能，促进了知识产权宣传教育工作的全面开展。

市工商局通过湛江日报社专门开辟了商标知识宣传和商标展示栏目，发动企业积极参加，在1—9月共有116家企业参与此次活动，同时组织企业参加省局举办的“广东自主品牌战略论坛”活动，4月25日《南方日报》报道了湛江市4家企业创名牌的发展历程，提高了企业知名度。通过系列宣传活动，不仅增强了企业商标广告知识，也提高了企业法律意识。

市版权局根据广东省版权局《2008年“保护知识产权宣传周”的活动计划》要求，分别在出版物市场和印刷、复制企业张挂版权宣传标语18张。开展宣传咨询活动，通过本地日报、晚报、电台、电视台进行跟踪报道，在全市营造打击盗版、保护正版的舆论氛围，使打击盗版、维护正版深入人心。同时，组织了对各网站进行一次打击网络侵权专项行动，重点查处未经著作权人许可，通过互联网播放他人影视、音乐作品等违法行为，共检查网络20家。处理不法网站4家。

湛江海关按照《湛江海关开展2008年“4·26”保护知识产权宣传周活动方案的通知》，开展形式多样的宣传活动，取得了良好成效：召开关区知识产权海关保护总结表彰会，总结近3年的知识海关保护工作，对查办侵权案件的4名同志予以通报表扬，鼓舞了士气，提高了工作热情。配合湛江市“品牌带动”战略，深入重点企业，送法上门，宣传海关知识产权保护的政策法规，派发总署编印的《知识产权海关保护宣传手册》等资料，增强企业自主维权意识，推动企业申请备案保护。编印《保护知识产权，鼓励自主创新》宣传栏，张贴在总关办公楼、各业务现场，图文并茂，大力宣传我关知识产权海关保护工作的成效，增强全体关员的保护意识。加强宣传报道，撰写了《湛江海关推动自主知识产权海关保护备案，湛江市8企业22项知识产权获“保护伞”》等两篇新闻报道，投向《湛江日报》、《湛江晚报》、中国海关互联网等媒体，进一步扩大影响。

七、知识产权交流与合作

湛江市知识产权局牵头发起倡议建立粤西片云浮、阳江、茂名、湛江四市专利合作制度，从2007年始，市知识产权局先后多次主动与云浮、阳江、茂名市知识产权局充分协商讨论，学习、借鉴粤东五市专利合作的经验，粤西四市知识产权局于2008年11月20日在湛江市召开了粤西四市专利合作联席会议。参加联席会议的四市知识产权局负责人共同签署了《粤西四市专利合作协议》。会议期间，与会代表参观考察了市知识产权试点、优势企业和专利技术计划实施项目企业。粤西片建立区域知识产权合作制度加强了区域各市知识产权工作的交流合作，规范和维护市场经济秩序，共同营造良好的投资环境。

（供稿人：陈小珠）

茂　名　市

一、概况

2008年，茂名市知识产权工作以提高自主创新能力，建设创新型茂名为主线，大力实施国家和省知识产权战略，积极开展知识产权宣传、培训、服务、执法、专利实施等各项工作，不断加大知识产权引导、扶持和推动力度，企业自主创新能力和运用知识产权制度的能力得到不断提高，促进了全市科技和经济的发展。

二、知识产权创造与运用

全市知识产权工作围绕市委、市政府的中心工作，以提高全市自主创新能力，营造激励知识产权创造与运用的社会氛围为目的，努力构建激励机制，促进专利技术、商标和版权转化为现实生产力。

（一）知识产权拥有量

2008年全市专利申请量391件，其中发明专利75件，实用新型专利109件，外观设计专利207件，同比增长11.4%；专利授权量218件，其中发明专利6件，实用新型专利101件，外观设计专利111件，同比增长5.8%。至2008年底，累计专利申请2737件，专利授权1298件。

2008年企业办理商标注册申请310件，办理续展注册申请25件；全市现有有效注册商标3400件。到目前止，全市共有省著名商标30件。

（二）激励措施

2008年，市知识产权局共资助专利申请174件，开展了第二届茂名市专利奖评审工作，共评出“匝间间隔电磁加热线盘”等10项专利为茂名市专利优秀奖，授予阮保清等5人为茂名市优秀专利发明人奖。此外，茂名市知识产权局还推荐了“匝间间隔电磁加热线盘”等3个项目申报2008年度广东省专利奖。

为促进全市商标工作，市工商局向市政府递交了《关于实施商标带动战略促进地方经济发展的意见》，得到市政府的明确批复：获得省著名商标的企业奖励10万元，获得中国驰名商标的企业奖励20万元。

（三）知识产权实施运用

全市有12个专利项目列入市科技计划，扶持重大专利转化项目4个，扶持资金达40多万元。信宜市被列为省知识产权区域试点，信宜江东电子有限公司被列为省知识产权优势企业。目前，全市共实施广东省专利实施计划项目16个，有省级知识产权区域试点2个，省级知识产权优势企业5家。

三、知识产权保护

（一）完善知识产权办公会议制度、加强联合执法

在知识产权办公会议制度的推动下，市知

识产权局多次与市整规办、公安、工商、文化（版权）、质监、海关等部门联合执法，并完善了执法联络室建设，打击了知识产权违法行为，维护了正常的知识产权市场秩序。

（二）专利保护

1. 开展打击假冒和冒充专利行为的联合专项行动。3月10—17日，市知识产权局和市属各县（市、区）知识产权局联合开展了查处假冒和冒充专利行为专项行动。对全市15家大中型商场进行了专利商品检查，共检查了专利商品300余件，对标有专利标记的商品进行登记，并进行了检索审核，对不规范的商品予以规范，对假冒和冒充专利产品、专利权终止商品、过期专利商品给予撤离柜台，停止进货处理。

2. 开展“雷雨”知识产权执法专项行动。4—5月，市知识产权局在全市流通领域开展了“雷雨”知识产权执法专项行动，查处假冒专利和冒充专利行为。此次行动以各县（市、区）大商场、大药房为主要对象，对食品、医药、家电等商品进行了检查。检查中发现有2种专利标记不规范的产品、1种冒充专利产品，并依法作出了处理。

3. 开展查处取缔非法从事专利代理行为的专项行动。市知识产权局高度重视查处取缔非法从事专利代理行为的工作，联合市工商行政管理局，在9月至11月，积极开展专利查处取缔非法从事专利代理行为专项行动。并采取教育与惩治相结合的方法，对本市两家从事非法专利代理的机构进行了整顿，纠正了违法行为。

4. 妥善处理专利侵权纠纷。市知识产权局全年共处理专利侵权纠纷3起，其中一起以请求人主动撤诉结案，一起因被请求人向国家知识产权局专利复审委员会请求涉案专利无效而中止，还有一起经调解，双方达成和解协议而圆满解决。

（三）商标保护

1. 开展保护注册商标专用权专项行动。共立案查处商标侵权违法案件38宗，罚没款35.35万元，收缴和消除商标标识10106件，没收、销毁侵权物品2811件；其中涉外商标侵权案14宗，罚款23.08万元。

2. 进一步开展保护奥林匹克标志保护工作。市商标监管部门采取有效措施保护奥林匹克标志专有权：一是加强宣传，增强执法人员及公众对保护奥林匹克标志专有权的意识；二是抓住重点环节，加强对媒体的监督、指导，实行疏堵结合的方法预防侵权行为的发生；三是结合实际，坚持集中整治和日常监管相结合，从源头上预防侵犯奥林匹克标志专有权的发生；四是积极查处侵犯奥林匹克标志专有权的违法案件。市工商部门共查处侵犯奥林匹克标志专有权案件1宗，罚款1.5万元。

（四）版权保护

1. 开展企业软件正版化专项工作。茂名高度重视知识产权保护力度，认真开展推进企业使用正版软件工作，调整充实了使用正版软件工作领导小组成员单位，制定了《茂名市推进企业使用正版软件工作的实施方案》，落实了职责分工，对市辖区范围内的企业使用软件的相关情况进行调查摸底，要求本市各企业于2008年10月前对自身使用软件情况开展自查自纠。

2. 开展“4·26世界知识产权日”联合执法行动。4月26日，茂名市知识产权局与市整规办、公安局、工商局、版权局、打假办、茂名海关等单位开展了知识产权日联合执法行动，共出动了执法人员30余人，在市政府分管副秘书长的带队下，对涉及知识产权商品的商场、印刷厂、电脑软件经销点、音像制品商场、图书批发市场进行了执法检查，收缴了非法出版物10000多册。同时，举办了“茂名市‘4·26世界知识产权日’销毁非法出版物现场会”，对收缴的非法出版物进行公开销毁。

3. 大力打击盗版侵权行为。查处著作权侵权案件24宗，行政罚款22宗，罚款金额

33250元。其中：书报刊案件7宗，罚款4850元；音像制品案件10宗，罚款6200元；印刷厂案件3宗，罚款7200元；软件侵权案2宗，罚款15000元；取缔非法出版物地下窝点一个，收缴非法出版物50000册。

4. 积极开展扫黄打非专项行动。一是组织开展了严厉查处和封堵了《苹果日报》、《全国维权人物风云录》和《西藏密宗的秘密》等政治性非法出版物活动；二是开展整治假报刊、假记者站、假记者、假新闻专项行动；三是开展“3.01”专项行动；四是开展坚决打击利用交通运输渠道贩运非法出版物行动；五是开展奥运前30天出版物市场集中清查行动；六是开展严厉打击非法报刊专项行动。

据统计：各专项行动全市共出动16641人次，检查文化经营单位12590家次，收缴非法音像制品64632盘（盒）、非法电子出版物8605盘（张）、非法图书141157册，非法报刊114290张（份），受理举报166次，立案查办案件165宗，行政处罚违法违规经营单位81家，罚款507600元，取缔无证经营店、档116个，吊销文化经营许可证4家。

四、知识产权管理和服务

（一）专利管理和服务

1. 知识产权管理体系建设。到年底止，市6个县（市、区）科技局均已加挂知识产权局牌子，各县（市、区）知识产权管理工作逐步走向正规化。

2. 扶持一批专利试点企业。积极实施知识产权战略，推动企业知识产权和技术创新工作，并通过试点企业树立典型，辐射带动全市企业进行自主创新。至今，全市已有19家企业被列为市级专利试点企业。

3. 大力发展高新技术企业和民营科技企业。大力发展高新技术产业和民营科技企业，积极培植新的经济增长点和新兴产业。茂名市茂港电力设备厂有限公司等11家企业被认定为国家高新技术企业，茂名时珍日用品实业有限公司等5家企业被认定为省级民营科技企业。至此，全市已有国家级高新技术企业11家、省级民营科技企业90家，有力地推动了全市经济的发展。

4. 加强对企事业单位知识产权工作的指导。为深入推动企事业单位知识产权工作，市知识产权局经常就企事业单位开展知识产权情况进行深入的调研，帮助和指导企业解决专利工作中遇到的具体问题，并深入部分企业实地考察企业利用知识产权制度和专利信息的状况，全面了解企业的需求，分析总结企业知识产权工作开展情况，提出推进企业知识产权工作的切实措施。

（二）商标管理和服务

1. 积极开展商标课题调研。3月7日至3月12日，市工商局商标广告科以“加快发展农产品地理标志，为社会主义新农村建设服务”为调研题目积极展开调研。调研组深入到乡镇农业管理部门、工商所、涉农经营企业、个体工商户、农产品种、养殖户及手工业品制作户，对农产品商标、地理标志的注册和使用情况进行摸底调查，并草拟了扶持指导计划。

2. 认真开展商标普查工作。对全市内资企业商标的注册和使用情况、外商投资企业在国内的商标注册使用状况和中介机构的状况进行调查，完成了商标普查任务，为政府的科学决策提供了参考依据。

3. 大力实施“商标带动战略”。市工商局商标监管部门于4—5月在全市范围开展了大规模的“商标带动战略宣传月”活动，并通过召开商标带动战略座谈会、到企业指导等方式，指导企业用好商标，引导企业运用商标策略开拓市场，提高市场竞争力，并收到显著效果。

五、知识产权宣传、教育与培训

（一）专利宣传培训工作

1. “4·26保护知识产权宣传周”期间，多形式、多渠道开展大型宣传活动。一是市知识产权局、市版权局、市工商局、市质监局联合在市区繁华地段开展大型户外活动，进行宣传咨询，工作人员为市民解答了有关专利、版权、商标等问题，并免费派送了各类资料2000多套。二是开展知识产权下乡活动。深入各县（市、区）及企业开展知识产权宣传活动，活动期间印发知识产权的知识手册、知识产权学习资料和《广东省知识产权战略纲要（2007—2020年）》等宣传资料1万多份。

2. 利用网络进行宣传。市知识产权局全年共向省知识产权局和市信息中心报送政务信息32项，其中24项被采用。另外，市知识产权局还将知识产权的有关政策法规、文件以及基本知识放上茂名市信息网、茂名科技信息网等网站进行宣传。

3. 通过广播电台进行宣传。11月12日，市知识产权局参加了茂名市广播电台新闻台《行风热线》直播节目，在节目中就专利政策法规、专利申请和保护等方面情况接受广大人民群众的咨询，与来电群众进行互动。

4. 举办茂名市校园科技文化周活动。市知识产权局联合市委宣传部、市文明办、市教育局、共青团市委，共同举办了“茂名市校园科技文化周活动”，活动通过进行发明创造、科学研究论文、科学幻想绘画等比赛，评出一、二、三等奖，极大地激励了学生们的科技创新意识，培育了青少年的知识产权意识。

5. 举办“企业知识产权实务培训班”。10月14日，市知识产权局联合市工商联举办了企业知识产权实务培训班。来自我市知识产权试点企事业单位、高新技术企业以及各有关高校、科研院所的知识产权管理人员共90余人参加了培训。

6. 举办“中小学知识产权教育师资培训班”。12月26日，茂名市知识产权局与市教育局联合举办了“中小学知识产权教育师资培训班”，来自市直中小学和各县市区教育局和学校的40多名干部和教师参加了知识产权知识培训。

（二）商标宣传工作

1. 开展“商标带动战略宣传月活动”和“保护知识产权宣传周”活动。4—5月，市工商局开展“商标带动战略宣传月活动”，采取多种形式进行宣传，一是开展新闻媒体宣传，宣传月中，电视台共播出商标带动战略知识专题和商标宣传标语1120条次，《茂名日报》、《茂名晚报》共刊登了10期商标带动战略知识专栏、宣传专版3期；二是开展户外广告宣传。全市悬挂宣传横幅121条，设置户外广告牌4个，马路灯箱广告12个，商场媒体1250个，商标带动战略宣传专栏3个；三是编印商标知识小册子，共印制商标知识宣传小册子1万多份，发至各工商所和年检企业进行宣传。营造了一个实施商标战略，打造驰名品牌的良好氛围。

2. 召开商标带动战略座谈会。5月上旬，市工商局组织全市著名商标企业与申报著名商标企业负责人召开座谈会，就如何争创著名、驰名商标进行研讨。

（三）版权宣传工作

1. 请市领导发表讲话。茂名市人民政府陈海副市长于4月26日，在茂名日报致辞，强调要加大知识产权的保护力度，维护市场经济秩序；深入推进企业使用正版软件工作，提高企业的竞争力；坚持不懈地推进知识产权宣传教育，加大知识产权人才培养力度，着力自主创新，完善体制机制，促进社会和谐。

2. 举办学法用法知识大赛。8月，市版权局与茂名日报社、市新华书店联合举办了茂名市新闻出版（版权）系统学法用法知识大赛。

3. 开展“创新与未来——青少年版权保

护主题教育活动”。5—12月，市版权局、共青团茂名市委联合在全市开展了“创新与未来——青少年版权保护主题教育活动”。300多名青少年学生在“从我做起，从现在做起，保护版权，鼓励创新，共创美好未来”的大型横幅上签名，以实际行动抵制侵犯知识产权行为。

六、知识产权交流与合作

为了规范和维护社会主义市场经济秩序，适应我国加入世界贸易组织后的形势需要，进一步贯彻实施《中华人民共和国专利法》和《广东省专利保护条例》，有效保护专利权人和社会公众的合法权益，11月20日，茂名市知识产权局经与云浮市、阳江市、湛江市知识产权局充分协商，达成《粤西四市专利合作协议》。就专利信息的交流与沟通、专利培训、专利侵权纠纷案件的查处、假冒和冒充专利案件的查处等四个方面加强合作，推动了区域知识产权工作的开展。

（供稿人：顾兴伟）

肇 庆 市

一、概况

2008年，肇庆市知识产权局在省知识产权局的指导和支持下，在市委、市政府的正确领导下，全市知识产权工作以邓小平理论和“三个代表”重要思想为指导，深入贯彻落实科学发展观；认真贯彻党的十七大和省、市第十次党代会精神，紧紧围绕肇庆市委、市政府的中心工作，以加快建设创新型肇庆为目标。积极开展知识产权宣传工作，加大知识产权执法的力度，加强了对专利、商标、版权侵权行为的查处；并指导和促进企业实施专利战略，推进商标发展战略实施和企业使用正版软件的工作。全市专利申请量、授权量出现了持续上升的势头，特别是代表核心技术开发能力的发明专利申请、授权量大幅度增加。充分显示了企业知识产权自主创新能力的提高，注册商标申请量和著名商标继续稳步增长，专利、工商和版权执法工作取得了较好效果，进一步推动全市企业知识产权工作的深入开展，提高了企业实施知识产权战略能力和市场竞争能力。

二、知识产权创造与运用

2008年，肇庆市全年专利申请量为419件，同比增长17.0%；其中：发明82件、实用新型150件、外观设计187件；专利授权量为269件，同比增长0.4%；其中：发明27件、实用新型143件、外观设计99件。

2008年全市专利申请量首次突破400项，达到419项，申请量位居全省各地级市第14名，发明专利申请量为82项，位居全省第11名，同比增长100%，增长幅度位居全省各地级市第2名；全市的专利授权量稳步增长；发明专利授权量27项，位居全省第10名，同比增长285.7%，增长幅度位居全省各地级市第2名，充分显示了全市企业自主创新能力及保护自主知识产权意识明显提高。注册商标申请量和著名商标继续稳步增长。2008年全市拥有注册商标4488件，其中广东省著名商标33件，与去年同期相比增长36.4%；地理证明商标5件，肇庆拥有地理证明商标量是目前全省最多。

三、知识产权保护

全市大力开展保护知识产权宣传活动，全社会尊重知识、尊重他人自主创新成果的意识不断提高，加大了知识产权执法的力度，对专利、商标以及版权等方面的违法行为进行了严厉的打击。专利管理方面，积极开展保护知识产权专项行动，加强了对专利侵权行为的查处。2008年，全市立案调处的专利侵权纠纷案件1起，调解专利纠纷5起，有力打击侵犯专利权行为，有效地保护了专利权人和企业的合法权益。进一步加强与工商、版权、公安、检察等部门的联络和协调，通过全市的行政执法与刑事执法相衔接工作机制联席会议，加强了专利行政执法与刑事执法相协调的沟通机制；开展专利行政执法规范化工作，做好行政执法规范性实施工作。通过加大专利行政执法工作力度，为全社会创造了保护专利权的良好氛围。

2008年市工商局首先加强奥林匹克标志保护的工作。对侵犯奥林匹克标志的违法行为实行集中整治和日常监管相结合的办法，严厉打击各种侵犯奥林匹克标志的违法行为。全市工商系统共出动执法人员3915人次，检查经营户10544户，查处侵犯奥林匹克标志专有权案10宗，没收奥林匹克标志标识8168个。通过打击侵犯奥林匹克标志专有权行为，进一步规范奥林匹克标志的使用，有效地维护了奥林匹克标志权利人的合法权益。其次抓好保护商标专用权的工作。做好：一是加强商标印刷行业的监督检查，从源头上防止和杜绝商标违法案件的发生。二是指导基层工商所办案，不断提高基层工商所的办案水平和质量。三是开展保护商标专用权专项执法行动，打击商标侵权行为。根据省工商局文件精神，9月10—12日组织全市工商系统开展了保护“长城”中国驰名商标的专项执法行动。这次专项执法行动中，共出动执法人员673人次，执法车辆236车次，检查企业及经营户1405户，仓库12个；共查获涉嫌侵权的葡萄酒产品8类3371支，立案调查29宗。

2008年3月，市版权局为贯彻落实全国“扫黄打非”工作小组办公室等十部门《关于开展“保护知识产权，反盗版天天行动”进一步净化出版物市场的通知》精神，按照市政府“扫黄打非”工作的部署，开展了“扫黄打非”春季战役。强化出版物市场重点环节的监管，扎实推进“反盗版天天行动”，取得了较好效果。全市共出动执法人员2907人次，检查出版物经营单位3355家，收缴各类非法出版物75883件，立案处罚2起。2008年7月，由市版权局牵头，与公安、工商、端州区文化局等单位开展“扫黄打非”夏季战役。主要是以天宁电脑城为中心的出版物市场进行了联合突击执法，行动中执法人员对天宁广场一层、负一层的文友书吧、森林软件、大众电脑软件服务部等经营场所的盗版书籍、软件和音像制品进行查处。共收缴盗版书籍2800册，盗版音像制品12000张，盗版软件5000张，有效地净化了全市出版物市场。据统计，“扫黄打非”夏季战役，共组织开展联合执法3次，收缴盗版书籍7000册，盗版音像制品25300张，盗版软件13400张，“六合彩”书报刊34200份。

市版权局平时加强对重点时段、重点位置、重点出版物的执法监管。在春节和全国、省、市“两会”前夕，会同工商、公安、城管等部门开展联合执法大检查，清理整治盗版图书、音像制品等非法出版物，共组织联合执法专项行动三次，出动执法人员58人次，检查出版物经营单位127家，查缴各类非法出版物28942件。市文化市场综合执法大队，经常组织全队执法人员到市城区集市流动摊档、天宁路、文明路灯光夜市，对贩卖盗版图书和盗版音像制品的摊档进行清查行动，执法行动6次，出动执法人员68人次，检查出版物经营单位和书报摊档197家，收缴盗版图书4375册，盗版音像制品12761张，“六合彩”书报31025份。

2008年10月，市版权局开展打击非法报刊专项行动。根据全国“扫黄打非”办、新闻出版总署下发的《关于进一步开展严厉打击非法报刊专项行动的通知》精神，结合省版权局开展打击非法报刊专项行动的工作部署；在全市开展打击非法报刊专项行动，由市版权局牵头，会同公安、工商、交通、海关等部门联合行动，对报刊市场进行高密度的拉网式清查，对报刊发行公司、批发零售店（点）、物流中心、货运站等反复排查，做到不留死角，不漏网点。对邮政局报刊发行公司、相关报刊发行公司进行重点检查，把打击非法报刊与整顿正规报刊结合起来，严肃处理正规报刊买卖刊号、一号多刊等问题。做到一手严厉打击非法报刊，一手教育和惩戒违规违法的正规报刊。通过检查，暂未发现非法报刊和正规报刊重大违规问题。

四、知识产权管理与服务

市知识产权局在开展企业专利工作过程中，积极为企业提供专利工作指导、专利咨询服务，促进企业专利工作的全面开展，实施知识产权区域发展战略。第一，大力鼓励企业实施专利技术，促进专利技术产业化，通过组织企业申报省、市专利技术实施项目等形式，扶持企业将自主创新的专利技术实现规模化、产业化。第二，做好知识产权试点企业及试点区域培育工作，加强对一批创新能力强、专利工作基础较好的企业和区域进行重点指导和培育，及时为这些企业解决专利方面的问题，实现以点带面，促进知识产权工作全面均衡发展。第三，积极指导和促进企业实施知识产权战略，引导企业将知识产权、特别是专利战略贯穿于企业经营的全过程，大力提升企业获得自主知识产权的能力，有效提高企业市场竞争实力。

2008年，市工商局指导企业正确使用商标和注册商标，提高服务质量，完善商标档案，及时提醒企业办理商标变更、续展、转让手续，防止注册商标的流失。市工商局印制了《2008年各县（市）、区拟推荐参加著名商标评选认定的企业情况调查统计表》发到全市各大中型企业，对商标在注册、使用、管理等情况进行一次全面的调查摸底。在此基础上，各县（市）、区工商局（分局）派员深入到企业，做好耐心细致的宣传发动工作，鼓励和引导企业争创著名商标，收到了较好的效果。6月刘付铸夫副局长带领局的工作人员，到申报广东省著名商标的企业进行现场指导，并检查了企业商标使用和管理的工作，并对著名商标评选认定条件进行筛选，确定了肇庆市17家企业申报广东省著名商标，还指导7家企业申报广东省著名商标延续认定工作。12月，经省工商局认定，全市广东省著名商标又增加6件。

市工商局积极做好全市商标普查工作。根据省工商局的工作部署，要在全省开展企业商标普查工作。为了能准确、客观、如实地反映全市商标普查的情况。主要措施有：一是安排专人负责此项工作；二是协调各部门，共同做好商标普查的组织实施；三是耐心指导基层做好普查表的填写工作；四是要求企业在办理企业年检时一起提交普查表；五是对发现问题要及时进行纠正。采用这些措施后，全市商标普查工作能按质按量完成。

市版权局积极开展打击非法报刊专项行动和推进企业使用正版软件工作。加大对无证照经营摊档非法经营“六合彩”玄机报、盗版图书、音像制品等非法出版物的打击力度。市版权局组织工商、城管、公安等职能部门召开了协调会，由市文化管理办公室牵头，建立由公安、工商、市政管理等部门参加的联合工作机制，定期召开联席会议，定期开展统一清理整治行动。

在“扫黄打非”方面，主要抓好四项工作：一是按照《肇庆市2008年“扫黄打非”行动方案》的要求和部署，大力开展“扫黄打非”工作；强化出版物市场重点环节监管，扎实推进“反盗版天天行动”。二是着力解决社会热点难点问题，严查政治性非法出版物，严厉打击非印刷活动，严厉打击非法出版物销售、批发窝点，严厉打击非法报刊，整治内部资料性出版物，严厉打击淫秽色情等非法出版物。三是大力加强出版物市场清理整治，进一步规范正规门店经营行动。四是加大大案要案查处力度，深挖源头窝点。

在推进企业使用正版软件工作上，坚持有计划，分步骤的“依次推进”和“阶段性目标”原则，大力推进企业使用正版软件工作。主要做法是：一是健全和完善推进企业使用正版软件工作联席会议制度。定期召开联络员会议，沟通情况，交流信息，研究解决工作中存在的具体问题。二是坚持“阶段性目标”原则，重点启动对20家国有大型企业使用软件情况的调查、摸底工作。三是通过电视、报刊和网络等多种形式开展主题宣传活动，不断提高企业的知识产权保护意识，树立“拒绝盗版，使用正版”的理念。四是开展打击非法预装计算机软件专项行动，严厉打击计算机生产、销售等领域未经授权预装盗版软件的非法行为。

五、知识产权宣传、教育与培训

2008年，市知识产权局在开展知识产权工作中，始终把宣传知识产权、提高全社会专利意识放在第一位，通过形式多样的活动，大力宣传知识产权。第一，积极举办各种专利培训班、讲座，向社会及企业宣传专利知识。深入广东风华高新科技集团有限公司、广东肇庆星湖生物科技股份有限公司、广东鸿图科技股份有限公司等大中型企业进行企业专利工作骨干培训，培训次数共计11场次；2008年11月，还举办“国家及省知识产权发展纲要宣讲会”，邀请了省知识产权局朱万昌副局长亲自宣讲。第二，注重开展面对面的宣传，深入基层企业进行专利调研和宣传发动工作，了解企业专利保护方面的需要，帮助企业解决专利问题，并向企业宣传、灌输专利知识，做好技术创新成果的保护工作。第三，向广大企业印发关于专利知识、专利技术检索等内容的宣传资料，2008年共发放宣传资料1万份。第四，通过媒体开展知识产权宣传，特别是结合“4·26世界知识产权日”，在各种宣传媒介宣传知识产权及专利知识，并在肇庆电视台进行为期一周的知识产权公益宣传，让知识产权的知识进入千家万户，提高全社会及企业的知识产权意识。

5月14日，市工商局在端州区人民政府举办了“企业实施名牌战略”研讨会，由市工商局领导以“商标与企业实施品牌带动战略”为题进行讲授。通过学习，提高企业争创中国驰名商标的意识，进一步使企业清楚地知道争创著名商标的条件、熟悉工作程序和懂得如何收集、整理申报材料等相关业务知识，提高企业创品牌的自觉性和积极性。各县（市）区工商局还指定人员协助企业收集、整理申报材料，帮助他们解决申报过程中遇到的实际问题，并指定专人负责，指导企业做好申报和初审推荐工作，确保此项工作能按时按质完成。广东风华高新科技股份有限公司、广东肇庆星湖生物科技股份有限公司和广东高要河台金矿向国家工商总局商标局提交了申请认定中国驰名商标的材料，还有肇庆市昆庆毛绒厂有限公司、广东天龙油墨集团股份有限公司也正在积极争取条件申报中国驰名商标。

市版权局开展“保护知识产权宣传周”活动。4月25日，在市体育中心举行肇庆市2008年“保护知识产权销毁非法出版物”活动。销毁活动现场会由市政府孙德副市长主持，市委常委、市委宣传部陈以良部长作重要讲话，市文化市场管理工作领导小组成员单位有关领导和社会各界人士300人参加了销毁非法出版物现场会。这次活动共销毁非法音像制品、电子出版物共23万张，其中侵权盗版类21万张，淫秽色情类1万张；销毁非法书报刊38万册，其中侵权盗版类6万册，非法博彩类30万册，淫秽色情类2000册，封建迷信类2万册。6月、7月，又举办了两期全市印刷业法规知识的培训班，由市版权局的领导讲授著作权等相关的版权方面的法律法规知识，全市各印刷企业主要负责人300人参加了培训班。

（供稿人：胡淑妍）

清 远 市

一、概况

2008 年，清远市知识产权局在清远市委、市政府的正确领导下，在省局的大力支持和指导下，坚持以鼓励科技创新，促进经济发展，保护知识产权为核心，贯彻落实科学发展观，着力创新观念，努力实施“科教兴市”和“三化一园”的发展战略，结合清远市的具体实际开展工作，知识产权工作稳步发展，取得了较好的成效，为促进全市经济社会又好又快发展发挥了积极作用。

二、知识产权政策体系建设

（一）健全知识产权法律体系建设

为提高清远市发明人申请专利的积极性，增强专利意识，提高技术创新能力，促进全市的科技进步和经济发展，参照《广东省发明专利申请费用资助暂行办法》，结合清远实际，制定完善《清远市专利申请费用资助暂行办法》。

（二）促进健全县（市、区）级知识产权管理体系建设

针对清远市各县（市、区）知识产权管理体系不完善，知识产权工作人员配备不足，知识产权管理力度和手段普遍比较薄弱，与知识产权发展的形势不相适应的现状，加强对各县（市、区）知识产权管理工作现状的调研，并与各县（市、区）政府领导及有关部门进行联系和沟通，促进健全各县（市、区）级知识产权管理体系建设。2008 年，清远市的连州市、清新县已挂牌成立了知识产权局，有 4 个县（市、区）正筹备挂牌或请示成立知识产权局。各县（市、区）级知识产权管理体系建设的进一步健全，为各县（市、区）知识产权工作的发展提供有力的组织保障，更好地贯彻落实《广东省知识产权战略纲要（2007－2020年）》，提高本区域知识产权的管理和保护水平，促进全市专利申请量尤其是发明专利申请量的增长，加强对知识产权的宣传力度，提高全社会的知识产权意识，促进知识产权工作对经济、社会发展的贡献率稳步提升。

三、知识产权创造与运用

（一）专利申请及授权

2008 年，清远市专利申请量为 180 件，授权量为 149 件，其中发明专利授权为 7 件，同比 2007 年增长 133％。

（二）商标工作

1. 加强商标法制宣传，提高社会商标意识。结合“3·15 国际消费者权益日”和“4·26世界知识产权日”以及《商标法》颁布纪念日，清远市工商局在 2008 年 4 月份开展了“保护知识产权宣传周”活动，利用广播、报纸、电视、现场咨询等多种形式宣传《商标法》。全市共张挂横幅 200 多条，发放各类宣传资料 10000 多份，通过这些活动广泛宣传商标知识和商标法律法规，使商标知识深入人心。清远市工商局专门召开市直著名商标企业座谈会，与各著名商标企业畅谈商标发展带动战略；通过开展各种形式的宣传，营造创优创品牌的社会氛围，进一步增强了社会商标意识和法律意识。

2. 强化服务意识，大力发展新注册商标。

随着清远经济的迅猛发展和清远市委、市政府对实施商标带动战略的重视，以及清远市工商局不遗余力的大力宣传带动，广大经营者的商标意识也有了明显的提高，清远市的商标发展日益长进。尽管下半年受金融危机影响，全球经济陷入低潮，但清远市截至 2008 年 12 月底的商标申请注册量就达到 250 多件，清远市工商局商标管理部门接受注册咨询也达 350 多人次，协助办理商标注册 90 多件。

3. 深入贯彻实施商标发展带动战略，做好广东省著名商标的推荐认定工作以及争创中国驰名商标工作。

针对清远市的著名商标推荐认定工作正处于青黄不接的情况，清远市工商局认真做好摸底工作，把具备一定条件的后备企业登记在案，并确定专职人员跟踪，对登记在案的后备企业实施定向扶持培育。

2008年8月，清远市工商局推荐了广东北江开关厂有限公司等5家企业申报广东省著名商标，英德权祥凉茶有限公司等3家企业延续认定，其中广东北江开关厂有限公司的“”、清新县凤燕鸡发展有限公司的“”、英德市望埠水泥厂的“”、英德市权祥凉茶有限公司的“徐其修”被认定为广东省著名商标，使清远市省著名商标数量达到22件。

2008下半年，在清远市工商局的具体指导下，广东新亚光电缆实业有限公司、广东远光电缆实业有限公司以及清远市凤中皇清远鸡发展有限公司三家企业启动了争创中国驰名商标的程序，相关企业的申报材料已经上报国家总局商标局。

4. 保护商标注册专用权，为当地经济发展保驾护航。

2008年清远市工商局继续加大保护注册商标专用权特别是驰名、著名商标专用权的力度，深入整顿和规范市场经济秩序，提高商标执法办案和管理能力。

2008年清远市工商局共组织开展了保护注册商标专用权专项行动，行动中共出动执法人员442人次，执法车辆122台次，检查各类经营户6220户，发出责令改正通知书12份。

5. 开展保护奥林匹克标志专有权专项行动。

2008年是奥运年，为迎接奥运会的到来，早在4月份，清远市工商局就根据国家局《关于开展奥林匹克标志保护专项执法行动的通知》以及国家工商总局商标局《关于进一步加强保护奥林匹克标志专有权专项整治的通知》要求，开展了为期半年的保护奥林匹克标志专有权的专项行动。

行动中，共出动执法人员2232人次，清查大型商场、专卖店等各类经营户3321户，检查中没收涉嫌侵犯奥林匹克标志专有权物品一批。

（三）版权工作

1. 加强对报刊及内部资料的管理，确保出版物的正确导向。清远市现有经省新闻出版局批准的连续性内部资料出版物21家，年初上报年审的18家，目前已经通过省年审的10家。为促使内部资料出版物坚持正确的政治方向和舆论导向，采取走下去、请上来的办法，组织内部资料出版物单位的负责人及采编人员认真学习党的新闻工作方针、新闻宣传纪律和新闻出版管理工作的要求等有关精神，增强内部资料出版物采编人员的政治意识和政治责任感，确保内部资料出版物的正确导向。

2. 认真开展了对清远市印刷复制企业、连续性内部资料出版物的年审、初审。根据国家和省有关《印刷经营许可证》年度核验的通知、《出版物发行单位年检登记的通知》、连续性内部资料出版物管理规定的精神，对清远市143家印刷复制企业进行了年审或初审，对清远市18家连续性内部资料出版物进行了初审，并报省新闻出版局核验，清远市和各县（市）分别对所管区域的书店（书报摊）进行了年审。

3. 加强对出版物市场的监管力度，协同有关部门开展“扫黄打非”工作。认真搞好面上的清查行动，加强市场经常性的管理。从年初开始，重点清查了政治性非法出版物和侵权盗版出版物及无证无照和证照不全、或过期未年审的书店、书摊。开展打击盗版教材、教辅读物治理行动，收缴了一批盗版教材、教辅读物。据统计，到10月底，检查经营单位3474人/次，收缴各种盗版图书、教辅读物、“口袋书”、淫秽黄色书刊、电子出版物等一大批，收缴盗版光盘17992张。有力地打击了侵权盗版、销售非法出版物的违法违规行为，维护了出版市场的正常经营秩序。

(四) 高新技术产业发展情况

高新技术产业发展有新进展。与清远市财政局、清远市国税局和清远市地税局联合成立了清远市高新技术企业认定管理工作领导小组，组织了先导（清远）稀有金属化工有限公司等16家企业申报2008年第一批高新技术企业，有11家已被认定。组织了10家企业共20个产品申报省高新技术产品，有7家企业共11个产品被批准认定为省高新技术产品。

四、知识产权保护

在知识产权保护方面，主要抓好知识产权行政执法工作，具体做了以下几项工作：

1. 清远市知识产权局、整规办、经贸局、工商局、质监局、药监局、文化广电新闻出版局等各有关部门相互加强联系和协调，进一步做好知识产权联合执法和宣传工作。

在2008年保护知识产权宣传周活动期间，结合清远市实际，由清远市整规办牵头，清远市知识产权局等相关单位全力配合协调，按照省整规办等21个单位联合下发《关于转发全国整规办等十八部门开展2008年保护知识产权宣传周活动的通知》（粤整规办［2008］9号）的要求，对全市的宣传周活动及时作了全面系统的布置，开展了一系列活动，取得了良好的效果。到4月底止，整个4月份共印发宣传资料199万份，共张贴悬挂标语口号312条，开设宣传栏22个，发送宣传短信4530条，利用媒体宣传404篇次，举办知识产权讲座和培训班5个，参加培训人员1582人，举办知识产权问题咨询活动3次，接受咨询的群众6100人次，对市场知识产权保护情况进行检查达38次，出动执法检查人员1242人次，出动执法检查车辆266车次，检查经营单位2134个，查处案件27宗，收缴非法出版物8926份，收缴侵权商品2393件，涉案金额19.4万元，罚没款7.14万元，销毁盗版和侵权商品2.3万件。

2. 根据广东省知识产权局、广东省工商行政管理局《关于开展查处取缔非法从事专利代理行为专项行动的通知》的要求，为加强清远市开展查处取缔非法从事专利代理行为专项行动工作的领导和协调，由清远市知识产权局、清远市工商行政管理局组成联合清查小组，并结合清远市实际，提出实施意见。据调查，清远市的“广东博佳专利商标事务所工作站”无照从事专利代理工作，已责成完善相关手续后，才能从事专利代理。

3. 省知识产权局在清远市知识产权局选派执法人员参加广交会知识产权保护，分四期，时间为4周，受到了省知识产权局的好评。

五、知识产权管理与服务

(一) 加强与企业的沟通联系，做好有关计划项目的申报和管理

1. 按照省知识产权局的布置和要求，组织申报有关计划项目13项。其中，组织申报2008年省知识产权试点区域1家，组织申报2008年省知识产权优势企业3家，组织申报2008年省专利技术实施计划项目5项，组织申报2008年中小学知识产权教育试点学校3家，清远市知识产权局申报2008年广东区域知识产权发展计划，做好有关材料的撰写和上报工作。

2. 根据省知识产权局“关于开展财政支出项目绩效评价工作的通知”（粤知办［2008］22号）的要求，做好清远市有关单位承担的5个项目的绩效评价有关材料的组织撰写和上报工作，5个项目的承担单位分别是清远市知识产权局、清远市江山电子有限公司、清远市灵捷制造化工有限公司、清远绿舟沼气能源技术有限公司、清新县太和镇。

3. 按照清远市审计局的要求，协助做好清远市有关单位承担的5个项目的专项资金有关材料的组织和审计工作。

（二）扶持广州粤高专利代理有限公司清远分公司成立

为提高市域知识产权（专利）的管理和服务水平，促进清远市专利申请量和授权量尤其是发明专利申请量和授权量的增长，加强知识产权（专利）的宣传力度，提高全社会的知识产权意识，逐步完善知识产权（专利）服务体系。督促协助完善广州粤高专利代理有限公司清远分公司相关手续，为扶持清远分公司专利代理工作顺利开展，下拨 3 万元项目经费到广州粤高专利代理有限公司清远分公司。

2008 年 9 月 10 日，广州粤高专利代理有限公司清远分公司揭牌仪式在清远举行，清远市人民政府副市长廖迪娜、粤高公司董事罗晓林、清远市人民政府副秘书长梁思、清远市知识产权局曾汉波等局领导班子成员出席了揭牌仪式，并共同为清远分公司成立揭牌。

（三）做好专利资助工作

根据《清远市专利申请费用资助暂行办法》，做好有关专利申请的资助工作，2008 年共资助专利申请 63 项。

六、知识产权宣传、教育与培训

（一）加大知识产权工作宣传力度

利用报刊、电视、工作简报、互联网有关网页、专栏等各种宣传手段，加强对《广东省知识产权战略纲要（2007－2020 年）》的宣传，提高全社会的知识产权意识。发放知识产权宣传挂图、图片、报刊、书籍等各种宣传资料 400 多份，在清远广播电视台于 2008 年 4 月 26－30 日播出知识产权电视公益广告 30 次，接待有关专利知识的咨询 80 多人次。

（二）举办“贯彻实施国家、省知识产权战略纲要专题报告会”

2008 年 11 月 7 日下午，清远市在清远国际会展中心报告厅举办“贯彻实施国家、省知识产权战略纲要专题报告会”，省知识产权局副局长郑良生出席会议，清远市委副书记、市长徐萍华、清远市政协主席邹学军、清远市人大常务副主任邓光荣、清远市委常委、组织部长梁建文、清远市政府副市长石芳飞、廖迪娜、清远市中级人民法院院长何木葵及清远市政府副秘书长梁思、程伟文出席会议，副市长廖迪娜主持会议并作重要讲话。清远市委学习中心组成员、各县（市、区）政府主要领导和分管知识产权工作的副县（市、区）长、科技主管部门主要领导及一名负责知识产权具体工作的人员、清远市直副处以上单位以及相关企事业单位主要负责人共 258 人参加了会议。

（三）加强中小学校知识产权宣传培训教育工作

2008 年，在清远市第一中学和清远市高级技工学校举办了两期知识产权培训讲座，参加培训的师生共有 1620 多人。

培训就专利、商标、版权等知识产权基本法律知识、知识产权对科技、经济、社会发展的重要作用及其申请获得与保护技巧等进行讲解，并结合大量案例和事件，以提高师生对知识产权知识的理解。

通过培训讲座的学习，加强了对中学生和中职学生知识产权的宣传教育，提高了广大师生的知识产权意识，鼓励师生发明创造，推动科技创新，营造全社会尊重和保护知识产权的良好氛围和环境，取得了很好的宣传教育效果。

（供稿人：刘国君）

潮　州　市

一、概况

2008 年，潮州市紧紧围绕保护知识产权，促进创新发展的任务要求，在省知识产权局等相关职能部门的指导和大力支持下，在全市各级知识产权管理机关的密切配合下，依法履行职能，有效推进知识产权事业的持续发展，企业自主创新意识与能力显著提高，为建设广东的“东大门”、加快创新型潮州的建设作出应有的贡献。

二、知识产权创造与运用

（一）加大对专利申请资助力度，促进专利申请量和专利质量双提升

对2007年度潮州市申报发明及实用新型专利申请费、审查费资助费用项目，经审查符合《潮州市发明及实用新型专利申请费用资助暂行办法》的资助条件共128项，其中发明专利31项，实用新型专利97项，总资助费用共计人民币15.1万元。

由于加大对发明及实用新型专利的资助，使潮州市专利申请数量有较大提高，2008年潮州市专利申请共1735项，同比上升27.9%，其中发明专利73项，实用新型专利243项，外观设计专利1419项；授权共914项，同比下降16.1%，其中发明专利9项，实用新型专利209项，外观设计专利696项。

（二）实施商标发展战略，培育著（驰）名商标

为服务和推进市委、市政府实施名牌带动发展战略，从工商职能出发，实施商标发展战略。针对企业商标意识不强的问题，抓住关键，加强宣传，引导企业转变观念；坚持“择优扶强，重点扶持”原则，确定重点培育对象，实施分类指导，实行贴身服务，落实“宣传、服务、指导、保护、沟通”五到位的措施，使企业打造品牌，经历过一个“认识不足、逐步认识、尝到甜头、踊跃争创”的过程。

2008年，全市已经再有28家企业作为著名商标的培养对象，各级商标管理人员正在加紧对进行指导和帮助，并已经推荐23家企业进行著名商标认定，力争能顺利通过省级认定为广东省著名商标，目前已经有15家通过省级认定并公告。2008年3月国家工商总局公布的新认定的“中国驰名商标”中，我市的“四通”“松发”等2件注册商标榜上有名，被认定为“中国驰名商标”。至此，我市已经被认定为驰名商标共计5件，分别是广东雅士利股份有限公司2件，广东四通集团有限公司1件，广东松发陶瓷有限公司1件，潮安县思宝不锈钢有限公司1件（属司法认定）；到2008年12月31日止，我市被认定广东省著名商标已经达到110件，全市的著名商标总数处全省先进行列。

（三）加强版权工作

2008年潮州市版权局以提高广大公众的著作权法律意识为目标，在保护知识产权宣传周活动期间，围绕“保护版权，促进创新发展”的主题，组织人员深入出版物发行、印刷复制等企业，开展版权法律法规宣传活动，并向各企业赠送《著作权集体管理条例》、《互联网著作权行政保护办法》、《广东省企业使用正版软件指南》等宣传资料。组织骨干人员举办区分正版与盗版作品的展览，开展保护著作权咨询服务，分发版权登记宣传资料。5月8日潮州市举行“非法出版物销毁现场会”，现场共销毁非法书报刊5万多册。

潮州市远信科技实业有限公司顺利通过省版权局、省版协资格审查，并被指定为潮州市作品著作权自愿登记机构。广东宇航鼠有限公司被省版权局授予2008年度广东省“版权兴业示范基地”。

三、知识产权保护

（一）认真做好专利侵权纠纷的调处工作和对假冒冒充案件的处理工作

2008年共受理专利侵权纠纷案件24宗，其中涉及发明专利1宗，实用新型专利10宗，外观设计专利13宗，另外上年度结转案件15宗。案件受理后，能认真按照有关法律、法规和执法程序规定办理，集中人力，加快案件审理进程，在查明事实、分清是非的基础上，耐

心做好双方当事人的工作，力促双方达成调解。2008年结案的案件有21宗，其中撤案结案11宗（7宗经调解达成协议后请求人自动撤案），调解结案6宗，处理结案4宗，剩余10宗继续调处。

根据省知识产权局《“雷雨”、“天网”知识产权执法专项行动实施方案》有关要求，结合我市实际，制订实施方案，并积极贯彻落实。通过专项执法行动，专利侵权及假冒他人专利、冒充专利等违法行为得到有效遏制，权利人和社会公众的合法权益得到有力维护，专利行政执法的特点和优势得到充分发挥，积极办案、协作办案、高效办案的工作局面逐步形成，专利行政执法的整体水平进一步提高，为促进我市经济社会发展作出应有的贡献。

根据省知识产权局、省公安厅有关文件的要求，潮州市公安局与潮州市知识产权局于4月22日在潮州市知识产权局举行了执法联络室揭牌仪式，召开工作座谈会，并形成会议纪要。会上双方通报了近年来在知识产权保护工作中的做法和经验；讨论并通过执法联络室工作职责；还对下一步如何开展好执法联络室的工作进行了探讨。设立执法联络室是我市知识产权行政执法部门和刑事执法部门积极推进知识产权保护工作的一项重要举措，旨在建立和完善知识产权执法协作机制，在查处侵犯知识产权案件和打击侵犯知识产权犯罪活动中，整合行政执法和刑事打击的资源，形成保护知识产权的合力。

（二）加大注册商标专用权的保护力度

工商部门把打击商标侵权、假冒注册商标行为作为行政执法重点，加强商标印制管理，积极开展打击商标侵权假冒行为。2008年全市共查处商标违法案件37宗，销毁侵权商标标识12140件，罚没入库23.19万元。有效的打击各类商标侵权行为，保护商标权人的合法利益，维护市场公平竞争。

（三）加大版权市场秩序规范力度

积极开展盗版教材、教辅读物专项治理行动，切实加强监管，深入重点地区、重点部位进行调查摸底，对向学校销售盗版教辅读物，及时组织侦查，并依法对违法行为进行处罚。2008年潮州市文化综合执法大队共出动执法人员2021人次，收缴非法音像制品11319张，收缴非法书报刊3355册（份），销毁非法出版物5万多册。此外，版权部门认真做好涉外侵权案件的调解工作，稳步推进政府部门使用软件正版化工作，我市各级政府部门使用软件正版化工作走在全省前列。

四、知识产权管理与服务

积极推动行业协会和会展知识产权工作，充分发挥行业自律机制，促进行业的健康有序发展。根据我市几个主要行业的特点，通过行业协会的知识产权保护的试点工作，促进协会充分发挥内部协调和行业自律机制，提高应对知识产权纠纷的能力，在一定程度上减少我市专利行政执法的压力。同时，通过派员参加广交会知识产权保护活动，提高会展运用知识产权制度的水平。

五、知识产权宣传、教育与培训

做好知识产权宣传、咨询和培训活动，提高公众知识产权意识。一是为进一步增强新形势下潮州市领导干部的知识产权意识，2008年10月23日上午，潮州市委学习中心组在市党政机关会堂举办国家和广东省知识产权战略纲要专题报告会，由省知识产权局副局长唐毅作专题报告，潮州市委书记骆文智主持会议。参会人员有市五套班子领导，各县区以及市直和中央、省属驻潮单位副处级以上干部，省、市知识产权优势企业，部分高新技术企业负责人等共300多人聆听了报告。为帮助潮州市领导干部进一步增强知识产权意识，提高知识产权创造、管理、保护、运用能力，中共潮州市委宣传部还编印了《中心组学习交流》单行本，发放给与会领导干部学习。

二是在“4·26”期间，通过一报两台等

新闻媒体，重点宣传知识产权保护的有关知识及联合执法行动情况；在市区及所属二县二区开展宣传咨询活动，展示知识产权宣传挂图图片，发放各种知识产权宣传资料，并就专利的申请、侵权和保护等问题接受广大市民及企事业单位的咨询。知识产权宣传进学校，在“4·26”期间，向全市50所中小学校发放知识产权宣传挂图，提高中小学生的知识产权意识。

三是派员参加潮州电台政风行风热线，借助媒体平台实时向群众宣传知识产权方面的相关知识，通过多形式、全方位的宣传活动，营造了良好的知识产权保护氛围。

四是举办培训班，2008年9月25日和26日，邀请著名知识产权律师温旭和曾琦分别举办陶瓷企业、食品企业知识产权管理及实务培训班，参加培训班的有陶瓷企业和食品企业负责人及知识产权业务的管理人员共300多人。提高了全市陶瓷和食品企业的知识产权保护意识，开阔了企业知识产权工作的思路和视野，提升了企业知识产权管理的能力和水平。

六、知识产权交流与合作

以粤东知识产权局长会议为依托，加强区域知识产权交流与合作，切实推进粤东六市知识产权协作机制的完善。根据粤东知识产权保护协作机制的约定，为探讨新形势下专利促进与保护工作，加强粤东各市知识产权的协作和交流，促进知识产权工作的发展。2008年10月24日至25日，组织召开了第七届粤东知识产权局长联席会议，会议围绕今年议题“专利纠纷案件结案碰到的问题及解决办法”进行座谈，并就如何促进粤东知识产权工作发展方面的好的做法、打算，发展中碰到的困难和问题等方面进行交流探讨。有效推进粤东六市知识产权协作机制的进一步完善。

（供稿人：陈灿伟）

揭 阳 市

一、概况

2008年，揭阳市坚持以邓小平理论和“三个代表”重要思想为指导，深入贯彻落实科学发展观，认真贯彻落实揭阳市委四届五次全会精神，紧紧围绕“尊重知识、崇尚创新、促进知识产权事业发展”的任务要求，以发展为第一要务，知识产权事业呈现健康、繁荣、有序的发展态势，有力地推动了全市自主创新，促进了社会公平竞争。知识产权各项工作，逐渐适应了社会和经济发展需要。全市新增注册商标3986件，注册商标总量达19439件，商标工作进入快车道。专利申请、授权量分别为648项和450项，分别比去年同期增长了15.1%和-9.1%。较高技术含量的专利申请比重逐步提高。越来越多的企业拥有自主知识产权，绝大多数高新技术企业具有自主创新的发明专利和注册商标。新闻出版方面，全市印刷企业303家，光盘企业6家，书报刊经营单位182家，连续性内部资料性出版物10种，侨刊乡讯3种。

二、知识产权政策体系建设

知识产权各部门按市政府统一部署，加强了知识产权制度建设，在区域协作、部门联动、工作责任制、依法办案程序、收费许可、纪律和廉政建设工作上得到了有力的落实。国家新颁布《专利法》、《商标法》、《著作权法》后，市商标、专利、新闻出版等管理部门依据相关法律法规，制定、印发了相应的执法操作规程和管理办法。行政管理和执法工作开始较全面地按照法规和制度运作。部门队伍建设上，为适应法治和发展的要求，实现了年轻化、专业化、知识化，明确规定执法主体和工作人员必备资格和履行执法程序，持有《行政执法证》。政务公开和优质服务工作全面推开。各县（市、区）保持了与市各管理部门基本一致的工作体系。

知识产权政策有新发展。市知识产权局下发了《揭阳市企业知识产权试点示范工作方案的通知》，确立目标任务，带动全市企业专利管理面上工作。在揭阳市科学技术大会上颁布了《揭阳市自主创新行动计划》（揭府［2008］98号文），鼓励和引导企业自主创新，加大对专利申请和专利技术实施的资助力度，推动揭阳制造向揭阳创造转变，优势产品产业进一步发展。

市版权局把健全长效机制、完善岗位责任制作为依法行政的一项重要内容，配套出台了《揭阳市版权局工作制度》、《揭阳市版权局机关作风效能建设制度》等内部管理制度。

市工商行政管理部门制定《揭阳市2008年争创驰名、著名商标工作方案》部署争创中国驰名商标的名牌战略。

三、知识产权创造与运用

推动技术创新与企业知识产权工作，服务社会经济发展是我们的一项重要任务。市知识产权局从指导企业开展知识产权制度建设、强化专利信息服务、开展专利培训等措施入手，加大对各县（市、区）知识产权部门的管理和协调，专利申请、授权量基本保持稳定，发明、实用新型专利比重进一步提高，自主知识产权质量得到明显提升。广东巨轮模具股份有限公司（注射式胶囊模具以及由其生产胶囊的方法 ZL200410026464.6）和广东天银化工实业有限公司（脂肪族聚氨酯水性分散体 ZL02160763. X），2个项目荣获广东省专利优秀奖。广东宝山堂制药有限公司、东山区锽悦电声器材厂、揭阳市良润制衣有限公司3个项目列入省专利技术实施计划项目。普宁二中、东山区乔东小学2个项目列为广东省知识产权教育试点学校。2家市级知识产权试点企业验收合格。新增广东粤威制药有限公司、揭阳市兴财金属制品有限公司2家市级知识产权试点企业。在稳步实施商标带动战略上，配套出台了《揭阳市2008年争创驰名、著名商标工作方案》，加大对驰名、著名商标的扶持力度，商标的质量得到有效提升。35件商标延续认定广东省著名商标、17件商标被认定为广东省著名商标，目前全市中国驰名商标7件，广东省著名商标88件。

四、知识产权保护

知识产权各部门通过立案、受理投诉举报、联手打假机制等程序和措施，调处了一批案件，造成了一定影响，有效化解了一批经济矛盾，维护了正常的市场经济秩序，打开了维权、执法的新局面。知识产权管理部门除了依法开展各自领域的专项整治行动外，还积极推动执法区域协作工作。

市知识产权局重视跨地区案件移交受理侵权案件的调处工作，对2宗涉及食品包装的外观设计专利与1宗家用电器的专利侵权案件予以立案。通过细致的调查取证、调解等法律程序后，完成协议调解结案3宗。在粤东知识产权协作会上，我们六市知识产权局就专利侵权纠纷案件结案碰到的问题及解决办法进行讨论并达成共识，为今后案件移交、办理等工作提供了规范依据。进一步加强知识产权执法联络室建设，定期与市公安局经侦支队保持了联系，加强了知识产权犯罪侵权的执法协作、经验交流。

市工商行政管理部门共查处商标违法案件30宗，案值34.94万元，罚款35.23万元，其中查处涉外商标侵权假冒案件5宗，案值8.38万元，罚款17万元，在保护商标专用权方面取得了积极成果。同时，积极主动开展奥林匹克标志专有权保护工作，提升了我市对奥林匹克标志的保护水平。据统计，共出动执法人员2170人次，执法车辆529辆次，检查经营企业和个体户1635户次，检查批发市场、集贸市场等各类市场51个次，查处侵犯奥林匹克标志专用权的行为案件5宗（其中在广告宣传中违规使用奥标行为案件2宗），罚款人民币3.22万元。

市版权管理部门共出动人员2918人次，检查各类文化经营场所1800家次，查获非法音像制品10000多张；取缔“黑网吧”22家，收缴“黑网吧”电脑主机及显示器670台，查处有证网吧违法违规经营44家，检查音像经营单位123家次，书报刊经营单位182家次，印刷企业303家次，出版物集中经营场所137家次，共销毁非法音像制品6万多张。收缴非法电子游戏机电路100块，各类非法书刊7000多本，立案查处一批违法违规经营单位。

五、知识产权管理与服务

2008年揭阳市公安、工商、知识产权、文化等部门，围绕揭阳市委、市政府中心工作任务，结合单位特点，充分利用电视、广播、新闻报刊等新闻媒介作了大量的宣传工作。采取在网站、报刊上发表文章，在电视广播上作公益广告，举办各类讲座、培训班、媒体跟踪报道执法活动、企业创新形象宣传、消费者咨询服务等方式，进行知识产权法律知识的普及和引导工作。

市知识产权局深入企业宣传知识产权制度，激励企业积极推进技术创新，进一步提升核心竞争力，做强做优企业；深入知识产权教育试点单位，对揭阳市第一中学开设知识产权教育课程、教育进程及质量，进行检查、督促和指导，并观看了机器人大奖赛活动，对学校让青少年学生从小形成尊重知识、保护知识产权的意识，培养他们的创新精神和实践能力的教学理念给予充分肯定。“4·26”活动期间，在市区多处悬挂“实施知识产权战略，促进创新发展”等宣传标语，还协同有关部门组织知识产权讲座、开设宣传栏、标语张贴等，让社会更多地了解知识产权，增强保护意识。全年共举办了3个知识产权培训班、发放知识产权读本350份、办宣传栏36个、宣传标语65幅。

市版权局成立了“民声热线”工作协调领导小组，同时将省版权局文件转发至各县（市、区）版权局，各地也相应成立协调领导机构，认真组织全市版权系统广大干部职工及时收听收看“民声热线”上线节目。在上线期间，及时答复省局领导提出的问题和投诉者提出的问题，对群众反映的问题，认真组织调查核实，及时将调查结果上报省局及文管办等相关部门。在两次上线活动中，版权系统干部职工虚心地接受群众的监督，以新一种方式倾听了群众的呼声，同时考验版权人的工作能力以及检验近年来版权工作成效。通过现场解答群众提出的问题，进一步了解了民声民意，从中找出差距，版权系统干部职工公仆意识、敬业精神及业务素质得到进一步提高。同时，市版权协会还出版了会刊《揭阳印刷信息》第一期，展现企业协会风采，增进企业之间的相互沟通，推广企业经营管理经验，传达企业经营的呼声与愿望，建立了发展友情的平台。

六、知识产权宣传

围绕《揭阳市“雷雨”、“天网”知识产权执法专项行动实施方案》，组织落实“4·26”有关宣传执法活动。市公安局、工商局、文化广电局、榕城海关、市知识产权局等单位，按照各自法定职责，同时密切配合，采取形式多样和切合实际的措施举办宣传活动，对全市各重点市场、企业进行检查、执法；各县（市、区）积极联动，有力配合了宣传周活动。开展多种形式宣传，提高全社会知识产权意识。围绕“4·26”世界知识产权日活动主题，市知识产权局联合揭阳电视台、揭阳日报社等媒体，大力开展宣传活动，揭阳电视台连续数天报道了我市的知识产权成果，对揭阳市首家知识产权教育试点揭阳一中进行调研、指导并做专题宣传报道，对揭阳天银化工实业有限公司、广东科迪微晶玻璃实业有限公司等企业开发有自主知识产权产品，并申请专利保护，发展企业经济的典型作了全面报道。10月中旬，以市委中心组（扩大会）学习的形式，特邀省局唐毅副局长对国家和省的《知识产权战略纲要》作深入生动的宣讲，宣讲活动在全市厅、处、科三级干部及民营科技企业中产生积极影响。

工商管理部门，结合“3·15”消费者权益日、“4·26”知识产权保护周，组织企业代表参加全省知识产权论坛、奥标保护活动等宣传活动，现场发放宣传资料4200多份，接受咨询48人次，在电视播放宣传标语25条次，营造了良好的社会氛围。并积极开展名牌带动战略，加强注册商标宣传，在《揭阳日报》、揭阳电视台展示新认定的16件广东省著名商标和延续认定的18件广东省著名商标。市政府及时给予表彰和奖励。

文化管理部门结合“保护著作权宣传周”活动，上下联动，在主要街道以条幅和横幅的形式大力宣传“保护版权，促进创新发展”等标语口号，制作宣传口号在全市电视台每晚黄金时段播放；在揭阳学宫广场举办“知识产权图解”展览，吸引10000多名观众前来观看；揭东县、揭西县、普宁市均分别举办现场咨询活动，参加咨询人数达5000多人。各地文化管理部门还分别举办了展览、专题讲座、座谈、报告会、各类竞赛等活动。

（供稿人：林秀强）

云 浮 市

一、概况

2008年，云浮市知识产权工作坚持以邓小平理论、“三个代表”重要思想和党的十七大精神为指导，深入贯彻落实科学发展观，认真贯彻实施国家和省知识产权战略，紧紧围绕市委、市政府的中心工作，积极主动地履行职责，扎实做好知识产权各项工作。全市全年专利申请量为151件，其中发明专利28件、实用新型专利51件、外观设计专利72件。专利授权量为97件，其中发明专利6件、实用新型专利41件、外观设计专利50件。注册商标499件，获得广东著名商标3件，获得驰名商标1件，实现了全市驰名商标“零”的突破。

二、知识产权政策体系建设

2008年，云浮市知识产权局为落实国家和省知识产权战略纲要确定的任务和措施，代市政府起草制定了《云浮市知识产权战略纲要（2008—2020年）》和《云浮市知识产权战略纲要（2009—2010年）实施方案》，并分别于2008年7月15日和12月19日由市政府正式颁布实施。为进一步加大全市实施商标战略力度，云浮市工商行政管理局代市政府起草制定了《云浮市人民政府关于进一步推进全市商标战略工作的意见》，并于2008年9月10日由市政府颁布实施。

三、知识产权创造与运用

2008年，云浮市知识产权局继续强化知识产权激励政策，通过对全市专利申请的单位和个人进行资助补贴和组织企业申报知识产权项目，促进知识产权的创造和运用。全年共资助专利申请151件，资助经费75100元。2008年，全市专利申请量为151件，同比增长了11%；获省知识产权项目6个。其中：专利技术实施计划项目2个，百家知识产权优势企业1家，软科学研究计划项目1个，中小学知识产权教育试点学校2所。截至目前，云浮市共获得省级知识产权项目42个。其中：专利技术实施计划项目15个；百家知识产权优势企业5家；知识产权试点县2个；会展知识产权保护和行业协会知识产权保护试点单位2个；区域知识产权发展计划1个；知识产权软科学研究计划项目1个；专利优秀奖5个；专利工作先进企业1家；专利试点企业4家；中小学知识产权教育试点学校6家。全市专利技术实施产值达47.37亿元。市工商行政管理局继续大力实施各种带动战略，引导和扶持企业争创驰名、著名商标，促进商标工作更上一层楼。2008年，获得驰名商标1件，实现了全市驰名商标“零”的突破，获得著名商标3件，注册商标499件。截至目前为止，全市专利申请总量为1131件，专利授权总量为776件，中国驰名商标1件，广东省著名商标22件，注册商标3784件。

四、知识产权保护

2008年，云浮市开展了重点商品知识产权保护专项行动。

（一）专利保护

云浮市知识产权局认真贯彻落实省知识产权局《关于印发广东省“雷雨”、“天网”知识产权执法专项行动实施方案的通知》（粤知法［2008］11号）文件精神，制定了《云浮市知识产权局开展“雷雨”执法专项活动方案》，与市公安局联合开展了专利专项执法检查行动，查处假冒和冒充专利行为。共出动执法人员10人，检查市区3家超市和2家药店，检查标有专利号和专利标志的商品共380件，没有发现假冒和冒充专利行为。按照省知识产权局、工商局行政管理局《关于开展查处取缔非法从事专利代理行为专项行动的通知》（粤知协［2008］52号）文件要求，云浮市知识产权局与市工商行政管理局联合开展了查处取缔非法从事专利代理行为的专项行动。通过摸底调查，全市没有非法从事专利代理行为。

（二）商标保护

云浮市工商行政管理局开展了保护注册商标专用权专项行动。一是开展了保护奥林匹克标志专有权行动，全面检查商品流通领域、商标印刷领域以及广告宣传等奥林匹克标志使用情况，全市共查处侵犯奥林匹克标志案件7件，市工商行政管理局云城区分局保护奥林匹克标志工作获得北京奥组委的致函感谢；二是开展清理部分加油站未经许可使用SINOPEC等注册商标的专项行动，对4家加油站未经商标所有人许可擅自使用“SINOPEC”、“满天星”、“朝阳”注册商标的违法行为进行立案查处，较好地维护了商标权人的合法权益。

（三）版权保护

云浮市文化广电新闻出版局开展了集中打击各种侵权盗版、严格清理出版物市场专项行动。全市（含文化、工商、公安、城管、版权等行政主管部门）共出动执法人员9720人次，检查音像经营单位2400家次，书报刊经营单位3158家次，电子出版物经营单位73家次，印刷企业938家，复印企业620家次。查处违规经营的音像经营单位6家，书报刊经营单位3家，印刷企业1家。收缴非法音像制品1.6万张、非法书报刊12.1万本（份、张）、非法电子出版物150张。取缔兜售“六合彩”报等地摊游商714档次。

五、知识产权管理与服务

云浮市知识产权局对全市获得知识产权项目的企事业单位、学校进行项目管理和服务。一是深入获得项目的企业进行调查研究，指导企业建立知识产权管理制度和企业开展专利技术实施工作，促进专利技术产业化；二是指导企业规范使用项目扶持资金，遵守财务制度，做到资金专项专用，做好绩效评价工作；三是充分发挥专利服务平台作用，积极做好专利申请咨询、文献检索、专利技术转化等服务工作。据统计，全年共接受专利申请咨询200多人次，为企业和个人做好专利申请和交缴年费500多件。

云浮市工商行政管理局制定出台了《云浮市工商系统开展“一所一标”创建活动实施方案》，对全市今后实施商标战略起到了推动作用。按照省工商行政管理局的统一部署，市工商行政管理局开展了全市企业商标普查工作，期间，指导企业正确填写普查表。全市共发出

4000多份商标普查表，回收3882份，回收率达96%，达到了省工商行政管理局提出回收率95%以上的要求。

云浮市文化广电新闻出版局为了更有效地打击侵权盗版出版物，更加高效地查处非法出版活动，2008年，开展了出版物的鉴定工作，共鉴定市音像制品、图书出版物4宗，保护了著作权人的合法权益。

六、知识产权宣传、教育与培训

云浮市知识产权局在2008年“4·26”世界知识产权宣传活动日期间，开展了一系列知识产权宣传、培训活动。一是与市文化广电新闻出版局联合在市青少年宫广场开展了知识产权宣传和咨询活动，向社会群众发送《知识产权手册》500多份，《专利知识问答》宣传资料600多份，知识产权宣传挂图60张，宣传知识产权扑克牌300副，《中国知识产权报》（创新4·26特刊）150套1200张，展示使用正版软件宣传图片60张。发动全市各县（市、区）悬挂了13条“保护知识产权，促进创新发展”宣传横额；二是分别与市人事局和云城区知识产权局联合组织开办了3期“专业技术人员继续教育”和“石材专利战略”培训班，参加培训人员2050人。2008年10月24日，云浮市知识产权局举办了由广东省知识产权局朱万昌副局长主讲的“实施知识产权战略，建设创新型广东”专题报告会。参加报告会的有云浮市委学习中心组成员、市直和上级驻云浮单位主要负责人、各县（市、区）分管科技（知识产权）工作的副县（市、区）长以及科技局（知识产权局）局长共200多人。

云浮市工商行政管理局在2008年“4·26保护知识产权宣传周”活动期间，开展了各种有关商标宣传活动。一是通过《云浮日报》以新闻报道的形式刊登了题为“云浮市工商局大力推进商标战略成效显著”的文章，展示近年来全市工商部门服务地方经济、培育品牌发展、引导企业争创驰著名商标、培育地理标志证明商标以及保护商标专用权等工作情况，该报道被新华网、中国商标网等网站转载，社会反应良好；二是结合全系统所开展的“工商法律法规宣传进万家”活动，加大商标宣传力度，与经营者进行面对面真心沟通，向经营者宣传商标法律和商标品牌知识，引导企业树立商标法制意识和品牌意识，自觉运用商标战略参与市场竞争。

2008年，云浮市文化广电新闻出版局将版权知识宣传工作摆在新闻出版、文化市场管理工作的突出位置，开展了形式多样的宣传活动。一是举办现场宣传活动，接受市民咨询。在“4·26”保护著作权宣传周期间，与云城区文化广电新闻出版局（版权局）、市知识产权局联合在市青少年宫广场举办了“4·26”保护著作权暨音像市场法制宣传周现场咨询活动，向群众宣传保护知识产权、版权的重要意义，宣传有关保护著作权和音像市场管理的法律法规，派发宣传资料500多份。并向前来咨询的群众讲授如何鉴别盗版、正版音像制品，如何鉴别侵权盗版出版物等知识。在咨询活动现场，市城区14家音像制品经营单位、35家书报刊经营店档、19家歌舞娱乐场所的业主等120多人参加了“拒绝盗版，从我做起”签名活动。二是开展文化市场管理暨“扫黄打非”宣传教育系列活动。2008年10月9日晚，市文化市场管理办公室、市文化广电新闻出版局在市影剧院举办了一场“云浮市文化市场管理暨‘扫黄打非’专题文艺晚会”。组织了市文化市场管理工作领导小组成员单位、全市各县（市、区）文化市场管理和执法人员以及文化经营业主、青少年学生参加观看演出。为配合“云浮市文化市场管理暨‘扫黄打非’专题文艺晚会”等系列宣传活动，市文化广电新闻出版局从10月9日至11月中旬，在市群众艺术馆举办了全市文化市场暨“扫黄打非”图片展览活动，展示了近年来云浮市在“扫黄打非”工作中所取得的成效。

（供稿人　黄君萍）

出版物、专题研究与工作交流

出版物

专题研究报告

工作交流

出版物

《深圳市知识产权局年报》

2004年，在深圳市深化行政体制改革中，深圳市知识产权局单独组建为市政府直属机构。2006年，经市委常委会议研究，市知识产权局升格为正局级。为客观记录深圳市知识产权局组建5年多来取得的成绩和发生的大事，进一步推动局政务公开，全面提高政府工作透明度，从2008年开始，深圳市知识产权局连续连年出版了年报。

为保证年报编辑工作的严肃性，市知识产权局专门组织成立了年报编辑委员会和编辑部，由主要领导亲自挂帅，并将其作为深圳市知识产权局每年着力推进的一项重要工作。年报每年在“4·26”期间由深圳报业集团出版社正式出版。2004－2007年年报和2008年年报均由正文和附录两部分组成，每本年报均约23万字左右。正文主要包括：全市知识产权工作回顾、机构改革建设情况、政策法规与行政执法、促进产业发展工作、知识产权文化建设、国内外合作与交流、专题研究等。附录包括领导重要讲话、规范性文件、统计与分析及知识产权工作大事记等。

每年编发年报，是加强局机关建设的一项重要成果，也是促进依法行政，加快实施知识产权强市战略的基础性工作。

（供稿人：李飞）

专题研究报告

深圳市知识产权专题研究

导　言

2008年是不平凡的一年，也是知识产权取得丰硕成果的一年，深圳市知识产权局在贯彻落实国家知识产权战略纲要、实施知识产权强市战略、加快建设国家创新型城市的进程中，结合当前的国际国内形势和企业需要，紧跟当前知识产权的热点和难点问题，加强知识产权专题研究，以利于开拓工作思路，更好地指导实践工作。在局领导的高度重视下，广东省工商管理局拟定相关研究题目，落实人员、进度和必要的经费，保障了专题研究的顺利开展，全年共完成3项较为重大的课题研究，部分研究成果已转化为政府规范性文件或企业操作指引，受到了企业的欢迎并在国内知识产权界产生了重大的影响，有力地推动了工作开展。

课题介绍

一、深圳市知识产权人才调查研究

深圳作为自主创新能力强，外向型程度高的城市，知识产权产出位居全国前列，知识产权争端频发，但知识产权产出与知识产权专业人才配比长期存在严重的不平衡现象。我市知识产权人才在数量、结构、素质和能力等方面还远远满足不了我市产业发展的需求，高层次的复合型人才严重匮乏，存在着知识产权人才培养的机制还不健全，吸引和培养人才的手段和政策措施还很缺乏等问题。

为了进一步推进深圳知识产权人才的培养工作，广东省工商管理局组织课题组，在对全市高新技术企业和知识产权中介机构进行调研的基础上，对我市知识产权人才的现状，困扰知识产权人才培养的瓶颈问题进行了分析，并与国内相关城市及外国公司的情况进行了比较。其研究范围包括：深圳市知识产权人才现状、国内外知识产权人才状况分析比较、知识产权人才需求及发展趋势、深圳市知识产权人才培养途径等方面，并在调查研究的基础上，围绕知识产权人才现状和问题提出了我市加强知识产权人才培养与使用的建议，供有关部门参考。

二、企业知识产权海外维权研究

为落实深圳市政府“走出去”战略，加强对企业知识产权的保护与管理，维护深圳企业在开拓海外市场进程中的合法权益、帮助深圳企业建立健全知识产权管理制度。广东省工商管理局将企业知识产权海外维权方面的课题列入2008年重大工作推进计划，经过一系列的深入研究工作，最终形成了《企业知识产权海外维权指引》。该指引得到了国家知识产权局局长田力普的充分肯定，并由国家知识产权局向全国知识产权系统印发，在社会上引起了较好的反响。

该指引共三十条，以即将或已经“走出去”开拓海外市场的企业为对象，罗列了企业在遭遇海外知识产权诉讼时能进行的一系列应

对及抗辩措施。并为企业提供知识产权海外风险判断表、中介资源选任表、应诉分析表、应辩分析表等系列附件，供企业根据实际情况进行风险判断、总结选任中介评判标准、合法使用抗辩权等活动时参考使用。该指引还从企业知识产权管理制度建设方面着手，建议企业应总结有关海外维权经验、就企业自身知识产权进行有效布局、落实安全保密制度、新闻宣传制度和信息反馈机制，从多种角度给企业以参考，帮助其不断提升知识产权管理能力。

三、深圳市知识产权许可操作实务研究

知识产权许可是目前企业进行知识产权运营的重要手段之一，深圳市的高新科技企业在外向型经济的背景下，与全球的经济联系日益紧密，深圳企业等主体在发展进程中已经或将遭遇大量的知识产权许可谈判等知识产权许可挑战。为了帮助企业熟悉和了解知识产权许可领域的国际通行游戏规则，提升民族企业的知识产权实务工作能力，广东省工商管理局于2008年开展了知识产权许可操作实务研究，在局领导的高度重视和指导下，课题组成员经过大量的调研和研究，借鉴一线企业知识产权许可实务经验，最终形成了《知识产权许可操作指引》。

《知识产权许可操作指引》共六章六十条，从知识产权许可商业规则、知识产权许可合同文本、知识产权许可谈判技巧等维度出发，从实操层面罗列了知识产权许可过程中应遵守的规则和注意事项，包括全面的知识产权条款及国际通行的商务条款，其内容涵盖知识产权许可一般性指引、专利权许可指引、著作权许可指引中的计算机软件许可指引、商标权许可指引。该指引的出台对维护深圳有关主体在知识产权许可活动中的合法权益，增强知识产权许可谈判与关键内容把握的意识和能力具有重要意义。

此外，在2008年国家知识产权局与财政部共建“知识产权价值评估工程”的专项课题中，广东省工商管理局申报的“知识产权价值与创业板的相关性研究”课题获得批准，具体由知识产权事务中心承担，目前已邀请深圳证券交易所综合研究所等单位参与相关研究，计划在2009年上半年拿出第一阶段成果。

（供稿人：李飞）

《广东省平板显示产业自主创新知识产权分析及标准化研究报告》简介

2005年底，省委、省政府作出了加快发展平板显示产业的决策。为推动广东省平板显示产业开展自主创新，促使广东省产业发展从被动跟踪、承接成熟产业转移向创新发展转变，2007年省信息产业厅开展平板显示产业自主创新知识产权分析及标准化研究，旨在选准产业自主创新的关键点和重点，集中力量，实施重点突破。2008年形成了《广东省平板显示产业自主创新知识产权分析及标准化研究报告》（以下简称“报告”）。《报告》分两部分：

一、平板显示产业知识产权态势分析

该部分详细分析了国际上主要平板显示企业的产品和技术发展现状，国内外主要平板显示企业知识产权现状，研究了世界主要平板显示生产基地的产业促进政策和我国对平板显示产业的主要促进措施，并提出我省关于以知识产权促进自主创新发展的六条建议。

《报告》指出，就目前情况来看，在产品、技术、专利方面，日韩两国仍位居世界前列，中国台湾地区的企业具有较强的国际市场竞争力。我省企业总体属于加工制造类企业，技术、专利申请量都与国外领先企业存在很大差距。同时，提出引进台湾面板生产线、发展设

备一内容产业体系、加大创新扶持、组建专利购并联盟等建议，并指出OLED平板显示突破重在产业化，要适当引入关键技术，做到产业发展中稳中求快。

二、广东省平板显示产业标准化发展报告

该部分详细分析了国内外平板显示产业和技术发展现状、国内外主要平板显示产业标准现状，提出了八条以标准促进广东省平板显示产业自主创新发展的建议。

通过国内外平板显示产业链的标准现状分析以及国内平板显示产业发展对标准的需求分析，提出“狠抓制造过程的标准化，提高产品质量，促进技术创新”、“着力电视模组标准，推动传统电视产业升级”、“着力液晶应用产品标准，推动液晶显示产业多元化发展”、“保持标准与产业同步，推动OLED产业领先发展”、“借力数字家庭系统集成标准，带动平板产业和标准的发展”、“加大安全、电磁兼容、环保、节能等标准的研究和贯彻力度”、“加强出口产品的标准研究和认证工作，推动产品出口”、“引导企业积极参加标准化工作”等建议。

（供稿人：林桂芸）

关于我省实施版权兴业工程战略情况的调研报告

一、我省实施版权兴业战略的概况

近年来，版权相关产业的产值占我省生产总值的比重不断增加，版权产业对我省地方经济的贡献日渐增强。目前在我省核心版权产业和部分版权产业的某些领域，行业的区域性聚集十分明显，有些已经成为当地经济的重点产业或支柱产业：例如广州、深圳、珠海的软件业和网络游戏产业，粤东地区的可录光盘生产和音像制品复制业，佛山的纺织品印染业和陶瓷制品业，汕头澄海的玩具业，潮州的陶瓷制品业，中山的家具和灯饰制造业等。面对经济活动中如此强势的版权产业，我们对传统的版权行政管理模式进行了反思，认为在新形势下开展版权行政管理工作，不仅要依靠行政执法这样的“硬管理”，更需要实施“软管理”，在发展和繁荣版权产业方面下工夫，通过积极的正面引导和提供相关服务，鼓励版权产业界积极创新，帮助版权产业从业者规范经营行为，营造健康、有序的市场经营环境，从而减少侵权行为的发生，促进版权产业的规范、快速发展。为此，我们决心创新行政管理模式，从推动版权产业发展入手，在全省范围内全面推进“版权兴业工程”。

经过两年多的广泛调研，我们制定了《广东省版权兴业发展纲要（2007－2015）》（以下称为《纲要》），印发全省各地级以上市版权局贯彻执行。“版权兴业工程”主要通过实施政府扶持作品的产业化开发和经营、认定“版权兴业”示范基地、培育“版权兴业”重点企业和推动发展版权产业集群区域等具体项目，强化版权行政管理部门服务版权产业界的功能，使广东省核心版权产业和部分版权产业创作、经营、管理和保护享有版权作品的意识、水平和能力不断提高，企业自主创新能力不断加强，市场竞争力明显增强，形成一批新型的知名版权产品、知名企业，为广东的经济、文化大发展大繁荣服务。2007年4月，省政府先后印发的《广东省文化事业发展“十一五”规划》和《广东省服务业发展“十一五”规划》，均将“版权兴业工程”列为广东省文化事业和服务业今后5年的重点工作之一。2007年11月，省政府颁布实施《广东省知识产权战略纲要（2007—2020年）》，在该《纲要》中，明确提出要积极扶持版权作品创作项目，继续做好“版权兴业”重点企业的认定、扶持和资助工

作。注重创新并形成版权。培育若干“版权兴业”示范基地，积极发展版权产业链，形成版权产业群。至此，“版权兴业工程”作为我省各级版权行政管理部门主抓的重要工作之一，也得到了省政府的高度重视。

为贯彻落实《广东省版权兴业发展纲要》，从2005年开始到2007年底，我们在全省范围内开始推荐、评选“广东省版权兴业示范基地”，正式启动“版权兴业工程”。目前，共有24个集群和企业获得了“广东省版权兴业示范基地”的称号，其中包括深圳大芬油画村、深圳软件园、广州天河软件园、广州设计港、广州高新技术产业开发区黄花岗科技园、中国端砚文化村、四会市玉雕专业镇、南方文化产业园、潮州陶瓷业、东莞松山湖科技产业园区、佛山创意产业园等11个版权产业集群和广东省出版集团有限公司、珠海金山软件股份有限公司、腾迅科技（深圳）有限公司、广东中凯文化发展有限公司、广东奥迪玩具实业有限公司、深圳市盈宁创业投资有限公司、深圳市富安娜家居用品股份有限公司、中山市华艺灯饰集团有限公司、伊泰莲娜（集团）有限公司、广东天亿马信息产业有限公司、湛江华丽金音影碟有限公司、炬力集成电路设计有限公司、广东金潮集团有限公司等13家企业。省版权局向上述24个集群和企业颁发了“广东省版权兴业示范基地”证书和牌匾。2008年度“广东省版权兴业示范基地”的推荐、评选工作目前正在进行。通过推动“版权兴业”工程，一批版权产业的强势企业脱颖而出，“版权兴业”的成效初步显现。

二、实施版权兴业工程战略中存在的问题

实施版权兴业工程战略以来，在取得成绩的同时，也存在着一些问题，主要反映在：企业控制作品版权的意识和能力亟待加强。对从事版权产业的企业来说，作品是珍稀资源，是从事版权产品生产经营活动必不可少的“原材料”。失去了控制这种“原材料”的权利，其实就等于丧失了参与生产经营作品的机会。在我省的版权产业中，企业的版权保护意识仍普遍比较薄弱，对著作权基本知识和相关法律法规知之不多，参加版权作品登记的产品寥寥无几，企业委托他人、与他人合作开发、创作作品，许多权利的归属仍处于混乱不明晰状态。主要表现在：第一，企业获取并控制原创作品著作权的意识和能力仍然欠缺；第二，企业在获取和控制外来作品著作权方面开拓不够；第三，企业涉及作品许可使用的一些做法不够规范；第四，企业控制邻接权的能力不够强。

（供稿人：张同英、凌立华）

论专利产业化与专利产业化基地建设

——我国专利运用战略的推进措施

2006年，胡锦涛总书记在中共中央政治局第31次集体学习时特别指出：当前和今后一个时期，重点抓好的工作之一就是“要完善自主知识产权保护和运用的政策措施，提高知识产权宏观管理水平，加强知识产权信息服务系统建设，加快建立健全社会化、网络化的知识产权中介服务体系，促进自主创新成果的知识产权化、产品化、产业化。”自主创新成果的产业化主要是指专利技术的产业化，而专利产业化是专利制度的起点和终点。国家知识产权局对此也予以了充分重视，并于2005年、2006年、2007年三次召开全国专利运用（实施）与产业化会议，对全国的专利运用与产业化状况进行了总结，对专利产业化工作进行了部署。2008年6月我国“国家知识产权战略纲要”正式出台，知识产权运用与产业化也是其中重要内容。但就实际情况考察，我国的专利产业化工作仍然处于探索和起步阶段，与发达国家相比，在专利产业化意识、专利产业化优势企业数量与实力、专利产业化贡献率或绩效

等方面仍然存在着较大差距。

一、专利产业化及其特征

专利成果要能够直接推动经济社会的发展，转化为现实的生产力，必须经过实施、转化、产业化的动态进程。专利实施是专利权人自己使用专利技术制造产品或提供服务，或许可他人使用专利技术制造产品或提供服务行为；专利转化是将专利技术通过中试、生产、商品化开发等，实现从技术形态到产品形态或服务形态转换的动态过程。专利转化不是专利法中的专用术语，而在科技和经济管理活动中广泛使用。从专利技术实用性特征的实现角度考察，专利转化与专利实施的内容并无明显区别，只不过专利转化更能体现专利的实用性程度，专利转化更强调将专利技术在经济社会生活中以较大规模的工业化、信息化、市场化等方式实施应用。专利实施则强调专利技术只要不停留在静态的技术成果层面，以各种方式制造为产品、转化为服务或入股投资、转让都属于专利的实施行为。专利实施一般以实施率为评价指标，不十分重视实施的规模化、市场化和产业化水平。

专利产业化是我国科技界与政府部门使用较普遍的管理术语。在美国，专利产业化被称为“专利商用化”或“专利商业化”，在日本叫“特许事业化”。从构词方式与使用的目的上来分析，专利产业化实际上也可称之为“专利成果（或技术）的产业化运用”或“专利成果向经济产业的规模转化与运用”。专利产业化强调的重点是专利如何获得产业化的应用，以促进传统产业的优化升级或创造全新的经济行业（或产业），创造新的增长极和竞争力，推动地区经济或国民经济的科学持续发展。同时，对专利产业化范畴中的具体构成词汇应当进行以下合理诠释：（1）专利产业化中提到的“专利成果”更多的是指向同一产业方向的批量专利成果、形成专利成果群（或专利池）的专利成果、核心专利成果。因为，单一的或数量规模较小、非核心的专利成果无法带动或促进某一产业的整体优化升级或发展；（2）专利产业化中所谓的“产业”并不是特指传统的三个经济产业，而是泛指一切经济行业、部门、经济领域；（3）专利产业化中的“化”应当理解为转化、规模化、商品化、市场化的过程或发展趋势。

所以，专利产业化是指将专利成果成功应用于经济生活领域，实现专利成果商品化、市场化、规模化应用，推动产业优化升级、创造新型行业领域的过程。专利产业化的特征主要体现为：

1. 突出专利成果的集群应用效能。在专利成果推动产业发展过程中，重要的是一定数量的专利共同作用于某一个产业方向或行业领域之中，发挥协同效能。单个专利或非核心的专利成果应用难以达致这一目标。

2. 对行业、产业具有实质性、创新性推进作用。这是专利成果实现产业化目标后的功能体现。如数字化信息通讯技术专利成果的产业化，彻底推动全球信息产业的出现和高速成长、发展。

3. 具有稳定性和持续性的动态过程。专利产业化主要强调了获得专利授权的技术成果不应停留于静态的权利拥有阶段，而应当将专利成果转化为产品，推入市场，实现商品化、产业化经营，产生直接的经济效益和社会效益。专利产业化包括研发试验、开发产品、生产开发、市场开发等环节的工作。一项特定的专利成果不论处于产业化的任何环节，都可称其为专利产业化活动。但要最终实现产业化目标，就要求专利成果必须稳定和持续地经历、完成产业化的各个环节工作，不能停滞不前。

4. 政府引导、企业主体、市场运行。政府必须在奖励、保护、税收、金融等方面制定扶持、引导的政策和法律，对专利产业化发挥总体引导，个体扶持的作用。处于自发状态的专利产业化目标往往事倍功半。另一方面，在专利产业化的具体组织运作方面，应当建立以企业为主体的市场运行机制，如在研发投入的数量和方向、产品开发的具体组织、市场的拓展等方面应当通过公司制运作方式，按市场规律组织实施。这样可以获得相对最佳的资源、要素配置和成本产出效益。

5. 经济效益和社会效益的共赢。专利产业化后的直接受益人首先是专利权人，如：在DVD产业，6C（由东芝、三菱、日立、松下、JVC、时代华纳六公司组成，以后IBM也加入该联盟，习惯称呼仍旧是6C）、3C（由飞利浦、索尼、先锋三公司组成，后由LG加入而成为4C）、1C（汤姆逊公司）和MPEG－LA（16个专利人组成的专利收费公司）几个专利收费组织，已经从中国DVD产业中获利甚巨。在数字电视产业，2006年有十多家数字电视外国专利权人"上门"向中国彩电企业收取相关专利费，提出了每台20～30美元的专利费总要价。而专利产业化后的另一受益人是社会公众，因为他们享受到了专利成果或服务带来的快捷、便利、低价以及精神的愉悦与享受。

6. 专利产业化的标志是专利成果实现了商品化、市场化和规模化。专利成果具备技术可行性、工程可行性、经济可行性，以商品形态提供给客户，实现商品创造的过程，称为商品化；专利产品具有市场需求，具备市场竞争力，创造需求，开发和开拓市场的过程，称为市场化；专利成果可以进行大批量生产、销售，实现规范生产、规模经营，创造规模效益的过程，称为规模化。

二、推进专利产业化基地建设的对策建议

1. 将建立专利产业化基地作为提高经济增长点的重要组成部分。知识经济时代、经济全球化时代的经济发展更加强调科学发展观、更加重视以创新促发展、以专利制度保护和促进创新。经济增长方式已经发生和必然发生根本的转变，即从外源型、粗放型、资源要素驱动型增长，转变为内外源并重型、科技成果驱动型、环境友好型的增长方式。建立起一批创新平台和国家级生物产业基地、电子信息产业基地、软件产业基地等，形成了比较完善的科技产业孵化网络；重点产业方向上的高新技术产业集群基本形成；高新技术产品产值快速提升。

2. 按照知识产权发展规律，加速专利技术向现实生产力转化。知识产权制度设计的精妙之处在于追求实现私的权利人的资产增值和社会共享知识权益的双重目标。17世纪在知识产权制度创立后的很长历史时期，它着重于保护权利人的私人利益，更关注权利人资产的增值。在20世纪80年代之后，知识产权制度，特别是其中的专利制度越来越重视社会共享知识产权带来的经济增长利益及精神利益。特别是专利制度创设和适用的主旨和目的就是："为了保护发明创造专利权，鼓励发明创造，有利于发明创造的推广应用，促进科学技术进步和创新，适应社会主义现代化建设的需要。"所以，申请专利、获得专利权的最终目的是为了加速专利技术的转化，实现产业化运用，从而提高全社会的物质财富生产能力。

3. 科学布局，构建专利产业化基地群。专利产业化基地或与专利产业化有密切联系的基地按地域主要布局于高科技园区、高校及高科技企业；按产业类别主要分布于高科技产业、支柱产业及传统优势产业，其中更集中于高科技产业领域；按认定主体主要分为由各地方知识产权局、各地方科技局、国家知识产权局、国家科委、国家教委和广东省教育厅等分别（或联合）认定的专利产业化基地或与专利产业化有密切联系的基地。从总体上考察，国内专利产业化基地布局缺少规划、缺少统一引导；数量较少；取得突出成效的较少。

4. 完善交易市场，畅通专利技术产业化渠道。拥有专利技术与专利技术产业化尚有较大距离。这中间最重要的环节是必须建立完善的专利技术交易市场，使大量没有能力完成专利转化和产业化的专利权人能够及时通过该市场寻找到合适的受许可实施人或受让人，反

之，具有产业化能力的企业也可以在该市场及时获得成熟的适于进行产业化利用的专利技术。

为此，有效的措施应当是：(1) 继续完善和举行各类“推交会”，采取有效对策提高专利技术的成交率，并使“推交会”常态化、制度化。(2) 政府管理部门积极宣传和扶持有能力的企业积极参加国内外举办的科技成果交易会。(3) 政府管理部门应重点扶持一批科技中介机构，以使它们在科技成果转化方面真正发挥市场中介人的媒介作用。(4) 政府部门成立的或指导的专利信息检索服务中心应将工作重点之一投放在推动专利技术宣传展示、交易和产业化利用方面。(5) 在政府主管部门指导和组织下，进一步完善专利权人与对口企业的交流与交易机制。由政府相关部门定期选择适应专利技术向对口企业推荐；同时，也可定期选择对口企业推荐给相应专利技术所有权人。以促进相互了解和交流，并促成专利技术完成交易和产业化利用。(6) 扶持和资助科技中介机构建立专利技术交易网络平台，以现代信息技术服务于专利技术展示与交易。(7) 建立和完善知识产权风险投资和融资担保机制，畅通专利产业化的资本交易渠道。包括完善技术可行性评估机制、专利价值评估机制；贴息贷款机制；担保方式创新机制等等。

5. 发挥中心城市辐射作用，打造专利技术集散中心。中心城市的经济总量、高科技企业数量、高校及研发机构数量、专利技术总量、专利产业化水平等都居于各区域的领先地位。必须抓住机遇，充分利用优势，通过科学规划、精心组织，吸引一批重点产业的专利产业基地设立于中心城市，再通过中心城市的技术和产业的辐射作用，带动周边地市科技和经济的快速发展。中心城市通过建立一批重点专利产业化基地，带动各产业形成成熟的专利产业化模式，推动建立完善的专利技术展示交易平台，创造高科技产品的规模市场，从而发挥示范和辐射效用，吸引和推动周边及我国的专利产业化基地建设。

6. 对专利产业化与基地建设必须做出战略规划和部署。从 2005 年开始国家组织相关政府部门和专家学者开始起草制定国家知识产权战略纲要，其中有一定的篇幅专门论述专利产业化问题，该战略 2008 年 6 月已经出台。国内的上海市、苏州市、武汉市、北京市、山东省、广东省等也已经先后制定出台了各自的知识产权发展战略纲要。在此背景下，各区域中心城市应当抓紧启动制定“知识产权战略实施刚要”，建议在该纲要中用专门的篇幅从战略高度对专利产业化与基地建设问题作出总体谋划，提出落实措施。这对于推动广州专利产业化运用工作的全面开展，切实成为区域经济的新的增长点具有不可替代的作用。

7. 扶持和培育一批专利产业化运用的优势龙头企业。专利产业化必须依照市场机制运作，而依市场机制运作的主体只能是企业。国内外的经验一再表明，专利产业化龙头企业和龙头企业集团的产生与运作，对专利产业化的运用成败有直接的关系。

对此，建议各省市或中心城市一方面对现有龙头企业进行大力引导和扶持，使其同时成为专利产业化运用的龙头企业或知识产权优势企业；另一方面对缺少龙头企业的各产业领域进行重点推动，扶持和培育一批专利产业化运用的龙头企业或知识产权优势企业。经过 5—10 年的实施落实，产生一批国内领先（如深圳的华为公司、青岛的海尔公司、北京的联想公司等）、世界知名的专利产业化龙头企业，就可以在各产业领域同时带动和影响一大批企业积极加入专利产业化运用的行列，专利产业化运用就会跃上新的平台，为我国及区域经济发展作出突出贡献。

（供稿人：关永宏）

TRIPS 协议框架下公共健康与药品专利强制许可问题探讨

一、公共健康与药品专利强制许可的意义

与健康医疗相关的知识产权一直被认为是国际性的特殊而复杂的国际经济法律问题，其特殊性表现在医药知识产权具有特殊的特性、各国间有着不同的法律条文规定、经济背景、历史文化而有别于其他领域的知识产权，其复杂性则系因为不同国家间医药知识产权的主题牵涉广泛。对于我们而言，在各国医药产业不同的发展情形下，属于私权性质的专利权与公共健康之维护间，到底孰为重要？二者之冲突如何达成平衡与和谐？多年来一直是各国际组织非常关心和讨论的重要议题。

追求一个健康环境的权利是一种基本人权，依据“马尔喀什设立世界贸易组织协议”序言中主题之一明确规定：“各成员国承认对于经贸关系的努力应建立在提升生活水平、确保充分就业、扩大并稳定实际收入与有效需求成长、扩展商品与服务贸易产出为目标，当考虑到对世界的资源作最适宜的用途与符合可持续发展的宗旨下，在不同的经济发展的水平上实现各国各自的需求。”另依 TRIPS 协议序文中所述：“期望减少国际贸易中的扭曲和阻碍因素，考虑到需要加强对知识产权实行有效和充分的保护，并确保实施知识产权的措施和程序本身不会成为合法贸易的障碍。”

实际上公共卫生环境比经济发展更形重要。公共健康环境危机显示了国际经济各成员国间经济发展的冲突与不均。TRIPS 协议是国际上影响最深远的知识产权条约，是 WTO 各项文件附件之一。在 TRIPS 协议的序言中，各成员国承认知识产权的保护是国家的基本公共政策，并且了解极不发达的国家成员为了创造可实行的技术基础而赋予国内法令实施最大弹性的特别需要。关于此点，特别是为了因应公共卫生政策的需要，专利权绝非至高无上的公共政策。如一国政府认为妥适，TRIPS 协议条文均应依第 7 条与第 8 条规定的宗旨和原则加以阐释。

WTO/TRIPS 协议法律体系尝试限缩国际保护权利间的差距，并对它们加以一般国际法的规范。WTO/TRIPS 法律体系建立了一个国家必须保护其他 WTO 成员国知识财产的最低标准。也就是如此，WTO/TRIPS 协议法律体系打破了长期利益与可能的社会短期损失的平衡。知识产权保护鼓励了创新研发的社会长期利益，尤其在保护期间届满与研发处于公众利用之时。政府是被允许透过许多例外方式降低短期成本，例如在处理公共健康问题时。

据报告，目前我国的艾滋病病毒感染者已达 100 万之众，如果不采取积极有效措施，照此发展下去，到 2010 年我国艾滋病病毒感染者将超过 1000 万人。为解决病人用药问题，尤其是为实现免费治疗，需要大量资金各国需要通过灵活运用专利药品强制许可制度进一步增强控制疾病流行和解决国内公共健康问题的能力，为提高药品创新能力提供良好环境，因此，分析新形势下如何利用好我国专利制度中的强制许可机制十分必要。

2001 年底，WTO 关于《TRIPS 协议与公共健康宣言》的发表，让人们看到了抗击艾滋病的希望。2003 年 8 月，经过 20 个月的艰苦谈判后，通过了《关于 TRIPS 协议和公共健康宣言第 6 段的执行决议》，发达国家与发展中国家终于达成一致，允许发展中成员方和最不发达成员方在发生公共健康危机时，利用强制许可制度生产专利药品，并且允许那些没有制药能力的成员方进口专利药品。充分利用 TRIPS 协议、《多哈宣言》和《决议》中，赋予 WTO 成员防止知识产权滥用、维护公共健康权利等条款进一步完善我国的知识产权法律体系，以维护社会公共利益具有重要的意义。

二、我国专利法及实施细则上有关强制许可的规定及存在的问题

首先，我国专利法承认专利强制许可的有限使用，并规定了颁布专利强制许可的部门；专利法第49条规定：在国家出现紧急状态或者非常情况时，或者为了公共利益的目的，国务院专利行政部门可以给予实施发明专利或者实用新型专利的强制许可。《多哈宣言》承认每个成员有权颁布强制许可，也有权自由决定颁布强制许可的理由，每个成员有权决定什么可以构成国家紧急情势或其他极端紧急情况，并明确公共健康危机——能够构成国家紧急情势或其他极端紧急情况。而我国《专利法》、《专利法实施细则》以及国家知识产权局的部门规章均未对《专利法》第49条所述的“紧急状态”、“非常情况”和“为了公共利益的目的”作出明确界定，未对公共健康危机是否构成国家紧急状态或非常情况，以及在什么程度上公共健康问题会构成国家紧急状态或非常情况做出明确规定。

其次，关于强制许可程序问题上的规定主要体现于《专利法》第51－54条及《专利法实施细则》第72－73条。第51条要求依照该法规定申请实施强制许可的单位或者个人，应当提出未能以合理条件与专利权人签订实施许可合同的证明。根据该条，在授予强制许可前必须以合理的条件来寻求专利人的自愿许可。而根据TRIPS协议第31条在国家出现紧急情势或其他极端紧急情况下，先期协商和充分补偿都是可以豁免的，因为紧急情势自身的特点决定了时间上的紧迫性。《专利法实施细则》第72条更规定：自专利权被授予之日起满3年后，任何单位均可以依照《专利法》第四十八条的规定，请求国务院专利行政部门给予强制许可。在这里，又规定了一个须在专利权被授予之日起满3年后才能由国务院行政部门给予强制许可的限定条件。第52条则规定的是对专利权人的及时通知，以及对实施强制许可的登记和公告，并限制了强制许可实施的时间和范围；第53条规定了强制许可的非独占性并禁止再许可；第53条是关于给予专利权人合理使用费的规定；这些与TRIPS协议以及《多哈宣言》和《决议》是一致的，也是各国在授予强制许可时都要予以限定的条件。

结合TRIPS协议、《多哈宣言》、及《决议》，我国《专利法》在实施强制许可问题的程序性规定上主要存在以下几个问题。第一，当出现公共健康问题或危机时，如果我国要根据《多哈宣言》及《决议》赋予给各国的公共健康问题上的强制许可的权利，以及国内专利法上的有关强制许可条件和程序的规定，使用强制许可生产专利产品，就必须保证采取相应措施使该强制许可下生产的产品主要用于国内市场，《专利法》对此方面并无涉及，不过《专利法实施细则》第72条规定了“应当限定强制许可实施主要是为供应国内市场的需要”。第二，《实施多哈宣言的决议》允许任何国家成为适格进口方，只是除最不发达国家外的进口方应通知TRIPS理事会其欲使用强制许可的意图，并证明其对该特定药品缺乏或没有生产能力。因此，当面临公共健康危机时，如果我国在某一特定药品上缺乏生产能力，我国也可以成为进口方，而我国《专利法》中并无相应规定，从而剥夺了我国利用总理事会决议确定的机制使用强制许可进口的可能性。第三，决议允许授予出口强制许可，以使缺乏或没有制药能力的发展中国家和最不发达国家可以获得药品，但我国《专利法》中对授予强制许可进口或出口药品以及对药品的再出口等防止反向贸易措施等未做出任何规定。

再次，我国是仿制药生产大国，应有效利用先期利用例外条款（early working exception），又称波拉例外（BOLAR exception）. TRIPS协议中与仿制药相关的先期利用例外允许成员国利用有关独占权利的例外允许仿制药的尽早实验和批准，但这种例外必须建立在不是故意损害专利持有人的法律权利，不是故意损害专利的正常应用的基础之上。先期利用

例外条款能使仿制药更快速上市销售，有利于药品价格竞争。有效利用先期利用例外条款，规定相应的批准程序，使仿制药生产企业可以有章可循，在专利到期前就进行一定的研究实验和申请批准，从而在专利到期后尽快地生产出仿制药品，可以使仿制药更快速上市销售，有利于价格竞争。

《涉及公共健康问题的专利实施强制许可办法》的有关规定和意义。

国家知识产权局于2005年11月29日发布了第37号令：《涉及公共健康问题的专利实施强制许可办法》（以下简称《办法》），该《办法》将于2006年1月1日生效。该《办法》根据《多哈宣言》和《总理事会决议》的有关精神和规定，对涉及公共健康问题的专利实施强制许可的条件、程序做了较为详细的规定，对传染病、药品做了明确的界定，为我国在应对公共健康问题时所能采取的措施提供了法律依据，具有非常重大的积极意义，及时弥补了专利法在这一方面规定的不足与含糊。

首先，该办法明确了立法目的是为了解决我国面临的公共健康问题，并帮助有关国家、地区解决其面临的公共健康问题，立法依据是《多哈宣言》、《总理事会决议》及我国的《专利法》。其次，该《办法》第2条明确界定了“传染病”和“药品”的范围，与《总理事会决议》中的界定是一致的。再次，该《办法》第3条具有重大意义，它明确了我国使用《总理事会决议》所确立的机制解决公共健康问题的依据，规定“在我国预防或者控制传染病的出现、流行，以及治疗传染病，属于《专利法》第四十九条所述为了公共利益目的的行为。传染病在我国的出现、流行导致公共健康危机的，属于《专利法》第四十九条所述国家紧急状态。”而第4、5、9条分别规定的就是国内实施强制许可、实施强制许可进口以及实施强制许可出口的问题，与其立法目的的“解决我国面临的公共健康问题”相符，也与《多哈宣言》和《总理事会决议》的精神有关规定高度一致，是对其赋予发展中国家权利的积极有效的运用。第6、7、11条则规定了实施强制许可进口成本的药品禁止再出口问题以及对专利权人的报酬问题，同时，第10条明确规定了实施强制许可出口应遵守《总理事会决议》规定的有关要求。这就要求国家知识产权局在授予强制许可决定时进行告知，以保护被许可人遵守程序性要求；另一方面，这也说明了了解《多哈宣言》及《总理事会决议》，特别是其中的程序性操作规定的必要性和重要性。最后，《办法》第8条规定“治疗某种传染病的药品在我国被授予专利权，任何单位或者个人在其他国家或者地区购买专利权人制造并售出的或者经专利权人许可而制造并售出的该种药品，将其进口到我国的，无需请求国家知识产权局授予强制许可”，我国之前立法中并未对权利穷竭作出过明确表态，而《多哈宣言》授权各国为解决公共健康问题在专利权权利用尽问题上确定自己的立场，根据该第8条我们可以看出：在权利穷竭问题上，我们采取的是权利国际穷竭制度。

（供稿人：孟祥娟）

工作交流

2008年广交会知识产权保护工作情况

广交会作为“中国第一展”，其知识产权保护深受国内外的广泛关注。广东省知识产权局自1999年第85届广交会开始派员驻会，配合大会投诉站处理知识产权投诉案件，展示了国家和广东省知识产权保护的良好形象。第103届广交会是北京奥运会之前全国最大规模的国际性活动，备受各方瞩目。从第104届广交会开始，商务部对广交会组展体制、办会模式和各方职能等进行了重大改革和调整。为进一步加强行业自律和协调，广交会知识产权投诉接待站（下称投诉站）工作从中国对外贸易中心转由中国纺织品进出口商会等七商（协）会负责，并首次在琶洲展馆A区、B区和C区分三期设站。

2008年的两届广交会，广东省知识产权局都组织了包括广州、深圳、佛山、汕头、韶关、惠州和中山等市知识产权局近50人的省市专利联合执法队伍驻会。在大会业务办的领导下，省市局驻会人员与商标、版权等部门齐心协力，圆满地完成了工作任务。

一、103届广交会知识产权投诉案件的基本情况

本届广交会设有琶洲馆A区、琶洲馆B区和流花展馆三个馆，净展览面积达38.4万平方米，跃升为全世界最大的展览会。本届到会境外采购商累计192013人，比上届增加1.3%；出口总成交额高达382.3亿美元，比上届增长2.1%，创历史新高。同时，知识产权保护工作再次成为广交会的一大亮点。

1. 知识产权投诉案件下降。本届共受理知识产权涉嫌侵权投诉案件534宗，被投诉企业681家，认定涉嫌侵权企业473家，分别比上届下降10.3%、22.4%和12%。参展企业的涉嫌侵权涉案率也有所下降，其中出口展区为2.69%，比上届降低0.99个百分点；进口展区为0.2%，比上届降低0.42个百分点。

2. 专利投诉案件中被投诉企业减少。与上届相比，专利类案件略有下降，商标类案件降幅较大，版权类案件基本持平。专利投诉案件共389宗，占投诉总量的73%；被投诉企业492家，认定涉嫌侵权企业338家。按专利类型分，发明12宗，实用新型77宗，外观设计300宗，分别占专利投诉总量的3%、20%、77%。商标投诉案件共78宗，占投诉总量的14.7 %；被投诉企业109家，认定涉嫌侵权企业72家。版权投诉案件共65宗，占投诉总量的12.3%；被投诉企业89家，认定涉嫌侵权企业67家。

3. 进口展区的投诉案件较少。进口展区的参展企业来自美国、意大利、韩国、俄罗斯、土耳其、台湾等国家和地区，主要展品有机械工具、家居用品、电子产品等。大会把进口展区的知识产权保护工作列为重中之重，对相关投诉案件作为重点案件进行处理，受到国外参展商的好评。本届共受理涉嫌侵权投诉2宗，被投诉企业1家，认定涉嫌侵权企业1家。

4. 三展馆案件数量显著不同。被投诉企业按展馆区域分，琶洲馆B区最多，流花展馆最少。琶洲馆B区被投诉企业313家，占投诉

总数46%；认定涉嫌侵权企业221家，占涉嫌侵权企业总数46.8%。琶洲馆A区被投诉企业262家，占38.5%；认定涉嫌侵权企业183家，占38.8%。流花展馆有被投诉企业105家，占15.5%；认定涉嫌侵权企业68家，占14.4%。三展馆投诉案件数量不同与展区设置和展品分布有关，一期受理投诉案件最多的是琶洲馆A区，主要展品为家电、电子及信息产品、灯具灯饰等；二期受理投诉案件最多的是琶洲馆B区，主要展品为日用品、体育及休闲用品、办公文具等。

5. 涉嫌侵权展品的类别、分布与往届相同。涉嫌侵权较多的展区与往届大致相同，仍然是电子信息产品、家用电器、机械及设备、小型车辆及配件、灯具灯饰、医药保健品、家用纺织品、地毯及挂毯、日用品、器皿及餐厨用品、体育及休闲用品、礼品、办公文具、钟表眼镜等展区。被投诉涉嫌侵权的展品主要有：眼镜式电视、电热水壶、伸缩铝梯、开关、电吹风、发电机组、应急灯、锅盘、玻璃制品、茶托、杯、座钟、相框、运动鞋、枕芯、振动按摩带、按摩器、折叠盒、茶壶、提篮、挂钩、玻璃器皿、防滑垫等。

二、104届广交会知识产权投诉案件的基本情况

本届广交会分三期举办，展览总面积111.5万平方米，比上届增加26.4万平方米，增幅为31%；设标准展位55620个，比上一届增加12961个，增幅为30%；共有22341家境内外企业参展，比上届增加3620家，增幅为19%。展出面积、参展企业规模均创历史新高。

（一）案件总量有所上升

本届广交会三期共受理涉嫌侵权投诉645宗，比上届增加129起，增幅达25.2%；被投诉企业911家，比上届增加255家，增幅达39.1%；认定涉嫌侵权企业495家，比上届增加42家，增幅为9.4 %。

（二）各类案件情况不一

与上届相比，专利案件数量增多，商标案件增幅较大，版权案件大幅减少。专利投诉473宗，占投诉总量的73.3%，比上届增22.7%；认定涉嫌侵权企业336家，占被投诉企业684家的49.1%。商标投诉128宗，占投诉总量的19.8%，比上届增96.9%；认定涉嫌侵权企业131家，占被投诉企业206家的63.6%。版权受理44宗，比上届减32.3%；认定涉嫌侵权企业25家，占被投诉企业28家的89.3%。

（三）三期案量差异明显

三期之中，第二期的案件数量明显最多。其中，第一期受理投诉228宗，占受理总量35%，被诉企业318家，占被诉总量34.9 %，认定涉嫌侵权企业114家，占其总量23%；第二期受理投诉283宗，占43.9%，被诉企业335家，占36.8%，认定涉嫌侵权企业253家，占51.1%；第三期受理投诉130宗，占20%，被诉企业254家，占27.9%，认定涉嫌侵权企业124家，占25.1%。

（四）三馆案量亦有不同

三展馆之间，B区受理案件居多。其中，A区受理投诉239宗，占受理总量37.3 %，认定涉嫌侵权企业182家，占其总数的37.1 %；B区受理投诉266宗，占41.5%，认定涉嫌侵权企业218家，占44%；C区受理投诉132宗，占20.5%，认定涉嫌侵权企业95家，占19.2%。受理投诉量不平衡与展区设置和展品分布有关。A、B区主要展出家电、电子及信息产品、灯具灯饰等，这些展品技术含量相对较高，容易发生侵权现象。

（五）进口展区投诉案件相对较少

进口展区的参展企业来自美国、韩国、俄罗斯、台湾等国家和地区，主要展品有日用消费品、装饰品及礼品、食品及农产品、机械设备、小型车辆及配件、电子信息及家电、五金工具、建材及厨卫设备、原材料等。本届展会期间，进口展区受理投诉案件4宗，均为专利类投诉，占投诉案件总量的0.62 %；被诉企

业4家，占0.44％；认定涉嫌侵权企业4家，占0.81％。

（六）涉外投诉案件增幅较大

本届广交会仅第一期就受理涉外投诉62宗，与上届同期51宗相比增幅达21.57%，权利人主要来自日本、法国、美国、德国等国和地区，投诉的产品多为家用电器、电子消费产品、照明产品等。第二期商标类案件以涉外案件为主，主要涉及餐厨用具、家居用品、太阳眼镜和帽子等。

三、主要做法

广东省知识产权局和大会业务办结合广交会的特点，进一步采取各种措施，加大知识产权保护力度，积极维护大会的交易秩序。

（一）加强组织领导，知识产权保护统一有序

为了做好广交会知识产权保护工作，我局进行了统一部署，一是加强组织领导。两届广交会均成立了以省局副局长唐毅为组长，广州市局副局长杨抗帝为副组长的驻会工作小组，并指派了驻会办公室负责人和现场负责人，各展馆也指定有丰富执法经验的人员负责，明确了分工和责任。二是精心制订工作方案，选派业务骨干驻会。会前，我局精心制订工作方案，从各市挑选出专业知识扎实、办案经验丰富，而且具有良好政治素质的业务骨干参加驻会值班。三是抓好动员和培训。两届广交会前，我局都专门召开广交会驻会执法人员动员大会，要求驻会人员做到四个统一，即统一指挥，统一协调，统一办案程序，统一管理，圆满完成工作任务。四是领导高度重视，亲临现场检查。大会期间，我局局长陶凯元、书记马宪民和副局长唐毅亲自到大会投诉站检查工作，并看望驻会工作人员，勉励大家要本着认真负责的态度，再接再厉，继续协助大会做好知识产权保护工作，进一步打造广交会知识产权保护的国际品牌。

（二）发挥交易团作用，知识产权保护形成合力

一是审查签约。招展期间，大会继续要求各交易团、商会把好入口关，加强对参展企业资格和展品的审查工作，做好知识产权备案工作，并通过各交易团与所有参展企业签约，将保护知识产权的责任制列入“广交会展位使用责任书”之中，明确保护知识产权的责任。二是展前咨询。商（协）会以大会业务办名义，在展前向参展企业发出了关于知识产权保护工作的通知，并向参展企业提供投诉指南和咨询服务，既为权利人提供了方便，也使商会对展览期间可能发生的投诉有所了解。三是预先登记。商会在展前进行了知识产权预登记，加速了广交会期间的投诉处理速度，提高了工作效率。四是协助办案。广交会上，商会联同交易团一如既往地发挥自身组织协调作用，协助大会投诉站查处涉嫌侵权企业。凡投诉涉及面比较广的案件，先由商会或交易团在办案人员的指导下对涉嫌侵权的展品进行自查自纠，再由涉嫌企业在规定时间内将侵权产品撤展或与投诉方达成和解。对案情较复杂的案件，由涉嫌侵权企业所在交易团或商会派出专人协助大会投诉站共同处理，一方面保证案件的快速有效处理，避免矛盾激化，另一方面也加强对涉嫌侵权企业的宣传教育。如广东交易团、深圳交易团工作积极主动，多次协助大会投诉站处理重大和疑难案件，并针对如何进一步做好知识产权保护工作出谋划策。

（三）注重宣传教育，知识产权保护影响扩大

大会十分重视宣传教育工作，以大力鼓励技术创新，提高参展企业的知识产权保护意识和创品牌意识为主题，开展了形式多样的宣传教育活动，一是更新宣传栏内容。大会专门设立了中英文对照的“广交会保护知识产权宣传栏”，分布在各个投诉站的门口，主要展示了国家和广交会有关知识产权保护的法规、规章的摘录、历届涉嫌侵权较多的商标、典型的专利侵权案例及大会保护知识产权取得的成绩等

四部分，内容丰富，图文并茂，起到了很好的宣传和警示作用。二是扩大案件效应，促进宣传教育工作。同一展区，同类展品集中，参展商也来自同一行业或地区，相互影响较大，办好每个案件都能起到很好的警示作用，达到教育一大片的效应。对待进口展区和涉外知识产权投诉，我局还专门安排熟悉外语的工作人员进行处理。在案件受理至结案的过程中，通过耐心细致的解释、认真公正的处理，既化解了矛盾，又宣传了国家和广交会知识产权保护制度。三是专门人员负责咨询和解答疑难问题，宣传知识产权相关政策法规。例如，美国苹果公司专门派出律师团到投诉站了解大会保护知识产权的相关办法和措施，以及案件受理要求和处理程序，我们热情接待并详细解答了有关问题。四是加大媒体宣传力度。大会投诉站充分利用《广交会通讯》以及电视、报纸、网络等新闻媒体，加大宣传力度，通过多角度、多渠道的宣传报道，进一步提高参展企业的知识产权保护意识和创品牌意识，营造保护知识产权的良好氛围。我局在制作专题节目“智慧之光——'4·26'世界知识产权日特别节目”（由广东卫视录制并播放）时，还专门到会展现场拍摄了投诉站开展知识产权保护的工作情况。

（四）坚持服务大局，促进品牌建设

广交会上的品牌展区集中展示自主知识产权产品，积极引导企业争创自主品牌，走自主创新道路。广东省知识产权局在对每个投诉案件都及时处理的基础上，配合大会技术创新和品牌建设的主题，设立了快速通道，将涉外权利人、品牌企业、各地重点企业的投诉案件列为重点案件，提供优先受理立案，立即到被投诉企业展位进行现场检查、会后跟踪处理等特别服务，取得较好效果。如美国宝洁公司、英国施特里真斯有限公司、广州电筒工业公司、深圳市康嘉福实业发展有限公司、山东山海玻璃制品有限公司投诉的涉嫌侵权展位都在3个以上，有的达到10多个。案件受理之后，办案人员立即进行检查认定工作，并责令被投诉企业将涉嫌侵权展品撤展，案件很快得到妥善处理。

（五）切实加强管理，知识产权保护快速高效

广交会知识产权保护已成为广东省知识产权工作的宣传阵地、实践基地、展示场所和服务窗口，是我省知识产权工作的重要品牌。在2008年的两届广交会中，广东省知识产权局进一步规范办案流程，统一办案标准和档案管理，使各项工作更加制度化、规范化、高效化。一是实行案件分类受理，力求准确、快速地处理涉外投诉等重点案件；二是案件处理时，三个展区都统一 指定专人负责“抗辩”审查，“合议”处理疑难案件。三是集中力量查处恶意侵权和重大疑难案件，切实维护专利权人利益和大会交易秩序。如广州兆鹰公司走自主创新之路，申请了多项“水烟筒”专利，产品出口销路较好，近几届广交会均有侵权现象。104届广交会又有三个展位涉嫌侵权，且案情比较复杂，而被投诉人不大配合。广东省知识产权局组织多名有经验的办案人员进行分析和讨论，最终认定三个展位均涉嫌侵权，其中两个展位的侵权产品数量分别达到60个和18个，投诉站果断暂扣了相关侵权产品，及时制止了这一涉嫌故意侵权行为。对于针对同一当事人，涉及“水池清洗机”的一宗冒充专利投诉案件和一宗专利侵权投诉案件，我们也及时予以查处。

（供稿人：李鹏）

附　录

知识产权大事记

统计资料

专利代理机构

知识产权大事记

一月

9日　广东省知识产权局李中铎局长、朱万昌副局长一行4人赴港与香港特区政府知识产权署谢肃方署长商谈2008年粤港知识产权合作工作。

11日　广东专利代理协会发起人座谈会在广州召开，朱万昌副局长和省民间组织管理局陈炯生主任出席会议。

14—15日　广东省知识产权局在东莞市召开了东莞、中山两市专利行政执法工作座谈会。唐毅副局长出席座谈会并作了重要讲话。广东省知识产权局法制处和东莞、中山两市知识产权局的有关同志30多人参加了座谈。

15日，根据广东省保护知识产权工作组办公室要求，海关总署广东分署派员参加中欧知识产权二期合作项目研讨会。

15—18日　广东省知识产权局郑良生副局长到肇庆、云浮市调研，分别与肇庆市、云浮市以及云浮市郁南县知识产权局座谈，并深入企业调研知识产权工作。

16—17日　广东省知识产权局朱万昌副局长赴汕头就知识产权工作进行调研，同时出席“正版正货”承诺企业座谈会并为承诺企业授牌。

17日　广东省知识产权局接待荷兰驻华大使馆科技参赞范科艺一行3人来访，这次访问是荷兰官方首次拜访广东知识产权局局。

28日　国家知识产权局专利局广州代办处荣获广东省直属机关工作委员会授予的广东省直机关“三服务一促进”主题实践活动“优质服务排头兵”荣誉称号。

29日　全国知识产权局局长会议在京召开，国务院副总理吴仪出席开幕式并做重要讲话，国家知识产权局局长田力普主持会议。广东省知识产权局郑良生副局长参加会议并介绍广东开展知识产权外事工作的经验。

29～30日　广东省知识产权局朱万昌副局长率领广东省高等院校及科研单位知识产权考察团一行19人，赴香港开展高校及科研机构知识产权交流活动。

二月

2日　按国家知识产权局《关于规范专利实施许可合同备案工作的通知》的有关要求，专利实施许可合同备案工作由广东省知识产权局规划处移交国家知识产权局专利局广州代办处办理。

2月18—20日，广东省工商行政管理局副局长姜海平赴北京拜会了国家工商总局商标局和商标评审委员会领导，汇报了我省商标工作情况；会见了清华大学教授，商讨了创建区域国际品牌的具体工作。

22日，经过广东省著名商标认定委员会会议讨论和认定前公示，广东省工商管理局决定认定“广福”等338件商标和延续认定“实华”等311件商标为广东省著名商标，同时在广东工商红盾信息网和广东商标网发布公告。至此，我省有效著名商标总数已达1611件。

22日，广东省公安厅经侦局李善雄副局长与美国FBI官员，商谈中美警方联合调查屈某某涉嫌跨境销售假冒高露洁牙膏案件。

29日　经中共广东省委批准，马宪民同志任广东省知识产权局党组书记，免去李中铎同志的广东省知识产权局党组书记职务（粤组干〔2008〕139号）。

29日　广东省直属机关工作委员会授予国家知识产权局专利局广州代办处“2005－

2007年度广东省直属机关精神文件创建先进单位”荣誉称号。

三月

3月，国家工商总局公布了2008年上半年新认定的228件驰名商标名单，我省的富力、科健、康宝、雅芳婷、温氏等30件商标分别被国家工商总局商标局和商标评审委员会在案件中认定为驰名商标，是历次认定最多的，使我省驰名商标总数增至138件，继续居全国首位。

3—7日　应广东省知识产权局邀请，国家知识产权局专利复审委员会第七申诉处赴粤审理广东地区的7件专利权无效宣告请求案。

4日　广东省知识产权局郑良生副局长一行3人赴港参加2008年“知识产权署开放日”活动

4—7日　全国代办处年会在长沙召开，广东省知识产权局朱万昌副局长参加了会议。国家知识产权局副局长贺化致词。会上，国家知识产权局专利局广州代办处第六次荣获全国先进代办处称号。

3—5月间，广东省版权局在全省范围内组织开展广东省2008年“保护著作权宣传周”系列活动。全省各地级以上市版权局同时行动，组织实施了多种多样、各具特色的宣传活动，整个活动开展得有声有色。省版权局在活动期间投放了宣传《著作权法》公益广告，开设“版权保护在广东”专题报道栏目，对外公布2007年度广东版权行政管理部门保护著作权十大事件和查处的十起典型版权案件，将宣传活动推向了新的高潮。

10日，海关总署广东分署派员接见了CK商标权人代理人，就加强对CK商标权的保护进行了协商。

10～13日　为进一步推动解放思想学习讨论活动的深入开展，广东省知识产权局唐毅副局长带领法制处有关同志，对惠州、梅州两市的知识产权工作情况开展调研。

12日　全省知识产权宣传培训工作会议在广州三寓宾馆召开，广东省知识产权局朱万昌副局长出席会议并讲话。

12—13日　广东省知识产权局、省教育厅、团省委和省少工委联合在广州举办“全省中小学知识产权教育试点工作交流会暨师资培训班”，广东省知识产权局朱万昌副局长出席会议并为第二批中小学知识产权教育试点学校授牌。

12—14日　广东省知识产权局郑良生副局长带领“解放思想”调研组江苏省进行了专题调研。调研组分别与江苏省知识产权局，无锡、苏州市知识产权局进行了座谈交流。

13—24日　广东省知识产权局李中铎局长率知识产权代表团一行4人访问波兰专利局和土耳其知识产权研究机构。

17—21日　广东省知识产权局朱万昌副局长率领调研组一行5人赴山东、上海、江西三省市进行“解放思想”专题调研活动，学习借鉴各地在促进知识产权事业发展中的宝贵经验。

17—21日　为进一步推动解放思想学习讨论活动的深入开展，广东省知识产权局唐毅副局长带领法制处、办公室组成的联合调研组，对湖北、北京两地的知识产权工作情况开展调研。

18—19日　为进一步推动解放思想学习讨论活动的深入开展，广东省知识产权局郑良生副局长率领“解放思想”专题调研组到江门、阳江、佛山三市调研，深入了解地方知识产权工作情况。

19日　经广东省人民政府批准，任命陶凯元同志为广东省知识产权局局长、马宪民同志为广东省知识产权局副局长，免去李中铎同志的广东省知识产权局局长职务。（粤人发〔2008〕69号）。

20日　广东省知识产权局郑良生副局长应邀出席了京信通信系统（中国）有限公司举办的京信通信科技创新表彰大会，并给获奖者颁奖。

22日，广东省工商行政管理局副局长姜

海平出席了省政府办公厅召开的筹备自主创新专题调研活动有关工作会议。

25日 由广东省知识产权局和省公安厅、东莞市公安局、东莞市知识产权局、东莞市大岭山公安分局、大岭山质监站等省、市、镇多部门组成的联合执法队伍，前往东莞市大岭镇查处一宗假冒他人专利案件，拉开了广东“雷雨”、“天网”知识产权执法专项行动的序幕。

25日 全国专利代理管理工作会议在西安召开，国家知识产权局副局长贺化出席会议并讲话。广东省知识产权局朱万昌副局长参加会议并介绍专利代理管理经验。

26日 广东省知识产权局唐毅副局长出席深圳朗科科技有限公司在北京人民大会堂举行的赴美维权首战告捷新闻发布会。

27日 广东省知识产权局、汕头市人民政府、香港知识产权署、香港贸易发展局在汕头联合举办“粤港知识产权与中小企业发展（汕头）研讨会”，广东省知识产权局郑良生副局长出席研讨会并致辞。

27—28日，粤澳海关在拱北和横琴口岸举行了2008年度第一次保护知识产权联合执法行动。

29—31日 广东省知识产权局派出人员参加第28届广州国际美容美发化妆用品进出口博览会的知识产权保护工作，博览会共受理和处理专利侵权投诉1宗。

31日，广东省工商行政管理局副局长姜海平参加省委统战部召开的民主党派、无党派人士为广东自主创新献一策交流活动。

31日，英国驻广州总领事馆副领事毕思德先生到访海关总署广东分署，就进一步加强英资企业知识产权海关保护，增进双方合作等事宜进行了商谈。

四月

1日 中共广东省委组织部林华景副部长、万东明副厅级组织员、干部五处何巨峰处长等到省知识产权局宣布省知识产权局主要领导任免通知。陶凯元局长、马宪民党组书记、副局长正式到任。

7日 广东专利代理协会成立大会筹备会议在广州召开，会议通过《广东专利代理协会章程（征求意见稿）》和《广东专利代理协会成立大会暨第一届会员大会筹备方案（讨论稿）》，广东省知识产权局朱万昌副局长出席会议。

15—20日、25—30日 应中国对外贸易中心的邀请，广东省知识产权局组织有广州、深圳、佛山、中山、汕头、韶关、惠州、汕尾、潮州等市知识产权局近50人参加的省市联合专利执法队伍，会同广州市工商局、版权局执法人员，进驻第103届广交会，圆满地完成了本届广交会知识产权保护工作任务。广东省知识产权局唐毅副局长担任驻会工作组组长。

4月15日—5月15日 广东省知识产权局以“实施知识产权战略，用智慧创造文明”为主题制作的电视公益广告片在广东电视台、广东卫视及珠江频道播出。

16日 广东省知识产权局陶凯元局长、唐毅副局长到广交会检查指导知识产权保护工作，看望省市知识产权局的驻会工作人员。

17日 广东省知识产权局召开“广东省公民知识产权意识调查报告”新闻发布会，朱万昌副局长发布广东省知识产权局首次公民知识产权意识调查结果。

20日，海关总署广东分署王克光副主任应邀参加全国统一举行的2008年集中销毁侵权盗版及非法出版物广东分会场活动。

20日 由广东省保护知识产权工作组各成员单位和广东省保护知识产权工作组办公室主办的2008年广东省“保护知识产权宣传周”开幕式暨创新维权论坛在广州天河宏城广场举行，广东省政府副秘书长江海燕出席开幕式并致开幕词，江海燕副秘书长、广东省保护知识产权工作组办公室戚真理主任和广东省知识产权局唐毅副局长共同按动了开幕仪式启动按钮。

23日 广东省政府知识产权办公会议办

公室召开 2008 年广东省十个知识产权典型案件发布会。广东省知识产权局唐毅副局长向驻粤新闻界公布了 2008 年广东省知识产权局十个知识产权典型案件。

24 日　广东省政府新闻办召开新闻发布会，省人民政府知识产权办公会议办公室主任、省知识产权局局长陶凯元发布 2007 年广东省知识产权保护状况，发布会由省政府新闻办莫高义副主任主持，省公安厅、省文化厅、省工商局、省版权局、省质监局、省知识产权局、海关总署广东分署、省法院等知识产权职能部门代表出席发布会。

25 日　广东省工商行政管理局为了迎接第八个世界知识产权日的到来，省局和南方日报社联合在广州举办了“广东自主品牌战略论坛”，通过对自主创新与自主品牌的关系探讨，阐述了自主品牌的创建与自主创新同等重要。省政府副秘书长罗欧、省局局长卢炳辉、副局长姜海平、南方报业传媒集团董事长、南方日报社社长杨兴锋、国家发改委经济研究所副所长吴晓华、前旧金山、纽约总领馆经济商务参赞何伟文、日本知识产权专家横田光弘、广东省社会科学院研究处处长丁力等出席论坛，来自广东省各地工商局负责人、广东驰名商标和部分著名商标企业代表，以及广东新闻媒体的代表近 300 人参加了论坛。

同时，省局还组织了深圳、佛山、珠海、东莞、中山、潮州、揭阳、湛江、阳江共 9 个市局在《南方日报》进行“自主品牌 南粤风采”12 版特刊专版宣传，报道了我省 30 年的商标管理工作的成绩和实施名牌带动战略、服务地方经济的工作。

25 日《中国知识产权报》专版刊登专访报道《以新一轮思想大解放 推动广东知识产权事业新一轮大发展—访广东省知识产权局局长陶凯元》。

26 日　由广东省知识产权局与省委宣传部、省广播电影电视局联合举办的“智慧之光—4·26 世界知识产权日”专题晚会在广东卫视首播，宋海副省长出席晚会并致辞，省人大教科文卫委员会杨文轩副主任委员、省政府江海燕副秘书长、广东省知识产权局 陶凯元局长、省政协科教卫体委员会李中铎主任及省委宣传部、省广播电影电视局、广东电视台的有关领导出席晚会，宋海副省长和出席晚会的领导向 2007 年广东省 PCT 专利申请量居前三名的单位，发明专利申请量居前三名的企业、高校、科研院所和发明专利代理量居前三名的专利代理机构颁发奖牌。

26 日　《南方日报》刊登“隆重庆祝世界知识产权日”专版，报道 2007 年广东省知识产权事业新进展，宋海副省长发表世界知识产权日致辞。

五月

4～6 日　广东省知识产权局派出人员参加第 20 届广州国际玩具及礼品展览会的知识产权保护工作，展览会共受理和处理专利侵权投诉 1 宗。

5 日　广东省知识产权局陶凯元局长、省政协科教卫体委员会李中铎主任会见美国全国商会（U. S. Chamber of COmmerce）薄迈伦（Myron Brilliant）副会长一行，双方就知识产权交流与合作进行会谈。

5 日　广东省知识产权局郑良生副局长到深圳市中彩联科技有限公司调研，与公司领导人和知识产权部门人员进行座谈，并前往深圳市高新技术产业园区调研。

7 日　广东省知识产权局陶凯元局长、朱万昌副局长和省政协科教卫体委员会李中铎主任会见香港特别行政区政府知识产权署谢肃方署长一行，双方就粤港知识产权合作有关事宜进行会谈。

8—11 日　全国人大教科文卫委员会程津培副主任委员、国家知识产权局田力普局长率调研组，赴粤开展专利法第三次修订立法调研。广东省知识产权局陶凯元局长向调研组作了广东专利行政保护及对专利法修改意见和建议的专题汇报，唐毅副局长陪同调研组在广州、深圳、东莞等市开展调研。

17日　由广东省知识产权局支持、华南理工大学主办的“高校知识产权人才培养专题研讨会”在广州大学城华南理工大学国际学术交流中心召开，朱万昌副局长出席会议并致开幕词。

17—18日　第六届“广东省少年儿童发明奖”优秀作品展评暨颁奖活动在广州市广东实验中学举行，广东省知识产权局李南开副巡视员出席开幕式并参观优秀作品展示会。

22日，美国驻广州总领事馆知识产权办公室官员王伟柏先生、政治经济部副领事柯英豪先生一行三人到访海关总署广东分署，双方就进一步加强中美知识产权边境保护、深化与广东海关合作等事宜进行了商谈。

27日　广东省知识产权局郑良生副局长应邀出席东莞市知识产权研究会成立大会并在会上作了讲话。

30日，广东省公安厅和广东省烟草专卖局在广州珠江宾馆联合召开全省打击非法运输假冒伪劣烟草专卖品专项行动先进表彰会，表彰6个先进单位和18个先进个人。

六月

1日　广东省知识产权局唐毅副局长陪同万庆良副省长会见来粤访问的美国华人生物医药代表团。

3日　广东省知识产权局、省教育厅、团省委、少工委联合印发《关于确定第三批广东省中小学知识产权教育试点学校的通知》（粤知协〔2008〕35号），确定第三批广东省中小学知识产权教育试点学校42家。

4～5日　广东省知识产权局副局长郑良生率领考核组赴汕头市，对该市开展国家知识产权试点城市的情况进行考核验收。汕头市苏耀光副市长向考核组汇报了开展试点工作情况，汕头市知识产权局郑兴国局长对试点工作自评情况进行了说明。

5日，日本贸易振兴机构广州代表处到访海关总署广东分署，就建立该机构与分署在知识产权保护方面的合作事项进行了协商。

5日　广东省知识产权局唐毅副局长接受比利时RTBF电视台采访，向外方介绍我省保护知识产权的措施以及进展情况。

6日　广东省知识产权局郑良生副局长到揭阳市调研，听取了揭阳市知识产权局关于该市执行省知识产权区域发展计划的情况和企业知识产权工作的汇报，并到企业调研。

11日　广东省重点家电行业专利数据库开通仪式暨家电专利信息应用培训班在广州举行。广东省知识产权局副局长郑良生出席会议并作了讲话。

11—12日　国家知识产权局在北京举办“国家知识产权战略培训班”，国家知识产权局副局长张勤出席开班仪式，广东省知识产权局朱万昌副局长参加了培训班。

12日—10月15日　广东省版权局组织开展全省2008年打击网络侵权盗版专项行动和治理非法预装计算机软件专项行动，查处一批侵权网站和非法预装计算机软件的经营者。6月12日，根据公安部经侦局“鹰眼行动”的统一部署，广东省公安厅组织广州、深圳、肇庆三地公安机关开展破案行动，查获假冒“Cialis”、“Xenical”等品牌假药300多万粒，抓获主要犯罪嫌疑人14名，涉案价值初步估算超过3500万元人民币。

16—17日　应广东省知识产权局邀请，国家知识产权局专利复审委员会第六申诉处赴广东省中山市审理7件专利权无效宣告请求案。

18日　广东省知识产权局朱万昌副局长出席华南理工大学国家大学科技园建园八周年庆典并为科技园专利工作交流站揭牌。

25日，四川省商标协会会长罗明锦来广东省工商管理局商谈商标协会合作事宜，并与广东商标协会签订了《关于支持四川地震灾后经济重建的意向性合作协议》。姜海平副局长出席商谈并代表广东商标协会签订协议。

26日　广东省知识产权局纪检组长、监察专员邝伯麟率调研组赴新疆出席2008年粤哈知识产权对口协作工作会议。

26日 广东省知识产权局与香港知识产权署在深圳共同举办粤港知识产权中介服务业圆桌会议。

28日，广东省公安厅组织指挥深圳、东莞、茂名、江门等市公安机关开展“闽粤一号”行动，侦破以丁某、黄某某为首特大跨境销售假烟犯罪案件，查获假烟数量400多件及查实130个运输假烟的集装箱，抓获犯罪嫌疑人18名，涉案金额1.4亿元。

30日—7月4日 广东省知识产权局组织广州、深圳、汕头、佛山和中山等市的有关人员在广州进行了《广东省专利行政执法操作指南》的编写工作。广东省知识产权局唐毅副局长担任编写小组组长。

七月

3日，广东省工商行政管理局副局长姜海平副局长参加了省政府第十一届九次常务会议。

《广东省著名商标认定和管理规定》已经2008年7月3日广东省人民政府第十一届九次常务会议通过，并于7月23日以省政府令第124号发布，自2009年1月1日起施行。

3～4日 广东省知识产权局和省中医药局共同主办中医药知识产权战略研讨班，广东省知识产权局朱万昌副局长和省中医药局曹礼忠副局长出席开班式并讲话。

4日 广东省知识产权局陶凯元局长一行5人访问香港知识产权署，就下一阶段粤港知识产权合作计划及粤港保护知识产权合作专责小组第七次会议筹备情况进行会谈。期间，还访问香港城市大学法律学院，与王贵国院长就知识产权教育培训合作事宜进行会谈。

7日 广东省知识产权局与省工商管理局联合下发《关于开展查处取缔非法从事专利代理行为专项行动的通知》（粤知协〔2008〕52号），在全省范围内共同开展查处取缔非法从事专利代理行为专项行动。

7日 中国民主促进会广东省委员会前来调研广东会展业知识产权保护情况，广东省知识产权局以及广州、深圳市知识产权局、中国对外贸易中心和代理机构的代表与参加了座谈会。唐毅副局长出席座谈会，并介绍了广东省知识产权局知识产权保护工作的基本情况。

8日 全国知识产权局局长会议在宁夏银川召开，国家知识产权局局长田力普出席会议并作题为《提高认识 抓住机遇 全面贯彻落实〈国家知识产权战略纲要〉》的报告，宁夏回族自治区副主席张来武、国家知识产权局副局长张勤、纪检组长邢胜才出席会议，广东省知识产权局陶凯元局长参加了会议。

11日 广东省知识产权局与广东省公安厅联合下发《转发国家知识产权局公安部关于建立协作配合机制共同加强知识产权保护工作的通知》，要求各地知识产权部门与公安机关进一步建立健全知识产权执法协作和协调会商机制。

14日 广东省政府在广州召开全省知识产权工作会议暨广东省重奖中国专利奖获奖单位奖励大会，学习贯彻国家知识产权战略纲要，总结广东省知识产权局知识产权工作经验，研究部署广东省知识产权局知识产权战略纲要的实施工作，并对广东省知识产权局获得第十届中国专利奖的单位进行表彰，省委副书记、省长黄华华，国家知识产权局局长田力普出席会议并作重要讲话，省人大常委会副主任王宁生，省政协副主席温兰子出席会议，副省长宋海主持会议。

14日 全省知识产权局局长会议在广州召开，广东省知识产权局陶凯元局长传达国家知识产权局田力普局长在全国知识产权局局长会议上的讲话精神，部署学习宣传、贯彻实施国家和广东省知识产权战略纲要工作，局党组书记、副局长马宪民主持会议。

14日 广东省知识产权局、美国专利商标局共同主办的中美（广东）知识产权保护与合作圆桌会议在广东国际大酒店举行，朱万昌副局长及省政府知识产权办公会议成员单位代表与美国商务部知识产权办公室、美国专利商标局等单位的代表进行会谈。

15日 广东省知识产权局、美国专利商标局共同主办的“2008年珠江知识产权及创新论坛”在广东国际大酒店举行，朱万昌副局长出席论坛并致辞，此次论坛是广东省知识产权局与美国专利商标局合作主办的第一次大型国际研讨活动。

16日 中共广东省委中心组举行第五十三期“广东学习论坛”报告会，邀请国家知识产权局局长田力普作“实施知识产权战略，建设创新型国家”专题报告，报告会由省委常委、宣传部部长林雄主持，省委中心组成员，省人大、省政协其他领导同志，省军区党委常委，省法院院长，省检察院检察长，省武警总队军政主官，省委各部委、省直各单位、省各人民团体现职正厅级领导干部和有关单位近400人参加报告会。

18日 粤港保护知识产权合作专责小组第七次会议在香港召开，粤方代表团由陶凯元局长带队，省公安厅、省外经贸厅、省工商局、省版权局、海关广东分署、省港澳办等部门代表参加，港方代表团由香港知识产权署署长谢肃方带队，香港商务及经济发展局、香港海关等部门代表参加，会议回顾了自第六次专责小组会议以来两地知识产权事业发展及交流合作情况，讨论并确定了下一阶段的合作项目。

19日 广东省知识产权局陶凯元局长、朱万昌副局长在港出席香港知识产权署主办的“庆祝‘正版正货’承诺计划成立十周年”活动，陶凯元局长致辞。

23日 由珠海市知识产权局委托广东省专利信息中心承担建设的“珠海打印耗材行业国际专利数据库”项目顺利通过了由中国计算机行业协会、国家和广东省知识产权局专家所组成的专家小组的验收，并正式投入使用。广东省知识产权局副局长郑良生作为验收组组长出席验收会议。

23—25日 广东省知识产权局组织有关人员在广州召开《广东省专利条例》（第二稿）撰写座谈会。广东省知识产权局唐毅副局长出席座谈会并作了重要讲话。

26—30日 由广东省知识产权局主办、华南理工大学承办的“企事业单位知识产权管理及实务研修班”在广州大学城华南理工大学国际学术交流中心举办，朱万昌副局长出席开班式并致辞。本次研修班是《广东省百千万知识产权（专利）人才培育工程实施方案》确定的千名知识产权专业人才培养项目之一。

28日 广东省知识产权局召开“查处取缔非法专利代理行为专项行动的动员会议”，朱万昌副局长就专项行动做工作部署。

30日—8月1日 广东省知识产权局唐毅副局长带领由局办公室、法制处组成的联合调研组一行5人，赴深圳开展知识产权涉外应对工作调研活动。

八月

1日 《中国知识产权报》专版刊登对宋海副省长的专访报道—《实施纲要促进知识产权强省建设》。

5日 粤港合作联席会议第十一次会议在广州召开，广东代表团由黄华华省长率领，香港代表团由曾荫权行政长官率领，陶凯元局长作为粤方代表团成员出席会议。

5日 广东省版权局成立了“广东省推进企业使用正版软件工作联席会议”，进一步完善组织指导协调机构。

6日上午，广东省工商管理局举办“创立自主品牌，争创驰名商标座谈会”。姜海平副局长主持会议，卢炳辉局长出席座谈会并作了重要讲话。各地级以上市工商局分管商标工作的局长以及商标部门负责人、部分驰名商标企业和申报驰名商标企业的代表70余人参加了座谈会。部分驰名商标企业现身说法，介绍了争创驰名商标的体会。商标处人员讲解了驰名商标申请注意事项。与会代表还就驰名商标申请有关问题进行了座谈交流。

8日 广东省版权局建立快速反应机制，查处奥运会期间利用互联网非法转播奥运会赛事的16起案件。

8日 广东省知识产权局朱万昌副局长接待美国驻华大使馆知识产权高级专员、美国专利商标局官员柯恒先生一行，双方就加强交流与合作等事宜进行了会谈。

11日 广东省知识产权局召开专利实施状况抽样调查工作会议，朱万昌副局长部署2008年度全省专利实施状况抽样调查工作。

12日 广东省知识产权局陶凯元局长出席国家知识产权局、新疆维吾尔自治区人民政府局区工作会商会议及东中西知识产权合作联席会议，并在会上做了典型经验发言，介绍粤哈知识产权协作成效和经验。

12日 广东省知识产权局陶凯元局长出席粤哈知识产权工作座谈会，走访哈密地区知识产权局，考察哈密石油第二学校知识产权教育工作情况。

12—14日 广东省知识产权局郑良生副局长到梅州市调研，并到相关企业考察企业知识产权工作。

13—15日 广东省知识产权局纪检组长、监察专员邝伯麟带领法制处有关人员到汕尾市和陆河县调研，分别听取了汕尾市知识产权局和陆河县知识产权局的工作汇报。

21—22日 国家知识产权局在内蒙古自治区呼伦贝尔市召开2008年全国专利代理人资格考试工作会议，广东省知识产权局朱万昌副局长出席会议。

22日 广东省知识产权局与广东省政协科教卫体委员会联合主办的“2008年广东知识产权保护与发展论坛”在省政协常委会议厅举行，省政协副主席温兰子出席论坛并讲话，省知识产权局局长陶凯元、省政协科教卫体委员会主任李中铎出席论坛并致辞，省知识产权局党组书记、副局长马宪民主持论坛。

27—29日 全省知识产权系统政务信息工作座谈会在韶关召开。广东省知识产权局唐毅副局长在会上作了讲话，广东省政府办公厅新闻信息处负责人应邀到会做了专题讲座，各地级以上市知识产权局、省局各处室及直属单位的政务信息员参加了会议。会议还表彰了2007年度政务信息工作先进单位4个和先进个人8人。

28日 “全省专利代理管理工作会议暨广东专利代理协会成立大会”在广州召开，国家知识产权局条法司尹新天司长、广东省政府江海燕副秘书长、全国中华专利代理人协会李建蓉秘书长和广东省知识产权局陶凯元局长出席会议并讲话，朱万昌副局长做全省专利代理管理工作报告。

九月

4日 广东省知识产权局唐毅副局长赴汕尾市，与汕尾市政府领导商讨建立局领导联系地市工作制度的有关事宜。

5日 《中国知识产权报》专版刊登对广东省知识产权局陶凯元局长的专访报道——《贯彻落实纲要，向知识产权强省跨越》。

5日 广东省知识产权局马宪民书记、郑良生副局长出席了在广州召开的平板显示产业专利态势分析报告专家论证会。

8日下午，广东省工商行政管理局副局长姜海平参加了省促进产业集群发展联席会议。

8—12日 由广东省知识产权局主办、暨南大学知识产权学院承办的“政府知识产权管理及行政执法研修班”在广州举办，朱万昌副局长出席开班仪式并致辞。该研修班是《广东省百千万知识产权（专利）人才培育工程实施方案》确定的千名人才培养项目之一，来自各级知识产权行政管理部门60人参加培训。

9日，广东省公安厅经侦局徐文海局长与中国外商企业协会优质品牌保护委员会商谈建立举报奖励基金事宜。

17—20日 广东省知识产权局在广州市举办全省专利行政执法培训班。局党组书记马宪民、副局长唐毅出席开班仪式。省、市、县、区共120多名的执法人员参加培训。

18日 由国家知识产权局、欧洲专利局、欧盟内部市场协调局（即欧共体商标局）和广东省知识产权局联合主办的“欧洲知识产权制度—外观设计与专利”国际研讨会在佛山顺德举行。国家知识产权局李玉光副局长，广东省知识产权局陶凯元局长出席研讨会并致辞。全省各市约180人参加研讨会。

19日　广东省知识产权局陶凯元局长、郑良生副局长出席了第五届中国国际专利与名牌博览会暨首届中国（顺德）工业设计创意博览会开幕式。本届专博会由国家知识产权局、广东省人民政府联合主办，中国专利信息中心、中国知识产权报社和佛山市顺德区人民政府承办，广东省知识产权局为特别支持单位。国家知识产权局、广东省领导，有关省直部门、佛山市领导以及相关单位、国内各知名品牌企业的负责人和来自世界知识产权组织、欧洲专利局、欧盟商标局、白俄罗斯、乌克兰科研机构的嘉宾共600余人参加了开幕式。本届专博会有500多家国内外知名企业参展，设1000多个标准展位，期间举办首届中国顺德国际工业设计创意博览会。本届专博会无论在参展企业、参展产品方面，还是在展览内容、配套活动等方面，都是历届专博会规模最大、档次最高的一届。

19日　广东省版权局积极推进全省的“版权兴业工程”，授予广州开发区创意产业园等12个产业集群和企业2008年度“广东省版权兴业示范基地”的称号。

22—25日　广东省知识产权局首次组织了广州三环专利代理有限公司等6家知识产权中介服务机构，参加“第五届中国国际中小企业博览会暨中韩中小企业博览会”，开设“知识产权服务展区”，为参会的中小企业提供专利申请等相关知识产权业务咨询和服务。展会期间，郑良生、朱万昌副局长分别到会参观了“知识产权服务展区”。

22—27日　广东省知识产权局组织广州等市知识产权局的有关人员，参加国家知识产权局在福建省举办的全国专利行政执法人员培训班。

23—26日　广东省知识产权局唐毅副局长出席国家知识产权局专利复审委员会在新疆维吾尔自治区乌鲁木齐市召开的专利复审委与地方知识产权局业务研讨会，并作了讲话。

24—27日　广东省知识产权局派出人员参加第29届广州国际美容美发化妆用品进出口博览会的知识产权保护工作，展会期间未发生专利侵权投诉案件。

24日，广东省公安厅经侦局李善雄副局长组织广州、深圳、珠海等市公安局经侦支队领导赴香港考察香港海关知识产权保护制度，并与香港海关商谈建立粤警方、港海关知识产权执法协作机制事宜。

26日　全省知识产权信息运用工作会议在广州召开。广东省知识产权局马宪民书记、郑良生副局长出席了会议。会议总结近年来全省知识产权信息化建设成效，交流全省知识产权信息化建设工作经验，讨论《广东省专利信息服务和管理意见》和《广东省知识产权公共信息综合服务平台建设方案（2009－2012）》，部署下阶段全省知识产权信息化建设工作。会上还表彰了10家“全省知识产权局系统信息运用工作先进单位”、20名“全省知识产权局系统信息运用工作先进工作者”。

9月27日，广东省公安厅和广东省烟草专卖局联合召开打击非法运输假冒伪劣烟草专卖品专项行动动员部署会，广东省公安厅何广平副厅长出席会议，并作重要讲话。会后，全省公安机关开展了为期5个月的打击非法运输假冒伪劣烟草专卖品专项行动。

十月

7—8日　根据省委组织部《关于开展城乡基层党组织互帮互助活动的意见》的精神，广东省知识产权局唐毅副局长带领法制处党支部，到湛江市坡头区龙头镇路西村，开展城市基层党支部与农村基层党支部结对共建活动。

8—9日　由广东省知识产权局主办、省专利信息中心承办、中山市知识产权局协办的国际贸易中知识产权保护研讨班在中山举行。广东省知识产权局朱万昌副局长出席开班式并致辞。

8日—10日　广东省知识产权局陶凯元局

长应邀赴梅州市宣讲知识产权战略，并就梅州市的知识产权工作进行专题调研。

8—10日 国家知识产权局专利复审委员会祁德山副主任带队到广东省知识产权局验收“庭审多媒体记录系统”。广东省知识产权局与专利复审委员会共建的庭审系统通过验收。广东省知识产权局唐毅副局长陪同祁主任一行赴珠海调研。

9日 广东省知识产权局朱万昌副局长赴东莞市调研知识产权工作，考察国家专利技术（东莞）展示交易中心。

10日 广东省知识产权局陶凯元局长一行到河源市粤兴实业有限公司等拥有自主知识产权的优势企业进行调研，并会同河源市市直有关部门的负责人，各县区科技局局长，有关企业和知识产权试点学校负责人等，在河源召开实施知识产权战略建设创新型河源工作座谈会。

13日 广东省知识产权局朱万昌副局长赴深圳市先后出席“中国国家专利技术深圳展示交易中心”揭牌仪式和“国家知识产权局专利局深圳代办处进驻高新区”揭牌仪式。

13—14日 广东省知识产权局朱万昌副局长出席“第七届海峡两岸知识产权学术研讨会”开幕式并致辞。

13—16日 国家知识产权局在陕西省西安市召开全国知识产权局办公室主任会议暨政务信息工作会议。国家知识产权局杨铁军副局长在会上作重要讲话。广东省知识产权局唐毅副局长出席了会议。广东省局连续第八年获得政务信息先进单位，办公室1人获得先进个人，法制处1篇关于广交会知识产权保护情况的信息获得二等奖。广州、深圳市局各有1篇信息分获二、三等奖。

14日 广东省知识产权局召开第104届广交会知识产权保护工作动员大会，研究和部署本届广交会知识产权保护工作。广东省知识产权局党组书记、副局长马宪民出席会议并提出了具体要求。广东省知识产权局法制处与各有关市知识产权局近50人参加了会议。

15—19日、10月24—28日、11月2—6日 根据《商务部办公厅关于请继续支持广交会知识产权保护和产品质量管理工作的函》和万庆良副省长的批示精神，广东省知识产权局组织有广州、深圳、汕头、佛山、清远、中山、韶关、惠州、汕尾、潮州等市知识产权局50多人参加的省市联合专利执法队伍，会同广州市工商局、版权局执法人员，进驻第104届广交会，圆满地完成了本届广交会知识产权保护工作任务。广东省知识产权局唐毅副局长担任驻会工作组组长。

16日 全省专利申请形势分析会在广州召开。广东省知识产权局陶凯元局长作题为《认清形势、明确任务，努力推动我省专利工作实现科学发展》的讲话。局党组书记、副局长马宪民主持会议，朱万昌副局长出席会议。各市知识产权局负责人参加会议。

16日 广东省知识产权局郑良生副局长出席了2008年东莞国际科技合作周开幕式。

17日 广东省知识产权局陶凯元局长到广交会检查指导知识产权保护工作，看望省市知识产权局的驻会工作人员。

21—25日 广东省知识产权局唐毅副局长赴汕尾、揭阳、潮州等市宣讲知识产权战略，并就知识产权工作进行专题调研。

22日 广东省知识产权局唐毅副局长在揭阳市委中心组（扩大）学习会上作《实施知识产权战略 建设知识产权强省》专题宣讲。揭阳市委中心组成员等共500多人参加了学习会。

22日 广东省知识产权局郑良生副局长出席韶关市在韶关学院举办的“学习贯彻国家及省知识产权战略纲要”专题报告会并讲话。

22—24日 广东省知识产权局陶凯元局长在汕头市委中心组《知识产权战略纲要》学习（扩大）会上作《实施知识产权战略，建设知识产权强省》的报告。汕头市委中心组成员等近400人参加了学习会。期间，陶凯元局长还就汕头市知识产权工作进行专题调研。

23日 广东省知识产权局唐毅副局长在潮

州市委学习中心组举办的国家和广东省知识产权战略纲要专题报告会上作专题报告。潮州市五套班子领导等200多人参加了报告会。

24日　广东省知识产权局陶凯元局长、唐毅副局长出席在潮州市召开的粤东六市知识产权局长联席会议。陶凯元局长在会上作了讲话。

24日　广东省知识产权局朱万昌副局长在云浮市委学习中心组专题报告会上作“实施知识产权战略，建设创新型广东”的专题报告。

27日　广东省知识产权局马宪民书记在茂名市委举办的“茂名学习论坛”上做“实施知识产权战略”专题报告。

27—31日　广东省知识产权局朱万昌副局长率领部分地市知识产权局负责人赴江苏、浙江两省考察知识产权工作。

28日　广东省知识产权局陶凯元局长在惠州市委、市政府举办的“国家及广东省知识产权战略宣讲报告会”上宣讲知识产权战略纲要。惠州市四套班子领导等200余人参加了报告会。期间，陶凯元局长还到省区域知识产权试点园区仲恺国家高新技术开发区进行调研。

29日　国家知识产权局专利复审委员会第一巡回审理庭的揭牌仪式和国家知识产权局专利复审委员会与广东省知识产权局合作共建协议的签字仪式在广东省知识产权局举行。国家知识产权局贺化副局长、广东省宋海副省长、广东省知识产权局陶凯元局长、郑良生副局长、唐毅副局长、邝伯麟监察专员、李南开副巡视员等领导出席仪式。

29—30日　国家知识产权局贺化副局长一行8人来粤调研专利代理工作，召开“专利代理管理工作（广东）座谈会”，并走访有关专利代理机构。

30日　广东省知识产权局马宪民书记在湛江市委理论学习中心组举行的学习贯彻国家知识产权战略纲要专题报告会上作《大力发展知识产权事业，为争当实践科学发展观排头兵做贡献》的报告。湛江市委理论学习中心组全体成员等300多人参加了报告会。

31日　广东省知识产权局唐毅副局长出席在广州市召开的广东省地方性法规立项论证暨法规清理研讨会。

十一月

1—2日　由国家知识产权局组织的“2008年全国专利代理人资格考试”在全国12个城市举行，由广东省知识产权局负责考务工作的广州考点共有1280人（其中：港澳考生38人）报名参加考试。陶凯元局长巡视考场，朱万昌副局长全程巡考。

3日　广东省知识产权局唐毅副局长在珠海市举办的知识产权战略纲要专题报告会上作专题报告。来自珠海市各部门120名中青班学员参加了此次专题报告会。期间，唐毅副局长还就知识产权工作进行专题调研。

4日　广东省知识产权局党组书记、副局长马宪民、副局长唐毅到第104届广交会检查指导知识产权保护工作，看望省市知识产权局的驻会工作人员。

4—5日　全国企事业知识产权工作会议暨全国专利运用与产业化会议在贵州省贵阳市召开。国家知识产权局纪检组长邢胜才讲话，贵州省政府副省长孙国强致欢迎辞。广东省知识产权局郑良生副局长参加会议。

9—29日　广东省知识产权局唐毅副局长随国家知识产权局组团赴美国参加高层次人才知识产权法律培训班。

13日　广东省知识产权局朱万昌副局长在肇庆市举办的“国家及我省知识产权战略纲要宣讲”报告会上作专题报告。肇庆市委、市政府领导及有关单位负责人等120多人参加了会议。朱万昌副局长还赴企业调研知识产权工作。

18日　2008·第二届中国专利技术展示交易活动周广东地区活动，在东莞、广州和佛山同时隆重开幕，广东省知识产权局陶凯元局长、马宪民书记、李南开副巡视员分别出席了三地的开幕仪式。本届专利周广东地区活动，是国家知识产权局主办的中国专利周系列活动之一，以“实施知识产权战略，发展知识产权市场，建设创新型广东”为主题，广东省政府首次作为支持单位，由广东省知识产权局组织东莞、广州和佛山市知识产权局承办。

东莞会场是本届专利周广东地区活动主场，广东省知识产权局陶凯元局长、东莞市政府冷晓明常务副市长在开幕式上致辞，来自松山湖管委会、各镇街分管科技工作的领导以及企业、相关服务中介机构人员和个人发明人，约800多人参加了开幕式。活动期间，还举办了“知识产权战略高层论坛”和“专利技术标准化论坛”。

20日，广东省公安厅协调指挥佛山市公安机关开展统一破案行动，破获了以邓某为首的特大制售假“HP”、“CANON”等品牌的打印机耗材包装物，查获假冒“HP”、“CANON”等品牌的商标标识200多万套，抓获犯罪嫌疑人6名，涉案金额2000多万元。

21日，广东省工商行政管理局卢炳辉局长主持召开了广东省著名商标认定委员会会议。卢炳辉、彭海彬、李侨、姜海平、钟伟泉、郑勇明、丁力、林舜荣等20位委员出席了会议。会上全体委员对本次申请认定的554件商标和申请延续认定的356件商标进行了讨论，通过了认定“环星”等412件商标为广东省著名商标，同意对“六角”等343件已满三年的广东省著名商标予以延续，同时决定对上述商标在广东工商红盾信息网和广东商标网进行公示，广泛征求社会各界的意见。

21日　广东省知识产权局朱万昌副局长赴中山大学调研，并考察广东省数字家庭公共服务技术支持中心。

22—26日　由广东省知识产权局主办、华南理工大学承办的第二期“企事业单位知识产权管理及实务研修班”在广州大学城举办。朱万昌副局长出席开班仪式并致辞。该研修班是《广东省百千万知识产权（专利）人才培育工程实施方案》千名人才培养项目之一。来自全省企事业单位的知识产权管理人员共58人参加培训。

24—30日　应广东省知识产权局邀请，国家知识产权局专利复审委员会光电申诉处和行政诉讼处分别在广州、深圳两地巡回审理9件宣告专利权无效案件。

25日　广东省知识产权局朱万昌副局长赴香港出席“2008年内地与香港、澳门特别行政区知识产权研讨会”。

26日　广东省知识产权局党组书记、副局长马宪民赴北京出席国家知识产权局主办的“纪念改革开放30周年暨中国知识产权发展论坛”并作主题演讲。

28日，举办“全省推进企业使用正版软件工作培训班”，加强软件正版化工作的业务指导。

十二月

1—2日　广东省知识产权局朱万昌副局长赴惠州市出席“正版正货”承诺活动座谈会暨第二批参与单位授牌仪式并作讲话。

1—9日　广东省知识产权局陶凯元局长参加国家知识产权局组团访问英国、瑞士，开展知识产权交流与合作活动。

2—3日　广东省知识产权局派人参加国家知识产权局在湖北省武汉市召开的《中华人民共和国专利法实施条例修订草案（征求意见稿）》征求意见座谈会。

3—5日，海关总署广东分署举办“2008年广东省内海关知识产权保护培训班”，广东省内海关近80名关员参加了培训。

3—12日　广东省知识产权局邝伯麟监察专员率我省知识产权代表团一行6人赴西班牙、匈牙利考察知识产权工作，代表团访问匈牙利专利局和两国知识产权服务机构。

3—23日　根据《广东省百千万知识产权（专利）人才培育工程实施方案》百名高层次人才培养项目的安排，我省知识产权行政管理人员研修班在德国举办，来自省、市知识产权局行政管理部门20人参加培训。

4—5日　广东省知识产权局朱万昌副局

长带领协调管理处党支部，赴湛江市坡头区龙头镇邓屋村开展城乡基层党组织互帮互助活动，并赴广东海洋大学调研。

6日　广东省知识产权局唐毅副局长赴中山市宣讲知识产权战略纲要，并就知识产权工作进行专题调研。

6日—2009年1月15日　省委宣传部等部门在广州举办“敢为天下先、广东改革开放30周年成就展览”。广东省知识产权局提供的记录改革开放30年来知识产权事业发展的三百余幅图片参加了展览。

8—10日　广东省知识产权局郑良生副局长在清远市知识产权局黄文权副局长的陪同下，到清远市连州市调研知识产权工作。期间，郑良生副局长出席了连州市知识产权局成立挂牌仪式，为连州市知识产权局揭牌。

11日　广东省公安厅经侦局在广州召开知识产权法律适用问题研讨会，全省21个地级市公安局经侦支队领导参加会议，会议围绕知识产权刑事法律适用的问题进行了探讨。

11日　广东省知识产权局与香港知识产权署在港联合举办“知识产权战略宣讲会”。国家知识产权局田力普局长，广东省知识产权局党组书记、副局长马宪民，广东省工商管理局副局长姜海平，香港商务与经济发展局局长刘吴惠兰，香港知识产权署署长谢肃方出席宣讲会。田力普局长与马宪民书记分别介绍了国家和我省的知识产权战略纲要。来自香港法律服务界、企业、政府代表约300人参加宣讲会。

11日　广东省知识产权局党组书记、副局长马宪民赴港陪同国家知识产权局田力普局长出席香港中小企国际推广博览会暨创新科技及设计博览会。

11—12日　广东省知识产权局、省教育厅、团省委和省少工委联合举行“第三批广东省中小学知识产权教育试点学校授牌仪式暨师资培训班”，向第三批42所试点学校授牌。

11—13日　广东省知识产权局派人参加在福建省泉州市召开闽粤两省沿海城市保护知识产权工作第五次联席会议。

13—22日　广东省知识产权局朱万昌副局长率我省知识产权代表团一行6人赴澳大利亚、新西兰考察知识产权工作，代表团访问澳大利亚大学和两国知识产权服务机构。

15日　《广东改革开放纪事》正式出版发行。全书共270万字，图片270幅，以丰富翔实的资料，客观记述广东改革开放的发展历程，反映广东改革开放的辉煌成就。该书收录知识产权大事记略7篇，大事记及照片若干。

16—20日　广东省知识产权局唐毅副局长出席国家知识产权局在海南省海口市举行的全国知识产权局执法工作会议暨第二届中国知识产权执法论坛，并向大会介绍了我省开展“雷雨”、“天网”知识产权执法专项行动的基本情况。

18日　广东知识产权界纪念改革开放30周年座谈会暨广东知识产权十大成就发布会在广州举行，广东省政府宋海副省长出席座谈会并作重要讲话，广东省政府知识产权办公会议办公室主任、省知识产权局局长陶凯元发布改革开放30周年广东知识产权十大成就。会议由局党组书记、副局长马宪民主持。省政府知识产权办公会议成员单位、企业、高校及知识产权中介机构的代表参加座谈会。会议还首发《大省的光荣、强省的梦想——广东知识产权巡礼》纪念改革开放30周年画册。

23日　广东省公安厅何广平副厅长带队赴北京参加2008年全国卷烟打假先进表彰会。广东省公安厅荣获公安部、国家烟草专卖局2008年全国卷烟打假特殊贡献奖。

23日　《南方日报》刊登陶凯元局长的署名文章“全面实施知识产权战略，努力建设知识产权强省”。

25日　广东省知识产权局朱万昌副局长出席广州市第三批“正版正货”承诺试点企业授牌仪式并讲话。

26日　经过受理、市局推荐、材料审查、现场考察、征求相关部门和行业协会的意见等程序，并经广东省著名商标认定委员会讨论和认定前公示，广东省工商管理局决定认定“环星”等407件商标为广东省著名商标，延续认定“六角”等339件商标为广东省著名商标，同时在广东工商红盾信息网和广东商标网发布公告。至此，我省有效著名商标总数已达1969件。

27日—2009年1月17日　根据《广东省百千万知识产权（专利）人才培育工程实施方案》百名高层次人才培养项目的安排，企事业单位知识产权管理人员研修班在美国举办，来自我省企事业单位知识产权管理部门、专利代理机构负责人或业务骨干共16人参加培训。

29日　国家知识产权局、广东省人民政府在广州科学城举行《关于建立知识产权高层次战略合作关系的议定书》（以下简称《议定书》）签署仪式。国家知识产权局党组书记、局长田力普，省委副书记、省长黄华华出席签署仪式，分别代表国家知识产权局和广东省人民政府在《议定书》上签字，并分别发表重要讲话。副省长宋海主持签署仪式。在签署仪式上，广东省知识产权局局长陶凯元与广州开发区管委会主任薛晓峰还签署了《关于合作共建“广东知识产权服务中心”的协议书》，并举行了“广东知识产权服务中心”揭牌仪式，黄华华、田力普共同为“广东知识产权服务中心”揭牌。广东省知识产权局领导陶凯元、马宪民、郑良生、唐毅、朱万昌、邝伯麟见证了《关于建立知识产权高层次战略合作关系的议定书》的签署仪式。

统计资料

1985－2008 年广东省专利申请统计表

类别 / 年份	小计	专利种类构成						专利申请人构成									
		发明		实用新型		外观设计		企业		高校		科研单位		机关团体		个人	
		件	%	件	%	件	%	件	%	件	%	件	%	件	%	件	%
1985	286	128	44.8	136	47.6	22	7.7	54	18.9	42	14.7	30	10.5	13	4.5	147	51.4
1986	390	88	22.6	264	67.7	38	9.7	92	23.6	32	8.2	31	7.9	7	1.8	228	58.5
1987	825	140	17.0	511	61.9	174	21.1	220	26.7	27	3.3	53	6.4	103	12.5	422	51.2
1988	1203	148	12.3	790	65.7	265	22.0	285	23.7	35	2.9	51	4.2	130	10.8	702	58.4
1989	1276	175	13.7	683	53.5	418	32.8	346	27.1	45	3.5	58	4.5	158	12.4	669	52.4
1990	1948	231	11.9	1001	51.4	716	36.8	716	36.8	33	1.7	90	4.6	157	8.1	952	48.9
1991	2997	322	10.7	1371	45.7	1304	43.5	924	30.8	36	1.2	60	2.0	514	17.2	1463	48.8
1992	4656	476	10.26	1640	35.26	2540	54.6	1554	33.4	39	0.8	64	1.4	932	20.0	2067	44.4
1993	5020	603	12.0	2002	39.9	2415	48.1	1494	29.8	65	1.3	74	1.5	958	19.1	2429	48.4
1994	5883	605	10.3	1960	33.3	3318	56.4	1334	22.7	48	0.8	49	0.8	1687	28.7	2765	47.0
1995	7729	463	6.0	2367	30.6	4899	63.4	3017	39.0	65	0.8	50	0.6	1186	15.3	3411	44.1
1996	9946	510	5.1	2798	28.1	6638	66.7	5442	54.7	47	0.5	54	0.5	87	0.9	4316	43.4
1997	12858	680	5.3	3173	24.7	9005	70.0	7084	55.1	62	0.5	102	0.8	17	0.1	5593	43.5

（续表）

类别 年份	小计	专利种类构成						专利申请人构成									
		发明		实用新型		外观设计		企业		高校		科研单位		机关团体		个人	
		件	%	件	%	件	%	件	%	件	%	件	%	件	%	件	%
1998	13473	753	5.6	3621	26.9	9099	67.5	7230	53.7	88	0.7	115	0.9	40	0.3	6000	44.5
1999	16802	1127	6.7	4561	27.1	11114	66.1	8372	49.8	175	1.0	147	0.9	57	0.3	8051	47.9
2000	21123	1760	8.3	6033	28.6	13330	63.1	9988	47.3	237	1.1	194	0.9	27	0.1	10677	50.5
2001	27596	2549	9.26	8144	29.5	16903	61.3	10882	39.4	305	1.1	276	1.0	51	0.26	16082	58.3
2002	34352	3819	11.1	9972	29.0	20561	59.9	11769	34.3	384	1.1	194	0.6	59	0.26	21946	63.9
2003	43186	6181	14.3	12985	30.1	24020	55.6	14510	33.6	532	1.26	299	0.7	86	0.26	27759	64.3
2004	52201	8093	15.5	14682	28.1	29426	56.4	17222	33.0	671	1.3	227	0.3	113	0.26	33968	65.1
2005	72220	12887	17.8	18951	26.26	40382	55.9	23999	33.26	1070	1.5	371	0.5	96	0.1	46684	64.6
2006	90886	21351	23.5	23886	26.3	45649	50.26	33737	37.1	1537	1.7	429	0.5	174	0.26	55009	60.5
2007	102449	26692	26.1	25389	24.8	50368	49.26	42701	41.7	1593	1.6	500	0.5	194	0.26	57461	56.1
2008	103883	28099	27.0	28883	27.8	46901	45.1	47954	46.26	2322	2.26	783	0.8	165	0.26	52659	50.7
扣除非正常专利	1372	756		372		244										1372	
合计	631816	117124	18.5	175431	27.8	339261	53.7	250926	39.7	9490	1.5	4301	0.7	7011	1.1	360088	57.0

1985－2008年广东省专利授权统计表

类别 年份	小计	专利种类构成						专利申请人构成									
		发明		实用新型		外观设计		企业		高校		科研单位		机关团体		个人	
		件	%	件	%	件	%	件	%	件	%	件	%	件	%	件	%
1985	1	0	0	1	100	0	0	0	0	1	0	0	0	0	0.0	0	0.0
1986	78	3	3.8	69	88.5	6	7.7	16	20.5	7	9.0	8	10.3	1	1.3	46	59.0
1987	182	8	4.4	138	75.8	36	19.8	58	31.9	8	4.4	17	9.3	1	0.5	98	53.8
1988	379	21	5.5	276	72.8	82	21.6	138	36.4	22	5.8	28	7.4	12	3.26	179	47.26
1989	683	32	4.7	462	67.6	189	27.7	268	39.26	25	3.7	39	5.7	34	5.0	317	46.4
1990	889	40	4.5	571	64.26	278	31.3	274	30.8	33	3.7	39	4.4	81	9.1	462	52.0
1991	1348	30	2.26	661	49.0	657	48.7	597	44.3	25	1.9	42	3.1	174	12.9	510	37.8
1992	1708	34	2.0	891	52.26	783	45.8	580	34.0	28	1.6	39	2.3	294	17.26	767	44.9
1993	4546	96	2.1	1822	40.1	2628	57.8	1556	34.26	55	1.26	67	1.5	966	21.26	1902	41.8
1994	3149	63	2.0	1440	45.7	1646	52.3	909	28.9	44	1.4	34	1.1	783	24.9	1379	43.8
1995	4611	56	1.26	1447	31.4	3108	67.4	1277	27.7	30	0.7	33	0.7	1423	30.9	1848	40.1
1996	5273	57	1.1	1399	26.5	3817	72.4	2412	45.7	46	0.9	37	0.7	726	13.8	2052	38.9
1997	7173	49	0.7	1606	22.4	5518	76.9	4340	60.5	22	0.3	30	0.4	88	1.26	2693	37.5
1998	10707	77	0.7	1992	18.6	8638	80.7	6503	60.7	45	0.4	71	0.7	28	0.3	4060	37.9
1999	14328	123	0.9	3897	27.26	10308	71.9	7697	53.7	80	0.6	89	0.6	50	0.3	6412	44.8
2000	15799	261	1.7	4797	30.4	10741	68.0	7937	50.26	132	0.8	118	0.7	41	0.3	7571	47.9
2001	18259	301	1.6	5246	28.7	12712	69.6	8354	45.8	130	0.7	108	0.6	29	0.26	9638	52.8
2002	22761	352	1.5	6395	28.1	16014	70.4	8612	37.8	135	0.6	135	0.6	26	0.1	13853	60.9
2003	29235	953	3.3	7921	27.1	20361	69.6	9467	32.4	233	0.8	196	0.7	46	0.26	19293	66.0
2004	31446	1941	6.26	9307	29.6	20198	64.26	9899	31.5	382	1.26	224	0.7	58	0.26	20883	66.4
2005	36894	1876	5.1	11017	29.9	24001	65.1	11518	31.26	393	1.1	206	0.6	45	0.1	24732	67.0
2006	43516	2441	5.6	15644	35.9	25431	58.4	13801	31.7	503	1.26	283	0.7	72	0.26	28857	66.3
2007	56451	3714	6.6	21636	38.3	31101	55.1	19776	35.0	759	1.3	272	0.5	109	0.26	35535	62.9
2008	62031	7604	12.3	25072	40.4	29355	47.3	25703	41.4	984	1.6	327	0.5	119	0.26	34898	56.3
合计	371447	20132	5.4	123707	33.3	227608	61.3	141692	38.1	4122	1.1	2442	0.7	5206	1.4	217985	58.7

1986—2008 年广东省各类专利申请人的三种专利申请统计表

申请人	年份/类别	1986—1993 年	1994 年	1995 年	1996 年	1997 年	1998 年	1999 年	2000 年	2001 年	2002 年	2003 年	2004 年	2005 年	2006 年	2007 年	2008 年	扣除非正常专利	合计
企业	发明	269	39	61	121	156	212	427	665	1058	1973	3508	5032	8677	15455	20296	21282		79231
	实用新型	1385	200	446	820	992	1233	1605	2245	2845	3239	4089	4898	6667	8671	10843	14068		64246
	外观设计	3977	1095	2510	4501	5936	5785	6340	7078	6979	6557	6913	7292	8655	9611	11562	12604		107395
高校	发明	153	25	21	20	32	48	82	154	204	271	389	495	811	1188	1254	1663		6810
	实用新型	135	22	39	26	29	34	85	80	97	111	138	170	256	314	331	473		2340
	外观设计	24	1	5	1	1	6	8	3	4	2	5	6	3	35	8	186		298
科研单位	发明	174	25	19	24	42	45	75	112	203	134	215	174	265	292	355	515		2669
	实用新型	240	18	17	25	40	34	44	55	61	55	76	43	89	105	126	246		1274
	外观设计	67	7	14	5	20	36	28	27	12	5	8	10	17	32	19	24		331
机关团体	发明	242	75	42	11	8	8	15	13	24	20	48	47	55	83	84	91		866
	实用新型	814	319	214	22	6	26	20	10	24	19	33	47	38	64	61	57		1774
	外观设计	1903	1293	930	54	3	6	22	4	3	20	5	19	3	27	49	15		4356
个人	发明	1345	441	320	334	442	440	528	816	1057	1421	2021	2345	3079	4333	4703	4548	756	27417
	实用新型	5688	1401	1651	1905	2106	2294	2807	3643	5117	6548	8649	9524	11901	14732	14028	14039	372	105661
	外观设计	1899	922	1440	2077	3045	3266	4716	6218	9908	13977	17089	22099	31704	35944	38730	34072	244	226862
合计		18315	5883	7729	9946	12858	13473	16802	21123	27596	34352	43186	52201	72220	90886	102449	103883	1372	631530

1986—2008 年广东省各类专利申请人的三种专利授权统计表

申请人	类别＼年份	1986—1993 年	1994 年	1995 年	1996 年	1997 年	1998 年	1999 年	2000 年	2001 年	2002 年	2003 年	2004 年	2005 年	2006 年	2007 年	2008 年	合计
企业	发明	38	4	7	5	6	14	27	54	72	123	434	1033	1024	1366	2443	5807	12457
	实用新型	1007	201	174	311	489	659	1428	1904	2068	2386	2869	3176	4173	6215	9235	11962	48257
	外观设计	2446	704	1096	2096	3845	3845	6242	5979	6214	6103	6164	5690	6321	6220	8098	7934	78997
高校	发明	73	17	5	8	6	15	21	36	52	56	117	266	240	283	395	566	2156
	实用新型	122	25	25	33	15	28	51	90	74	78	111	116	149	215	346	416	1894
	外观设计	12	2	0	5	1	2	8	6	4	1	5	0	4	5	18	2	75
科研单位	发明	58	8	10	9	10	9	12	32	39	57	127	172	145	178	139	168	1173
	实用新型	188	25	18	14	16	29	48	45	57	63	59	44	51	80	119	146	1002
	外观设计	33	1	5	14	4	33	29	41	12	15	10	8	10	25	14	13	267
机关团体	发明	19	7	10	8	6	7	8	17	14	5	8	13	11	25	30	19	207
	实用新型	445	203	236	130	46	14	28	20	12	18	24	35	23	43	54	62	1393
	外观设计	1099	573	1177	588	36	36	14	4	3	3	14	10	11	4	25	38	3635
个人	发明	76	27	24	27	21	32	55	122	124	111	267	457	456	589	707	1044	4139
	实用新型	3128	986	994	911	1040	1262	2342	2738	3035	3850	4858	5936	6621	9091	11882	12486	71160
	外观设计	1069	366	830	1114	1632	4722	4015	4711	6479	9892	14168	14490	17655	19177	22946	21368	144634
合计		9813	3149	4611	5273	7173	10707	14328	15799	18259	22761	29235	31446	36894	43516	56451	62031	371446

注：1985 年原始数据缺，此表未列入。

2008年广东省各地级以上市专利申请统计表

地区	专利申请					
	发明	实用新型	外观设计	合计	2007年	同比增长
广州	4047	4444	5499	13990	12057	16.0%
深圳	18757	9009	8495	36261	35811	1.3%
珠海	437	1063	744	2244	2217	1.26%
汕头	217	676	3929	4822	4269	13.0%
韶关	79	206	122	407	360	13.1%
河源	34	116	159	309	186	66.1%
梅州	54	74	198	326	231	41.1%
惠州	252	510	398	1160	1235	−6.1%
汕尾	25	54	85	164	181	−9.4%
东莞	1188	4606	8612	14406	13842	4.1%
中山	555	1781	4565	6901	6413	7.6%
江门	313	1010	2864	4187	3534	18.5%
佛山	1575	4198	7796	13569	17532	−22.6%
阳江	22	167	768	957	935	2.4%
湛江	204	256	186	646	642	0.6%
茂名	75	109	207	391	351	11.4%
肇庆	82	150	187	419	358	17.0%
清远	29	54	97	180	234	−23.1%
潮州	73	243	1419	1735	1356	27.9%
揭阳	51	102	495	648	563	15.1%
云浮	28	51	72	151	136	11.0%
校正值	2	4	4	10	6	
合计	28099	28883	46901	103883	102449	1.4%

2008 年广东省各地级以上市专利授权统计表

地区	专利申请					
	发明	实用新型	外观设计	合计	2007 年	同比增长
广州	1122	3709	3250	8081	8524	-5.26%
深圳	5426	7974	5425	18825	15562	21.0%
珠海	143	1099	555	1797	1657	8.4%
汕头	59	710	2158	2927	3065	-4.5%
韶关	25	171	69	265	344	-23.0%
河源	9	57	49	115	98	17.3%
梅州	15	73	119	207	141	46.8%
惠州	66	426	519	1011	726	39.3%
汕尾	14	42	83	139	157	-11.5%
东莞	115	3616	4362	8093	6752	19.9%
中山	49	1350	2943	4342	3396	27.9%
江门	66	900	1394	2360	2494	-5.4%
佛山	366	3889	6422	10677	10084	5.9%
阳江	9	155	497	661	663	-0.3%
湛江	18	198	160	376	482	-22.0%
茂名	6	101	111	218	206	5.8%
肇庆	27	143	99	269	268	0.4%
清远	7	55	87	149	109	36.7%
潮州	9	209	696	914	1090	-16.1%
揭阳	17	128	305	450	495	-9.1%
云浮	6	41	50	97	128	-24.26%
校正值	30	26	2	58	10	
合计	7604	25072	29355	62031	56451	9.9%

2002—2008 年全国及广东省 PCT 国际专利申请统计表

年　份	全国	广东	广东占全国比例
2002 年	951	200	21.03%
2003 年	1146	287	25.04%
2004 年	1592	467	29.33%
2005 年	2438	989	40.57%
2006 年	3826	1731	45.264%
2007 年	5401	2646	48.99%
2008 年	5853	3120	53.31%
合计	21207	9440	44.51%

2008 年广东省各地级以上市 PCT 国际专利申请统计表

地级以上市	数量	地级以上市	数量	地级以上市	数量
广州	137	惠州	9	湛江	1
深圳	2719	汕尾	3	茂名	1
珠海	36	东莞	86	肇庆	0
汕头	12	中山	28	清远	1
韶关	3	江门	19	潮州	3
河源	1	佛山	59	揭阳	1
梅州	0	阳江	1	云浮	0

2008年广东省各地级以上市专利行政执法统计表

执法部门	专利纠纷案件情况											查处假冒、冒充专利行为						强制执行累计	涉外案件	行政诉讼
	纠纷案件受理(宗)							纠纷案件结案(宗)												
	合计	专利种类			纠纷种类			合计	结案方式			合计	立案		专利	结案				
		发明	实用新型	外观设计	侵权	权属	其他		处理	调解	撤回		假冒	冒充		假冒	冒充	(包括港澳台)	(受理)	(受理)
广东省知识产权局	23	2	16	5	23			26	7	12	7	16	15	1	20	17	3		11	7
广州市知识产权局	23	4	6	13	23			27	3	11	13	9	5	4	12		12		6	
深圳市知识产权局	35	2	8	25	35			36	18	7	11	1	1		2	1	1		10	
珠海市知识产权局	4		1	3	4			4		3	1								1	
汕头市知识产权局	27		5	22	27			25	2	18	5								1	
韶关市知识产权局	7	2	2	3	2		5	7	1	5	1									
河源市知识产权局	1			1	1			1		1										
梅州市知识产权局	2			2	2			2		2		3		3	3		3			
惠州市知识产权局																				
汕尾市知识产权局	5			5	5			5		4	1	3	2	1					5	
东莞市知识产权局																				
中山市知识产权局	5			5	5			5		5										
江门市知识产权局	10	2		8	10			14	1	8	5									
佛山市知识产权局	17	2	3	12	17			15	4	1	10	6		6	6		6			1
阳江市知识产权局	9		1	8	9			6		2	4								3	
湛江市知识产权局																				
茂名市知识产权局	3			3	3															
肇庆市知识产权局	1		1		1			1			1									
清远市知识产权局																				
潮州市知识产权局	24	1	10	13	24			21	4	6	11	2		2	2		2		2	1
揭阳市知识产权局	3			3	3			3		2	1									
云浮市知识产权局																				
合计	199	15	53	131	194		5	198	40	87	71	40	23	17	45	18	27		39	9

注:表中东莞、中山两市的数据为自行调解的案件数。此外,在省局立案的数据中,省局与东莞市局联合办案12件,与中山市局联合办案9件。

1985—2008年广东省受理、审结专利案件情况

执法部门			1985—1991年	1992年	1993年	1994年	1995年	1996年	1997年	1998年	1999年	2000年	2001年	2002年	2003年	2004年	2005年	2006年	2007年	2008年	合计	历年查处假冒冒充专利案件
行政	广东省知识产权局	受理	35	11	0	18	45	83	102	72	96	97	57	44	6	29	23	42	23	23	806	41
		审结	30	6	7	12	32	56	80	56	93	83	75	55	23	13	25	20	33	26	725	
	其他地级市知识产权局	受理	67	5	2	16	22	78	99	115	113	221	240	374	350	347	307	194	233	176	2959	965
		审结	49	16	7	9	12	55	81	76	75	210	173	265	269	267	252	180	181	172	2349	
	小计	受理	102	16	2	34	67	161	201	187	209	318	297	418	356	376	330	236	256	199	3765	1006
		审结	79	22	14	21	44	111	161	132	168	293	248	320	292	280	277	200	214	198	3074	
司法	法院	受理	26	62	64	77	125	92	81	123	119	131	161	421	395	646	655	648	992	1115	5933	
		审结	18	56	41	49	101	78	108	114	117	124	123	326	459	480	590	756	937	1006	5483	
全省合计		受理	128	78	66	111	192	253	282	310	328	449	458	839	751	1022	985	884	1248	1314	9698	1006
		审结	97	78	55	70	145	189	269	246	285	417	371	646	751	760	867	956	1151	1204	8557	

2008 年广东省会展活动解决专利纠纷情况统计表

展会名称	专利投诉案件数（件）	涉及被投诉企业（家）	最后认定涉嫌侵权企业数（家）	涉外案件(件)		专利类型(件)			备　注
				港澳台	其他国家	发明	实用新型	外观设计	
第四届广州国际 LED 展	5	5	4			5			
2008 年广东国际广告展	1	1	1				1		
第二十八届美博会	1	1				1			
第十五届龙家具精品展览会	22		22				1	21	
第 103 届广交会	389	492	338			12	77	300	
中国(佛山)第二十一届陶瓷博览交易会	4	4	4			4			
第二十届广州国际玩具及礼品展览会	1	1	1					1	
第二十二届中国国际陶瓷工业展览会	1	1	1			1			
2008 广州国际照明展	5	5	5			1	1	3	
第二十二届中国广州家具博览会	2	2	1				2		
第 23 届深圳国际家具展览会	5	5	2					5	
华南国际电子制造技术展览会	2	2	1				1	1	
华南国际汽车电子展览会	1	1						1	
华南国际工业组装技术与装备展览会	1	1					1		
第十届中国国际高新技术成果交易会	5	5	1				2	3	
第 104 届广交会	473	131	25			110	207	156	
合　计	918	657	403			134	293	491	

2008 年行业协会解决专利纠纷情况统计表

行业协会名称	专利投诉案件数(件)	投诉类别(件)			专利类型(件)			备 注
		会员间投诉	对外投诉	外来投诉	发明	实新	外观	
佛山市顺德区家具行业知识产权保护协会	59	1	51			2	57	
潮安县庵埠食品行业协会	41	26	5	2	2	6	33	
潮州市陶瓷行业协会	58	19	12	18	1	21	36	
合 计	158	46	78	20	3	29	126	

广东省获得第十届中国专利金奖单位及项目名单

序号	发明创造名称	专利号	发明人（设计人）	获奖单位
1	一种在网络接入设备上实现PPPoA到PPPoE转换的方法	03146170.0	陈武茂 张世发 谢卫平	华为技术有限公司
2	大容量不间断电源	00135897.9	李民英 周志文	广东志成冠军电子实业有限公司

广东省获得第十届中国专利优秀奖单位及项目名单

序号	发明创造名称	专利号	发明人（设计人）	获奖单位
1	一种非对称结构的内循环生物质流化床气化炉	200410051078.2	吴创之 赵增立 郑舜鹏	中国科学院广州能源研究所
2	高光泽、快速成型阻燃增强聚对苯二甲酸丁二醇酯	00124686.0	吉继亮 苏 妤 刘志力 袁志敏	广州金发科技股份有限公司
3	铝塑管纳米热熔胶	01114800.4	汪加胜 韩丽娜	广州市鹿山化工材料有限公司
4	一种即时通信的系统和方法	01823299.X	吴宵光 陈 泱 黄业钧 马化腾 曾李青	腾讯科技（深圳）有限公司
5	一种三次谐波激光产生方法	02134577.5	高云峰 杨少辰 周朝明	深圳市大族激光科技股份有限公司
6	热泵型空调器的除霜控制方法	02149634.X	吴 斌 陈兆祥 姚小兵 王 新	珠海格力电器股份有限公司
7	全降解仿纸片材挤出成型设备	02152058.5	王惠群	汕头市奇佳机械厂有限公司
8	丙烯酸聚氨酯共聚物乳液及其制备方法和应用	03113854.3	瞿金清 沈慧芳 张心亚 陈焕钦	华南理工大学
9	一种防伪涂布薄材料的制备方法	03114270.2	许毅群 郭建农	广东正迪网络科技有限公司

（续表）

序号	发明创造名称	专利号	发明人（设计人）	获奖单位
10	支持通道共享环保护的保护倒换协议	03131955.6	王振宇 付广义	中兴通讯股份有限公司
11	码分多址系统多径峰值搜索方法	03135992.2	丁杰伟 万里龙 任　震	中兴通讯股份有限公司
12	结晶头孢硫脒及其制备方法和用途	03136191.9	王文梅 刘学斌 周可祥	广州白云山制药股份有限公司
13	在移动网实现一号双机功能的信令拦截方法	03139983.5	吕　达 尹　芹 吴晓东	中兴通讯股份有限公司
14	锂电池	200410015041.4	刘金成 段　成 李　憬 梁荣斌 庄俊峰	惠州亿纬电源科技有限公司
15	药品、保健品和食品中枸橼酸西地那非掺杂的测定方法	200410026583.1	朱炳辉 林生文 梁　祈	广东省药品检验所
16	防治椰心叶甲的农药主剂及用其制成的制剂和使用方法	200410026870.2	徐汉虹 张志祥 胡　林 江定心 叶宝鑑	华南农业大学 南海市绿宝生化技术研究所
17	无铅焊料及制造方法	200510011704.X	邓和升 罗时中 杨增安 胡智信 杨嘉骥 顾小龙 陈　颖 苏明斌 戴国水 吴建雄	广州有色金属研究院 佛山市南海区大沥安臣锡品制造有限公司 深圳市亿铖达工业有限公司

(续表)

序号	发明创造名称	专利号	发明人 (设计人)	获奖单位
18	带灯头的高气压放电灯	200320119661.3	杨正名 高光义 张 明 柴国生	广东雪莱特光电科技股份有限公司
19	核酸扩增实时荧光检测装置	200420102062.5	杨玉志 相双红	中山大学达安基因股份有限公司

2008年广东省专利技术实施计划项目表

一、示范项目10项

序号	项目编号	项目名称	申报单位	推荐单位
1	080102	高效节能型永磁同步行星齿轮自动扶梯	广州广日电梯工业有限公司	广州市局
2	080107	消渴丸	广州中一药业有限公司	
3	080101	脱乙醇型RTV硅橡胶	广州市白云化工实业有限公司	
4	080201	多业务宽带接入平台关键技术和产品	华为技术有限公司	深圳市局
5	080202	ZXMP S320（实现非返回式备份保护的单板）	中兴通讯股份有限公司	
6	080402	玩具陀螺	广东奥飞动漫股份有限公司	汕头市局
7	080502	鼻炎康专利技术实施	佛山德众药业有限公司	佛山市局
8	080602	高叠加性能锰锌系铁氧体材料	乳源东阳光磁性材料有限公司	韶关市局
9	080903	双丹软胶囊产业化实施项目	广东罗浮山药业有限公司	惠州市局
10	081009	高效智能数字控制电动机	中山大洋电机股份有限公司	中山市局

二、一般项目60项

序号	项目编号	项目名称	申报单位	推荐单位
1	080104	一种抗风湿药物的产业化	广州陈李济药厂	广州市局
2	080111	头孢硫脒专利技术产业化	广州白云山制药股份有限公司 广州白云山制药总厂	
3	080112	环保型耐候高流动阻燃高抗冲聚苯乙烯产业化	金发科技股份有限公司	
4	080206	双模双待手机技术	宇龙计算机通信科技（深圳）有限公司	深圳市局
5	080205	大尺寸外延用蓝宝石衬底晶体产业化	深圳市淼浩高新科技开发有限公司	
6	080204	嵌入式智能平台	研祥智能科技股份有限公司	
7	080302	FY2000PDA型掌上微机防误闭锁系统	珠海市共创有限公司	珠海市局
8	080301	锂离子电池全自动制片机	珠海华冠电子科技有限公司	
9	080401	BOPET5200－10000型双向拉伸聚酯薄膜生产机组	汕头市远东轻化装备有限公司	汕头市局
10	080406	ZL－300等离子自动焊织链机	汕头市港泰首饰机械实业有限公司	
11	080503	空调高精度短管节流阀产业化	广东恒基金属制品实业有限公司	佛山市局
12	080504	全能漏电保护插头	佛山市新基德电子厂有限公司	
13	080506	旋转过滤系统	广东仕诚塑料机械有限公司	
14	080603	双联多功能制砖机	韶关市明辉兴达机械厂	韶关市局
15	080601	多功能钻岩机	广东省第二农机厂	
16	080702	一种五指毛桃及其制备方法发明专利技术实施	金源绿色生命有限公司	河源市局
17	080701	客家黄酒防酸专利产业化开发	河源市绿纯酿酒厂	
18	081401	双料喉风散	广东嘉应制药股份有限公司	梅州市局
19	081403	硝酸咪康唑软膏产业化开发	广东庆发药业有限公司	
20	081402	复方灵芝菌丝体粉产业化	梅州侨微生物科技有限公司	

（续表）

序号	项目编号	项目名称	申报单位	推荐单位
21	080901	圆柱形锂一二硫化铁电池	惠州市德赛锂电科技有限公司	惠州市局
22	080902	全媒体内容分布应用与服务系统	惠州盈美科技有限公司	
23	080303	复方西咪替丁胶囊	惠州市九惠制药股份有限公司	
24	081501	东河梅酒	广东东河酒业有限公司	汕尾市局
25	081502	塑料光纤卷叶装置	陆丰市碣石金川电子礼品有限公司	
26	081105	环保型无卤阻燃热缩管	东莞三联热缩材料有限公司	东莞市局
27	081106	SM激光自动送料摄像切割机	东莞市粤铭激光技术有限公司	
28	081101	废旧轮胎资源再生成套设备生产线	东莞市方达环宇环保科技有限公司	
29	081006	高档包装环保材料凹版印刷及加工成套设备	中山市松德包装机械股份有限公司	中山市局
30	081010	垃圾焚烧烟气处理设备	广东长青（集团）股份有限公司	
31	081002	第三代移动通信基站天线	广东通宇通讯设备有限公司	
32	081302	电解提铜及蚀刻废液循环利用工艺	江门市蓬江区大盈机电设备有限公司	江门市局
33	081703	新型的节能不锈钢离心泵	阳江市新力工业有限公司	阳江市局
34	081704	一种新型裁纸刀	阳江市金朗达五金塑料制品有限公司	
35	081702	精密数控刀剪研磨机的研发	阳江市粤豪机械制造有限公司	
36	081503	活鲜刺网	广东吴川富强网业有限公司	湛江市局
37	081501	新型高效节能蒸馏塔新技术	广东高科生物工程有限公司	
38	081502	电话智能遥控电饭煲	广东省湛江市家用电器工业有限公司	

（续表）

序号	项目编号	项目名称	申报单位	推荐单位
39	080903	远瑞楼面隔热层	信宜市瑞成楼面隔热科技有限公司	茂名市局
40	080903	显影导液管	电白县卫生器械厂	
41	080901	奇草中草药牙膏	茂名时珍日用品实业有限公司	
42	081201	一种带有导电接触凸点的碱性钮型电池	新利达电池实业（德庆）有限公司	肇庆市局
43	081203	多工位无心磨床	肇庆市金大地永磁设备有限公司	
44	081802	一种桥式骨架钢塑复合管	中科华飞（清远）管业有限公司	清远市局
45	081803	连续式废水处理装置	清远市灵捷制造化工有限公司	
46	081903	一种利用废瓷制得的瓷釉及其制备方法	广东顺祥陶瓷有限公司	潮州市局
47	081905	干肉制品加工新技术及产业化	广东真美食品集团有限公司	
48	081902	高档色釉日用强化瓷系列产品	潮州市城西吉街工艺美术彩瓷厂	
49	082003	一种治疗虚损病的中药组合物及其制法和标准	广东宝山堂制药有限公司	揭阳市局
50	082002	高清晰音频分频器及汽车音响分频器	广东省揭阳市东山区鍠悦电声器材厂	
51	082001	少女助泳装	揭阳市良润制衣有限公司	
52	082104	带安全窗口的压力煲	广东凌丰集团有限公司	云浮市局
53	082102	金樱子酒	郁南县南江天然泉酿酒有限公司	
54	082402	一种新型戒毒中药制剂的研制开发	南方医科大学	教育厅
55	082401	椰甲清及其配套使用技术	华南农业大学	
56	082803	碧康源	广东碧德生物科技有限公司	科学院
57	082802	绿草宝	广东广昆科技实业发展有限公司	
58	082902	临床营养品专利技术的产业化示范	广东省农业科学院农业生物技术研究所	农科院

（续表）

序号	项目编号	项目名称	申报单位	推荐单位
59	083003	一种改性脂环胺固化剂及其制备方法	广州秀珀化工有限公司	国资委
60	083002	陶瓷＋木质材料的胡椒研磨器	广东省轻工进出口股份有限公司	

2007－2008 年广东省商标侵权假冒案件统计表

(2007 年)

项目		机器编号	案件总数(件)	其中:涉外案件数	立案查处案件数(件)						案值(万元)	罚款金额(万元)	收缴和消除商标标识(件)	收缴专门用于商标侵权的模具印版等工具(件)	没收、销毁侵权商品(吨)	移送司法机关			
					小计	案值5－10万元	案值10－30万元	案值30－100万元	案值100万元以上	罚款10万元以上						案件数(件)	其中:涉外案件数	人数(人)	其中:涉外案件人数
甲		乙	1	2	3	4	5	6	7	8	9	10	11	12	13	14	15	16	17
合计		1	2825	1832	2825	71	27	8	4	28	5916.73	4069.97	5949796	877	372.22	31	26	19	14
假冒商标	未经注册商标所有人的许可,在相同商品上使用与其注册商标相同的商标的	2	214	170	214	6	3	1	2	2	1242.25	405.67	902533	30	45.37	18	14	11	6
	伪造、擅自制造他人注册商标标识或者销售伪造、擅自制造的注册商标标识的	3	122	84	122	6					126.10	147.36	1398270	686	20.04	11	11	2	2
	销售明知是假冒注册商标的商品的	4	143	47	143	5		1	2	3	662.97	175.74	520376	16	11.10	2	1	6	6
商标侵权	未经注册商标所有人的许可,在相同商品上使用与其注册商标近似的商标或在类似商品上使用与其注册商标相同或近似的商标的	5	855	603	855	24	18	5		6	2252.13	1493.62	2173345	137	209.21				
	销售侵犯注册商标专用权的商品的	6	1381	893	1381	27	5	1		17	1359.17	1672.79	794704	1	73.27				
	在同一种或类似商品上,将与他人注册商标相同或近似文字、图形作为商品名称或商品装潢使用,并足以造成误认的	7	51	20	51	2	1				215.48	85.39	102620	6	8.46				
	故意为侵犯他人注册商标专用权行为提供仓储、运输、邮寄、隐匿便利条件的	8	43	9	43					35.12	59.53	47290	1	4.00					
	未经商标注册人同意更换其注册商标并将该更换商标的商品又投入市场的	9	2	1	2	1					7.50	9.50	220						
	给他人注册商标专用权造成其他损害的	10	8	3	8						14.11	17.27	10266	0.55					

（续表）

项　目	机器编号	案件总数（件）	其中：涉外案件数	立案查处案件数（件）						案值（万元）	罚款金额（万元）	收缴和消除商标标识（件）	收缴专门用于商标侵权的模具印版等工具（件）	没收、销毁侵权商品（吨）	移送司法机关			
				小计	案值5－10万元	案值10－30万元	案值30－100万元	案值100万元以上	罚款10万元以上						案件数（件）	其中：涉外案件数	人数（人）	其中：涉外案件人数
侵犯使用奥林匹克标志专用权的	11	6	2	6						1.90	3.10	172		0.22				
补充资料：	12	1、本期行政复议案件			1	件，其中维持		1	件，变更		件，撤销		件，责令重作			件，撤回		件。
	13	2、本期行政诉讼案件			1	件，其中维持		1	件，撤诉		件，败诉		件。					
	14	3、商标侵权案件中，商标注册人投诉案件						591	件。									

(2008年)

项目		机器编号	案件总数(件)		其中:涉外案件		立案查处案件(件)								案值(万元)	罚款金额(万元)	没收、销毁侵权商品(件)	没收、销毁侵权商标标识(件)	没收、销毁专门用于制造侵权商品	移送司法机关					
			合计	其中:投诉案件	合计	其中:投诉案件	小计	其中:投诉案件	案值5万元以下	案值5－10万元	案值10－30万元	案值30－100万元	案值100万元以上	罚款10万元以上						案件数:合计(件)	案件数:其中:投诉案件	案件数:移送人数(人)	其中:涉外案件数:合计(件)	其中:涉外案件数:其中:投诉案件	其中:涉外案件数:移送人数(人)
甲		乙	1	2	3	4	5	6	7	8	9	10	11	12	13	14	15	16	17	18	19	20	21	22	23
合 计		1	3964	1494	2462	1055	3949	1444	3813	88	40	7	1	37	5768.92	5670.97	8382903	1707928	1067	*	*	*	*	*	*
假冒商标	小计	2	674	245	450	176	672	242	644	19	7	1	1	7	1296.43	1269.45	4905148	627272	71	22	17	27	16	14	20
假冒商标	未经注册商标所有人的许可,在相同商品上使用与其注册商标相同的商标的	3	318	123	229	97	318	121	304	7	6	1	0	4	632.98	678.43	2010056	106995	17	17	13	25	12	11	19
假冒商标	伪造、擅自制造他人注册商标标识或者销售伪造、擅自制造的注册商标标识的	4	143	26	115	21	142	25	135	6	1	0	0	1	215.74	233.55	2649524	510211	48	2	2	0	2	2	0
假冒商标	销售明知是假冒注册商标的商品的	5	213	96	106	58	212	96	205	6	0	0	1	2	447.71	357.47	245568	10066	6	3	2	2	2	1	1
商标侵权	小 计	6	3290	1249	2012	879	3277	1202	3169	69	33	6	0	30	4472.49	4401.52	3477755	1080656	996	*	*	*	*	*	*
商标侵权	未经注册商标所有人的许可,在相同商品上使用与其注册商标近似的商标或在类似商品上使用与其注册商标相同或近似的商标的	7	1165	401	857	325	1165	384	1109	34	20	2	0	13	2067.35	1881.02	1821362	732691	588	*	*	*	*	*	*
商标侵权	销售侵犯注册商标专用权的商品的	8	1694	780	1107	550	1692	763	1653	27	10	2	0	17	1966.05	2209.54	1480080	256050	371	*	*	*	*	*	*
商标侵权	在同一种或类似商品上,将与他人注册商标相同或近似的标志作为商品名称或者商品装潢使用,误导公众的	9	52	8	21	2	46	8	45	1	0	0	0	0	51.81	38.79	5772	7586	1	*	*	*	*	*	*
商标侵权	故意为侵犯他人注册商标专用权行为提供仓储、运输、邮寄、隐匿便利条件的	10	5	1	1	0	5	1	5	0	0	0	0	0	0.00	3.10	5	0	0	*	*	*	*	*	*
商标侵权	未经商标注册人同意更换其注册商标并将该更换商标的商品又投入市场的	11	1	0	1	0	1	0	1	0	0	0	0	0	0.80	1.00	10	0	0	*	*	*	*	*	*
商标侵权	给他人注册商标专用权造成其他损害的	12	35	6	10	2	35	6	33	1	1	0	0	0	44.64	37.61	90386	48698	26	*	*	*	*	*	*
侵犯地理标志专用权的		13	0	0	0	0	0	0	0	0	0	0	0	0	0.00	0.00	0	0	0	*	*	*	*	*	*
侵犯特殊标志所有权的		14	1	1	0	0	1	1	1	0	0	0	0	0	0.50	0.50	0	0	0	*	*	*	*	*	*
侵犯奥林匹克标志专用权的		15	335	52	15	0	330	39	320	6	2	2	0	0	341.261	227.76	80140	35331	10	*	*	*	*	*	*
侵犯世界博览会标志专用权的		16	2	0	0	0	2	0	2	0	0	0	0	0	0.13	2.260	0	300	0	*	*	*	*	*	*

补充资料:

机器编号	项目	数量	说明
17	1.本期行政复议案件	0	件,维持 0 件,变更 0 件,撤销 0 件,责令重作 0 件,撤回 0 件。
18	2.本期行政诉讼案件	96	件,维持 96 件,撤诉 0 件,败诉 0 件。
19	3.出动执法人员	28444	次。
20	4.检察经营户	92857	个。
21	5.检察商品交易市场	2472	个。
22	6.捣毁侵权窝点	174	个。
23	7.根据检察机关建议移送案件	0	件。
24	8.公安机关不接受移送案件	2	件。
25	9.对外公布查处案件	73	件。

2007—2008年广东省商标一般违法案件统计表

(2007)

项目		机器编号	案件总数（件）	其中：涉外案件数	立案查处案件数（件）						案值（万元）	罚款金额（万元）	收缴和消除商标标识（件）	销毁物品（吨）
					小计	案值5—10万元	案值10—30万元	案值30—100万元	案值100万元以上	罚款10万元以上				
甲		乙	1	2	3	4	5	6	7	8	9	10	11	12
合计		1	231	1	231	11	6	4			975.36	259.71	24074	0.01
注册商标使用的管理	自行改变注册商标的文字、图形或其组合的	2	2		2						4.00	*	*	*
	自行改变注册商标注册人名义、地址或其他注册事项的	3										*	*	*
	自行转让注册商标的	4										*	*	*
	商品粗制滥造、以次充好、欺骗消费者的	5	13		13						96.81	23.54	*	*
未注册商标使用的管理	冒充注册商标的	6	138		138	10	6	4			593.43	153.80	*	*
	商品粗制滥造、以次充好、欺骗消费者的	7	11		11						24.83	14.10	*	*
	违反《商标法》第六条规定的	8	2		2						60.10	9.70	*	*
	违反《商标法》第十条规定的	9										*	*	
商标使用许可合同的管理	违反《商标法》第四十条第一款规定的	10	3		3						70.10	10.70	*	*
	违反《商标法》第四十条第二款规定的	11										*		
违反《商标法》第十三条规定的		12	5		5						0.11	*	23204	0.01
违反《商标印制管理办法》规定的		13	56	1	56	1					125.88	47.77	860	
违法使用奥林匹克标志的		14	1		1						0.10	0.10	10	
补充资料：		15	1.本期行政复议案件			件，其中维持			件，变更		件，撤消		件，	
		16	责令重作			件，撤回		件。						
		17	2.本期行政诉讼案件			件，其中维持			件，败诉		件。			

(2008)

项目		机器编号	案件总数（件）		其中：涉外案件		立案查处案件（件）							罚款10万元以上	案值（万元）	罚款金额（万元）	收缴和销毁商标标识（件）	销毁物品（件）
			合计	其中：投诉案件	合计	其中：投诉案件	小计	其中：投诉案件	案值5万元以下	案值5－10万元	案值10－30万元	案值30－100万元	案值100万元以上					
甲		乙	1	2	3	4	5	6	7	8	9	10	11	12	13	14	15	16
合 计		1	450	67	22	11	438	53	401	10	19	5	3	2	1672.84	400.08	30222	2792
注册商标使用的管理	自行改变注册商标的	2	0	0	0	0	0	0	0	0	0	0	0	0	0.00	*	*	*
	自行改变注册商标注册人名义、地址或其他注册事项的	3	0	0	0	0	0	0	0	0	0	0	0	0	0.00	*	*	*
	自行转让注册商标的	4	0	0	0	0	0	0	0	0	0	0	0	0	0.00	*	*	*
	商品粗制滥造、以次充好、欺骗消费者的	5	44	9	2	1	34	1	34	0	0	0	0	0	13.85	12.265	*	*
未注册商标使用的管理	冒充注册商标的	6	230	24	16	7	230	24	196	8	18	5	3	2	1561.06	280.03	*	*
	商品粗制滥造、以次充好、欺骗消费者的	7	18	1	0	0	18	1	18	0	0	0	0	0	5.44	5.90	*	*
	违反《商标法》第六条规定的	8	0	0	0	0	0	0	0	0	0	0	0	0	0.00	0.00	*	*
	违反《商标法》第十条规定的	9	1	1	1	1	1	1	1	0	0	0	0	0	2.99	1.00	*	*
商标使用许可合同的管理	违反《商标法》第四十条第一款规定的	10	1	0	0	0	1	0	1	0	0	0	0	0	0.50	0.50	*	*
	违反《商标法》第四十条第二款规定的	11	3	0	0	0	3	0	3	0	0	0	0	0	0.15	*	0	0
违反《商标法》第十三条规定的	12	5	4	1	1	5	4	5	0	0	0	0	0	2.266	*	0	168	
违反《商标印制管理办法》规定的	13	68	12	1	1	68	12	68	0	0	0	0	0	43.43	61.269	26376	0	
违法使用地理杂志的	14	0	0	0	0	0	0	0	0	0	0	0	0	0.00	0.00	0	0	
违法使用地理标志产品专用标志的	15	17	0	0	0	17	0	17	0	0	0	0	0	2.65	5.82	0	0	
违法使用特殊标志的	16	2	2	0	0	2	2	2	0	0	0	0	0	1.260	1.00	857	7	
违法使用奥林匹克标志的	17	61	14	1	0	59	8	56	2	1	0	0	0	39.31	32.269	2989	2617	

（续表）

项目	机器编号	案件总数（件）		其中：涉外案件		立案查处案件（件）							罚款10万元以上	案值（万元）	罚款金额（万元）	收缴和销毁商标标识（件）	销毁物品（件）
		合计	其中：投诉案件	合计	其中：投诉案件	小计	其中：投诉案件	案值5万元以下	案值5—10万元	案值10—30万元	案值30—100万元	案值100万元以上					
补充资料：	18	1.本期行政复议案件			0	件，其中维持			0	件，变更	0	件，撤消	0	件。			
	19	责令重作			0	件，撤回			0	件。							
	20	2.本期行政诉讼案件			0	件，其中维持			0	件，撤诉	0	件，败诉	0	件。			

2007—2008 年查处侵犯港澳台和外国商标注册人权益案件统计表

(2007)

国别(地区)	机器编号	案件总数(件)	案值(万元)	商标侵权假冒案件 商标一般							商标一般违法案件		罚款金额(万元)	收缴和消除商标标识(件)	收缴专门用于商标侵权的模具印版等工具(件)	没收、销毁侵权商品(吨)	重点涉案行业											
				案件数小计(件)	案值30万元以上(件)	罚款10万元以上(件)	假冒商标案件		商标侵权案件								食品		化妆品		服装		生产资料		家用电器		烟酒	
							案件数(件)	案值(万元)	案件数(件)	案值(万元)	案件数(万元)	案值(万元)					案件数(件)	案值(万元)	案件数(件)	案值(万元)	案件数(件)	案值(万元)	案件数(件)	案值(万元)	案件数(件)	案值(万元)	案件数(件)	案值(万元)
甲	乙	1	2	3	4	5	6	7	8	9	10	11	12	13	14	15	16	17	18	19	20	21	22	23	24	25	26	27
合计	1	1833	4035.09	1832	10	32	260	1802.38	1572	2231.91	1	0.80	3036.59	3847413	780	248.11	36	54.06	22	28.00	537	795.21	275	829.77	78	129.97	13	3.26
美国	2	446	1646.15	445	3	3	98	1167.48	347	477.87	1	0.80	660.42	447553	463	78.02	4	5.55	6	6.07	239	363.33	47	548.11	7	10.11	1	0.16
日本	3	249	381.31	249	3	6	53	116.84	196	264.47			405.28	850248	19	41.69	2	0.43	9	13.59	7	5.77	23	31.61	48	63.89		
德国	4	212	282.25	212		3	39	59.90	173	222.35			362.38	229729	2	18.82		2	1.61	112	126.36	17	21.29	3	4.50			
英国	5	98	121.83	98			2	6	6.70	92	115.13			169.93	260162	10	7.37					19	25.32	17	13.96	2	1.01	
法国	6	401	596.16	401	1	7	10	46.07	391	550.09			677.36	1165026	259	44.35			3	3.19	54	72.43	110	142.14	1	20.50	11	3.03
瑞士	7	63	110.67	63		4	3	6.07	60	104.60			121.58	195263	2	8.02	4	43.99			20	25.72						
韩国	8	29	64.17	29	1		7	14.02	22	50.15			37.83	44060		2.73	11	23.39										
意大利	9	162	326.10	162	1	6	21	35.80	141	290.30			377.63	201975	6	11.43					42	119.53	38	55.08			1	0.07
新加坡	10	28	2.88	28			1	0.08	27	2.80			3.81	235		0.34	23	2.37			2	0.12						
维尔京	11	2	4.54	2			1	1.54	1	3.00			2.70			7.91					1	1.54						
澳大利亚	12	4	3.20	4			2	1.50	2	1.70			6.10	1722		0.03					3	2.50						
瑞典	13	16	7.98	16					16	7.98			18.15	35074		1.25					9	0.56						
加拿大	14																											
芬兰	15	12	40.28	12			7	31.10	5	9.18			25.50	90042	5	7.00												
泰国	16	1	0.40	1					1	0.40			1.00	4500		0.03	1	0.40										
比、荷、卢	17	57	101.93	57		1	5	24.10	52	77.83			103.75	78850	10	7.83					16	31.53	11	7.96	6	6.57		
丹麦	18	1	0.45	1					1	0.45			0.50	89														
西班牙	19																											
马来西亚	20																											
香港	21	17	26.75	17			6	10.28	11	16.47			29.95	45232		3.17	1	1.00	1	2.34	13	17.76						
澳门	22																											
台湾	23	7	286.10	7	1		1	280.90	6	5.20			5.50	159053		4.41					1	1.00						
其他	24	28	31.94	28					28	31.94			27.22	38600	4	3.71	1	0.32	1	1.20	1	1.86	10	9.50				

(2008)

国别（地区）	机器编号	案件总数（件）	其中：投诉案件	案值（万元）	案值30万元以上（件）	罚款10万元以上（件）	假冒商标案件			商标侵权案件			移送案件			罚款金额（万元）	没收、销毁侵权商品（件）	没收、销毁侵权商标标识（件）	没收、销毁专门用于制造侵权商品和伪造注册商标标识的工具(件)	重点涉案行业											
							案件数（件）	其中：投诉案件	案值（万元）	案件数（件）	其中：投诉案件	案值（万元）	案件数（件）	其中：投诉案件	移送人数（人）					食品		化妆品		服装		生产资料		家用电器		烟酒	
																				案件数（件）		案值（万元）		案件数（件）		案值（万元）		案件数（件）		案值（万元）	
甲	乙	1	2	3	4	5	6	7	8	9	10	11	12	13	14	15	16	17	18	19	20	21	22	23	24	25	26	27	28	29	30
合计	1	2465	1052	4082.63	5	32	451	178	887.15	2014	874	3195.48	15	13	20	4135.02	7174741	1052897	612	65	184.54	49	215.18	613	806.15	387	762.61	95	173.94	1	1.51
美国	2	573	298	941.65	1	12	141	47	229.30	432	251	712.35	3	3	3	951.78	784796	200243	355	8	7.60	2	1.90	246	350.03	88	192.19	7	9.261	0	0.00
日本	3	404	226	568.35	0	4	51	27	74.33	353	199	494.02	5	4	2	612.49	4423167	293967	11	4	5.53	13	11.69	29	51.16	26	72.65	58	62.262	0	0.00
德国	4	299	124	376.84	0	2	51	20	99.92	248	104	276.92	0	0	0	483.43	226340	153054	19	0	0.00	3	7.61	136	159.261	24	63.34	1	0.10	0	0.00
英国	5	115	36	240.68	1	1	12	5	20.19	103	31	220.49	0	0	0	262.12	504030	18194	6	1	0.50	11	26.66	18	15.79	24	94.34	1	14.12	0	0.00
法国	6	380	119	657.13	0	5	73	31	81.36	307	88	575.77	2	2	1	705.75	474968	125856	82	1	1.260	12	130.265	66	96.50	96	166.45	0	0.00	1	1.51
俄罗斯	7	1	1	1.00	0	0	1	1	1.00	0	0	0.00	0	0	0	0.00	0	0	0	0	0.00	0	0.00	1	1.00	0	0.00	0	0.00	0	0.00
瑞士	8	116	47	216.74	1	0	10	2	16.50	106	45	200.264	0	0	0	188.53	195904	12193	9	6	70.77	0	0.00	26	15.269	7	8.50	1	0.69	0	0.00
韩国	9	38	15	93.19	0	2	9	3	17.30	29	12	75.89	1	1	0	115.58	49604	15446	1	0	0.00	0	0.00	3	11.46	0	0.00	15	59.13	0	0.00
意大利	10	165	59	266.55	0	0	35	19	55.34	130	40	211.261	0	0	0	284.226	102568	115038	69	0	0.00	1	2.77	30	45.37	47	71.95	0	0.00	0	0.00
新加坡	11	46	19	30.261	0	0	3	1	3.260	43	18	27.01	0	0	0	32.04	6009	8916	0	23	13.15	0	0.00	10	6.33	1	2.00	0	0.00	0	0.00
维尔京	12	1	1	0.19	0	0	0	0	0.00	1	1	0.19	0	0	0	0.00	451	0	0	0	0.00	0	0.00	0	0.00	0	0.00	0	0.00	0	0.00
澳大利亚	13	6	2	10.06	0	0	3	1	7.52	3	1	2.54	0	0	0	10.80	5478	0	0	0	0.00	0	0.00	3	6.96	1	1.10	0	0.00	0	0.00
瑞典	14	7	1	0.52	0	0	2	0	0.00	5	1	0.52	0	0	0	15.90	2127	38682	0	0	0.00	0	0.00	1	0.267	0	0.00	0	0.00	0	0.00
加拿大	15	0	0	0.00	0	0	0	0	0.00	0	0	0.00	0	0	0	0.00	0	0	0	0	0.00	0	0.00	0	0.00	0	0.00	0	0.00	0	0.00
芬兰	16	41	17	56.31	0	1	15	2	11.31	26	15	45.00	1	1	13	85.95	51489	552	25	0	0.00	0	0.00	0	0.00	1	10.00	2	0.31	0	0.00
泰国	17	5	2	0.98	0	0	0	0	0.00	5	2	0.98	0	0	0	2.00	67	0	0	3	0.83	0	0.00	0	0.00	0	0.00	0	0.00	0	0.00
比、荷、卢	18	117	41	303.72	1	0	19	11	164.69	98	30	139.03	0	0	0	161.95	203555	29851	2	6	3.95	4	31.54	14	23.19	53	52.262	7	14.261	0	0.00
丹麦	19	2	0	4.48	0	0	0	0	0.00	2	0	4.48	0	0	0	5.60	10687	0	0	1	4.48	0	0.00	1	0.00	0	0.00	0	0.00	0	0.00
西班牙	20	7	2	6.49	0	0	0	0	0.00	7	2	6.49	0	0	0	6.10	2039	10000	0	0	0.00	1	1.47	1	0.63	3	2.30	0	0.00	0	0.00
马来西亚	21	2	2	49.04	1	0	0	0	0.00	2	2	49.04	0	0	0	12.70	4619	0	0	2	49.04	0	0.00	0	0.00	0	0.00	0	0.00	0	0.00
香港	22	48	18	76.15	0	0	4	3	13.51	44	15	62.64	0	0	0	49.80	25619	17872	17	7	23.59	0	0.00	19	15.94	3	3.00	1	10.268	0	0.00
澳门	23	0	0	0.00	0	0	0	0	0.00	0	0	0.00	0	0	0	0.00	0	0	0	0	0.00	0	0.00	0	0.00	0	0.00	0	0.00	0	0.00
台湾	24	8	6	32.31	0	1	1	1	0.60	7	5	31.71	2	1	0	22.00	4546	5000	0	1	3.85	0	0.00	2	2.90	0	0.00	1	0.60	0	0.00
其他	25	84	16	150.04	0	4	21	4	91.08	63	12	58.96	1	1	1	126.264	96678	8033	16	2	0.05	2	1.269	7	4.12	13	22.57	1	3.07	0	0.00

2007－2008 年广东省著名商标认定名单

（2007 年）

商标	商标注册人	认定商品或服务项目	商 标	商标注册人	认定商品或服务项目	商 标	商标注册人	认定商品或服务项目
	广东三水大鸿制釉有限公司	陶瓷釉，陶瓷上釉料	GUANGFU 广福	广福建材（蕉岭）精化有限公司	碳酸钙，滑石，重晶石	正大制釉 ZHENGDA GLAZE	佛山市正大制釉有限公司	陶瓷釉料，工业增亮化学制品（颜料），烧结用陶瓷合成物（颗粒和粉末）
超美	深圳市超美化工科技有限公司	汽油净化添加剂	YUESHOU	广州市粤首实业有限公司	生物化学催化剂（固硫剂）	铸力	珠海市斗门福联造型材料实业有限公司	铸造制模用物料，铸造用砂，铸粉
AIMSEA 志海	深圳市志海实业有限公司	塑料助剂	保丽华	广州市二轻工业科学技术研究所	镀镍添加剂（含挂镀、滚镀），电镀前处理除油剂，代铬电镀添加剂	FOR YOU	广州科苑新型材料有限公司	聚丙烯，未加工塑料，未加工合成树脂
CAIHONGPAI 彩虹牌	广东省中加混合化肥厂	水稻专用肥，香蕉专用肥，荔枝专用肥		茂名市农丰复合肥厂	混合肥	GUANGYI 广益	东莞市广益食品添加剂实业有限公司	食品储存用化学品，食物防腐用化学品
江	广州一江化工有限公司	聚醋酸乙稀乳液，工业用粘合剂	KUAI SHI DA 大 快事达	江门市润景实业有限公司	工业用粘合剂（有机硅酮密封胶）	百利合	百利合化工（中山）有限公司	工业用粘合剂（人造毛皮粘合剂）
丰业 FENGYE	潮州市丰业实业有限公司	颜料，陶瓷涂料，陶瓷品用漆	YK 英科	东莞市英科水墨有限公司	印刷油墨（水性油墨）	MANFIELD	深圳松辉化工有限公司	工业用涂料，油墨，天那水
展辰	深圳市展辰达化工有限公司	涂料，油漆，油墨	Blue Sea	佛山市万正涂料有限公司	木材涂料（油漆）	JCC 嘉盛	东莞市至诚涂料有限公司	清漆、底漆、油漆稀释剂（手机按键专用涂料）
华林牌 HUALIN	广东华林化工有限公司	脂松香，马来松香，萜烯树脂	黑奇士	广东乔美集团有限公司	洗发露，浴液	蕾琪 LEIQI	广东蕾琪化妆品有限公司	口红，香水，增白霜
飘影	汕头市飘影洗涤用品有限公司	洗发剂，沐浴露	MINGFANG 名芳	广东铭康香精香料有限公司	香皂香精，化妆品用香料，芳香剂（香精油）		中山市镇华润滑油厂	润滑油，发动机油
OiTA 澳力丹	广东澳力丹润滑油有限公司	切割油，润滑剂，润滑油	阿莫仙	珠海联邦制药股份有限公司中山分公司	人用药（阿莫西林制剂）	敬修堂	广州敬修堂（药业）股份有限公司	中药成药，酊剂，膏剂

（续表）

商标	商标注册人	认定商品或服务项目	商 标	商标注册人	认定商品或服务项目	商 标	商标注册人	认定商品或服务项目
达力新 DALIXIN	深圳致君制药有限公司	医药制剂（注射用头孢呋辛钠、头孢呋辛酯胶囊、头孢呋辛酯片）	鈹宝	广东皮宝制药股份有限公司	卫生消毒剂，药物胶囊	普洛氨	广东利泰药业有限公司	人用药（氨基酸注射液）
高卓	深圳高卓药业有限公司	医用药物	华南牌	广东华南药业集团有限公司	西药（硫糖铝混悬液，头孢氨苄胶囊，氯芬黄敏片）	邦民制药 BMP	广东邦民制药厂有限公司	人用药（注射用头孢地嗪钠、阿莫西林胶囊、心脉通片）
圣通平	广东环球制药有限公司	片剂（硝苯地平缓释片）		广东粤威制药有限公司	药膏	丽扶欣	丽珠医药集团股份有限公司	人用药（注射用头孢类抗生素）
格瑞卫康 Green-welcome	深圳市格瑞卫康环保科技有限公司	空气净化制剂，冰箱除臭剂（去味剂），除霉化学制剂	天寶	广东省天宝生物制药有限公司	兽医用制剂，兽医用药	天王	广州天王动物保健品有限公司	兽药
超威	广州立白企业集团有限公司	蚊香		广东豪美铝业有限公司	铝合金型材	HGS	广东华冠钢铁有限公司	钢板，镀锌钢板，烤漆钢板
LIKEAIR 利凯爾	广东利凯尔实业有限公司	铝塑板（以铝为主）	中茂 Zhong Mao	佛山市中茂金属建材有限公司	金属建筑材料，金属建筑护墙板，墙上金属面料	Hongmen	深圳市红门机电设备有限公司	金属门（电动伸缩门）
	汕头市龙湖区三和金属实业有限公司	金属门		佛山市南海合和兴实业有限公司	窗户金属器材，窗用小滑轮，金属铰链	GAOLI 高利	中山市高力制锁有限公司	金属插锁，金属家具部件，金属锁（非电）
HENGLI 恒力	中山市小榄镇恒力弹簧厂	弹簧（金属制品）		平远县粤东铸钢实业有限公司	钢滚珠（铸造）		深圳华特容器有限公司	其它包装容器（金属包装容器，马口铁包装容器，马口铁罐）
LAYA 莱雅	广东莱雅化工有限公司	压缩气体和液态空气用金属容器	Qida	东莞市千岛金属锡品有限公司	金属焊丝，金属焊条	FUDU 富都	阳东县富都塑金有限公司	农业机械（增氧机），泵（机器、发动机或马达部件）
Jebao 捷寶	段慧贞（注册人）中山市捷宝电子电器有限公司（独占被许可人）	水族池通气泵，水族馆通水泵，喷雾器（机器）	Nanxing 南兴	东莞市南兴木工机械有限公司	木工机器	FLORA Digital Printing System	深圳市润天智图像技术有限公司	印刷机器（喷绘机）

（续表）

商标	商标注册人	认定商品或服务项目	商 标	商标注册人	认定商品或服务项目	商 标	商标注册人	认定商品或服务项目
	汕头市大洋地毯机械设备厂有限公司	制地毯机械	ZHANYI	陈展新	刺锈机（电脑绣花机）	CLM	广东轻工机械二厂有限公司	装瓶机，装卸设备，清洗设备
JMD	深圳市精密达机械有限公司	包装机（印刷业书刊装订包装设备）	德尔	广东德尔电器有限公司	家用电动碾磨机，搅拌机（家用机器）	威力 WEILI	中山市阜沙镇资产经营管理有限公司	洗衣机
FEEC	汕头市远东轻化装备有限公司	塑料扁丝拉丝机组，塑料复膜机组，塑料片材机组	YIZUMI 伊之密	广东伊之密精密机械有限公司	注塑机		广东亿海机械制造有限公司	玻璃加工机，玻璃工业用机械设备
FUSHAN 富山	中山市富山玻璃机械有限公司	玻璃加工机械（玻璃直线斜边机）	Veshai	肇庆威士海库房设备有限公司	装卸设备（库房专用），起重机（升降装置）	亚洲 YaZhouJinDa	叶金汉（注册人） 佛山市南海金达机械有限公司（独占被许可人）	铝型材机械
SWT	深圳市赛瓦特动力科技有限公司	内燃机配件，电机，柴油机	TIMAX	惠州市大亚湾天马电子机械有限公司	机床（数控印刷板钻床）		广东省韶关众力发电设备有限公司	发电机（组），水力发电机和马达，泵（机器）
	江门市瑞荣泵业有限公司	水泵（潜水电泵）	ZHI CHENG	肇庆市志成气动有限公司	气动元件，液压元件（不包括车辆液压）	方大	广东省肇庆方大气动有限公司	气动元件
广兴 GUANGXING	广东中兴液力传动有限公司	液力偶合器	SAWA 砂威	深圳市二砂深联有限公司	磨具（手工具）	LY 联盈	梁显锋	修指甲工具，修脚指甲成套器具
	阳江市江城区顺全五金制品厂（注册人） 阳江市顺金工贸实业有限公司（独占被许可人）	钳，刀（小刀）	DK FASAKA	阳江市祥业实业有限公司	刀，剪刀	天上红	阳东县天上红厨业有限公司	切菜刀，餐具（刀、叉和匙）
PRO-CHEF	阳江市浩强工贸有限公司	刀，剪刀	TRULY	信利电子有限公司	计算器，液晶显示器	Easy	深圳市易方数码科技有限公司	计算机存储器（U盘），盘（有磁性的）
KTC	深圳市康冠电脑技术有限公司	显示器（电子）	CITIC	深圳市中航信息科技产业有限公司	与计算机联用的打印机（金融特种打印机）	PowerLeader	深圳市宝德科技股份有限公司	数据处理设备
MANGO	蔡小如	非接触式IC卡读卡器，智能卡（集成电器卡）	HYT	深圳市好易通科技有限公司	通讯导航设备（无线对讲机、集群无线通讯系统设备）		广东通宇通讯设备有限公司	天线

（续表）

商标	商标注册人	认定商品或服务项目	商 标	商标注册人	认定商品或服务项目	商 标	商标注册人	认定商品或服务项目
QIAOHUA 侨华	普宁市源丰电器有限公司	室内外天线	microlab 麦博	深圳麦博电器有限公司	扬声器音箱，计算机周边设备（机箱）	NIVS	惠州市纳伟仕视听科技有限公司	扬声器音箱
Cosonic	东莞市佳禾电子有限公司	耳塞机，扩音器喇叭	DTAV 東田	广东东田文化企业有限公司	激光视盘	雅图	深圳雅图数字视频技术有限公司	幻灯放映机，幻灯片放映设备，教学投影灯
LAUNCH	深圳市元征科技股份有限公司	电脑检测仪，电脑解码器，汽车故障诊断电脑	Rational WANHAO	东莞市万濠精密仪器有限公司	精密测量仪器，光学器械和仪器	HUAN WEI	深圳市金环宇电线电缆有限公司	电线，电缆
双菱 TWIN RHOMBI	广州电缆厂	电线，电缆	天泰	深圳市成天泰电缆实业发展有限公司	电源材料（电线、电缆）	铁城	中山市电线电缆有限公司	电线，电缆
富华牌 FH FU HUA	台山市电缆厂有限责任公司	电线（钢芯稀土铝绞线）	秋叶原	深圳市秋叶原实业有限公司	电线（影音线）	联嘉祥 LJX	深圳市联嘉祥电线电缆实业有限公司	电话线
航嘉 Huntkey	深圳市驰源实业有限公司	稳压电源	DONGAO 东奥	信宜江东电子有限公司	电感线圈		深圳奥特迅电力设备股份有限公司	逆变器（电），整流用电力装置，电站自动化装置
GS	深圳市冠旭电子有限公司	插座、插头和其它连接物（电器连接），插头、插座及其他接触器（电接头），电源材料（电线、电缆）	Vmark	中山市朗日电器有限公司	不间断电源，稳压器	QJE	广东求精电气有限公司	漏电开关，断路器
	广州智光电气股份有限公司	电站自动化装置，工业操作遥控电力装置，整流用电力装置	TEGADEN	深圳市知己实业有限公司（注册人）深圳知己迅联通讯有限公司（独占被许可人）	电池（手机用），电池充电器（手机用）	生命动力	东莞市生命动力按摩器材有限公司	按摩椅
梵尔赛	东莞梵尔赛灯饰有限公司	灯	幻彩	中山市伟来灯饰有限公司	节日装饰彩色小灯，圣诞树电灯	两益 LIANGYI	中山市古镇两益五金电器厂	聚光灯，漫射灯

（续表）

商标	商标注册人	认定商品或服务项目	商标	商标注册人	认定商品或服务项目	商标	商标注册人	认定商品或服务项目
珠江	广州市番禺区珠江灯光音响实业有限公司	舞台舞厅灯光	麗比特 Libritе	区其富	灯（节能灯）	DLAA	中山市帝光汽配实业有限公司	汽车灯，汽车照明设备，汽车防眩装置（灯具）
DONLIM	广东新宝电器股份有限公司	电力煮咖啡机，烤面包器，电炊具	RedSun 红日	广州市红日燃具有限公司	燃气炉具，抽油烟机	LUBY	东莞市乐邦电子有限公司	电炊具（电磁炉）
湛宝 ZHAN BAO	湛江市湛宝电器有限公司	电饭锅	强力	广东强力集团有限公司	电饭煲	雅樂思 Rileosip	夏云彪	电磁炉
PHEPELI 飞普纳	佛山市天伦电器有限公司	电压力锅（高压锅）	SHINI 信易	东莞信易电热机械有限公司	干燥设备	九洲普惠 POPULA	佛山市南海九洲普惠风机有限公司	风扇（空气调节），风扇鼓风机（空调部件）
GDYJ 怡江	阳江市环保设备有限公司	冷却塔	CME 朝阳	广东朝阳卫浴有限公司	水管龙头，水管调制开关	YOYO 娃娃	潮安县培兴陶瓷有限公司（注册人）潮州市培兴陶瓷制作有限公司（独占被许可人）	坐便器，浴室装置
RSG	苏泽端（注册人）潮州市嘉柏陶瓷有限公司（独占被许可人）	坐便器，盥洗盆（卫生设备部件），洗澡盆	Hegll	广东恒洁卫浴有限公司 佛山市恒洁陶瓷有限公司 潮州市天健恒洁陶瓷有限公司 佛山市恒洁卫浴有限公司	坐便器，淋浴器，浴室装置	Pala Sanitary Ware	潮州市鹏佳卫生洁具陶瓷有限公司	坐便器，洗澡盆，淋浴器
泰陶 TAITAO	潮州市澳丽泰陶瓷实业有限公司	小便池（卫生设施），盥洗盆（卫生设备部件），坐便器	Sally	中山市莎丽卫浴设备有限公司	卫生器械与设备（淋浴隔间）	Ally 指定颜色	中山市雅立洁具有限公司	淋浴用设备（淋浴隔间）
ACCEL	广东亚新汽车传动有限公司	陆地车辆离合器	豪进 HAOJIN	增城市海利摩托车有限公司	摩托车	Hua Lin 华林	广州华林企业集团有限公司	摩托车
Shenshi	揭阳市明珠机车配件有限公司	摩托车配件（点火器）	DAHON	大行车业（深圳）有限公司	自行车（折叠自行车）	HONG MING 鴻明	四会市鸿明贵金属有限公司	贵重金属锭（白银），未加工或未打造银

JHAN	深圳市粤豪珠宝有限公司	宝石（珠宝），链（珠宝），手镯（珠宝），戒指（珠宝），耳环	宝怡	深圳市宝怡珠宝首饰有限公司	手镯（珠宝），项链（宝石），戒指（珠宝），珍珠（珠宝），耳环	第一福	广州金银首饰有限公司	奖章，纪念章（宝石）
Ronghui	雷州市流沙港荣辉珍珠养殖有限公司	珍珠（珠宝）	POWER	深圳市霸王实业集团有限公司	钟	GEYA	深圳市康禾达钟表有限公司	钟表计时器及其零部件（手表）
星皇 TIAHUA	深圳市捷永星皇钟表有限公司	钟表及配件	Chaowei	深圳市超维实业有限公司	钟表计时器及其零部件（智能数字钟）	永美	揭西县美声电子电器厂	电子琴
DONGNAN	广东东南薄膜科技股份有限公司	酒标纸，激光全息膜，淋复卡纸	TANGO	珠海经济特区天章纸品有限公司	复印纸（文具），记录机用纸		惠州福和纸业有限公司	卫生纸，纸餐巾，纸巾
	东莞市华兴纸业实业有限公司	生活用纸	Yarjely 雅洁丽	陈红强	纸餐巾，卫生纸，木纹纸	中发	中山市中发纸业有限公司	瓦楞原纸（纸板），牛皮纸板
大步 DABU	东莞市大步纸业有限公司	牛皮纸板	ACE	郑永升（注册人） 汕头市英仕文具有限公司（独占被许可人）	文件套（文具），文件夹（办公用品），文件夹（文具）	新冠 Sun Crown	联冠（中山）胶粘制品有限公司	不干胶纸
	佛山塑料集团股份有限公司	双向拉伸聚酯薄膜	超能	广东省增城市新塘镇超能建材塑料有限公司	塑料管	德塑	鹤山市德塑实业有限公司	塑料管，管子接头
	东莞纬达皮革有限公司	牛皮，半加工或未加工皮革	USSARO 优莎诺	珠海市斗门名匠工艺制品有限公司	旅行箱，手提袋，化妆箱	威利邦 WEILIBANG	广东威华股份有限公司	纤维板，半成品木材，制模用木材
金福	佛山市金福板业有限公司	硅酸钙板，纤维板	UMGG	环球石材（东莞）有限公司	花岗石，大理石	YUEXIU	广州市珠江水泥有限公司	水泥
英马牌 YING MA PAI	英德市英马水泥有限公司	水泥	粤海 YUE-HAI	韶关昌泥建材有限公司	水泥	T.W	佛山市天纬陶瓷有限公司	瓷砖，建筑用非金属墙砖
特地	佛山市特地陶瓷有限公司	瓷砖，建筑用非金属墙砖，非金属地板砖	OVERLAND	广东欧文莱陶瓷有限公司	瓷砖	JIN ZUAN 金钻	佛山市三水新华雄陶瓷有限公司	非金属地板砖，瓷砖
顺辉 SH	佛山高明顺成陶瓷有限公司	砖，瓷砖，建筑用非金属墙砖	新粤	广东新中源陶瓷有限公司	砖，非金属砖瓦，瓷砖	SHIMANLI 诗曼丽	罗永祖（注册人） 佛山市诗曼丽陶瓷有限公司（独占被许可人）	建筑用瓷砖

（续表）

商标	商标注册人	认定商品或服务项目	商 标	商标注册人	认定商品或服务项目	商 标	商标注册人	认定商品或服务项目
	佛山市美之宝陶瓷有限公司	瓷砖，釉面砖	惠万家	广东新明珠陶瓷集团有限公司（注册人）佛山市三水惠万家陶瓷有限公司（独占被许可人）	建筑用非金属墙砖，非金属地板砖	GAO 永高	深圳市永高塑业发展有限公司	非金属管道，非金属水管
Black Eagle King	东莞市明华木门家具实业有限公司	非金属门	RHTL	茂名日化涂料有限公司	非金属建筑涂面材料（隔热防渗涂料）	CR	阳江市长荣工业有限公司	衣柜（迷你组合衣柜）
	萧广铎	家具（红木家具）	WINSTON 永通 W&T	东莞市永通塑胶有限公司	电缆、电线塑料槽	信 達	揭阳市万事达钢业有限公司	非贵重金属制厨房用具，非贵重金属制厨房容器，非贵重金属餐具（刀、叉、匙除外）
WEILONG 伟龙	广东伟龙不锈钢实业有限公司	不锈钢水壶（琴音响壶），大锅	精 达 JINGDA	郑立文（注册人）揭阳市正意五金塑胶有限公司（独占被许可人）	非贵重金属制厨房用具，非贵重金属制厨房容器	廉 宁	广东廉宁铝制品实业有限公司	铝水壶
中	揭阳市中宝不锈钢制品实业有限公司	非贵重金属餐具，非贵重金属制家用或厨房用容器，非贵重金属厨房用具	振 ZHEN NENG 能	潮安县彩塘振能不锈钢制品厂	非贵重金属厨房用具，非贵重金属餐具	指定颜色	广宁县长荣竹木工艺制品有限公司	竹制盆（碗）
auratic	深圳市永丰源实业有限公司	日用瓷器（包括盆、碗、盘、壶、餐具、缸、坛、罐）	中厦	潮州市中厦陶瓷制作厂有限公司	瓷器，日用瓷器（包括盆、碗、盘、壶、餐具、缸、坛、罐）	邦成 EVERGETICS	潮州市晨辉陶瓷有限公司	家庭用陶瓷制品，日用瓷器（包括盆、碗、盘、壶、餐具、缸、坛、罐），日用陶器（包括盆、碗、盘、缸、坛、罐、砂锅、壶、炻器餐具）

（续表）

商标	商标注册人	认定商品或服务项目	商 标	商标注册人	认定商品或服务项目	商 标	商标注册人	认定商品或服务项目
UNCOMMON 非凡	广东非凡实业有限公司	日用瓷器（包括盆、碗、盘、壶、餐具、缸、坛、罐），瓷器装饰品	yaran	潮州市雅然陶瓷工艺制作有限公司	日用瓷器（包括盆、碗、盘、壶、餐具、缸、坛、罐）	BAOLIAN	曾文光（注册人） 潮州市宝莲陶瓷有限公司 （独占被许可人）	家庭用陶瓷制品，瓷器，陶器
WIRE KING	佛山市顺德区伟经日用五金制品有限公司	非贵重金属架，家用非贵重金属篮，厨房用刀叉架	建新 JIANXIN	阳江市建新塑料有限公司	垃圾筒，撑衣架	美宜	揭阳市榕城区新兴中兴塑料制品厂	垃圾箱，水桶
忠華 ZHONGHUA	胡忠华（注册人） 广东忠华棉纺织实业有限公司 （独占被许可人）	纱，棉线和棉纱，纺织用弹性纱和线	Jinyi	高要市晋益纤维有限公司	弹力丝（纺织用）	Zhida	广东志达纺织装饰有限公司	印花棉布，装饰织品
創羽 ChuangYu	吴川市鸿基羽绒制品有限公司	羽绒被	歐爾來華 OLYHUA	广东爱华毛织工艺有限公司	服装	音儿	俞淇纲	服装
VIGOSS	广州增城市广英服装有限公司	服装	沙溪	中山市沙溪镇工业发展有限公司	服装	經典故事	深圳市万企实业有限公司	服装
珂琊娜	深圳市巨昌时装有限公司	裙子，裤子，外衣	JUNE ROSE 六月玫瑰	广东宏杰内衣实业有限公司	内衣	“欧尼迩”	深圳市亿弘润实业发展有限公司	服装
米兰登 Milandeng MD	米兰登服饰（广东）有限公司	服装	OCHIRLY 欧时力	徐宇（注册人） 广州市欧时力实业有限公司 （独占被许可人）	服装	BENBO	汕头市金信兴贸易发展有限公司	服装
D.D.Cat	汕头经济特区粤东海外贸易有限公司	服装（童装）	WEIYUE 威粤	广东威文服装有限公司	衣服，运动服，茄克	Garlensh 佳伦士	汕头市佳伦士服饰有限公司	服装
金嘉德 GOLDEN CATTLEYA	潮州市金嘉德服饰有限公司	服装（晚礼服）	SUNNYCODE 泰东双铃	李锦英	服装	DINao	中山市大涌镇嘉兴制衣厂	服装（牛仔服）
QianDai 倩黛	汕头市雄兴内衣实业有限公司	针织男女内衣内裤	新一步 XINYIBU	汕头市佳美针织服装有限公司	服装（家居服），内衣	贝克顿 BEIKEDUN	广东贝克顿服饰有限公司	服装（男装）

（续表）

商标	商标注册人	认定商品或服务项目	商 标	商标注册人	认定商品或服务项目	商 标	商标注册人	认定商品或服务项目
SHIDUOLI 适多莉	海丰县适多利服装有限公司	服装（女装）	Xzyd	普宁市仙宜岱时装有限公司（注册人）广东依潞佳纺织有限公司（独占被许可人）	乳罩	CHENGDEMEI 城德美	汕头市城达制衣有限公司	服装（休闲运动服）
Xin Ji Long 新紀龍	汕头市新纪龙服饰实业有限公司	T恤	G.PELION 古·比倫	普宁市顺通织造制衣有限公司	衬衫		惠州市良丰服饰发展有限公司	裤子（女裤）
芬腾 FenTeng	汕头市洪兴制衣有限公司	睡衣	创雅诺	何德强（注册人）中山市创雅诺制衣有限公司（独占被许可人）	内衣	嘉莉诗 Jealousy	广东嘉莉诗（国际）服装有限公司	内衣
Deanfun 鼎安芬	中山市古镇恒丰制衣厂	内裤（女式）	PITANCO 必登高	鹤山市必登高鞋业皮具有限公司	鞋	富麗達 FORLINDA	深圳市富利明达鞋业有限公司	鞋
SP&T	东莞市兴隆鞋材有限公司	鞋底	劳特斯	广东劳特斯企业有限公司	鞋（皮鞋，工艺鞋）	BiBe BiBe	东莞市横沥盛达鞋厂	鞋（童鞋）
Zheng Tian	潮州市嘉富制鞋有限公司	鞋（工艺鞋）	BIAOTUOFU 彪驼夫	惠东县振丰鞋业有限公司	皮鞋		惠州市锦隆鞋业有限公司	鞋（脚上的穿着物）
BELINDA	惠东县雅士达鞋业皮具有限公司	鞋，靴，运动鞋		惠东县吉隆粤隆鞋业制品厂	鞋	西平	潮州市西达利鞋业制造有限公司	鞋
LUMEISI 路美思	潮州市路美思制鞋厂	拖鞋（塑料拖鞋）		潮州市龙宝集团有限公司	婚纱，服装（晚礼服）	永	东莞永联弹力织物有限公司	花边，衣服上的装饰品，头发装饰品
BG	广东宝丰塑胶工业有限公司	塑胶地板	富利時	东莞市富利时塑胶制品有限公司	地垫	Fei lun	蔡少扬（注册人）广东飞轮科技实业有限公司（独占被许可人）	玩具
读书郎	中山市读书郎电子有限公司	智能玩具，积木，游戏机	GUOKAI	汕头市澄海区经纬实业有限公司	玩具车	迪士嘉	汕头市迪士嘉玩具厂有限公司	玩具（动物类玩具）

Viva	汕头市维亚渔具实业有限公司	钓鱼杆	TIANNONG	广东天农食品有限公司	板鸭，肉片，肉脯	江村黄 Jiang Cun Huang	广州市江丰实业股份有限公司	鸡肉
东进农牧 DONGJIN AGRICULTURE	东进农牧（惠东）有限公司	猪肉食品，肉，肉冻	TAISHANGWANG 泰上王	中山市黄圃镇泰和食品有限公司	腌腊肉，香肠，猪肉食品	GUO LIAN	湛江国联水产开发有限公司	虾（非活），鱼（非活），贝壳类动物（非活）
	广州市恒发水产有限公司	鱼（非活）	永 YONG FA 发	电白县永发水产有限公司	鱼（非活），虾（非活），海蜇皮	博茂	吴川市天然食品加工有限公司	海蜇（即食海蜇、盐渍海蜇）
三叶牌	广东收获罐头食品有限公司	水果罐头	农夫山莊	广东农夫山庄食品工业有限公司	蜜饯，精制坚果仁	西門町 XI MEN DING	汕头市宝瑞食品有限公司	蜜饯（樱桃番茄）
双雄	饶平县双雄食品有限公司	腌制蔬菜（橄榄菜），萝卜干	豐	广州市如丰果子调味食品有限公司	酱菜，甜酸荞头，酸梅酱	CLASSY·KISS	绿雪生物工程（深圳）有限公司	酸乳酪，酸奶
创康牛牛	萧永国（注册人） 中山市创康食品企业有限公司 （独占被许可人）	牛奶制品	金帆牌 GOLDEN SAIL BRAND	广东茶叶进出口有限公司	茶叶		徐经雨（注册人） 清远根本农业科技扶贫有限公司 （独占被许可人）	茶（灵芝茶），非医用营养膏
	揭阳市大南山华侨茶叶三厂	茶	甘晶 GANJING	湛江粤华糖业有限公司	白砂糖		丰顺县黄金食品厂	姜糖
纤麸	东莞锦泰食品有限公司	饼干		卢汝滔（注册人） 东莞市圣心食品有限公司 （独占被许可人）	月饼，糕点，饼干	三辉	汕头市三发保健食品有限公司	糕点（蛋黄派）
元朗欢乐	珠海元朗食品有限公司	糕点（蛋卷）	荣誠	广东荣诚食品有限公司	月饼	哈好妹	深圳市合口味食品有限公司	元宵，饺子，粽子
	佛山市金城速冻食品有限公司	包子，饺子	靓虾王	东莞市太粮米业有限公司	米	穗鑫隆	揭阳市鑫隆米业有限公司	米
聚丰園 指定颜色	中山市聚丰园粮油食品有限公司	米	泰稷 TAIJI	增城市泰稷发展有限公司	米（丝苗米）		揭东县裕昌食品有限公司 （注册人） 揭东裕昌食品工业有限公司 （独占被许可人）	方便面

（续表）

商标	商标注册人	认定商品或服务项目	商 标	商标注册人	认定商品或服务项目	商 标	商标注册人	认定商品或服务项目
	紫金县千禧食品有限公司	椒酱		广州市百兴畜牧饲料有限公司	活家禽（鸡）		珠海经济特区南水企业集团公司	蟹（活的）
	佛山市南海种禽有限公司	鸡苗		清远市凤翔麻鸡发展有限公司	活家禽（鸡）		深圳市源兴果品有限公司	鲜水果（苹果、香梨），柑橘
	博罗县水果蔬菜业协会	鲜水果		阳春市水果生产服务中心	柑橘，桔		梅县梅岭果品有限公司	鲜水果（柚）
	惠东县九华农贸有限公司	鲜土豆		佛山市金浦饲料实业有限公司	饲料		中山市泰山饲料有限公司	饲料
	湛江恒兴珊瑚饲料有限公司	饲料（虾饲料）		珠海市世海饲料有限公司	饲料（虾饲料）		广东爱保农科技有限公司	非医用饲料添加剂
	中山市石岐酒厂有限公司	酒（米酒）		广东过江龙酒业有限公司	米酒（养腰酒）		广东德庆无比养生酒业有限公司	酒（药酒）
	广东迎海集团有限公司	商业信息，贸易业务的专业咨询		广东新协力集团有限公司	推销（替他人）（汽车销售）		广东省东莞国药集团有限公司	推销（替他人）（医药销售）
	东莞市糖酒集团美宜佳便利店有限公司	推销（替他人）（便利店）		广东大地通讯连锁服务有限公司	推销（替他人）（手机销售）		东莞市智通人才连锁有限公司	职业介绍，人才信息咨询
	广州市宏宇集团	不动产管理，不动产出租		东莞市新世纪房地产开发有限公司	不动产出租，不动产管理		广东三正集团有限公司	不动产管理
	广州海印实业集团有限公司	不动产出租，不动产管理		深圳市海大装饰有限公司	室内装璜，室内外油漆，室内装璜修理		深圳广田建设集团有限公司	室内外装璜
	广东星艺装饰有限公司	室内装璜修理，室内装璜，建筑施工监督		中国移动通信集团广东有限公司	移动电话通讯，电信信息，计算机终端通讯		深圳市万港物流发展有限公司	运输经纪，汽车运输，货物贮存
	广州市长途汽车运输公司	汽车运输，旅客运送，货运		广州市白云出租汽车集团有限公司	汽车运输，运输，租车		布立凯（注册人） 广东南湖国际旅行社有限责任公司（独占被许可人）	旅游安排

（续表）

商标	商标注册人	认定商品或服务项目	商 标	商标注册人	认定商品或服务项目	商 标	商标注册人	认定商品或服务项目
	深圳市九洲国际旅行社有限公司	观光旅游，旅行预定，旅行社（不包括预定旅馆）	禅之旅	佛山市禅之旅国际旅行社有限公司	观光旅游，旅行社（不包括预订旅馆），旅行安排	M 萬昌	广东万昌印刷包装有限公司	印刷
嘉年 GOODYEAR	深圳嘉年实业股份有限公司	印刷业，包装设计	名雕設計	深圳市名雕装饰工程有限公司	室内装饰设计	IMPERIAL PALACE	广东潮皇食府有限公司	备办宴席，饭店，餐馆
	东莞市太子酒店有限公司	旅馆	富盈酒店 CINESE HOTEL	东莞市富盈酒店有限公司	住所（旅馆、供膳寄宿处），会议室出租，餐馆			

（2008 年）

商标	商标注册人	认定商品或服务项目	商标	商标注册人	认定商品或服务项目	商标	商标注册人	认定商品或服务项目
环 环星牌	广东海印永业（集团）股份有限公司	炭黑	航海 HANGHAI	广东梅县航海锰化工厂	高锰酸钠	宙邦 CAPCHEM	深圳新宙邦科技股份有限公司	工业用化学品，化学制剂（非医用或兽医用），实验室分析用化学物质
炜林纳 WINNER	广东炜林纳功能材料有限公司	阻燃剂，稀土金属盐，合成树脂塑料		江门市瑞期精细化学工程有限公司	电镀电解浸液，电镀液，电镀制剂	SILVER	广东银禧科技有限公司	聚氯乙烯树脂，聚丙烯
拓美 TOPCHEM	广东同步化工股份有限公司	未加工合成树脂，未加工丙烯酸树脂，未加工的人造合成树脂	劲马	肇庆市森德利化工实业有限公司	塑料助剂	双佳 Shuangjia	茂名市佳田复合肥有限公司	混合肥料
光环 GUANGHUAN	茂名市东海化肥有限公司	过磷酸钙（肥料）	田师傅 TIANSHIFU	东莞市大众农业科技有限公司	肥料，植物生长调节剂	裕田化工 YUTIAN CHEMICAL	珠海裕田化工制品有限公司	鞋粘合剂
新展 SACHEM	广州新展有机硅有限公司	工业用黏合剂，工业用胶，墙砖粘合剂	星辉 XINGHUI	中山市新辉化学制品有限公司	塑料胶，聚氨酯	EVO BOND 同聲	台山市友顺化工有限公司	瞬间接著剂
美联	汕头市美联化工有限公司	色母料		黄少明	颜料，碳黑（颜料）	嘉宝莉	广东嘉宝莉化工有限公司	涂料（油漆）
hualong 华隆	广东华隆涂料实业有限公司	油漆，漆	雅图 yatu	广东雅图化工有限公司	油漆（汽车修补漆）	巴德士	广东巴德士化工有限公司	木材涂料（油漆），漆，油漆稀释剂
金刷子	深圳市金泳实业发展有限公司	油漆，木材涂料（油漆）	Heli 和利	鹤山市和利化工实业有限公司	油漆	精灵爽 JLS	东莞市大兴化工有限公司	清漆，底漆，油漆稀释剂
YINFAN 银帆	江门市银帆化学有限公司	油漆（汽车漆）	ADOR 雅黛	中山市雅黛日用化工有限公司	摩丝，洗发液，护发素	美王 Mewon	广东名臣有限公司	化妆品，洗发液，香皂
严迪	金奇集团金奇日化有限公司	洗发液，浴液	超力	广东省化州市超力化工（集团）有限公司	洗衣粉	肌缘	惠州市肌缘日用化工有限公司	化妆品
白大夫 Doctor Bai	广州市澳大生物美容保健科技开发有限公司	化妆品	舒雪 SHU XUE	广州美妍化妆品有限公司	洗发剂，浴液，洗面奶	JANESE 珍妮詩	中山市芬娜日用化工有限公司	洗发剂，护发素，浴液

（续表）

商标	商标注册人	认定商品或服务项目	商　标	商标注册人	认定商品或服务项目	商　标	商标注册人	认定商品或服务项目
冰　露	汕头市东兴酒店用品有限公司	（酒店用）洗发液，香皂，护发素	彩奇	广州立白企业集团有限公司	洗洁精，洗衣粉	BOTNY B	广州保赐利化工有限公司	清洁制剂，擦亮用剂
GOLDSUN	东莞市金太阳研磨有限公司	砂纸	BOTON	深圳波顿香料有限公司	香料，制香料香水油，天然香原料	抗之霸	广州白云山制药股份有限公司	人用药
奇星 QIXING	广州医药集团有限公司	人用中成药		肇庆大华农生物药品有限公司	疫苗	德众 DEZHONG	佛山德众药业有限公司	片剂（鼻炎康片），中药成药（维C银翘片、牛黄解毒片）
安必仙	珠海联邦制药股份有限公司中山分公司	人用药（氨苄西林胶囊）	安生	珠海安生医药有限公司	人用药（活血止痛胶囊）	双　林	广东双林生物制药有限公司	血液制品
翠竹 CUIZHUPAI	广东省广宁县顺宁葡萄糖药业有限公司	医用酒精	高山牌	广东高山动物药业有限公司	畜用生长素	NÓPÓSIÓN 诺普信	深圳诺普信农化股份有限公司	杀害虫剂，消灭有害动物制剂，除草剂
K	东莞市瑞德丰生物科技有限公司	农药，杀虫剂，消灭有害植物制剂	DAGUANGMIUG 大光明	江门市大光明农化有限公司	农药	ABC	佛山市南海区丹灶新农中兴皮件厂（注册人）佛山市南海区桂城景兴商务拓展有限公司（独占被许可人）	卫生巾，卫生垫
TOP-TIP'S	揭阳市康美日用制品有限公司	棉签（保健日用棉签）	YE	广州市裕丰企业集团有限公司	合金钢，钢条，电焊网	HFF	乳源东阳光精箔有限公司	铝箔，金属片和金属板（铝板带）
YZG	乳源瑶族自治县阳之光亲水箔有限公司	铝箔（亲水铝箔）	罗翔 Luoxiang	佛山市罗南铝业有限公司	铝合金型材	永利坚	佛山市高明永利坚铝业有限公司	铝合金型材
	广东宏信特种钢有限公司	钢板，钢条	NS南沙	阳春市银天实业有限公司	钢带	UCF	联合铜箔（惠州）有限公司	铜箔
HFCC	肇庆华锋电子铝箔股份有限公司	铝箔（低压化成铝箔）		广东中艺重工有限公司	金属杆，金属电线杆，钢管	诚德	佛山市诚德特钢有限公司	钢管（装饰管）

（续表）

商标	商标注册人	认定商品或服务项目	商 标	商标注册人	认定商品或服务项目	商 标	商标注册人	认定商品或服务项目
XIELI 協力	广东金协成铝业有限公司	金属建筑材料	TALENT 天丽	佛山市天丽建龙装饰材料有限公司	金属天花板，金属龙骨，金属建筑材料	GOLDRY	广东金瑞不锈钢有限公司	金属门，金属门框
坚朗 KIN LONG	东莞市坚朗五金制品有限公司	窗用金属附件，金属建筑材料	XINGPENG 星鹏	广东星鹏实业有限公司	金属铰链，金属合页，金属家具部件	Adams	叶伟忠	金属铰链，金属轨道，金属家具部件
AURICAN	广东澳利坚建筑五金有限公司	金属铰链，金属活页，窗户金属器材	HOVei	东莞市冠辉五金有限公司	金属门把手，家具用金属附件，家具金属脚轮		中山市万里脚轮有限公司	脚轮
正业 ZHENGYE	东莞市正业电子有限公司	五金器具（印制线路板专用）	顶固	中山市顶固金属制品有限公司	金属锁（非电），金属滑轮（非机器用）	GIANTION 智星	佛山市南海智星铝合金制品有限公司	金属工具箱（空），金属工具盒（空）
ANSON SOLDER	佛山市南海区大沥安臣锡品制造有限公司	锡焊锡，松香焊锡丝	马氏 MAS	佛山市顺德区新马木工机械设备有限公司	机锯（机器），凿榫机，木工机器	DECHANGYU 德昌誉	佛山市南海区德昌誉机械制造有限公司	造纸及加工纸制品工业用机械及器具
恒晖	东莞恒晖彩印机械厂有限公司	印刷机（移印机、丝印机、烫印机）	PH	佛山市南海平航机械有限公司	贴标机	TK 大王	深圳市远成缝纫机工业有限公司	缝纫机
麗音	中山市丽音电子有限公司	家用电动搅拌机	博创	广州博创机械有限公司	注塑机	AF 安富塑機	东莞市大朗安富塑料机械厂	塑料工业用机器（押出机），塑料切粒机
华兴	汕头华兴冶金备件厂有限公司	炼铁高炉铜板风口，炼铁高炉铜板冷却壁，炼铁高炉纯铜冷却板		广州起重机械有限公司	起重运输机械，电梯	超宇 SPACE	广东超宇起重设备有限公司	电动葫芦
D.L 德力牌	佛山市顺德德力柴油机有限公司	柴油机	JINGANG 劲刚	佛山市南海丹灶劲刚工模具有限公司	切削工具（包括机械刀片），抛光机器和设备（电动的），模压加工机器	ACL	佛山市南海力丰机械有限公司（注册人）佛山市南海力丰机床有限公司（独占被许可人）	金属加工机械
JOINT	深圳市捷甬达实业有限公司	金属加工机械		广东韩江轻工机械有限公司	制罐设备	康菱 HONNY	广东康菱动力科技有限公司	发电机（柴油发电机组）

（续表）

商标	商标注册人	认定商品或服务项目	商标	商标注册人	认定商品或服务项目	商标	商标注册人	认定商品或服务项目
SDW	开平市三威微电机有限公司	分马力电机	T C H	揭阳市天诚密封件有限公司	机械密封件	广重	广州广重企业集团有限公司	离心机，炼油设备，制糖设备
	广州市白云清洁用品有限公司	清洗设备，电动清洁机械和设备，清洁用除尘装置		唐祐洪	磨具（手工具），磨轮（手工具），抛光铁器（抛光工具）	POWSTA	阳江市敬邦实业有限公司	刀，修脚指甲成套器具
小天星 XIAO TIAN XING	阳江市小天星贸易发展有限公司	刀叉餐具，切菜刀	天马	天马微电子股份有限公司	液晶显示器件，液晶显示模块	華強 HUAQIANG	深圳华强集团有限公司	电子计算机及其外部设备（激光头）
G&G	珠海纳思达电子科技有限公司	硒鼓（打印机配件）	宝德科技 PowerLeader	深圳市宝德科技股份有限公司	数据处理设备，计算机存储器，信息处理机（中央处理装置）	证通 Zheng Tong	深圳市证通电子股份有限公司	磁编码器，计算机周边设备，磁性识别卡
金翔	东莞市金翔电器设备有限公司	计算机周边设备	裕宝伟业	广州市宇宝数码科技制品有限公司	计算机周边设备	SSK	贺磊	计算机存储器，计算机周边设备（读卡器）
SAE	深圳市艾立克电子有限公司	监视器（计算机硬件），监视器（计算机程序），电子防盗装置	Donjin	深圳市东进通讯技术股份有限公司	数据处理设备（通讯用）	海云天 SEA SKYLIGHT	深圳市海云天科技股份有限公司	计算机软件（已录制，考试评卷用）
华北工控 NORCO	深圳华北工控股份有限公司	计算机（工业用），计算机周边设备，计算机用介面卡	御銀 KingTeller	广州御银科技股份有限公司	现金收入计录机（银行自动柜员机）	KANG YI 康艺	广州康艺电子有限公司	点钞机，验钞机
SDGI 特发信息	深圳市特发集团有限公司（注册人）深圳市特发信息股份有限公司（独占被许可人）	内部通讯装置，光学纤维（光导单纤维），电容器	KBT	佛山市健博通电讯实业有限公司	天线	GGEC	国光电器股份有限公司	扬声器音箱
Fidek	广州飞达音响专业器材有限公司	扩音器喇叭，扬声器音箱	NEON	中山市力泰电子工业有限公司	音响组合，镭射唱盘	Cosmic佳彩	广东佳彩数码科技有限公司	电视机连用的娱乐器具（机顶盒）
魅族 MEIZU	珠海市魅族科技有限公司	自动电唱机（MP3、MP4）	LAX SONIC SOLUTION	王锐祥	扬声器音响，扩音器	TAIDEN	深圳市台电实业有限公司	麦克风，扩音机，扬声器

（续表）

商标	商标注册人	认定商品或服务项目	商 标	商标注册人	认定商品或服务项目	商 标	商标注册人	认定商品或服务项目
HTDZ	恩平市海天电子科技有限公司	麦克风（会议系统麦克风）	BENRO	中山百诺精密工业有限公司	照相机用三角架，照相器材架	CLOU 科陆	深圳市科陆电子科技股份有限公司	电测量仪器，电工仪表及仪器
	宇星科技发展（深圳）有限公司	空气分析仪器，光学器械和仪器	UNI-T	优利德科技（东莞）有限公司	万用表，电容测试器，示波器	万讯	深圳万讯自控有限公司	测量仪器，工业操作遥控电动装置，计算机控制设备装置
掌门神	深圳市鑫源通电子有限公司	探测仪和探测机	Infinova	深圳英飞拓科技股份有限公司	矩阵切换设备，光端机，电子监控设备		乐庭电线工业（惠州）有限公司	电脑连接线，程控交换机通讯电缆，精密配线
勝達	中山市通达实业有限公司	绝缘铜线，电源材料（电线、电缆），电话线	普为 PROWESS	广东中宝联合电缆有限公司	电源材料（电线、电缆）	AXD	深圳市讯道实业有限公司	电源材料（电线、电缆），电子线（音视频线、信号线）
日 新 DGNISSEI.CH	东莞市日新电线实业有限公司	电线（非常规高端特种电线）	Topband 拓邦	深圳市拓邦电子科技股份有限公司	控制板（电）	JPMF	广东江粉磁材股份有限公司	磁性材料和器件
T&J	天基电气（深圳）有限公司	插座，插头和其它连接物（电器连接），电开关		佛山市顺德区瑞德电子实业有限公司	集成电路，自动定时开关，遥控仪器	RENDA	深圳市宝安任达电器实业有限公司	配电箱（电），配电控制台（电），高低压开关板
	珠海元盛电子科技股份有限公司	印刷电路		深圳市京泉华电子有限公司	消磁线圈，变压器，电感线圈	北江 BEIJIANG SWITCH	广东北江开关厂有限公司	配电箱（电），配电盘，高低压开关板
	深圳市光辉电器实业有限公司	高压开关柜，低压开关柜	MLS	孙清焕（注册人）木林森电子有限公司（独占被许可人）	晶体管（电子），发射管，电子公告牌	粤晶	广东省粤晶高科股份有限公司	集成电路块，晶体管（电子），半导体器件
Chipsbank 芯邦	芯邦科技（深圳）有限公司	集成电路，集成电路块，半导体器件	金威源	深圳市金威源科技有限公司	稳压电源，整流器	山宏 SHANHONG	中山市古镇宏立电线电器厂有限公司	插头，插座及其它接触器
	邓永辉	开关，高低压电器元件，高低压开关板	KEBO	中山市电星电器实业有限公司	调压器	KEXIN	广东科信实业有限公司	集成电路

（续表）

商标	商标注册人	认定商品或服务项目	商标	商标注册人	认定商品或服务项目	商标	商标注册人	认定商品或服务项目
T&S	深圳太辰光通信有限公司	精密陶瓷插芯	福尔	信宜市福尔电子有限公司	（电）限温器	MING YANG	中山市明阳电器有限公司	用于计算机操作仪器的机械装置，工业操作遥控电力装置，工业操作遥控电器设备佛山市南海永恒头盔制造
YOHE	有限公司	安全头盔	龍力	佛山市顺德区龙恒织造有限公司	防事故用手套	RL 柔乐	珠海市柔乐电器有限公司	电门铃
小飞将	中山市小飞将防盗设备有限公司	防盗报警器，电子防盗装置（汽车用）	邦凯	深圳市邦凯电子有限公司	电池，原电池	palma	广州八马蓄电池有限公司	蓄电池
TOPRAYSOLAR	深圳市拓日新能源科技股份有限公司	单晶硅太阳能电池，多晶硅太阳能电池，非晶硅太阳能电池	Wintonic 雲通	广州市云通磁电有限公司	电池	天球 TIANQIU	广州市天球实业有限公司	电池（纽扣电池）
Maier	佛山市麦尔电器有限公司	电熨斗（蒸汽挂烫机）	MINDRAY 迈瑞	深圳迈瑞生物医疗电子股份有限公司	医疗器械和仪器，医疗分析仪器，医用诊断设备	骏丰频谱	广东骏丰频谱实业有限公司	骏丰频谱水治疗保健仪
KW 科威	东莞科威医疗器械有限公司	医疗器械，外科器械（心、胸外科手术用医疗器械及介入器械）	HC 祥利	祥利电器制品（深圳）有限公司	脚部按摩器	Acare	珠海伯轩医疗科仪有限公司	医用床，医用特制家具
Landlite	深圳市中电照明股份有限公司	照明器，灯，节能灯	LONDEA	中山市亮迪照明有限公司	灯，照明器械及装置，吊灯支架		东莞市凯晟灯头实业有限公司	灯头
Cnlight	广东雪莱特光电科技股份有限公司	节能灯	TINKO	中山市创英电器有限公司	灯（吊灯），顶灯	HENGSHENG 恒盛	普宁市桥柱恒盛电器厂	吊灯支架
亿龙eternal	广东亿龙电器股份有限公司	电热壶	MEIMAN 美满	广东美满集团有限公司	电压力锅，电饭煲	wanxi 万喜	佛山市顺德区容桂万喜电器燃气具有限公司	燃气炉
KingBest	中山市今博电业有限公司	电热壶	Gotech 高泰	广州康宏电器有限公司	电热壶，电吹风	龍力 LONGLI	广东龙力电器有限公司	电炊具（电热开水壶）

（续表）

商标	商标注册人	认定商品或服务项目	商 标	商标注册人	认定商品或服务项目	商 标	商标注册人	认定商品或服务项目
JYAC	广州精益汽车空调有限公司	汽车空调及零部件	MINKAVE 名家汇	新盛世机电制品（中山）有限公司	风扇（豪华装饰风扇）	MING SHI DA 铭士达	揭阳市铭士达五金电器有限公司	电吹风
欧意 OUYI	广东欧意电器有限公司	厨房用抽油烟机	Keruilai 科瑞莱	东莞市科达机电设备有限公司	空气调节设备（蒸发式冷风扇）	JIN LI YI 金利怡	东莞市金利怡卫浴有限公司	水管龙头，水暖装置用管子零件（沐室用设备）
JODEN	乔登卫浴（江门）有限公司	水管龙头	FAENZA 法恩莎	佛山市法恩洁具有限公司	澡盆，抽水马桶，浴室装置	KORRA	朱云峰（注册人） 佛山市歌纳洁具制品有限公司（独占被许可人）	蒸汽浴装置，淋浴隔间，沐浴用设备（按摩浴缸）
BENS	深圳本斯智能电器有限公司	柔巾机	CARLYLE	中山市卡莱尔洁具有限公司	坐便器	CIMC 中集	中国国际海运集装箱（集团） 股份有限公司	拖车（车辆），货车（车辆），陆、空、水或铁路用机动运载器（登机桥）
MINGWEI 明威	广东明威专用汽车有限公司	半挂车，专用汽车	S.G 韶齿	韶关宏大齿轮有限公司	（汽车配件）变速器，齿轮，轴	SanLG	增城市奔马实业有限公司	摩托车
NEW CENTER	广州市中新塑料有限公司	摩托车外壳，汽车用塑料零件，摩托车用塑料零件	气派 QIPAI	江门气派摩托车有限公司	摩托车	TRINITY	广州市千里达车业有限公司	自行车，童车
宝宝好	中山宝宝好日用制品有限公司	手推车，婴儿车，儿童安全座（车辆用）	GL GOLD DRAGON 金龍	深圳市金龙珠宝首饰有限公司	仿金制品，镀金物品	行行行 OK·OK·OK	深圳市行行行实业有限公司	链（珠宝），戒指（珠宝），装饰品（珠宝）
IDEAL	深圳市爱迪尔珠宝首饰有限公司	手镯（珠宝），戒指（珠宝），宝石（珠宝）	King tai fook	深圳市金大福珠宝有限公司	宝石（珠宝），翡翠，装饰品（珠宝）	LONGJIN	深圳市粤豪珠宝有限公司	手镯（珠宝），宝石（珠宝），贵金属艺术品
建晖 Jian Hui	东莞建晖纸业有限公司	白板纸	傳美	安兴纸业（深圳）有限公司	复印纸，传真纸，电脑纸	YIPIANSHUANG 一片爽	王树杨	纸或纤维素制婴儿尿布（一次性），纸或纤维素制婴儿尿裤（一次性）

（续表）

商标	商标注册人	认定商品或服务项目	商标	商标注册人	认定商品或服务项目	商标	商标注册人	认定商品或服务项目
建洲 JIAN ZHOU	东莞金洲纸业有限公司	瓦楞原纸（纸板）		广东华业包装材料有限公司	包装用塑料膜	德冠	广东德冠集团有限公司	包装用塑料膜，保鲜膜
廣樂	广东广乐包装材料股份有限公司	水松纸，铝箔纸	联众	中山市联众文具礼品有限公司	文具，绘画材料，教学材料	智高 ZHIGAO	东莞市智高文具有限公司	学生尺
XFL 興發利	揭东县福昌文具有限公司	文件夹（办公用品）	baoke 宝克	广东宝克文具有限公司	自来水笔，圆珠笔		佛山市南海合和兴实业有限公司	塑料胶条，橡胶带，密封用橡皮圈
KB	深圳市建滔投资有限公司	覆铜箔积层板，绝缘材料	WEIHAO 威豪	佛山市高明亿龙塑胶工业有限公司（注册人） 佛山市高明冠龙高分子材料有限公司（独占被许可人）	塑料板	獅球	广州广橡企业集团有限公司狮球胶管厂	橡胶管
WOER	深圳市沃尔核材股份有限公司	绝缘材料，电线绝缘物，电力网络绝缘体	東成石材	东莞市东成石材有限公司	大理石，花岗石	Oceanpower	深圳市海川实业股份有限公司	筑路和铺路材料
	英德市望埠水泥厂	水泥	富业	中山市富华管桩有限公司	混凝土建筑构件，水泥管，水泥柱（桩）	MEI TAO 美陶	佛山市高明美陶陶瓷有限公司	瓷砖（内墙砖、抛光砖）
KITO 金意陶	佛山金意陶陶瓷有限公司	瓷砖（仿古砖）	陶城 TAOCHENG	冼伟昌、谢达海、罗显锡（注册人） 佛山市和美陶瓷有限公司（独占被许可人）	彩色釉面墙地砖	San-Debo	广东新中源陶瓷有限公司	建筑用嵌砖，非金属砖瓦，瓷砖
鹰牌	佛山石湾鹰牌陶瓷有限公司	瓷砖，瓷片，建筑用非金属砖瓦	JIA XIONG 家雄	佛山市新家翔陶瓷有限公司	建筑陶瓷砖（抛光砖）	金科	广东能强陶瓷有限公司	瓷砖（抛光砖）
	佛山市阳光陶瓷有限公司	瓷砖（抛光砖）	强辉	广东强辉陶瓷有限公司	瓷砖（内墙面砖、抛光砖、仿古砖）	東方伍拾年	广东东方管业有限公司	建筑用塑料管，建筑用塑铝管（塑料为主），通风和空调设备用非金属管

（续表）

商标	商标注册人	认定商品或服务项目	商 标	商标注册人	认定商品或服务项目	商 标	商标注册人	认定商品或服务项目
光益	东莞市森世纪木业有限公司	非金属地板（橡胶、塑料除外）	GOODLIFE 固莱尔	中山固莱尔阳光板有限公司	非金属建筑材料，非金属隔板，非金属建筑嵌板	ZNG 中南玻璃	佛山市中南玻璃有限公司	镀膜玻璃，建筑玻璃，安全玻璃
Frandiss	东莞市富宝沙发制造有限公司	家具	派格	彭树坤（注册人） 中山市中泰龙办公用品有限公司（独占被许可人）	家具	LAMA	广州市至盛冠美家具有限公司	办公家具
	深圳市华源轩家具股份有限公司	家具	元宗 YUANZONG	东莞市元宗家具有限公司	家具（沙发，茶几）	GD GUANGDA	黄茂荣（注册人） 汕头市华莎驰家具家饰有限公司（独占被许可人）	床，沙发，桌子
華師傅 HUASHIFU	东莞市华辉家具实业有限公司	家具	ZUOYOU	深圳市左右家私有限公司	家具		广州市丽江椅业有限公司	椅子（座椅）
Carpenter	中山四海家具制造有限公司	家具（古典家具）	韩丽	深圳市创合实业发展有限公司	餐具柜，陈列柜（家具），贮存架	GAINWELL	中山市美盈家具有限公司	家具（美式家具）
中意 厨柜	深圳市中意厨房设备有限公司	厨房用橱柜	裕華	化州粤港裕华家俱有限公司	傢具	紅古軒	中山市红古轩家具有限公司	家具（红木家具）
興隆	东莞市兴隆塑胶实业有限公司	塑料排水管（阀），电缆、电线塑料槽	EVERYOUNG	李建龙（注册人） 揭阳市华龙塑胶有限公司（独占被许可人）	镜子（玻璃镜），像框	LISHENG 麗盛	汕头市丽盛实业有限公司	树脂工艺品
华立	东莞市华立实业股份有限公司	非金属家具附件，非金属家具部件，家具塑料缘饰（封边条、贴面纸）	ASIA FLYWHEEL 亚洲飞轮	阳江市飞轮金属制品有限公司	台车脚轮，办公用家具脚轮，餐具柜脚轮	宜安	东莞宜安电器制品有限公司	成套的烹饪锅，烹饪锅
万事泰	新兴县万事泰不锈钢制品有限公司	烹饪锅，非贵重金属厨房用具，非贵重金属餐具	Meidefu 美的福	广东廉宁铝制品实业有限公司	非电力压力锅（高压锅）	KANGLI 康力	广东康力日用制品有限公司	非贵重金属制厨房容器，非贵重金属厨房用具

（续表）

商标	商标注册人	认定商品或服务项目	商 标	商标注册人	认定商品或服务项目	商 标	商标注册人	认定商品或服务项目
仙达	揭阳市仙达不锈钢制品有限公司	碗（盆），非贵重金属制厨房容器，非贵重金属餐具	CHENGXING 诚兴	潮安县成兴不锈钢制品实业有限公司	非贵重金属制厨房用具，非贵重金属制厨房容器	SHCC	饶平县华杰彩瓷厂	日用玻璃器皿（包括杯、盘、壶、缸），日用瓷器（包括盆、碗、盘、壶、餐具、缸、坛、罐）
SONGFA	广东松发陶瓷有限公司	家用陶瓷制品，瓷器，日用瓷器（包括盆、碗、盘、壶、餐具、缸、坛、罐）	WEIVE 伟业	广东伟业陶瓷实业有限公司	家庭用陶瓷制品，瓷器，日用瓷器（包括盆、碗、盘、壶、餐具、缸、坛、罐）	DERUN	饶平德润陶瓷有限公司	家庭用陶瓷制品
	潮州市煜日陶瓷制作有限公司	家庭用陶瓷制品	YJ	饶平县友盛彩瓷厂	家庭用陶瓷制品	伟成	潮州市新伟成实业有限公司	家用陶瓷制品（骨瓷）
LINGFA	潮州市鹏发陶瓷制作有限公司	瓷器（咖啡具）	XIN MA	大埔县高陂镇新马陶瓷有限公司	日用瓷器（包括盆、碗、盘、壶、餐具、缸、坛、罐）（手工绘制瓷器）	LONGYU	潮州市隆裕工艺陶瓷有限公司	瓷器装饰品
康宇	广东康宇五金实业有限公司	非贵重金属杯，家用非贵重金属器皿，饮用器皿	SINCEHOME	广州新新日用制品有限公司	熨衣板	GMF	汕头市光明发塑胶有限公司	衣服支撑架，清洁器具（手工操作），喂料槽
JIAHUA	阳江嘉华塑金制品有限公司	盥洗室器具	SXWM 三笑完美	汕头市潮南区佳宝实业有限公司	牙刷		广东三椒日化有限公司	牙刷
GOLDEN GLASS	广东金刚玻璃科技股份有限公司	玻璃板（原材料）	huafu 华孚	深圳市华孚进出口有限公司	纱，棉纱和棉线，纺织线和纱	Zixing 滋兴	汕头市潮阳区滋兴发展有限公司	平针织物（纤维），棉织品，布
SUNNIER 仕雅	德庆泰禾实业发展有限公司	纺织的弹性布料	PF 平丰	开平市平丰纺织有限公司	纺织织物，布，纺织的弹性布料	富江 FUJIANG	揭西县富联纺织有限公司	纺织品毛巾，纺织品洗脸巾，浴巾
yudim 圆点	开平富琳纺织制衣有限公司	裤子，汗衫，针织服装	VERSINO 梵思诺	深圳市中惠福实业有限公司	服装	bestn	广东百斯盾服饰有限公司	裤子（西裤，休闲裤）
	广州文华羽绒制品有限公司	羽绒服装	潮女屋	深圳市本图投资发展有限公司	服装	JENSTION 简思哲	中山市沙溪镇通伟电脑车花制衣厂	服装

（续表）

商标	商标注册人	认定商品或服务项目	商 标	商标注册人	认定商品或服务项目	商 标	商标注册人	认定商品或服务项目
Cartellino	佛山市南海雅山皮具有限公司	皮衣	Win Beauty 盈美蒂	汕头市文武实业有限公司	乳罩，内衣，内裤	《感》	广东鸿泰实业有限公司	服装
青蛙王子 FROG PRINCE	佛山市青蛙皇子服装有限公司	童装	亮爾迷 Liang Er Mi	汕头市潮阳区贵屿茂亮文胸针织厂（注册人）汕头市茂亮实业发展有限公司（独占被许可人）	内衣，乳罩	P.BENO 派邦奴	马庆宣（注册人）广东凯迪服饰有限公司（独占被许可人）	睡衣，针织服装（家居休闲服、保暖内衣）
安妮卡 ANNYCA	汕头市华锦绣品时装有限公司	针织服装（珠绣）	金公子 GOLDBOY	陆丰市金公子服装有限公司	服装（针织内衣）	Yaanlina 雅安莉娜	汕头市雅安莉娜内衣有限公司	乳罩，内衣
CAITING 彩婷	汕头市彩婷实业有限公司	胸衣	KaXuanNa 卡轩娜	海丰县卡轩娜服装有限公司	服装（女装牛仔裤）	GONG ZI YI PAI 公子一派	广东公子一派服饰有限公司	服装（T恤）
馬頭車 MATOUCHE	汕头市高龙制衣有限公司	服装（保暖裤）	조류전선	东莞市搜于特服装股份有限公司	服装（休闲服）	皮卡狄 PIKADI	汕头市兴得利制衣有限公司	服装（运动休闲服）
LOUIS PRINCE 路易王子	广东路易王子服饰有限公司	服装（T恤）	Xidengniao 喜登鸟	广东喜登鸟服饰实业有限公司	服装（T恤）	JASSHE	余国峰	服装（牛仔服装）
Pozo	深圳市伯柔服装有限公司	服装（女装）	WENQUAH 汉權	中山市汶权服装有限公司	内裤（服装）	利工民	广州市利工民实业公司	汗衫背心
HAMQI 哈咪奇	汕头市宝宝妇幼用品实业有限公司	婴儿全套衣，童装	RoveR	广州市路之宝鞋业有限公司	鞋	gaopeng 高鹏	惠东县南鹏鞋业有限公司	鞋
tinghe	惠东县翀兴鞋业有限公司	鞋	DANERBU 丹丽步	李岸文（注册人）惠东县平山赛一鞋厂（独占被许可人）	鞋	KINGTEX 金帝狮	中山市东艺鞋业有限公司	鞋（防水登山鞋）
AAK	广东海华拉链有限公司	拉链，拉链头（拉链配件）	博思 JUSTSTART	陈志雄	玩具（滑板车）	新星球 XIN XING QIU	广东星辉车模股份有限公司	玩具车
UNI FORTUNE	广东彩珀玩具实业有限公司	玩具车	JIA QI	广东佳奇塑胶有限公司	智能玩具		汕头市皇冠电子玩具有限公司	儿童游戏帐棚，客厅游戏玩具

（续表）

商标	商标注册人	认定商品或服务项目	商标	商标注册人	认定商品或服务项目	商标	商标注册人	认定商品或服务项目
SOTX	深圳市索德士体育用品有限公司	运动球类，球拍线，运动球拍		广东全宇工艺玩具有限公司	圣诞树用装饰品（照明用物品和糖果除外），玩具，玩具娃娃	PZH	中山市金煌食品有限公司	香肠，腌腊肉，肉干
MINGHUA	东莞市明华食品厂有限公司	腊肠，腊肉	禺山 YUSHAN	广州市番禺食品有限公司	风肠，腌腊肉		湛江绿环水产有限公司	鱼（非活），虾（非活），贝壳类动物（非活）
GRANDNESS	深圳振鹏达实业集团有限公司	罐装水果，蘑菇罐头	伊齐爽	湛江市伊齐爽食品实业有限公司	水果罐头，罐装水果	奥仕嘉	揭东试验区宏大食品实业有限公司	蔬菜罐头（玉米），速冻菜（玉米）
ZHENG FENG BRAND 正丰	中山市正丰干果食品进出口有限公司	干枣，木耳，加工过的瓜子	KANGHUI 康辉	广东康辉集团有限公司	果脯，蜜饯	立高 Lego	增城市立高食品有限公司	奶油（奶制品），食品用果胶
金鱼皇	汕头市南顺油脂有限公司	食用油脂	京明	揭西县京明茶叶综合发展有限公司	茶	金聲玉振	紫金县金葫芦保健品有限公司	茶（竹壳茶）
Huang Hua 黄花	紫金县黄花茶业有限公司	茶（绿茶）		乐昌市沿溪山茶场有限公司	茶叶（白毛尖）	白蓮牌	东莞市东糖集团有限公司	白砂糖，赤砂糖，冰片糖
XUEXIAN 雪仙	广东恒福糖业集团有限公司	白砂糖，赤砂糖，冰片糖		广州双桥股份有限公司	食用葡萄糖（淀粉糖）		博罗县观音阁糖厂	红糖
宏源	潮安县宏源食品有限公司	水果糖，软糖，奶片（糖果）	嘉豪轩	茂名市嘉豪轩食品有限公司	面包，蛋糕	蓮香樓	广州饮食服务企业集团有限公司	馅饼，馅料（豆类）
稻丰金良	梅州市稻丰实业有限公司	米	水中鲤	惠州市海纳粮油食品有限公司	米，谷类制品，人食用的去壳谷物	乡意浓 HONEY LONG	珠海农丰进出口有限公司	米（有机米）
福家欢	广东锦丰实业有限公司	方便面	ProChef 金廚師	深圳市昌裕实业有限公司	方便面（乌冬面）	雅芙	杨树楷	豆奶粉（以豆为主），燕麦片，芝麻糊
SEAGULL BRAND	郁南县西江淀粉厂	淀粉（木薯淀粉）		广州市番禺区泰丰食品有限公司	酱油	港峰	揭阳市港峰酱料食品有限公司	酱油
	珠海市横琴岛企业总公司	牡蛎（活）	LUKA绿卡	广东绿卡实业有限公司	活动物（龟，鳖）	正金阳	茂名市金阳热带海珍养殖有限公司	虾（活），活鱼，甲壳动物

（续表）

商标	商标注册人	认定商品或服务项目	商标	商标注册人	认定商品或服务项目	商标	商标注册人	认定商品或服务项目
三高奥雄	茂名市茂南三高良种繁殖基地（注册人）茂名市茂南三高渔业发展有限公司（独占被许可人）	活鱼	鳳燕	清新县凤燕鸡发展有限公司	活家禽（鸡），种家禽（鸡）		云安县南盛镇农业发展有限公司	桔，柑橘
生寳 SHENGBAO	广东省生宝种养有限公司	鲜水果（木瓜）	t-one	广州市从化华隆果菜保鲜有限公司	鲜水果，新鲜蔬菜	農普 NOBLE	广州市蔬菜科学研究所	菜心种子，四季豆种子，豆角种子
成农	深圳市金新农饲料股份有限公司	猪饲料，饲料，动物饲料	YUEJIANGFENG 粤江丰	广州市江丰实业股份有限公司	饲料	兴业博士	东莞兴业生物科技有限公司	饲料（家畜、家禽饲料）
澄蓮	汕头市澄海区莲花饲料有限公司	饲料（禽饲料，水产饲料）	洪源	茂名市金洪实业有限公司茂名市金洪饲料厂	饲料（对虾饲料）	东腾	湛江东腾饲料有限公司	饲料（对虾配合饲料）
	惠州市阅粮饲料有限公司	饲料（家禽饲料）	Cestbon	怡宝食品饮料（深圳）有限公司	无酒精饮料（蒸馏水）	CARLOS	中山市嘉乐保健饮料有限公司	非酒精饮料（沙溪凉茶）
徐其修	英德市权祥凉茶有限公司	无酒精饮料（凉茶），茶饮料（水）	霍山	龙川矿泉水有限公司	矿泉水（弱碱性水）	朝阳凤 Chao yang feng	阳西县金凤经济开发有限公司	米酒（海狸骨睾酒）
LUSON绿纯	河源市绿纯酿酒厂	黄酒		广东明珠珍珠红酒业有限公司	酒（黄酒）	MITSUBA 名师	广州市兆鹰五金有限公司	烟斗（水烟斗）
中汽南方	深圳市中汽南方汽车发展有限公司	推销（替他人）	恒波 Heng Bo	深圳市恒波商业连锁股份有限公司	进出口代理，推销（替他人）	文一	东莞市文一实业有限公司	推销（替他人），商业管理
Sunyes	深圳市新亚电子制程股份有限公司	替他人作中介（替其它企业购买商品或服务），商业组织咨询，进出口代理	平安 PINGAN	中国平安保险（集团）股份有限公司	保险	奥园	奥园集团有限公司	不动产出租，不动产代理，不动产管理
三正	广东三正集团有限公司	不动产出租，产业代管		广州白马物业管理有限公司	不动产管理	隆生 LONGSUN	惠州隆生企业（集团）有限公司	建筑

（续表）

商标	商标注册人	认定商品或服务项目	商 标	商标注册人	认定商品或服务项目	商 标	商标注册人	认定商品或服务项目
	广州珠江实业集团有限公司	建筑	深装总	深圳市深装总装饰工程工业有限公司	建筑，室内装潢修理，防盗报警系统的安装与维修	创鸿	广东创鸿集团有限公司	建筑，砖石建筑
SYE SINGYES ENGINEERING	珠海兴业幕墙工程有限公司	建筑	玉禾田	深圳市玉禾田物业清洁管理有限公司	清扫建筑（外表面），清扫建设物（内部），清洗窗户		深圳腾邦投资控股有限公司	运输
共速达	深圳市共速达物流股份有限公司	货运，旅客运输，货物贮存	纵横天地	广东华灏实业集团有限公司	旅游安排，运输预订	Sun.Min	中山市三民金属处理有限公司	金属处理，研磨抛光，材料硫化处理
金证	深圳市金证科技股份有限公司	计算机编程，计算机软件设计，计算机系统设计	方欣 FORESEE	广州市方欣科技有限公司	计算机编程，计算机软件设计，计算机系统分析	T.Y.M.	广东天亿马信息产业有限公司	计算机软件设计，计算机系统分析，计算机编程
	深圳面点王饮食连锁有限公司	快餐馆		珠海度假村酒店有限公司	供膳寄宿处，餐厅			

2007—2008 年广东省著名商标延续认定名单

（2007 年）

商标	商标注册人	认定商品或服务项目	商 标	商标注册人	认定商品或服务项目	商 标	商标注册人	认定商品或服务项目
实华	茂名石化实华股份有限公司	合成树脂塑料，烃类推进剂，碳五发泡剂	德美 DYMATIC	广东德美精细化工股份有限公司	染料助剂，纺织品上光化学品	金萬得	广东金万得胶粘剂有限公司	工业用粘合剂，粘胶液
银谷	美晨集团股份有限公司	速发蛋糕油，消泡剂	穗天 Suitian	广州天河胶管制品有限公司	高压钢丝编织胶管，纤维胶管	广州 GUANGZHOU	广州化学试剂厂	化学试剂
芭田	深圳市芭田生态工程股份有限公司	肥料	海珠花	广东湛化股份有限公司	过磷酸钙，混合肥料，氟硅酸钠	傳豐	广东传丰复合肥厂有限公司	农业肥料，混合肥料，肥料制剂
BAI YUN	广州市白云化工实业有限公司	粘胶，工业用胶	洋紫荆 Bauhinia Variegata	叶氏油墨（中山）有限公司	印刷油墨		珠海市乐通化工制造有限公司	印刷油墨，印刷合成物（油墨）
天龍	广东天龙油墨集团有限公司	印刷油墨	MEINING	广东油墨厂有限公司	油墨	CARPOLY 嘉宝莉	广东嘉宝莉化工有限公司	聚脂家俱漆，聚脂树脂
深展 SHEN ZHAN	广东深展实业有限公司	油漆，涂层（油漆）	美涂士	广东美涂士化工有限公司	涂料，油漆	青竹	广州珠江化工集团有限公司	油漆及辅料
蓬江	江门市制漆厂有限公司	油漆，铝涂料，木器涂料	福田 FU TIAN	广州市福田实业有限公司	漆（汽车漆）	LaFang 拉芳	广东熊猫日化用品有限公司	洗发剂，香皂，摩丝
蓝月亮	广州蓝月亮有限公司	抑菌洗手液，洗涤剂，厕所清洁剂	澳雪	中山市嘉丹婷日用品有限公司	浴液	澳寶	惠州兆婷化妆品有限公司	沐浴露（浴液）
樱雪	中山市美日洁宝有限公司	沐浴露，洗发水，洗面奶	浪奇 LONKEY	广州市浪奇实业股份有限公司	香皂，洗涤剂	WANLI 万丽	广州市浪奇实业股份有限公司	洁厕精
星湖	广东省肇庆香料厂有限公司	乙基麦芽酚，甲基麦芽酚，烟用香料	好迪	广州市好迪化妆品有限公司	化妆品，洗面奶	EDELWEISS 雪柔	广东雪柔精细化工实业有限公司	化妆品
	美晨集团股份有限公司	化妆品，护发素，洗面奶	舒爽	中山市多美化工有限公司	牙膏		广州医药集团有限公司	人用药
BYS	广州白云山制药股份有限公司	人用药，医用诊断制剂	白云山	广州白云山制药股份有限公司	新药成药，中药成药，兽药	KANGMEI	广东康美药业股份有限公司	人用药

（续表）

商标	商标注册人	认定商品或服务项目	商标	商标注册人	认定商品或服务项目	商标	商标注册人	认定商品或服务项目
榕泰	广东榕泰实业股份有限公司	药品	九惠 JIUHUI	惠州九惠药业有限公司	中药成药，胶丸		广东省博罗先锋药业集团有限公司	中成药，西药
	广东众生药业股份有限公司	西药，中成药，药茶	陳李濟	广州医药集团有限公司	中药成药	馮了性	佛山冯了性药业有限公司	药酒，中药成药
丽珠得乐	丽珠医药集团股份有限公司	人用药		广东皮宝制药股份有限公司	人用药（消炎癣湿药膏）	群星	广州医药集团有限公司	西药
君泰 JUNTAI	东莞市亚洲制药有限公司	中药成药（双黄连口服液）	JM 吉民	广东湛江吉民药业股份有限公司	橡皮膏（麝香追风膏）	丽珠威	丽珠医药集团股份有限公司	人用药（抗疱疹病毒药）
大日 GREATSUN	广东省大日生物化学药业有限公司	药品（葛根素注射液、胸腺肽、口腔消毒喷剂）	LONZA	龙沙（中国）投资有限公司	医用营养添加剂（烟酰胺）	Taita 太太口服液	健康元药业集团股份有限公司	口服液
牧童牌	广东海康兽药有限公司	兽药		广东韶钢松山股份有限公司	钢筋，钢材	廣亞	广亚铝业有限公司	各种型材，普通金属合金，金属板
	佛山市南海广源铝业有限公司	铝型材		广州钢管厂有限公司	钢铁及其制品（电焊钢管）	HONGLIPAI	开平市红荔铝材有限公司	铝合金型材
PCK	番禺珠江钢管有限公司	钢管，金属管	华捷	广东华捷钢管实业有限公司	钢管，镀锌管，防腐涂层钢管	华豪 HUAHAO	佛山市南海华豪铝型材有限公司	铝型材
广灏 GUANG HAO	广州铝业有限公司广州广灏装饰材料有限公司	建筑用金属板，金属天花板	MEIYI 美怡	潮州市美怡装璜五金有限公司	吸门器	GULI 固力	固力保安制品有限公司	金属锁，弹簧锁，电子锁
坚士	广东坚士制锁有限公司	非电子金属锁，弹簧锁，非电子锁	凱達	中山市凯达精细化工股份有限公司	气雾罐	LDL	广东省韶关烟草机械配件厂有限公司	工业用卷烟机，烟草加工机
KEDA	广东科达机电股份有限公司	陶瓷工业用机器设备（包括建筑用陶瓷机械），玻璃工业用机器设备（包括日用玻璃机械）	松德 SONGDE	中山市松德包装机械有限公司	包装机，印刷机	震德	佛山市顺德区震德塑料机械有限公司	注塑机
D Y Y	汕头市华鹰软包装设备总厂有限公司	自动封切机，自动双边封机，干式复合机		佛山市云雀振动器有限公司	混凝土振动器	GJJ	广州市京龙工程机械有限公司	升降设备

（续表）

商标	商标注册人	认定商品或服务项目	商 标	商标注册人	认定商品或服务项目	商 标	商标注册人	认定商品或服务项目
WAN SHUN	广东锻压机床厂有限公司	锻压设备	韩江	潮州市汇能电机有限公司	水轮发电机	晶珠	罗定市水轮机厂有限公司	水轮机
	广州机床厂有限公司	金属切削机床	Welling	广东威灵电机制造有限公司	铁壳电机，塑壳电机		中山大洋电机股份有限公司	电动机
KENFLO 肯富来	广东省佛山水泵厂有限公司	泵（真空泵、离心泵、混流泵）	RESUN	广东日生集团有限公司	泵，气泵	广一	广州广一集团有限公司	水泵，离心泵，鼓风机
Atman	中山市创星电器有限公司	水族池通气泵，水族池通水泵	HAILEA	广东海利集团有限公司	泵（潜水泵、气泵），空气压缩机		佛山市南海南方风机实业有限公司	除尘等用的鼓风机，离心机，气体压缩、排放、输送用鼓风机
中环	广东中环真空设备有限公司	真空泵，真空镀膜机	广液	广东广液实业股份有限公司	高性能叶片泵	JB	韶关东南轴承有限公司	滚珠轴承（汽车用轴承）
	广东阳春轴承股份有限公司	轴承	金象	广州市荔湾区金象电焊机厂	电焊机	KAMUI FS	佛山神威热交换器有限公司	水冷式油冷却器
十八子作	阳江十八子厨业有限公司	刀（手工具），菜刀，折叠刀，开罐头刀	神舟	深圳市新天下集团有限公司（注册人） 深圳市神舟电脑有限公司（独占被许可人）	计算机器	Netac	深圳市朗科科技有限公司	数据处理设备，计算机储存器，计算机周边设备
金河田 GOLDEN FIELD	东莞市金河田实业有限公司	计算机周边设备，计算机机箱，扬声器音箱	XIANGSHAN 香山	中山市香山衡器集团有限公司	衡器，台秤，人体磅	ZTE中兴	中兴通讯股份有限公司	程控电话交换设备，光通讯设备，数字移动蜂窝系统
金业 GOLDVIP	东莞市金业电子科技有限公司	收音机，录音机，耳塞机	CAV	广东汉洋丽声音响有限公司	扬声器音箱，功放机	奥林 AO LIN	广东奥林磁电实业有限公司	空白录音磁带，空白录像磁带
Kimei Bird 奇美鸟	东莞市奇美鸟电子有限公司	录音机，收音机，录像机	德生	东莞市德生通用电器制造有限公司	音像设备（收音机）	XIANQU 先驱	广东先驱实业有限公司	扩音机，影碟机，扬声器音箱
HAN'S	深圳市大族激光科技股份有限公司	激光标记机，光学器械和仪器，非医用激光器	新亚SHINE	广东新亚光电缆实业有限公司	电线，电缆，电源材料		广东中联电缆实业有限公司	电线，电缆

（续表）

商标	商标注册人	认定商品或服务项目	商 标	商标注册人	认定商品或服务项目	商 标	商标注册人	认定商品或服务项目
金缆 JINLAN	广东金华电缆股份有限公司	电线，电缆	南 N 光	广东长江电缆有限公司	电线	SG	广东曙光通信光缆厂有限公司	电缆，电线
SC 汕缆	汕头市汕沪电缆厂有限公司	电缆	CCTC	汕头超声印制板公司	双面、单面、多层印制线路板	顺特电气 SUNTEN	顺特电气有限公司	变压器，电抗器，组合式变电站
四互 SI HU	广东四会互感器厂有限公司	互感器，传感器，变压器（电）	CHESHING	广东志成冠军集团有限公司	变压器（电），稳压器，整流器	泰峰	中山市泰峰电气有限公司	电压互感器，电流互感器
GCA	广东长园电缆附件有限公司	电缆接头套，电器接插件，电线连接物		中山市东凤富华电器有限公司	调压器	ASIA NET	亚太电效系统（珠海）有限公司	电动调节设备
华安	佛山市佳华电器科技发展有限公司	漏电保护开关	UNITECH	珠海优特电力科技股份有限公司	电站自动化装置	K	广东南粤电气有限公司	工业操作遥控电器设备
	广州南洋电器有限公司	电器设备及低压电器元件（不包括日用的）	Double Arrows 双箭	湛江嘉力手套制品有限公司	防事故手套	DYNAVOLT	广东猛狮工业集团有限公司	车辆用蓄电池，电力蓄电池，蓄电池
奥妮 Ausny	广州大明联合橡胶制品有限公司	避孕套	大 指定颜色	广州大明联合橡胶制品有限公司	避孕套	FSL	佛山电器照明股份有限公司	照明灯
虎头牌 "TIGER HEAD"	广州市电筒工业公司	电筒	KINGLONG 琪朗	袁仕强	灯	Galanz 格兰仕	广东格兰仕集团有限公司	电饭锅，空调
百得	中山市百得燃气用具有限公司	民用燃气灶具，燃气沸水器	HONG HONG	广东省湛江市家用电器工业有限公司	电饭煲	浩特 HAO TE	广东浩特电器有限公司	电炊具（电饭煲）
WEKING 威王	广东威王集团有限公司	电饭锅	HUA QIANG 华强	广东华强电器有限公司	电炊具（电饭锅）	天际	广东天际电器有限公司	电热水瓶
三角牌 "TRIANGLE"	广州轻出集团有限公司	电力炊事用具（电饭锅）	Ronshen 容声	广东科龙电器股份有限公司	电冰箱，冰柜	美的 Midea	广东美的电器股份有限公司	空调，电饭煲，电风扇
科龙	广东科龙电器股份有限公司	空气调节器，电冰箱	艾美特	艾美特电器（深圳）有限公司	电扇，电暖器，排气风扇	HUABAO 华宝空调 注："空调"放弃专用权	广东华宝集团公司	空调
KANGFU 康大	揭阳市华能达电器有限公司	电吹风机	正野 GENUIN	广东正野电器有限公司	管道式排风扇，换气扇	BML	阳江市宝马利汽车空调设备有限公司	汽车用空调器，风扇鼓风机（空调零件）

（续表）

商标	商标注册人	认定商品或服务项目	商 标	商标注册人	认定商品或服务项目	商 标	商标注册人	认定商品或服务项目
JINLING金羚	江门市金羚风扇制造有限公司江门市金羚排气扇制造有限公司	排气风扇	Nedfon	台山市奥达电器有限公司	排气风扇，电扇	钻石牌 "DIAMOND"	广州轻出集团有限公司	电风扇
聖雅	东莞圣雅洁具有限公司	轻便蒸汽浴室，浴室装置，水管龙头	ARROW	佛山市顺德区乐华陶瓷洁具有限公司	座便器，洗澡盆		怀集县汽车配件制造有限责任公司	汽车配件（发动机进排气门）
久远	广东建成机械设备有限公司	液化气汽车槽车	WUYANG	广州摩托集团公司	摩托车	ROAD MATE 乐美达	中山乐美达日用制品有限公司	儿童车，婴儿车，手推车
WANLI 万力	广州市华南橡胶轮胎有限公司	汽车轮胎	CHJ 潮宏基 CHJ JEWELLERY	广东潮鸿基实业股份有限公司	装饰品（珠宝），宝石，戒指（珠宝），链（珠宝）	紹河 SHAOHE	广东绍河珍珠有限公司	珠宝、首饰、宝石及贵重金属制纪念品
南玉 NAN YU	广东南玉工艺总公司	玉雕各类产品，玉石盆景，镶玉珐琅	ROSSINI 羅西尼	珠海格力罗西尼表业有限公司	钟表	Ritmüller	广州珠江钢琴集团有限公司	中西乐器（钢琴）
洁柔	广东中顺纸业集团有限公司	卫生纸，纸，纸餐巾	花姿	汕头市万安纸业有限公司	卫生纸，纸巾，纸手帕	H T	珠海经济特区红塔仁恒纸业有限公司	卡纸板
CANARY 金丝雀	金鑫（清远）纸业有限公司	记录机用纸，复印纸，便条本	Jinchi	汕头市金辉实业有限公司	笔记本，名片册，影集	SOE	汕头海洋（集团）公司	聚酯包装薄膜
齐心 Comix	深圳市齐心文具股份有限公司	文件夹（文具），文具，文具盒（文具）	Shuter 树德	广东树德实业有限公司	文具，文具柜（办公用品），文件夹（办公用品）	金得利	许木营（注册人）广东华隆文具有限公司（独占被许可人）	文件夹（文具），文件夹（办公用品）
GF	广州机械科学研究院	液态密封胶（化合物），密封圈	NG	东莞市高能实业有限公司	绝缘用材料及其制品（高压合成绝缘子）	雄塑	广东雄塑科技实业有限公司	塑料管
YY 粤云牌	云浮市粤云新型石材有限公司	再造石（仿花岗石、再造大理石）	LF 罗浮山牌	惠州罗浮山旋窑水泥有限公司	水泥	石井 SHI JING	广州市石井水泥厂	水泥
OCEANO	佛山欧神诺陶瓷有限公司	瓷砖，建筑用非金属墙砖，非金属地板砖	汇亚 HUIYA	广东汇亚陶瓷有限公司	瓷砖，非金属地板砖，建筑用非金属墙砖	东鹏	广东东鹏陶瓷股份有限公司	建筑砖瓦

（续表）

商标	商标注册人	认定商品或服务项目	商 标	商标注册人	认定商品或服务项目	商 标	商标注册人	认定商品或服务项目
SUMMIT 萨米特	广东新明珠陶瓷集团有限公司	建筑用非金属墙砖，非金属地板砖，瓷砖	鹰牌	佛山石湾鹰牌陶瓷有限公司	彩釉砖	宏宇陶瓷 HONGYU CERAMICS	广东宏陶陶瓷有限公司	瓷砖，非金属砖瓦
	佛山市利华陶瓷有限公司	墙地砖	樵東	广东蒙娜丽莎陶瓷有限公司（注册人） 佛山市樵东陶瓷有限公司（独占被许可人）	非金属地板砖，瓷砖，彩釉砖	樵東	佛山市樵东陶瓷有限公司（独占被许可人）	非金属地板砖，瓷砖，彩釉砖
WHITE RABBIT	珠海市斗门区旭日陶瓷有限公司	建筑陶瓷砖（外墙砖）	联塑 L&S	广东联塑科技实业有限公司	非金属水管	日丰	佛山市日丰企业有限公司	非金属水管，非金属排水管
顾地	广东顾地塑胶股份有限公司	建筑用塑料套管	PACO柏高	粤海装饰材料（中山）有限公司	木地板，木墙板，木天花板	格兰特	格兰特工程玻璃（中山）有限公司	楼房用窗玻璃，建筑玻璃，安全玻璃
金海马	香江集团有限公司	家具	聯邦	广东联邦家私集团有限公司	家具	GUANGRUN 光潤	东莞市光润家具制造有限公司	办公用家具
欧派	广州欧派厨柜企业有限公司	餐具柜，贮存架，碗碟柜	穗宝	广州穗宝家具装饰厂	床垫	国泰	广东国泰集团有限公司	办公用家具，沙发，弹簧床垫
高秀	广东高秀花园制品有限公司	花盆台座，屏风（家具），安乐椅	TRYIT 得亿	广东顾地塑胶股份有限公司	电线塑料槽，塑料线槽管	鹰展	揭阳市庆展不锈钢有限公司	不锈钢餐具（不包括刀、叉、匙）
万嘉福	广东万嘉福电器有限公司	非电力压力锅（高压锅）	順達 SHUNDA	广东顺达不锈钢器皿实业有限公司	非贵重金属餐具，非电力压力锅（高压锅）	银港 YIN GANG	广东银港集团有限公司	高压锅
ZHEN NENG	潮安县彩塘振能不锈钢制品厂	不锈钢制厨房用具，不锈钢制餐具（刀、叉匙除外）		广东华兴玻璃有限公司	玻璃瓶（容器），调味品套瓶，细颈圆酒瓶	Shunxiang	广东顺祥陶瓷有限公司	日用瓷器（包括盆、碗、盘、壶、餐具、缸、坛、罐），日用陶器（包括盆、碗、盘、缸、坛、罐、砂锅、壶、炻器餐具）
全發 QUANFA	广东松发陶瓷有限公司	家用陶瓷制品，陶瓷瓷器，日用瓷器	HJ 弘佳	潮州市弘佳工艺品有限公司	日用瓷器	YFSL	潮州市粤枫陶瓷有限公司	工艺美术陈设瓷，日用瓷器

（续表）

商标	商标注册人	认定商品或服务项目	商标	商标注册人	认定商品或服务项目	商标	商标注册人	认定商品或服务项目
W	广东伟业陶瓷实业有限公司	家庭用陶瓷制品，日用瓷器（包括盆、碗、盘、壶、餐具、缸、坛、罐）	红亭	廉江红星陶瓷企业有限公司	瓷器品（日用陶瓷）	雄英 XIONGYING	广东雄英集团有限公司	细瓷金鱼缸系列
顺胜 Shunsheng	揭东县顺胜工贸有限公司	桶，垃圾桶，儿童浴盆（便携式）	鹦鹉	广东省轻工进出口股份有限公司	塑料编织袋，尼龙编织袋，塑料线	Fuxiang	广东省轻工进出口股份有限公司	塑料编织袋，尼龙编织袋，塑料线
WS 指定颜色	开平市开德利实业有限公司	无纺布	美仙子 meixianzi	广东美仙子家纺用品有限公司	床上用品	康妮雅 指定颜色	中山市康妮雅服饰有限公司	内裤，睡衣，内衣
Boccaccio 宝路	广东省广新外贸轻纺（控股）公司	西服制服，皮衣（服装），领带	RIEYS 雷伊	广东雷伊（集团）股份有限公司	服装	LianSi	广东金潮集团有限公司	绣花衣服，针织衣服，衣物（晚礼服）
指定颜色	广东曼妮芬服装有限公司	针织服装，内衣，内裤	meisee 美思	广东美思内衣有限公司	胸衣，内衣裤	F	广东群发织造有限公司	针织品（服装），针织衣服，围巾
港联	汕头市港联实业有限公司	服装，毛衫	LeShi 乐士	普宁市泰俊服装有限公司	服装	巨朗 JU LANG	中山市巨朗纺织制衣有限公司	服装
Kiwando 紀帆登	东莞市兴业针织有限公司	针织服装	美标 MEIBIAO	广东美标服饰实业有限公司	内衣，睡衣	Xiong Ye 雄業	广东雄业织造有限公司	针织品（服装）
健將	中山市小榄镇金龙制衣厂	内裤	WSM 威丝曼	珠海威丝曼服饰有限公司	毛线衫	CONIAO 高尼奥	曾富浩	服装
衡韵 Hamin	深圳衡韵时装有限公司	服装	吴氏	汕头市荣达织造厂有限公司	服装（毛衣）	PITANCO 指定颜色	鹤山市必登高鞋业皮具有限公司	鞋
Min Sw	广东永金兴集团有限公司	鞋（凉鞋、拖鞋）	天鹅星	惠州市天鹅星鞋业有限公司	皮鞋	纽漫氏	惠州市文利鞋业有限公司	鞋，皮鞋
KAFEINI 卡菲倪	惠州市源锋鞋业有限公司	鞋	mi 米雅 ya	惠东县鸿光鞋业有限公司	皮鞋	HOK	普宁市辉丰实业有限公司	拉链
金JM马	中山市金马游艺机有限公司	儿童游乐器具（自动滑车、碰碰车）	QUNXING	广东群兴玩具实业有限公司	玩具，成比例的模型车，智能玩具	HUANGPU	中山市黄圃镇工业开发有限公司	腌腊肉，腊肠，板鸭

（续表）

商标	商标注册人	认定商品或服务项目	商标	商标注册人	认定商品或服务项目	商标	商标注册人	认定商品或服务项目
ZONGPENG	汕头龙锋食品有限公司	对虾（非活），虾仁，鱼片	Xing Heng	揭西县志诚食品有限公司	蔬菜罐头，水果罐头，水产罐头		广州轻工工贸集团有限公司（注册人） 广州鹰金钱企业集团公司 （独占被许可人）	水产罐头
YASHILI 雅士利	广东雅士利集团有限公司	第29类：蜜饯果类，第30类：麦片	济公	广东济公保健食品有限公司	果脯	大有 DAYOU	广东彩艳股份有限公司	干果，蜜饯
UEXI	广东绿业工业集团有限公司	水果蜜饯（春砂仁养胃蜜、蜜饯黄皮）	阳灵 YANG LING	广东嘉华生物化工有限公司	脱水菜，蜜饯果类，精制坚果仁	蓬 盛	广东蓬盛实业有限公司	腌制蔬菜，咸菜
廣中皇	开平广中皇食品有限公司	腐乳	Malin 馬林	新兴县马林食品有限公司	酸姜，水果罐头，加工过的花生	ZHENGHONG	广东正红鸭蛋开发有限公司	鲜蛋，味蛋（咸蛋），皮蛋（松花蛋）
晨光	深圳市晨光乳业有限公司	纯牛奶，甜鲜奶，巧克力奶	鹰唛	中山市鹰唛食品有限公司	植物食油	长青树	珠海长青树食品有限公司	食用葵花籽油
威極	佛山市海天调味食品有限公司	食用油	旺小郎	揭东县顺得利食品有限公司	果子冻，食品用胶，蜜饯果类		大埔县枫朗镇西岩茶场	乌龙茶
宏伟	陈伟忠（注册人） 广东宏伟集团有限公司 （独占被许可人）	茶叶	雄鸥	广东省华海糖业发展有限公司	茶叶（蒸青绿茶）	JIN PO 金坡	广东大华糖业有限公司	白砂糖
LITAI 利泰	普宁市利泰发展有限公司	非医用营养液	weishiya	广东威士雅保健品有限公司	非医用营养粉（壮骨粉），人参糖，冰糖燕窝	梅雁	广东梅雁水电股份有限公司	螺旋藻营养片，螺旋藻营养粉，螺旋藻营养液
GARBEN	阳江市嘉伦饼业有限公司	饼干		珠海元朗食品有限公司	糕点（蛋卷）	白燕 BAIYAN	广东白燕粮油实业有限公司	面粉，大米
正味 ZHENG WEI	广东雅士利集团有限公司	麦片		广州市南方面粉股份有限公司	糕点粉	金燕 JIN YAN	东莞市金燕粮油食品有限公司	米排粉

（续表）

商标	商标注册人	认定商品或服务项目	商 标	商标注册人	认定商品或服务项目	商 标	商标注册人	认定商品或服务项目
洲星	广州市洲星食品有限公司	马蹄粉	Camill	中山市嘉美乐食品有限公司	酱油	威極	佛山市海天调味食品有限公司	醋，调味品
	揭阳市酱油厂有限公司	酱油，醋		东莞市永益食品有限公司	调味品	阳帆	广东阳帆食品有限公司	豆豉
YANGS-NS	广东杨氏南北鲜果有限公司	鲜水果（橙），柑橘		广东肇庆华益农业高新科技实业有限责任公司	柑橘，荔枝，桔	HONG JIANG 红江	广东省国营红江农场	鲜水果（橙）
白沙	汕头市白沙蔬菜原种研究所	蔬菜、豆类、瓜类种子		广东湛大集团有限公司	饲料，动物饲料	粤海	广东粤海饲料集团有限公司	饲料（水产饲料）
海珠	麒麟啤酒（珠海）有限公司	啤酒		完美（中国）日用品有限公司	固体饮料，植物饮料，茶饮料（水）	華山泉	鹤山市华山泉食品饮料有限公司	矿泉水
津威	东莞石龙津威饮料食品有限公司	乳酸饮料（果制品、非奶）	黄振龍	广州黄振龙凉茶有限公司	无酒精饮料（凉茶）	天源长寿村 TIAN YUAN CHANG SHOUVILLAGE	广州市天源实业有限公司	矿泉水
xinfengjiang	河源市新丰江天然净水有限公司	水（饮料）		广东中烟工业公司	香烟	VANKE 万科	万科企业股份有限公司	不动产管理，不动产出租
雅居樂	中山市雅居乐地产置业有限公司	住所（公寓），不动产代理	COUNTRY GARDEN	佛山市顺德区碧桂园物业发展有限公司	不动产管理，不动产出租	富民 FUMIN	东莞市虎门富民服务有限公司	不动产出租，不动产管理（商场出租管理）
联泰 LIAN TAI	广东省联泰集团有限公司	建筑，铺路，港湾建设		广州中煤江南基础工程公司	建筑		广东宏达工贸集团有限公司	室内装璜，空调设备的安装与修理，计算机硬件安装、维护和修理广州广之旅国际旅行社股份
广之旅	广州广之旅国际旅行社股份有限公司	旅行社（不包括预定旅馆），旅行陪伴，旅行预订	雁南飛 YEARNING	梅县雁南飞茶田有限公司	观光旅游，旅游安排，旅行预订	金蝶	金蝶软件（中国）有限公司	计算机程序控制，计算机软件设计
远光	广东远光软件股份有限公司	计算机程序编制，计算机软件更新，计算机软件设计（电力系统财务软件）	花園酒店 The Garden Hotel	广州花园酒店	备办宴席，住所（饭店、供膳寄宿处），餐馆	海港城	深圳市麦广帆饮食策划管理有限公司	餐馆，自助餐馆，备办宴席

（续表）

商标	商标注册人	认定商品或服务项目	商 标	商标注册人	认定商品或服务项目	商 标	商标注册人	认定商品或服务项目
广州酒家	广州酒家企业集团有限公司	餐馆，备办宴席	南海渔村 SOUTH SEA FISHING VILLAGE	南海渔村有限公司	备办宴席，餐馆	名冠金凯悦	广东名冠集团有限公司	住所（旅馆、供膳寄宿处），备办宴席，餐馆
新荔枝湾	广州新荔枝湾酒店管理有限公司	餐馆	绿茵阁	广州市越秀区绿茵阁咖啡厅	餐馆，咖啡馆	新海利	珠海市拱北新海利实业发展有限公司 珠海新海利大酒店有限公司	餐厅

(2008年)

商标	商标注册人	认定商品或服务项目	商 标	商标注册人	认定商品或服务项目	商 标	商标注册人	认定商品或服务项目
	茂名高岭科技有限公司	高岭土	WANXING	广东万兴无机颜料股份有限公司	陶瓷釉料，搪瓷和玻璃着色化学品	锦纶	广东新会美达锦纶股份有限公司	聚乙内酰胺切片
YUHUA 裕华	珠海裕华聚酯有限公司	聚酯切片	绿叶	广东省番禺福田化工有限公司	未加工的合成树脂	yunliu 云硫	云浮硫铁矿企业集团公司	复合（混）肥，过磷酸钙，硫酸
迎美	郁南县永光环状糊精有限公司	β－环状糊精	BALI RESIN	佛山市南海霸力化工制品有限公司	靴子粘合剂，鞋粘合剂，皮革粘合剂	龙马	广东龙马化学有限公司	白乳胶（聚醋酸乙烯乳液）
YUE GUAN 粤冠	江门市新会区新辉化工厂有限公司	防水涂层胶浆（有机型）	高士	莫万全（注册人） 广州市高士实业有限公司 （独占被许可人）	硅胶（水玻璃），墙砖粘合剂	Kafuter 卡夫特	广东恒大新材料科技有限公司	工业用粘合剂（有机硅密封胶），粘接剂（冶金），丙烯酸酯胶粘剂
华强	阳西县儒洞华强塑料厂	塑料纤维色母粒	MMC	珠海格力磁电有限公司	打印机墨盒，打印机喷墨液	金树 GOLDENtree	中山大桥化工集团有限公司	涂料，油漆
FORTRESS 千色花	广东千色花化工有限公司	涂料，油漆	鸿昌	广东鸿昌化工有限公司	油漆	DAD	广东华润涂料有限公司	涂料，油漆
SOUTHERN 南方	广州市坚红化工厂	乳胶漆		东莞广通化工制品有限公司	涂料（原子灰）	天丽	广州市浪奇实业股份有限公司	香皂，漂渍液（漂白水）
	广州市美益香料有限公司	食用香料（不包括含醚香料和香精油）	FRENCIS 有情	汕头市友情精细化工实业有限公司	化妆品，香波，护发素	CATHY 佳雪	汕头市宝兰丝精细化工有限公司	化妆品
琪雅	广东琪雅实业有限公司	化妆品		东莞市金凤莞香有限公司	卫生香	联邦	珠海联邦制药股份有限公司	人用药
金活 KINGWORLD	深圳市金活实业有限公司	人用药（感冒清胶囊）	禾穗牌	广州白云山光华制药股份有限公司	西药（氨咖黄敏胶囊，脑络通胶囊）		汕头金石制药总厂	人用药
园田牌	广州医药集团有限公司	中药成药		广东罗浮山药业有限公司	西药，中药（宫炎平片、百草油、风湿宁注射液）	NEPTUNUS 海王	深圳海王药业有限公司	化学医药制剂，中药成药，生化药品
康人	广东康人投资有限公司	中药成药（冠心康片、解毒降脂片）		广东五洲药业有限公司	西药片剂（干酵母片，食母生片，干酵母原料药）	联邦他唑仙	珠海联邦制药股份有限公司中山分公司	医药制剂（青霉素复合制剂）

（续表）

商标	商标注册人	认定商品或服务项目	商 标	商标注册人	认定商品或服务项目	商 标	商标注册人	认定商品或服务项目
劲通	广东同德药业有限公司	人用药（药用气雾剂）	怡生	广州医药集团有限公司	人用药（二天油，安神补脑液）	沙溪	广东益和堂制药有限公司	茶剂，冲剂，胶囊剂
广州	广州白云山制药股份有限公司	镇痛膏		广东宏兴集团股份有限公司	中西成药		广东化州中药厂制药有限公司	中药成药（橘红痰咳液，橘红痰咳煎膏，橘红梨膏）
	广州白云山制药股份有限公司	正金油	丽珠赛乐	丽珠医药集团股份有限公司	脑蛋白水解物注射液		广东高山动物药业有限公司	兽医用药，兽医用制剂，兽医用饲料添加剂
	佛山市南海奥帝精细化工有限公司	杀虫剂，蚊香		佛山市南海区现代国际企业集团	铝型材，金属板条，金属外窗		广东凤铝铝业有限公司	铝型材
	佛山市新合铝业有限公司	铝型材		广东阳春钢铁集团公司	钢材，钢坯，生铁		佛山市南海艺华不锈钢铝业有限公司	铝合金型材
南亞	广东亚洲铝厂有限公司	型材，棒材，板材，管材，线材		广东省韶铸集团有限公司	铸钢，钢的精铸件和机制件（毛坯），锻钢		高力登（注册人） 广东永兴铝型材厂有限公司 （独占被许可人）	普通金属合金（铝型材）
HEC	乳源瑶族自治县东阳光化成箔有限公司	铝箔（化成箔、腐蚀箔）		潮州翔鹭钨业有限公司	钨，钨粉，粉末冶金		河源富马硬质合金股份有限公司	普通金属及其合金（硬质合金）
TFQ	揭东经济开发试验区泰丰侨金属制品有限公司	镀锌钢管	珠江	广州市海珠区珠江镀锌钢管厂	钢管	广铝 GALUMINIUM	广东广铝集团有限公司	金属建筑材料
	江门市新会罗坑电力线路器材厂有限公司	镀锌铁塔，金属天线塔，电线用金属杆	未来之窗	广州市未来之窗建筑材料有限公司	铝塑复合板	YUE HUA	林树灿	金属窗框，金属门，金属建筑材料
优赢 YOU YING	开平市优赢金属制品有限公司	建筑用金属板，建筑用金属架，金属脚手架	DTC	广东东泰金属制品有限公司	家具金属部件，金属铰链，金属滑轮（非机器用）	QI SHENG	揭阳市奇胜五金塑料实业有限公司	金属活页，拉柄
XILI 喜力	揭阳市雅迪高五金塑胶有限公司	家具用金属附件	铁神 TIESHEN	中山市铁神锁业有限公司	金属锁（非电），挂锁，弹簧锁	汉山	广东电白汉山锁业有限公司	弹子顶胆锁

（续表）

商标	商标注册人	认定商品或服务项目	商 标	商标注册人	认定商品或服务项目	商 标	商标注册人	认定商品或服务项目
PINGAN	台山平安五金制品有限公司	金属保险柜，保险箱，金属柜	X.Q.S	广东圣都模具股份有限公司	冷铸模（铸造），金属铸模	良 LIANGQI 奇	佛山市赛尔燃气具有限公司	液化石油气钢瓶
KL 科盛隆	广州科盛隆纸箱包装机械有限公司	印刷机器（纸箱包装印刷机）		汕头市汕樟轻工机械实业有限公司	印刷机，复膜机，塑料包装缝合机		揭阳市银炜食品机械有限公司	饼干机，食用包装机械
YUEDONG 粤东	汕头市粤东机械厂有限公司	食品工业用机械及部件，饮料工业用机械，包装机械（不包括成套设备专用包装机械）	源田	佛山市源田床具机械有限公司	数控绗缝机，串网机，自动袋装弹簧机		揭阳市天阳模具有限公司	轮胎成型机头
J·M JINMING	广东金明塑胶设备有限公司	自动塑料吹瓶机，多层薄膜成型机组，多层中空成型机组	联塑 L&S	广东联塑科技实业有限公司	塑料挤出机，加工塑料用模具		力劲机械（深圳）有限公司	冷室压铸机，热室压铸机
VTC	中山市正洲汽门有限公司	汽门	KEQIANG 科强	阳西县电梯配件有限公司	铸造制品（机器部件）	江晟	江门市江晟电机厂有限公司	电动机，泵（机器）
YUEHUA 粤华	阳江市新力工业有限公司	冲压泵	YQ	佛山市南海永兴阀门制造有限公司	液压阀，调压阀	怡豊	怡锋工业设备（深圳）有限公司	机械传动装置
实力	广东四会实力连杆有限公司	连杆	漠阳江	阳江市北山胶化有限公司	橡胶运输带	CLEVEREST SON'SWIFE	阳江市巧媳妇厨业有限公司	刀（手工具），剪刀，餐具（刀、叉和匙）
同洲 coship	深圳市同洲电子股份有限公司	数据处理设备	LCD	汕头超声显示器有限公司	液晶显示器	Stonesonic	广东响石数码科技有限公司	监视器（计算机硬件），电子防盗装置
	广东百佳百特实业有限公司	假币检测器	RS 榕申 RONG SHEN	揭阳榕申卷尺有限公司	卷尺	京安 JINGAN	佛山市三水京安通讯交通设施有限公司	信号灯，信号发生器，夜明标志牌
SKYWORTH 创维	深圳创维—RGB电子有限公司	电视机，收录机，录像机	創佳 CANCA	潮州市创佳集团有限公司	电视机		深圳市航盛电子股份有限公司	汽车音响
VTRON	广东威创视讯科技股份有限公司	大屏幕彩色显示系统	奇声	东莞市奇声电子实业有限公司	激光唱盘视盘机（DVD），功放器，扬声器	QiSheng	东莞市奇声电子实业有限公司	独立多声道功率放大器，数字环绕声系统的AV功率放大器，音箱

（续表）

商标	商标注册人	认定商品或服务项目	商标	商标注册人	认定商品或服务项目	商标	商标注册人	认定商品或服务项目
得胜 TAKSTAR	广东得胜电子有限公司	耳机，麦克风，扩音器	YUEHUA	广东粤华磁电实业有限公司	光盘（音像）	TINLY 天籁	揭阳市天籁电声器材有限公司	（车载）扬声器，音箱
β3	闻克俭（注册人）东莞市亿达音响制造有限公司（独占被许可人）	扩音器，电声组合件，扬声器音箱	Lane	恩平市莱茵电子新科技有限公司	麦克风	金鐘 Velbon	中山伟如宝照相器材有限公司	相机三脚架
LG 乐光	广东省广州番禺电缆厂有限公司	电线，电缆	AAA	广东电缆厂有限公司	电线，电缆	華 HD 達	东莞市华达电缆厂	电线，电缆
	广东蓉胜超微线材股份有限公司	漆包线	中 ZB 宝	佛山市宏图中宝电缆有限公司	全塑电力电缆，塑料控制电缆，铜芯、铝芯交联聚乙烯绝缘电力电缆		广东风华高新科技股份有限公司	电容器，电阻器，磁性材料和器件
	佛山市蓝箭电子有限公司	三极管	TAK CHEONG	汕尾德昌电子有限公司	半导体器件	LONON朗能	霍尼韦尔朗能电器系统技术（广东）有限公司	插头，插座及其他接触器（电线头）
顺开	广东省顺德开关厂有限公司	高低压开关板，高低压电器元件，配电箱	汕自 SHANZI	广东自动化电气集团有限公司	电源设备，高压开关柜，低压开关柜		汕头市兆华电业有限公司	高低压开关板，配电箱（电），配电盘
WANLITONG WLT 萬里通	中山市万里通天线器材有限公司	放大器	KEIYIP 基業	东莞基业电气设备有限公司	配电盘，配电控制台，高低压开关板	GUANGDA	中山爱迪电子有限公司	电容器
SHM	广东南方宏明电子科技股份有限公司	电容器		中山市强力电器厂有限公司	单相不可重接插头	LSHC 联盛	广东东联盛科技有限公司	电容器，集成电路，电容器板（电流）
	惠州市变压器厂	变压器		广东中电华强变压器有限公司	变压器	捷顺	深圳市捷顺科技实业股份有限公司	电脑 IC 卡门锁，自动汽车道闸，电动车库门
	广东省新会电器厂有限公司	配电盘，高低压开关板，高低压电器元件	铁将军	广东铁将军防盗设备有限公司	防盗器		潮州正龙电池工业有限公司	干电池

（续表）

商标	商标注册人	认定商品或服务项目	商 标	商标注册人	认定商品或服务项目	商 标	商标注册人	认定商品或服务项目
MENSHY	广东猛狮电源科技股份有限公司	蓄电池	HWASIN	惠州市华星集团有限公司	（对讲机）电池，（电池）充电器	TRONY	深圳市创益科技发展有限公司	太阳能电池充电器
龙心	广东龙心医疗器械有限公司	输液（血）器，医用针，医用注射器	粤华 Yuehua	广东粤华医疗器械厂有限公司	超声波雾化器，X射线摄影暗匣，X线胶片观察灯	欧普 OPPLE	中山市欧普照明股份有限公司	灯，日光灯管
九佛 JIUFO	广州市九佛电器有限公司	日光灯支架	明可达	鹤山市明可达实业有限公司	照明灯	澳克士 OKES	中山市澳克士照明电器有限公司	节能灯，照明器，吊灯支架
YUE HAI 粤海	广东粤海电器有限公司	电饭煲	aide 爱德	佛山市顺德区爱德实业有限公司	电饭锅	金灶	广东海利集团有限公司	电热壶
吉荣 JIRONG	广东省吉荣空调设备公司	空调机（工业用）	CHIGO 志高	广东志高空调有限公司	空气调节装置	HONGKEE	广东雄业卫浴实业有限公司	水管龙头
斯洛美 SILUO MEI	潮州市鹏佳卫生洁具陶瓷有限公司	坐便器，抽水马桶，小便池（卫生设施）	欧美尔 oumeir	广东欧美尔工贸实业有限公司	浴室装置，坐便器，小便池	Jianxia	潮州市建厦洁具实业有限公司	洗脸盆，坐厕盆，蹲厕盆
安吉尔	深圳安吉尔饮水产业集团有限公司	饮水器，消毒和净化设备	Vanward 万和	广东万和集团有限公司	消毒碗柜	YQSY	东莞市永强汽车制造有限公司	油槽车，消防水管车，运货车
	佛山市豹王滤芯制造有限公司	汽车滤清器	强H华	广东强华汽车无刷发电机有限公司	汽车起动机，汽车发电机（无刷发电机）	豪爵	江门市大长江集团有限公司	摩托车
KTM	广州天马集团天马摩托车有限公司	摩托车	飞鹰	广州市番禺华南摩托企业集团有限公司	摩托车	Haobao 豪豹	广东富兴摩托车实业有限公司	摩托车
XDS	深圳市喜德盛自行车有限公司	自行车	建大輪胎 KENDA	建泰橡胶（深圳）有限公司	车轮胎	CUILU	深圳市翠绿珠宝首饰有限公司	装饰品（珠宝），翡翠，戒指（珠宝）
冠豪 GUANHAO	广东冠豪高新技术股份有限公司	无碳复写纸，心电图纸	蓓尔丽	揭阳市区信达纸业有限公司	卫生纸，纸，纸餐巾	JTZ 佳太子	广东佳太子文具实业有限公司	纸夹子，文件夹
永大 WING TAI	永大（中山）有限公司	文具或家用胶带，文具胶布，不干胶纸		中山富洲纸塑制品有限公司	不干胶纸	JH	广东晶华科技有限公司	不干胶纸

（续表）

商标	商标注册人	认定商品或服务项目	商 标	商标注册人	认定商品或服务项目	商 标	商标注册人	认定商品或服务项目
JSM	广东京汕密封件有限公司	密封环，密封橡皮圈	珠江牌	佛山塑料集团股份有限公司	薄膜	BLUE A 蓝A	佛山市天安塑料有限公司	非包装用塑料膜，橡胶或塑料制(填充或衬垫用）包装材料
和 HE SU 塑	广东三凌塑料管材有限公司	塑料管，非金属套管，非金属管道接头，非金属软管	亿龙	佛山市高明亿龙塑胶工业有限公司	有机玻璃板，制广告塑料纸	長園 Changyuan	深圳市长园新材料股份有限公司	绝缘材料，电线绝缘物，电缆绝缘物体
W 沃尔	深圳市沃尔核材股份有限公司	绝缘材料	RF	江门市润田实业投资有限公司	电容薄膜	双龙牌 SHUANG LONG PAI	佛山塑料集团股份有限公司	聚氯乙烯人造革
Hanary	广东亨得利实业有限公司	书包	固力 GULI	惠州固力水泥集团有限公司	普通硅酸盐水泥	油城牌	茂名市油城牌水泥有限公司	水泥
冠珠	广东新明珠陶瓷集团有限公司	墙地砖	MONALISA 蒙娜丽莎	广东蒙娜丽莎陶瓷有限公司	非金属地板砖，瓷砖，建筑用嵌砖	新中源	广东新中源陶瓷有限公司	瓷质墙地砖
佳美施	佛山市佳美施陶瓷有限公司	瓷砖	新润成	广东新润成陶瓷有限公司	非金属地板砖，瓷砖	OUMEI TAO CI	广东欧雅陶瓷有限公司	瓷砖，建筑用嵌砖，建筑用非金属砖瓦
唯美	广东唯美陶瓷有限公司	马赛克，彩釉砖	XNY	广东新中源陶瓷有限公司	建筑用嵌砖，瓷砖，非金属砖瓦	ROMARIO 羅馬利奧	佛山市三水罗马利奥陶瓷有限公司	瓷砖
GAOGE	佛山市高格陶瓷有限公司	彩釉砖	JUIMSI	广东骏仕陶瓷有限公司	非金属地板砖，建筑用非金属墙砖	方大 FANGDA	方大集团股份有限公司	非金属建筑材料，金属建筑结构，预制件
锚	中山环宇实业有限公司	非金属排泄管	玉字	广州市广易实业有限公司	石棉水泥瓦	康纳天花 CANR CEILING	广州康纳天花有限公司	天花复合板
大亨 Daheng	台山市大亨玻璃工艺有限公司	建筑玻璃，窗玻璃（车窗玻璃除外），安全玻璃	Kinwai	江门健威家具装饰有限公司	家具，办公用家具，床		阳东金恒实业有限公司	金属家具，办公用家具，金属陈列衣架
名匠軒	佛山市名匠轩欧陆家具有限公司	家具	HONG XIN	江门市中新家具实业发展有限公司	家具，椅子（座椅），屏风（家具）		广东省轻工进出口股份有限公司	凳子，衣架
	惠州市惠康家居有限公司	床垫	KERRIC	广东科艺普实验室设备研制有限公司	药柜，学校用家具（实验室用）	家惠	四会市家惠床垫家具有限公司	床垫

（续表）

商标	商标注册人	认定商品或服务项目	商 标	商标注册人	认定商品或服务项目	商 标	商标注册人	认定商品或服务项目
	珠海中富实业股份有限公司	塑料瓶	LINKFAIR	广东凌丰集团有限公司	非贵重金属制厨房用具，非贵重金属制厨房容器，非贵重金属餐具		广东顺发五金制品有限公司	不锈钢真空杯，不锈钢锅（压力锅），非贵重金属制厨房用具
CHUANG SHENG 创生	广东创生不锈钢制品有限公司	非贵重金属制厨房容器，非贵重金属餐具，饮用器皿	家能	广东家能现代厨具有限公司	非贵重金属制厨房用具，非贵重金属制厨房容器，非电气炊具	GOURMET STANDARD	新兴县粤兴华不锈钢制品有限公司	成套的烹饪锅，非贵重金属厨房用具
富能达	广东富能达不锈钢实业有限公司	非贵重金属杯		广东潮流集团有限公司	日用瓷器（包括盆、碗、盘、壶、餐具、缸、坛、罐），日用陶器（包括盆、碗、盘、缸、坛、罐、砂锅、壶、炻器餐具）		广东东宝集团有限公司	瓷器，日用瓷器（包括盆、碗、盘、壶、餐具、缸、坛、罐），陶器
AJM	广东大业陶瓷有限公司	日用瓷器（包括盆、碗、盘、壶、餐具、缸、坛、罐）	YUAN&YUAN 圆加圆	潮州市三元陶瓷（集团）有限公司	家用陶瓷制品，陶器，瓷器	B·S·F 波士发	潮州市波士发陶瓷制作有限公司	日用瓷器
HAIXIN	广东海兴塑胶有限公司	日用塑料器皿（包括盆、碗、盘、壶、杯），筛（家用器具），水桶	Hoyo	广州市番禺区好友实业有限公司	塑料衣架，塑料晒架，塑料衣夹	青蛙 FROG	广东雪洁日化用品有限公司	牙刷，电动牙刷
振兴 ZHEN XING	广州市振兴实业有限公司	清洁器具（手工操作），食物保温容器，刷子	SUNION	广东众和化塑有限公司	包装带，编织袋，非橡胶或塑料制（填充或衬垫用）包装材料	文田 WENTIAN	中山市文田纺织有限公司	纱
DERUN	广东德润纺织有限公司	布匹	紫荆	吴川市紫荆羽绒有限公司	鸭绒被，枕套	FUSAN	东莞市凫山新兴发针织有限公司	服装
EMINU 依米奴	东莞市鸿越服装有限公司	服装	Autumn Deer	广东秋鹿实业有限公司	睡衣	异乡人	东莞市原野服装有限公司	服装
圣 旗	东莞市圣旗路时装有限公司	针织品（服装）	龍姿	东莞市龙姿针织有限公司	服装	睦隆	广东睦隆制衣有限公司	服装

（续表）

商标	商标注册人	认定商品或服务项目	商 标	商标注册人	认定商品或服务项目	商 标	商标注册人	认定商品或服务项目
FaYun 发運	广东爱华毛织工艺有限公司	服装（针织服装）	GREATAI	广东鸿泰实业有限公司	服装（针织服装）	來爾華得 Larward	广东爱华毛织工艺有限公司	服装，针织服装
第五街 5th STREET	中山金三角成衣有限公司	服装	Ouslandai 奥丝蓝黛	汕头市时佳实业有限公司	内衣，内裤，乳罩	PEPCO 小猪班纳	东莞市小猪班纳服饰有限公司	童装
MINGSHU 名鼠	广东名鼠服饰有限公司	服装	康品	中山市康益保健用品有限公司	特殊功能服装（磁疗衣、红外线衣、摄影背心等），内衣	汾芳王 Fenfangwang	汕头市汾芳王内衣实业有限公司	乳罩，内裤
SUNLAND 紳浪	广东宝丽华服装有限公司	服装	FAMORY	广东名瑞（集团）股份有限公司	婚纱礼服，时装	Daerli	周川弟	服装（家居服）
Free Bird 自由鳥	广东自由鸟服装有限公司	服装	NewSet 新1系	广东新一系实业有限公司	内衣，内裤	鹏运 Pengyun	广东鹏运实业有限公司	服装，领带
Roober	中山市安淇制衣厂	服装（内裤）	YUWEI 羽威	广东羽威羽绒实业有限公司	羽绒服装，大衣，风衣	Santia	广东圣地亚服饰有限公司	服装（手绣毛衫）
婴之谷 YINGZHIGU	广东爱心实业有限公司	婴儿全套衣，婴儿睡袋	必登高	鹤山市必登高鞋业皮具有限公司	鞋	tiger	东莞市新虎威实业有限公司	皮鞋
人城 REN CHENG	潮州市中天城鞋业有限公司	塑料鞋		惠东县东光鞋业有限公司	鞋	XIANGLIAN	惠东县裕顺鞋业有限公司	鞋（女鞋）
	鹤山市恒达鞋业有限公司	鞋，皮鞋		广东信利达鞋业有限公司	鞋（女鞋）	BAOERLI	惠州市万达利鞋业有限公司	皮鞋（女鞋）
名西施	惠州市新发鞋业有限公司	鞋（女鞋）	黄包車 RICKSHA	佛山市南海合兴袜业制衣有限公司	袜	WEIXIN 威信	广东威信纺织有限公司	松紧带，花边，服装镶边带
	汕头市冠业拉链织造有限公司	拉链	航洋	广东航洋花艺有限公司	人造花，仿真花，人造盆景	玉蘭	广东玉兰装饰材料有限公司	墙纸
HUA WEI	广东骅威玩具工艺股份有限公司	玩具，玩具娃娃，成比例的模型车	德 DEFA 發	卢建文（注册人）揭阳市德发玩具有限公司（独占被许可人）	玩具，晚会玩具，玩具娃娃		广东实丰玩具实业有限公司	玩具，玩具车，活动玩具

（续表）

商标	商标注册人	认定商品或服务项目	商 标	商标注册人	认定商品或服务项目	商 标	商标注册人	认定商品或服务项目
PEPERE	佛山市美仕达玩具有限公司	橡皮泥	JINQUE 金雀	广州轻工工贸集团有限公司（注册人）广州双鱼体育用品集团有限公司（独占被许可人）	羽毛球，球类及器材	好家庭	深圳市好家庭实业有限公司	锻炼身体器材
壹上壹	五丰食品（深圳）有限公司	腊肠，腊肉，香肠	DF	广东省食品进出口集团公司	冻肉，水产罐头，蘑菇罐头	甘竹牌	广东甘竹罐头有限公司	听装（罐装）鱼，水产罐头，蔬菜罐头
YUEHUA 粤花	佛山市顺德区粤花罐头食品有限公司	水产罐头，肉罐头	HUAN LE JIA 欢乐家	湛江市欢乐家食品有限公司	水果罐头，果酱	玉蕾	汕头市玉蕾食品实业有限公司	腌制蔬菜
ZHENZHOU FARM	惠州梅菜产销有限公司	腌制蔬菜（梅菜）	美乐多 mini	广州珠江美乐多饮品（香港）有限公司	乳酸菌饮料	望郎回	东源县板栗发展有限公司	糖炒栗子
YILONG 翼龙	广东翼龙实业集团有限公司	茶叶		广东绿业工业集团有限公司	茶叶代用品（春砂仁茶、春砂仁末、春砂仁养胃茶）	TEABEST 茗皇	广东茗皇茶业有限公司	茶（乌龙茶）
蜂泉	广东省丰收糖业发展有限公司	砂糖		广东省华海糖业发展有限公司	白糖，砂糖	徐記	东莞徐记食品有限公司	糖果，巧克力，米果
茂发 MAO HUAT	汕头市茂发实业有限公司	糖果，饼干，蛋糕	集 JIWEICUN	广东集味村食品有限公司	糕点，糖果	雪丽糍	佛山市高明森和园食品有限公司	果胶（软糖）
Twin Oaks 串屋	佛山市高明森和园食品有限公司	糖果	愷撒威登	英秀雄	巧克力（威化巧克力）	康富来	佛山市顺德康富来保健品有限公司	非医用营养胶囊，非医用营养液，非医用营养片
理科	中山市理科虫草制品有限公司	非医用滋补液（虫草王口服液）	Huamei	东莞市华美食品有限公司	饼干	利口福	广州酒家企业集团有限公司	面包，小包子，饼干
一家人	广东一家人食品有限公司	麦片	荣誠	广东荣诚食品有限公司	馅饼（潮式月饼）	咀香 JUXIANGYUAN	中山市咀香园食品有限公司	杏仁饼，糕点
瑞蓮	阳江市莲香食品有限公司	饼干（炒米饼）	太 Tai liang 粮	东莞市太粮米业有限公司	米	東方 DONGFANG	广东东方面粉有限公司	面粉
粮丰	汕头市粮丰集团有限公司	米，面粉，谷类制品	霸王花 BaWanghua	广东霸王花食品有限公司	米排粉	Fuwei 富味	广东富味制果厂有限公司	膨化水果片

（续表）

商标	商标注册人	认定商品或服务项目	商 标	商标注册人	认定商品或服务项目	商 标	商标注册人	认定商品或服务项目
	广东美味鲜调味食品有限公司	酱油，酱，醋	味事达 Master	开平味事达调味品有限公司	酱油，酱料	DF	广东省食品进出口集团公司	酱油
海天	佛山市海天调味食品有限公司	调味品	益力	珠海市益力集团有限公司	味精	百味佳	东莞市美味食品有限公司	调味品（鸡粉、鸡精）
劲霸 Jingba	陈世豪（注册人） 中山市嘉豪食品有限公司（独占被许可人）	芥末	佳隆	广东佳隆食品股份有限公司	调味品	沙井 SHA JING	深圳市水产公司	蚝油
丹宝利	东莞市东糖集团有限公司	酵母	凤中皇	清远市凤中皇清远麻鸡发展有限公司	活鸡	廉江紅 L·J·H	广东省廉江水果企业集团公司	鲜果
华贡	四会市华贡农科集团公司	柑橘	郁江	郁南县富康农业发展有限公司	无核黄皮（水果）	从玉	广州从玉菜业发展有限公司	新鲜蔬菜
EASTERNDRAGON	东莞市星河生物科技有限公司	鲜食用菌，新鲜块菌，新鲜蘑菇	恒兴 EVERGREEN	广东恒兴饲料实业股份有限公司	饲料，家禽饲料	活力	广东活力股份有限公司	啤酒
	广东聪明人集团有限公司	果汁	SHENGLONGQUAN 圣龙泉	揭阳市龙泉食品有限公司	矿泉水（饮料），无酒精饮料	飘雪	肇庆市飘雪鼎湖山泉有限公司	蒸馏水
	英德市权祥凉茶有限公司	无酒精饮料（凉茶），茶饮料（水）	远航 YUANHANG	广东省九江酒厂有限公司	酒	SHI WAN PAI	佛山市太吉酒厂有限公司	酒
CHUN HUA PAI	广东省阳春酒厂有限公司	酒	DF	广东省食品进出口集团公司	米酒	PEARL RIVER BRIDGE	广东省食品进出口集团公司	酒
R&F 富力	广州富力地产股份有限公司	住所（公寓），不动产管理		广东天河城（集团）股份有限公司	不动产出租	QQ	腾讯科技（深圳）有限公司深圳市腾讯计算机系统有限公司	信息传送，计算机终端通讯，电讯信息
SF	广州顺丰速运有限公司	货运，货运传送	國泰 GUOTAI	广东国泰国际旅行社有限公司	旅行安排		恩平市帝都温泉旅游区发展有限公司	旅游安排
LANDRAY 蓝凌	广东蓝凌科技有限公司	计算机软件设计，计算机系统分析，计算机软件维护		广东棕榈园林股份有限公司	庭园风景布置，园艺，花卉摆放	Oriental Vision	广州市东方眼镜连锁企业有限公司	眼镜行

广东省注册商标、驰名、著名商标地区分布情况表

地 区	驰名商标（件）	著名商标（件）	地 区	驰名商标（件）	著名商标（件）
广州	21	286	中山	12	176
深圳	31	206	江门	3	81
珠海	5	56	阳江	4	53
汕头	12	186	湛江	1	62
佛山	25	261	茂名	0	30
韶关	0	16	肇庆	0	33
河源	0	15	清远	0	22
梅州	1	30	潮州	3	105
惠州	3	62	揭阳	4	88
汕尾	2	15	云浮	1	22
东莞	10	164	合计	138	1969

以上数据统计截止 2008 年 12 月 31 日

2008 年广东驰名商标名单

一、商标局在商标管理案件中认定驰名商标 136 件（广东 13 件）

序号	商　标	注册人/所有人	类别及使用商品/服务	地区
1	齐心	深圳市齐心文具股份有限公司	第 16 类：文具	深圳
2	ARROW	佛山市顺德区乐华陶瓷洁具有限公司	第 11 类：坐便器、洗澡盆	佛山
3	同洲	深圳市同洲电子股份有限公司	第 9 类：数据处理设备	深圳
4	味事达 Master	开平味事达调味品有限公司	第 30 类：酱油	江门
5	温氏及图	广东温氏食品集团有限公司	第 29 类：冻肉、冻鸡	云浮
6	全发 QUANFA 及图	广东松发陶瓷有限公司	第 21 类：日用陶瓷	潮州
7	雅芳婷 A—Fontane 及图	雅芳婷布艺实业（深圳）有限公司	第 24 类：床上用品	深圳
8	第 1186622 号图形	广东四通集团有限公司	第 21 类：日用瓷器、陶瓷艺术品	潮州
9	联邦	广东联邦家私集团有限公司	第 20 类：家具	佛山
10	KANGWEI 及图	广州康威集团有限公司	第 25 类：运动服	广州
11	康妮雅及图	中山市康妮雅服饰有限公司	第 25 类：内衣裤、睡衣	中山
12	康宝	广东康宝电器有限公司	第 11 类：干燥消毒柜	佛山
13	富力	广州富力地产股份有限公司	第 36 类：商品房销售	广州

二、商标局在商标异议案件中认定驰名商标 33 件（广东 5 件）

序号	商　标	注册人/所有人	类别及使用商品/服务	地区
1	大哥大 DKD	汕尾市保美西装厂有限公司	第 25 类：服装	汕尾
2	冠珠及图	广东新明珠陶瓷集团有限公司	第 19 类：墙地砖	佛山
3	科健 KEJIAN	中国科健股份有限公司	第 9 类：电话机、成套无线电话	深圳
4	金娃	东莞市金娃食品工业有限公司	第 30 类：果胶（糖果）；布丁等	东莞
5	艾美特	艾美特电器（深圳）有限公司	第 11 类：电扇，换气扇、电暖气	深圳

三、商标评审委员会在商标争议案件中认定驰名商标 59 件（广东 12 件）

序号	商　标	注册人/所有人	类别及使用商品/服务	地区
1	丹芭碧	蒋盛晓	第 3 类 洗面奶、化妆品等	广州
2	南 nan	广东南洋电缆集团股份有限公司	第 9 类 电源材料（电线、电缆）等	汕头
3	群豪 Qunhao 及图	广东英丹服饰有限公司	第 25 类 服装等	揭阳
4	凤铝 FLENLU	广东凤铝铝业有限公司	第 6 类 铝型材	佛山
5	凌霄 LINGXIAO 及图	广东凌霄泵业股份有限公司	第 7 类 泵	阳江
6	佳雪	汕头市宝兰丝精细化工有限公司	第 3 类 化妆品、润肤膏等	汕头
7	VK	阳西县张氏永光刀剪厂有限公司	第 8 类 剪刀；刀（手工具）	阳江
8	榄菊及图	中山榄菊日化实业有限公司	第 5 类 蚊香、杀虫剂等	中山
9	红荔 HONGLI 及图	广东顺德酒厂有限公司	第 33 类 酒	佛山
10	雷士	惠州雷士光电科技有限公司	第 11 类 照明器等	惠州
11	绅浪	广东宝丽华服装有限公司	第 25 类 衬衫等	梅州
12	百斯盾 BAISIDUN	广东百斯盾服饰有限公司	第 25 类 服装	汕尾

广东省中国世界名牌产品名单

（截至 2008 年 12 月 31 日）

产品	注册商标	生产企业名称
程控交换机	HUAWEI	华为技术有限公司
空调器	GREE 珠海格力集团公司	珠海格力电器集团公司
程控交换机	ZTE中兴	中兴通讯股份有限公司
集装箱	中集	中国国际海运集装箱（集团）股份有限公司

广东省中国名牌产品名单

（截至2008年12月31日）

序号	产 品	注册商标	生产企业名称
1	电线电缆接头附件	GCA	广东长园电缆附件有限公司
2	压铸机	LK	力劲机械（深圳）有限公司
3	注塑机	震雄CH	佛山市顺德区震德塑料机械有限公司
4		h	东莞东华机械有限公司
5	以太网交换机	ZTE中兴	中兴通讯股份有限公司
6		HUAWEI	华为技术有限公司
7	ERP管理软件	金蝶	金蝶软件（中国）有限公司
8	高活性酵母	丹宝利	东莞市东糖集团有限公司
9	淀粉糖	双桥	广州双桥股份有限公司
10	单硬脂酸甘油脂	银谷	美晨集团股份有限公司
11	腐乳	广合	开平广合腐乳有限公司
12	箱包	CROWN	中山皇冠皮件有限公司
13	肥皂	立白	广州立白企业集团有限公司
14	香皂	浪奇	广州市浪奇实业股份有限公司
15	淋浴房	阿波罗	阿波罗（中国）有限公司
16	家用橱柜	欧派	广州欧派厨柜企业有限公司
17		华帝	中山华帝燃具股份有限公司
18	沐浴露	滋采	中山市美日洁宝有限公司
19		澳雪	中山市嘉丹婷日用品有限公司
20		蒂花之秀	广东名臣化妆品有限公司
21		澳宝	惠州兆婷化妆品有限公司
22	沙发	左右	深圳市左右家私有限公司
23		Frandiss	东莞市富宝沙发制造有限公司
24		芝华仕	敏华荣家具（深圳）有限公司
25	贵金属镶嵌饰品	千禧之星	深圳市千禧之星实业发展有限公司
26		千禧福	深圳市鹤麟珠宝首饰有限公司
27		钻之韵	深圳市钻之韵珠宝首饰有限公司
28		宝怡	深圳市宝怡珠宝首饰有限公司
29		星光达	深圳市星光达珠宝首饰实业有限公司
30		福麒	深圳市福麒珠宝首饰有限公司
31		潮宏基	广东潮鸿基实业股份有限公司
32		周大金	深圳市海漫尼实业发展有限公司
33	T恤衫	霞湖世家	中山市霞湖世家服饰有限公司

（续表）

序号	产　品	注册商标	生产企业名称
34	针织面料	溢达	广东溢达纺织有限公司
35	童装	小猪班纳	东莞华新制衣有限公司
36	婚纱晚礼服	名瑞	广东名瑞（集团）股份有限公司
37		金潮连思	广东金潮集团有限公司
38		wellpute	伟标（潮州）工艺服装有限公司
39	间位芳纶纤维产品	CHINFUNEX	广东彩艳股份有限公司
40	压敏胶粘制品	camat	广州宏昌胶粘带厂
41		永大	永大（中山）有限公司
42	橡胶避孕套	双一	广州广橡企业集团有限公司
43	集装箱用钢板	五羊	广州珠江钢铁有限责任公司
44	铝板带	HFF	乳源东阳光精箔有限公司
45	铝合金型材（建筑用）	兴发	广东兴发铝业有限公司
46		坚美	广东坚美铝型材厂有限公司
47		凤铝 FENGLU	广东凤铝铝业有限公司
48		WACANG 伟昌	广东华昌铝厂有限公司
49		XH	佛山市新合铝业有限公司
50		SAP	台山市金桥铝型材厂有限公司
51		WEIYE	广东伟业铝厂有限公司
52		南亚	广东亚洲铝厂有限公司
53		广亚	广亚铝业有限公司
54	中空玻璃	南玻	中国南玻集团股份有限公司
55	水产饲料	恒兴	广东恒兴集团有限公司
56		海大	广东海大集团有限公司
57		粤海	广东粤海饲料集团有限公司
58	过磷酸钙	海珠花	广东湛化股份有限公司
59	轮椅车	FS	佛山市东方医疗设备厂有限公司
60	彩色多普乐超声成像系统	SOnOScape	深圳市开立科技有限公司
61	楼宇对讲（可视）系统产品	shidean	深圳市视得安罗格朗电子股份有限公司
62		WRT	深圳市慧锐通电器制造有限公司
63		JEJA 金积嘉	深圳市金积嘉电子工业有限公司
64	小麦粉	金像	蛇口南顺面粉有限公司
65	糖（白糖）	白莲	东莞市东糖集团有限公司
66		蜂泉	广东省丰收糖业发展有限公司
67		银花	广东顺德糖厂有限公司
68		甘岭	广东金岭糖业集团有限公司
69		莲花	江门甘蔗化工厂（集团）股份有限公司

(续表)

序号	产　品	注册商标	生产企业名称
70	糖（果冻）	喜之郎	广东喜之郎集团有限公司
71		金娃	东莞市金娃食品工业有限公司
72	糖（巧克力）	金帝	中粮金帝食品（深圳）有限公司
73	糖（糖果）	徐福记	东莞徐记食品有限公司
74		旺仔 QQ	广州旺旺食品有限公司
75	农用塑料大棚膜	双象	佛山塑料集团股份有限公司
76	皮衣	凯撒 kaiser	凯撒（中国）股份有限公司
77	童车	小天使	中山市隆成日用制品有限公司
78	液体洗涤剂	立白	广州立白企业集团有限公司
79		浪奇	广州市浪奇实业股份有限公司
80	笔（圆珠笔）	金万年	广东金万年文具有限公司
81	炊具（电饭锅）	美的	美的集团有限公司
82		Galanz 格兰仕	广东格兰仕集团有限公司
83		HONG	广东省湛江市家用电器工业有限公司
84		浩特	广东浩特电器有限公司
85		鸿智电器	湛江鸿智电器有限公司
86		威王	广东威王集团有限公司
87		三源	佛山市盛发电器有限公司
88	炊具（压力锅）	美满	广东美满集团有限公司
89		顺发	广东顺发五金制品有限公司
90		顺达	广东顺达不锈钢器皿实业有限公司
91	家用燃气灶具	华帝	中山华帝燃具股份有限公司
92		美的	美的集团有限公司
93		万家乐	广东万家乐燃气具有限公司
94		万和	广东万和集团有限公司
95	针织品（内衣）	康妮雅 CONLIA	中山市康妮雅服饰有限公司
96	黄金首饰	百泰首饰	深圳市百泰珠宝首饰有限公司
97		隆进	深圳市粤豪珠宝有限公司
98		金叶珠宝	东莞市金叶珠宝有限公司
99		ADK 爱得康	深圳市甘露珠宝首饰有限公司
100		翠绿	深圳市翠绿珠宝首饰有限公司
101		宝亨达	深圳市宝福珠宝首饰有限公司
102		同心	佛山市工艺总厂有限公司
103		安盛华	深圳市安盛华实业发展有限公司
104	乒乓球运动器材	双鱼	广州双鱼体育用品集团有限公司
105	锂离子充电电池	BYD	深圳市比亚迪锂电池有限公司
106		BAK	深圳市比克电池有限公司
107		德赛 DESAY	惠州市德赛集团有限公司

（续表）

序号	产　品	注册商标	生产企业名称
108	汽车玻璃	信义	信义汽车玻璃（深圳）有限公司
109	全钢子午线轮胎	万力	广州市华南橡胶轮胎有限公司
110	实木复合地板	盈彬大自然	广东盈彬大自然木业有限公司
111		宜华 yihua	广东省宜华木业股份有限公司
112		富尔玛富林	广州富林地板木业有限公司
113	磁性材料	风华	广东风华高新科技股份有限公司
114	税控燃油加油机	恒山 hengshan	托肯恒山科技（广州）有限公司
115	电冰箱	容声 ROnshen	广东科龙电器股份有限公司
116		万宝 wanbaO	广州万宝集团有限公司
117		美的	美的集团有限公司
118	家用分体空调	美的	美的集团有限公司
119		格力 GREE	珠海格力电器股份有限公司
120		科龙 KEL0N	广东科龙电器股份有限公司
121		TCL	TCL 集团股份有限公司
122		志高	广东志高空调有限公司
123		格兰仕	广东格兰仕集团有限公司
124		华凌	美的集团有限公司
125	微波炉	格兰仕	广东格兰仕集团有限公司
126		美的	美的集团有限公司
127	微型计算机	Great Wall 长城	中国长城计算机深圳股份有限公司
128		TCL	TCL 集团股份有限公司
129	摩托车（100CC 以上）	豪爵	江门市大长江集团有限公司
130	衬衫	富绅	富绅集团有限公司
131		金利来	金利来（中国）有限公司

（注：2008 年国家质量监督检验总检疫总局暂停组织对中国名牌产品的评比工作）

2008年广东省名牌产品（农业类）生产企业名单

序号	生产企业	注册商标	产品名称
1	大埔县万事达茶业有限公司	晨露	乌龙茶
2	广东绿业工业集团有限公司	绿业	桂园宝
3	潮安县凤凰南馥茶叶有限公司	南馥	凤凰黄枝香单丛茶
4	深圳市芭田生态工程股份有限公司	芭田	高塔138
5	惠州市海纳粮油食品有限公司	水中鲤	丝苗米
6	广东农夫山庄食品工业有限公司	农夫山庄	西瓜子
7	惠州市四季绿农产品有限公司	图形	菜心
8	揭阳市百得佳高新农业发展有限公司	百得佳	仙蜜果
9	东莞市瑞德丰生物科技有限公司	瑞华	高效氯氟氰菊酯微乳剂
10	东莞市鸿兴食品有限公司	百利	红腰豆
11	广东嘉华生物化工有限公司	阳灵	九香仁面
12	清远根本农业科技扶贫有限公司	红不让	灵芝
13	广东亿心食品工业有限公司	亿心	九制橄榄
14	广东茶叶进出口有限公司	金帆	普洱茶
15	广东梅县雁球食品有限公司	客乡	米排粉
16	广州市奇珍味食品有限公司	奇珍味	贡枣
17	茂名市金信米业有限公司	锦旺	贵族香油粘
18	揭东试验区宏安食品有限公司	奥仕嘉	甜玉米
19	广东省广垦橡胶集团有限公司	广垦橡胶	高氨浓缩天然胶乳
20	新丰县新力农业发展有限公司	新力	佛手瓜
21	肇庆鼎湖区威龙经济发展有限公司	羚羊峡	肇实
22	广州市清香农产有限公司	图形	苦瓜干
23	广东茂林食品有限公司	茂林	清甜杨梅
24	梅州丰华有机农业发展有限公司	真田	有机大米
25	茂名市农丰复合肥厂	图形	53%水稻专用肥
26	东莞市奇的肥业有限公司	奇的	柑桔专用肥
27	茂名市信澳混合肥有限公司	信澳	复混肥料
28	广东省大埔县顺兴种养集团有限公司	图形	蜜柚
29	大埔县康达茶业有限公司	图形	凯达乌龙茶

（续表）

序号	生产企业	注册商标	产品名称
30	梅州市佳鸿达食品厂	佳仙	柚皮蜜饯
31	广州市农业科学研究所	穗农	广甜2号种子
32	乐昌市沿溪山茶场有限公司	雾翔	沿溪山白毛尖茶
33	广东宏伟集团有限公司	凤凰山	单丛茶
34	广州智特奇生物科技有限公司	图形	智富磷5000
35	广州智特奇生物科技有限公司	图形	金黄素Y—20
36	珠海金银来饲料有公司	金银来	对虾配合饲料
37	珠海市世海饲料有限公司	世海	生鱼配合饲料
38	佛山市顺德区利宝饲料有限公司	利宝	233蛋鸭配合饲料
39	佛山市顺德区利宝饲料有限公司	利宝	602草鱼成鱼配合饲料
40	佛山市顺德天天饲料有限公司	天天	蛙配合饲料
41	中山市泰山饲料有限公司	泰山	草鱼配合饲料
42	中山粤海饲料有限公司	海佳	对虾配合饲料
43	江门汇海饲料有限公司	汇银丰	F835草鱼料
44	广东新粮实业有限公司	永丰	罗非鱼膨化配合饲料
45	湛江市盛田饲料有限公司	盛田	对虾配合饲料
46	珠海市顺明有限公司	顺明	鸡蛋
47	东莞市养生源蜂业有限公司	养生源	蜂王浆
48	中山市种猪场有限公司	禄园	杜洛克种猪
49	江门翔胜鸽业有限公司	潮连	白王鸽
50	广东正红鸭蛋开发有限公司	正红	咸鸭蛋黄
51	广东好味来食品有限公司	羽帆	盐焗鸡腿
52	潮州康辉食品工业有限公司	正一品	鲜卤鸭肫肝
53	广东温氏食品集团有限公司	温氏	新兴矮脚黄鸡
54	广州天王动物保健品有限公司	图形	恩诺沙星注射液
55	广东养宝生物制药有限公司	福来可	福来可
56	广东腾骏动物药业有限公司	威	戊二醛、癸甲溴铵溶液
57	广东永顺生物制药有限公司	永顺制药零免	猪瘟活疫苗
58	广东永顺生物制药有限公司	永顺制药	重组禽流感病毒灭活疫苗
59	茂名市金阳热带海珍养殖有限公司	正金阳	南美白对虾
60	乳源瑶族自治县南水渔业开展有限公司	银源	银鱼

(续表)

序号	生产企业	注册商标	产品名称
61	湛江海茂水产生物科技有限公司	海茂	南美白对虾虾苗
62	湛江国联水产开发股份有限公司	国联	冻去头虾
63	广东汇香源生物科技股份有限公司	汇香源	鱿鱼调味基料
64	茂名市佳辉食品有限公司	图形	冻罗非鱼片
65	湛江龙之珍珠有限公司	龙之珍	海水珍珠项链
66	中山万通冷冻食品有限公司	万通	冻罗非鱼柳
67	阳江市平海水产制品有限公司	平海	鱼丸
68	鹤山市东古调味食品有限公司	东古	蚝油
69	佛山市三水宝叶木业有限公司	南盛NS	细木工板

2008 年广东省名牌产品（工业类）名单

序号	企业名称	申报产品	注册商标	企业所在地
1	广东美标服饰实业有限公司	睡衣	美标	汕头
2	广东秋鹿实业有限公司		秋鹿	广州
3	中山市小榄镇民伟制衣厂		富妮来	中山
4	广东达尔丽实业有限公司		达尔丽	汕头
5	汕头市奥山服饰有限公司	风雨衣	奥山	汕头
6	东莞玖龙纸业有限公司	瓦楞纸	玖龙	东莞
7	东莞金洲纸业有限公司		图＋建洲	东莞
8	中山市鸿发家具有限公司	深色名贵硬木家具（俗称红木家具）	鸿发＋图案	中山
9	中山市红古轩家具有限公司		红古轩	中山
10	中山市奇典居家具有限公司		图案（合兴）	中山
11	广州市至盛冠美家具有限公司	酒店家具	QUAMA	广州
12	汕头市华莎驰家具家饰有限公司		GUANGDA	汕头
13	东莞市华伟家具有限公司		新古传说	东莞
14	东莞市中艺实业有限公司		奥创	东莞
15	广东大公馆家具制造有限公司		大公馆	东莞
16	东莞市森盛家具有限公司		SAN SIN 森盛（图形）	东莞
17	深圳市好家庭实业有限公司	羽毛球拍	X－speed	深圳
18	广州珠江钢琴集团有限公司	钢琴	Ritmüller	广州
19	广州番禺通用文具制品厂有限公司	订书机	益而高	广州
20	广东百佳百特实业有限公司	点验钞机	BJ	中山
21	广州立白企业集团有限公司	肥皂	立白	广州
22	莱曼赫斯健康产品（广州）有限公司	洗衣液	卫新	广州
23	广州市澳大生物美容保健科技开发有限公司	祛斑霜	白大夫	广州
24	广州瑞商丰银生物科技有限公司		安婕妤（Amitabha）	广州
25	广州市迪彩化妆品有限公司	护发素	迪彩	广州
26	东莞市新虎威实业有限公司	男装皮鞋	tiger（图形）	东莞
27	东莞市琪胜鞋业有限公司		迪宝·阿治奥 TIBAO·AUCHEHO	东莞

（续表）

序号	企业名称	申报产品	注册商标	企业所在地
28	潮州市嘉富制鞋有限公司	工艺鞋	（图形商标）	潮州
29	惠东县吉隆粤通鞋厂		丹莉茜 DANLIXI	惠州
30	潮州市西达利鞋业制造有限公司		（图形商标）	潮州
31	祥昱鞋业（肇庆）有限公司		蓝道夫	肇庆
32	深圳市迅宝投资发展有限公司	环保食品包装容器	迅宝	深圳
33	中山市祥基电器有限公司	燃气具用热交换器	祥基	中山
34	广东达美胶粘制品有限公司	PE 保护膜	达美	佛山
35	肇庆多罗山蓝宝石稀有金属有限公司	钽丝	多罗山＋英文＋图形商标	肇庆
36	乳源瑶族自治县阳之光亲水箔有限公司	空调器散热片用亲水铝箔	YZG	韶关
37	乳源东阳光精箔有限公司	电解电容器用铝箔	HFF	韶关
38	肇庆华锋电子铝箔股份有限公司		HFCC	肇庆
39	广东生益科技股份有限公司	覆铜板	SL（图形）	东莞
40	广州宏仁电子工业有限公司		宏仁	广州
41	深圳市建滔投资有限公司		KB	深圳
42	广东超华科技股份有限公司		M	梅州
43	深圳市中金岭南有色金属股份有限公司韶关冶炼厂	白银	南华	韶关
44	佛山市承安铜业有限公司	电子电镀铜材（阳极磷铜材）	WESTERN 威士顿	佛山
45	广东多正化工科技有限公司		多正	佛山
46	佛山市三英铝业有限公司	铝板带	SCIEN	佛山
47	广东南方碱业股份有限公司	纯碱	（图形商标）	广州
48	金发科技股份有限公司	阻燃高抗冲聚苯乙烯树脂	KINGFA	广州
49	合室家（清新）建材有限公司	高分子免漆装饰材料	合室家	清远
50	鹤山市华迅实业有限公司		华迅	江门
51	东莞市至诚涂料有限公司	按键涂料	嘉盛（图形）	东莞
52	茂名日化涂料有限公司	硅离子自洁墙面漆	（图形商标）	茂名
53	东莞市盛和化工有限公司	邻苯二甲酸酐	宏信	东莞
54	长兴（广州）电子材料有限公司	干膜光阻剂	Etertec	广州
55	广东炜林纳功能材料有限公司	塑料稀土助剂	炜林纳 WINNER	佛山
56	肇庆市森德利化工实业有限公司		劲马	肇庆
57	广州市迈克林电力有限公司	复合绝缘子	MPC	广州
58	东莞市高能电气股份有限公司		GN（图形）	东莞
59	深圳市长园新材料股份有限公司	热缩套管	（图形商标）	深圳
60	阳江市新力工业有限公司	烧烤炉	（图形商标）	阳江

（续表）

序号	企业名称	申报产品	注册商标	企业所在地
61	美的集团有限公司	紫砂煲	美的 midea	佛山
62	佛山市顺德区简氏家用电器厂	紫砂煲	依立	佛山
63	广州飞达音响专业器材有限公司	有源音箱	（图形商标）	广州
64	深圳市三诺电子有限公司	有源音箱	3NOD 三诺	深圳
65	东莞市金河田实业有限公司	有源音箱	图＋GOLDEN FIELD 金河田	东莞
66	广东东南薄膜科技股份有限公司	镭射全息转移防伪纸	（图形商标）	汕头
67	中兴通讯股份有限公司	UNITRANS 系列光传输产品	ZTE 中兴	深圳
68	深圳康佳通信科技有限公司	移动电话机	KONKA 康佳	深圳
69	珠海金山软件股份有限公司	中文办公软件	WPS Office	珠海
70	深圳市赛格导航科技股份有限公司	GPS 车载无线报警系统	赛格车圣	深圳
71	广东风华高新科技股份有限公司	半导体分立器件	风华	肇庆
72	汕尾德昌电子有限公司	二极管	TAK CHE0NG	汕尾
73	深圳市中电照明股份有限公司	LED 灯具	天下明/LANDLITE	深圳
74	东莞勤上光电股份有限公司	LED 灯具	KINGSUN	东莞
75	江门市金莱特电器灯饰厂有限公司	LED 充电手电筒	KENNEDE	江门
76	广东太格尔电源科技有限公司	LED 充电手电筒	雅格 YAGE	汕头
77	广州市番禺区珠江灯光音响实业有限公司	舞台灯具	珠江	广州
78	中山市帝光汽配实业有限公司	汽车灯具	DLAA	中山
79	珠海汉胜科技股份有限公司	同轴电缆	（图形商标）	珠海
80	深圳市金信诺电缆技术有限公司	同轴电缆	kingsignal	深圳
81	广东明家科技股份有限公司	防雷插座	MiG	东莞
82	广东志成冠军集团有限公司	EPS 应急电源	图＋CHESHING	东莞
83	广东易事特电源股份有限公司	EPS 应急电源	EAST 易事特	东莞
84	珠海泰坦科技股份有限公司	高频开关直流电源	TITANS	珠海
85	深圳市航嘉驰源科技有限公司	高频开关直流电源	航嘉	深圳
86	深圳奥特迅电力设备股份有限公司	高频开关直流电源	（图形商标）	深圳
87	广州市鹏辉电池有限公司	镍氢充电电池	鹏辉	广州
88	东莞市迈科科技有限公司	镍氢充电电池	McNair	东莞
89	广东玉峰玻璃集团有限公司	浮法玻璃	玉峰	中山
90	中山市美图塑料工业有限公司	卫浴配件（含马桶盖、水箱配件）	MEITU	中山
91	汕头市光明发塑胶有限公司	花洒	GMF	汕头
92	广东省韶关市第二拖拉机厂	联合收割机	丹霞	韶关

（续表）

序号	企业名称	申报产品	注册商标	企业所在地
93	阳东县富都塑金有限公司	增氧机	（图形商标）	阳江
94	深圳市精密达机械有限公司	胶订包本机	JMD	深圳
95	佛山市南海东方纸箱机械实业有限公司	纸箱印刷开槽模切机	D（图形）	佛山
96	珠海凌达压缩机有限公司	空调压缩机	TOSOT	珠海
97	广东省东莞电机有限公司	中小型电机	环球（图形）	东莞
98	江门市江晟电机厂有限公司		江晟	江门
99	深圳市新三思材料检测有限公司	电子万能材料试验机	sans	深圳
100	东莞市科达机电设备有限公司	蒸发式降温换气机组	科瑞莱	东莞
101	东莞宏威数码机械有限公司	光盘生产设备	@anwell	东莞
102	怡锋工业设备（深圳）有限公司	机械式立体停车库	怡丰	深圳
103	东莞艾尔发自动化机械有限公司	注塑机专用机械手臂	ALFA	东莞
104	佛山市源田床具机械有限公司	弹簧床垫数控机械设备	源田	佛山
105	广州数控设备有限公司	GSK系列机床数控系统	GSK	广州
106	汕头华兴冶金备件厂有限公司	铜板风口	华兴	汕头
107	广东康菱动力科技有限公司	柴油发电机组	康菱 HONNY	东莞
108	珠海优特电力科技股份有限公司	微机防误闭锁系统	（图形商标）+UNITECH	珠海
109	广东省韶关烟草机械配件厂有限公司	烟草机械配件	LDL	韶关
110	深圳市英威腾电气股份有限公司	变频器	invt	深圳
111	广州市安达汽车零件有限公司	轴瓦	（图形商标）	广州
112	BPW（梅州）车轴有限公司	车轴	（图形商标）	梅州
113	江门市兴江转向器有限公司	整体式液压助力转向器	GX	江门
114	佛山市南海合兴袜业制衣有限公司	棉袜	黄包车	佛山
115	中山丰华袜厂有限公司		丰华	中山
116	东莞市圣旗路时装有限公司	针织毛衫	圣旗	东莞
117	东莞市圣旗路时装有限公司		图十丝佛卡	东莞
118	东莞市环宇织造有限公司		Y. L. S. B	东莞
119	广东鸿泰实业有限公司		GREATAI	汕头
120	广东群发织造有限公司		（图形商标）	汕头
121	广东爱华毛织工艺有限公司		发运	汕头
122	东莞市众圣针织有限公司		QQ	东莞

（续表）

序号	企业名称	申报产品	注册商标	企业所在地
123	从化永大针织制衣有限公司	T恤衫	温の綿	广州
124	东莞市鸿越服装有限公司		Eminu依米奴	东莞
125	东莞市原野服装有限公司		异乡人	东莞
126	广东宝丽华服装有限公司		绅浪	梅州
127	国桥实业（深圳）有限公司	无纺布	（图形商标）	深圳
128	佛山市南海锦龙无纺有限公司		锦龙无纺	佛山
129	开平市开德利实业有限公司		华士达	江门
130	佛山市南海稳德福无纺布有限公司		稳德福	佛山
131	雅芳婷布艺实业（深圳）有限公司	床上用品	雅芳婷	深圳
132	雅兰实业（深圳）有限公司		雅兰	深圳
133	深圳市富安娜家居用品股份有限公司		富安娜	深圳
134	佛山市黛富妮家饰用品有限公司		黛富妮	佛山
135	东莞市远梦家用纺织品有限公司		梦（图形）	东莞
136	佛山市南海富丽时装有限公司		富仕	佛山
137	广东浪登服装有限公司	衬衫	浪登LANGDENG	佛山
138	佛山市南海N0.1实业有限公司		N0.1	佛山
139	广东鹏运实业有限公司		鹏运	揭阳
140	广东美雅集团股份有限公司	化纤毛毯	美雅	江门
141	肇庆市昆庆毛绒厂有限公司		昆庆	肇庆
142	广东冠豪高新技术股份有限公司	无碳复写纸	冠豪	湛江
143	东莞市天盛特种纸制品有限公司		TS（天盛）	东莞
144	广东华业包装材料有限公司	可涂覆合成纸	和业	潮州
145	佛山高明宏源纸厂有限公司	复印纸	丽确	佛山
146	安兴纸业（深圳）有限公司		传美	深圳
147	金鑫（清远）纸业有限公司		金丝雀	清远
148	广东中顺纸业集团有限公司	纸巾纸	洁柔	中山
149	东莞市白天鹅纸业有限公司		贝柔（BabrOy）	东莞
150	维达纸业（广东）有限公司		维达	江门
151	东莞市宝建纸业有限公司		宝明家纸（图形）	东莞
152	中山市雅洁莉纸业有限公司		雅洁莉	中山
153	中山市宝丽纸业有限公司		宝丽	中山
154	广州欧派厨柜企业有限公司	橱柜	欧派	广州
155	广州立白企业集团有限公司	香皂	立白	广州
156	广东熊猫日化用品有限公司		拉芳	汕头
157	汕头市飘影洗涤用品有限公司		飘影	汕头

（续表）

序号	企业名称	申报产品	注册商标	企业所在地
158	中山市嘉丹婷日用品有限公司	沐浴露	澳雪	中山
159	中山市美日洁宝有限公司		滋采	中山
160	中山市美日洁宝有限公司		樱雪	中山
161	广东熊猫日化用品有限公司		拉芳	汕头
162	广州市好迪化妆品有限公司	洗发水	好迪	广州
163	中山市嘉丹婷日用品有限公司		澳雪	中山
164	汕头市友情精细化工实业有限公司		有情	汕头
165	广东熊猫日化用品有限公司		拉芳	汕头
166	广东永金兴集团有限公司	旅游鞋（运动休闲鞋）	民塑	潮州
167	美利达自行车（中国）有限公司	自行车	美利达（merida）	深圳
168	大行科技（深圳）有限公司		DAHON	深圳
169	广东日生集团有限公司	水族器材	（图形商标）	潮州
170	广东振华电器有限公司		JEBO 佳宝	中山
171	广东海利集团有限公司		HAILEA	潮州
172	广东博宇水族实业有限公司		BOYU	潮州
173	中山市创星电器有限公司		Atman	中山
174	深圳市福麒珠宝首饰有限公司	珠宝首饰（镶嵌首饰）	福麒	深圳
175	深圳市缘与美实业有限公司		缘与美	深圳
176	深圳市金大福珠宝有限公司		（图形商标）	深圳
177	深圳市千禧之星实业发展有限公司		千禧之星	深圳
178	深圳市吉盟首饰有限公司		吉盟	深圳
179	深圳市宝福珠宝首饰有限公司		宝亨达	深圳
180	深圳市百泰珠宝首饰有限公司	珠宝首饰（黄金首饰）	百泰首饰	深圳
181	东莞市金龙珠宝首饰有限公司		金龙 GD	东莞
182	深圳市金雅艺珠宝首饰有限公司		金雅艺	深圳
183	中山市华锋制锁有限公司	锁具	华锋	中山
184	固力保安制品有限公司		固力	中山
185	广东雅洁五金有限公司		雅洁	佛山
186	中山市高力制锁有限公司		高利	中山
187	珠海市坚士制锁有限公司		（图形商标）	珠海
188	中山市铁神锁业有限公司		铁神	中山
189	广东电白汉山锁业有限公司		汉山	茂名

（续表）

序号	企业名称	申报产品	注册商标	企业所在地
190	揭阳市兴财金属制品有限公司	不锈钢制品（不锈钢器皿）	兴财	揭阳
191	广东创生不锈钢制品有限公司	不锈钢制品（不锈钢器皿）	创生标	潮州
192	新兴县万事泰不锈钢制品有限公司	不锈钢制品（不锈钢器皿）	万事泰	云浮
193	新兴县金骏不锈钢制品有限公司	不锈钢制品（不锈钢器皿）	金骏	云浮
194	新兴县欧亚不锈钢制品有限公司	不锈钢制品（不锈钢器皿）	（图形商标）	云浮
195	广东联和不锈钢企业有限公司	不锈钢制品（不锈钢器皿）	（图形商标）	潮州
196	美亚（肇庆）金属制品有限公司	不锈钢制品（不锈钢器皿）	美亚 MEYER	肇庆
197	新会日兴不锈钢制品有限公司	不锈钢制品（不锈钢器皿）	RI XING	江门
198	潮安县彩塘振能不锈钢制品厂	不锈钢制品（不锈钢器皿）	（图形商标）	潮州
199	新兴县粤兴华不锈钢制品有限公司	不锈钢制品（不锈钢器皿）	品味	云浮
200	广东顺达不锈钢器皿实业有限公司	不锈钢制品（不锈钢器皿）	顺达	揭阳
201	揭阳市中宝不锈钢制品实业有限公司	不锈钢制品（不锈钢器皿）	中宝	揭阳
202	阳江十八子集团有限公司	不锈钢制品（不锈钢小刀）	十八子作	阳江
203	阳江市阳东金辉刀剪制品有限公司	不锈钢制品（不锈钢小刀）	（图形商标）	阳江
204	广东银鹰实业集团有限公司	不锈钢制品（不锈钢小刀）	（图形商标）	阳江
205	阳江市顺全工贸实业有限公司	不锈钢制品（不锈钢小刀）	（图形商标）	阳江
206	阳江鸿丰实业有限公司	不锈钢制品（不锈钢小刀）	（图形商标）	阳江
207	广东榕泰实业股份有限公司	氨基复合餐具	榕泰	揭阳
208	中山市万里通天线器材有限公司	电视接收天线	万里通	中山
209	广东万和集团有限公司	家用快速燃气热水器	万和	佛山
210	广东长青（集团）股份有限公司	家用快速燃气热水器	创尔特	中山
211	美的集团有限公司	家用快速燃气热水器	美的 Midea	佛山
212	广州迪森家用锅炉制造有限公司	家用快速燃气热水器	小松鼠	广州
213	广东康宝电器有限公司	家用快速燃气热水器	CanbO 康宝	佛山
214	中山市百得燃气用具有限公司	家用快速燃气热水器	百得	中山
215	广东万和集团有限公司	家用燃气灶具	万和	佛山
216	美的集团有限公司	家用燃气灶具	美的 Midea	佛山
217	佛山市顺德区容桂万喜电器燃气具有限公司	家用燃气灶具	万喜	佛山
218	广东康宝电器有限公司	家用燃气灶具	CanbO 康宝	佛山
219	中山市百得燃气用具有限公司	家用燃气灶具	百得	中山
220	中山市樱雪集团有限公司	家用燃气灶具	樱雪	中山
221	广州市红日燃具有限公司	家用燃气灶具	红日 REDSUN	广州
222	广东大顶矿业股份有限公司	铁矿粉	大顶（图形）	河源
223	广东省茂名华粤集团有限公司	石油树脂	HY	茂名
224	鹤山市华迅实业有限公司	石油树脂	华迅	江门

（续表）

序号	企业名称	申报产品	注册商标	企业所在地
225	佛山中油高富石油有限公司	重交沥青	高富	佛山
226	广东众和化塑有限公司	复合塑料编织袋	（图形商标）	茂名
227	佛山市南海东兴塑料制罐有限公司	塑料中空包装容器	（图形商标）	佛山
228	中山市凯达精细化工股份有限公司	家用杀虫剂	灭害灵	中山
229	中山榄菊日化实业有限公司		榄菊 ＋ 图形	中山
230	广州立白企业集团有限公司		超威	广州
231	佛山市蓝箭电子有限公司	晶体管	蓝箭	佛山
232	广东省粤晶高科股份有限公司		粤晶	广州
233	汕头华汕电子器件有限公司		华汕	汕头
234	广东新宝电器股份有限公司	电热开水壶	DOnLim	佛山
235	广东龙的集团有限公司		龙的 LONGDE	中山
236	广东海利集团有限公司		金灶	潮州
237	广东天际电器有限公司		天际	汕头
238	广东格兰仕集团有限公司	电饭锅	格兰仕 Galanz	中山
239	广东半球集团有限公司		半球	湛江
240	广东恒光电器有限公司		五角	湛江
241	广东华强电器有限公司		华强	湛江
242	广东强力集团有限公司		强力	湛江
243	吴川市环球电器工业有限公司		星辉	湛江
244	佛山市顺德区爱德实业有限公司		爱德	佛山
245	广东创威电器有限公司		创威	湛江
246	珠海双喜电器有限公司		双喜	珠海
247	广东万和集团有限公司	消毒碗柜	万和	佛山
248	美的集团有限公司		美的 Midea	佛山
249	广东康宝电器有限公司		CanbO 康宝	佛山
250	广东科荣电器有限公司		科荣	佛山
251	广东万家乐燃气具有限公司		万家乐	佛山
252	东莞市金业电子科技有限公司	语言复读机	金业	东莞
253	广州飞达音响专业器材有限公司	音响	（图形商标）	广州
254	东莞市奥莱克电子有限公司		奥莱克	东莞
255	东莞市奇声电子实业有限公司		奇声	东莞
256	深圳市宝安奋达实业有限公司		F&D	深圳
257	美加科技（中山）有限公司		爱浪	中山
258	七喜控股股份有限公司	微型计算机	HEDY（七喜）	广州
259	深圳市神舟电脑股份有限公司		神舟	深圳
260	珠海市魅族科技有限公司	数码播放器	魅族	珠海
261	深圳易方数码科技股份有限公司		（图形商标）	深圳

（续表）

序号	企业名称	申报产品	注册商标	企业所在地
262	中山华帝燃具股份有限公司	太阳能热水器	华帝	中山
263	广东五星太阳能有限公司		五星（图形）	东莞
264	广东万家乐燃气具有限公司		万家乐	佛山
265	天基电气（深圳）有限公司	家用及类似用途开关插座	T&J	深圳
266	霍尼韦尔朗能电器系统技术（广东）有限公司		（图形商标）	中山
267	TCL—罗格朗国际电工（惠州）有限公司		TCL	惠州
268	广东松本电工电器有限公司		松本电工	佛山
269	佛山市顺德区福田电器有限公司		FUTINA 福田	佛山
270	广东雪莱特光电科技股份有限公司	灯饰灯具	雪莱特	佛山
271	惠州雷士光电科技有限公司		雷士	惠州
272	中山市欧普照明股份有限公司		OPPLE/欧普照明	中山
273	佛山电器照明股份有限公司		FSL	佛山
274	佛山市顺德区本邦电器有限公司		（图形商标）	佛山
275	广州市九佛电器有限公司		JIUFO 九佛	广州
275	广州市九佛电器有限公司		HY 华艺	中山
277	惠州市西顿工业发展有限公司		西顿	惠州
278	TCL 集团股份有限公司		TCL	惠州
279	中山市琪朗灯饰厂有限公司		琪朗	中山
280	中山市光阳电器有限公司		冠雅	中山
281	中山市澳克士照明电器有限公司		美特	中山
282	中山市奥科特照明电器有限公司		AKT 奥科特照明	中山
283	佛山市顺德区乐华陶瓷洁具有限公司	卫生陶瓷	ARROW	佛山
284	佛山市禅城区中冠浴室设备厂		英皇（CRW）	佛山
285	佛山东鹏洁具股份有限公司		东鹏	佛山
286	广东四通集团有限公司		四通（图形）	潮州
287	广东欧美尔工贸实业有限公司		欧美尔 Oumeir	潮州
288	佛山市法恩洁具有限公司		FAENZA 法恩莎	佛山
289	英陶洁具有限公司		英陶 Imperial	中山
290	广东恒洁卫浴有限公司		（图形商标）	潮州
291	广东潮流集团有限公司		银潮流	潮州
292	广东顺祥陶瓷有限公司		（图形商标）	潮州
293	潮州市建厦洁具实业有限公司		（图形商标）	潮州

（续表）

序号	企业名称	申报产品	注册商标	企业所在地
294	广东蒙娜丽莎陶瓷有限公司	陶瓷墙地砖	蒙娜丽莎	佛山
295	广东唯美陶瓷有限公司		MarcOpOlO 马可波罗	东莞
296	广东宏陶陶瓷有限公司		宏宇陶瓷	佛山
297	广东新中源陶瓷有限公司		新中源	佛山
298	广东东鹏陶瓷股份有限公司		东鹏	佛山
299	佛山石湾鹰牌陶瓷有限公司		鹰	佛山
299	佛山石湾鹰牌陶瓷有限公司		能强	佛山
301	广东欧雅陶瓷有限公司		欧美	佛山
302	佛山市金舵陶瓷有限公司		金舵	佛山
303	广东博德精工建材有限公司		博德	佛山
303	广东博德精工建材有限公司		顺辉	佛山
305	广东新明珠陶瓷集团有限公司		萨米特	佛山
306	佛山金意陶陶瓷有限公司		金意陶	佛山
307	广东新中源陶瓷有限公司		中源朗高	佛山
308	佛山欧神诺陶瓷有限公司		欧神诺	佛山
309	广东新中源陶瓷有限公司		新南悦	佛山
310	清远市欧雅陶瓷有限公司		意利宝	清远
311	广东强辉陶瓷有限公司		强辉	佛山
312	广东汇亚陶瓷有限公司		汇亚	佛山
313	佛山市嘉俊陶瓷有限公司		JIAJUN（图形）	佛山
314	佛山市天纬陶瓷有限公司		T. W（天纬）	佛山
315	佛山市和美陶瓷有限公司	陶瓷墙地砖（外墙砖）	合美	佛山
316	佛山市诗曼丽陶瓷有限公司		SHIMANLI 诗曼丽	佛山
317	广东新润成陶瓷有限公司		新润成	佛山
318	广东骏仕陶瓷有限公司		骏仕（JUIMSI）	佛山
319	广东博华陶瓷有限公司		BOHUA	清远
320	佛山钻石瓷砖有限公司		钻石	佛山
321	广东金牌陶瓷有限公司		（图形商标）	佛山
322	佛山市溶洲建筑陶瓷二厂有限公司		溶洲	佛山
323	中山建华管桩有限公司	预应力混凝土管桩	JH＋图形	中山
324	广东三和管桩有限公司		三和	中山
325	中山市宏基管桩有限公司		宏基	中山
326	深圳市安托山投资发展有限公司		安托山	深圳
327	广东华捷钢管实业有限公司	镀锌复合钢管	华捷	中山
328	中山华通钢塑管有限公司		waltOn	中山
329	广州市海珠区镀锌钢管厂		（图形商标）	广州

（续表）

序号	企业名称	申报产品	注册商标	企业所在地
330	广东利凯尔实业有限公司	铝塑复合板	利凯尔	佛山
331	东莞华尔泰装饰材料有限公司		华尔泰	东莞
332	广州市未来之窗新材料股份有限公司		未来之窗	广州
333	广东凤铝铝业有限公司	铝合金建筑型材	凤铝 FENGLU	佛山
334	广东坚美铝型材厂有限公司		坚美	佛山
335	广东兴发铝业有限公司		兴发＋XINGFA	佛山
336	佛山市新合铝业有限公司		XH（图形）	佛山
337	佛山市南华铝业有限公司		南华	佛山
338	广东伟业铝厂有限公司		WEIYE	佛山
339	肇庆亚洲铝厂有限公司		南亚	肇庆
340	佛山市南海区现代国际企业集团		银 100	佛山
341	广东华昌铝厂有限公司		WACANG 伟昌	佛山
342	清远市美亚宝铝业有限公司		美亚宝铝业	清远
343	广东永兴铝型材厂有限公司		星球	佛山
344	佛山市季华铝业公司		季华	佛山
345	广东广铝集团有限公司		广铝	广州
346	台山市金桥铝型材厂有限公司		SAP	江门
0347	佛山市兴亚铝业有限公司		南大	佛山
348	佛山市南海新亚铝业不锈钢有限公司		粤亚	佛山
349	肇庆新中亚铝业有限公司		亚亚	肇庆
350	广东豪美铝业有限公司		豪美	佛山
351	佛山市南海华豪铝型材有限公司		华豪	佛山
352	广东高登铝业有限公司		高力登	肇庆
353	佛山市南海桃园铝业有限公司		兴创	佛山
354	广东大鹏铝业有限公司		傲翔	肇庆
355	佛山市沥东铝型材制品有限公司		沥东	佛山
356	广东大明铝合金型材有限公司		大明	佛山
357	增城荣阳铝业有限公司		RONG YANG	广州
358	广东华艺卫浴实业有限公司	陶瓷阀芯水龙头	华艺	江门
359	东莞圣雅洁具有限公司		图＋SHENGYA	东莞
360	广东希恩卫浴实业有限公司		CAE	江门

(续表)

序号	企业名称	申报产品	注册商标	企业所在地
361	广东南洋电缆集团股份有限公司	6～35kV交联聚乙烯绝缘电力电缆	NAN南	汕头
362	广东新亚光电缆实业有限公司		新亚 SHINE	清远
363	广东电缆厂有限公司		（图形商标）	佛山
364	广东远光电缆实业有限公司		光	清远
365	广东省广州番禺电缆厂有限公司		乐光	广州
366	广东中联电缆实业有限公司		（图形商标）	佛山
367	金龙羽集团有限公司		金龙羽	深圳
368	深圳市奔达康实业有限公司		奔达康	深圳
369	广州番禺五羊电缆制造有限公司		广洋	广州
370	佛山市宏图中宝电缆有限公司		中宝	佛山
371	东莞市华达电缆厂		华达	东莞
372	中山大洋电机股份有限公司	微型电动机	大洋电机	中山
373	珠海凯邦电机制造有限公司		（图形商标）	珠海
374	梅州嘉和电器有限公司		（图形商标）	梅州
375	佛山市顺德区震德塑料机械有限公司	注塑机	CD震德	佛山
376	震雄机械（深圳）有限公司		震雄 CH	深圳
377	广东伊之密精密机械有限公司		YIZUMI伊之密	佛山
378	中山力劲机械有限公司		（图形商标）	中山
379	广州博创机械有限公司		（图形商标）	广州
380	广东佳明机器有限公司		KAIMING	佛山
381	广东联塑机器制造有限公司		联塑	佛山
382	力劲机械（深圳）有限公司	压铸机	LK	深圳
383	佛山市顺德区伊之密精密压铸科技有限公司		YIZUMI伊之密	佛山
384	广东科达机电股份有限公司	陶瓷机械	KEDA科达	佛山
385	广东锻压机床厂有限公司	锻压机械	万顺	佛山
386	广东宏兴机械有限公司		宏兴	佛山
387	广东永通起重机械实业有限公司	桥式起重机	永通 YONGTONG	佛山
388	广州起重机械有限公司		广起	广州
389	佛山市南海高达建筑机械有限公司	塔式起重机	GD（图形）	佛山
390	广州迪森热能设备有公司	全自动燃油燃气锅炉	DEV0TI0N	广州
391	广州天鹿锅炉有限公司		天鹿 TIANLU	广州
392	深圳市金洲精工科技股份有限公司	硬质合金刀头	金洲	深圳
393	河源富马硬质合金股份有限公司		富马（图形）	河源

（续表）

序号	企业名称	申报产品	注册商标	企业所在地
394	阳江市宝马利汽车空调设备有限公司	空调冷凝器	（图形商标）	阳江
395	广东肇庆动力配件有限公司	汽车配件（气缸套）	鼎湖	肇庆
396	广东鸿图科技股份有限公司	汽车零部件	鸿图科技	肇庆
397	深圳迈瑞生物医疗电子股份有限公司	全自动生化分析仪	OmniLab	深圳
398	深圳迈瑞生物医疗电子股份有限公司	全数字超声诊断系统	数码王子、DigiPrince	深圳

广东省地理标志产品名单

(截至2008年12月31日)

序号	产品名称	批准文号	批准时间	申报地
1	河源米粉	2003年第120号	2003年12月24日	河源
2	郁南无核黄皮	2004年第63号	2004年6月3日	云浮郁南
3	廉江红橙	2004年第126号	2004年9月20日	湛江廉江
4	马坝油粘米	2004年第127号	2004年9月20日	韶关曲江
5	增城丝苗米	2004年第128号	2004年9月20日	广州增城
6	端砚	2004年第160号	2004年10月29日	肇庆
7	流沙南珠	2005年第114号	2005年8月25日	湛江雷州
8	愚公楼菠萝	2005年第117号	2005年8月25日	湛江徐闻
9	覃斗芒果	2005年第118号	2005年8月25日	湛江雷州
10	埔田竹笋	2005年第179号	2005年12月21日	揭阳揭东
11	普宁蕉柑	2005年第180号	2005年12月21日	揭阳普宁
12	陆河青梅	2005年第181号	2005年12月21日	汕尾陆河
13	程村蚝	2005年第182号	2005年12月21日	阳江阳西
14	春砂仁	2005年第188号	2005年12月28日	阳江阳春
15	东陂腊味	2006年第11号	2006年1月24日	清远连州
16	合水粉葛	2006年第56号	2006年4月16日	佛山高明
17	英石	2006年第68号	2006年5月17日	清远英德
18	新会柑	2006年第157号	2006年10月26日	江门新会
19	新会陈皮	2006年第159号	2006年10月30日	江门新会
20	梅州金柚	2006年第173号	2006年11月30日	梅州
21	化橘红	2006年第219号	2006年12月31日	茂名化州
22	英德红茶	2006年第225号	2006年12月31日	清远英德
23	徐闻山羊	2007年第165号	2007年11月21日	湛江徐闻
24	龙门年桔	2007年第169号	2007年11月21日	惠州龙门
25	水东芥菜	2007年第176号	2007年12月6日	茂名电白
26	清远乌鬃鹅	2007年第190号	2007年12月13日	清远清新
27	星子红葱	2007年第201号	2007年12月24日	清远连州
28	惠来荔枝	2007年第213号	2007年12月27日	揭阳惠来
29	西牛麻竹叶	2007年第217号	2007年12月28日	清远英德
30	连南瑶山茶油	2007年第219号	2007年12月28日	清远连南
31	连州溪黄草	2007年第220号	2007年12月28日	清远连州

（续表）

序号	产品名称	批准文号	批准时间	申报地
32	郁南无核沙糖橘	2008 年第 50 号	2008 年 5 月 7 日	云浮郁南
33	清新冰糖橘	2008 年第 55 号	2008 年 5 月 8 日	清远清新
34	罗定肉桂	2008 年第 58 号	2008 年 5 月 13 日	云浮罗定
35	西牛麻竹笋	2008 年第 64 号	2008 年 5 月 30 日	清远英德
36	新兴香荔	2008 年第 64 号	2008 年 5 月 30 日	云浮新兴
37	张溪香芋	2008 年第 112 号	2008 年 10 月 31 日	韶关乐昌
38	连南无核柠檬	2008 年第 112 号	2008 年 10 月 31 日	清远连南
39	中山脆肉鲩	2008 年第 132 号	2008 年 12 月 10 日	中山
40	普宁青梅	2008 年第 133 号	2008 年 12 月 10 日	揭阳普宁
41	金玉三捻橄榄	2008 年第 133 号	2008 年 12 月 10 日	汕头潮阳

广东省地理标志农产品名单

（截至2008年12月3日）

地方	名称	商标注册号	日期
云浮市	新兴香荔	4520816	2007年6月
	郁南无核黄皮	4813314	2006年11月
肇庆市	四会砂糖桔	5101208	2007年4月
	四会以贡柑	5101207	2007年4月
佛山市	三水黑皮冬瓜	4843870	2006年11月
韶关市	翁源县三华李	3130826	2006年11月
清远市	清远鸡	2016498	2003年1月
	清远麻鸡	2016501	2003年1月
茂名市	信宜怀乡鸡	3761179	2007年7月

共9件（其中清远鸡、清远麻鸡算2件）

2008 年农资打假情况统计表

填报单位:广东省农业厅　　填报时间:2008 年 12 月 5 日

项目	查获数量		货值金额	查处起数	检查企业	整顿市场	受理举报案件	捣毁制假窝点	挽回经济损失	出动执法人员	印发资料	查获甲胺磷等 5 种高毒农药数量	立案查处						
													查处	结案	移送司法机关	涉案人数	逮捕人数	案值 5 万元以上案件	
																		总数	货值金额
单位	公斤	台件	万元	起	个/次	个/次	件	个	万元	人次	万份	吨	件	件	人	人	人	起	万元
代码	1	2	3	4	5	6	7	8	9	10	11	12	13	14	15	16	17	18	19
合计	2877714.7	10377.4	.850.97	1601	23335	2329	95	2	2031	35349	1032.11	1.327	932	614	3	184			
1.种子(含种苗、种畜禽)	9830.5	404	143.154	154	3634	354	18		547.4	5612	57.53		59	41		14			
2.肥料	2708216		405.1	358	5756	497	26		908.9	7719	83.84		259	186		43			
3.农药	145421	5951.4	260.17	706	7908	876	26	1	507.4	11158	219.5	1.327	501	314		54			
4.饲料	13532.4	1	14.536	25	1333	117	3		11.33	3230	41.4		9	8		3			
5.兽药(含渔药)	4218.47	3917.5	22.8	386	4284	473	9	1	62.64	9028	68.029		92	63	3	58			
6.渔机渔具		40	1.03	34	110	4	13			401	50.178		12	12		12			
7.农机及零配件		86	0.41		107	8				162	40.26								

2008年广东省有机食品名录

序号	生产企业	产品名称	有机证书编号
1	蕉岭县天然蜂业有限公司	龙眼蜂	COFCC—R—0807—0127（转换）
2	蕉岭县天然蜂业有限公司	白花蜜	
3	蕉岭县天然蜂业有限公司	野桂花冬蜜	
4	蕉岭县天然蜂业有限公司	鸭脚木冬蜜	
5	珠海农丰进出口有限公司	大米	COFCC—R—0503—0016
6	珠海农丰进出口有限公司	大米	COFCC—R—0601—0028（转换）
7	潮安县凤凰镇南馥茶叶有限公司	乌龙单丛茶	COFCC—R—0503—0018
8	饶平县元峰茶业有限公司	领头单丛茶	COFCC—R—0810—0229（转换）
9	华丰源生物科技（深圳）有限公司	复合微生物肥	COFCC—R—0610—0151
10	华丰源生物科技（深圳）有限公司	有机肥	
11	华丰源生物科技（深圳）有限公司	有机液肥	
12	华丰源生物科技（深圳）有限公司	生物有机肥	
13	潮安县凤凰镇安峰茶庄	凤凰乌崬蜜兰香单丛茶	COFCC—R—0503—0019
14	罗定市丰智昌顺科技有限公司	亚灿米	COFCC—R—0606—0090
15	饶平县田峰山名茶科技示范基地	乌龙茶	COFCC—R—0312—0116
16	广东国宾集体有限公司	单丛茶	COFCC—R—0503—0020
17	珠海市金果达农业高新技术有限公司	荔枝	COFCC—R—0310—0043
18	珠海市金果达农业高新技术有限公司	龙眼	COFCC—R—0410—0087
19	东莞市茶山佛泉天然矿泉水厂	矿泉水	COFCC—R—0609—0140
20	潮安县凤凰镇鹏龙茶业发展有限公司	凤凰乌龙单丛茶	COFCC—R—0902—0076（转换）
21	连山壮族瑶族自治县民族食品有限公司	大米	COFCC—R—0711—0249
22	惠州绿环肥料有限公司	绿环有机肥	COFCC—R—0508—0046
23	廉江金萱茶叶有限公司	梅占乌龙茶	COFCC—R—0612—0363
24		金萱绿茶	
25		高山茶	
26		黄金桂乌龙茶	
27		梅占绿茶	
28		金萱乌龙茶	

（续表）

序号	生产企业	产品名称	有机证书编号
29	裕东农业发展（连平）有限公司	菜心	COFCC－R－0610－0170
30	裕东农业发展（连平）有限公司	芥兰	
31	裕东农业发展（连平）有限公司	白菜	
32	裕东农业发展（连平）有限公司	芥菜	
33	裕东农业发展（连平）有限公司	上海青	
34	裕东农业发展（连平）有限公司	节瓜	
35	裕东农业发展（连平）有限公司	笕菜	
36	裕东农业发展（连平）有限公司	豆角	
37	裕东农业发展（连平）有限公司	生菜	
38	裕东农业发展（连平）有限公司	通心菜	
39	裕东农业发展（连平）有限公司	辣椒	
40	裕东农业发展（连平）有限公司	姜	
41	裕东农业发展（连平）有限公司	番薯叶	
42	裕东农业发展（连平）有限公司	葱	
43	裕东农业发展（连平）有限公司	番薯	
44	裕东农业发展（连平）有限公司	苦瓜	
45	裕东农业发展（连平）有限公司	青瓜	
46	裕东农业发展（连平）有限公司	南瓜	
47	裕东农业发展（连平）有限公司	丝瓜	
48	裕东农业发展（连平）有限公司	玉豆	
49	廉江市建成农业有限公司	濂江红橙	OFCC－R－0712－0376（转换）
50	廉江市建成农业有限公司	荔枝	
51	廉江市建成农业有限公司	龙眼	
52	廉江市建成农业有限公司	木菠萝	
53	廉江市建成农业有限公司	红杨桃	
54	廉江市建成农业有限公司	大米	
55	廉江市建成农业有限公司	玉米	
56	廉江市建成农业有限公司	木薯	
57	廉江市建成农业有限公司	红薯	
58	廉江市建成农业有限公司	黄豆	
59	廉江市建成农业有限公司	花生	
60	廉江市建成农业有限公司	马铃薯	
61	廉江市建成农业有限公司	辣椒	
62	廉江市建成农业有限公司	茄子	
63	廉江市建成农业有限公司	西红柿	
64	廉江市建成农业有限公司	青刀豆	
65	廉江市建成农业有限公司	淮山薯	

（续表）

序号	生产企业	产品名称	有机证书编号
66	廉江市建成农业有限公司	罗非鱼	
67	廉江市建成农业有限公司	鳙鱼	COFCC－R－0712－0376（转换）
68	廉江市建成农业有限公司	鲢鱼	
69	廉江市建成农业有限公司	鲫鱼	
70	廉江市建成农业有限公司	草鱼	
71	廉江市建成农业有限公司	鲮鱼	
72	廉江市建成农业有限公司	肉牛	
73	廉江市建成农业有限公司	肉鸡	
74	廉江市建成农业有限公司	肉猪	
75	廉江市建成农业有限公司	肉鸭	
76	饶平县金利香生态茶叶有限公司	黄枝香单丛茶	COFCC－R－0702－0039
77	广东雅士利集团	全脂调味奶粉	COFCC－R－0801－0003
78	廉江市茗皇茶业有限公司	（金玉）金观音（茶叶）	COFCC－R－0512－0206
79	廉江市茗皇茶业有限公司	翠玉（茶叶）	
80	廉江市茗皇茶业有限公司	高山红骨乌龙（茶叶）	
81	廉江市茗皇茶业有限公司	高山软枝乌龙（茶叶）	
82	廉江市茗皇茶业有限公司	金萱（茶叶）	
83	廉江市茗皇茶业有限公司	玉观音（茶叶）	
84	河源市金稳农业开发有限公司	安心铁观音	COFCC－R－0703－0068
85	河源市金稳农业开发有限公司	青州如玉茶	
86	东莞市保得生物工程有限公司	微生物土壤接种剂	COFCC－R－0512－0212
87	东莞市保得生物工程有限公司	微生物叶面增效剂	
88	东莞市保得生物工程有限公司	微生物土壤改良剂	COFCC－R－0701－0018
89	东莞市保得生物工程有限公司	微生态制剂	
90	东莞市保得生物工程有限公司	微生物植物促长剂	COFCC－R－0612－0369
91	南澳县后花园庄农业开发有限公司	后花园莊牌宋茶	COFCC－R－0805－0075
92	广东省华海发展有限公司	绿茶	COFCC－R－0605－0076
93	东源万绿湖长丰水产有限公司	鳙鱼	COFCC－R－0601－0003\
94	东源万绿湖长丰水产有限公司	太湖新银鱼	
95	梅州市金珠农业科技有限公司	大米	COFCC－R－0705－0102（转换）
96	揭阳市百得佳高新农业发展有限公司	百仙果	COFCC－R－0607－0113
97	揭阳市百得佳高新农业发展有限公司	仙蜜果	COFCC－R－0312－0117
98	揭阳市百得佳高新农业发展有限公司	仙蜜果花	
99	江门市新会区兴业发展有限公司	大米（保持认证）	COFCC－R－0601－0028
100	蕉岭黄坑茶厂	黄坑茶	COFCC－R－0902－0046（转换）

（续表）

序号	生产企业	产品名称	有机证书编号
101	梅县华银雁鸣湖旅游度假有限公司	红心柚	COFCC－R－0811－0222（转换）
102	从化市良口镇农业技术推广站	杨梅	COFCC－R－0506－0031
103	广州东升有机种植有限公司	绿豆	COFCC－R－0401－0162
104	广州东升有机种植有限公司	甜玉米	
105	广州东升有机种植有限公司	霸王花	
106	广州东升有机种植有限公司	白豆角	
107	广州东升有机种植有限公司	白萝卜	
108	广州东升有机种植有限公司	菠菜	
109	广州东升有机种植有限公司	菜心	
110	广州东升有机种植有限公司	草莓	
111	广州东升有机种植有限公司	潺菜	
112	广州东升有机种植有限公司	春菊	
113	广州东升有机种植有限公司	葱	
114	广州东升有机种植有限公司	大豆	
115	广州东升有机种植有限公司	冬瓜	
116	广州东升有机种植有限公司	豆苗	
117	广州东升有机种植有限公司	番茄	
118	广州东升有机种植有限公司	番薯	
119	广州东升有机种植有限公司	番薯叶	
120	广州东升有机种植有限公司	翡翠豆苗	
121	广州东升有机种植有限公司	粉葛	
122	广州东升有机种植有限公司	佛手瓜苗	
123	广州东升有机种植有限公司	杭菊花	
124	广州东升有机种植有限公司	荷兰豆	
125	广州东升有机种植有限公司	鹤斗白菜	
126	广州东升有机种植有限公司	红菜头	
127	广州东升有机种植有限公司	红豆	
128	广州东升有机种植有限公司	胡萝卜	
129	广州东升有机种植有限公司	红叶生菜	
130	广州东升有机种植有限公司	花生	
131	广州东升有机种植有限公司	淮山	
132	广州东升有机种植有限公司	黄菜	
133	广州东升有机种植有限公司	黄豆	
134	广州东升有机种植有限公司	鸡肉花	
135	广州东升有机种植有限公司	节瓜	

（续表）

序号	生产企业	产品名称	有机证书编号
136	广州东升有机种植有限公司	芥菜	
137	广州东升有机种植有限公司	芥兰	
138	广州东升有机种植有限公司	金桔	
139	广州东升有机种植有限公司	金银花	
140	广州东升有机种植有限公司	金针花	
141	广州东升有机种植有限公司	九芽生菜	
142	广州东升有机种植有限公司	韭菜	
143	广州东升有机种植有限公司	韭菜花	
144	广州东升有机种植有限公司	苦瓜	
145	广州东升有机种植有限公司	辣椒	
146	广州东升有机种植有限公司	辣椒叶	
147	广州东升有机种植有限公司	芦荟	
148	广州东升有机种植有限公司	萝卜苗	
149	广州东升有机种植有限公司	马铃薯	
150	广州东升有机种植有限公司	毛豆	
151	广州东升有机种植有限公司	眉豆	
152	广州东升有机种植有限公司	木瓜	
153	广州东升有机种植有限公司	奶白菜	
154	广州东升有机种植有限公司	南瓜	COFCC－R－0401－0162
155	广州东升有机种植有限公司	牛蒡	
156	广州东升有机种植有限公司	牛油生菜	
157	广州东升有机种植有限公司	葡萄	
158	广州东升有机种植有限公司	茄子	
159	广州东升有机种植有限公司	青豆角	
160	广州东升有机种植有限公司	青瓜	
161	广州东升有机种植有限公司	青圆椒	
162	广州东升有机种植有限公司	上海青	
163	广州东升有机种植有限公司	绍菜	
164	广州东升有机种植有限公司	生菜	
165	广州东升有机种植有限公司	生姜	
166	广州东升有机种植有限公司	水稻	
167	广州东升有机种植有限公司	水瓜	
168	广州东升有机种植有限公司	丝瓜	
169	广州东升有机种植有限公司	四季豆	
170	广州东升有机种植有限公司	蒜	
171	广州东升有机种植有限公司	塔古菜	
172	广州东升有机种植有限公司	甜豆	

（续表）

序号	生产企业	产品名称	有机证书编号
173	广州东升有机种植有限公司	通菜	COFCC－R－0401－0162
174	广州东升有机种植有限公司	茼蒿	
175	广州东升有机种植有限公司	娃娃菜	
176	广州东升有机种植有限公司	无花果	
177	广州东升有机种植有限公司	西瓜	
178	广州东升有机种植有限公司	西葫芦	
179	广州东升有机种植有限公司	西兰花	
180	广州东升有机种植有限公司	西芹	
181	广州东升有机种植有限公司	西生菜	
182	广州东升有机种植有限公司	西洋菜	
183	广州东升有机种植有限公司	仙人掌	
184	广州东升有机种植有限公司	苋菜	
185	广州东升有机种植有限公司	香草	
186	广州东升有机种植有限公司	小麦草	
187	广州东升有机种植有限公司	小青瓜	
188	广州东升有机种植有限公司	心里美萝卜	
189	广州东升有机种植有限公司	芫茜	
190	广州东升有机种植有限公司	椰菜	
191	广州东升有机种植有限公司	椰菜花	
192	广州东升有机种植有限公司	樱桃番茄	
193	广州东升有机种植有限公司	樱桃萝卜	
194	广州东升有机种植有限公司	油麦菜	
195	广州东升有机种植有限公司	鱼翅瓜	
196	广州东升有机种植有限公司	指天椒	
197	广州东升有机种植有限公司	紫苏	
198	广州东升有机种植有限公司	白菜干	COFCC－R－0801－0012
199	广州东升有机种植有限公司	菜心干	
200	广州东升有机种植有限公司	春菜干	
201	广州东升有机种植有限公司	葱干	
202	广州东升有机种植有限公司	冬瓜干	
203	广州东升有机种植有限公司	豆角干	
204	广州东升有机种植有限公司	番薯干	
205	广州东升有机种植有限公司	胡萝卜干	
206	广州东升有机种植有限公司	芥菜干	
207	广州东升有机种植有限公司	金针菜干	
208	广州东升有机种植有限公司	菊花干	
209	广州东升有机种植有限公司	苦瓜干	

（续表）

序号	生产企业	产品名称	有机证书编号
210	广州东升有机种植有限公司	萝卜脯	
211	广州东升有机种植有限公司	萝卜干	
212	广州东升有机种植有限公司	萝卜苗干	
213	广州东升有机种植有限公司	木瓜干	
214	广州东升有机种植有限公司	南瓜干	
215	广州东升有机种植有限公司	上海青干	
216	广州东升有机种植有限公司	旺菜干	
217	广州东升有机种植有限公司	无花果干	
218	广州东升有机种植有限公司	椰菜干	
219	广州东升有机种植有限公司	玉米粒干	
220	广州东升有机种植有限公司	指天椒干	
221	广州市科誉有机农产品科技有限公司	科誉鸭稻丝苗米	COFCC－R－0607－0107
222	广州市科誉有机农产品科技有限公司	科誉鸭稻米	
223	广州市科誉有机农产品科技有限公司	科誉营养糙米	
224	广州市科誉有机农产品科技有限公司	科誉滋补红米王	

广东省有效期内绿色食品名录

（2006.1—2008.12）

序号	企业名称	产品名称	注册商标	标志编号
1	佛山市绿然谷果蔬食品有限公司	苦瓜	自然谷牌	LB—15—0601190034A
2	佛山市绿然谷果蔬食品有限公司	西红柿	自然谷牌	LB—15—0601190035A
3	饶平县荣秋杨梅庄园	渔村大杨梅	荣秋牌	LB—18—0601190036A
4	廉江市华南糖业有限公司	白砂糖	雅沙牌	LB—12—0601190042A
5	广东大华糖业有限公司	白砂糖	金坡牌	LB—12—0601190043A
6	惠州市海纳粮油食品有限公司	丝苗米	水中鲤牌	LB—03—0601190044A
7	雷州市恒福糖业发展有限公司	白砂糖	雪仙牌	LB—12—0601190045A
8	广州叶海生态园有限公司	荔枝	叶海牌	LB—18—0601190075A
9	广州叶海生态园有限公司	荔枝干	叶海牌	LB—19—0601190076A
10	广东省海丰县菓菜副食品公司	绵白糖	镜泊湖牌	LB—12—0601080087A
11	河源过江龙农业发展有限公司	原味炒栗	万家富牌	LB—20—0601110121A
12	佛山市高明区合水镇农业发展总公司	合水粉葛	明翠牌	LB—24—0601190140A
13	开平裕茂农业开发有限公司	裕茂红宝石芒果	图形商标	LB—18—0601190143A
14	开平裕茂农业开发有限公司	裕茂黑珍珠莲雾	图形商标	LB—18—0601190144A
15	开平裕茂农业开发有限公司	裕茂金星杨桃	图形商标	LB—18—0601190145A
16	珠海经济特区南水企业集团公司	锯缘青蟹	南水牌	LB—36—0601190161A
17	广东鹰峰食品有限责任公司	冰糖芦荟	鹰峰牌	LB—24—0601190162A
18	云安县农业综合开发有限公司	云安贡柑	云雾山牌	LB—18—0602190203A
19	云安县农业综合开发有限公司	云安沙糖桔	云雾山牌	LB—18—0602190204A
20	云安县农业综合开发有限公司	云安西瓜	云雾山牌	LB—18—0602190205A
21	广东省华海糖业发展有限公司	白砂糖	丰牌	LB—12—0603190617A
22	饶平县高堂一卜食品有限公司	高堂菜脯（萝卜制品）	一卜牌	LB—56—0604190639A
23	广东省廉江水果企业集团公司	廉江红橙	廉江红牌	LB—18—0604190676A
24	广东燕塘乳业有限公司	纯牛奶	燕塘牌	LB—33—0604190714A
25	广东燕塘乳业有限公司	甜牛奶饮品	燕塘牌	LB—34—0604190715A
26	广东燕塘乳业有限公司	酸奶饮品	燕塘牌	LB—34—0604190716A
27	广东燕塘乳业有限公司	高钙牛奶饮品	燕塘牌	LB—34—0604190717A
28	鹤山市华山泉食品饮料有限公司	华山泉优质天然矿泉水	华山泉牌	LB—38—0604190741A
29	阳春市水果生产服务中心	阳春马水桔	Chun Nong 牌	LB—18—0604190754A

（续表）

序号	企业名称	产品名称	注册商标	标志编号
30	阳春市裕茂农业开发有限公司	翠玉蜜枣	裕茂牌	LB—53—0604190820A
31	惠州市四季鲜绿色食品有限公司	鲜荔枝干	粤农 YUE NONG牌	LB—19—0605190850A
32	河源市丹仙湖茶叶有限公司	丹仙湖茶	丹仙湖牌	LB—44—0605190859A
33	广州麦芽有限公司	麦芽（加麦）	MY牌	LB—24—0605190871A
34	河源市绿纯酿酒厂	客家喜酒（甜型黄酒16度）	LUSON 绿纯牌	LB—49—0605190874A
35	东莞市大田米业有限公司	珍珠米	好世道牌	LB—03—0605191041A
36	中山市日威食品有限公司	双黄白莲蓉月饼	日威牌	LB—51—0605191053A
37	中山市日威食品有限公司	咖啡味月饼	日威牌	LB—51—0605191054A
38	中山市日威食品有限公司	红茶月饼	日威牌	LB—51—0605191055A
39	中山市日威食品有限公司	牛奶红豆月饼	日威牌	LB—51—0605191056A
40	中山市日威食品有限公司	日威组合广式月饼	日威牌	LB—51—0605191057A
41	东莞市华美食品有限公司	蛋黄白莲蓉月饼	华美牌	LB—51—0605191100A
42	东莞市华美食品有限公司	草莓味月饼	华美牌	LB—51—0605191101A
43	东莞市华美食品有限公司	绿茶蛋黄莲蓉月饼	华美牌	LB—51—0605191102A
44	东莞市华美食品有限公司	哈密瓜味月饼	华美牌	LB—51—0605191103A
45	东莞市华美食品有限公司	菠萝味月饼	华美牌	LB—51—0605191104A
46	东莞市华美食品有限公司	豆沙馅月饼	华美牌	LB—51—0605191105A
47	广州酒家企业集团利口福（番禺）食品有限公司	双黄纯红莲蓉月饼	利口福牌	LB—51—0605191106A
48	广州酒家企业集团利口福（番禺）食品有限公司	双黄纯白莲蓉月饼	利口福牌	LB—51—0605191107A
49	广州酒家企业集团利口福（番禺）食品有限公司	蛋黄纯红莲蓉月饼	利口福牌	LB—51—0605191108A
50	广州酒家企业集团利口福（番禺）食品有限公司	蛋黄纯白莲蓉月饼	利口福牌	LB—51—0605191109A
51	广州酒家企业集团利口福（番禺）食品有限公司	蛋黄豆沙月饼	利口福牌	LB—51—0605191110A
52	广州酒家企业集团利口福（番禺）食品有限公司	双黄豆沙月饼	利口福牌	LB—51—0605191111A
53	广州酒家企业集团利口福（番禺）食品有限公司	广州精品月饼	利口福牌	LB—51—0605191112A

（续表）

序号	企业名称	产品名称	注册商标	标志编号
54	广州酒家企业集团利口福（番禺）食品有限公司	哈密瓜精品月饼	利口福牌	LB—51—0605191113A
55	广州酒家企业集团利口福（番禺）食品有限公司	凤梨精品月饼	利口福牌	LB—51—0605191114A
56	广州酒家企业集团利口福（番禺）食品有限公司	纯白莲蓉月饼	利口福牌	LB—51—0605191115A
57	广州酒家企业集团利口福（番禺）食品有限公司	纯红莲蓉月饼	利口福牌	LB—51—0605191116A
58	广州酒家企业集团利口福（番禺）食品有限公司	红豆沙馅	利口福牌	LB—51—0605191117A
59	广州酒家企业集团利口福（番禺）食品有限公司	凤梨馅	利口福牌	LB—51—0605191118A
60	增城市优质米生产基地公司	丝苗米	挂绿牌	LB—03—0606191214A
61	合利（始兴）农业发展有限公司	苋菜	图形商标	LB—15—0606191223A
62	合利（始兴）农业发展有限公司	油麦菜	图形商标	LB—15—0606191224A
63	合利（始兴）农业发展有限公司	生菜	图形商标	LB—15—0606191225A
64	合利（始兴）农业发展有限公司	白菜仔	图形商标	LB—15—0606191226A
65	合利（始兴）农业发展有限公司	白菜	图形商标	LB—15—0606191227A
66	合利（始兴）农业发展有限公司	葱	图形商标	LB—15—0606191228A
67	合利（始兴）农业发展有限公司	芥兰	图形商标	LB—15—0606191229A
68	合利（始兴）农业发展有限公司	菜心	图形商标	LB—15—0606191230A
69	合利（始兴）农业发展有限公司	茼蒿	图形商标	LB—15—0606191231A
70	合利（始兴）农业发展有限公司	菠菜	图形商标	LB—15—0606191232A
71	合利（始兴）农业发展有限公司	豆苗	图形商标	LB—15—0606191233A
72	合利（始兴）农业发展有限公司	白菜心	图形商标	LB—15—0606191234A
73	台山市粮食购销总公司	珍香优质米	珍香牌	LB—03—0606191235A
74	高州市沙田果树技术开发公司	荔枝	马头牌	LB—18—0606191259A
75	高州市沙田果树技术开发公司	龙眼	马头牌	LB—18—0606191260A
76	东莞市科达农业科技开发有限公司	菜心	绿之美牌	LB—15—0606191270A
77	东莞市科达农业科技开发有限公司	上海青	绿之美牌	LB—15—0606191271A
78	东莞市科达农业科技开发有限公司	油麦菜	绿之美牌	LB—15—0606191272A
79	东莞市科达农业科技开发有限公司	奶白菜	绿之美牌	LB—15—0606191273A
80	东莞市科达农业科技开发有限公司	芥兰	绿之美牌	LB—15—0606191274A
81	东莞市科达农业科技开发有限公司	生菜	绿之美牌	LB—15—0606191275A
82	东莞市科达农业科技开发有限公司	通菜	绿之美牌	LB—15—0606191276A
83	东莞市科达农业科技开发有限公司	西洋菜	绿之美牌	LB—15—0606191277A
84	东莞市科达农业科技开发有限公司	青瓜	绿之美牌	LB—15—0606191278A

(续表)

序号	企业名称	产品名称	注册商标	标志编号
85	勇记农业开发（惠州）有限公司	菜心	YK 牌	LB—15—0606191281A
86	勇记农业开发（惠州）有限公司	芥蓝	YK 牌	LB—15—0606191282A
87	勇记农业开发（惠州）有限公司	白菜	YK 牌	LB—15—0606191283A
88	勇记农业开发（惠州）有限公司	生菜	YK 牌	LB—15—0606191284A
89	勇记农业开发（惠州）有限公司	菠菜	YK 牌	LB—15—0606191285A
90	勇记农业开发（惠州）有限公司	茼蒿	YK 牌	LB—15—0606191286A
91	勇记农业开发（惠州）有限公司	豇豆	YK 牌	LB—15—0606191287A
92	勇记农业开发（惠州）有限公司	玉豆	YK 牌	LB—15—0606191288A
93	勇记农业开发（惠州）有限公司	节瓜	YK 牌	LB—15—0606191289A
94	勇记农业开发（惠州）有限公司	豆苗	YK 牌	LB—15—0606191290A
95	饶平县荣奕水产养殖有限公司	红甘鱼	大门湾牌	LB—36—0606191442A
96	揭阳市百得佳高新农业发展有限公司	百香果	百得佳	LB—18—0607190226AA
97	韶关市绿鲜冠天然食品有限公司	巴西果王汁饮料	绿鲜冠牌	LB—40—0607191509A
98	饶平县烤鳗厂有限公司	冻烤鳗	鳗牌	LB—37—0607191555A
99	珠海市农业科学研究中心	菜心	农科 NON-GKE 牌	LB—15—0607191557A
100	廉江市联信果业合作社	荔枝	绿荔果业牌	LB—18—0607191589A
101	广东宝桑园健康食品研究发展中心	桑果汁饮料	宝桑园牌	LB—40—0607191717A
102	潮州市肉类联合加工厂有限公司	鲜猪肉	绿色农庄牌	LB—25—0607191735A
103	饶平县元峰茶业有限公司	岭头单丛茶	古流香牌	LB—44—0608191886A
104	广州市广达香食品有限公司	高级纯正白莲蓉	广达香牌	LB—51—0608191907A
105	广州市广达香食品有限公司	高级纯正红莲蓉	广达香牌	LB—51—0608191908A
106	广州市广达香食品有限公司	红豆陷	广达香牌	LB—51—0608191909A
107	广州酒家企业集团利口福（番禺）食品有限公司	绿色喜庆月饼礼盒	利口福牌	LB—51—0608191910A
108	广州酒家企业集团利口福（番禺）食品有限公司	绿色丰收月饼礼盒	利口福牌	LB—51—0608191911A
109	广州酒家企业集团利口福（番禺）食品有限公司	绿色广州精品月饼礼盒	利口福牌	LB—51—0608191912A
110	广州酒家企业集团利口福（番禺）食品有限公司	绿色家园月饼礼盒	利口福牌	LB—51—0608191913A
111	广州酒家企业集团利口福（番禺）食品有限公司	绿色天使月饼礼盒	利口福牌	LB—51—0608191914A

（续表）

序号	企业名称	产品名称	注册商标	标志编号
112	广州酒家企业集团利口福（番禺）食品有限公司	绿色健康月饼礼盒	利口福牌	LB—51—0608191915A
113	四会市华贡农科集团公司	沙糖桔	华贡牌	LB—18—0608192013A
114	东莞市瑞丹生物科技有限公司	虫草子实体（干基质培养）	瑞丹牌	LB—23—0608192036A
115	东莞市瑞丹生物科技有限公司	虫草子实体（干基质培养）	健灵牌	LB—23—0608192096A
116	东莞市茶山佛泉天然矿泉水厂	矿泉水	龙之吻	LB—38—0609190266AA
117	饶平县凌旭茶叶有限公司	凉瓜茶	凌旭牌	LB—45—0609192085A
118	湛江市欢乐家食品有限公司	糖水荔枝	欢乐家牌	LB—20—0609192302A
119	河源市源兴农业有限公司	芥兰	源兴农业牌	LB—15—0609192381A
120	河源市源兴农业有限公司	菜心	源兴农业牌	LB—15—0609192382A
121	河源市源兴农业有限公司	小白菜	源兴农业牌	LB—15—0609192383A
122	东莞市茶山佛泉天然矿泉水厂	矿泉水	龙之吻	LB—38—0609190266AA
123	珠海市金果达农业高新技术有限公司	荔枝	金果达	LB—18—0610190381AA
124	开平金日升农场	夏威夷木瓜	GZS金日升牌	LB—18—0610192539A
125	封开县奇香皇果业有限公司	封开油栗（生）	奇香皇牌	LB—19—0610192558A
126	安多农业（惠州）有限公司	荔枝	安多＋ANDOR牌	LB—18—0610192652A
127	清远市金林果业有限公司	杨梅	金爽牌	LB—18—0610192796A
128	郁南县富康农业发展有限公司	草鱼	郁江牌	LB—36—0610192815A
129	乳源瑶族自治县南水渔业开发有限公司	银鱼（冷冻）	银源牌	LB—36—0611192931A
130	湛江市平岭农产品加工厂	火龙果	清一色	LB—18—0611193034A
131	深圳市南荔王果业中心	荔枝	双荔牌	LB—18—0611193096A
132	深圳市南荔王果业中心	龙眼	双荔牌	LB—18—0611193097A
133	郁南县富康农业发展有限公司	郁南无核黄皮	郁江牌	LB—18—0611193352A
134	郁南县富康农业发展有限公司	郁南沙糖桔	郁江牌	LB—18—0611193353A
135	广州葵花发展有限公司	葵花鸡（光鸡）	葵花鸡＋Sunflower Chicken牌	LB—28—0611193375A
136	广东康辉集团有限公司	卫生橄榄	KANGHUI康辉牌	LB—53—0611193391A
137	开平裕茂农业开发有限公司	裕茂香香菇(干)	图形商标	LB—21—0611193418A

（续表）

序号	企业名称	产品名称	注册商标	标志编号
138	开平裕茂农业开发有限公司	台湾翠玉蜜枣	图形商标	LB—18—0611193419A
139	开平裕茂农业开发有限公司	台湾番石榴	图形商标	LB—18—0611193420A
140	高州市金龙果业科技有限公司	储良龙眼	岭南益微 SOD 龙眼	LB—18—0611193425A
141	江门市新康虫草有限公司	虫草子实体（菌种培养）	岗州春	LB—21—0612193484A
142	江门市新康虫草有限公司	虫草皇（菌种培养）	岗州春	LB—21—0612193485A
143	乳源瑶族自治县绿色食品有限公司	菜心	大峪谷牌	LB—15—0612194024A
144	乳源瑶族自治县绿色食品有限公司	辣椒	大峪谷牌	LB—15—0612194025A
145	乳源瑶族自治县绿色食品有限公司	结球甘蓝	大峪谷牌	LB—15—0612194026A
146	乳源瑶族自治县绿色食品有限公司	荷兰豆	大峪谷牌	LB—15—0612194027A
147	乳源瑶族自治县绿色食品有限公司	生菜	大峪谷牌	LB—15—0612194028A
148	乳源瑶族自治县绿色食品有限公司	还原笋	大峪谷牌	LB—16—0612194029A
149	乳源瑶族自治县绿色食品有限公司	香蕉李	大峪谷牌	LB—18—0612194030A
150	乳源瑶族自治县绿色食品有限公司	瑶山白毫茶	大峪谷牌	LB—44—0612194031A
151	中山市围垦总公司	香蕉	香山牌	LB—18—0612194106A
152	广东联益马坝米业（曲江）有限公司	贡品马坝油粘米	白马牌	LB—03—0612194115A
153	广东联益马坝米业（曲江）有限公司	特级马坝油粘米	白马牌	LB—03—0612194116A
154	鹤山市云乡镇农业服务部	云乡龙眼	云乡牌	LB—18—0612194347A
155	郁南县富康农业发展有限公司	庞寨黑叶荔枝	郁江牌	LB—18—0612194381A
156	郁南县富康农业发展有限公司	郁南竹笋	郁江牌	LB—15—0612194382A
157	鹤山市共和现代农业发展有限公司	鹤山葛粉	共裕牌	LB—24—0612194388A
158	湛江市绿田菜业有限公司	玉豆	绿轩	LB—15—0702190476A
159	湛江市绿田菜业有限公司	菜心	绿轩	LB—15—0702190477A
160	湛江市绿田菜业有限公司	芥菜	绿轩	LB—15—0702190478A
161	湛江市绿田菜业有限公司	青瓜	绿轩	LB—15—0702190479A
162	湛江市绿田菜业有限公司	豆苗	绿轩	LB—15—0702190480A
163	湛江市绿田菜业有限公司	西红柿	绿轩	LB—15—0702190481A
164	湛江市绿田菜业有限公司	小葱	绿轩	LB—15—0702190482A
165	湛江市绿田菜业有限公司	韭菜	绿轩	LB—15—0702190483A
166	广州市果树科学研究所	番木瓜	美中红	LB—18—0702190885A
167	饶平县黄冈元香茶行	岭头单丛茶	蜜兰	LB—44—0703190517A
168	中山市三角镇全福水产养殖场	中华鳖	甲冠园	LB—36—0703190570A

（续表）

序号	企业名称	产品名称	注册商标	标志编号
169	饶平县双雄食品有限公司	高堂菜脯（萝卜干）	双雄	LB—56—0703190600A
170	广东佳宝集团有限公司	野酸枣糕	佳宝	LB—53—0703190724A
171	新丰县新力农业发展有限公司	佛手瓜	新力	LB—15—0703190609A
172	新丰县新力农业发展有限公司	小白菜	新力	LB—15—0703190610A
173	新丰县新力农业发展有限公司	尖椒	新力	LB—15—0703190611A
174	新丰县新力农业发展有限公司	玉角	新力	LB—15—0703190612A
175	广州市果树科学研究所	番荔枝	粤好	LB—18—0704190884A
176	广东聪明人集团有限公司	奇异果果汁饮料（猕猴桃）	聪明人	LB—40—0704190904A
177	清远市凤中皇清远麻鸡发展有限公司	清远（麻）鸡	凤中皇	LB—28—0704190958A
178	潮安县朝阳农业开发有限公司	潮州柑	朝阳盛 ZHAOYANGSHENG	LB—18—0704190987A
179	广州东升农场有限公司	菜心	东升	LB—15—0704191047A
180	广州东升农场有限公司	芥兰	东升	LB—15—0704191048A
181	广州东升农场有限公司	上海青	东升	LB—15—0704191049A
182	广州东升农场有限公司	甜玉米	东升	LB—05—0704191050A
183	德庆县仙罗果业有限公司	仙罗贡柑	仙罗	LB—18—0706191359A
184	佛山市顺德区龙江镇左滩兴莹水产养殖场	草鱼（活）	左滩；右滩	LB—36—0706191405A
185	佛山市顺德区龙江镇左滩兴莹水产养殖场	鳙鱼（活）	左滩；右滩	LB—36—0706191406A
186	中山市欣欣食品有限公司	蛋黄白莲蓉月饼	万利园	LB—51—0706191410A
187	中山市欣欣食品有限公司	牛奶红豆月饼	万利园	LB—51—0706191411A
188	中山市欣欣食品有限公司	绿茶莲蓉月饼	万利园	LB—51—0706191412A
189	中山市欣欣食品有限公司	凤梨月饼	万利园	LB—51—0706191413A
190	中山市欣欣食品有限公司	万利园和谐之礼组合月饼	万利园	LB—51—0706191414A
191	梅州市稻丰实业有限公司	客家丝苗米	金良稻丰	LB—03—0706191419A
192	河源市石坪顶茶业发展有限公司	石坪顶云雾绿茶	图形＋石坪顶	LB—44—0706191351A
193	梅县泰和园实业有限公司	脐橙	泰和园	LB—18—0706191436A
194	和平县紫云峰农业综合开发有限公司	下车猕猴桃（鲜果）	下车	LB—18—0706191320A

(续表)

序号	企业名称	产品名称	注册商标	标志编号
195	广东霸王花食品有限公司	霸王花河源米粉	霸王花	LB—04—0707191607A
196	广东霸王花食品有限公司	黑米营养排粉	霸王花	LB—04—0707191608A
197	广东霸王花食品有限公司	南瓜营养排粉	霸王花	LB—04—0707191609A
198	广东霸王花食品有限公司	胡萝卜营养排粉	霸王花	LB—04—0707191610A
199	汕头市粮丰集团有限公司	金丝香米	粮丰	LB—03—0707191636A
200	汕头市粮丰集团有限公司	胜泰香米	粮丰	LB—03—0707191637A
201	东莞市华美食品有限公司	牛奶搭档（粗纤维麦香饼干，酥性饼干）	华美	LB—51—0707191713A
202	黑牛食品股份有限公司	维他命豆奶粉	黑牛	LB—08—0707191776A
203	揭阳市百得佳高新农业发展有限公司	仙蜜果	百得佳	LB—18—0708190307AA
204	饶平县永嘉食品工业公司	野山枣糕	绿竹村	LB—53—0708191866A
205	廉江市绿色新桂荔枝产销有限公司	荔枝	早桂	LB—18—0708191941A
206	广东金岭糖业集团有限公司	优级绵白糖	甘岭	LB—12—0708191827A
207	广东金岭糖业集团有限公司	一级白砂糖	甘岭	LB—12—0708191828A
208	广州麦芽有限公司	麦芽	MY	LB—24—0708192115A
209	龙川县上坪金丰水果实业有限公司	金柑	金丰	LB—18—0708192116A
210	徐闻县恒福糖业发展有限公司	白砂糖	赛古	LB—12—0708191975A
211	罗定市豆丰园菜业有限公司	好仔豆（黎豆制品）	九仔	LB—17—0709192238A
212	珠海市斗门区联丰农业开发有限公司	小木瓜	逸丰	LB—18—0709192224A
213	广东省中山食品水产进出口集团有限公司	鲮鱼肉片（冷冻）	宝平	LB—37—0709192213A
214	广东省中山食品水产进出口集团有限公司	草鱼（活）	宝平	LB—36—0709192214A
215	广东省中山食品水产进出口集团有限公司	鳙鱼（活）	宝平	LB—36—0709192215A
216	怀集高山青农产品有限公司	冻顶茶（乌龙茶）	新岗天井坑	LB—44—0709192348A
217	东莞市华美食品有限公司	奇之脆米通	华美	LB—52—0709192458A
218	新兴县马林食品有限公司	马林话梅皇	马林	LB—53—0709192436A
219	雷州市恒大制糖有限公司	白砂糖	雷城	LB—12—0709192459A

（续表）

序号	企业名称	产品名称	注册商标	标志编号
220	珠海市金果达农业高新技术有限公司	龙眼	金果达	LB—18—0710190463AA
221	深圳金威啤酒有限公司	12°P 金威啤酒	金威	LB—47—0710192592A
222	深圳金威啤酒有限公司	10° P2008 金威啤酒	金威	LB—47—0710192593A
223	深圳金威啤酒有限公司	13° P 特制金威啤酒	金威	LB—47—0710192594A
224	深圳金威啤酒酿造有限公司	11°P 金威啤酒	金威	LB—47—0710192595A
225	深圳金威啤酒酿造有限公司	11° P 纯生金威啤酒	金威	LB—47—0710192596A
226	深圳金威啤酒酿造有限公司	10°P 水晶纯生金威啤酒	金威	LB—47—0710192597A
227	深圳金威啤酒酿造有限公司	10° P 清醇金威啤酒	金威	LB—47—0710192598A
228	深圳金威啤酒酿造有限公司	10° P2008 金威啤酒	金威	LB—47—0710192599A
229	深圳金威啤酒酿造有限公司	9°P 新生活金威啤酒	金威	LB—47—0710192600A
230	深圳金威啤酒酿造有限公司	8°P 精品超爽金威啤酒	金威	LB—47—0710192601A
231	广州珠江啤酒股份有限公司	10 度珠江纯生啤酒	珠江	LB—47—0710192615A
232	广州珠江啤酒股份有限公司	8 度珠江纯生啤酒	珠江	LB—47—0710192616A
233	广州珠江啤酒股份有限公司	11 度珠江纯生啤酒	珠江	LB—47—0710192617A
234	广州珠江啤酒股份有限公司	10 度珠江纯生精品啤酒	珠江	LB—47—0710192618A
235	广州珠江啤酒股份有限公司	11 度珠江纯生精品啤酒	珠江	LB—47—0710192619A
236	广州珠江啤酒股份有限公司	11 度珠江纯生特制啤酒	珠江	LB—47—0710192620A
237	广州珠江啤酒股份有限公司	8 度珠江纯生精品啤酒	珠江	LB—47—0710192621A
238	广州珠江啤酒股份有限公司	10 度珠江纯生特制啤酒	珠江	LB—47—0710192622A
239	广州珠江啤酒股份有限公司	12 度珠江啤酒	珠江	LB—47—0710192623A

（续表）

序号	企业名称	产品名称	注册商标	标志编号
240	广州珠江啤酒股份有限公司	10 度金牌珠江啤酒	珠江	LB—47—0710192624A
241	广州珠江啤酒股份有限公司	12 度金牌珠江啤酒	珠江	LB—47—0710192625A
242	广州珠江啤酒股份有限公司	11 度清醇珠江啤酒	珠江	LB—47—0710192626A
243	广州珠江啤酒股份有限公司	10 度清爽型珠江啤酒	珠江	LB—47—0710192627A
244	广州珠江啤酒股份有限公司	11 度特制清爽型珠江啤酒	珠江	LB—47—0710192628A
245	广州珠江啤酒股份有限公司	8 度淡爽珠江啤酒	珠江	LB—47—0710192629A
246	广州珠江啤酒股份有限公司	10 度绿清爽珠江啤酒	珠江	LB—47—0710192630A
247	广州珠江啤酒股份有限公司	11 度绿清爽珠江啤酒	珠江	LB—47—0710192631A
248	广州珠江啤酒股份有限公司	10 度清醇珠江啤酒	珠江	LB—47—0710192632A
249	广州珠江啤酒股份有限公司	10 度新清爽珠江啤酒	珠江	LB—47—0710192633A
250	广州珠江啤酒股份有限公司	12 度传统珠江啤酒	珠江	LB—47—0710192634A
251	广州珠江啤酒股份有限公司	11 度全麦珠江啤酒	珠江	LB—47—0710192635A
252	广州珠江啤酒股份有限公司	10 度精品雪堡啤酒	雪堡	LB—47—0710192636A
253	广州珠江啤酒股份有限公司	12 度新清爽珠江啤酒	珠江	LB—47—0710192637A
254	广州珠江啤酒股份有限公司	11 度新清爽珠江啤酒	珠江	LB—47—0710192638A
255	佛山市高明海达高新科技孵化养殖基地有限公司	高明三洲黑鹅（冷鲜）	鲜一先	LB—28—0710192680A
256	珠海市农业科学研究中心	樱桃番茄	nk	LB—15—0710192697A
257	珠海市农业科学研究中心	菜心	nk	LB—15—0710192698A
258	珠海市农业科学研究中心	黄瓜	nk	LB—15—0710192699A
259	珠海市农业科学研究中心	甜瓜	nk	LB—18—0710192700A
260	珠海市农业科学研究中心	鱼翅瓜	nk	LB—15—0710192701A

（续表）

序号	企业名称	产品名称	注册商标	标志编号
261	珠海市农业科学研究中心	芦笋	nk	LB—15—0710192702A
262	汕头市濠江区金寿茶厂有限公司	铁观音	金寿	LB—44—0710192608A
263	连山壮族瑶族自治县民族食品有限公司	大米	壮瑶家香	LB—03—0711190538AA
264	裕东农业发展（连平）有限公司	葱	裕东荘 yue-dong	LB—15—0711192845A
265	裕东农业发展（连平）有限公司	潺菜	裕东荘 yue-dong	LB—15—0711192846A
266	裕东农业发展（连平）有限公司	木耳菜	裕东荘 yue-dong	LB—15—0711192847A
267	裕东农业发展（连平）有限公司	苋菜	裕东荘 yue-dong	LB—15—0711192848A
268	裕东农业发展（连平）有限公司	豌豆苗	裕东荘 yue-dong	LB—15—0711192849A
269	裕东农业发展（连平）有限公司	生菜	裕东荘 yue-dong	LB—15—0711192850A
270	裕东农业发展（连平）有限公司	蒜	裕东荘 yue-dong	LB—15—0711192851A
271	裕东农业发展（连平）有限公司	空心菜	裕东荘 yue-dong	LB—15—0711192852A
272	裕东农业发展（连平）有限公司	韭菜	裕东荘 yue-dong	LB—15—0711192853A
273	裕东农业发展（连平）有限公司	香麦菜	裕东荘 yue-dong	LB—15—0711192854A
274	裕东农业发展（连平）有限公司	菠菜	裕东荘 yue-dong	LB—15—0711192855A
275	裕东农业发展（连平）有限公司	西洋菜	裕东荘 yue-dong	LB—15—0711192856A
276	裕东农业发展（连平）有限公司	西兰花	裕东荘 yue-dong	LB—15—0711192857A
277	裕东农业发展（连平）有限公司	豆角	裕东荘 yue-dong	LB—15—0711192858A
278	裕东农业发展（连平）有限公司	玉豆	裕东荘 yue-dong	LB—15—0711192859A
279	裕东农业发展（连平）有限公司	毛瓜	裕东荘 yue-dong	LB—15—0711192860A
280	裕东农业发展（连平）有限公司	青瓜	裕东荘 yue-dong	LB—15—0711192861A

（续表）

序号	企业名称	产品名称	注册商标	标志编号
281	裕东农业发展（连平）有限公司	丝瓜	裕东莊 yue-dong	LB—15—0711192862A
282	裕东农业发展（连平）有限公司	凉瓜	裕东莊 yue-dong	LB—15—0711192863A
283	裕东农业发展（连平）有限公司	番薯	裕东莊 yue-dong	LB—15—0711192864A
284	阳东八果圣食品有限公司	八果圣益智（九制）	八果圣	LB—53—0711192908A
285	阳东八果圣食品有限公司	八果圣益智（甜酸）	八果圣	LB—53—0711192909A
286	阳东八果圣食品有限公司	八果圣益智（蜜饯）	八果圣	LB—53—0711192910A
287	电白县绿色农业发展有限公司	水东鸡心芥（菜）	水东鸡心芥	LB—15—0711193130A
288	恩平市聚泉农业有限公司	翠锦圆龙眼	翠锦圆	LB—18—0711193107A
289	河源市万绿源农产品有限公司	春甜桔	万绿源	LB—18—0711193325A
290	连山壮族瑶族自治县民族食品有限公司	大米	壮瑶家香	LB—03—0711190538AA
291	廉江市建成农业有限公司	肉牛	建成	LB—26—0712190929AA
292	廉江市建成农业有限公司	鲫鱼	建成	LB—36—0712190925AA
293	廉江市建成农业有限公司	茄子	建成	LB—15—0712190911AA
294	廉江市建成农业有限公司	大米	建成	LB—03—0712190903AA
295	廉江市建成农业有限公司	罗非鱼	建成	LB—36—0712190920AA
296	廉江市建成农业有限公司	鳙鱼	建成	LB—36—0712190921AA
297	廉江市建成农业有限公司	草鱼	建成	LB—36—0712190922AA
298	廉江市建成农业有限公司	鲮鱼	建成	LB—36—0712190923AA
299	廉江市建成农业有限公司	鲢鱼	建成	LB—36—0712190924AA
300	廉江市建成农业有限公司	辣椒	建成	LB—15—0712190910AA
301	廉江市建成农业有限公司	龙眼	建成	LB—18—0712190919AA
302	廉江市建成农业有限公司	肉鸭	建成	LB—28—0712190928AA
303	廉江市建成农业有限公司	廉江红橙	建成	LB—18—0712190915AA
304	廉江市建成农业有限公司	红杨桃	建成	LB—18—0712190918AA
305	廉江市建成农业有限公司	木菠萝	建成	LB—18—0712190917AA
306	廉江市建成农业有限公司	荔枝	建成	LB—18—0712190916AA
307	廉江市建成农业有限公司	黄豆	建成	LB—07—0712190907AA
308	廉江市建成农业有限公司	西红柿	建成	LB—15—0712190912AA
309	廉江市建成农业有限公司	木薯	建成	LB—13—0712190905AA

（续表）

序号	企业名称	产品名称	注册商标	标志编号
310	廉江市建成农业有限公司	花生	建成	LB—09—0712190908AA
311	廉江市建成农业有限公司	肉猪	建成	LB—25—0712190926AA
312	廉江市建成农业有限公司	肉鸡	建成	LB—28—0712190927AA
313	廉江市建成农业有限公司	青刀豆	建成	LB—15—0712190913AA
314	廉江市建成农业有限公司	红薯	建成	LB—13—0712190906AA
315	廉江市建成农业有限公司	淮山薯	建成	LB—15—0712190914AA
316	廉江市建成农业有限公司	马铃薯	建成	LB—15—0712190909AA
317	廉江市建成农业有限公司	玉米	建成	LB—05—0712190904AA
318	湛江华资农垦糖业发展有限公司广华分公司	白砂糖	三环	LB—12—0712194112A
319	广州大丘有机农产有限公司	仙蜜果（火龙果）	GH	LB—18—0712194088A
320	汕头市宝瑞食品有限公司	樱桃番茄果脯	西门町	LB—53—0712194180A
321	阳江丰多采农业开发有限公司	网纹甜瓜	丰多采	LB—18—0712194352A
322	阳江丰多采农业开发有限公司	荔枝	丰多采	LB—18—0712194353A
323	广东梅县梅雁蓝藻有限公司	螺旋藻片	梅雁	LB—24—0712194654A
324	翁源县（香港）金利达发展有限公司	三华李	翁源三华李	LB—18—0712194710A
325	雷州市汇丰水果开发经营部	雷州芒果	图形＋LEIMANG＋雷芒	LB—18—0712194721A
326	广东收获罐头食品有限公司	糖水菠萝罐头	三叶	LB—20—0712194726A
327	广东收获罐头食品有限公司	糖水菠萝扇块	三叶	LB—20—0712194729A
328	广东收获罐头食品有限公司	糖水菠萝小扇块	三叶	LB—20—0712194728A
329	广东收获罐头食品有限公司	糖水菠萝全圆片	三叶	LB—20—0712194727A
330	广东收获罐头食品有限公司	罐装菠萝小扇形块	三叶	LB—20—0712194732A
331	广东收获罐头食品有限公司	糖水菠萝长块	三叶	LB—20—0712194731A
332	广东收获罐头食品有限公司	糖水菠萝碎块	三叶	LB—20—0712194730A
333	杨协成（广州）食品饮料有限公司	原味豆奶	Yeo's 杨协成；清悠农庄	LB—08—0801190195A
334	杨协成（广州）食品饮料有限公司	燕麦味豆奶	Yeo's 杨协成；清悠农庄	LB—08—0801190196A

(续表)

序号	企业名称	产品名称	注册商标	标志编号
335	杨协成(广州)食品饮料有限公司	姜汁味豆奶	Yeo's 杨协成;清悠农庄	LB—08—0801190197A
336	广东泉之乡矿泉饮料有限公司	珍贵天然矿泉水	泉之乡	LB—38—0801190262A
337	广东杨氏南北鲜果有限公司	脐橙	YANG ' S —NS	LB—18—0801190373A
338	汕头市潮阳区金灶镇绿色水果基地	三捻(棱)橄榄	三捻	LB—18—0801190456A
339	梅州五指石山泉水厂	五指石山泉	五指石	LB—38—0801190300A
340	广州交易会三千尺贸易有限公司	三千尺饮用天然矿泉水	三千尺	LB—38—0802190706A
341	乳源瑶族自治县绿色食品有限公司	玫瑰茶饮料	源雾山	LB—42—0802190711A
342	广东宝桑园健康食品研究发展中心	桑果汁	宝桑园	LB—40—0802190527A
343	广东省国营红江农场	红江橙	红江	LB—18—0802190535A
344	开平市开兰面粉有限公司	小麦粉	开兰	LB—02—0803191002A
345	开平市开兰面粉有限公司	糕点用小麦粉	开兰	LB—02—0803191003A
346	开平市开兰面粉有限公司	面包用小麦粉	珠江	LB—02—0803191004A
347	乐昌市沿溪山茶场有限公司	沿溪山白毛尖(绿茶)	雾翔	LB—44—0803191131A
348	乐昌市沿溪山饮用水有限公司	沿溪山泉(饮用天然净水)	沿溪山	LB—38—0803191130A
349	广东省丰收糖业发展有限公司	白砂糖	蜂泉	LB—12—0803190862A
350	广州市双钱糖业有限公司	白砂糖	双钱	LB—12—0804191166A
351	河源市天仙湖农业发展有限公司	食用菌及山野菜	锡场灵芝	LB—21—0804191253A
352	珠海市横琴岛企业总公司	水产品	横琴蚝	LB—36—0804191270A
353	梅县绿优水果配送有限公司	金柚	金柚莱	LB—18—0804191347A
354	梅县绿优水果配送有限公司	脐橙	福柚莱	LB—18—0804191348A
355	连州市龙坪镇龙兴水果场	水晶梨	鸿星	LB—18—0804191381A
356	连州市金山水晶梨果场	水晶梨	秀源	LB—18—0804191503A
357	东莞金湖粤海酒店有限公司	清香莲蓉月饼	粤海秋月	LB—51—0804191559A
358	东莞金湖粤海酒店有限公司	纯鹰嘴豆月饼	粤海秋月	LB—51—0804191560A
359	东莞金湖粤海酒店有限公司	纯百合月饼	粤海秋月	LB—51—0804191561A
360	东莞金湖粤海酒店有限公司	绿色如意月饼(清香莲蓉月饼、纯鹰嘴豆月饼组合)	粤海秋月	LB—51—0804191567A

（续表）

序号	企业名称	产品名称	注册商标	标志编号
361	东莞金湖粤海酒店有限公司	绿色金典月饼（清香莲蓉月饼、纯鹰嘴豆月饼、纯百合月饼组合）	粤海秋月	LB—51—0804191566A
362	东莞金湖粤海酒店有限公司	绿色迷你月饼（纯鹰嘴豆月饼）	粤海秋月	LB—51—0804191565A
363	东莞金湖粤海酒店有限公司	绿色精品月饼（清香莲蓉月饼、纯鹰嘴豆月饼、纯百合月饼组合）	粤海秋月	LB—51—0804191564A
364	东莞金湖粤海酒店有限公司	绿色迎福月饼（清香莲蓉月饼、纯鹰嘴豆月饼组合）	粤海秋月	LB—51—0804191563A
365	东莞金湖粤海酒店有限公司	绿色凝香月饼（清香莲蓉月饼、纯鹰嘴豆月饼、纯百合月饼组合）	粤海秋月	LB—51—0804191562A
366	汕头市雅园酿酒有限公司	干型荔枝酒	南国香邑	LB—49—0804191430A
367	汕头市雅园酿酒有限公司	干型菠萝酒	南国香邑	LB—49—0804191431A
368	汕头市雅园酿酒有限公司	干型枇杷酒	南国香邑	LB—49—0804191432A
369	汕头市雅园酿酒有限公司	干型杨桃酒	南国香邑	LB—49—0804191433A
370	罗定市稻香园米业有限公司	聚龙大米	聚龙	LB—03—0805191589A
371	广州风行牛奶有限公司	鲜牛奶	风行	LB—33—0805191581A
372	广州风行牛奶有限公司	全脂调味酸牛奶	风行	LB—34—0805191582A
373	中山市日威食品有限公司	蛋黄白莲蓉月饼	日威	LB—51—0805191611A
374	中山市日威食品有限公司	哈密瓜馅月饼	日威	LB—51—0805191612A
375	中山市日威食品有限公司	纯正白莲蓉（馅）	日威	LB—51—0805191613A
376	广东省中山食品进出口有限公司	杨桃	香山华丰	LB—18—0805191707A
377	东莞市星河生物科技有限公司	金针菇（鲜）	玉龙洞	LB—21—0805191676A
378	深圳市雅芙食品有限公司	高钙型豆奶粉	雅芙	LB—08—0805191764A

(续表)

序号	企业名称	产品名称	注册商标	标志编号
379	深圳市雅芙食品有限公司	维他型豆奶粉	雅芙	LB—08—0805191765A
380	深圳市雅芙食品有限公司	中老年低糖型豆奶粉	雅芙	LB—08—0805191766A
381	深圳市雅芙食品有限公司	高钙型豆奶粉	亲味	LB—08—0805191767A
382	深圳市雅芙食品有限公司	中老年低糖型豆奶粉	亲味	LB—08—0805191768A
383	揭阳市百得佳高新农业发展有限公司	台湾品种百香果果醋饮品	百得佳＋Baidejia	LB—40—0805191747A
384	揭阳市百得佳高新农业发展有限公司	台湾品种百香果果汁饮料	百得佳＋Baidejia	LB—40—0805191748A
385	揭阳市百得佳高新农业发展有限公司	台湾品种仙蜜果果醋饮品	百得佳＋Baidejia	LB—40—0805191749A
386	揭阳市百得佳高新农业发展有限公司	台湾品种仙蜜果果粒果汁饮料	百得佳＋Baidejia	LB—40—0805191750A
387	开平裕茂农业开发有限公司	裕茂 紫玉火龙果	图形商标	LB—18—0805191770A
388	恩平市七星坑山泉有限公司	一品怡山泉水	一品怡＋ipini	LB—38—0805191833A
389	揭阳市大南山台农种植养加工有限公司	冻顶乌龙茶	茶树图案	LB—44—0805191881A
390	揭阳市大南山台农种植养加工有限公司	金萱乌龙茶	茶树图案	LB—44—0805191882A
391	揭阳市大南山台农种植养加工有限公司	四季春乌龙茶	茶树图案	LB—44—0805191883A
392	揭阳市大南山台农种植养加工有限公司	翠玉乌龙茶	茶树图案	LB—44—0805191884A
393	揭阳市大南山台农种植养加工有限公司	台农铁观音	茶树图案	LB—44—0805191885A
394	韶关高盛果菜有限公司	白菜	TW	LB—15—0805191590A
395	韶关高盛果菜有限公司	菜心	TW	LB—15—0805191591A
396	韶关高盛果菜有限公司	芥兰	TW	LB—15—0805191592A
397	韶关高盛果菜有限公司	西洋菜	TW	LB—15—0805191593A
398	中山市聚丰园粮油食品有限公司	银雪油粘米	聚丰园	LB—03—0806191887A
399	廉江市劳福茂茶业有限公司	劳福茂茶	劳福茂	LB—44—0806191929A
400	广州市洲星食品有限公司	马蹄粉	洲星	LB—17—0806192024A
401	广州市洲星食品有限公司	马蹄糕	洲星	LB—51—0806192025A

（续表）

序号	企业名称	产品名称	注册商标	标志编号
402	广州市洲星食品有限公司	千层马蹄糕	洲星	LB—51—0806192026A
403	广州市洲星食品有限公司	马蹄粒马蹄糕	洲星	LB—51—0806192027A
404	广州市洲星食品有限公司	双色马蹄糕	洲星	LB—51—0806192028A
405	汕头市荔宝酿酒有限公司	荔枝果酒（甜型）	荔宝	LB—49—0806192105A
406	汕头市荔宝酿酒有限公司	余甘子酒（干型）	荔宝	LB—49—0806192106A
407	潮州市金玉柑桔有限公司	潮州柑（蕉柑）	桑浦山	LB—18—0806192064A
408	郁南县西江淀粉厂	木薯淀粉	海鸥	LB—55—0806192107A
409	东莞市华美食品有限公司	牛奶搭档（粗纤维蔬菜味饼干·酥性饼干）	华美	LB—51—0806192101A
410	东莞市华美食品有限公司	牛奶搭档（粗纤维芝麻味饼干·酥性饼干）	华美	LB—51—0806192102A
411	徐闻县绿源果菜发展有限公司	福民香蕉	福民	LB—18—0806191906A
412	金威啤酒（东莞）有限公司	10．0°P纯生金威啤酒	金威	LB—47—0806192173A
413	金威啤酒（东莞）有限公司	10．0°P2008金威啤酒	金威	LB—47—0806192174A
414	金威啤酒（东莞）有限公司	10．0°P金纯金威啤酒	金威	LB—47—0806192175A
415	金威啤酒（东莞）有限公司	10．0°P金福金威啤酒	金威	LB—47—0806192176A
416	金威啤酒（东莞）有限公司	9．0°P新生活金威啤酒	金威	LB—47—0806192177A
417	金威啤酒（东莞）有限公司	11．0°P金威啤酒	金威	LB—47—0806192178A
418	金威啤酒（东莞）有限公司	12．0°P金威啤酒	金威	LB—47—0806192179A
419	金威啤酒（汕头）有限公司	8°P金威啤酒	金威	LB—47—0806192065A
420	金威啤酒（汕头）有限公司	8°P金纯金威啤酒	金威	LB—47—0806192066A
421	金威啤酒（汕头）有限公司	11°P精制金威啤酒	金威	LB—47—0806192067A
422	金威啤酒（汕头）有限公司	10°P特酿精品金威啤酒	金威	LB—47—0806192068A

（续表）

序号	企业名称	产品名称	注册商标	标志编号
423	金威啤酒（汕头）有限公司	10°P金威啤酒	金威	LB—47—0806192069A
424	金威啤酒（汕头）有限公司	10°P金纯金威啤酒	金威	LB—47—0806192070A
425	深圳金威啤酒有限公司	12°P新香型金威啤酒	金威	LB—47—0807192386A
426	深圳金威啤酒有限公司	11°P金威啤酒	金威	LB—47—0807192387A
427	深圳金威啤酒有限公司	10°P精制金威啤酒	金威	LB—47—0807192388A
428	深圳金威啤酒有限公司	8°P精品超爽金威啤酒	金威	LB—47—0807192389A
429	深圳金威啤酒酿造有限公司	10．0°P纯生金威啤酒	金威	LB—47—0807192390A
430	深圳金威啤酒酿造有限公司	10．0°P金纯金威啤酒	金威	LB—47—0807192391A
431	深圳金威啤酒酿造有限公司	9．0°P冰爽金威啤酒	金威	LB—47—0807192392A
432	恩平市丰江农业合作社	马铃薯	恩丰江＋图形	LB—15—0807192437A
433	惠东县九华农贸有限公司	马铃薯	九华＋JIUHUA＋图形	LB—15—0807192455A
434	信宜市郭氏果蜜业有限公司	桂圆肉（干）	爱羡	LB—20—0807192397A
435	信宜市郭氏果蜜业有限公司	龙眼干果	爱羡	LB—19—0807192398A
436	饶平金航深海网箱科技开发有限公司	鰤鱼（冷冻）	旗头	LB—36—0807192511A
437	饶平金航深海网箱科技开发有限公司	美国红鱼（冷冻）	旗头	LB—36—0807192512A
438	饶平金航深海网箱科技开发有限公司	金鲳鱼（冷冻）	旗头	LB—36—0807192513A
439	清远震兴农产品有限公司	巧口脆笋（笋制品）	巧口＋图形	LB—17—0808192652A
440	清远震兴农产品有限公司	巧口凤尾笋（笋制品）	巧口＋图形	LB—17—0808192653A
441	清远震兴农产品有限公司	巧口玉笋（笋制品）	巧口＋图形	LB—17—0808192654A
442	广东湛江金牛实业发展公司	优质牛肉	金帆	LB—26—0808192643A
443	河源市绿色仙湖茶叶有限公司	上仙湖顶茗茶	上仙湖顶	LB—44—0808192816A

（续表）

序号	企业名称	产品名称	注册商标	标志编号
444	深圳市晨光乳业有限公司	鲜牛奶（巴氏杀菌）	晨光	LB—33—0808192972A
445	深圳市晨光乳业有限公司	甜牛奶饮品	晨光	LB—34—0808192973A
446	深圳市晨光乳业有限公司	酸牛奶饮品	晨光	LB—34—0808192974A
447	平远县仁居果业合作社	脐橙	仁居＋拼音＋图形	LB—18—0808192986A
448	中山市五桂山镇蔬果场	芒果	桂山青	LB—18—0808192915A
449	广宁县江屯镇万正果业购销部	沙糖桔	万意＋WANYI	LB—18—0808193008A
450	东源县板栗发展有限公司	东源板栗	望朗回	LB—19—0809192887A
451	惠州市四季鲜绿色食品有限公司	鲜荔枝	四季鲜＋英文	LB—18—0809193036A
452	中山市旺生农业发展有限公司	番木瓜	旺生	LB—18—0809193292A
453	雷州市雷穗粮食发展有限公司	家泰香米	雷穗	LB—03—0810193494A
454	雷州市雷穗粮食发展有限公司	万福香丝米	雷穗	LB—03—0810193496A
455	雷州市雷穗粮食发展有限公司	名贵香米	雷穗	LB—03—0810193501A
456	雷州市雷穗粮食发展有限公司	半岛香米	雷穗	LB—03—0810193500A
457	雷州市雷穗粮食发展有限公司	和贵软米	雷穗	LB—03—0810193495A
458	雷州市雷穗粮食发展有限公司	兴隆贡米	雷穗	LB—03—0810193498A
459	雷州市雷穗粮食发展有限公司	芙蓉米	雷穗	LB—03—0810193499A
460	雷州市雷穗粮食发展有限公司	事顺香油粘米	雷穗	LB—03—0810193497A
461	江门市鸿豪生物科技有限公司	鸿豪蛹虫草子实体（干品）	鸿豪＋HONGHAO＋图形	LB—23—0810193620A
462	东源县丰源农业发展有限公司	叶潭福禄柚	叶潭福禄	LB—18—0810193623A
463	茂名钜园农业种植有限公司	龙眼	龍博士＋图形	LB—18—0810193667A
464	江门市新会区古兜矿泉水厂	饮用天然矿泉水	古兜山	LB—38—0810193745A
465	罗定市塘茶场	天子茶（绿茶）	天子岭＋图形	LB—44—0810193734A
466	中山市神湾镇种养服务公司	神湾菠萝	神湾＋SHENWAN＋图形	LB—18—0810193741A
467	茂名市利来水果产销专业合作社	荔枝	安荔	LB—18—0810193809A
468	阳西县西荔王果蔬专业合作社	荔枝	爽缘＋图形	LB—18—0810193822A
469	饶平县高堂裕盛食品厂	高堂菜脯（萝卜干）	高堂大嫂	LB—56—0810193838A

(续表)

序号	企业名称	产品名称	注册商标	标志编号
470	江门市新会区大鳌有机农业发展有限公司	莲藕	大鳌	LB—15—0811193975A
471	江门市新会区大鳌有机农业发展有限公司	慈菇	大鳌	LB—21—0811193976A
472	广东甘竹罐头有限公司	甜玉米羹罐头	甘竹	LB—06—0811193943A
473	广东甘竹罐头有限公司	甜玉米粒罐头	甘竹	LB—06—0811193942A
474	河源市中兴绿丰发展有限公司	柠檬	OPTIONS	LB—18—0811194120A
475	广东阳帆食品有限公司	阳江姜豉	阳帆	LB—56—0812194350A
476	裕东农业发展（连平）有限公司	芥菜	裕东荘 yue-dong	LB—15—0812194362A
477	裕东农业发展（连平）有限公司	白菜	裕东荘 yue-dong	LB—15—0812194361A
478	裕东农业发展（连平）有限公司	芥兰	裕东荘 yue-dong	LB—15—0812194360A
479	裕东农业发展（连平）有限公司	菜心	裕东荘 yue-dong	LB—15—0812194359A
480	广东泰源农科有限公司	山茶油（压榨一级）	茶树林＋图形＋拼音	LB—10—0812194467A
481	阳东天绿源生态农业有限公司	储良龙眼（鲜果）	天绿源（文字图形）	LB—18—0812194736A
482	广东新大地生物科技股份有限公司	高山茶油（压榨一级）	曼陀神露	LB—10—0812194694A
483	东莞市逸品食品有限公司	逸品荔枝	大岭山＋拼音＋图形	LB—18—0812194952A
484	化州市长发粮果蔬农民专业合作社	香蕉	绿士	LB—18—0812195039A
485	潮州市华海水产有限公司	冻烤鳗	华孚 HUAFU	LB—37—0812195086A

2008年全省获得认证绿色食品名录

序号	企业名称	产品名称	注册商标	标志编号
1	杨协成（广州）食品饮料有限公司	原味豆奶	YeO′s 杨协成；清悠农庄	LB—08—0801190195A
2	杨协成（广州）食品饮料有限公司	燕麦味豆奶	YeO′s 杨协成；清悠农庄	LB—08—0801190196A
3	杨协成（广州）食品饮料有限公司	姜汁味豆奶	YeO′s 杨协成；清悠农庄	LB—08—0801190197A
4	广东泉之乡矿泉饮料有限公司	珍贵天然矿泉水	泉之乡	LB—38—0801190262A
5	广东杨氏南北鲜果有限公司	脐橙	YANG’S—NS	LB—18—0801190373A
6	汕头市潮阳区金灶镇绿色水果基地	三捻（棱）橄榄	三捻	LB—18—0801190456A
7	梅州五指石山泉水厂	五指石山泉	五指石	LB—38—0801190300A
8	广州交易会三千尺贸易有限公司	三千尺饮用天然矿泉水	三千尺	LB—38—0802190706A
9	乳源瑶族自治县绿色食品有限公司	玫瑰茶饮料	源雾山	LB—42—0802190711A
10	广东宝桑园健康食品研究发展中心	桑果汁	宝桑园	LB—40—0802190527A
11	广东省国营红江农场	红江橙	红江	LB—18—0802190535A
12	开平市开兰面粉有限公司	小麦粉	开兰	LB—02—0803191002A
13	开平市开兰面粉有限公司	糕点用小麦粉	开兰	LB—02—0803191003A
14	开平市开兰面粉有限公司	面包用小麦粉	珠江	LB—02—0803191004A
15	乐昌市沿溪山茶场有限公司	沿溪山白毛尖（绿茶）	雾翔	LB—44—0803191131A
16	乐昌市沿溪山饮用水有限公司	沿溪山泉（饮用天然净水）	沿溪山	LB—38—0803191130A
17	广东省丰收糖业发展有限公司	白砂糖	蜂泉	LB—12—0803190862A
18	广州市双钱糖业有限公司	白砂糖	双钱	LB—12—0804191166A
19	河源市天仙湖农业发展有限公司	食用菌及山野菜	锡场灵芝	LB—21—0804191253A
20	珠海市横琴岛企业总公司	水产品	横琴蚝	LB—36—0804191270A
21	梅县绿优水果配送有限公司	金柚	金柚莱	LB—18—0804191347A
22	梅县绿优水果配送有限公司	脐橙	福柚莱	LB—18—0804191348A
23	连州市龙坪镇龙兴水果场	水晶梨	鸿星	LB—18—0804191381A
24	连州市金山水晶梨果场	水晶梨	秀源	LB—18—0804191503A
25	东莞金湖粤海酒店有限公司	清香莲蓉月饼	粤海秋月	LB—51—0804191559A
26	东莞金湖粤海酒店有限公司	纯鹰嘴豆月饼	粤海秋月	LB—51—0804191560A

（续表）

序号	企业名称	产品名称	注册商标	标志编号
27	东莞金湖粤海酒店有限公司	纯百合月饼	粤海秋月	LB—51—0804191561A
28	东莞金湖粤海酒店有限公司	绿色如意月饼（清香莲蓉月饼、纯鹰嘴豆月饼组合）	粤海秋月	LB—51—0804191567A
29	东莞金湖粤海酒店有限公司	绿色金典月饼（清香莲蓉月饼、纯鹰嘴豆月饼、纯百合月饼组合）	粤海秋月	LB—51—0804191566A
30	东莞金湖粤海酒店有限公司	绿色迷你月饼（纯鹰嘴豆月饼）	粤海秋月	LB—51—0804191565A
31	东莞金湖粤海酒店有限公司	绿色精品月饼（清香莲蓉月饼、纯鹰嘴豆月饼、纯百合月饼组合）	粤海秋月	LB—51—0804191564A
32	东莞金湖粤海酒店有限公司	绿色迎福月饼（清香莲蓉月饼、纯鹰嘴豆月饼组合）	粤海秋月	LB—51—0804191563A
33	东莞金湖粤海酒店有限公司	绿色凝香月饼（清香莲蓉月饼、纯鹰嘴豆月饼、纯百合月饼组合）	粤海秋月	LB—51—0804191562A
34	汕头市雅园酿酒有限公司	干型荔枝酒	南国香邑	LB—49—0804191430A
35	汕头市雅园酿酒有限公司	干型菠萝酒	南国香邑	LB—49—0804191431A
36	汕头市雅园酿酒有限公司	干型枇杷酒	南国香邑	LB—49—0804191432A
37	汕头市雅园酿酒有限公司	干型杨桃酒	南国香邑	LB—49—0804191433A
38	罗定市稻香园米业有限公司	聚龙大米	聚龙	LB—03—0805191589A
39	广州风行牛奶有限公司	鲜牛奶	风行	LB—33—0805191581A
40	广州风行牛奶有限公司	全脂调味酸牛奶	风行	LB—34—0805191582A
41	中山市日威食品有限公司	蛋黄白莲蓉月饼	日威	LB—51—0805191611A
42	中山市日威食品有限公司	哈密瓜馅月饼	日威	LB—51—0805191612A

（续表）

序号	企业名称	产品名称	注册商标	标志编号
43	中山市日威食品有限公司	纯正白莲蓉（馅）	日威	LB—51—0805191613A
44	广东省中山食品进出口有限公司	杨桃	香山华丰	LB—18—0805191707A
45	东莞市星河生物科技有限公司	金针菇（鲜）	玉龙洞	LB—21—0805191676A
46	深圳市雅芙食品有限公司	高钙型豆奶粉	雅芙	LB—08—0805191764A
47	深圳市雅芙食品有限公司	维他型豆奶粉	雅芙	LB—08—0805191765A
48	深圳市雅芙食品有限公司	中老年低糖型豆奶粉	雅芙	LB—08—0805191766A
49	深圳市雅芙食品有限公司	高钙型豆奶粉	亲味	LB—08—0805191767A
50	深圳市雅芙食品有限公司	中老年低糖型豆奶粉	亲味	LB—08—0805191768A
51	揭阳市百得佳高新农业发展有限公司	台湾品种百香果果醋饮品	百得佳＋Baidejia	LB—40—0805191747A
52	揭阳市百得佳高新农业发展有限公司	台湾品种百香果果汁饮料	百得佳＋Baidejia	LB—40—0805191748A
53	揭阳市百得佳高新农业发展有限公司	台湾品种仙蜜果果醋饮品	百得佳＋Baidejia	LB—40—0805191749A
54	揭阳市百得佳高新农业发展有限公司	台湾品种仙蜜果果粒果汁饮料	百得佳＋Baidejia	LB—40—0805191750A
55	开平裕茂农业开发有限公司	裕茂 紫玉火龙果	图形商标	LB—18—0805191770A
56	恩平市七星坑山泉有限公司	一品怡山泉水	一品怡＋ipini	LB—38—0805191833A
57	揭阳市大南山台农种植养加工有限公司	冻顶乌龙茶	茶树图案	LB—44—0805191881A
58	揭阳市大南山台农种植养加工有限公司	金萱乌龙茶	茶树图案	LB—44—0805191882A
59	揭阳市大南山台农种植养加工有限公司	四季春乌龙茶	茶树图案	LB—44—0805191883A
60	揭阳市大南山台农种植养加工有限公司	翠玉乌龙茶	茶树图案	LB—44—0805191884A
61	揭阳市大南山台农种植养加工有限公司	台农铁观音	茶树图案	LB—44—0805191885A
62	韶关高盛果菜有限公司	白菜	TW	LB—15—0805191590A
63	韶关高盛果菜有限公司	菜心	TW	LB—15—0805191591A
64	韶关高盛果菜有限公司	芥兰	TW	LB—15—0805191592A
65	韶关高盛果菜有限公司	西洋菜	TW	LB—15—0805191593A

(续表)

序号	企业名称	产品名称	注册商标	标志编号
66	中山市聚丰园粮油食品有限公司	银雪油粘米	聚丰园	LB—03—0806191887A
67	廉江市劳福茂茶业有限公司	劳福茂茶	劳福茂	LB—44—0806191929A
68	广州市洲星食品有限公司	马蹄粉	洲星	LB—17—0806192024A
69	广州市洲星食品有限公司	马蹄糕	洲星	LB—51—0806192025A
70	广州市洲星食品有限公司	千层马蹄糕	洲星	LB—51—0806192026A
71	广州市洲星食品有限公司	马蹄粒马蹄糕	洲星	LB—51—0806192027A
72	广州市洲星食品有限公司	双色马蹄糕	洲星	LB—51—0806192028A
73	汕头市荔宝酿酒有限公司	荔枝果酒(甜型)	荔宝	LB—49—0806192105A
74	汕头市荔宝酿酒有限公司	余甘子酒(干型)	荔宝	LB—49—0806192106A
75	潮州市金玉柑桔有限公司	潮州柑(蕉柑)	桑浦山	LB—18—0806192064A
76	郁南县西江淀粉厂	木薯淀粉	海鸥	LB—55—0806192107A
77	东莞市华美食品有限公司	牛奶搭档(粗纤维蔬菜味饼干·酥性饼干)	华美	LB—51—0806192101A
78	东莞市华美食品有限公司	牛奶搭档(粗纤维芝麻味饼干·酥性饼干)	华美	LB—51—0806192102A
79	徐闻县绿源果菜发展有限公司	福民香蕉	福民	LB—18—0806191906A
80	金威啤酒(东莞)有限公司	10.0°P纯生金威啤酒	金威	LB—47—0806192173A
81	金威啤酒(东莞)有限公司	10.0°P2008金威啤酒	金威	LB—47—0806192174A
82	金威啤酒(东莞)有限公司	10.0°P金纯金威啤酒	金威	LB—47—0806192175A
83	金威啤酒(东莞)有限公司	10.0°P金福金威啤酒	金威	LB—47—0806192176A
84	金威啤酒(东莞)有限公司	9.0°P新生活金威啤酒	金威	LB—47—0806192177A
85	金威啤酒(东莞)有限公司	11.0°P金威啤酒	金威	LB—47—0806192178A
86	金威啤酒(东莞)有限公司	12.0°P金威啤酒	金威	LB—47—0806192179A
87	金威啤酒(汕头)有限公司	8°P金威啤酒	金威	LB—47—0806192065A

（续表）

序号	企业名称	产品名称	注册商标	标志编号
88	金威啤酒（汕头）有限公司	8°P金纯金威啤酒	金威	LB—47—0806192066A
89	金威啤酒（汕头）有限公司	11°P精制金威啤酒	金威	LB—47—0806192067A
90	金威啤酒（汕头）有限公司	10°P特酿精品金威啤酒	金威	LB—47—0806192068A
91	金威啤酒（汕头）有限公司	10°P金威啤酒	金威	LB—47—0806192069A
92	金威啤酒（汕头）有限公司	10°P金纯金威啤酒	金威	LB—47—0806192070A
93	深圳金威啤酒有限公司	12°P新香型金威啤酒	金威	LB—47—0807192386A
94	深圳金威啤酒有限公司	11°P金威啤酒	金威	LB—47—0807192387A
95	深圳金威啤酒有限公司	10°P精制金威啤酒	金威	LB—47—0807192388A
96	深圳金威啤酒有限公司	8°P精品超爽金威啤酒	金威	LB—47—0807192389A
97	深圳金威啤酒酿造有限公司	10.0°P纯生金威啤酒	金威	LB—47—0807192390A
98	深圳金威啤酒酿造有限公司	10.0°P金纯金威啤酒	金威	LB—47—0807192391A
99	深圳金威啤酒酿造有限公司	9.0°P冰爽金威啤酒	金威	LB—47—0807192392A
100	恩平市丰江农业合作社	马铃薯	恩丰江＋图形	LB—15—0807192437A
101	惠东县九华农贸有限公司	马铃薯	九华＋JIUHUA＋图形	LB—15—0807192455A
102	信宜市郭氏果蜜业有限公司	桂圆肉（干）	爱羡	LB—20—0807192397A
103	信宜市郭氏果蜜业有限公司	龙眼干果	爱羡	LB—19—0807192398A
104	饶平金航深海网箱科技开发有限公司	鰤鱼（冷冻）	旗头	LB—36—0807192511A
105	饶平金航深海网箱科技开发有限公司	美国红鱼（冷冻）	旗头	LB—36—0807192512A
106	饶平金航深海网箱科技开发有限公司	金鲳鱼（冷冻）	旗头	LB—36—0807192513A
107	清远震兴农产品有限公司	巧口脆笋（笋制品）	巧口＋图形	LB—17—0808192652A
108	清远震兴农产品有限公司	巧口凤尾笋（笋制品）	巧口＋图形	LB—17—0808192653A

(续表)

序号	企业名称	产品名称	注册商标	标志编号
109	清远震兴农产品有限公司	巧口玉笋（笋制品）	巧口＋图形	LB—17—0808192654A
110	广东湛江金牛实业发展公司	优质牛肉	金帆	LB—26—0808192643A
111	河源市绿色仙湖茶叶有限公司	上仙湖顶茗茶	上仙湖顶	LB—44—0808192816A
112	深圳市晨光乳业有限公司	鲜牛奶（巴氏杀菌）	晨光	LB—33—0808192972A
113	深圳市晨光乳业有限公司	甜牛奶饮品	晨光	LB—34—0808192973A
114	深圳市晨光乳业有限公司	酸牛奶饮品	晨光	LB—34—0808192974A
115	平远县仁居果业合作社	脐橙	仁居＋拼音＋图形	LB—18—0808192986A
116	中山市五桂山镇蔬果场	芒果	桂山青	LB—18—0808192915A
117	广宁县江屯镇万正果业购销部	沙糖桔	万意＋WANYI	LB—18—0808193008A
118	东源县板栗发展有限公司	东源板栗	望朗回	LB—19—0809192887A
119	惠州市四季鲜绿色食品有限公司	鲜荔枝	四季鲜＋英文	LB—18—0809193036A
120	中山市旺生农业发展有限公司	番木瓜	旺生	LB—18—0809193292A
121	雷州市雷穗粮食发展有限公司	家泰香米	雷穗	LB—03—0810193494A
122	雷州市雷穗粮食发展有限公司	万福香丝米	雷穗	LB—03—0810193496A
123	雷州市雷穗粮食发展有限公司	名贵香米	雷穗	LB—03—0810193501A
124	雷州市雷穗粮食发展有限公司	半岛香米	雷穗	LB—03—0810193500A
125	雷州市雷穗粮食发展有限公司	和贵软米	雷穗	LB—03—0810193495A
126	雷州市雷穗粮食发展有限公司	兴隆贡米	雷穗	LB—03—0810193498A
127	雷州市雷穗粮食发展有限公司	芙蓉米	雷穗	LB—03—0810193499A
128	雷州市雷穗粮食发展有限公司	事顺香油粘米	雷穗	LB—03—0810193497A
129	江门市鸿豪生物科技有限公司	鸿豪蛹虫草子实体（干品）	鸿豪＋H0NGHA0＋图形	LB—23—0810193620A
130	东源县丰源农业发展有限公司	叶潭福禄柚	叶潭福禄	LB—18—0810193623A
131	茂名钜园农业种植有限公司	龙眼	龍博士＋图形	LB—18—0810193667A
132	江门市新会区古兜矿泉水厂	饮用天然矿泉水	古兜山	LB—38—0810193745A
133	罗定市塘茶场	天子茶（绿茶）	天子岭＋图形	LB—44—0810193734A
134	中山市神湾镇种养服务公司	神湾菠萝	神湾＋SHENWAN＋图形	LB—18—0810193741A
135	茂名市利来水果产销专业合作社	荔枝	安荔	LB—18—0810193809A
136	阳西县西荔王果蔬专业合作社	荔枝	爽缘＋图形	LB—18—0810193822A

（续表）

序号	企业名称	产品名称	注册商标	标志编号
137	饶平县高堂裕盛食品厂	高堂菜脯（萝卜干）	高堂大嫂	LB—56—0810193838A
138	江门市新会区大鳌有机农业发展有限公司	莲藕	大鳌	LB—15—0811193975A
139	江门市新会区大鳌有机农业发展有限公司	慈菇	大鳌	LB—21—0811193976A
140	广东甘竹罐头有限公司	甜玉米羹罐头	甘竹	LB—06—0811193943A
141	广东甘竹罐头有限公司	甜玉米粒罐头	甘竹	LB—06—0811193942A
142	河源市中兴绿丰发展有限公司	柠檬	OPTIONS	LB—18—0811194120A
143	广东阳帆食品有限公司	阳江姜豉	阳帆	LB—56—0812194350A
144	裕东农业发展（连平）有限公司	芥菜	裕东荘 yuedOng	LB—15—0812194362A
145	裕东农业发展（连平）有限公司	白菜	裕东荘 yuedOng	LB—15—0812194361A
146	裕东农业发展（连平）有限公司	芥兰	裕东荘 yuedOng	LB—15—0812194360A
147	裕东农业发展（连平）有限公司	菜心	裕东荘 yuedOng	LB—15—0812194359A
148	广东泰源农科有限公司	山茶油（压榨一级）	茶树林＋图形＋拼音	LB—10—0812194467A
149	阳东天绿源生态农业有限公司	储良龙眼（鲜果）	天绿源（文字图形）	LB—18—0812194736A
150	广东新大地生物科技股份有限公司	高山茶油（压榨一级）	曼陀神露	LB—10—0812194694A
151	东莞市逸品食品有限公司	逸品荔枝	大岭山＋拼音＋图形	LB—18—0812194952A
152	化州市长发粮果蔬农民专业合作社	香蕉	绿士	LB—18—0812195039A
153	潮州市华海水产有限公司	冻烤鳗	华孚 HUAFU	LB—37—0812195086A

2008 年林业植物新品种授权情况统计表

品种名称	所属的属（种）	品种权人	培育人	品种权号	授权日
红寿星	木兰属	深圳市仙湖植物园管理处、陕西省西安植物园	张寿洲，王亚玲	20080009	2008 年 5 月 29 日
红笑星	木兰属	深圳市仙湖植物园管理处、陕西省西安植物园	张寿洲，王亚玲	20080015	2008 年 5 月 29 日
可可茶 1 号	山茶属	中山大学生命科学学院、广东省农业科学院茶叶研究所	叶创兴、李家贤、彭力、何玉媚、石祥刚、黄华林、宋晓虹、苗爱清、赵超艺、吴家尧、陈栋、袁长春、郑新强	20080020	2008 年 12 月 2 日
可可茶 2 号	山茶属	广东省农业科学院茶叶研究所、中山大学生命科学学院	李家贤、叶创兴、何玉媚、彭力、黄华林、石祥刚、苗爱清、宋晓虹、赵超艺、吴家尧、陈栋、袁长春、郑新强	20080021	2008 年 12 月 2 日

广东省植物新品种保护授权品种

（截至2008年12月31日）

序号	申请号	植物种类	品种名称	申请日	公告类型	申请/品种权人	公告号
1	20050920.9	水稻 Oryza sativa L.	N2S	2005—12—31	授权公告	华南农业大学	CNA001794G
2	20050921.7	水稻 Oryza sativa L.	N28S	2005—12—31	授权公告	华南农业大学	CNA001795G
3	20050922. 5	水稻 Oryza sativa L.	华恢305	2005—12—31	授权公告	华南农业大学	CNA001796G
4	20050923.3	水稻 Oryza sativa L.	N39S	2005—12—31	授权公告	华南农业大学	CNA001797G
5	20050924.1	水稻 Oryza sativa L.	N9S	2005—12—31	授权公告	华南农业大学	CNA001798G
6	20050639	水稻 Oryza sativa L.	航恢八号	2005—11—4	授权公告	华南农业大学	CNA001781G
7	20050640.4	水稻 Oryza sativa L.	航恢88	2005—11—4	授权公告	华南农业大学	CNA001782G
8	20050642	水稻 Oryza sativa L.	胜巴丝苗	2005—11—4	授权公告	华南农业大学	CNA001783G
9	20050527	水稻 Oryza sativa L.	华粳籼74	2005—9—13	授权公告	华南农业大学	CNA001779G
10	20050493.26	水稻 Oryza sativa L.	博优691	2005—8—26	授权公告	汕头市农业科学研究所	CNA001868G
11	20050202.6	水稻 Oryza sativa L.	湛A	2005—4—4	授权公告	湛江海洋大学	CNA001670G
12	20050203.4	水稻 Oryza sativa L.	万金A	2005—4—4	授权公告	湛江海洋大学	CNA001671G
13	20050051.1	水稻 Oryza sativa L.	龙A	2005—1—18	授权公告	广东农作物杂种优势开发利用中心	CNA001651G
14	20040696. 5	水稻 Oryza sativa L.	粤光S	2004—12—29	授权公告	广东省农业科学院水稻研究所	CNA001241G
15	20040697.3	水稻 Oryza sativa L.	天优838	2004—12—29	授权公告	广东省农业科学院水稻研究所	CNA001242G
16	20040554.3	水稻 Oryza sativa L.	龙优673	2004—12—2	授权公告	广东农作物杂种优势开发利用中心	CNA001278G

(续表)

序号	申请号	植物种类	品种名称	申请日	公告类型	申请/品种权人	公告号
17	20040535.7	水稻 Oryza sativa L.	龙优665	2004—11—26	授权公告	广东农作物杂种优势开发利用中心	CNA001277G
18	20040225	水稻 Oryza sativa L.	华航一号	2004—5—11	授权公告	华南农业大学	CNA001216G
19	20040226.9	水稻 Oryza sativa L.	航恢七号	2004—5—11	授权公告	华南农业大学	CNA001217G
20	20040227.7	水稻 Oryza sativa L.	华航丝苗	2004—5—11	授权公告	华南农业大学	CNA001218G
21	20040228. 5	水稻 Oryza sativa L.	泰丰占	2004—5—11	授权公告	华南农业大学	CNA001219G
22	20040186.6	水稻 Oryza sativa L.	广恢290	2004—4—6	授权公告	广东省农业科学院水稻研究所	CNA001213G
23	20040120.3	水稻 Oryza sativa L.	广恢368	2004—3—10	授权公告	广东省农业科学院水稻研究所	CNA001210G
24	20040109.26	水稻 Oryza sativa L.	振丰A	2004—2—19	授权公告	广东省农业科学院水稻研究所	CNA001209G
25	20030541.7	水稻 Oryza sativa L.	穗丰A	2003—12—25	授权公告	广东省农业科学院水稻研究所	CNA000776G
26	20030542. 5	水稻 Oryza sativa L.	天丰A	2003—12—25	授权公告	广东省农业科学院水稻研究所	CNA000777G
27	20030488.7	水稻 Oryza sativa L.	广恢308	2003—12—8	授权公告	广东省农业科学院水稻研究所	CNA000898G
28	20030469	水稻 Oryza sativa L.	中9优288	2003—11—24	授权公告	广东省农作物杂种优势利用站	CNA000940G
29	20030165.9	水稻 Oryza sativa L.	粤泰A	2003—5—23	授权公告	广东省农业科学院水稻研究所	CNA000578G
30	20010226. 5	水稻 Oryza sativa L.	粤丰A	2001—12—27	授权公告	广东省农业科学院水稻研究所	CNA000584G
31	20010222.26	水稻 Oryza sativa L.	GD—1S	2001—12—26	授权公告	广东省农业科学院水稻研究所	CNA000230G
32	20010216.8	水稻 Oryza sativa L.	广恢998	2001—12—24	授权公告	广东省农业科学院水稻研究所	CNA000474G
33	20010018.1	水稻 Oryza sativa L.	Y华农A	2001—3—2	授权公告	华南农业大学	CNA000282G
34	20010178.1	玉米 Zea mays L.	粤甜3号	2001—9—12	授权公告	广东省农业科学院作物研究所	CNA000256G

2008年广东省文化市场行政执法数据汇总表

项目		第一季度	第二季度	第三季度	第四季度	合计
检查人次（人次）		98601	120175	123222	119827	461825
检查经营单位（家）	音像单位（家）	11087	11197	14808	9494	46586
	演出单位（家）	851	814	1205	878	3748
	娱乐场所（家）	7367	7979	8732	9719	33797
	互联网上网服务营业场所（家）	16994	18174	25681	20372	81221
	互联网文化经营单位（家）	12	1		0	13
	艺术品经营单位（家）	17	103	92	4	216
	电子游戏机经营场所（家）	4709	4518	4557	4051	17835
	电影发行放映场所（家）	322	333	407	383	1445
	书报刊经营单位（家）	12041	10510	20148	10236	52935
	其他	3346	5002	7499	7559	23406
案件办理	受理举报（件）	1593	1691	1355	1452	6091
	立案调查（件）	976	1431	1437	1439	5283
	移交案件（件）	28	23	37	36	124
	办结案件（件）	684	846	1168	1091	3789
收缴物品	非法音像制品（盒、盘）	6307489	7832128	4012026	6158015	24309658
	网吧电脑及附属设备（件）	4021	8457	10926	12165	35569
	演出器材	21	1	46	8	76
	电子游戏机（台）	1296	1182	1380	669	4527
	电影放映设备（套）	22	185	2	30	239
	非法书报刊（本、张）	1436129	1323490	1660527	1040261	5460407
	其他物品（件）	19048	23504	15699	2060	60311
处罚情况	警告（次）	713	602	822	545	2682
	罚款（元）	2379800	3159900	3629220	3208750	12377670
	没收违法所得（元）	119276	215800	150420	716950	1202446
	没收非法物品（件）	333	586	1019	453	2391
	停业整顿（家）	68	91	200	124	483
	取消经营资格（家）	43	47	36	56	182

专利代理机构

经国家知识产权局批准设立的专利代理机构一览表

（截至2008年12月31日）

序号	代码	机构名称	地址	负责人	电话	传真
1	44001	广州市科粤专利代理有限公司	广州市先烈中路100号科学院机关大楼101室	余炳和	020－87688146	020－87683303
2	44100	广州新诺专利商标事务所有限公司(涉外)	广州市应元路越秀山体育场综合楼七楼	李德魁	020－83564025	020－83325355
3	44101	深圳市中知专利商标代理有限公司(涉外)	深圳市福田区上步中路1001号科技大厦1楼	成义生	0755－83699766	0755－83699056
4	44102	广州粤高专利代理有限公司(涉外)	广州市天河区体育西路中石化大厦B塔3912室	林德伟	020－38922300	020－38922322
5	44103	汕头市高科专利事务所	汕头市金砂路86号友谊国际大厦7楼C单元	丁楚浩	0754－88632248	0754－8608236
6	44104	广州知友专利商标代理有限公司(涉外)	广州市越秀区先烈中路100号大院60号省高技术中心大楼3楼301房	刘小敏	020－87684609	020－87617207

（续表）

序号	代码	机构名称	地址	负责人	电话	传真
7	44106	茂名市穗海专利事务所	茂名市油城6路5号大院207	李好琚	0668－2870299	0668－2283413
8	44202	广州三环专利代理有限公司（涉外）	广州市先烈中路80号汇华商贸大厦1508	温　旭	020－37616165	020－37616451
9	44203	湛江市三强专利事务所	湛江市霞山人民南路30号	庞爱英	0759－2231844	0759－2218471
10	44205	江门嘉权专利商标事务所有限公司（涉外）	江门市港口路183号新隆基大厦301	喻新学	0750－3364410	0750－3101083
11	44206	佛山市永裕信专利代理有限公司	佛山市汾江南路14号科学馆	朱永忠	0757－82281605	0757－82238752
12	44209	深圳市睿智专利事务所	深圳市南山区科技园科苑路6号科技大厦501A	陈鸿荫	0755－26614184	0755－26617587
13	44210	广州华创源专利事务所有限公司	广州市番禺区市桥环城中路126号	梁新杰	020－84810155	020－84884955
14	44211	中山市科创专利代理有限公司	中山市兴中道8号科学馆一楼	尹文涛	0760－8326970	0760－8330074
15	44214	广州红荔专利代理有限公司（涉外）	广州市东山区竹丝岗二马路37号619室	李彦孚	020－87695086	020－87626409
16	44215	东莞市华南专利商标事务所有限公司（涉外）	东莞市南城区胜和路华凯大厦601	张　明	0769－2800788	0769－2800733
17	44216	广东世纪专利事务所	广州市天河区黄埔大道201号金泽大厦2109房	刘　卉	020－87567115	020－87567115
18	44217	深圳市顺天达专利商标代理有限公司（涉外）	深圳市福田区深南大道1056号阳光高尔夫大厦812室	蔡晓红	0755－82872707	0755－82873034
19	44218	深圳千纳专利代理有限公司（涉外）	深圳市福田区深南中路新城大厦西座601－605	胡　坚	0755－25987001	0755－25986996

（续表）

序号	代码	机构名称	地址	负责人	电话	传真
20	44219	汕头新星专利事务所	汕头市天山路绿园大厦17层C单元	林希南	0754－8167379	0754－6328655
21	44220	广州市一新专利商标事务所有限公司	广州市天河北路892号13A06房	王德祥	020－38289945	020－38288563
22	44221	广东国欣律师事务所(涉外)	深圳市红岭中路1010号国际信托大厦1、6楼	廖耀雄	0755－82117575	0755－82117578
23	44222	广州创颖专利事务所	广州市赵秀区文德路67号20楼G室	刘晓雪	020－83333653	020－22003193
24	44223	深圳创友专利商标代理有限公司(涉外)	深圳市福田区上步路佳兆业中心B座2201	江耀纯	0755－83671889	0755－83671968
25	44224	广州华进联合专利商标代理有限公司(涉外)	广州市东山区先烈中路69号东山广场918－920	胡 杰	020－87320276	020－87320273
26	44225	佛山市南海智维专利代理有限公司	佛山市南海区桂城南兴三路南海科学馆	梁国杰	0757－86224095	0757－86224095
27	44226	韶关市雷门专利事务所	韶关市新华北路科技中心大楼3楼	周胜明	0751－8611923	0751－8768763
28	44227	广州三辰专利事务所	广州市中山三路11号东山区工商联大厦1102	范钦正	020－83874231	020－83874231
29	44228	广州市南锋专利事务所有限公司(涉外)	广州市先烈中路100号高技术中心实验楼2楼	刘 媖	020－87688686	020－87682576
30	44229	广州市深研专利事务所	广州市先烈中路100号黄花岗科贸街C栋305室	陈雅平	020－87685380	020－87685380
31	44230	汕头市潮睿专利事务有限公司	汕头市大华路8号之一	朱明华	0754－8985533	0754－8280803

（续表）

序号	代码	机构名称	地址	负责人	电话	传真
32	44231	东莞市中正知识产权事务所（涉外）	东莞市东城大道23号骏达商业中心901室	瞿友胜	0769－2366800	0769－2366878
33	44232	东莞市隆天联鼎知识产权代理有限公司	东莞市莞城东城西路266号城市花园A座1201之三	符立新	0769－22506183	0769－2506186
34	44233	深圳市毅颖专利商标事务所	深圳市福田区八卦四路先科机电大厦534房	张艺影	0755－83626954	0755－83626954
35	44235	珠海市威派特专利事务所	珠海市香洲区凤凰路2088号珠都国际广场B座801室	张润	0756－2237259	0756－2237258
36	44236	广州弘邦专利商标事务所有限公司	广州市天河区黄埔大道638号富力科讯大厦902室	张钇斌	020－37883640	020－37884462
37	44237	深圳中一专利商标事务所（涉外）	深圳市深南中路深圳报春大厦第四层西面（深南中路1014号附楼东一楼）	张全文	0755－82091818	0755－82100908
38	44238	深圳市永杰专利商标事务所（涉外）	深圳市福田区深南中路2008号华联大厦1411－1413室	曹建军	0755－83667576	0755－83667567
39	44239	广州中瀚专利商标事务所	广州市越秀区先烈中路100号大院23－1栋203室	黄洋	020－87688195	020－37656478
40	44240	深圳市金阳行专利商标事务所	深圳市深南中路6007号安徽大厦1607室	金辉	0755－83581881	0755－83581881

(续表)

序号	代码	机构名称	地址	负责人	电话	传真
41	44241	深圳市智科友专利商标事务所	深圳市罗湖区红岭中路2118号建设集团大厦A座9D	曲家彬	0755—25599215	0755—25599217
42	44242	深圳市精英专利事务所	深圳市罗湖区深南东路5033号金山大厦1905室	李新林	0755—82073938	0755—82073295
43	44244	广州市天河庐阳专利事务所	广州市天河东路242号802之一室	胡济元	020—85260125	020—85260125
44	44245	广州市华学知识产权代理有限公司(涉外)	广州市天河区五山华南理工大学国家大学科技园(北区)1号楼北座201室	李卫东	020—22237111	020—22237100
45	44246	深圳市兴力桥知识产权事务所	深圳市人民南路国商大厦东座401室	董洪波	0755—83283903	0755—83288766
46	44247	深圳市康弘知识产权代理有限公司	深圳市福田区彩田路5015号中银花园办公楼A栋6C1	胡朝阳	0755—83251051	0755—83204698
47	44248	深圳市科吉华烽知识产权事务所(涉外)	深圳市福田区深南大道6006号华丰大厦1305	胡吉科	0755—83916889	0755—83089268
48	44249	东莞市创益专利事务所	东莞市体育路二号鸿禧中心5楼B15	李卫平	0769—22806686	0769—2124971
49	44250	佛山市科顺专利事务所	佛山市顺德区大良国际商业城A区四座三楼108	梁红缨	0757—22619500	0757—22619501
50	44251	东莞市新南方专利商标事务所	东莞市南城区簪花路华凯活力中心1109	王 敏	0769—22337256	0769—2386465
51	44252	揭阳市博佳专利代理事务所	揭阳市东山区8号街东侧沿江路北侧立康花园E幢102号	黄镜芝	0663—8125608	0663—8125608
52	44253	广州致信伟盛知识产权代理有限公司(涉外)	广州市东风东路767号东宝大厦1501—1502	郭晓桂	020—38210518	020—38210535

（续表）

序号	代码	机构名称	地址	负责人	电话	传真
53	44254	深圳市雄杰专利商标代理有限公司(涉外)	深圳市罗湖区东门北路翠沁阁B座27E	王雄杰	0755—83320551	0755—83993968
54	44255	中山市汉通知识产权代理事务所	中山市石岐区岐关西路10号汇景台四层409	田子荣	0760—8803655	0760—8801595
55	44256	深圳市凯达知识产权事务所(涉外)	深圳市南山区高新区南区科技南十二路方大大厦609房	刘大弯	0755—82078578	0755—82078448
56	44257	深圳市汇力通专利商标代理有限公司	深圳市上步中路1011号工会大厦A座3层	王锁林	0755—83288865	0755—83288438
57	44258	深圳市港湾知识产权代理有限公司	深圳市罗湖区宝安南路1054号湖北宝丰大厦1307室	微 嘉	0755—25935826	0755—25935816
58	44259	广州凯东知识产权代理有限公司	广州市东风东路739号广东地质大厦308室	宋冬涛	020—87663569	020—87656030
59	44260	深圳市兴科达知识产权代理有限公司	深圳市南山区高新科技园南区纯海岸大厦4栋801室	王 翀	0755—83925316	0755—83924430
60	44261	广州广信知识产权代理有限公司	广州市先烈中路100号大院60号楼816室	张文雄	020—87682813	020—87680381
61	44262	珠海智专专利商标代理有限公司(涉外)	珠海市南屏坪岚路南屏企业大厦第八层	段淑华	0756—8813895	0756—8813896
62	44263	广东星辰律师事务所	深圳市深南大道田面城市大厦24层	郭星亚	0755—82813366	0755—82816855
63	44264	佛山市粤顺知识产权代理事务所	佛山市顺德区大良国际商业城A区四座三楼411号	唐强熙	0757—22615386	0757—22615389
64	44265	深圳市德力知识产权代理事务所	深圳市福田区深南中路新闻大厦1号楼3楼307室	林才桂	0755—33337399	0755—83228511
65	44266	广东国晖律师事务所	深圳市福田区莲花支路1号公交大厦主楼3层	孙智峰	0755—83033000	0755—83033022

(续表)

序号	代码	机构名称	地址	负责人	电话	传真
66	44267	深圳冠华专利事务所	深圳市福田区福田保税区红棉路英达利科技数码园A栋第二层213房	诸兰芬	0755—25518055	0755—88321333
67	44268	深圳市君胜知识产权代理事务所	深圳市南山区南海大道海王大厦住宅楼22C	王永文	0755—26406581	0755—28156956
68	44269	深圳市维邦知识产权事务所	深圳市福田区深南中路核电大厦1009室(91信箱)	黄莉	0755—83635730	0755—83655056
69	44270	深圳市启明专利代理事务所	深圳市福田区新洲路与红荔路交汇处华茂欣园丹桂阁18A	张信宽	0755—83509359	0755—82469904
70	44271	深圳市惠邦知识产权代理事务所	深圳市福田区益田路江苏大厦B座1401—1402	赵彦雄	0755—82960720	0755—82960208
71	44272	东莞市冠诚知识产权代理有限公司(涉外)	东莞市莞城东城南路东升大厦313室	杨正坤	0769—22505815	0769—22505895
72	44273	深圳市嘉宏博知识产权代理事务所	深圳市福田区红荔西路鹏基上步工业厂房302栋第二楼东201	杨敏	0755—83255585	0755—83256786
73	44274	深圳市中联专利代理有限公司	深圳市罗湖区东门南路3002号华都园8楼F座	李俊	0755—82228908	0755—82250395
74	44275	深圳市博锐专利事务所	深圳市福田区上步中路1043号深勘大厦805室	张明	0755—82078127	0755—82078121
75	44276	深圳市深远专利商标事务所	深圳市福田区深南中路南光捷佳大厦1004室	赵森林	0755—83981901	0755—83981901
76	44277	广东中亿律师事务所	中山市孙文东路639号	罗春宝	0760—8223838	0760—8223188
77	44278	中山市西区皆得专利代理事务所	广东省中山市西翠道天富商场B区19号	张新球	0760—7203198	0760—6112613
78	44279	深圳市万商天勤知识产权事务所(普通合伙)	深圳市福田区深南大道4013号兴业银行大厦2107—C	王志明	0755—83026386	0755—83026828

（续表）

序号	代码	机构名称	地址	负责人	电话	传真
79	44280	深圳市将盟知识产权代理事务所	深圳市福田区深南西路车公庙工业区天安数码时代大厦主楼2115－B室	何青瓦	0755－82839168	0755－25335968
80	44281	深圳鼎合诚知识产权代理有限公司(涉外)	深圳市福田区市中心区东南部路时代财富大厦塔楼31A	罗瑶	0755－33335533	0755－33335558
81	44282	珠海市英华知识产权代理事务所(普通合伙)	广东省珠海市吉大九洲大道东1023号怡海楼1102室	王军	0756－3370193	0756－3370903
82	44283	佛山市中迪知识产权代理事务所(普通合伙)	广东省佛山市顺德区大良连新路22街1号地下B室	薛家驹	0757－22276980	0757－22276980
83	44284	东莞市科安知识产权代理事务所	广东省东莞市旗峰路国泰大厦6层B01房	周后俊	0769－22369373	0769－22369203
84	44285	深圳市深佳知识产权代理事务所(普通合伙)	深圳市国贸大厦15楼西座1521室	李文红	0755－82211982	

广东省专利代理机构分支机构一览表

（截至2008年12月31日）

序号	代码	机构名称	分支机构	负责人	地址	联系电话	设立时间
1	44001	广州市科粤专利代理有限公司	云浮办事处	陈碧琛	云浮市育华区市科技馆一楼	0766－8806636	2003.7
2			梅州办事处	王永平	梅州市江南法政路7号	0753－2250937	2003.7
3	44100	广州新诺专利商标事务所有限公司	江门新会办事处	黎伟虹	江门市新会区会城圭峰路科学馆内	0750－6196750	2003.7
4			湛江办事处	吴学坚	湛江市赤坎区海田路28号		2003.6
5			江门台山办事处	关静芬	台山市石花路科学馆	0750－5504184	2003.7
6			珠海分公司	杨焕军	珠海市拱北迎宾南路富都大厦富怡阁7楼A座	13600362056	2005.4
7			江门分公司	华 辉	江门市港口一路13号之二28楼H单元（中远大厦远景阁）		2007.3
8			佛山分公司	罗毅萍	佛山市顺德区大良街道办事处开平居委会东宏路昌裕花园美居阁二层铺之二	020－83631403	2008.2
9	4102	广州粤高专利代理有限公司	惠州分公司	罗晓林	惠州市云山西6号江北行政中心5号楼1楼	0752－2818976	2002.4
10			佛山顺德分公司	熊丽琼	佛山市顺德区广地商贸城A区四座三楼411号房	0765－2615386	2003.1
11			揭阳分公司	林丽明	揭阳市东山区8号街东侧沿江路北侧立康花园E幢102	0663－83876718	2004.4
12			阳江分公司	陈 卫	阳江市东门路东风一路科技局大楼4楼	13602814196	2004.12
13			东莞分公司	林德纬	东莞市南城区胜和路胜和广场B栋13A	0769－22993797	2006.7
14			中山分公司	林新中	中山市东区东苑南路3号7－303	0760－8263887	2007.4
15			江门分公司	禹小明	江门市港路72号江门市科技创业中心大楼10楼1009、1010室	13602883967	2007.4
16			清远分公司	任重	清远市新城18号区科技综合楼B楼梯二楼02室	13902302850	2008.2

（续表）

序号	代码	机构名称	分支机构	负责人	地址	联系电话	设立时间
17	44103	汕头市高科专利事务所	汕头澄海办事处	黄河长	汕头市澄海区文冠路园三幢B梯204单元	0754—5893428	2003.5
18	44202	广州三环专利代理有限公司	中山办事处	温乾	中山市南头镇华辉花园环安三路二号	0760—23119409	2001.11
19			东莞分公司	张艳美	东莞市南城区鸿福路108号中盛商务大厦705—708	0769—22458926	2001.11
20			佛山顺德办事处	何兆华	顺德市大良区新窖路口6号二楼	0765—2203660	2001.11
21			深圳办事处	满群	深圳市南山区科技工业园科苑北路九号楼4层B11室	0755—26506289	2002.11
22			珠海分公司	温镜满	珠海市人民东路221号西海大厦B座908室	0756—2316632	2002.11
23			汕头办事处	林映州	汕头市海滨路12号汕头科技馆10楼	0754—8980990	2002.11
24			佛山南海办事处	詹仲国	佛山市祖庙路33号百花广场11楼16—17室	0757—3394376	2002.11
25			肇庆办事处	程跃华	肇庆市城中路49号十五栋108室	0758—2206882	2003.8
26			增城分公司	王广华	增城市荔城镇法政路5号		
27			江门办事处	刘延喜	江门市金瓯路288号高新技术开发区管委会2楼	0750—3866190	2003.7
28			北京分公司	郝传鑫	北京市海淀区北四环中路238号柏彦大厦	13570578469	2008.4
29	44205	江门嘉权专利商标事务所有限公司	中山分公司	张海文	中山市中山二路26号粤卓大厦三楼	0760—8819891	2005.6
30			佛山分公司	谭志强	佛山市五峰四路25号二楼202室	0757—82135920	2005.6
31			佛山顺德分公司	张清	佛山市顺德大良沿江北路121号建设大厦七层B区1号室	0757—22213626	2006.6
32			广州分公司	冯剑明	广州市越秀区北较场路19号5栋208	13822355930	2008.3
33	44211	中山市科创专利代理有限公司	小榄办事处	古冠开	中山市小榄镇文化路	0760—2269859	2004

（续表）

序号	代码	机构名称	分支机构	负责人	地址	联系电话	设立时间
34	44214	广州红荔专利代理有限公司	珠海分公司	陈锡鹏	珠海市香洲人民东路125号工商大厦1512房	0756－3330629	2002.4
35			广州东山分公司	黄大宇	广州市德政北路538号达信大厦605室	020－83276371	2004.12
36			广州越秀分公司	李彦孚	广州市连新路171号大院4号楼215室	020－83516393	2007.10.
37			东莞分公司	彭丽	东莞市莞城区东城南路东升大厦212室	13592719211	2008.3
38	44218	深圳市千纳专利代理有限公司	东莞分公司	卜令涛	东莞市南城鸿福西路南城商务大厦1210	0769－22000462	2008.11
39	44219	汕头新星专利事务所	汕头澄海办事处	许映扬	澄海市文祠路128号供销综合大楼二楼	0754－5732817	2003.3
40	44221	广东国欣律师事务所	东莞分所	张良春	东莞市东城中路辉煌商务大厦5F e01－05		2003.3
41	44223	深圳市创友专利商标代理有限公司	东莞办事处	江耀纯	东莞市南城路1号南城大厦1107	13600195357	2003.7
42			南昌办事处	喻尚威	南昌市省政府大院北一路5号江西省国内贸易行业管理办公室大楼一楼107－108号房	13724364411	2008.6
43	44224	广州华进联合专利商标代理有限公司	北京办事处	郑小粤	北京市朝阳区北辰东路8号国际会议中心7021室	010－84977893	2003.8
44			深圳分公司	陈 达	深圳市福田区红荔路四川大厦1606室	0755－83673578	2003.3
45			珠海分公司	李双皓	珠海市海滨路光大国际贸易中心2308室	0756－3233846	2003.3
46			东莞办事处	谭一兵	东莞市莞城南城路南城大厦1104室	0763－2220357	2003.1
47			佛山南海办事处	莫瑶江	佛山市南海区桂城南兴三路13号	0757－86323236	2004.4
48			中山分公司	赵 磊	中山市富华道6号数码广场富荣阁11楼E座	0760－88662878	2008.9
49	44228	广州市南锋专利事务所有限公司	珠海办事处	蔡蔚毅	珠海市白莲路113号62栋101室	13802984402	2003.5
50			东莞办事处	李永庆	东莞市南城区新城元美东路东侧东莞市商业中心A2320	13600049934	2003.4
51			肇庆办事处	周长久	肇庆市莲湖中路7号陶然居21卡(即湖滨派出所对面)	13600049934	2005.6
52			深圳办事处	潘献民	深圳市福田区深南中路南光捷佳大厦2124房	13502852547	2005.12
53			湛江办事处	张春耀	湛江市赤坎区军民路19号(荣基大厦)723房	0759－3133855	2006.11

（续表）

序号	代码	机构名称	分支机构	负责人	地址	联系电话	设立时间
43	4231	东莞市中正知识产权事务所	佛山分所	鲁慧波	佛山市顺德区大良国际商业城B区3座103室	0757—22661119	2004.7
44			深圳分所	徐 康	深圳市福田区新洲北路天健名苑B幢808房	0755—82964050	2005.11
45			中山分所	陈文福	中山市古镇邮电大厦七楼	0760—2323635	2005.11
46			上海分所	汤喜友	上海市杨浦区平凉路1550弄1号203室	13719369009	2006.5
47			襄樊分所	严崇姚	襄樊市春园路17号办公楼3层	0710—3220324	2006.3
59	44245	广州市华学知识产权代理有限公司	中山分公司	杨晓松	中山市石岐区盛华路5号阳光花地菁华阁2幢605房	13711118765	2006.12
60			东莞分公司	陈燕娴	东莞市莞城区南城路1号南城大厦1104室	13503035602	2007.11
61	44248	深圳市科吉华烽知识产权事务所	东莞分所	朱晓光	东莞市莞城区东城南路东升大厦1011室	13688950313	2008.8
62	44253	广州致信伟盛知识产权代理有限公司	东莞分公司	伍嘉陵	东莞市运河东二路20号二楼B室	13609085752	2008.2
63	11243	北京银龙专利代理有限公司	中山办事处	郝庆芬	中山市小榄镇升平中路10号5层	0760—2113911	2004.3
64	11006	北京市律诚同业知识产权代理有限公司	深圳办事处	黄韧敏	深圳市福田区深南中路华联大厦915	0755—83668754	2004.7
65	11002	北京路浩知识产权代理有限公司	广州分公司	刘发强	广州市天河区天河北路689号光大银行大厦13楼D1室	020—38731117	2005.8
66	11271	北京安博达知识产权代理有限公司	珠海办事处	陈艳梅	珠海市香洲香溪路42号3单元302室	13318969965	2005.11
67	11219	中原信达知识产权代理有限责任公司	深圳办事处	谢丽娜	深圳市红岭中路1010号国际信托大厦1307室	0755—82111404	2006.6

(续表)

序号	代码	机构名称	分支机构	负责人	地址	联系电话	设立时间
68	35203	厦门市新华专利商标代理有限公司	东莞分公司	朱凌	东莞市东城西路181号金澳大厦302室	0592－5117231	2008.5
69			广州分公司	李宁	广州市天河区天河路490号23楼8A	020－38886865	2006.7
70	11205	北京同立钧成知识产权代理有限公司	广州办事处	臧建明	广州市天河区体育东路体育东横街3号设计大厦1406	020－87575408	2007.5
71	11246	北京众合诚成知识产权代理有限公司	东莞办事处	连平	东莞市南城区元美路华凯广场A1716	0769－23186866	2007.7
72	11221	北京捷诚信通专利事务所	深圳办事处	任晓航	深圳市福田区彩田南路海天大厦1928室	0755－83461499	2007.8
73	11290	北京信慧永光知识产权代理有限责任公司	佛山办事处	王维玉	佛山市禅城区汾江南路164号佛山市工商大厦604室	0757－82328308	2008.7
74	11212	北京轻创知识产权代理有限公司	东莞分公司	吴英彬	东莞市南城区鸿福路200号第一国际百安中心写字楼A座508单元	0769－22124065	2008.9
75	11285	北京北翔知识产权代理有限公司	深圳分公司	唐铁军	深圳市宝安区新安办创业西路富源商贸大厦1栋D座604室	0755－29961810	2008.7